Handbuch zum Neuen Testament

Begründet von Hans Lietzmann
Fortgeführt von Günther Bornkamm
Herausgegeben von Andreas Lindemann

3

Dieter Lührmann

Das Markusevangelium

1987

J. C. B. Mohr (Paul Siebeck) Tübingen

CIP-Kurztitelaufnahme der Deutschen Bibliothek

Handbuch zum Neuen Testament/begr. von Hans Lietzmann.
Fortgef. von Günther Bornkamm. Hrsg. von Andreas Lindemann. –
Tübingen: Mohr
  Teilw. hrsg. von Günther Bornkamm

NE: Lietzmann, Hans [Begr.]; Bornkamm, Günther [Hrsg.];
Lindemann, Andreas [Hrsg.]

3. Lührmann, Dieter: Das Markusevangelium. – 1987.

Lührmann, Dieter:
Das Markusevangelium/Dieter Lührmann. –
Tübingen: Mohr, 1987.
  (Handbuch zum Neuen Testament; 3)
  ISBN 3-16-145258-5 kart.
  ISBN 3-16-145259-3 Gewebe

© 1987 J. C. B. Mohr (Paul Siebeck) Tübingen.

Satz und Druck von Gulde-Druck GmbH in Tübingen; Einband von Großbuchbinderei H. Koch KG in
Tübingen.

Printed in Germany.

Der Kirchlichen Hochschule Bethel
gewidmet

Vorwort

Vor dreißig Jahren begann ich an der Kirchlichen Hochschule Bethel mit dem Studium der Theologie. Ich lernte dort Griechisch bei Helmut Krämer und hörte meine erste neutestamentliche Vorlesung: „Markusevangelium" bei Willi Marxsen. 1974 kam ich wieder nach Bethel, nun selbst das Neue Testament lehrend. Die Widmung ist ein Dank an alle, die mir in Erinnerung kommen, Studienfreunde, Professoren und alle die anderen, die damals für uns Studenten sorgten. Einige traf ich wieder in meiner zweiten Betheler Zeit zusammen mit neuen Kollegen, mit Mitarbeitern in den nichtwissenschaftlichen Bereichen und nun mit Studenten, die ebenso wie ich seinerzeit zumeist anfingen mit der Theologie. Ihnen allen – jedenfalls den Lebenden – sei dieser Kommentar ein Gruß.

Er hat eine lange Geschichte, die begann in der Zeit, als ich zum zweiten Mal nach Bethel kam, und damals war sie nur kurz veranschlagt. Nicht nur, was ein Kommentar sein könne, ist inzwischen fraglicher geworden, sondern mehr und mehr, was denn das Markusevangelium sei. Beides zusammen führte immer wieder zur Unterbrechung der Arbeit, aber auch zu neuem Anfang. Dadurch gerieten Textteile aus unterschiedlichen Zeiten nebeneinander, die einander angeglichen werden mußten. Ich hoffe, daß daraus eine jedenfalls in sich selber stimmige Kommentierung entstanden ist, die anregen kann zu eigener Arbeit am Gesamttext des Markusevangeliums wie an den einzelnen Perikopen.

Zu danken habe ich den Mitgliedern des von Bob Guelich und mir geleiteten Seminars zum Markusevangelium bei den jährlichen Kongressen der Studiorum Novi Testamenti Societas. Es bot und bietet weiterhin die Möglichkeit eines internationalen Austausches, in dem ich nicht nur Büchern, sondern Kollegen begegnete und viele Einzelheiten diskutieren konnte. Michael Ebersohn und Egbert Schlarb haben mir bei den Korrekturen geholfen und mich dabei auch auf einige Fehler schon im Manuskript hingewiesen. Der Verlag schließlich hat eine recht schwierige Druckvorlage zügig umgesetzt in ein vielleicht nicht risikoloses Buch.

Marburg, im Mai 1987   Dieter Lührmann

Inhalt

Beilagen

Exkurse und exkursartige Erläuterungen
innerhalb der Auslegung

Die Abkürzungen entsprechen denen der TRE; neu sind demgegenüber:

TR = Tempelrolle (Y. Yadin, The Temple Scroll, 3 Bde, 1983 bzw. 1977)

R. Bultmann, GST = R. Bultmann, Die Geschichte der synoptischen Tradition, FRLANT 29, [3]1957

M. Dibelius, FG = M. Dibelius, Die Formgeschichte des Evangeliums, [3]1959

Einleitung

1. Der Text

Literatur: K. und B. ALAND, Der Text des Neuen Testaments, 1982. − B. M. METZGER, A Textual Commentary on the Greek New Testament, 1971. − MORTON SMITH, Clement of Alexandria and the Secret Gospel of Mark, 1973. − H. MERKEL, Auf den Spuren des Urmarkus?, ZThK 71 (1974) 123−144. − MORTON SMITH, Merkel on the Longer Text of Mark, ZThK 72 (1975) 133−150.

Ein vollständiger Text des Markusevangeliums ist erst in den großen Codices des 4. und 5. Jh.s erhalten: Sinaiticus (א), Vaticanus (B), Alexandrinus (A), Bezae Cantabrigensis (D 05); fast vollständig sind bei Mk Codex Freerianus (W) und Codex Ephraemi rescriptus (C) aus dem 5. Jh., fragmentarisch eine Reihe von weiteren Majuskeln (059+0215, 069, 072, 0188, 0213, 0214, 0274). Von den insgesamt derzeit bekannten 42 Majuskeln mit Mk-Text aus der Zeit bis einschließlich des 8. Jh.s bieten lediglich acht einen vollständigen Text und weitere vier einen fast vollständigen, während genau die Hälfte Text nur im Umfang von höchstens 25 Versen hat. Ein einziger Papyrus führt in die Zeit des 3. Jh.s, p[45], eine Handschrift bereits mit Text aus allen vier Evangelien, darunter auch lange Passagen aus Mk. Der aus dem 4. Jh. stammende p[88] enthält Mk 2,1−26; der dritte und letzte bisher bekannte Papyrus mit Mk-Text, p[84], kommt aus dem 6. Jh.

Verglichen mit den anderen Evangelien ist also Mk nicht nur quantitativ schlecht bezeugt, sondern auch in qualitativer Hinsicht, da die uns zugängliche Textüberlieferung nicht sehr nahe an die Abfassungszeit des Textes heran führt. Zudem rechnen K. und B. Aland zur Kategorie I nur vier Handschriften mit Mk-Text: p[45], א, B und 2427, zur Kategorie II gerade neun: C, L, Θ, 083, 087, 0184, 0274, 33, 1342. Die Minuskeln 2427 (14. Jh.) und 1342 (13./14. Jh.) zeigen übrigens, daß sich auch in später Zeit noch guter Text finden kann.

Schon die ältesten Handschriften − sieht man ab von den fragmentarischen, bei denen sich über einen ursprünglichen Zusammenhang der erhaltenen Blätter selten etwas ausmachen läßt − stammen aus Büchern, die Mk neben anderen Evangelien enthielten. Die Überlieferung des Textes des Markusevangeliums hat sehr früh im Schatten vor allem des Matthäus- und des Johannesevangeliums gestanden, der beiden Evangelien, die die kirchliche Tradition weit mehr geprägt haben als Mk. Das zeigt sich in dem Einfluß besonders des Mt-Textes auf den des Mk, der je später natürlich desto stärker ist (z. B. K, Θ, 28, 33, Ferrar- und Lake-Gruppe, die Koiné insgesamt), sich aber auch schon bei A, D und W sehr deutlich abzeichnet.

Da die griechische Textausgabe des Erasmus von Rotterdam auf Handschriften beruhte, die solchen angleichenden Text boten, ist diese Tendenz auch in der deutschen Übersetzung Martin Luthers spürbar gewesen, deren Textgrundlage ja Erasmus' griechischer Text war. Die Differenz zeigt sich in modernen Übersetzungen einschließlich der jetzigen Revisionen des Luther-Textes z. B. in der Kennzeichnung von Mk 16,9–20 als sekundär, aber auch in der Auslassung der Verse 7,16 9,44.46 11,26 15,28 und in manchen Veränderungen sonst. Die Textkritik hat grundsätzlich derjenigen Lesart den Vorzug zu geben, die als nicht von Parallelversionen der anderen Evangelien beeinflußt zu erweisen ist.

Das Hauptproblem in textkritischer Hinsicht stellt der Schluß des Markusevangeliums dar (s. dazu u. S. 268). In der handschriftlichen Überlieferung haben sich nicht niedergeschlagen die Erweiterungen des ursprünglichen Markusevangeliums, die in einem Brief des Clemens von Alexandrien erwähnt werden. Danach habe es in Alexandrien eine Mk-Fassung gegeben, die nach 10,34 die Geschichte einer Totenauferweckung in Bethanien (vgl. die Lokalisierung von Bethanien am Jordan in Joh 1,28) und in 10,46a eine Ergänzung unter Rückbezug auf diese erste Erweiterung enthielt.

Nun ist dieser Brief lediglich auf den drei letzten Schutzblättern eines 1646 in Amsterdam gedruckten Buches erhalten, geschrieben mit einer Schrift, die dem 18. Jh. zuzurechnen ist. Die Echtheit des Briefes ist also durchaus nicht gesichert, und gegen sie spricht, daß sich sonst eine Verbindung zwischen Markus und Alexandrien bei Clemens und in seiner Zeit nicht findet (s. u. S. 5). Da der Herausgeber Morton Smith diese Erweiterungen nicht als zum ursprünglichen Text des Markusevangeliums gehörig ansieht (vgl. seine Richtigstellung ZThK 72/1975 135 gegenüber H. Merkel), kann die Sache in textkritischer Hinsicht auf sich beruhen. Eine solche Textform würde allenfalls zu den auch sonst bekannten „apokryphen" Erweiterungen der Evangelientexte gehören, deren eine auch der sekundäre Schluß des Markusevangeliums in 16,9–20 ist. (Der griechische Text des Briefes ist wiedergegeben bei M. Smith, Clement 448–453, und in: Clemens Alexandrinus IV.1, GCS, ²1980, XVIIf; griechischer Text und deutsche Übersetzung bei H. Merkel, Spuren 125–128.)

Die textliche Grundlage der Kommentierung sind die derzeit gebräuchlichen Ausgaben des griechischen Mk-Textes: einerseits die Textfassung, die The Greek New Testament, ³1978 (= GNT), E. Nestle/K. Aland, Novum Testamentum graece, ²⁶1979 (= N²⁶) und K. Aland, Synopsis Quattuor Evangeliorum, ¹³1985 (= Aland), übereinstimmend bieten, andererseits die Textfassung der auf A. Huck zurückgehenden Synopse, die H. Greeven 1981 in einer völligen Neubearbeitung herausgebracht hat (= Greeven). Die Differenzen zwischen beiden Textfassungen sind zusammengestellt bei: F. Neirynck, F. van Segbroeck, New Testament Vocabulary, EThB.L 65, 1984, 453–457. (Nicht mehr wirklich verarbeitet ist B. Orchard, A Synopsis of the Four Gospels, 1983.)

Für die Beschreibung der jeweiligen Textüberlieferung sind die textkritischen Apparate der Synopsen von Greeven und Aland (umfangreicher als in N²⁶) benutzt, gegebenenfalls überprüft an Faksimile-Ausgaben von Handschriften und an den Ausgaben von Tischendorf, v. Soden und Legg. Die Beschreibung und Wertung der Handschriften orientiert sich an dem Buch von K. und B. Aland zum Text des Neuen Testaments. Aufschlußreich ist in vielen Fällen die Begründung der ja von einem Gremium entschiedenen Textfassung von GNT = N²⁶ durch B. M. Metzger in seinem textkritischen Kommentar. Da eine Ausgabe der apokryphen Evangelien in griechischer bzw. lateinischer Sprache fehlt, ist – soweit möglich – auf deren Wiedergabe in den Synopsen von Aland und Greeven verwiesen.

Textkritik im eigentlichen Sinne als Rekonstruktion des ursprünglichen Textes hat in der Reihe, zu der dieser Kommentar gehört, eine große Rolle gespielt. Erweitert man diese Fragestellung, die in den Zusammenhang der historisch-kritischen Exegese des 19. Jh.s gehört und natürlich ihr bleibendes Recht hat, dann eröffnet das Studium der Überlieferung des Textes, auch wo es sich deutlich um sekundäre Lesarten handelt, Einsichten in die Rezeption des Textes. Dessen originale Gestalt bleibt freilich − es fehlt uns eben das Original oder auch nur eine dem Original nahestehende Handschrift − immer hypothetisch.

Kriterien, sich dem Original zu nähern, sind die schon erwähnte Ausscheidung des Einflusses von Parallelversionen und dies einschließend generell die Grundregel der lectio difficilior, welche Lesart sich als die bestimmen läßt, als deren Abwandlung andere erklärt werden können. Die Überlieferung des Textes des Markusevangeliums erscheint mehr noch als die anderer Schriften des Neuen Testaments wenig reguliert, ein Zeichen für die Offenheit der Rezeption der Texte. Selbst nachdem sich in verschiedenen Schritten ein Kanon gebildet hatte, gab es keine Übereinkunft (etwa durch einen Konzilsbeschluß) über eine verbindliche Fassung des Textes; es setzte sich jedoch der Koiné-Text durch, auch wenn alter Text durchaus erhalten blieb (s. o. zu den Minuskeln 2427 und 1342). Erst das Konzil von Trient erklärte eine Textfassung für verbindlich, freilich eine erst zu schaffende lateinische. Die durch Erasmus' Ausgabe des griechischen Textes provozierte Frage nach dem „Original" gehört zu den Anfängen der historisch-kritischen Exegese des Neuen Testaments. Beim Markusevangelium führte sie z. B. zur Ausscheidung von 16,9−20 als sekundär und damit zu der bleibenden Frage, ob ein Evangelium denn so enden könne.

2. Der Verfasser

Literatur: L. ABRAMOWSKI, Die „Erinnerungen der Apostel" bei Justin, in: P. STUHLMACHER (Hg.), Das Evangelium und die Evangelien, WUNT 28, 1983, 341−353. − W. A. BIENERT, Dionysius von Alexandrien, PTS 21, 1978. − R. A. GUELICH, The Gospel Genre, in: Evangelium (s. o.) 183−219. − M. HENGEL, Die Evangelienüberschriften, SHAW.PH 1984, 3. − DERS., Probleme des Markusevangeliums, in: Evangelium (s. o.) 221−265. − U. H. J. KÖRTNER, Markus der Mitarbeiter des Petrus, ZNW 71 (1980) 160−173. − DERS., Papias von Hierapolis, FRLANT 133, 1983. − K. NIEDERWIMMER, Johannes Markus und die Frage nach dem Verfasser des zweiten Evangeliums, ZNW 58 (1967) 172−188.

Im Text des Markusevangeliums spricht nirgends der Verfasser als „ich" wie der Verfasser des Lukasevangeliums in Lk 1,3, wird nicht wie in Joh 21,24 der Verfasser in einem Nachtrag identifiziert, begegnet schließlich auch nicht der Name Markus als Name eines Jüngers Jesu wie Matthäus in Mt 9,9 und 10,3. Ohne daß der Verfasser sich selbst als Autor oder gar als Augenzeuge vorstellt, erzählt er die Geschichte Jesu, ohne Hinweise aber auch auf die Quellen, auf die er seine Darstellung stützt. Der Name Markus − ein verbreiteter lateinischer Name − erscheint allein im Titel des Buches, der in der inscriptio oder der subscriptio der Handschriften angegeben ist bzw. in beiden, manchmal auch als Seitenüberschrift erscheint.

Dieser Titel begegnet selten in der Kurzform κατὰ Μᾶρκον (so in B in der subscriptio und als Seitenüberschrift, während eine inscriptio fehlt), meistens als εὐαγγέλιον κατὰ Μᾶρκον (so auch in ℵ, der ebenfalls keine inscriptio hat, in der subscriptio; als Seitenüberschrift dort ebenfalls die Kurzform), was in wenigen Minuskeln zu τὸ κατὰ Μᾶρκον ἅγιον εὐαγγέλιον erweitert ist. Bereits p⁶⁶ (ca. 200) belegt für Joh als inscriptio εὐαγγέλιον κατὰ ᾽Ιωάννην, und p⁷⁵ (3. Jh.) hat sowohl bei Lk eine entsprechende subscriptio als auch bei Joh dieselbe inscriptio. Daher dürfte auch bei Mk die Fassung εὐαγγέλιον κατὰ Μᾶρκον die ältere sein, κατὰ Μᾶρκον deren Kürzung.

Auffällig ist an dieser Formulierung des Titels, daß nicht — wie bei antiken Buchtiteln durchweg üblich (vgl. M. Hengel, Evangelienüberschriften 9f) — der Verfasser im Genitiv genannt ist; die Formulierung mit κατά verweist vielmehr auf das *eine* Evangelium, als dessen spezielle Gestalt das jeweilige Evangelium erscheint. Der Titel setzt also voraus, daß es zumindest zwei solcher Evangelien bereits nebeneinander gab, wenn nicht gar die vier „kanonischen" wie schon in der ältesten uns erhaltenen Handschrift des Markusevangeliums, p⁴⁵.

Der Titel ergibt also erst Sinn als Unterscheidungsmerkmal, kann daher nicht auf das Original zurückgehen. Wohl aber hat die Kennzeichnung solcher Schriften als εὐαγγέλιον ihren Ansatz bei Mk; der anders gemeinte Beginn ἀρχὴ τοῦ εὐαγγελίου (1,1) läßt schon vom Sprachgebrauch des 2. Jh.s her εὐαγγέλιον als literarischen Begriff erscheinen.

Daß nicht ein einziges Evangelium, sondern deren vier spätestens seit der zweiten Hälfte des 2. Jh.s als kanonisch galten, bedeutete bereits für die Alte Kirche ein Problem, das sich in die Kirchengeschichte hinein fortsetzte. Marcions eines Evangelium, Tatians Diatessaron wie andere Versuche von Evangelienharmonien vom 2. Jh. bis in die Reformationszeit und darüber hinaus stellen Versuche dar, das eine Evangelium aus den vorhandenen zu gewinnen. Prinzipiell mußte man natürlich die Übereinstimmung der vier Evangelien hervorheben; erst die mit dem 17. Jh. einsetzende historische Kritik systematisierte die Differenzen zwischen ihnen und kam zu unterschiedlichen Theorien über ihre Beziehungen zueinander, die doch im Geheimen getragen waren von dem Wunsch, das eine ursprüngliche Evangelium hinter den überlieferten zu finden. Die Funde von nichtkanonischen Evangelien — z. B. des Thomasevangeliums aus Nag-Hammadi — haben deshalb bis in die Gegenwart derartige Hoffnungen geweckt.

Mit dem Markusevangelium verbindet sich von Anfang an der Name Markus, und es findet sich auch keine konkurrierende Zuweisung zu einem anderen Namen, wie im übrigen in der Alten Kirche allenfalls die Abfassung des Johannesevangeliums durch den Jünger Johannes bestritten worden ist. Zu erklären, wer dieser Markus gewesen sei, setzt sehr früh ein mit der Bemerkung des Papias von Hierapolis in der ersten Hälfte des 2. Jh.s, der sich bereits auf andere beruft, Markus sei Dolmetscher (ἑρμηνευτής) des Petrus gewesen und habe aufgeschrieben, was er davon erinnerte, jedoch ohne daß er selbst Jünger Jesu gewesen sei (Euseb, h.e. III 39,15; Text auch bei Aland 531). Papias' leider verschollenes Werk (vgl. dazu U. H. J. Körtner, Papias) war in der Alten Kirche weit bekannt, und so begegnet denn auch durchgehend diese Bezeichnung des Markus als interpres — und gelegentlich discipulus nicht Jesu, sondern des Petrus, wiederum ohne daß damit andere Identifikationen konkurrieren.

Eine solche Person findet sich jedoch im NT und in der übrigen frühchristlichen Überlieferung nicht. Wohl aber ist ein Markus im (pseudepigraphen) 1Petr erwähnt als „mein Sohn" (5,13), und die Beziehung zu diesem Markus wird gelegentlich hergestellt (Origenes, comm. in Mt bei Euseb, h.e. VI 25,5; Text bei Aland 540). Da an unserem Evangelium der Name Markus haftete und dieser sehr früh schon mit Petrus verbunden worden war, konnte 1Petr 5,13 die Kombination Markus/Petrus belegen, war aber nicht die Voraussetzung für die Zuweisung des Evangeliums an Mk.

Das Evangelium nach Markus war von Anfang an mit dem Mangel behaftet, nicht einem Augenzeugen wie Matthäus oder Johannes zugeschrieben zu sein und nicht einmal einem, der sich bemüht hatte, die richtige Ordnung zu finden wie Lukas. Erkennbar ist in der Verbindung mit Petrus die Tendenz, dieses Evangelium möglichst nahe an Petrus als einen der ursprünglichen Begleiter Jesu und damit Augenzeugen des Berichteten heranzubringen; schon Justin (dial. 106,3; Text bei Aland 532) zitiert das Markusevangelium als ἀπομνημονεύματα τοῦ Πέτρου (dazu L. Abramowski, Erinnerungen 353). Nie jedoch findet sich in altkirchlichen Texten eine Verbindung mit dem Johannes Markus von Apg 12,12 13,5.13 15,37.39 oder dem Markus von Phm 24 Kol 4,10 2Tim 4,11 im Umkreis des Paulus.

Durch die Petrus-Rom-Tradition wird auch das Markusevangelium dann mit Rom verbunden (vielleicht schon bei Irenäus, haer. III 1,2f, Text bei Aland 533, sicher von Clemens Alexandrinus bei Euseb, h.e. VI 14,6), erneut ohne eine konkurrierende Tradition, aber auch ohne daß sich mit einem der anderen Evangelien eine solche feste geographische Angabe verbindet.

Der oben erwähnte Brief des Clemens von Alexandrien (S. 2) setzt neben die Verbindung des Markus zur Petrus-Rom-Tradition eine sekundäre mit Alexandrien; nach dem Tode des Petrus sei Markus nämlich nach Alexandrien gekommen und habe dort eine zweite Fassung seines Evangeliums geschrieben. Eine solche Beziehung zu Alexandrien ist aber weder sonst bei Clemens noch bei Origenes zu belegen und wohl auch noch nicht bei Dionysius von Alexandrien, sondern erst am Ende des 3. Jh.s (vgl. W. A. Bienert, Dionysius 79). Euseb (h.e. II 16, vgl. II 24) nennt zwar Markus den ersten Missionar Ägyptens, doch ohne dafür Quellen anzugeben; er bezeichnet Markus auch nicht als ersten Bischof von Alexandrien (vgl. h.e. III 21 gegenüber II 24).

Markus' Reliquien standen dann später dort in hohem Ansehen, und deren − unter wie dubiosen Umständen auch immer erfolgte − translatio letztendlich nach Venedig macht diese Stadt zu dem Ort, wo man heute Markus begegnet. Sein von dort, aber ja auch sonst aus der kirchlichen Kunst vertrautes Symbol, der Löwe, hat weder im Markusevangelium einen Anhalt noch an anderen neutestamentlichen Stellen, wo ein Markus erwähnt wird, sondern stammt aus der Deutung der vier Tierkreiszeichen in Apk 4,7 auf die vier Evangelisten, die erstmals bei Irenäus (haer. III 11,8) zu belegen ist.

Der Name Markus ist also sehr früh schon mit unserem Evangelium verbunden, aber das ist zunächst nur der lateinische Allerweltsname Marcus; verständlich, daß man von Anfang an versucht hat, ihn näher zu identifizieren, in der Alten Kirche aber nur mit dem Markus von 1Petr 5,13, nicht mit dem Markus der Paulusbriefe oder dem Johannes Markus der Apostelgeschichte. Sieht man die Tendenz, die hinter der Verbindung mit Petrus steht, ohne doch einen Anhalt am Text des Markusevangeliums zu haben, wird man vorsichtig sein müssen, solche Kombinationen in die Interpretation des Evangeliums aufzunehmen (auch nicht in der modernen Form, die Petruspredigt von Apg 10,34−43 zum vorgegebenen Grundriß des Markusevangeliums zu machen wie z. B. R. A. Guelich, Genre 209−213).

Anders als das Martyrium der Zebedaiden (vgl. 10,39) ist das des Petrus gerade nicht angedeutet in der Geschichte Jesu, die Mk erzählt (vgl. 14,29−31 gegenüber Joh 21,19). Sie läuft zwar hinaus auf die Restitution des Petrus (16,7), und Petrus spielt überhaupt eine große Rolle im Evangelium; er erscheint aber nicht als der Gewährsmann hinter dem Erzählten. Erst das Petrusevangelium – und zwar wohl abhängig von den synoptischen Evangelien – macht den Augenzeugen Petrus zum Verfasser eines Evangeliums, der damit direkt das Erzählte verbürgt.

Hält man sich an das Markusevangelium selber, so bezeichnet sich also der Autor, der durchaus Marcus geheißen haben mag und dessen Name im Kommentar mit dem Kürzel Mk angegeben wird, weder als Augenzeugen noch als Tradenten von Mitteilungen eines Augenzeugen, sondern Mk erzählt die Geschichte Jesu aus erkennbarem Abstand zu den Ereignissen, wenn auch nicht distanziert. Seine Sprache ist Griechisch, freilich – wie sich zeigen wird – ein von der jüdischen Überlieferung geprägtes Griechisch. Die relativ häufigen Latinismen haben im wesentlichen die Funktion, dem Leser nicht vertraute Sachverhalte mit Hilfe von Termini zu erklären, die auch sonst im 1. Jh. als lateinische Fremdwörter in der griechischen Sprache begegnen.

Der Verfasser erzählt von etwas, was in der Vergangenheit geschehen ist. Seine und seiner Leser Gegenwart ist am deutlichsten angesprochen in der Thematik der Zerstörung des Jerusalemer Tempels am Ende des Jüdischen Krieges. Vor dem Hintergrund dieser Ereignisse, die vor allem im 13. Kapitel, aber nicht nur dort reflektiert werden, wird erzählt, was damals, also ca. vierzig Jahre zuvor, gewesen war; diese spezielle Situation ist jedoch nicht der eine einzige Fluchtpunkt, von dem her alles Erzählte seine Perspektive bekäme.

In 13,14 wird aber der Leser direkt angesprochen auf das, was zu seiner Zeit geschieht, und es wird ihm ein Hinweis gegeben, wie das zu werten sei (s. u. S. 221–223). Ob der Tempel bereits zerstört ist oder – was sich in der Endphase des Jüdischen Krieges seit langem abzeichnete – seine Zerstörung unmittelbar bevorsteht, in jedem Falle kommt man aus dem Evangelium selbst heraus auf etwa das Jahr 70 als Abfassungszeit. Dieses Datum kann auch noch gerade den in 9,1 angesprochenen Zeitraum abdecken, daß einige von damals das Kommen des Reiches Gottes erleben sollen, freilich erst nach dem, was in der Gegenwart vor sich geht, nicht in direktem Zusammenhang mit der Zerstörung der Stadt und des Tempels.

Der Abstand, den der Verfasser und seine Leser zu den berichteten Ereignissen haben, ist nicht allein ein zeitlicher. Offensichtlich fehlt beiden eine direkte Beziehung zu jüdischen Verhältnissen in Palästina abgesehen von ganz generellen Kenntnissen. Zwar braucht Mk nicht zu erklären, wer die Pharisäer, die Sadduzäer usw. waren, wie es z. B. Josephus gegenüber den Lesern seiner Werke tut. Die Leser des Mk begegnen ja nicht hier erstmals der Geschichte Jesu, sondern kennen sie bereits aus der Verkündigung. Dennoch muß Mk ihnen – am deutlichsten in 7,3f – Informationen geben, ohne die spezielle Situationen des Evangeliums nicht mehr unmittelbar verständlich wären. Es wird sich auch zeigen, daß manche Probleme, die in den Geschichten vorausgesetzt sind, für Autor und Leser keine direkte Bedeutung mehr haben und deshalb auf andere neue Probleme bezogen werden, die ihrerseits für Jesus und die Leute um ihn damals nicht im Blick sein konnten.

Die Auslegung wird insgesamt ergeben, daß Mk dann gut informiert ist über jüdische Verhältnisse, wenn seine Quellen ihm gute Informationen vermitteln; muß er aber selbst Informationslücken für seine Leser schließen, geschieht das recht vage und ungenau, nicht zuletzt in der geographischen Verknüpfung von Szenen. Sowohl der Autor als auch seine Leser sind offensichtlich in Palästina nicht zu Hause, wenn auch nach wie vor an dem interessiert, was dort vor sich geht. Wo sie sich befanden, ist aus dem Evangelium nicht erkennbar, und Rom ist ein Ort, der allein über die Markus-Petrus-Tradition, und das erst spät, erschlossen ist. Er darf daher nicht die Interpretation leiten. Mk und seine Leser mögen irgendwo in einem näheren oder weiteren Umkreis von Palästina gelebt haben, vielleicht im syrischen Raum; aber der ist als solcher fast unbestimmbar, reicht er doch vom Mittelmeer bis weit in den Osten des heutigen Irak und Iran.

3. Der Stil

Literatur: BDR = F. BLASS, A. DEBRUNNER, F. REHKOPF, Grammatik des neutestamentlichen Grie-chisch, ¹⁴1975. — A. DEISSMANN, Licht vom Osten, ⁴1923. — P. DSCHULNIGG, Sprache, Redaktion und Intention des Markus-Evangeliums, SBB 11, 1984. — G. LÜDERITZ, Rhetorik, Poetik, Kompo-sitionstechnik im Markusevangelium, in: H. CANCIK (Hg.), Markus-Philologie, WUNT 33, 1984, 165−203. — G. MUSSIES, The Use of Hebrew and Aramaic in the Greek New Testament, NTS 30 (1984) 416−432. — E. J. PRYKE, Redactional Style in the Marcan Gospel, MSSNTS 33, 1978. — M. REISER, Syntax und Stil des Markusevangeliums, WUNT 2. 11, 1984. — H. P. RÜGER, Die lexikali-schen Aramaismen im Markusevangelium, in: Markus-Philologie (s. o.) 73−84. — J. WEISS, ΕΥΘΥΣ bei Markus, ZNW 11 (1910) 124−133. — M. ZERWICK, Untersuchungen zum Markus-Stil, 1937.

Das Markusevangelium erzählt in literarisch sehr einfacher Weise eine fortlaufende Ge-schichte in einzelnen in sich geschlossenen Episoden. Ein einziges Mal nur wird diese Geschichte durch eine längere „Rückblende" unterbrochen: In 6,17−29 trägt Mk den Tod Johannes des Täufers nach, der im Erzählungsablauf seinen Ort vor 1,14 haben würde (μετὰ δὲ τὸ παραδοθῆναι τὸν Ἰωάννην). Retardierende Einschübe finden sich sonst nur, das aber relativ häufig, in kurzen Bemerkungen, die nachträglich ein Gesche-hen verständlich machen sollen (3,30 5,8 11,13b 14,40b 15,10 u. ö.).

In sich sind die einzelnen Episoden durch vielfache Vor- und Rückverweise miteinan-der verknüpft, sei es nur durch πάλιν oder εὐθύς, sei es durch erinnernde Rückverweise wie z. B. in 8,19f oder 14,72b; vor allem aber finden sich wiederholt Vorverweise z. B. auf das, was Jesus in Jerusalem erwartet (8,31 9,31 10,33f). Die Handlungsbögen der einzelnen Episoden für sich sind dagegen vor der Passionsgeschichte relativ kurz; längere Geschichten finden sich nur unter den Wundergeschichten im Teil 4,35−8,26.

Mit Ausnahme lediglich der bereits erwähnten „Rückblende" 6,17−29 ist immer Jesus die Hauptfigur als handelnde Person oder jedenfalls als derjenige, auf den sich die jeweili-ge Episode bezieht. Und er ist so sehr die Hauptfigur, daß über weite Strecken sein Name gar nicht genannt zu werden braucht, da der Leser weiß, von wem die Rede ist, wenn mit einem Verbum in der 3. Person sing. oder auch plur. die Erzählung fortgesetzt wird. Selten ist Jesus ausdrücklich allein (1,35 6,46 14,35f.39), um dann doch sofort wieder in die Mitte der anderen zurückzukehren. Und so begleiten ihn auch von Beginn an Jünger bis hin zu seiner Verhaftung in Jerusalem (14,50), wo er aus dem Kreis seiner Freunde in den der Gegner übergeht.

Erzählt wird also die Geschichte Jesu, von einem Anfang (1,1) bis zu einem Ende (16,6−8), das jedoch nur ein vorläufiges ist, da die Geschichte Jesu über sich selbst hinaus verweist, auch noch über die Gegenwart der Leser hinaus auf das Kommen Jesu am Ende der Tage (8,38 13,24−27 14,62). Die Jesu Geschichte vorausliegende Zeit dagegen ist in alttestamentlichen Zitaten angesprochen, die auf die Zeit seiner Geschichte bezogen werden (1,3f 7,6f.10 10,4—8 12,10.19.26.36 14,27). Der Erzähler ist — für die Antike nicht verwunderlich — in der Rolle des „Allwissenden"; er kennt Gefühlsregungen Jesu ebenso wie Motive seiner Gegner. Seine kommentierenden Bemerkungen erläutern, was er wiedergibt.

Die griechische Sprache des Verfassers ist im Wortschatz auffällig geprägt vom Lateinischen; in der Grammatik dagegen findet sich solcher Einfluß kaum (vgl. BDR § 5). Angefangen bei *Caesar* (12,14—17) über die militärischen Termini *centurio* (15,39), *legio* (5,9.15) und *praetorium* (15,16) und die damit in Verbindung stehenden *census* (12,14), *flagellare* (φραγελλοῦν 15,15) und auch *speculator* (6,27) bis hin zu den Münzwerten *denarius* (6,37 u. ö.) und *quadrans* (12,42) handelt es sich um Fremdwörter, die sich erklären lassen aus der Präsenz der Römer im Griechisch sprechenden Osten, und das gilt auch für weitere Wörter und Wendungen, die sich auf die lateinische Sprache zurückführen lassen. Sie geben also keinen Hinweis auf eine eventuelle Abfassung des Evangeliums in Rom.

Sehr viel wichtiger ist der direkte und nicht zuletzt der indirekte Einfluß des Aramäischen und des Hebräischen; das kann nicht überraschen, spielt doch das, was Mk in griechischer Sprache erzählt, im aramäischen Sprachbereich und werden doch als Deutehorizont des Geschehens ursprünglich hebräische oder aramäische Texte des Alten Testaments herangezogen.

Personen- und Ortsnamen wie Barabbas, Bartholomäus, Bethsaida, Genezareth, aber auch Beelzebul und Gehenna verweisen auf diesen geographischen Raum. Wörter wie ἀμήν, ὡσαννά, ῥαββί u. a. sind transkribierte Fremdwörter; daß sie nicht erläutert werden müssen, liegt daran, daß sie den Lesern offenbar bereits aus christlicher Sprachtradition vertraut sind. Übersetzt werden dagegen neben dem Fachterminus κορβᾶν (7,11) die Heilungsformeln in 5,41 und 7,34 sowie Jesu aramäisch gesprochene letzte Worte am Kreuz (15,34); sie erscheinen bei Mk also keinesfalls in der Funktion fremdsprachiger Zauberformeln.

Dem Griechisch vor allem der erzählenden Bücher der Septuaginta ist die Syntax des Markusevangeliums wohl am ehesten vergleichbar einschließlich eines so ungriechischen Phänomens wie der wörtlichen Wiedergabe eines hebräischen Schwursatzes in 8,12 (s. u. S. 136f). Der Übergang der Jesusüberlieferung aus dem aramäischen in den griechischen Sprachbereich ist in den gelegentlichen Übersetzungen bei Mk selber angedeutet. Er war ermöglicht durch den bereits Jahrhunderte zuvor vollzogenen Übersetzungsprozeß der Septuaginta und durch die davon geprägte Sprache Griechisch sprechender Juden, die nicht nur von den in der Septuaginta vorgegebenen lexikalischen Äquivalenzen bestimmt war, sondern auch von der Sprachgestalt der übersetzten heiligen Texte.

Die sich so entwickelnde Sprache hatte natürlich unterschiedliche Niveaus, war aber nicht ein bloß radebrechendes Griechisch. Was wir bei Mk lesen, entspricht zwar kaum den an der klassischen Hochsprache entwickelten Regeln der Grammatik, wohl aber einem gesprochenen und durchaus auch literarisch nachweisbaren Griechisch auch außerhalb des speziellen Sprachbereichs Griechisch sprechender Juden. Insgesamt — und darin kommen die neueren Untersuchungen zur Sprache des Mk in etwa überein — ist das Griechisch des Mk in stilistischer Hinsicht zu charakterisieren als eine an der jüdischen Überlieferung orientierte Sprache, durchsetzt mit lateinischen Fachtermini; keineswegs ist das aber ein reines Übersetzungsgriechisch, das Satz für Satz ins Aramäische oder Hebräische zurückübersetzt werden könnte. Der Übergang der Jesusüberlieferung aus dem aramäischen in den griechischen Sprachbereich ist nicht erst bei Mk vollzogen, sondern bereits auf früheren Stufen.

Die Syntax ist vergleichsweise einfach. Durchgehend findet sich eine schlichte Parataxe von Sätzen durch καί mit vorangestelltem Verbum, begleitet von einfachen Nebensätzen oder präpositionellen Bestimmungen. Kompliziertere Satzgefüge sind selten und zerbrechen auch gelegentlich. Auffällig ist der häufige Gebrauch des Präsens als Erzähltempus, das in der deutschen Übersetzung des Kommentars beibehalten, nicht als grammatisches Phänomen „praesens historicum" in Vergangenheitsformen umgesetzt wird; es dient bei Mk offenbar als Mittel der Verlebendigung, ja der Vergegenwärtigung dessen, was damals geschehen war. Aus demselben Grund ist, wo der griechische Text die Wahl läßt, die Wiedergabe als direkte Rede gegenüber indirekter bevorzugt. Schließlich versucht die Übersetzung, im Griechischen sperrige Satzkonstruktionen nicht zu glätten, sondern auch in solchen Fällen einen Eindruck von der Sprachgestalt des Markusevangeliums zu vermitteln. Verzichtet ist jedoch auf die – in deutscher Umgangssprache durchaus mögliche – direkte Wiedergabe des Artikels vor Personennamen, die der Übersetzung noch mehr den Charakter einer Nachahmung gesprochener Sprache geben würde.

Insgesamt stellt sich die Sprache des Markusevangeliums dar als Verschriftlichung gesprochener Sprache, die nur ansatzweise überführt wird in literarische Sprache. Sie ist gedacht für Hörer – darauf deuten auch wörtliche Wiederholungen innerhalb der Texte –, nicht primär für Leser, die zurückblättern können. Wenn in der Kommentierung dennoch durchgehend „der" bzw. „die Leser" als Gegenüber des Autors genannt werden, hat das seinen Grund darin, daß auch Kommentatoren dem Markusevangelium als Leser begegnen; Mk jedoch – das wird sich vor allem bei 4,1–34 zeigen – geht vom Hören aus.

4. Die Welt

Literatur: S. FREYNE, Galilee from Alexander the Great to Hadrian, 1980. – J. JEREMIAS, Jerusalem zur Zeit Jesu, ³1969. – N. R. PETERSEN, Die Zeitebenen im markinischen Erzählwerk, in: F. HAHN (Hg.), Der Erzähler des Evangeliums, SBS 118/119, 1985, 93–135. – K. L. SCHMIDT, Der Rahmen der Geschichte Jesu, 1919 (Nachdruck 1964). – Y. YADIN (Hg.), Jerusalem Revealed, 1976.

Die Zeitspanne der von Mk erzählten Geschichte Jesu reicht von dem nicht datierten Auftreten Johannes des Täufers (vgl. dagegen Lk 3,1f) bis zu einem Passafest und den beiden Tagen danach. Mit Ausnahme der großen „Rückblende" 6,17–29 handelt es sich um eine vor allem zu Beginn rasch fortschreitende Geschehensabfolge, die durch – zumeist sehr einfache – Verknüpfungen in ein zeitliches Nacheinander gebracht ist, aber nicht z. B. durch Angaben über Jahreszeiten oder gar Jahre strukturiert wird.

Der geographische Rahmen der erzählten Geschichte ist Palästina im ersten Drittel des 1. Jh.s, dessen einer Teil, das Gebiet um Jerusalem, direkt den Römern unterstellt war. Deshalb begegnet Jesus dort Pilatus und seinen Soldaten neben den Mitgliedern des jüdischen Synhedriums. Galiläa dagegen, der Wirkungsbereich Jesu im ersten Teil des Evangeliums, stand noch unter der Herrschaft des Herodes Antipas, dem Jesus zwar nicht begegnet, wohl aber Johannes der Täufer. Der See von Galiläa bildet in diesem ersten Teil ein Zentrum des Wirkens Jesu, wohin er wiederholt zurückkehrt.

Außerhalb dieser beiden von Juden bewohnten Gebiete liegen die Dekapolis am anderen Ufer des Sees, wo es − für Juden unvorstellbar − Schweine gibt (5,1−20), und das Gebiet von Tyrus bzw. von Tyrus und Sidon (7,31), wo Jesus eine Nichtjüdin trifft (7,24−30). Wohin Mk Caesarea Philippi (8,27) rechnet, ist ebenso unklar wie überhaupt seine Vorstellung von den nördlich und östlich an Galiläa grenzenden Gebieten. Es fehlt Samarien, wie auch dessen Bewohner. In 3,7f wird der vorgestellte geographische Rahmen der Geschichte beschrieben: Galiläa, Judäa, Jerusalem, Idumäa (südlich von Jerusalem, wohin Jesus aber selbst nicht kommt), das Gebiet jenseits des Jordan, Tyrus und Sidon. Im Evangelium begegnende Ortsnamen weisen nicht über diesen Bereich hinaus.

Auch die auftretenden Personen sind nur solche, die dort zu Hause sein können: Johannes der Täufer, verschiedene jüdische Gruppen, Pilatus und seine Soldaten, Kranke, die Jesus begegnen, Jünger, die ihn begleiten, u. a. m. Die Bildwelt in Jesu Gleichnissen und Reden überschreitet nicht den Vorstellungshorizont eines galiläischen Dorfes.

Das Evangelium spielt also in einer bestimmten geographisch und politisch dem damaligen Leser gegenwärtigen Welt. Wer sich besser auskannte, mag schon damals auf Unstimmigkeiten in bezug auf diese vorgestellte Welt gestoßen sein. So war Herodes Antipas ja nicht König (6,14), die Darstellung seiner Familienverhältnisse ist unzutreffend, und daß auch das Gebiet „jenseits des Jordan" zu seiner Tetrarchie gehörte, ist bei Mk nicht erkennbar. Ortsnamen wie Dalmanutha oder Genezareth sind − zumindest für uns − nicht identifizierbar, die Angabe in 11,1 ist ungenau, erst recht ist der in 7,31 vorausgesetzte Reiseweg − trotz gegenteiliger Behauptungen (s. u. S. 132) − nicht einsichtig. Auf der Route Kapharnaum−Jericho−Jerusalem (10,1.46 11,1) fehlt das zwischen Galiläa und Judäa liegende Samarien.

Der „besserwissende" Leser des Markusevangeliums mag solche und noch mehr Einwände schon damals gehabt haben. Dennoch ist zunächst festzuhalten, daß der zeitliche, geographische, politische und kulturelle Horizont nicht der fiktive einer Märchen- oder Sagenwelt ist, sondern ein historisch bestimmbarer, auch insofern, als Leser und Autor damals nicht eine unserer heutigen topographisch und archäologisch verifizierten Karten „Palästina zur Zeit Jesu" vor Augen hatten und auch keine Stammtafel der Herodesfamilie.

Die im Markusevangelium vorausgesetzte Welt muß also damaligen Lesern als reale Welt im wesentlichen plausibel erschienen sein; die Auslegung hat das zu beachten und darf nicht nach Entschlüsselung dieser erzählten Welt in eine „eigentlich gemeinte" suchen. Das schließt die von der Formgeschichte mit Recht hervorgehobenen Typisierungen durchaus ein; wenn als Aufenthaltsort Jesu einfach ein Dorf oder ein Haus genannt werden, wenn Jerusalem als typische, dem Leser vertraute Tempelstadt fast ohne Lokalkolorit erscheint, wenn die Zeitangaben ungefähr bleiben oder wenn die auftretenden Personen nur selten individuelle Züge tragen, wird damit die vorgestellte Welt in keinem Fall überschritten.

Die Plausibilität der erzählten Welt wird für damalige Leser aber auch nicht durchbrochen, wenn einerseits Satan, Beelzebul, Dämonen, andererseits Gott oder sein Geist als in dieser Welt wirkend vorgestellt sind. Daß bestimmte Krankheiten − auch bei Mk ja keineswegs alle − auf Dämonen zurückzuführen seien, ist eine in der Antike zwar nicht unbestritten, aber doch verbreitete Anschauung (s. u. S. 161), und dementsprechend gehören im Medium von Kranken begegnende Dämonen zu den Realitäten der erfahrenen Welt. Daß andererseits eine Stimme aus der Wolke (1,11 9,7) Jesus anredet und das „ich" dieser Stimme niemand anders ist als Gott selbst, kann weder aus griechischer noch aus jüdischer Tradition kommende Leser verwundern, die aus ihren alten Geschichten direkte Begegnungen zwischen Menschen und Göttern bzw. dem einen Gott kannten — mag auch solche Auffassung vor der damaligen Philosophie und ihrer Mythendeutung bereits nicht mehr bestehen können. Gerade das aber macht sie zu einer „alten" Geschichte.

Die erzählte Welt setzt ein Wirken Gottes und auch Satans voraus. Am Beginn der Geschichte kommt der Geist auf Jesus herab und treibt ihn in die Wüste, wo er vom Satan versucht wird (1,10—12). Die Gottesstimme von 1,11 spricht erneut in der Mitte der Geschichte (9,7), und hier wird Jesus transformiert in eine himmlische Gestalt wie Mose und Elia. Am Ende der Geschichte ist es ein Bote aus der anderen Welt, der Auskunft gibt über das, was geschehen ist (16,6f). Über die erzählte Welt hinaus reicht die Hoffnung auf das Kommen des Menschensohns mit den Wolken, das der Welt und ihrer Zeit ein Ende setzen wird.

Zu der erzählten Welt gehört also durchaus auch eine andere in diese Welt hineinreichende Welt, und dennoch ist die Geschichte Jesu sonst erstaunlich kontingent erzählt. Gott selbst oder der Satan greifen nicht mehr direkt in sie ein. Wo Gott spricht, stammen im übrigen seine Worte aus dem heiligen Text des Alten Testaments, wie auch Jesus von Gott als dem „Gott Abrahams, Isaaks und Jakobs" redet (12,26). In der Geschichte handeln irdische Personen; strittig aber ist, wo Gott begegnet und wo Beelzebul (3,22—30).

Der Lebensbereich der Leser ist ein anderer als der im Evangelium erzählte. Sie gehören offenbar zu jenem über die erzählte Welt hinausgehenden Bereich „alle Völker" (13,10), in den das Evangelium übertragen worden ist. Mk setzt bei ihnen aber eine weitgehende Kenntnis der Welt der Erzählung voraus; nur gelegentlich gibt er Erläuterungen zu Details, mehr oder weniger exakt. Auch die Welt der Leser ist in die Geschichte mit aufgenommen; ihre Gegenwart ist bestimmbar als die der Ereignisse im Zusammenhang mit dem Jüdischen Krieg (s. o. S. 6). Die davon ausgehenden Irritationen und auch Gefahren sind angesprochen in der Rede Jesu 13,5—37. In die Welt der Leser werden Geschichten transponiert, die an sich nur den Horizont und die Probleme einer jüdisch bestimmten Welt betreffen (z. B. 7,19 10,12). Aber die Leser werden ohnehin nicht das, was Jesus im Evangelium sagt, tut und leidet, relativiert haben auf ein „damals" und „dort", interessant bloß als Erinnerung, sondern sie werden sich selber angesprochen gefühlt haben; für sie bedeutete das „Evangelium", verkündigt „allen Völkern".

Eine „Gegenwelt" unter den Bedingungen der bestehenden wird in 10,42—44 angedeutet; Urteile über den Zustand der Welt zeigen sich z. B. in Bemerkungen über Motive der Gegner Jesu. Alles jedoch steht unter dem Vorbehalt der Begrenzung der vorhandenen erzählten und erfahrenen Welt durch das Kommen des Menschensohns (8,38 13,26 14,62) bzw. des Reiches Gottes (9,1).

5. Die Quellen

Literatur: J. P. ACHTEMEIER, The Origin and Function of the Pre-Marcan Miracle Catenae, JBL 91 (1972) 198–221. – E. BEST, Markus als Bewahrer der Überlieferung, in: R. PESCH (Hg.), Das Markus-Evangelium, WdF 411, 1979, 390–409. – M. E. BORING, Sayings of the Risen Jesus, MSSNTS 46, 1982. – J. D. CROSSAN, Four Other Gospels, 1985, 89–121. – M. DEVISCH, La relation entre l'évangile de Marc et le document Q, in: M. SABBE (Hg.), L'Évangile selon Marc, EThL.B 34, 1974, 59–91. – W. H. KELBER, The Oral and the Written Gospel, 1983. – H.-W. KUHN, Ältere Sammlungen im Markusevangelium, StUNT 8, 1971. – R. LAUFEN, Die Doppelüberlieferungen der Logienquelle und des Markusevangeliums, BBB 54, 1980. – D. LÜHRMANN, The Gospel of Mark and the Sayings Collection Q (erscheint in JBL). – F. NEIRYNCK, L'Évangile de Marc. À propos du commentaire de R. PESCH, ALBO V/42, 1979. – V. K. ROBBINS, Jesus the Teacher, 1974. – W. SCHENK, Der Einfluß der Logienquelle auf das Markusevangelium, ZNW 70 (1979) 141–165.

Mk sagt nirgends, woher er hat, was er wiedergibt. Der Text selbst enthält jedoch vielfache Anzeichen dafür, daß vorgegebene Überlieferung verarbeitet und nicht alles erstmals so formuliert ist. Zwar kann jeder Autor sich selbst nachträglich kommentieren; in dieser Häufung wie bei Mk (s. o. S. 7) jedoch deutet es darauf, daß er in den meisten Fällen etwas nachträgt, was er in einer vorgegebenen Geschichte vermißt. Am merkwürdigsten ist dabei die Bemerkung am Ende von 11,13, die der Geschichte eigentlich ihren Sinn nimmt; bedingt ist sie durch die zeitliche Einbettung der Szene in ihren jetzigen Zusammenhang des Passafestes im Frühjahr.

Auf vorgegebene Überlieferung kann man dann schließen, wenn man eine gleiche oder ähnliche Geschichte in einer zweiten, von Mk unabhängigen Fassung findet. Dafür kommen nicht einfach Mt oder Lk in Frage, die nach dem wohlbegründeten Urteil der Zwei-Quellen-Theorie ja von Mk abhängig sind. Der direkte Vergleich mit ihnen kann zwar etwas aussagen über die frühe Rezeption des Markusevangeliums, nicht aber über die Mk vorgegebene Überlieferung.

Das ist anders bei jenen Partien bei Mt und Lk, die Übereinstimmungen untereinander aufweisen, die nicht auf die gemeinsame Mk-Vorlage zurückgehen. Entsprechend der Zwei-Quellen-Theorie bilden sie das, was man die Logienquelle oder kurz Q (= Quelle) nennt. In allen neueren Untersuchungen wird Q für älter als Mk gehalten; umstritten ist aber, wie die Beziehungen im Mk und Q gemeinsamen Stoff interpretiert werden sollen (vgl. dazu insbes. R. Laufen, Doppelüberlieferungen). Ich bevorzuge das einfachere Modell, daß Q und Mk unabhängig voneinander Zugang hatten zu früher Jesusüberlieferung. Wäre Q eine direkte Vorlage für Mk, müßten alle Differenzen zwischen Mk und Q als Veränderung des Q-Textes durch Mk erklärt werden, was nicht gelingen kann. Das Modell von W. Schmithals (s. u. S. 14f) versucht dies zu vermeiden, indem eine gegenseitige Beeinflussung von Mk und Q angenommen wird; das aber führt zu zwei Stufen sowohl von Q als auch von Mk. Wer dagegen Q nicht als redaktionell zusammengestellte Sammlung, sondern als gewachsene Traditionsschicht interpretiert, rechnet im Grunde ebenso wie ich mit einer Berührung von Traditionen, nicht mit einer direkten literarischen Abhängigkeit; die Differenz liegt in der Bestimmung von Q.

Das mit Q gemeinsame Material im Markusevangelium beschränkt sich nicht auf Worte Jesu, sondern schließt auch kurze Szenen ein. Gemeinsam sind z. B. Überlieferungen über Johannes den Täufer (vgl. Mk 1,7f), der Beelzebulstreit (3,20–30), in Q verbunden mit der Zeichenforderung (8,11–13), das Gleichnis 4,30–32, die Aussendungsrede 6,7−13. Der Vergleich mit Q dient nicht allein der Rekonstruktion von Vorlagen des Mk, sondern kann hinweisen auf unterschiedliche Akzentuierungen, wenn nicht gar auf Auseinandersetzungen darüber, was Jesus gesagt hat und was dies für die Gegenwart bedeutet.

Von einem ähnlich einfachen Modell gehe ich aus beim Vergleich zwischen dem Markus- und dem Johannesevangelium. Auch hier scheint mir die angemessenste These die zu sein, daß beide unabhängig voneinander Zugang zu gleichen oder ähnlichen Überlieferungen gehabt haben, statt daß man mit einer literarischen Abhängigkeit des Joh von Mk bzw. von den Synoptikern insgesamt rechnet. Der Vergleich wird vor allem bei der Frage nach der Mk vorgegebenen Passionsgeschichte fruchtbar gemacht werden (s. u. S. 227f). Gemeinsam sind aber auch andere Geschichten wie die Darstellung des Täufers (Mk 1,2−8), der Einzug in Jerusalem (11,1−11) und die Tempelreinigung (11,15−19), vor allem auch die beiden miteinander verknüpften Wundergeschichten der Speisung der 5000 und des Seewandelns (6,32−52).

Beim Johannesevangelium ist freilich mit einem zwei- oder dreistufigen Redaktionsprozeß zu rechnen, der zu einer sehr viel reflektierteren Darstellung der Jesusüberlieferung geführt hat. Das betrifft insbesondere die Reden Jesu, wo sich kaum Gemeinsamkeiten zwischen Mk und Joh finden. Um so erstaunlicher ist es, daß sich gelegentlich in den erzählenden Partien wörtliche Übereinstimmungen gerade in nebensächlichen Details zeigen.

Zu berücksichtigen ist schließlich auch die außerkanonische Jesusüberlieferung, die man nicht a priori als von Mk oder den kanonischen Evangelien abhängig ansehen und deshalb vernachlässigen darf. Zwar nehme ich solche Abhängigkeit für das Petrusevangelium an, nicht aber z. B. für PEgerton 2 (s. u. S. 54 zu 1,40−45) und auch nicht generell für das Thomasevangelium bzw. seine griechischen Parallelen POx 1, 654 und 655. Keineswegs überzeugend ist dagegen die These von J. D. Crossan (Gospels 89−121), jenes oben (S. 2.5) bereits erwähnte „geheime Markusevangelium" sei die ursprüngliche Fassung unseres Markusevangeliums, das uns vorliegende nur dessen sekundäre Bearbeitung, wobei Mk die beiden dort genannten Szenen gestrichen bzw. an anderer Stelle verarbeitet habe. Es fehlt dafür jeder Anhaltspunkt in jenem Clemens-Text, in der Interpretation durch den Erstherausgeber, vor allem im Markusevangelium selber. Erkennbar ist nur wieder einmal der Wunsch nach einem „ursprünglichen" Evangelium hinter den vorhandenen.

Phänomene im Text des Markusevangeliums selber und der Vergleich mit Q, mit Joh und mit außerkanonischer Jesusüberlieferung können also die Annahme begründen, daß Mk weitgehend ihm vorliegende Traditionen wiedergibt und nicht als ein Autor anzusehen ist, der erstmals alles selbst formuliert hat. Das läßt die weitergehende Vermutung zu, daß vorgegebene Überlieferungen auch dort angenommen werden können, wo solche internen und externen Kriterien versagen. Hier haben die Einsichten der Formgeschichte ihr bleibendes Recht, daß die kleinen Einzelepisoden − je für sich erzählt − am Beginn der Jesusüberlieferung gestanden haben. Dieser Beginn liegt natürlicherweise zu Lebzeiten Jesu, wenn Jesus denn ein Mensch war, der in Galiläa und Jerusalem gewirkt hat, wovon sich die erzählt haben, die dabei waren; nicht erst das nachösterliche Kerygma hat also die Jesusüberlieferung geschaffen. Aussichtslos jedoch ist es, einen solchen Beginn aus Texten rekonstruieren zu wollen, die eben nicht aus erster Hand stammen, sondern aus zweiter, dritter, vierter, fünfter und allemal geprägt sind von der von Jesus ausgehenden Wirkung. Noch der Stil des im Markusevangelium endgültig literarisch gewordenen Textes trägt Züge der ursprünglichen Mündlichkeit der Überlieferung (s. o. S. 9).

Mehr und mehr erheben sich freilich Bedenken gegen die klassischen Verfahrensweisen der Literarkritik, durch Subtraktion redaktioneller Textbestandteile den exakten Wortlaut Mk vorgegebener Quellen zu rekonstruieren. Wer einmal eine Synopse mit Farbstiften durchgearbeitet hat, kann schon rein optisch erkennen, daß die Übereinstimmungen zwischen Mt oder Lk und Mk in den narrativen Passagen signifikant geringer sind als bei wörtlich zitierten Reden – und n. b. daß sich auch hier Änderungen zeigen. Ebenso schwierig wie die Rekonstruktion von Q aus Mt und Lk wäre die des Markusevangeliums, hätten wir nur Mt und Lk und statt Mk einen Text von Q.

Auch für Mk ist daher anzunehmen, daß er nicht einfach Vorlagen kopiert, sondern Texte auch neu formuliert hat. Andererseits zeigt sich jedoch dort, wo der Vergleich mit von Mk unabhängigen Paralleltexten möglich ist, daß Mk offenbar durchaus im Wortlaut ausformulierte Vorlagen aufnehmen kann, nicht bloß Kurzfassungen von Geschichten wieder auffüllt. Ob solche Vorlagen ihm schriftlich oder mündlich überliefert waren, macht dabei keinen qualitativen Unterschied, da bis in unsere Zeit auch mündliche Überlieferung sich als im Wortlaut relativ konstant erweisen kann.

Eine Skepsis gegenüber bis zu Bruchteilen von Versen gehenden wörtlichen Rekonstruktionen von Vorlagen – in Einzelfällen freilich möglich – ergibt sich auch aus der Einsicht, daß Untersuchungen, die mit Hilfe von stilistischen oder sprachstatistischen Beobachtungen Redaktion von Tradition scheiden wollen, nur einen geringen Grad an Evidenz aufweisen können. Die Auflistung von markinischen „Vorzugsvokabeln" oder von grammatischen Besonderheiten des Markusevangeliums kann nur im Vergleich mit Mt und Lk bzw. anderen frühchristlichen Autoren Aussagekraft haben, nicht aber für die Bestimmung von Unterschieden zwischen Mk und der von ihm aufgenommenen Tradition. Durchgehend zu beobachtende sprachliche Phänomene lassen zwar Eigenheiten des Mk-Textes erkennen, erlauben aber nicht den Schluß, daß diese deshalb redaktionell sein müssen.

Wie schwierig sich die Frage nach Quellen des Mk darstellt, zeigen die beiden sehr unterschiedlichen Lösungen von Schmithals und Pesch in ihren Kommentaren. Für Pesch gibt es – vor allem im zweiten Teil des Evangeliums (8,27–16,8) – kaum noch eine Differenz zwischen Tradition und Redaktion; Mk übernimmt nach ihm einfach einen insgesamt weitgehend vorgegebenen Text im Wortlaut (zur Kritik vgl. vor allem F. Neirynck, L'Évangile). Mit der Annahme einer vormarkinischen Passionsgeschichte dieses Umfangs entfällt für Pesch auch das Problem des Verhältnisses zwischen Historie und Text; die Vorlage, vor 37 entstanden (Pesch II 21), steht den Ereignissen so nahe, daß sie die historische Wirklichkeit korrekt wiedergibt – um den Preis solch rationalistischer Erklärungen wie derer zu 14,12–16 oder 15,33.

Für Schmithals hingegen bietet das uns vorliegende Markusevangelium die Möglichkeit, eine „Grundschrift" des Verfassers zu rekonstruieren, die in vollem Einklang mit paulinischer Theologie steht, jedoch keinerlei Bezug zur Geschichte Jesu hatte. Zwar rekonstruiert Schmithals also eine Quelle des Markusevangeliums aus dem vorhandenen Text, für diese Quelle aber gibt es dann keine Quellen mehr außer der unchristologischen Wortüberlieferung einer ersten Stufe von Q (Schmithals I 43–49). Die „Grundschrift" des Markusevangeliums soll dann ihrerseits auch zu einer zweiten Stufe von Q geführt haben, beide zusammen stellen das Material dar, das im Markusevangelium, wie wir es kennen, mehr schlecht als recht verarbeitet ist.

Mühsamer als diese beiden auf unterschiedliche Weise das Problem des Verhältnisses zwischen Tradition und Redaktion eigentlich ausblendenden Lösungen ist der Weg, für die einzelnen Texte eine Überlieferungsgeschichte vor der uns im Mk-Text vorliegenden Fassung zu erheben, die deren Ausgangspunkt prinzipiell beim Wirken Jesu selber sucht. Es gibt Texte, bei denen sich eine solche Überlieferungsgeschichte plausibel darstellen läßt (z. B. 7,1−23 oder die Passionsgeschichte), es gibt auch Texte wie z. B. die Gleichnisse in 4,1−34, die auf Jesus selbst zurückgeführt werden können − von Jesus erzählt haben allemal andere, nicht er selbst, so daß sich eine solche Suche auf die Wortüberlieferung beschränken muß. Es gibt schließlich natürlich Texte, die erst Mk so formuliert haben wird (z. B. 8,31).

Zu fragen ist schließlich nach größeren Textzusammenhängen, die eventuell Mk schon als Sammlungen vorgelegen haben können. Das ist für die Passionsgeschichte wahrscheinlich zu machen (s. u. S. 227−231), auch für 4,1−34 (s. u. S. 80f) und wohl auch − trotz neuerer Bestreitungen − für 2,15−3,5 (s. u. S. 56). Auch sonst ist davon auszugehen, daß Mk z. B. die drei Verse 1,29−31 nicht als eine Einzeltradition überliefert waren, sondern als Teil eines größeren Zusammenhangs, und der Vergleich mit Joh 6,1−21 wird zeigen, daß die beiden Wundergeschichten in 6,32−52 Mk bereits zusammen vorgegeben waren (s. u. S. 118f).

Versuche, als Vorlage des Mk eine oder zwei parallele Sammlungen von Wundergeschichten zu rekonstruieren, haben daher manches für sich, nicht zuletzt das analoge Phänomen einer Semeia-Quelle im Johannesevangelium (vgl. P. Achtemeier, Origin). Es ergibt sich aber doch keine in sich geschlossene „Quelle" mit eigener, von der des Mk abzuhebender Intention (s. u. S. 95). Die Zusammenstellung von Streitgesprächen in Jerusalem in 11,27ff geht aller Wahrscheinlichkeit nach auf Mk selbst zurück (s. u. S. 185), ebenso der Komplex 10,1−31 unter dem Thema des „Hauses" (s. u. S. 171). Auch für die eschatologische Rede 13,5−37 scheint mir eine andere Deutung möglich als die, hier die Bearbeitung einer schriftlichen Vorlage zu sehen (s. u. S. 215).

Insgesamt wird sich zeigen, daß Mk weitgehend ihm vorgegebene Überlieferung aufnimmt. Doch ist das Markusevangelium nicht einfach als Addition vorformulierter Texte anzusehen, sondern als Neuformulierung der Überlieferung, die zu einem neuen Werk geführt hat.

6. Das Werk

Literatur: R. Bultmann, Die Geschichte der synoptischen Tradition (= GST), FRLANT 29, ³1957. − M. Dibelius, Die Formgeschichte des Evangeliums (= FG), ³1959. − A. Dihle, Die Evangelien und die biographische Tradition der Antike, ZThK 80 (1983) 33−49. − Ders., Die Evangelien und die griechische Biographie, in: P. Stuhlmacher (Hg.), Das Evangelium und die Evangelien, WUNT 28, 1983, 383−411. − H. J. Ebeling, Das Messiasgeheimnis und die Botschaft des Marcus-Evangelisten, BZNW 19, 1939. − W. R. Farmer, The Synoptic Problem, 1964. − G. Friedrich, Die formale Struktur von Mt 28,18−20, ZThK 80 (1983) 137−183. − A. (v.) Harnack, Das Wesen des Christentums, Neudruck Siebenstern-Tb 27, 1964. − J. C. Hawkins, Horae Synopticae, ²1909. − M. Hengel, Probleme des Markusevangeliums, in: Evangelium (s. o.) 221−265. − H. J. Holtzmann, Die synoptischen Evangelien, 1863. − M. Kähler, Der sogenannte

historische Jesus und der geschichtliche, biblische Christus, Nachdruck ThB 2, ²1956. – E. KÄSE-
MANN, Das Problem des historischen Jesus, in: Exegetische Versuche und Besinnungen I, 1960,
187–214. – W. G. KÜMMEL, Einleitung in das Neue Testament, ²¹1983. – D. LÜHRMANN, Biogra-
phie des Gerechten als Evangelium, WuD 14 (1977) 25–50. – W. MARXSEN, Der Evangelist
Markus, FRLANT 67, 1956. – R. C. MORGAN, Günther Bornkamm in England, in: Kirche (Fs G.
Bornkamm), 1980, 491–506. – L. RUPPERT, Jesus als der leidende Gerechte?, SBS 59, 1972. – W.
SANDAY (Hg.), Oxford Studies in the Synoptic Problem, 1911. – K. L. SCHMIDT, Der Rahmen der
Geschichte Jesu, 1919 (Nachdruck 1964). – A. SCHWEITZER, Geschichte der Leben-Jesu-For-
schung, Neudruck GTB 77/78, ³1977. – H. J. STEICHELE, Der leidende Sohn Gottes, BU 14, 1980.
– B. H. STREETER, The Four Gospels, 1924. – P. VIELHAUER, Erwägungen zur Christologie des
Markusevangeliums, in: Aufsätze zum Neuen Testament, TB 31, 1965, 199–214. – T. J. WEEDEN,
Mark – Traditions in Conflict, 1971. – W. WREDE, Das Messiasgeheimnis in den Evangelien,
1901, Nachdruck ⁴1969.

Für das Markusevangelium läßt sich keine große Geschichte seiner Rezeption schreiben.
Im Schatten des Johannes- und des Matthäusevangeliums mußte es wie eine Kurzfassung
wirken, und es konnte auch nicht wie das Lukasevangelium durch eigene besondere
Geschichten Profil gewinnen. Die Aufstellungen der Zitate und Anspielungen in den
Bänden der „Biblia Patristica" z. B. zeigen eine sehr ungleiche Verteilung für die vier
Evangelien zuungunsten des Markusevangeliums.

Beachtung fand es eigentlich erst, als seit dem Ende des 18. Jh.s die historische Frage
nach den Beziehungen zwischen den vier Evangelien systematisiert wurde, und auch
dann erst, als man sich nicht mehr zufrieden gab mit einem „Urevangelium" welcher
Art auch immer hinter den vorhandenen und auch nicht mit Griesbachs Nachstellung
des Mk hinter Mt und Lk.

Für die These der zeitlichen Priorität des Mk vor Mt und Lk, schon im 18. Jh. gelegentlich vertreten, wurde die 1835 von Carl Lachmann dargestellte Grundeinsicht wichtig, daß Mt und Lk in der Reihenfolge des Geschehensablaufs nur dann übereinstimmen,
wenn sie auch mit Mk übereinstimmen; wo das nicht der Fall ist, weichen sie voneinander ab. Deshalb konnte Mk als gemeinsame Grundlage von Mt und Lk angesehen
werden. Damit hatte Mk jedoch nicht nur ein zeitliches Prae gewonnen, sondern zugleich die Qualität eines „ursprünglichen" Evangeliums. Daneben trat seit H. Weisses
Untersuchung von 1838 die Logienquelle – später kurz Q (= Quelle) genannt – als eine
Sammlung von Sprüchen Jesu, aus der der weitere Mt und Lk neben Mk gemeinsame
Stoff stammt.

Theologisch erhielten diese Thesen ihre Bedeutung in der Auseinandersetzung mit
David Friedrich Strauß und seiner Interpretation der Jesusgestalt als Verkörperung der
Idee des Gottmenschen und der Evangelien als Darstellung eines Mythos, der eigentlich
von der Menschheit als ganzer rede. Das wird deutlich in der Einleitung von Heinrich
Julius Holtzmann zu seinem Buch „Die synoptischen Evangelien" von 1863, der zusammenfassenden Begründung der Zwei-Quellen-Theorie. Diese soll helfen, gegen Strauß
„eine vollkommen gesicherte und nach allen Seiten gerechtfertigte Antwort" (9) auf die
historische Frage zu geben, „das, was der Stifter unserer Religion an sich war, also das
ächte und naturgetreue Bild seines Wesens herauszustellen unter Anwendung der allein
legitimen Mittel einer gewissenhaften historischen Kritik" (1).

Das Johannesevangelium konnte als „spekulativ" vor dieser Kritik nicht mehr bestehen, Mt nur, sofern Jesu Reden dort – nicht zuletzt die Bergpredigt – sich auf Q
zurückführen ließen. Mk hingegen war neben Q die eine der beiden Hauptquellen für

den historischen Jesus. Der reduktionistischen Christologie des 19. Jh.s kam Mk entgegen, denn es enthält ja weder eine Vorgeschichte wie Mt und Lk (Jungfrauengeburt!) noch ursprünglich eine Erscheinungsgeschichte; daß 16,9–20 sekundär war, wußte man seit langem. Problematisch war hingegen das Übergewicht der Wundergeschichten, das aber aufgefangen wurde durch die Hinzufügung der Wortüberlieferung in der Logienquelle. Die Verkündigung Jesu in Mk und in Q schien zu erweisen, daß der historische Jesus sich zwar als ein Mensch mit einer besonderen Gottesbeziehung verstanden hatte, nicht jedoch als göttlich im Sinne der Zwei-Naturen-Lehre. Mk und Q übernahmen die theologische Begründungsfunktion, die für die klassische Christologie Joh gehabt hatte.

Für Holtzmann blieb ein Problem: Er konnte den uns vorliegenden Text des Markusevangeliums nicht als die Vorlage erweisen, die Mt und Lk benutzt hatten, und er postulierte daher einen Ur-Markus, von dem sich unser Mk-Text freilich nicht wesentlich unterscheidet. Die weitere literarkritische Arbeit an den Evangelien führte zur Befestigung der Zwei-Quellen-Theorie und ansatzweise auch in die Frage nach Quellen des Mk. Insgesamt bestätigte sich die Einschätzung des Markusevangeliums als einer der beiden Quellen, aus denen ein historisch verantwortetes Bild Jesu zu gewinnen sei gegen Strauß, aber auch gegen die klassische „spekulative" Christologie. Auf dieser methodischen Basis entwarf z. B. Harnack seine Sicht des „Wesens des Christentums".

Die Zwei-Quellen-Theorie ist unabhängig von der speziellen theologiegeschichtlichen Situation, in der sie entstanden und im 19. Jh. weiterentwickelt worden ist, die Theorie geblieben, die am überzeugendsten die historischen Zusammenhänge zwischen den drei ersten Evangelien erklären kann. Ihre Bestreitung durch W. R. Farmer (Problem) u. a. stützt sich auf die kleineren Übereinstimmungen zwischen Mt und Lk in Texten, die der Theorie nach auf Mk zurückgehen müssen. Das aber rechtfertigt nicht die Rückkehr zu Griesbachs Nachordnung des Mk. Aus internen Kriterien läßt sich die Datierung des Markusevangeliums auf ca. 70 erschließen (s. o. S. 6), während für Mt und Lk die mit diesem Datum angezeigte Zerstörung Jerusalems und des Tempels offensichtlich bereits längere Zeit zurückliegt.

Das Jesusbild, das mit der Zwei-Quellen-Theorie begründet werden sollte, wurde freilich um die Jahrhundertwende in Frage gestellt. Auf der einen Seite zeigte A. Schweitzer (Geschichte), daß das aus den beiden Quellen gewonnene Bild Jesu keineswegs „echt und naturgetreu" war, und er entwarf statt dessen ein anderes Bild Jesu, das eines Apokalyptikers, der vergeblich das Ende der Welt herbeizuzwingen versucht hatte. So wirksam seine Destruktion der Leben-Jesu-Forschung geworden ist, so wenig überzeugend war insgesamt diese seine Rekonstruktion des Wirkens und Wesens Jesu, zumal er sie auf die These der Mt-Priorität stützte.

Für die Mk-Forschung entscheidender geworden ist W. Wredes Buch über das „Messiasgeheimnis in den Evangelien". Sein Ergebnis lag freilich noch ganz im Zusammenhang der durch Strauß provozierten Frage nach dem historischen Jesus, denn was die Theologie des 19. Jh.s meinte, als Jesu Selbstbewußtsein historisch verifizieren zu können, wurde hier als zur „Messiasdogmatik" der Gemeinde gehörig erklärt: Der historische Jesus hatte sich selbst nicht als Messias verstanden, erst die Gemeinde hatte, um sich (historisch) zu legitimieren, mit Hilfe der Schweigegebote, des Unverständnisses der Jünger und der Parabeltheorie die Messianität in sein eigenes Bewußtsein zurück verlagert.

Wrede führte das an allen drei Synoptikern durch; aufgenommen wurde es aber vor allem in der Interpretation des Markusevangeliums. Auch bei Wrede noch ist das Markusevangelium als „Quelle" für die Darstellung gesehen, erschüttert wird jedoch das Vertrauen in seine historische Zuverlässigkeit, denn man muß nach Wrede eben die „Messiasdogmatik" abziehen, um ein historisch verantwortetes Bild Jesu zu gewinnen. Diese ist nach Wrede nicht erst von Mk in die Jesusüberlieferung eingebracht worden, sondern geht auf frühere Stufen zurück.

Schon Harnacks historische Begründung des „Wesens des Christentums", vor allem aber Schweitzers Infragestellung solcher Begründung des Christentums im historischen Jesus und auch Wredes erneute Reduktion des Jesusbildes führten in England zu intensiven Bemühungen um das synoptische Problem mit dem Ziel, mehr als in Deutschland zugestanden für den historischen Jesus zu verifizieren (s. R. C. Morgan, G. Bornkamm). Über die „Horae Synopticae" von J. C. Hawkins und die von W. Sanday herausgegebenen „Oxford Studies in the Synoptic Problem" führte das zu B. H. Streeters Buch „The Four Gospels", in dem die Zwei-Quellen-Theorie noch einmal begründet und zu einer Vier-Quellen-Theorie erweitert wurde, vor allem aber Proto-Lukas nun ein gewisses Prae erhielt in der Darstellung Jesu. Gegenüber der deutschen Skepsis in bezug auf die Verläßlichkeit unserer Quellen konnte so ein − zumindest halbwegs − „echtes und naturgetreues Bild" Jesu gewonnen werden. Dem ist auch der Mk-Kommentar von Vincent Taylor noch verpflichtet.

In Deutschland hingegen wurde gerade das kritische Resultat von Wrede positiv aufgenommen in den formgeschichtlichen Arbeiten von M. Dibelius und R. Bultmann, die beide das „Wesen des Christentums" nicht mehr historisch aus der Verkündigung des „Stifters unserer Religion" beschreiben wollten, sondern gerade aus dem, was bei Wrede „Messiasdogmatik" genannt worden war. Sie leiteten die Jesusüberlieferung nicht primär vom historischen Jesus her, sondern bestimmten sie aus dem „Sitz im Leben" der Gemeinde. Für Dibelius war das „die Predigt", in der Jesusgeschichten als Beispiele verwendet wurden, für Bultmann abstrakter „das Kerygma" als nachösterliche Verkündigung des durch Kreuz und Auferstehung Jesu geschaffenen Heils; für beide war Mk nicht mehr aus sich selbst zu interpretieren, sondern nur als Verweis auf „die Verkündigung", denn nicht mehr der historisch beschreibbare Jesus, sondern die Jesu Worte und Taten überliefernde Gemeinde war nach ihnen der Ursprung des Christentums.

So charakterisierte Dibelius Mk als „Buch der geheimen Epiphanien" Jesu (FG 232), Bultmann es als „Vereinigung des hellenistischen Kerygma von Christus ... mit der Tradition über die Geschichte Jesu" (GST 372f). Aufgenommen wurde nun speziell für Mk auch M. Kählers Bestimmung der Evangelien insgesamt als „Passionsgeschichten mit verlängerter Einleitung" (Jesus 60 Anm.). Von der Formgeschichte her konnte Mk also eigentlich nur insofern interessant sein, als Rückschlüsse auf die Verkündigung der nachösterlichen Gemeinde möglich waren. Für die hatte man freilich andere, bessere Quellen, die Paulusbriefe und die Apostelgeschichte.

Aus Wredes Aufweis, daß die Theologie sich nicht in einem historisch verifizierbaren Bewußtsein Jesu legitimieren könne, verbunden mit Schweitzers Rückverweisung des historischen Jesus in eine ferne, die Gegenwart kaum noch erreichende Vergangenheit wurde also in der Formgeschichte die Begründung des Christentums in der Predigt, im Kerygma, d. h. in der von seiner Wirkung rückblickenden Deutung Jesu, nicht mehr in seinem Selbstbewußtsein. Damit verlor Mk die ihm für kurze Zeit zugebilligte Priorität; offenbar konnte das Markusevangelium das nicht leisten, was man ihm zumutete: die eine der beiden Quellen für die Legitimation des Christentums zu sein. Das Prae lag nun bei der Predigt, beim Kerygma, und das von der historischen Kritik als „spekulativ" abgetane Johannesevangelium schien − wie Bultmann in seinem Johannes-Kommentar zu zeigen versuchte − eine legitimere Entfaltung des Kerygmas zu sein als Mk. Unter der Dominanz der Formgeschichte fehlt denn auch fast jegliche Mk-Forschung; das Wrede weiterführende Buch von H. J. Ebeling (Messiasgeheimnis, 1937) blieb zunächst ohne Wirkung.

Neues Interesse erregte das Markusevangelium unter der Fragestellung der Redaktionsgeschichte. Die Formgeschichte hatte gezeigt, daß Mk keineswegs als „Quelle" im strengen Sinne des Historismus gelten konnte: Die geographischen und zeitlichen Verknüpfungen zwischen den einzelnen Geschichten waren wenig vertrauenswürdig (so das Resultat des Buches von K. L. Schmidt zum „Rahmen der Geschichte Jesu"); was Mk dadurch verbindet, geht zurück auf mündliche Verkündigung (Dibelius und Bultmann), und was die Verkündiger leitete, war nicht historisches Interesse, sondern die Proklamation Jesu als des Heilbringers.

Die redaktionsgeschichtliche Interpretation hielt zunächst an diesem Ansatz fest, bezog aber das Markusevangelium daneben auf eine historische Situation des Autors und seiner Gemeinde. W. Marxsen, der die Frage der Redaktionsgeschichte erstmals an das Markusevangelium stellte, bestimmte diese Situation durch die Erwartung des baldigen Kommens Jesu als Beendigung dieser Welt − also durch das, was A. Schweitzer zum Schlüssel für den historischen Jesus selber gemacht hatte. Das ist freilich kaum ein einsichtiges Motiv dafür, ein Evangelium zu schreiben, denn dessen Schriftlichkeit rechnet doch mit einer gewissen Dauer der Zeit.

Dennoch bleibt Marxsens Buch ein wichtiger Auslöser für die weitere Mk-Forschung, vor allem mit seinem Kapitel über das Verständnis von εὐαγγέλιον bei Mk (77−101): Ist das Markusevangelium als Entfaltung dessen zu interpretieren, was bei Paulus Inhalt des εὐαγγέλιον ist, oder meint εὐαγγέλιον bei Mk etwas anderes? Leitend war für die Mk-Interpretation die in der Mt- und Lk-Forschung bewährte Frage nach dem Verhältnis von Tradition und Redaktion, auch wenn schon Marxsen die Schwierigkeit betont hatte, bei Mk vorgegebene Überlieferung herauszuarbeiten. Im Mittelpunkt des Interesses standen vor allem die Wundergeschichten, die literarkritisch auf eine oder zwei Quellen zurückgeführt, theologisch von einer θεῖος-ἀνήρ-Christologie her interpretiert wurden; gegen die habe Mk sich gewandt mit Hilfe des Messiasgeheimnisses im Sinne seiner theologia crucis (vgl. insbes. T. W. Weeden).

Einflußreich wurde vor allem P. Vielhauers oft wiederholte These, die Leitstellen für die markinische Christologie seien 1,11 9,7 und 15,39, deren Zusammenhang letztlich aus einem altägyptischen Krönungsritual zu erklären sei: Apotheose − Präsentation − Inthronisation des Königs als Gottessohn; die Pointe dieser Interpretation liegt darin, daß die Inthronisation Jesu als des Sohnes Gottes bei Mk am Kreuz stattfindet − die markinische Christologie ist dann theologia crucis; sie ist nicht nur wie für Bultmann am hellenistischen Kerygma orientiert, sondern direkt an der paulinischen Theologie. Nun ist die Existenz eines solchen altägyptischen Rituals mehr als zweifelhaft (vgl. G. Friedrich, Struktur), vor allem aber wird sich zeigen, daß bei Mk der Titel „Sohn Gottes" nicht von einer Königstradition her zu bestimmen ist (s. u. S. 38).

Insgesamt ist das Interesse am Markusevangelium in den letzten Jahren so groß gewesen, daß es zu einer beispiellosen Menge von umfangreichen Monographien gekommen ist, die zwar jeweils Einzelprobleme darstellen, aber offenbar zwangsläufig zu Gesamtinterpretationen tendieren müssen. Leitend ist nicht zuletzt das erneute Interesse am historischen Jesus, von dem freilich E. Käsemann in seinem diese Frage begründenden Aufsatz das Markusevangelium ausdrücklich ausgenommen hatte (Problem 193).

Nun aber steht eine Fülle solcher Gesamtinterpretationen konkurrierend nebeneinander, sich gelegentlich überschneidend, oft einander ausschließend; ein strukturierter Überblick, der zwei oder drei Grundoptionen aufweisen würde – wie es z. B. für die Q-Forschung möglich ist –, will nicht gelingen. Ebensowenig ist ein solcher Überblick von bestimmten Themen oder von Topoi der älteren Mk-Forschung her zu erreichen, und deshalb habe ich es aufgegeben, meine eigene Interpretation abzusichern durch eine vorausgehende kritische Darstellung der neueren Literatur zum Markusevangelium.

Wichtig sind für meine eigene Auslegung zwei erkennbare Linien, die zwar nicht bloß vereinzelt vertreten werden, doch auch nicht so etwas wie einen neuen Konsens angeben. Das ist auf der einen Seite der Aufweis der Bedeutung des Motivs des „leidenden Gerechten" über die Passionsgeschichte hinaus für das Evangelium als ganzes (vgl. bes. L. Ruppert, Jesus; H. J. Steichele, Sohn). Das ist auf der anderen Seite, daß – sehr überraschend – der seit der Formgeschichte verpönte Begriff „Biographie" wieder positiv verwendet wird zur Charakterisierung des Markusevangeliums (vgl. bes. A. Dihle, Evangelien; M. Hengel, Probleme). Ich selbst habe diese Linien zu verbinden versucht: „Biographie des Gerechten als Evangelium."

Was das Werk insgesamt ist, darüber besteht derzeit weniger denn je Einverständnis. Es ist sicher nicht mehr nur die eine Quelle von zwei für den historischen Jesus, aber auch nicht nur Ausdruck der Predigt oder des Kerygmas. Es ist das älteste Evangelium, wenn man die Zwei-Quellen-Theorie als plausibel ansieht; „Evangelium" ist jedoch keine vorgegebene literarische Gattung. Was das Markusevangelium ist, kann sich nur aus ihm selbst ergeben, am ehesten, wo Mk zu erzählen beginnt und wo seine Geschichte aufhört, und deshalb soll der Versuch einer Bestimmung in die Kommentierung verlegt werden und an diesen beiden Stellen erfolgen (S. 42–44 und S. 271). Rückblicke und Vorblicke mit derartigen Beobachtungen werden die Auslegung am Beginn der größeren Abschnitte begleiten.

7. Die Auslegung

Literatur: F. Hahn (Hg.), Der Erzähler des Evangeliums, SBS 118/119, 1985. – W. H. Kelber, Mark's Story of Jesus, 1979. – F. G. Lang, Kompositionsanalyse des Markusevangeliums, ZThK 74 (1977) 1–24. – L. Schenke, Der Aufbau des Markusevangeliums – ein hermeneutischer Schlüssel?, BN 32 (1986) 54–82. – W.S. Vorster, Der Ort der Gattung Evangelium in der Literaturgeschichte, VuF 29 (1984) 2–25.

Auszulegen ist das Markusevangelium – diese Prämisse setzt sich offenbar mehr und mehr durch – als ein fortlaufender Text, dessen einzelne Teile im Zusammenhang des ganzen Evangeliums zu sehen sind, nicht primär im Blick auf die jeweilige Verarbeitung von Tradition. Das bedeutet aber nicht – und da bereits hört ein möglicher Konsens auf –, daß man sich dispensieren darf von den historischen Fragen nach dem Autor, nach den ursprünglichen Lesern und nach den Quellen, auf die der Autor sich stützt. Hypothetisch sind Antworten darauf allemal, denn wir kennen vom Autor bestenfalls seinen Namen, wir kennen seine und seiner Leser Situation nicht unabhängig vom Text des Markusevangeliums, und wir müssen die Quellen erst rekonstruieren, ja sogar den Text. Dennoch braucht man solche Antworten, weil der Text selbst sich nicht als zeit- und ortlose Fiktion gibt, vergleichbar einem Märchen, das „irgendwann" und „irgendwo" spielt. Sucht man überhaupt nach einer Analogie in uns geläufiger Literatur, wäre das am ehesten der „historische Roman"; auch im Markusevangelium ist der Realitätsgehalt in bezug auf das Erzählte wie in bezug auf die Zeit seiner Entstehung relativ hoch. Nur dadurch kommen wir ja auch zu einer Datierung des Werkes; vergleichbar ist aber auch das Ineinander von historischem Abstand und gegenwärtiger Bedeutung.

Diese nötigen historischen Fragen können jedoch nicht Selbstzweck sein. Weder darf eine Auslegung sich bescheiden mit der Rekonstruktion des Textes oder seiner Vorlagen noch mit der Rekonstruktion der aktuellen Situation der Leser und des Autors. Das alles kann natürlich unser historisches Wissen über das Markusevangelium und über die Geschichte des frühen Christentums mehren; das so erklärbare Werk hat seine Wirkung aber auch unabhängig von diesen Bedingungen, weil es durch seine Schriftlichkeit in neuen Zusammenhängen gelesen werden kann. Die Auslegung muß daher den einzelnen Text zunächst auf das vom Autor geschaffene Ganze beziehen, was n. b. auch neue Perspektiven für die historischen Fragen eröffnet.

Dem narrativen Charakter des Textes entsprechend ist meine Kommentierung über weite Strecken Nacherzählung, die, nicht anders als Mk das für seine Leser getan hat, Informationslücken auszufüllen versucht. Die Gefahr einer solchen Art von Kommentierung liegt darin, daß der Eindruck entstehen kann, es werde nur „naiv" oder gar „nachkritisch" eine alte Geschichte wiederholt ohne historische und kritische Distanz. Doch wer sich über Jahre von einem Werk wie dem Markusevangelium hat in Bann schlagen lassen, darf vielleicht etwas von dieser Faszination weitergeben, wenn zugleich der Abstand zu „damals" und „dort" in Erinnerung bleibt und vor allem, daß es um das Markusevangelium geht und nicht direkt um die Historie Jesu.

Der Ausleger weiß zwar vieles besser als Mk; er darf aber nicht zum Richter werden und Mk diktieren wollen, was der eigentlich hätte schreiben sollen. Daraus ergibt sich für die Kommentierung insbesondere, daß die exkursartigen Ausführungen (s. deren Liste S. IX f) zwar nötig sind, wo für uns heute Informationslücken bestehen; es geht dabei um Realien, um Personengruppen, um bestimmte Wendungen oder gar „Begriffe", und viele derartige Exkurse sind nötig, weil die von Mk vorausgesetzte Welt nicht mehr unmittelbar die unsere ist. Dennoch darf deren Ziel nicht sein, an die Stelle der Darstellung solcher Sachverhalte durch Mk eine „richtige" zu setzen; sie müssen vielmehr zugespitzt sein darauf, wie das, was uns nicht unmittelbar zugänglich ist, bei Mk erscheint. Beschrieben wird also z. B. (S. 60f) nicht nur, was wir heute über die Pharisäer wissen, sondern auch, wie sie im Markusevangelium dargestellt sind, wobei unser „besseres Wissen" nicht zuletzt aus der Interpretation des Markusevangelium stammt. Andererseits wird z. B. für den Jerusalemer Tempel (S. 192) nicht zusammengetragen, was wir heute über seine Anlage und Funktion wissen, sondern das Bild Jerusalems als einer typischen Tempelstadt, als das es im Markusevangelium erscheint, herausgearbeitet.

Ebenso habe ich darauf verzichtet, ständig eine „historische Beurteilung" (so Gnilka durchgehend; vgl. bei Pesch jeweils Abschnitt IV der Auslegung) zu geben. Gelegentlich finden sich durchaus Überlegungen, ob ein „Jesuswort" tatsächlich auf den historischen

Jesus zurückgeht, und ich bin in diesem Punkt wahrscheinlich weniger skeptisch als manche Leser. Aber ein Kommentar zum Markusevangelium darf nicht als Materialsammlung erscheinen, die in Addition solcher „Beurteilungen" zu einem Bild des historischen Jesus führt. Wichtiger ist, daß sich in der Jesusüberlieferung, die Mk aufnimmt, recht unterschiedliche Deutungen des in sich selbst keineswegs eindeutigen Wirkens Jesu zeigen; das wird an einigen Stellen gerade der Vergleich zwischen Mk und Q ergeben.

In der Übersetzung müssen sich die exegetischen Ergebnisse widerspiegeln; für sich allein ist sie aber noch nicht die Auslegung des Textes. Die Abfolge von Übersetzung und danach Auslegung zielt vielmehr hin auf einen dem Leser überlassenen dritten Schritt: ein exegetisch verantwortetes Nacherzählen des Textes, das etwas anderes ist als ein bloßes Wiederholen des Textes in unserer heutigen deutschen Sprache; schon wer einen Text im Gottesdienst vorliest, wird versucht sein, „d. h." als Erläuterung einzufügen, und sei es nur, daß man „er" durch „Jesus" ersetzt. Ein solcher dritter Schritt ist im Kommentar nur angedeutet, wohl aber vorbereitet, und zwar als exegetisch verantwortete narrative Aneignung des Textes, die jedoch nicht an die Stelle des alten Textes einen neuen setzt − dann wäre die alte Geschichte ja nur eine überholte.

Auch der Ausleger begegnet dem Text zunächst als Leser, nicht als sein Autor. Deshalb nehme ich in der Kommentierung durchgehend die Position des Lesers ein, der bestimmte Zusammenhänge herstellt und bestimmte Assoziationen hat, auch wo ihm das von Mk nicht ausdrücklich nahegelegt wird. Ob das immer der Intention des Autors entspricht, ist aus dieser Sicht gar nicht so wichtig.

Im Lesen, zumal im durch die Schriftlichkeit ermöglichten Zurück- und Vorblättern, wird der Text jedoch auch zum Text des Lesers, angefangen womöglich bei textkritischen Entscheidungen, wenn er zwei unterschiedliche Versionen vor sich hat oder ein Gesprächspartner ihn auf einen anderen Wortlaut verweist. Der Leser wird weiter sich selbst und wird anderen Lesern die Frage stellen, was der Autor wohl gemeint habe, und wird nicht erst von seinen Gesprächspartnern diese Frage gestellt bekommen. Das Gelesene kann sich dadurch verändern, angefangen beim Wortlaut des Textes in textkritischer Hinsicht, erst recht bei bewußten Neubearbeitungen z. B. durch Mt oder Lk. Auch als Ausleger darf jedoch der Leser nicht einfach seinen eigenen Text an die Stelle des gelesenen setzen − es sei denn, er kann entscheidende Gründe dafür nennen; eine Mk korrigierende andere historische Rekonstruktion erfüllt diese Bedingung noch nicht.

„Der Leser" freilich ist ein abstractum höchsten Grades, weder männlich noch weiblich, obwohl sich diese Differenz in einer Nebensächlichkeit wie den Auslegungen von Mk 1,31 in den − von Männern geschriebenen − Kommentaren beobachten läßt. Fischer haben vermutlich einen anderen Zugang zu 1,16−20, Bauern werden anders als ich reagieren auf 4,1−34, wo uns mehr die „Bedeutung" interessiert als die erzählten Geschichten, Soldaten schließlich anders auf 15,16−24 und auf 15,39, während ein Neutestamentler und seine Leser nicht vorkommen in der auszulegenden Geschichte − auch nicht als „die Schriftgelehrten". Doch nicht nur „wir" sind es, die darin nicht vorkommen, sondern viele unserer Zeitgenossen; das Lesen − und Hören! − des Textes jedoch ist die keineswegs abstrakte Brücke, die uns in jene Zeit von „damals", „dort" bringt und zurück in unser „jetzt".

Jedes Lesen des Textes ist bereits vorgeprägt durch eine Fülle unterschiedlicher Auslegungen. Für den, der einen Kommentar schreibt, konkretisiert sich das in den Stapeln von Büchern, die ihn umgeben. Vieles habe ich über die Jahre gelesen; vielem bin ich verpflichtet, vor allem solchem, was mich zur Präzisierung einer differierenden Meinung zwang. Vieles, wovon ich hätte lernen können, habe ich vermutlich aus unterschiedlichen Gründen nicht zur Kenntnis genommen oder zu schnell wieder aus der Hand gelegt. Unmöglich ist es, das alles im Kommentar aufzuweisen, zumal der Stil dieser Reihe keine Auseinandersetzung in Fußnoten vorsieht. Zu notieren, welche Autoren für oder gegen eine bestimmte Auslegung sind oder waren, hätte zu langen Listen von Namen und Ziffern geführt, ohne daß das für den Leser sehr informativ wäre. Deshalb wirkt die Nennung von Namen und Titeln in der Auslegung fast zufällig. Ich bedaure das, wollte aber andererseits nicht ganz darauf verzichten, darüber Rechenschaft abzulegen, wie ich auf etwas gekommen bin, und sei es in Ablehnung anderer Interpretationen.

Dieses Problem verschärft sich im Blick auf die Literaturangaben zu den einzelnen Abschnitten der Auslegung. Eine vollständige Auflistung aller Äußerungen hätte zu ständigen Wiederholungen derselben Buchtitel geführt und in keiner vernünftigen Relation zum Umfang der Auslegung gestanden. Ich habe stattdessen durchgehend das Verfahren gewählt, alle Literatur, die zu mehr als zwei Stellen zu nennen gewesen wäre, in dem einleitenden Literaturverzeichnis S. 27–30 erscheinen zu lassen. Wird also in der Auslegung auf ein Werk verwiesen, ist die vollständige Angabe dort zu suchen, wenn sie nicht in der Literatur zu finden ist, die am Beginn des jeweiligen Abschnitts aufgeführt ist. Kommentare (s. S. 26) werden nur mit dem Nachnamen des Autors angegeben, während sonst ein markantes Stichwort den Titel angibt. Der Nachteil dieses Verfahrens ist, daß manche Arbeit, die für mich bedeutsam gewesen ist, in der Anonymität des Literaturverzeichnisses verschwindet.

Der Aufbau des Kommentars ist natürlich durch den Aufbau des Markusevangeliums vorgegeben. Mk gibt freilich keine Gliederung seines Werkes. Erkennbar ist jedoch, daß für ihn alles hinzielt auf Jerusalem und daß er daher mit 11,1 einen Einschnitt markiert und 11,1–12,44 als in sich gegliederte größere Einheit versteht, zu der auch noch – wenn auch deutlich abgehoben – 13,1–37 gehört. Eine solche in sich gegliederte Einheit bildet auch die Passionsgeschichte 14,1–16,8. Demgegenüber erscheinen die Kapitel 1–10 kaum strukturiert als Darstellung des Wirkens Jesu in Galiläa und in den angrenzenden Gebieten. Das will respektiert sein; dennoch ist es nötig, nach größeren Einheiten zu suchen. Die Vielfalt der Vorschläge dazu (s. F. G. Lang, Kompositionsanalyse; zuletzt L. Schenke, Aufbau, jeweils mit Literatur) kann freilich nur entmutigen. Am ehesten wird noch Konsens zu erzielen sein, daß mit 8,27 ein neuer Abschnitt beginnt; etwas schwerer ist ein Neueinsatz bei 1,16 statt 1,14 zu vertreten. Für die weitere Untergliederung differieren die Vorschläge völlig. Meine jeweils an den Nahtstellen begründete Untergliederung der Kapitel 1–10 in 1,1–15 1,16–4,34 4,35–8,26 8,27–10,52 ist an der Frage der Christologie orientiert.

Die in diesen größeren Teilen enthaltenen kleineren habe ich so oft wie möglich nicht von den kleinsten Einheiten her bestimmt, sondern vor allem bei 1,1–15 4,1–34 7,1–23 13,1–37 ausgelegt als von Mk intendierte größere Zusammenhänge. Auch sonst, z. B. 2,1–3,6 oder 10,1–31, ist das an sich der Fall. Da hier aber Mk vorgegebene Perikopenanfänge und -schlüsse vorhanden sind, gliedert sich die Auslegung danach. Die Benutzung eines solchen Kommentars wird in der Regel von den Einzelperikopen ausgehen; deshalb sind Wiederholungen und Rück- bzw. Vorverweise nicht zu vermeiden, letztere sollen aber auch dazu ermuntern, die einzelne Perikope in ihrem Kontext zu lesen und den Kommentar als ganzen.

Dieser Kommentar ist ein weiterer Versuch, das Markusevangelium insgesamt zu interpretieren. Die Arbeit daran hat mir bewußt gemacht, daß es mühsamer ist, Vers für Vers Mk nachzudenken, als seine Theologie in großen Linien zu beschreiben, und daß zugleich die Gefahr besteht, sich in den Einzelversen zu verlieren. Tagelange Überlegungen resultierten gelegentlich in Halbsätzen; sperrig war der Text allemal. Daß Mt und Lk so schnell Mk umgeschrieben haben, wurde mir immer verständlicher, zumal sie offenbar über mehr Informationen verfügten als Mk, aber auch weil sie das, was Mk geschrieben hatte, auf neue Zusammenhänge beziehen mußten in einer sich nach dem Jüdischen Krieg rasch verändernden Welt.

Was Mk geleistet hatte, war, daß er erstmals das in sich nicht eindeutige Wirken Jesu und die erst recht wenig eindeutige von Jesus ausgehende Wirkung zusammengefaßt hat unter dem in sich problematischen Begriff εὐαγγέλιον als Vergegenwärtigung dessen, was „damals" und „dort" begonnen hatte. Ob ein solcher Versuch als legitim gelten kann, ergibt sich nicht aus seiner späteren Geltung als „kanonisch", sondern wenn das Lesen des Textes umschlägt in das Hören des Wortes, in dem das Reich Gottes nahe ist.

Literaturverzeichnis

1. Quellen und Hilfsmittel

Als Ausgaben des Mk-Textes sind ständig herangezogen:

K. ALAND, Synopsis Quattuor Evangeliorum, ^{13}1985

H. GREEVEN, Synopse der drei ersten Evangelien, 1981 (= 13. Aufl. des gleichen Werks von A. Huck)

vgl. weiter: „Der Text" o. S. 1−3

Wichtige weitere Textausgaben:

Apostolische Väter: Schriften des Urchristentums I, hg. von J. A. Fischer, 1966; II, hg. von K. Wengst, 1984

CIJ: Corpus Inscriptionum Judaicarum I, 1936 (erweiterter Nachdruck 1975), II, 1952, hg. von J. B. Frey

4Esr: B. VIOLET, Die Esra-Apokalypse (IV Esra), GCS 18, 1910; syr.: The Old Testament in Syriac IV.3, 1973

Euseb: Eusebius, Kirchengeschichte, hg. von E. Schwartz, Kleine Ausgabe, ^{5}1955

äthHen: The Ethiopic Book of Enoch, hg. von M. A. Knibb, E. Ullendorff, 2 Bde, 1978; aram.: J. T. MILIK, The Books of Enoch. Aramaic Fragments of Qumrân Cave 4, 1976; griech.: Apocalypsis Henochi graece, hg. von M. Black, PsVTGr 3, 1970, 1−44

Josephus: Josephus, 9 Bde, hg. von H. St. J. Thackeray u. a., LCL, 1961−1965; Flavius Josephus, De Bello Judaico, 3 Bde, hg. von O. Michel, O. Bauernfeind, 1959−1969

Justin: Die ältesten Apologeten, hg. von E. J. Goodspeed, 1914, 24−265

JSHRZ: Jüdische Schriften aus hellenistisch-römischer Zeit, hg. von W. G. Kümmel, 5 Bde (im Erscheinen)

Mur: Les Grottes de Murabbaʿat, hg. von P. Benoit, J. T. Milik, R. de Vaux, DJD 2, 1961

Philo: Philo, 10 + 2 Bde, hg. von F. H. Colson u. a., LCL, 1958−1962

Qumran-Texte: Die Texte aus Qumran, hg. von E. Lohse, 1964

LXX (Septuaginta): Septuaginta, hg. von A. Rahlfs, 2 Bde, sowie die vorliegenden Bände der Göttinger Septuaginta

Sir: Ecclesiastico, hg. von F. Vattioni, 1968, sowie The Ben Sira Scroll from Masada, hg. von Y. Yadin, 1965

Talmud-Texte: Der babylonische Talmud, hg. von L. Goldschmidt, 9 Bde, 1925−1936

ThEv: Evangelium nach Thomas, hg. von A. Guillaumont u. a., 1959

TR: The Temple Scroll, hg. von Y. Yadin, 3 Bde, 1983/1977

Weitere durchgehend abgekürzt angeführte Werke:

W. BAUER, Wb: W. Bauer, Griechisch-Deutsches Wörterbuch zu den Schriften des Neuen Testaments und der übrigen urchristlichen Literatur, ^{5}1958

BDR: F. BLASS, A. DEBRUNNER, F. REHKOPF, Grammatik des neutestamentlichen Griechisch, ^{14}1975

Bill: H. L. STRACK, P. BILLERBECK, Kommentar zum Neuen Testament aus Talmud und Midrasch, 4 Bde, 1922−1928

KlP: Der Kleine Pauly, hg. von K. Ziegler u. a., 5 Bde, dtv-Ausgabe 1979

Liddell/Scott: H. G. LIDDELL, R. SCOTT, A Greek-English Lexicon, hg. von H. St. Jones, ⁹1940
Schwyzer: E. SCHWYZER, Griechische Grammatik, HAW II.1, 2 Bde, 1939/1950
ThWNT: Theologisches Wörterbuch zum Neuen Testament, hg. von G. Kittel, G. Friedrich, 10
   Bde, 1933–1979

2. Kommentare

P. J. ACHTEMEIER, Mark, Proclamation Commentaries, 1975
W. C. ALLEN, The Gospel according to St. Mark, 1915, ³1951
H. ANDERSON, The Gospel of Mark, NCeB, 1976
F. BELO, Lecture matérialiste de l'Évangile de Marc, 1974, ²1975; deutsch: Das Markusevangelium
   materialistisch gelesen, 1980
P. CARRINGTON, According to Mark, 1960
R. A. COLE, The Gospel according to Mark, TNTC, 1961
C. E. B. CRANFIELD, The Gospel according to St. Mark, CGTC, 1959, ²1963
G. DEHN, Der Gottessohn, 1930, ⁶1953
J. ERNST, Das Markusevangelium, RNT, 1981
H. EWALD, Die drei ersten Evangelien, 1850, ²1871
J. GNILKA, Das Evangelium nach Markus, 2 Bde, EKK 2, 1978/79, ²1986
E. P. GOULD, A Critical and Exegetical Commentary on the Gospel according to St. Mark, ICC,
   1896, ¹⁰1961
F. C. GRANT, The Gospel according to St. Mark, IntB 7, 1951
W. GRUNDMANN, Das Evangelium nach Markus, ThHK 2, ⁽²⁾1959, ⁹1984
E. HAENCHEN, Der Weg Jesu, STö 2.6, 1966, ²1968
W. HARRINGTON, Mark, NTMessage 4, 1984
F. HAUCK, Das Evangelium des Markus, ThHK 2, 1928
H. J. HOLTZMANN, Die Synoptiker, HC 1.1, 1890, ³1901
A. M. HUNTER, The Gospel according to St. Mark, TBC 45, 1949, ⁸1967
L. W. HURTADO, Mark, 1983
S. E. JOHNSON, A Commentary on the Gospel according to St. Mark, HAB, 1960
E. KLOSTERMANN, Das Markusevangelium, HNT 3, 1907, ⁵1971
M. J. LAGRANGE, Évangile selon Marc, EtB, 1896, ⁵1929
E. LOHMEYER, Das Evangelium des Markus, KEK 1.2, ⁽¹⁰⁾1937, ¹⁷1967
A. LOISY, L'Évangile selon Marc, 1912
H. A. W. MEYER, Handbuch über die Evangelien des Markus und Lukas, KEK 1.2, 1832, ⁵1867
C. F. D. MOULE, The Gospel according to Mark, CNEB 3, 1965, ⁴1975
D. E. NINEHAM, The Gospel of St. Mark, PNTC, 1963, ²1969
R. PESCH, Das Markusevangelium, 2 Bde, HThK 2, I 1976, ⁴1984; II 1977, ³1984
A. SCHLATTER, Markus, der Evangelist für die Griechen, 1935
J. SCHMID, Das Evangelium nach Markus, RNT, 1938, ⁵1963
W. SCHMITHALS, Das Evangelium nach Markus, 2 Bde, ÖTK 2, 1979, ²1986
J. SCHNIEWIND, Das Evangelium nach Markus, NTD 1, 1936, ¹²1977
E. SCHWEIZER, Das Evangelium nach Markus, NTD 1, 1967, ⁶1984
V. TAYLOR, The Gospel according to St. Mark, 1952, ²1966
B. WEISS, Die Evangelien des Markus und Lukas, KEK 1.2, ⁽⁶⁾1878, ⁷1885, ⁸1892 hg. von J. Weiß
   wie ⁹1901
J. WEISS, Die drei älteren Evangelien, SNT 1, 1906, ³1917
J. WELLHAUSEN, Das Evangelium Marci, 1903, ²1909
G. WOHLENBERG, Das Evangelium des Markus, KNT 2, 1910, ³1930

3. Monographien und Aufsätze

P. J. ACHTEMEIER, Mark as Interpreter of the Jesus Tradition, Int. 32 (1978) 339–352

DERS., „He Taught them Many Things". Reflections on Marcan Christology, CBQ 42 (1980) 465–481

M. ALBERTZ, Die synoptischen Streitgespräche, 1921

H. BAARLINK, Anfängliches Evangelium, 1977

DERS., Zur Frage nach dem Antijudaismus im Markusevangelium, ZNW 70 (1979) 166–193

P. W. BARNETT, The Jewish Sign Prophets, NTS 27 (1980/81) 679–697

DERS., ‚Under Tiberius all was quiet‘, NTS 21 (1974/75) 564–571

K. BERGER, Formgeschichte des Neuen Testaments, 1984

DERS., Die Gesetzesauslegung Jesu I, WMANT 40, 1972

E. BEST, Mark's Preservation of the Tradition, in: M. Sabbe (Hg.), L'Évangile selon Marc, EThL. B 34, 1974, 21–34; deutsch: Markus als Bewahrer der Überlieferung, in: R. Pesch (Hg.), Das Markus-Evangelium, WdF 411, 1979, 390–409

DERS., The Role of the Disciples in Mark, NTS 23 (1976/77) 377–401

J. BLINZLER, Der Prozeß Jesu, ⁴1969

M. E. BORING, The Christology of Mark, Semeia 30 (1985) 125–153

DERS., Sayings of the Risen Jesus, MSSNTS 46, 1982

H. BRAUN, Spätjüdisch-häretischer und frühchristlicher Radikalismus, 2 Bde, BHTh 24, 1957

C. BREYTENBACH, Nachfolge und Zukunftserwartung nach Markus, AThANT 71, 1984

R. BULTMANN, Die Geschichte der synoptischen Tradition, FRLANT 29, ³1957 (= R. Bultmann, GST)

T. A. BURKILL, New Light on the Earliest Gospel, 1972

DERS., Mysterious Revelation, 1963

R. BUSEMANN, Die Jüngergemeinde nach Markus 10, BBB 57, 1983

H. CANCIK (Hg.), Markus-Philologie, WUNT 33, 1984

M. J. COOK, Mark's Treatment of the Jewish Leaders, NT. S 51, 1978

G. DAUTZENBERG, Zur Stellung des Markusevangeliums in der Geschichte der urchristlichen Theologie, Kairos 18 (1976) 282–291

J. DELORME, L'intégration des petites unités littéraires dans l'Évangile de Marc du point de vue de la sémiotique structurale, NTS 25 (1978/79) 469–491

J. DEWEY, Markan Public Debate, SBLDS 48, 1980

M. DIBELIUS, Die Formgeschichte des Evangeliums, ³1959 (= M. Dibelius, FG)

DERS., Die alttestamentlichen Motive in der Leidensgeschichte des Petrus- und des Johannes-Evangeliums, in: Botschaft und Geschichte I, 1953, 221–247

D. DORMEYER, Die Passion Jesu als Verhaltensmodell, NTA NF 11, 1974

H. J. EBELING, Das Messiasgeheimnis und die Botschaft des Marcus-Evangelisten, BZNW 19, 1939

R. A. EDWARDS, A Theology of Q, 1976

W. EGGER, Frohbotschaft und Lehre, FThS 19, 1976

J. ERNST, Die Petrustradition im Markusevangelium, in: Begegnung mit dem Wort (Fs H. Zimmermann), 1980, 35–65

DERS., Die Passionserzählung des Markus und die Aporien der Forschung, ThGl 70 (1980) 160–180

H. GESE, Psalm 22 und das Neue Testament, ZThK 65 (1968) 1–22

J. GNILKA, Die Verhandlungen vor dem Synhedrion und vor Pilatus nach Markus 14,53–15,5, EKK.V 2, 1970, 5–21

DERS., Die Verstockung Israels, StANT 3, 1961

F. HAHN, Christologische Hoheitstitel, FRLANT 83, 1963

F. HAHN (Hg.), Der Erzähler des Evangeliums, SBS 118/119, 1985

W. HENDRIKS, Zur Kollektionsgeschichte des Markusevangeliums, in: M. Sabbe (Hg.), L'Évangile selon Marc, EThL.B 34, 1974, 35–57

P. HOFFMANN, Studien zur Theologie der Logienquelle, NTA NF 8, 1972

M. Horstmann, Studien zur markinischen Christologie, NTA NF 6, ²1973

M. D. Hooker, The Son of Man in Mark, 1967

H. Hübner, Das Gesetz in der synoptischen Tradition, 1973

J. M. Hull, Hellenistic Magic and the Synoptic Tradition, SBT 2.28, 1974

A. J. Hultgren, Jesus and his Adversaries, 1979

J. Jeremias, Die Abendmahlsworte Jesu, ⁴1967

Ders., Die Gleichnisse Jesu, ¹⁰1984

Ders., Die Kindertaufe in den ersten vier Jahrhunderten, 1958

Ders., Neutestamentliche Theologie, 1971

A. Jülicher, Die Gleichnisreden Jesu, 1910 (Nachdr. 1963)

H. C. Kee, Community of the New Age, 1977

Ders., The Function of Scriptural Quotations and Allusions in Mark 11–16, in: Jesus und Paulus (Fs W. G. Kümmel), 1975, 165–188

W. H. Kelber, The Oral and the Written Gospel, 1983

Ders., Mark's Story of Jesus, 1979

Ders., The Kingdom in Mark, 1974

W. H. Kelber (Hg.), The Passion in Mark, 1976

K. Kertelge, Die Wunder Jesu im Markusevangelium, StANT 23, 1970

J. Kiilunen, Die Vollmacht im Widerstreit, AASF 40, 1985

J. D. Kingsbury, The Christology of Mark's Gospel, 1983

H. J. Klauck, Die erzählerische Rolle der Jünger im Markusevangelium, NT 24 (1982) 1–26

Ders., Allegorie und Allegorese in synoptischen Gleichnistexten, NTA NF 13, ²1986

D. A. Koch, Die Bedeutung der Wundergeschichten für die Christologie des Markusevangeliums, BZNW 42, 1975

Ders., Inhaltliche Gliederung und geographischer Aufriß im Markusevangelium, NTS 29 (1983) 145–166

Ders., Zum Verhältnis von Christologie und Eschatologie im Markusevangelium, in: Jesus Christus in Historie und Theologie (Fs H. Conzelmann), 1975, 395–408

H. Köster, J. M. Robinson, Entwicklungslinien durch die Welt des frühen Christentums, 1971

H. W. Kuhn, Zum Problem des Verhältnisses der markinischen Redaktion zur israelitisch-jüdischen Tradition, in: Tradition und Glaube (Fs K. G. Kuhn), 1971, 299–309

Ders., Ältere Sammlungen im Markusevangelium, StUNT 8, 1971

F. G. Lang, Kompositionsanalyse des Markusevangeliums, ZThK 74 (1977) 1–24

R. Laufen, Die Doppelüberlieferungen der Logienquelle und des Markusevangeliums, BBB 54, 1980

M. Limbeck (Hg.), Redaktion und Theologie des Passionsberichtes nach den Synoptikern, WdF 481, 1981

E. Linnemann, Gleichnisse Jesu, ³1964

Dies., Studien zur Passionsgeschichte, FRLANT 102, 1970

W. Lipp, Der rettende Glaube, Diss. Marburg 1983

E. Lohse, Die Geschichte des Leidens und Sterbens Jesu Christi, 1964 (= GTB 316, 1979)

D. Lührmann, Aber auch dem Arzt gib Raum (Sir 38,1–15), WuD 15 (1979) 55–78

Ders., Biographie des Gerechten als Evangelium, WuD 14 (1977) 25–50

Ders., Glaube im frühen Christentum, 1976

Ders., Die Pharisäer und die Schriftgelehrten im Markusevangelium, ZNW 78 (1987)

Ders., Die Redaktion der Logienquelle, WMANT 33, 1969

U. Luz, Das Jesusbild der vormarkinischen Tradition, in: Jesus Christus in Historie und Theologie (Fs H. Conzelmann), 1975, 347–374

T. W. Manson, The Sayings of Jesus, 1949

W. Marxsen, Der Evangelist Markus, FRLANT 67, 1956

H. Merklein, Jesu Botschaft von der Gottesherrschaft, SBS 111, 1983

Ders., Die Gottesherrschaft als Handlungsprinzip, fzb 34, ²1981

G. Minette de Tillesse, Le Secret Messianique dans l'Évangile de Marc, LeDiv 47, 1968

T. A. Mohr, Markus- und Johannespassion, AThANT 70, 1982

J. G. Mudiso Mbâ Mundla, Jesus und die Führer Israels, NTA NF 17, 1984

U. B. Müller, Die christologische Absicht des Markusevangeliums und die Verklärungsgeschichte, ZNW 64 (1973) 159−193

Ders., Zur Rezeption gesetzeskritischer Jesusüberlieferung im frühen Christentum, NTS 27 (1980/
81) 158−185

F. Neirynck, Duality in Mark, EThL.B 31, 1972

G. W. E. Nickelsburg, The Genre and Function of the Markan Passion Narrative, HThR 73 (1980)
153−184

P. von der Osten-Sacken, Streitgespräch und Parabel als Formen markinischer Christologie, in:
Jesus Christus in Historie und Theologie (Fs H. Conzelmann), 1975, 375−394

C. D. Peddinghaus, Die Entstehung der Leidensgeschichte, Diss. (masch.) Heidelberg 1965

N. Perrin, The Christology of Mark, in: M. Sabbe (Hg.), L'Évangile selon Marc, EThL.B 34,
1974, 471−485

R. Pesch (Hg.), Das Markus-Evangelium, WdF 411, 1979

A. Polag, Die Christologie der Logienquelle, WMANT 45, 1977

E. J. Pryke, Redactional Style in the Marcan Gospel, MSSNTS 33, 1978

Q. Quesnell, The Mind of Mark, AnBib 38, 1969

H. Räisänen, Das „Messiasgeheimnis" im Markusevangelium, SFEG 28, 1976

Ders., Die Parabeltheorie im Markusevangelium, SFEG 26, 1973

G. Rau, Das Markusevangelium, ANRW II, 25.3, 1985, 2036−2257

M. Reiser, Syntax und Stil des Markusevangeliums, WUNT 2.11, 1984

K. G. Reploh, Markus − Lehrer der Gemeinde, SBM 9, 1969

G. Richter, Studien zum Johannesevangelium, BU 13, 1977

H. Riesenfeld, Tradition und Redaktion im Markusevangelium, in: Neutestamentliche Studien für
Rudolf Bultmann, BZNW 21, 1954, 157−164

J. M. Robinson, Das Geschichtsverständnis des Markus-Evangeliums, AThANT 30, 1956

Ders., The Problem of History in Mark, SBT 21, ²1962

J. Roloff, Das Markusevangelium als Geschichtsdarstellung, EvTh 29 (1969) 73−93

M. Sabbe (Hg.), L'Évangile selon Marc, EThL.B 34, 1974

W. Schenk, Der Einfluß der Logienquelle auf das Markusevangelium, ZNW 70 (1979) 141−165

Ders., Der Passionsbericht nach Markus, 1974

L. Schenke, Der Aufbau des Markusevangeliums − ein hermeneutischer Schlüssel?, BN 32 (1986)
54−82

Ders., Studien zur Passionsgeschichte des Markus, fzb 4, 1971

Ders., Der gekreuzigte Christus, SBS 69, 1974

Ders., Die Wundergeschichten des Markusevangeliums, SBB 5, 1974

G. Schmahl, Die Zwölf im Markusevangelium, TThSt 30, 1974

K. L. Schmidt, Der Rahmen der Geschichte Jesu, 1919 (Nachdr. 1964)

W. Schmithals, Einleitung in die drei ersten Evangelien, 1985

G. Schneider, Die Passion Jesu nach den drei älteren Evangelien, 1973

Ders., Das Problem einer vorkanonischen Passionserzählung, BZ NF 16 (1972) 222−244

J. Schreiber, Die Christologie des Markusevangeliums, ZThK 58 (1961) 154−183

Ders., Der Kreuzigungsbericht des Markusevangeliums, BZNW 48, 1986; darin 1−272: Diss.
(masch.) Bonn 1959 mit demselben Titel

Ders., Die Markuspassion, 1969

Ders., Theologie des Vertrauens, 1967

S. Schulz, Die Bedeutung des Markus für die Geschichte des Urchristentums, Studia Evangelica
II, TU 87, 1964, 135−145

Ders., Q − Die Spruchquelle der Evangelisten, 1972

G. Sellin, Das Leben des Gottessohnes, Kairos 25 (1983) 237−253

T. Söding, Glaube bei Markus, SBB 12, 1985

B. Standaert, L'Évangile selon Marc, 1984

E. Stegemann, Das Markusevangelium als Ruf in die Nachfolge, Diss. (masch.) Heidelberg 1974

H. J. Steichele, Der leidende Sohn Gottes, BU 14, 1980

K. Stock, Boten aus dem Mit-Ihm-Sein, AnBib 70, 1975

Ders., Gliederung und Zusammenhang in Mk 11–12, Bib. 59 (1978) 481–531

P. Stuhlmacher (Hg.), Das Evangelium und die Evangelien, WUNT 28, 1983

A. Suhl, Die Funktion der alttestamentlichen Zitate und Anspielungen im Markusevangelium, 1965

K. Tagawa, Miracles et Évangile, EHPhR 62, 1966

V. Taylor, The Formation of the Gospel Tradition, ²1935

G. Theissen, Soziologie der Jesusbewegung, TEH 194, 1977

Ders., Urchristliche Wundergeschichten, StNT 8, 1974

W. Thissen, Erzählung der Befreiung, fzb 21, 1976

D. L. Tiede, The Charismatic Figure as Miracle Worker, SBLDS 1, 1972

H. E. Tödt, Der Menschensohn in der synoptischen Überlieferung, ²1963

É. Trocmé, La Formation de l'Évangile selon Marc, EHPhR 57, 1963

P. Vielhauer, Erwägungen zur Christologie des Markusevangeliums, in: Aufsätze zum Neuen Testament, ThB 31, 1965, 199–214

W. S. Vorster, Der Ort der Gattung Evangelium in der Literaturgeschichte, VF 29 (1984) 2–25

R. Weber, Christologie und „Messiasgeheimnis" im Markusevangelium, Diss. Marburg 1981

Ders., Christologie und Messiasgeheimnis, EvTh 43 (1983) 108–125

H. Weder, Die Gleichnisse Jesu als Metaphern, FRLANT 120, ³1984

T. J. Weeden, Mark – Traditions in Conflict, 1971

H. Weinacht, Die Menschwerdung des Sohnes Gottes im Markusevangelium, HUTh 13, 1972

E. Wendling, Die Entstehung des Marcus-Evangeliums, 1908

R. A. Wild, The Encounter between Pharisaic and Christian Judaism, NT 27 (1985) 105–124

W. Wrede, Das Messiasgeheimnis in den Evangelien, ⁴1969

1,1–15 Der Beginn des Evangeliums

[1]Anfang des Evangeliums von Jesus Christus, dem Sohne Gottes.
[2]Wie geschrieben ist im Propheten Jesaja:

> „Siehe, ich sende meinen Engel vor dir her,
> der deinen Weg bereiten soll;
> [3]die Stimme eines, der in der Wüste ruft:
> ‚Bereitet den Weg des Herrn,
> macht gerade seine Pfade!‘",

[4]trat Johannes der Täufer in der Wüste auf und verkündigte eine Bußtaufe zur Vergebung der Sünden. [5]Da kamen zu ihm heraus das ganze Land Judäa und alle Jerusalemer und ließen sich von ihm im Jordanfluß taufen, wobei sie ihre Sünden bekannten. [6]Und Johannes trug ein Kamelfell und einen Ledergurt um seine Hüfte und aß Heuschrecken und wilden Honig. [7]Und er verkündigte: „Es kommt der, der stärker ist als ich, nach mir, dessen Schuhriemen in gebückter Haltung zu lösen ich nicht würdig bin. [8]Ich habe euch mit Wasser getauft, er aber wird euch mit heiligem Geist taufen."

[9]Und es geschah in jenen Tagen: Es kam Jesus aus Nazareth/Galiläa und wurde im Jordan getauft von Johannes. [10]Und sofort, als er aus dem Wasser kam, sah er die Himmel sich spalten und den Geist als Taube auf sich herabkommen. [11]Und eine Stimme geschah aus den Himmeln: „Du bist mein geliebter Sohn, an dir habe ich Wohlgefallen." [12]Und sofort treibt der Geist ihn in die Wüste. [13]Und er war in der Wüste vierzig Tage, versucht vom Satan. Und er war bei den Tieren, und die Engel dienten ihm.

[14]Nachdem aber Johannes ausgeliefert worden war, kam Jesus nach Galiläa und verkündigte das Gottesevangelium: [15]„Die Zeit ist erfüllt und das Reich Gottes nahe. Kehrt um, und glaubt an das Evangelium!"

Literatur: G. ARNOLD, Mk 1,1 und Eröffnungswendungen in griechischen und lateinischen Schriften, ZNW 68 (1977) 123–127. – O. BÖCHER, Aß Johannes der Täufer kein Brot (Luk.vii.33)?, NTS 18 (1971/72) 90–92. – H. BRAUN, Entscheidende Motive in den Berichten über die Taufe von Markus bis Justin, in: Ges. Studien, ²1967, 168–172. – G. DAUTZENBERG, Die Zeit des Evangeliums, BZ 21 (1977) 219–234, 22 (1978) 76–91. – J. DUPONT, Die Versuchungen Jesu in der Wüste, SBS 37, 1969. – W. FENEBERG, Der Markusprolog, StANT 36, 1974. – E. GRÄSSER, KAI HN META TΩN ΘHPIΩN, in: Studien zum Text und zur Ethik des Neuen Testaments (Fs H. Greeven), BZNW 47, 1986, 144–157. – R. A. GUELICH, „The Beginning of the Gospel" Mark 1:1–15, BR 27 (1982) 5–15. – L. E. KECK, The Introduction to Mark's Gospel, NTS 12 (1965/66) 352–370. – DERS., The Spirit and the Dove, NTS 17 (1970/71) 41–67. – F. LENTZEN-DEIS, Die Taufe Jesu nach den Synoptikern, FTS 4, 1970. – F. MUSSNER, Gottesherrschaft und Sendung Jesu nach Mk 1,14, in: Praesentia Salutis, 1967, 81–98. – P. POKORNÝ, The Temptation Stories and their Intention, NTS 20 (1973/74) 115–127. – G. RICHTER, Zu den Tauferzählungen Mk 1,9–11 und Joh 1,32–34, ZNW 65 (1974) 43–56. – P. VIELHAUER, Tracht und Speise Johannes des Täufers, in: Aufsätze zum NT, TB 31, 1965, 47–54. – A. VÖGTLE, Die sogenannte Taufperikope

Mk 1,9—11, EKK.V 4, 1972, 105—139. — H. Weder, „Evangelium Jesu Christi" (Mk 1,1) und „Evangelium Gottes" (Mk 1,14), in: Die Mitte des Neuen Testaments (Fs E. Schweizer), 1983, 399—411. — H. Windisch, Die Notiz über Tracht und Speise des Täufers Johannes und ihre Entsprechungen in der Jesusüberlieferung, ZNW 32 (1933) 65—87. — C. Wolff, Zur Bedeutung Johannes des Täufers im Markusevangelium, ThLZ 102 (1977) 857—865.

Man wird von der Annahme ausgehen können, daß ein Autor am Beginn seines Werkes Hinweise gibt, wie er die Geschichte verstanden wissen will, die er erzählt. Deshalb setzt aber eine Auslegung des Beginns eigentlich schon eine Auslegung des ganzen Evangeliums voraus. Daß Mk mit dem Verhältnis zwischen Jesus und Johannes dem Täufer anfängt, ist nicht überraschend, denn so beginnt auch die Logienquelle, so beginnt auch Joh (vgl. auch Apg 10,37, sofern hier alte Tradition vorliegt und nicht Lk den ersten Teil seines Doppelwerks zusammenfaßt), so beginnen erst recht Mt und Lk. Das wird auch dem historischen Tatbestand entsprechen, daß Jesu Anfänge verknüpft gewesen sind mit der Tätigkeit des Täufers. Um so mehr wird deshalb aber zu fragen sein, *wie* Mk das Verhältnis zwischen beiden darstellt, *wie* Mk ihm vorliegende Traditionen aufnimmt und versteht.

Mk hätte auch anders beginnen können, z. B. mit Jesu Herkunft aus Nazareth, die in 6,1—6a samt der Erwähnung seiner Familie vorausgesetzt wird. Er hätte auch vom Ende her (16,6f) seine Geschichte beginnen können. Die anderen Evangelien bieten einen Stammbaum Jesu zurück bis Abraham (Mt 1,2—16) bzw. zu Adam (Lk 3,23—38) oder verlagern den Anfang gar vor den Beginn der Welt (Joh 1,1). Auch Mk greift über den Beginn von Jesu Verkündigung (1,14) und über das Auftreten des Täufers hinweg auf den Propheten Jesaja zurück; was im folgenden geschieht, ist nicht Zufall, sondern entspricht dem, was längst „geplant" ist.

Mit dieser Frage nach dem Beginn hängt auch die nach der Abgrenzung der ersten Einheit zusammen. Während Klostermann, Lohmeyer, Schniewind, Grundmann, Schweizer in ihren Kommentaren sie mit 13 abgeschlossen sehen, W. Feneberg (Markusprolog) gar mit 11, haben Wellhausen und in neuerer Zeit L. E. Keck (Introduction), Pesch, Gnilka, Ernst, R. A. Guelich (Beginning) zu Recht 14f noch mit hereingenommen. Die Verse 14f haben die Funktion einer Überleitung zur Darstellung der Verkündigung Jesu in Galiläa ab 1,16, und sie bilden eine Zusammenfassung dessen, was Jesus nach Mk in Galiläa verkündigt bzw. gelehrt hat. Insofern kann eine Abgrenzung nach 13 durchaus sinnvoll erscheinen.

Aber erst durch die enge Verknüpfung auch der Verkündigung Jesu mit dem Täufer wird deutlich, daß der Beginn des Evangeliums nicht einfach eine Darstellung des Täufers ist (so Schmithals mit seiner Abgrenzung bei 8), die über die Taufe Jesu (mit der Versuchung als Anhang zur Taufe) mit dem Evangelium verbunden wird. Verlagert sich so das Gewicht dieses Beginns gerade auf 14f, dann kann er nicht als bloßer Prolog zum eigentlichen Evangelium angesehen werden, ist vielmehr bereits Deutung der ganzen Geschichte Jesu; wer diese Verse gelesen hat, kann einen Schlüssel für das ganze Evangelium in der Hand haben.

Dieses Eingangsstück 1—15 besteht aus zwei Teilen: 2—8 Johannes der Täufer, 9—15 Jesus; verzahnt sind sie durch 7f und 14a. 7f enthalten als Inhalt der Verkündigung des Täufers einen Hinweis auf Jesus, 14 weist ausdrücklich noch einmal zurück auf das ganze Geschick des Täufers, nimmt auch mit κηρύσσειν und μετανοεῖν zwei Stichwörter aus 4 wieder auf. Vorgegeben sind dem Evangelisten Traditionen über den Täufer, die er in

2−8 verarbeitet, eine Notiz über die Taufe Jesu mit der anschließenden Himmelsstimme und die Darstellung der Versuchung 12f.

14f dagegen werden sich als redaktionelle Zusammenfassung der Predigt Jesu gegen andere Bestimmungen christlicher Verkündigung erweisen. Die vermuteten Traditionen in ihrem genauen Umfang und Wortlaut zu bestimmen, dürfte um so schwerer sein, als man in allen Fällen den Eindruck hat, nur Rudimente von ausführlicheren Traditionen vor sich zu sehen, und die isolierten Einzelstücke als ehemals selbständige Einheiten kaum vorstellbar sind, da sie auf die Frage nach dem „Sitz im Leben" keine befriedigende Antwort ermöglichen würden.

Der Grundbestand wird aber in etwa mit dem übereinstimmen, was wir auch in Joh 1,23.26f.30.32−34 als vorgegebene Tradition finden. Dort erscheinen nacheinander ebenfalls das Jes-Zitat (23), der Verweis auf den nach Johannes Kommenden (26f), der als Jesus identifiziert wird (30), und die Herabkunft des Geistes als Taube auf Jesus, der als „Sohn Gottes" von Johannes bekannt wird (32−34), jedoch ohne daß Jesu Taufe erzählt ist. Auffällig sind die wörtlichen Übereinstimmungen zwischen Mk und Joh trotz des wesentlich anders gestalteten Kontextes bei Joh. Mit Q hat Mk dagegen nur die Ankündigung des Stärkeren (vgl. Lk 3,16/Mt 3,11) gemeinsam.

Wir werden den ganzen Zusammenhang bei Mk, auch wenn jeweils nach der Vorgeschichte zu fragen sein wird, vor allem unter dem Gesichtspunkt der redaktionellen Verarbeitung durch den Evangelisten zu interpretieren haben. Dies ist gerade am Beginn des Evangeliums geboten, weil wir ja hier Hinweise für das Verständnis des ganzen Evangeliums erwarten und deshalb die Interpretation dieses Textzusammenhanges nicht lediglich literarkritisch oder traditionsgeschichtlich als Rekonstruktion seiner eigenen Vorgeschichte treiben dürfen.

Die Überschrift εὐαγγέλιον κατὰ Μᾶρκον ist sekundär (s. o. S. 4); daher meint in **1** εὐαγγέλιον nicht „Evangelium" im Sinne einer literarischen Gattung, ist vielmehr das, was aller Welt verkündigt werden soll (vgl. 13,10 14,9). Seinen Inhalt gibt der gen. obi. Ἰησοῦ χριστοῦ an, den die Mehrzahl auch der guten Handschriften um υἱοῦ (τοῦ) θεοῦ erweitert, damit den christologischen Titel aufnehmend, der ab 11 Leitfunktion für das ganze Evangelium haben wird. Auch wenn im allgemeinen der kürzeren Lesart der Vorzug zu geben ist, könnte diese hier entstanden sein unter Einfluß des vor allem aus Paulus vertrauten Sprachgebrauchs (s. u. S. 40f) von εὐαγγέλιον Ἰησοῦ χριστοῦ, folglich an dieser Stelle die längere Fassung die ursprünglichere sein. Das Gegenargument, gerade wegen der dominierenden Rolle des Titels „Sohn Gottes" sei er sekundär auch hier eingesetzt, wäre damit freilich wohl nicht ganz aus der Welt zu schaffen.

Das Stichwort εὐαγγέλιον begegnet in 14 wieder an der Stelle, wo Jesu eigene Verkündigung beginnt; erst dort wird die Frage nach dem Bedeutungsgehalt von εὐαγγέλιον ihren Platz haben. Mit 14 ist aber deutlich ein Beginn markiert; voraus geht ihm die Präsentation Jesu als des legitimen „Sohnes Gottes" (11), aber auch die ganz auf die Ankündigung Jesu bezogene Darstellung des Täufers. Die ἀρχή des gegenwärtig aller Welt verkündigten εὐαγγέλιον liegt in Jesu eigener Verkündigung des εὐαγγέλιον Gottes, der ihn selbst als seinen Sohn anerkannt hat; sie liegt weder bei Johannes dem Täufer noch beim Propheten Jesaja.

1 ist daher als zusammenfassende Überschrift zu 1−15 anzusehen; und 2f sind syntaktisch nicht zu 1 zu ziehen, sondern entsprechend der Interpunktion in allen neuen Ausgaben mit 4 zu verbinden. Ungewöhnlich mag dabei sein, daß ein Satz mit καθὼς γέγρα-

πται beginnt; grammatisch unmöglich ist das nicht und weist gerade durch die Vorausstellung des AT-Zitats darauf hin, daß das Auftreten des Täufers nicht erst nachträglich im Schema Verheißung/Erfüllung in das Licht des AT gestellt wird, vor allem aber darauf, daß gleich am Anfang der angeredet wird, dem die Himmelsstimme in 11 gilt. Schon dadurch ist angedeutet, daß vom Täufer nur um Jesu willen erzählt wird.

2 Die besserwisserische v. l. „in den Propheten" stellt richtig, daß der Prophet Jesaja erst in der zweiten Hälfte des Zitates zu Worte kommt; die erste Hälfte ist ein Zitat aus Mal 3,1, in das Formulierungen von Ex 23,20, vor allem die Anrede in der 2. Pers. eingeflossen sind. Dasselbe Zitat begegnet bei Mt und Lk in einem Q-Zusammenhang (Lk 7,27/Mt 11,10), auch dort auf Johannes den Täufer bezogen, fehlt aber bei beiden in der Wiedergabe von Mk 1,2—8. Ist also das Zitat erst sekundär aus Mt und Lk in die Überlieferung des Mk-Textes eingedrungen? Dagegen spricht die Bezeugung des Textes in allen Handschriften. Oder haben Mt und Lk sich unabhängig voneinander auf die Wiedergabe des eigentlichen Jes-Zitates beschränkt und die erste Hälfte dann in ihrem zweiten Täuferkomplex untergebracht? Auffällig ist immerhin, daß dies das einzige ausdrücklich als solches gekennzeichnete Schriftzitat in Q-Texten wäre, sieht man von der Versuchungsgeschichte Lk 4,1—13/Mt 4,1—11 ab.

Mal 3,1 redet von einem zunächst namenlosen Boten Gottes (מלאכי), aus dem dann später der angebliche Verfasser des Buches selber (Maleachi) geworden ist — aus dem typischen Propheten, der vor dem Tage Jahwes das Gericht ankündigt, wurde eine Einzelgestalt. In einem Nachtrag Mal 3,22—24 wird verwiesen auf „meinen Knecht Mose" und wird der Bote identifiziert mit dem Propheten Elia (in LXX ist die Reihenfolge umgekehrt), dessen Aufgabe mit השיב angegeben ist. Diese Elia-Tradition, die denen bekannt sein mußte, die dieses Zitat am Anfang des Markusevangeliums lasen, setzt sich fort in der Darstellung Johannes des Täufers in den folgenden Versen. Daß jedenfalls Mk den Täufer als den Elia von Mal 3,1.23f verstanden wissen will, ergibt sich aus 9,11—13.

3 bringt das eigentliche Jes-Zitat (Jes 40,3) in einer nur am Schluß (αὐτοῦ statt τοῦ θεοῦ ἡμῶν, so dann auch D it) von der LXX abweichenden Fassung. Wie in LXX, aber auch in Joh 1,23 (anders 1QS 8,12—14 9,19f), ist „in der Wüste" zu „Stimme eines Rufers" zu ziehen, nicht zu „bereitet den Weg" (die früheste Auslegung von Jes 40,3 bei Tritojes 62,10 verzichtet auf das Wüstenmotiv). Die namenlose Stimme des HT ist bereits in der LXX zur Person eines „Rufers in der Wüste" geworden, doch wohl zu dem Propheten selber, der nach Sir 48,24 Zion getröstet hat, also der war, der den Befehl von Jes 40,1 aufnahm.

Der κύριος, dessen Weg es zu bereiten gilt, ist auch bei Mk noch Gott selbst im Unterschied zu dem in 2 angesprochenen Sohn. Dagegen spricht nicht die genannte Änderung am Schluß des Zitates, die eine Interpretation des κύριος als Jesus nicht erzwingt. Dafür spricht aber die Aufnahme dieses Verses in der Darstellung des Täufers in 4; dafür spricht auch, daß κύριος als christologischer *Titel* bei Mk sonst nicht begegnet, wohl aber durchgehend als Bezeichnung Gottes (anders 16,19f im sekundären Schluß).

Die Zitatkombination von 2f wird in 4—8 interpretiert, und zwar in chiastischer Folge: 4f entsprechen 3 und 6—8 dann 2, womit zugleich der neue Abschnitt 9—15 vorbereitet wird. **4** gehört syntaktisch noch zu 2f. Als der „Rufer in der Wüste" wird Johannes der Täufer identifiziert. Dadurch kommt es zu der merkwürdigen Vorstellung, daß er, der zum Taufen das Wasser des Jordan braucht, in der Wüste predigt. (Die Handschriften, die den Artikel vor βαπτίζων fortlassen und καί vor κηρύσσων einschieben, verkennen den titularen Sinn von ὁ βαπτίζων, vgl. 6,14.20 neben βαπτιστής 6,25 8,28; daher ist trotz der relativ schwachen Bezeugung der Lesart von B 33 2427 der Vorzug zu geben).

Die Wüste ist der Ort des neuen Anfangs, an dem Israel im Dtn oder bei Hosea noch einmal vor der Entscheidung steht; daher auch der Rückzug der Qumrangemeinde in die Wüste, begründet mit Jes 40,3, daher auch die mancherlei damals zeitgenössischen Propheten (vgl. Josephus, bell. II 261—263), die Israel wieder in die Wüste zurückführen wollen. Freilich ist solche Rückkehr in die Wüste im wörtlichen Sinne nicht der Inhalt der Verkündigung des Täufers: er verkündigt vielmehr eine Taufe der Umkehr zur Vergebung der Sünden, offenbar als einmalige Taufe; während sich „Umkehr" seit alters mit der Wüstentypologie verbindet, ist das Neue hier die Taufe.

Historisch steht dahinter vermutlich ein Zusammenhang mit Taufbewegungen im Jordantal, wie immer der Zusammenhang mit den Essenern von Qumran genauer zu bestimmen sein mag, und historisch bedeutete die Johannestaufe wohl eine Versiegelung für das von ihm angekündigte Kommen Gottes zum Gericht. Das liegt nach Mal 3 nahe, und eine solche Verkündigung ergibt sich vor allem aus dem parallelen Q-Text Lk 3,7—9.17/Mt 3,7—10.12, darf aber gerade nicht in den Mk-Text eingetragen werden, wo eine derartige Gerichtspredigt fehlt. (Josephus bestreitet in seinem Bericht über den Täufer ausdrücklich die Sündenvergebung als Inhalt der Johannestaufe, bestätigt aber den großen Erfolg seiner Verkündigung; antiqu. XVIII 117, s. Beilage 1.) Mk liegt in 4 daran, das „Wegbereiten für den Herrn" aus dem Jes-Zitat mit der Verkündigung einer Taufe der Umkehr zur Vergebung der Sünden durch Johannes zu verbinden, die dann ein Gegenstück in der Verkündigung Jesu in 15 finden wird.

5 konstatiert den großen Erfolg der Verkündigung, beschränkt ihn aber, sieht man die Betonung von Galiläa in 9 und 14, auf Judäa und Jerusalem. Dort also gibt es — hervorgerufen durch Johannes — eine Umkehrbewegung, die *alle* Bewohner erfaßt und auch wirklich ernst gemeint ist, wie die unterstreichende Wiederholung am Schluß des Verses zeigt. Diese geographische Einschränkung weist voraus auf das Ende des Weges Jesu in Judäa und Jerusalem.

Auch **6** ist trotz des neuen Satzanfangs noch auf 3 zu beziehen, und zwar auf die erste Zeile: jetzt wird die Gestalt dieses „Rufers in der Wüste" geschildert. So richtig es ist, in seiner Kleidung und Nahrung Züge des Beduinen zu sehen (P. Vielhauer, Tracht 53), so sind aber doch die Anklänge an eine Propheten- (Sach 13,4), genauer die Eliagestalt (2Kön 1,8) nicht zu übersehen; es geht nicht allein um die Wüstentypologie, sondern um die Darstellung des Täufers als Prophet, und Mk wird in 9,11—13 voraussetzen, daß der Leser weiß, wer der bereits gekommene Elia ist. Bei der Nahrung ist Lk 7,33 „das spiegelbildliche Gegenstück" zu Mk 1,6 (O. Böcher, Johannes 92). Auch seine Askese weist Johannes als Propheten aus; er ist aber doch nur Wegbereiter. Ohne daß der Titel „Prophet" gefallen ist — und er wird auch in den folgenden Versen nicht fallen —, ist Johannes also bei Mk als Prophet (vgl. 11,32), genauer: als Elia, gekennzeichnet. Sieht man diesen Zusammenhang, dann liegt auch für die Jordantaufe in 5 die Erinnerung an das siebenmalige Untertauchen Naemans im Jordan auf Befehl des Propheten Elisa nicht fern (4Reg 5,8—14: λούειν 10.12, ἐβαπτίσατο 14).

7f nehmen — syntaktisch neu einsetzend — 2b auf; Johannes ist hier nicht mehr der Wegbereiter Gottes, sondern dessen, der stärker ist als er. Während 4 seine ständige

Verkündigung beschreibt (part. κηρύσσων), gibt 7f (ἐκήρυσσεν) eine einmalige Verkündigung wieder, die die Überleitung zu 9−15 herstellt. **7** Das Bild vom Sandalenlösen (vgl. Joh 1,27) macht die völlige Unterlegenheit des Täufers deutlich, handelt es sich doch um einen Dienst, den ein Sklave seinem Herrn tut.

Dementsprechend groß ist der in **8** genannte Unterschied zwischen seiner eigenen Taufe mit Wasser und der Taufe des Stärkeren mit dem heiligen Geist. Auch die Q-Fassung hat, wie die Gemeinsamkeiten zwischen Mt und Lk gegen Mk zeigen (Lk 3,16/Mt 3,11), dieses Wort enthalten, jedoch mit dem Zusatz „mit heiligem Geist *und mit Feuer*", der dann in der jeweils folgenden Gerichtsansage (Lk 3,17/Mt 3,12) aufgenommen ist. Die Mk-Fassung dagegen bezieht diese Aussage nicht auf das Gericht, sondern auf die Geistverleihung bei der christlichen Taufe, deren Ursprung freilich bei Mk nicht erzählt ist. Wir finden hier aber dennoch einen Hinweis auf die Taufpraxis der Gemeinde des Mk, ohne daß eine Einsetzung der Taufe berichtet wird. In der Q-Fassung scheint vielleicht noch als ursprüngliche Predigt des Täufers durch, daß Gott selbst der kommende Stärkere sei, der ein Feuergericht zur Vernichtung der Welt bringt, vor dem es sich durch die Taufe zu retten gilt.

Johannes der Täufer

Literatur: E. BAMMEL, The Baptist in Early Christian Tradition, NTS 18 (1971/72) 95−128. − J. BECKER, Johannes der Täufer und Jesus von Nazareth, BSt 63, 1972. − M. DIBELIUS, Die urchristliche Überlieferung von Johannes dem Täufer, FRLANT 15, 1911. − H. THYEN, ΒΑΠΤΙΣΜΑ ΜΕΤΑΝΟΙΑΣ ΕΙΣ ΑΦΕΣΙΝ ΑΜΑΡΤΙΩΝ, in: Zeit und Geschichte (Fs R. Bultmann), 1964, 97−125.

Johannes der Täufer wird in diesen Versen von Mk als erfolgreicher Prophet dargestellt, der das ganze Volk von Jerusalem und Judäa zur Umkehr bringt. Er tritt aber hinter dem zurück, der nach ihm kommt, und wird zu dessen Wegbereiter. Da sich seine Mission schon jetzt mit dem Kommen Jesu erfüllt, wird sein Ende erst in 6,17−29 nachgetragen. Historisch gesehen dürfte die enge Verbindung zwischen Jesus und Johannes bei Mk wie in Q (von beiden abhängig dann Mt und Lk) und auch bei Joh darauf deuten, daß Jesu Anfänge tatsächlich mit der Gestalt des Täufers zusammenhingen. In den unterschiedlichen Überlieferungen über den Täufer in christlichen Texten dürfte sich auch eine gewisse Konkurrenz zwischen Johannes- und Jesusjüngern spiegeln. Das alles aber tritt hier − wie auch in Q − zurück hinter einer weitgehenden Parallelisierung von Johannes und Jesus, und ihr sind bei Mk auch die Spezifika der Verkündigung des Täufers zum Opfer gefallen. Soweit unsere Quellen − Josephus (s. Beilage 1) schildert ihn freilich als philosophischen Tugendlehrer − einen Schluß zulassen, gehörte er zu den Propheten, die das Kommen des Gottesgerichts ankündigten, und bot er eine letzte Umkehr, besiegelt in der Taufe, zur Rettung vor diesem Gericht an.

9 parallelisiert mit dem vorangestellten καὶ ἐγένετο das Auftreten Jesu mit dem des Täufers (vgl. 4) und nimmt zugleich mit ἦλθεν die Ankündigung des kommenden (ἔρχεται) Stärkeren auf: der jetzt aus Nazareth in Galiläa kommt, ist der angekündigte Stärkere. Gegenüber 5, wo nur Judäa und Jerusalem genannt werden, fällt auf, daß er aus Galiläa kommt, dem Galiläa, das dann der Ort seiner eigenen Verkündigung sein wird.

Jesu Taufe ist knapp und fast beiläufig erzählt; aller Ton liegt auf dem mit καὶ εὐθύς redaktionell angeschlossenen Geschehen *nach* der Taufe (10f). Dieses wird nicht wie bei Joh (1,32−34) als Zeugnis des Täufers erzählt, sondern als Vision, die Jesus selbst hat.

Die beiden Verse interpretieren dabei nicht das Taufgeschehen als solches, sondern erzählen, was auf die Taufe folgt, wenn auch in unmittelbarem Anschluß daran; sie haben deutende Funktion für die Gestalt Jesu als ganze, nicht für seine Taufe allein.

Das Motiv „gespaltene Himmel" **10** begegnet zwar Ez 1,1 in einer Prophetenberufung, aber eine solche wird im folgenden von Jesus nicht berichtet. Näher liegt es, schon wegen der Formulierung mit σχίζω an Jes 63,19 zu denken, wo die Spaltung der Himmel Gottes eschatologisches Eingreifen zugunsten der Gerechten andeutet, zugunsten derer, die Gott ihren Vater nennen. Jesus selbst sieht den heiligen Geist als Taube auf sich herabkommen. Eine solche Darstellung des Geistes als Taube ist literarisch nur sehr spät, ikonographisch nur unter Voraussetzung der ntlichen Taufgeschichten zu belegen; ein fester Symbolgehalt ist also mit der Erwähnung der Taube nicht vorgegeben.

Die Geistbegabung gehört in der jüdischen Tradition zu den Ämtern des Propheten wie des Königs, so daß eine eingrenzende Bestimmung allein von 10 her nicht möglich ist. Dies kann erst von **11** her geschehen: die Stimme aus den Himmeln proklamiert Jesus als Gottes geliebten Sohn. Die Grundstelle ist Jes 42,1a HT, von der LXX abweicht:

הן עבדי אתמך־בו בחירי רצתה נפשי

Die LXX interpretiert diese Stelle auf das Volk Israel:

Ἰακὼβ ὁ παῖς μου, ἀντιλήμψομαι αὐτοῦ·

Ἰσραὴλ ὁ ἐκλεκτός μου, προσεδέξατο αὐτὸν ἡ ψυχή μου.

Eine dem HT nähere Übersetzung findet sich Mt 12,18:

Ἰδοὺ ὁ παῖς μου ὃν ᾑρέτισα,

ὁ ἀγαπητός μου εἰς ὃν εὐδόκησεν ἡ ψυχή μου.

Mk 1,11 unterscheidet sich von Jes 42,1a HT und von Mt 12,18 darin, daß der Satz aus der 3. Pers. in die 2. Pers. umformuliert ist, vor allem aber darin, daß für עבד/παῖς nun υἱός steht. Beides zusammen führt zunächst auf Ps 2,7: υἱός μου εἶ σύ, ἐγὼ σήμερον γεγέννηκά σε (so dann auch die Stimme in Lk 3,22 D it und bei Kirchenvätern). Diese Nähe der Formulierung hat dazu geführt, Ps 2,7 als die Grundstelle anzunehmen, mit der sich Anklänge an Jes 42,1 nur verbänden. Die Differenz zwischen beiden Zuweisungen ist von erheblicher Tragweite für die Interpretation nicht nur von 11, sondern der Christologie des Markusevangeliums insgesamt, da die Bezeichnung Jesu als Sohn Gottes jeweils an entscheidenden Stellen (9,7 14,61 15,39) wieder begegnen wird.

Die Alternative ist: Wird Jesus hier als der (davidische) Messias proklamiert − so bei Zugrundelegung von Ps 2,7, oder als Gottesknecht − so bei Zugrundelegung von Jes 42,1? Die erste Möglichkeit ist vor allem von P. Vielhauer in seinem einflußreichen Aufsatz zur Christologie des Markusevangeliums vertreten worden (vgl. oben S. 19). Er scheidet zunächst die Stellen bei Mk aus, an denen Jesus mit υἱὸς θεοῦ als θεῖος ἀνήρ charakterisiert werde (3,11 5,7), und sieht in der Abfolge von 1,11 9,7 15,39 (unter Berufung auf E. Norden) ein Schema, das letztlich auf das altägyptische Thronbesteigungsritual zurückzuführen sei: Adoption bzw. Apotheose (1,11), Präsentation (9,7), Inthronisation (15,39); zu unserer Stelle: „Jesus wird bei der Taufe durch Johannes von Gott zum König der eschatologischen Heilszeit eingesetzt" (206). Vielhauer bestreitet zugleich (gegen F. Hahn, Hoheitstitel 340−346) die Existenz einer älteren palästinischen Fassung der Taufperikope, die im Anschluß an Jes 42,1 Jesus als Gottesknecht bezeichnet hätte.

Sohn Gottes

Literatur: J. A. Fɪᴛᴢᴍʏᴇʀ, The Contribution of Qumran Aramaic to the Study of the New Testament, NTS 20 (1973/74) 382−407. − S. Gᴇʀᴏ, „My Son the Messiah", ZNW 66 (1975) 264−267. − F. Hᴀʜɴ, Christologische Hoheitstitel, FRLANT 83, 1963. − M. Hᴇɴɢᴇʟ, Der Sohn Gottes, 1975.

Nun ist aber die Bezeichnung des Messias oder einer ähnlichen eschatologischen Gestalt im Judentum als Sohn Gottes alles andere als selbstverständlich; sie fehlt vielmehr völlig auch in den Zusammenhängen, die die spezielle Erwartung eines davidischen Messias aussprechen. 2Sam 7,14 wird in 4Qflor 1,10−12 zwar zitiert, in der Auslegung − soweit erhalten − wird aber gerade der Sohnestitel nicht auf den צמח דוד angewendet. 4Q243 spricht nicht von einem Messias (vgl. J. A. Fitzmyer, Contribution 393; gegen M. Hengel, Sohn 71f). ÄthHen 105,2 fehlt in der hier erhaltenen griechischen Überlieferung des Buches. Zu 4Esr, wo für filius παῖς/ עבד als Grundlage anzunehmen ist, vgl. E. Lohse, ThWNT VIII 362; auch eine Rückführung auf ἐκλεκτός (so S. Gero, Son) würde auf denselben Zusammenhang Jes 42,1 führen. Im NT wird Ps 2,7 erst relativ spät in Apg 13,33 und Hebr 1,5 ausdrücklich zitiert.

Im AT werden außer dem Jerusalemer König aus der Daviddynastie als Söhne Gottes bezeichnet: Engel (Gen 6,2.4 u. ö.), das Volk Israel als ganzes (Hos 11,1 u. ö.), in Ps 73,15 aber auch bereits einzelne Gerechte im Gegensatz zu den Gottlosen, und das wird dann außerhalb des AT aufgenommen. Hier liegt zunächst eine Individualisierung der Gottessohnschaft ganz Israels vor, doch spielen auch die beiden anderen Linien mit herein: der Gerechte wird nach seinem Tode unter die Gottessöhne (Engel) aufgenommen (Weish 5,5), der Gerechte, der Weise ist zugleich Herrscher (Weish 6,20 4Makk 2,23); nicht zufällig verbindet sich mit dem König Salomo pseudepigraphe Weisheitsüberlieferung. Beherrschend ist aber die Bezeichnung des Gerechten als „Sohn Gottes" (vgl. auch PsSal 13,9 17,27 18,4).

Am wichtigsten für unseren Zusammenhang sind Weish 2,16: der Gerechte nennt Gott seinen Vater, und 2,18: er selber ist Sohn Gottes (s. u. S. 43). Hier nämlich klingen deutlich Motive aus Dtrjes an (ἀντιλήμψεται 2,18, vgl. Jes 42,1 LXX), und hier stehen ausdrücklich nebeneinander παῖς θεοῦ (2,13) und υἱὸς θεοῦ (2,18). Man braucht also für die Taufgeschichte keine aramäische Grundlage zu postulieren, die עבדי nach Jes 42,1 enthalten hätte, was dann mit υἱός μου übersetzt worden wäre, sondern man findet in einem griechischsprachigen jüdischen Text nebeneinander παῖς und υἱός, noch dazu in Aufnahme von Jes 42. Zu fragen wäre schließlich auch noch, ob nicht schon die LXX selber in dieser Richtung interpretiert hat, wenn sie in den Gottesknechtsliedern עבד nicht wie sonst mit δοῦλος, sondern mit παῖς (= Sklave, aber auch Kind) wiedergibt.

Traditionsgeschichtlich gesehen liegt es also nahe, den Text der Himmelsstimme auf Jes 42,1 und nicht auf Ps 2,7 zurückzuführen. Vermittelt wird Jes 42,1 durch die Weisheitsüberlieferung, wie mit Weish 2,13−18 belegt werden kann, und 11 wird damit zur Proklamation Jesu als des Gerechten durch Gott selber. (Die Frage einer adoptianischen Christologie in 11 stellt sich dann erst gar nicht, weil davon sinnvollerweise nur gesprochen werden könnte, wenn eine Präexistenzchristologie überhaupt im Blick wäre; es geht nicht um Adoption, sondern um Proklamation Jesu, und zwar nicht für Beobachter bei der Taufe, sondern für die Leser wird hier gleich am Anfang gesagt, wer der ist, dessen Weg das Evangelium erzählt.) Von Jes 42,1b her erklärt sich dann auch das Kommen des Geistes: ἔδωκα τὸ πνεῦμά μου ἐπ' αὐτόν, wobei absolut gebrauchtes πνεῦμα sich wieder in demselben Textzusammenhang der Weish nachweisen läßt, den wir oben schon herangezogen hatten.

Aus demselben Traditionszusammenhang der Weisheitsüberlieferung erklärt sich aber auch die anschließende Versuchung Jesu (12f): die Bewährung des Gerechten in der Versuchung ist ein altes Motiv (Sir 2,1 u. ö.), das sich nicht allein mit der Gestalt des gerechten Abraham verbindet. Durch χαὶ εὐθύς **12** wird das Geschehen wie in 10 unmittelbar mit dem vorausgehenden verknüpft. Handelndes Subjekt ist der eben verliehene Geist; die Wüste als Ortsangabe erinnert an 4, doch ist sie jetzt nicht Ort der Predigt, sondern der Versuchung. Diese leichte Inkongruenz weist auf eine Verknüpfung ursprünglich unabhängig voneinander entstandener Stücke.

Bei der Interpretation der Versuchung in **13** muß man sich freimachen vom Eindruck der längeren Q-Parallele Lk 4,1—13/Mt 4,1—11, die die Bewährung der Gottessohnschaft Jesu im Streit mit dem Teufel darstellt, während bei Mk lediglich konstatiert wird, daß Jesus vom Satan versucht wurde und sich in dieser Bewährung seine Gottessohnschaft erweist. Parataktisch sind nämlich drei Aussagesätze im Imperfekt nebeneinander gestellt, die nicht zeitlich nacheinander zu ordnen sind, wie es sich bei Mt und Lk aus der Verbindung von Mk und Q ergibt; zur Fastenzeit werden die vierzig Tage erst dort. Bei Mk hingegen wird er vierzig Tage lang vom Teufel versucht, während er bei den wilden Tieren (θηρία) war und die Engel ihm dienten.

Die nächste Parallele TestNaft 8,4 zeigt, daß Jesus sich so als der Gerechte erweist: „Wenn ihr das Gute tut, werden euch Menschen und Engel segnen, und Gott wird durch euch unter den Völkern verherrlicht werden, und der *Teufel* wird von euch fliehen, und die *(wilden) Tiere* werden euch fürchten, und der Herr wird euch lieben, und die *Engel* werden sich eurer annehmen" (Übersetzung: J. Becker, JSHRZ III.1 105). Aus diesem Zusammenhang sind auch die sich aufdrängenden Erinnerungen an Adam und das Paradies zu verstehen. Mit der vita Adae z. B. verbindet unsere Stelle eine Reihe von Motiven, die aber nicht im Schema erster/zweiter Adam zu sehen sind, sondern sich auf die Restituierung der Herrlichkeit Adams (vgl. Weish 10,1), seiner Gerechtigkeit beziehen. Ganz ähnlich verhält es sich mit der Wiederherstellung der Paradiesordnung in Jes 11,1—9 als Aufrichtung der Gerechtigkeit; daraus sind andere Züge schon in die Gestalt des Gottesknechtes bei Dtrjes eingegangen. 13 erweist also Jesus als den Gerechten, als der er durch die Himmelsstimme in 11 proklamiert worden ist.

Mit **14** verlagert sich der Ort des Geschehens nach Galiläa. Noch einmal wird mit ἦλθεν das ἔρχεται von 7 aufgenommen. Auch wenn Mk erst in 6,17—29 das Ende des Täufers erzählt, bezieht sich die Angabe μετὰ δὲ παραδοθῆναι αὐτόν bereits darauf, die den Leser an die geprägte Passionsterminologie der Dahingabe Jesu, aber auch seiner Jünger (vgl. 13,9.11f) erinnert. Mit diesem Schicksal des Täufers zeichnet sich also schon ab, was das Schicksal dessen sein wird, der hier seinen Weg beginnt. Jesus und Johannes werden in ihrem Nacheinander parallelisiert; wie Johannes (κηρύσσων, vgl. 4) verkündigt auch Jesus, freilich nun nicht mehr die Umkehrtaufe zur Vergebung der Sünden, sondern das Evangelium Gottes. Ebensowenig wie in 4 eine einzige einmalige Predigt des Täufers wiedergegeben wurde, sondern das, was er fortwährend verkündigte, geht es hier um eine erste, etwa eine „Antrittspredigt" Jesu (so dann Lk 4,16—30 unter Bezugnahme auf Jes 61,1f, also einen Text aus demselben Zusammenhang, der bereits in dem Zitat in 3 und in der Gottesstimme in 11 anklang). Weder wird die Szene kalendarisch fixiert noch in Kapharnaum oder Nazareth lokalisiert, sondern sie gibt das an, was Jesus während seiner ganzen Tätigkeit in Galiläa gepredigt hat; wo immer es in den folgenden Kapiteln heißen wird, daß Jesus lehrte oder verkündigte (1,21f.39 2,13 u. ö.), ist der in 15 angegebene Inhalt des εὐαγγέλιον τοῦ θεοῦ als Inhalt solcher Lehre oder Verkündigung einzusetzen. Deshalb sind 14f nicht eine erste Szene *nach* dem Beginn des Evangeliums, sondern gehören noch in ihn hinein. Eine inhaltliche Ausführung dieser

Verkündigung der Gottesherrschaft findet sich später in 4,1—34; beide Texte interpretieren sich gegenseitig, was bei der Auslegung von 4,1—34 zu beachten sein wird.

Εὐαγγέλιον

Literatur: R. SCHNACKENBURG, „Das Evangelium" im Verständnis des ältesten Evangelisten, in: Orientierung an Jesus (Fs J. Schmid), 1973, 309—324. — J. SCHNIEWIND, Euangelion, BFChTh II 13.25, 1927/31. — G. STRECKER, Literarkritische Überlegungen zum εὐαγγέλιον-Begriff im Markusevangelium, in: Neues Testament und Geschichte (Fs O. Cullmann), 1972, 91—104. — DERS., Das Evangelium Jesu Christi, in: Jesus Christus in Historie und Theologie (Fs H. Conzelmann), 1975, 503—548. — P. STUHLMACHER, Das paulinische Evangelium I, FRLANT 95, 1968.

Εὐαγγέλιον geht an allen Stellen im Markusevangelium auf die Redaktion zurück (1,1.14f 8,35 10,29 13,10 14,9, vgl. W. Marxsen, Evangelist 98; im sekundären Schluß: 16,15). Das Verbum εὐαγγελίζεσθαι fehlt bei Mk, zu εὐαγγέλιον gehört als Verbum κηρύσσειν (vgl. 13,10 14,9). Mt und Lk streichen das Wort an fast allen Stellen wieder; offenbar entsprach es nicht ihrer Konzeption. Im NT begegnet es sonst fast nur bei Paulus und in den in seiner Tradition stehenden Schriften und ist dort mit einem genau eingrenzbaren Inhalt verbunden: Tod und Auferweckung Jesu als Heilsgeschehen. Das zeigt 1Kor 15,1ff, wo Paulus die von ihm bereits als Tradition übernommene und dann an die Korinther weitergegebene Formel 3b—5 εὐαγγέλιον nennt; dieser Inhalt ist aber auch dort mitzudenken, wo Paulus kurz vom εὐαγγέλιον τοῦ χριστοῦ spricht, da χριστός für Paulus noch nicht Eigenname ist (daher auch klein geschrieben!), sondern Kurzformel für den in 1Kor 15,3b—5 genannten Inhalt. Dies ist schließlich auch da mitzudenken, wo Paulus εὐαγγέλιον absolut gebraucht oder den Urheber dieser Heilstat in der Verbindung εὐαγγέλιον τοῦ θεοῦ nennt. Daß dabei eine gewisse Breite der Formulierung des Inhalts möglich ist, zeigt z. B. Röm 1,3f, ebenfalls von Paulus der Tradition entnommen. Wichtig ist aber, daß auch hier der Inhalt des εὐαγγέλιον eingegrenzt ist auf die Heilsbedeutung von Tod und Auferweckung Jesu.

Kommt man von diesem paulinischen Sprachgebrauch her zu Mk, dann liegt es nahe, hier ebenfalls diese Tradition zu sehen und deshalb das Markusevangelium etwa als „Vereinigung des hellenistischen Kerygma von Christus, dessen wesentlicher Inhalt der Christusmythos ist, wie wir ihn aus Paulus kennen (bes. Phil 2,6ff; Röm 3,24), mit der Tradition über die Geschichte Jesu" zu charakterisieren (R. Bultmann, GST 372f, dann vor allem J. Schreiber, Theologie) und entsprechend auch die markinischen εὐαγγέλιον-Stellen zu interpretieren. Gegen eine solche traditionsgeschichtliche Einordnung des Markusevangeliums, wie Bultmann sie gibt, spricht aber schon, daß der Inhalt des εὐαγγέλιον in 15 anders formuliert ist als bei Paulus und gerade dieser Inhalt dann in 15b (vgl. 8,35 10,29) zur verpflichtenden Norm gemacht wird. Das εὐαγγέλιον ist für Mk nicht eine vor dem Evangelium oder außerhalb seiner existierende Größe, sondern die Verkündigung Jesu als des χριστός und Sohnes Gottes (vgl. 1), der selbst die Nähe des Reiches Gottes verkündigt (14f). Man wird daher zur Bestimmung dessen, was bei Mk εὐαγγέλιον heißt, sich einerseits an 15 halten, zum andern weiter ausholen müssen, als das bei einem einfachen Vergleich mit dem paulinischen Sprachgebrauch möglich ist.

Für die religionsgeschichtliche Frage stehen sich in der Forschungsgeschichte zwei Richtungen gegenüber. Die eine (z. B. G. Strecker, Evangelium) sieht eine Verbindung mit dem Sprachgebrauch des hellenistischen Herrscherkultes und stützt sich vor allem auf eine Inschrift aus Priene: ἦρξεν δὲ τῷ κόσμῳ τῶν δι' αὐτὸν εὐαγγελί[ων ἡ γενέθλιος (ἡμέρα)] τοῦ θεοῦ (OGIS 458; Übersetzung von Harnack: „Der Geburtstag des Gottes hat für die Welt die an ihn sich knüpfenden Freudenbotschaften heraufgeführt"). Gegen die zweite Richtung argumentiert sie vor allem damit, daß das Substantiv anders als das Verb in der LXX nur in profanem Sinn begegne, daher sein technischer Gebrauch im NT nicht von dort herleitbar sei.

Die andere Richtung nämlich (z. B. P. Stuhlmacher, Evangelium) versucht, die ntliche Verwendung von εὐαγγέλιον in den Zusammenhang vor allem der Verkündigung des Dtrjes zu stellen. Die religionsgeschichtliche Bestimmung erfolgt hier aus dem Judentum und kommt zu der These, daß sich Belege für einen technischen Gebrauch auch des Substantivs בְּשׂוֹרָה nachweisen lassen; der hellenistische Sprachgebrauch hätte dann nur für die Wahl des griechischen Wortes in der LXX Bedeutung. „Theologisch erscheint das Substantiv (בְּשׂוֹרָה) im Sinne von befreiender Heilsbotschaft überhaupt, von Engelsbotschaften, von Offenbarungspredigt und, wiederum nahezu technisch, von prophetischer Heils- und Unheilsbotschaft" (Stuhlmacher 152). Dieses letzte Begriffspaar ist besonders wichtig, da zumal populäre Übersetzungen wie „gute Nachricht" oder „frohe Botschaft" einseitig aus der Etymologie des griechischen Wortes gewonnen sind und den Gerichtscharakter auch des ntlichen εὐαγγέλιον verkennen. Wenn Stuhlmacher nun freilich Mk 1,14f lediglich auf die hellenistisch-christliche Missionssprache zurückführt, die hier „zur Rahmung palästinischen Aussagenmaterials und Jesusguts herangezogen" werde (238), dann bleibt diese Interpretation in der Struktur derer von Bultmann. Präzisieren lassen sich die traditionsgeschichtlichen Zuweisungen nur auf der Basis der Inhaltsangabe dieses εὐαγγέλιον τοῦ θεοῦ in 15.

15 ist eine redaktionelle Formulierung des Inhalts des εὐαγγέλιον, die sich nicht einfach literarkritisch auf eine Vorlage zurückführen läßt, so sehr sie freilich traditionsgeschichtlich gesehen frühchristliche Missionssprache aufnimmt. Die nächste Parallele in der Jesusüberlieferung findet sich im Q-Text der Aussendungsrede (s. u. S. 109), wo die von Jesus Ausgesandten verkündigen sollen: ἤγγικεν ἡ βασιλεία τοῦ θεοῦ (Lk 10,9.11/ Mt 10,7); in der Mk-Fassung dieser Rede (6,7–13) jedoch fehlt eine solche Anweisung über den Inhalt der Verkündigung außer ἵνα μετανοῶσιν (6,12). Mk bindet die Nähe des Reiches Gottes exklusiv an das Wort Jesu; diese Nähe wird vermittelt durch das εὐαγγέλιον, das zu verkündigen ist, nicht unmittelbar durch die Ausgesandten.

15 besteht aus zweimal zwei Zeilen, die jeweils in synonymem parallelismus membrorum einander zugeordnet sind. Die ersten beiden Zeilen machen eine Heilsaussage in der Zeitform des Perfekts, sprechen also von der „Fortdauer oder Nachwirkung des durch den Verbalinhalt bezeichneten abgeschlossenen Vorgangs in der Gegenwart des Sprechenden" (E. Schwyzer, Griechische Grammatik II 263). Das zweite Zeilenpaar folgert in zwei parallelen imper. praes. Konsequenzen aus dem im ersten beschriebenen Zustand. Überraschend ist an den beiden konstatierenden Sätzen in 15a, daß im Perfekt gesagt ist, was man allenfalls im Präsens (vgl. 13,28f) erwarten würde; das Perfekt ist zu verstehen aus der Gegenwart der Nähe des Reiches Gottes, nach Mk im Wort Jesu, wie sie im εὐαγγέλιον verkündigt wird. Die erste Hälfte hat eine erstaunlich nahe Parallele in Gal 4,4, wo Paulus die Zeit des Gesetzes als in der Sendung des Sohnes erfüllt bezeichnet. Die zweite Zeile nimmt mit βασιλεία τοῦ θεοῦ den Ruf des מְבַשֵּׂר/εὐαγγελιζόμενος von Jes 52,7 auf: מָלַךְ אֱלֹהָיִךְ, wo der Targum interpretiert:

אִתְגְּלִיאַת מַלְכוּתָא דֶאֱלָהָיִךְ,

also der „allgemeinen Tendenz des Spätjudentums (folgt), verbale Aussagen über Gott, wie sie im AT gebräuchlich sind, zu meiden und an ihrer Stelle Abstraktbildungen zu verwenden" (K. G. Kuhn, ThWNT I 570). Die Bezeichnung dieser Verkündigung Jesu als εὐαγγέλιον und ihr Inhalt (βασιλεία τοῦ θεοῦ) weisen gemeinsam zurück auf Dtrjes wie schon die Himmelsstimme in 11 und natürlich vor allem die Interpretation des Täufers mit Hilfe von Jes 40,3. Wir erhalten demnach für den gesamten Zusammenhang 1–15 einen relativ geschlossenen Interpretationshintergrund, über den zum Schluß der Auslegung noch einmal nachzudenken ist.

Herrschaft Gottes

Literatur: G. Dautzenberg, Der Wandel der Reich-Gottes-Verkündigung in der urchristlichen Mission, in: J. Blank u. a., Zur Geschichte des Urchristentums, QD 87, 1979, 11–32. – E. Grässer, Zum Verständnis der Gottesherrschaft, ZNW 65 (1974) 3–26. – G. Klein, „Reich Gottes" als biblischer Zentralbegriff, EvTh 30 (1970) 642–670. – F. Stolz, Erfahrungsdimensionen im Reden von der Herrschaft Gottes, WuD 15 (1979) 9–32. – C. Westermann, Das Buch Jesaja. Kapitel 40–66, ATD 19, ²1970. – Ders., Das Loben Gottes in den Psalmen, ⁴1968.

Die Proklamation der Herrschaft Gottes geschieht bei Dtrjes in der Situation des Exils, also angesichts von Erfahrungen, die gerade das Gegenteil von dem nahelegen, was der Freudenbote verkündigt. Auch seine Botschaft spricht von etwas Gegenwärtigem: „Diese Botschaft vom Eintreffen des Ereignisses, nämlich der Erlösung Israels, ist in Schilderung umgesetzt: das Eintreffen der Botschaft wird geschildert" (C. Westermann, z. St. 202). Schon hier bei Dtrjes ist also eine Verbindung hergestellt zwischen der Botschaft und dem Boten, ist also vorweggenommen, inwiefern das Evangelium Gottes (Mk 1,14) das Evangelium von Jesus Christus ist (1,1).

Aus exilischer Zeit stammen wohl auch erst die Thronbesteigungspsalmen mit ihrem Ruf: יהוה מלך (vgl. C. Westermann, Loben 110–115): Ps 47,8f 93,1 96,10 97,1 99,1, vgl. noch Zeph 3,14–20. Was Gottesherrschaft hier meint, läßt sich aus den parallel verwendeten Wörtern schließen: seine Hilfe, seine Herrlichkeit, sein Recht, seine Gerechtigkeit; es geht um die Herstellung der von Gott gewollten Ordnung der Welt. Je länger, je mehr mußte dies aber im Judentum in die Eschatologie verlegt werden, konnte nicht mehr gegenwärtige Erfahrung sein: Gottes Gerechtigkeit würde sich erst am Ende der Tage offenbaren. Dem korrespondiert die eigene Unterstellung unter die Tora, das Dokument seiner Gerechtigkeit, als „das Joch der מלכות שמים auf sich nehmen" (vgl. K. G. Kuhn, ThWNT I 571).

Eschatologisch ist βασιλεία τοῦ θεοῦ auch in 15 zu verstehen, nur daß die bereits erreichte Nähe ihres Kommens wieder proklamiert ist wie einst bei Dtrjes, denn – so der Parallelsatz – die Zeit ist erfüllt. 4,1–34 werden zeigen, wie solche Nähe für Mk zu verstehen ist: als Nähe im Wort Jesu.

Die Konsequenzen aus dieser Nähe nennt 15b; μετανοεῖν und πιστεύειν bezeichnen dabei wie auch sonst in urchristlicher Literatur die „Bekehrung" als Hinwendung zu dem Neuen, hier dem εὐαγγέλιον (vgl. Apg 20,21 Hebr 6,1, auch 1Thess 1,8f: ἐπιστρέφειν [in LXX wie μετανοεῖν für שוב] als Aufnahme von πίστις). Die Verbindung πιστεύειν ἐν entspricht der LXX-Wiedergabe von ב האמין; die typisch ntliche Verbindung πιστεύειν εἰς fehlt bei Mk. Das εὐαγγέλιον, dem man sich zuwenden soll, ist kein anderes als das εὐαγγέλιον, das Jesus verkündigt (14); diese Bindung macht ihn aber auch zum Bestandteil des Evangeliums selber (8,35), *seine* Worte sind das Evangelium (8,38). Die ἀρχὴ τοῦ εὐαγγελίου Ἰησοῦ χριστοῦ (1) schließt also 14f mit ein. In diesem Anfang ist das ganze Evangelium, das nun dargestellt wird, bereits enthalten. Angesprochen sind in 15 vor allem die Hörer und Leser des Markusevangeliums, denen der Heilsruf 15a gilt und die in 15b aufgefordert werden, diesem εὐαγγέλιον zu vertrauen, dessen Inhalt die Nähe der Herrschaft Gottes in Jesu Wort ist.

Der Anfang des Evangeliums

Im Anfang des Evangeliums 1–15 stießen wir immer wieder auf Zusammenhänge mit prophetischen Traditionen, speziell mit Dtrjes. Diese sind nicht nach dem Schema Verheißung/Erfüllung zu interpretieren, sondern zeigen Johannes den Täufer wie Jesus in der Kontinuität der Propheten.

Damit hat man einen Schlüssel zum Verständnis des ganzen Evangeliums. In der atlichen Prophetenforschung gibt es verschiedene Hinweise auf das Markusevangelium, z. B. bei K. Baltzer in seinem Buch über die „Biographie der Propheten" (1975), der das Markusevangelium in den Zusammenhang dieser von ihm beschriebenen Gattung stellt (184—189). Diese These ist aber zu modifizieren. Wir sahen schon bei 11, wie dort Jes 42,1 vermittelt ist durch Weish 2, die Gestalt des Propheten zur Gestalt des Gerechten geworden ist, dessen Biographie von seinen Gegnern erzählt wird. „Biographie des Gerechten" sind nun aber auch schon jene ägyptischen Texte, von denen Baltzer diese Gattung herleitet (vgl. H. H. Schmid, Wesen und Geschichte der Weisheit, 1966, 54—56), so daß die „Biographie der Propheten" nur eine Spezialform jener allgemeineren Gattung zu sein scheint.

Der typischste Zug dieser Prophetenbiographie jedoch, das Leiden des Propheten durch seine Botschaft und auch an seiner Botschaft, ist freilich von jenen Texten nicht herleitbar. Nun hat A. H. J. Gunneweg für die „Konfessionen Jeremias" gezeigt, wie der Prophet Jeremia hier in größter Nähe zu den Klagepsalmen des Einzelnen dargestellt ist als der „exemplarisch leidende Gerechte" (ZThK 67 [1970] 395—416). Dem entspricht bei Mk der große Einfluß solcher Psalmen, bes. Ps 22, auf die Passionsgeschichte, worauf auch Gunneweg verweist. Ähnliches ließe sich ja auch beobachten für die Gottesknechtslieder bei Dtrjes. Ihre Fortsetzung finden diese Traditionen in Texten wie dem bereits mehrfach angesprochenen Weish 2,12—20 (Übersetzung von D. Georgi, JSHRZ III.4 408f):

Laßt uns dem Gerechten auflauern, denn er ist schädlich für uns;
    auch widersteht er unseren Werken,
und er schmäht uns wegen der Übertretungen des Gesetzes.
    Ja, er weist uns auf unsere Verstöße gegen die Bildung hin.
Er behauptet, Erkenntnis Gottes zu besitzen,
    und nennt sich ein Kind (παῖς) des Herrn.
Er wird uns zur Anklage wegen unserer Gedanken.
    Er ist belastend für uns, sogar wenn er (nur) gesehen wird;
denn sein Leben ist den anderen ungleich,
    und seine Pfade sind fremdartig.
Für Falschgeld hält er uns,
    und er meidet unsere Wege wie Schmutz.
Er preist das Ende der Gerechten
    und prahlt, daß Gott (sein) Vater (sei).
Laßt uns sehen, ob seine Worte wahr sind,
    und laßt uns ausprobieren, was immer es mit seinem Lebensende auf sich hat,
denn wenn der Gerechte ein Sohn (υἱός) Gottes ist, wird er sich seiner annehmen,
    und er wird ihn erlösen aus der Hand seiner Widersacher.
Mit rücksichtsloser Gewalt und Marter laßt uns ihn prüfen,
    damit wir seine Fairness erkennen und seine Ausdauer im Dulden auf die Probe stellen!
Zu einem schimpflichen Tod laßt uns ihn verurteilen,
    denn er wird (himmlischen) Besuch haben auf Grund seiner Reden.

Liest sich das nicht wie die Geschichte Jesu, nicht nur seiner Passion, sondern seines ganzen Weges, erzählt aus der Sicht seiner Gegner?

Die weithin akzeptierte These, daß Mk der Schöpfer der Gattung Evangelium sei, ist dahingehend zu modifizieren, daß Mk die ihm zur Verfügung stehende Jesusüberlieferung als „Biographie des Gerechten" gestaltet hat. Man mag gegen den Begriff „Biographie" Bedenken haben, „denn (die Evangelien) verraten weder ein Interesse an der Persönlichkeit Jesu, seiner Herkunft, Bildung, Entwicklung und seinem menschlichen Charakter, noch tritt die Individualität des darstellenden Autors hervor" (G. Bornkamm, RGG³ II 750). Damit sind die Maßstäbe einer modernen „wissenschaftlichen" Biographie genannt; abgewehrt wird vor allem die Leben-Jesu-Literatur des 19. Jh.s, die meinte, aus den Evangelien eine Biographie Jesu im Sinne einer Persönlichkeitsentwicklung erheben zu können. Aber gelten solche Vorbehalte auch gegenüber der hier gemeinten Gattung, die mehr am Typischen interessiert ist als am Individuellen, mehr am Amt als an der Persönlichkeit?

Mk beschreibt einen Weg Jesu in einem historisch sicherlich nicht authentischen, sondern — wie die Formgeschichte gezeigt hat — typisierenden Nacheinander als den typischen Weg des Gerechten, der von seiner Proklamation durch die Himmelsstimme (eine Berufung Jesu wird ebensowenig erzählt wie bei Dtrjes oder in den Konfessionen Jeremias) bis zu seinem Tod geht, und bis zu den Tagen danach. Insofern legt sich zumindest in einem sehr allgemeinen Sinne die Bestimmung als „Biographie" nahe.

Was ist der „Sitz im Leben" einer solchen Biographie? Zunächst ist es ganz allgemein die Funktion von Lebensbeschreibungen, Identifikationsmöglichkeiten aufzuzeigen; der Leser identifiziert sich mit dem „Helden" seiner Geschichte. Diese Aussage mag im Blick auf das Markusevangelium überraschen, sind wir es doch aus unserem Umgang mit den Evangelien in Predigt und Unterricht gewohnt, in die Rolle der (versagenden) Jünger oder gar der Gegner Jesu verwiesen zu werden. In der exegetischen Literatur setzt sich das fort, wenn man meint, aus Aussagen über die Jünger Rückschlüsse auf die Gemeinde des Mk ziehen zu können. Wir werden jedoch sehen, wie stark der Aufruf, sich mit Jesus zu identifizieren, und zwar mit Jesus als dem exemplarisch leidenden Gerechten, vor allem ab 8,27 das Evangelium bestimmt.

Grenzt man die Frage nach dem „Sitz im Leben" ein von „Lebensbeschreibung" auf „Biographie des Gerechten", dann geht es hier weniger um einen Aufruf, dem Vorbild nachzueifern, sondern um die Bergung der eigenen Geschichte in die typische Geschichte hinein; aufgezeigt wird Gottes Gerechtigkeit als Sieg über die Gottlosen gerade an Beispielen, die diese seine Gerechtigkeit in Frage zu stellen scheinen, und darin findet der Leser seine eigene Erfahrung der scheinbaren Abwesenheit der Gerechtigkeit Gottes wieder.

Fragt man schließlich speziell nach der Funktion des Markusevangeliums, dann ergibt sich aus ihm die Möglichkeit, eigene Identität aus der Identifikation mit Jesus als dem exemplarisch leidenden Gerechten zu gewinnen (8,35!), der Gottes Recht bringt, Gottes Recht tut und von Gott von Anfang an, aber auch am Ende ins Recht gesetzt wird.

Neben Mk steht als früheste Zusammenfassung von Jesusüberlieferung größeren Umfangs die Logienquelle, die sehr viel weniger biographisch gestaltet ist, im Inhalt wie in den Einzelformen aber ebenfalls in der Tradition der Propheten- und der Weisheitsüberlieferung steht. Gegenüber Q fällt jedoch bereits hier am Anfang auf (s. o. S. 41), daß Mk die Nähe des Reiches Gottes exklusiv an das Wort Jesu, seine Verkündigung bindet und damit — nicht ohne Zusammenhang mit seiner und seiner Leser Situation — mögliche andere Deutungen dessen abwehrt, was solche Nähe heißen kann; das wird in 4,1—34 interpretiert werden, während die aktuelle Auseinandersetzung die Formulierung von 6,7—13 beeinflußt.

Im Johannesevangelium, das für die Darstellung des Täufers ähnliche Traditionen aufgreift, wie sie Mk zur Verfügung standen (s. o. S. 33), ist die ἀρχή zurückverlegt vor den Beginn aller Zeit und aller Schöpfung, jedoch fehlt dort insgesamt die für Mk so bestimmende Kennzeichnung der Verkündigung als εὐαγγέλιον. Am Beginn der zu dem uns vorliegenden Johannesevangelium führenden Überlieferungsgeschichte mag eine Traditionsschicht gestanden haben, in der Jesus der eschatologische Prophet war; aber auch Mk und Q weisen gemeinsam darauf hin, daß der historische Jesus auf seine Zeitgenossen wie ein Prophet gewirkt hat (vgl. 6,14f 8,28), auch wenn er wie schon Johannes der Täufer (Lk 7,26/Mt 11,9) „mehr als ein Prophet" war. Die Frage nach dem Selbstbewußtsein Jesu kann — da nicht zu verantworten — auf sich beruhen; was die Jesusüberlieferung spiegelt, ist aber seine Wirkung auf die von ihm Angesprochenen, und die läßt sich fassen in der Kategorie des „Propheten". Wie wenig freilich diese Kategorie ausreicht, Jesu Weg ganz zu verstehen, wird sich durch das Evangelium hindurch zeigen und in 8,27ff auch thematisiert werden. Die biographischen Züge des Markusevangeliums schließlich werden später durch die Verbindung mit der Logienquelle von Mt und Lk aufgenommen werden, und sie treiben die Gattung Evangelium gerade in Richtung auf „Biographie" weiter, wie am deutlichsten die Hereinnahme von Kindheitsgeschichten zeigt.

1,16−4,34 Jesu erstes Wirken von Kapharnaum aus

Nimmt man 1,14f noch als Teil des „Anfangs des Evangeliums" (s. o. S. 32), so beginnt mit 1,16 die eigentliche Geschichte Jesu. Doch besteht ein enger Zusammenhang zwischen 1,14f und dem folgenden, denn wo immer Jesu Verkündigung (1,38.39) oder Lehre (1,21f 2,13) erwähnt wird, ist kein eigener Inhalt genannt, ist vielmehr zurückverwiesen auf das, was in 1,14f als seine Verkündigung in Galiläa vorgestellt ist: die Nähe des Reiches Gottes. 4,1−34 stellt dann diese seine Lehre (4,1f) als Rede von der Nähe des Reiches Gottes dar, und zwar als Rede in Gleichnissen, die diese Nähe in das Wort Jesu legen.

Der Rückbezug auf 1,14f setzt sich auch über 4,34 hinaus fort (vgl. 6,2.6.34), gibt also nicht dem Teil 1,16−4,34 seine Besonderheit. Es fehlt aber bis 11,1 jegliche deutliche Markierung eines Einschnitts, die anzeigen könnte, was Mk als größere Einheit verstanden wissen wollte, wie ja auch schon der Übergang von 1,1−15 in 1,16 nicht hervorgehoben ist. Die Eingrenzung auf den Komplex 1,16−4,34 als größere Einheit geht aus von der Beobachtung, daß ab 4,35−41 die christologische Frage − in 4,41 als Frage der Jünger formuliert: „Wer ist dieser?" − die einzelnen Geschichten bis 8,26 verbindet und 8,27ff diese Frage aufnimmt und weiterführt (s. u. S. 93).

Die Christologie ist natürlich auch schon Thema von 1,16−4,34 − wie könnte es anders sein, wenn denn die Geschichte Jesu erzählt wird. Hier jedoch wird er zunächst vorgestellt als der, der mit Vollmacht lehrt, abgesetzt von den jüdischen Schriftgelehrten (1,22.27 2,10) und siegreich gegenüber den Dämonen (1,23−27.34); erst in einem zweiten Schritt ergibt sich als Reflexion die Frage von 4,41, die dann ab 8,27 beantwortet wird. Der „Anfang des Evangeliums" 1,1−15 steht dem ganzen voraus: der Leser kann aus ihm bereits alles wissen, was im Evangelium erzählt wird, vor allem auch, wer Jesus ist.

Ein geographischer Zusammenhang zwischen den einzelnen Szenen in 1,16−4,34 ist durch Kapharnaum gegeben als immer wieder vorausgesetzten Ort des Wirkens Jesu (genannt in 1,21 und 2,1, vgl. aber die Zusammenhänge 1,21−38 2,1−3,6; zur deutschen Transkription des Ortsnamens s. u. S. 49). Zwar ist Jesus auch hier bereits am „See (von Galiläa)" (vgl. 1,16 2,13 3,7 4,1), der dann ab 4,35 im Zentrum des Geschehens stehen wird (s. u. S. 93), doch ist vorerst Kapharnaum der Ort, auf den Jesu Wirken bezogen bleibt.

In einer raschen Abfolge wird erzählt, wie Jesus, der zunächst am „Anfang des Evangeliums" allein ist, erste Jünger beruft (1,16−20), dann in Kapharnaum erstmals öffentlich auftritt (1,21−27), über Kapharnaum hinaus wirkt (1,28) und schon bald ganz Galiläa erreicht (1,39), auch durch die Verkündigung des vom Aussatz Geheilten (1,45). Seine Gegner sind ebenfalls von Anfang an da, die Pharisäer in 2,15−3,6 − für die Leser die Gegner nur noch von damals in Galiläa (s. u. S. 60f) − und die Schriftgelehrten als diejenigen, die für den Leser die jüdischen Autoritäten auch der eigenen Gegenwart darstellen (s. u. S. 50f). Mit ihnen wird Jesus gleich zu Beginn verglichen (1,22), sie bestreiten ihm seine Vollmacht (2,6 3,22), während sogar die Dämonen als Repräsentanten der widergöttlichen Welt bekennen, daß er der Sohn Gottes ist (3,11). Über den Kreis der ersten vier Jünger hinaus (1,16—20) schafft Jesus die Zwölf (3,13—19), aber auch geographisch erweitert sich sein Wirken über Galiläa hinaus (3,7—12). In den Blick gerät auch die Strittigkeit Jesu, seinen Verwandten gegenüber (3,20f.31—35) wie gegenüber den Schriftgelehrten (3,22—30). 4,1—34 schließt dieses erste Wirken Jesu ab mit der Darstellung seiner Verkündigung der Nähe des Reiches Gottes.

Die Verknüpfung der einzelnen Szenen durch (καὶ) εὐθύς, die in der Regel als redaktionell anzusehen ist, vermittelt dem Leser den Eindruck einer überaus schnell und unaufhaltsam fortschreitenden Geschichte. Die mit 2,1 beginnende ebenfalls durchgehend redaktionelle Verbindung der Szenen mit πάλιν ruft dem Leser bereits Bekanntes in Erinnerung und deutet so ebenfalls auf den Fortgang der Geschichte.

Als größere Überlieferungsblöcke waren Mk für diesen Zusammenhang vorgegeben: eine Sammlung von Streitgesprächen mit Pharisäern (2,15—3,5, s. u. S. 56) und eine Sammlung von Gleichnissen verbunden mit einer Auslegung des ersten (4,3—8.13—20.26—32, s. u. S. 80f). Für 3,22—30 zeigt die Q-Parallele Lk 11,14—23/Mt 12,22—30, daß Mk hier auf Tradition zurückgreift. Solche Q-Parallelen gibt es auch zu 4,21—23 und 4,24f. Zu 1,40—44 bietet PEgerton 2 eine wahrscheinlich von Mk unabhängige Fassung. Auch ohne daß sich das durch eine unabhängige Parallelüberlieferung nachweisen läßt, ist vorgegebene Tradition ebenfalls zu vermuten für die Wundergeschichten 1,23—27.30f 2,1—5a.11f, für die Jüngerliste 3,16—19, für die Auseinandersetzung mit seinen Verwandten in 3,20f.31—35. Es verbleibt jedoch ein relativ hoher Anteil an von Mk selbst geschaffenem Text: die summarischen Schilderungen von Jesu Wirken 1,32—39 und 3,7—12, die Auseinandersetzung mit den Schriftgelehrten 2,5b—10 und vor allem überleitende Verknüpfungen (1,21f.28.29.45 3,6.13—15 4,1f.9.10—12.33f), durch die Mk das Bild einer so raschen Abfolge vermittelt.

1,16—20 Die Berufung der ersten Jünger

[16]Und als er am See von Galiläa entlangging, sah er Simon und Andreas, Simons Bruder, ihre Netze im See auswerfen; sie waren nämlich Fischer. [17]Da sagte Jesus zu ihnen: „Auf, mir nach, und ich werde euch zu Menschenfischern machen." [18]Und sofort verließen sie die Netze und folgten ihm. [19]Und als er ein bißchen weiterging, sah er Jakobus, den (Sohn) des Zebedäus, und Johannes, seinen Bruder, und zwar wie sie im Boot die Netze herrichteten. [20]Da rief er sie sofort. Und sie ließen ihren Vater Zebedäus im Boot zurück mit den Lohnarbeitern und gingen weg, hinter ihm her.

Literatur: J. A. FITZMYER, The Name Simon, in: Essays on the Semitic Background of the New Testament, 1971, 105—112. – W. WUELLNER, The Meaning of Fishers of Men, 1967.

Nach der Präsentation Jesu (1,1—15) wird als erstes erzählt, daß er sich zwei Brüderpaare aussucht, die ihn begleiten werden auf seinem ganzen Weg bis hinein in die Passion. Die kurze Episode besteht aus zwei parallel gebauten Szenen. Mk wird sie in seiner Überlieferung vorgefunden, vielleicht aber durch eine erneute betonte Nennung von Galiläa in

16 mit dem Kontext verbunden haben; vielleicht geht auch die verdeutlichende Bemerkung am Ende von 16 auf ihn zurück.

Eine feste Form „Berufungsgeschichte" gibt es nicht; Erzählvorbild ist aber die Geschichte von der Berufung Elisas 1Kön 19,19—21, der ebenfalls von seiner beruflichen Tätigkeit weg Elia nachfolgt (καὶ ἀκολουθήσω ὀπίσω σου 3Reg 19,20). Hier wie dort zeigt sich, daß auch mit sparsamsten Mitteln durchaus lebendig erzählt werden kann. Das Logion 17b gibt der Geschichte zwar grundsätzliche Bedeutung, ist aber gerade in seiner Bildhaftigkeit ganz auf den Rahmen bezogen, so daß es kaum als isoliert überliefert vorstellbar ist (gegen die Erwägung von R. Bultmann, GST 26f).

16 14f hatten vorverwiesen auf das gesamte Wirken Jesu in Galiläa. Die Einzeldarstellung dieses seines Wirkens beginnt in 16 am „See von Galiläa", der im folgenden immer wieder genannt wird. Seine üblichen Bezeichnungen See Kinnereth (Num 34,11) bzw. Kinroth (Jos 12,3) oder See Genezareth (Lk 5,1), See von Tiberias (Joh 21,1 Joh 6,1: θάλασσα τῆς Γαλιλαίας τῆς Τιβεριάδος) könnten dem Leser nicht in gleicher einfacher Weise die Beziehung zu 9 und 14 deutlich machen, daß Jesus aus Galiläa stammt und zunächst in Galiläa wirkt.

Im Vorbeigehen sieht Jesus zwei Männer ihr Netz auswerfen. Wie „Andreas" ist „Simon" ein griechischer Männername, hier offenbar Gräzisierung von שמעון = Συμεών (vgl. Apg 15,14 2Petr 1,1). Die Tätigkeit der Brüder ist mit dem Fachterminus ἀμφιβάλλειν (vgl. W. Bauer, Wb 93) bezeichnet: Sie fischen mit einem Wurfnetz, im seichten Wasser stehend.

Daß dies tatsächlich ihr Beruf ist, nicht eine zufällige Beschäftigung, stellt der Nachsatz sicher, der **17** vorbereitet. Jesus redet sie an mit einem Befehl, der zwar wörtlich 4Reg 6,19 entspricht, doch inhaltlich keine Beziehung zu dieser Geschichte von einer kriegsentscheidenden List Elisas hat. Was aus ihnen werden wird, wenn sie dem Ruf Jesu Folge leisten, ist im Bild gesagt: statt Fische sollen sie Menschen fangen. Als Metapher ist „Menschenfischer" nur im negativen Sinn nachzuweisen (z. B. Jer 16,16 1QH 5,7f); auch im NT ist es sonst nicht aufgenommen worden als Charakterisierung urchristlicher Mission (im Unterschied etwa zum Bild der Erntearbeiter Lk 10,2/Mt 9,38). Es handelt sich also um ein aus der konkreten Situation heraus gewonnenes Bild, sei es bei Jesus selbst, sei es in der Jesusüberlieferung. **18** Beide leisten dem Befehl unmittelbar Folge und verlassen ihre Tätigkeit.

19 Etwas variiert wiederholt sich die Geschichte bei einem zweiten Brüderpaar, Jakobus und Johannes — beides jüdische Namen mit griechischer Endung (gegenüber der Namensform des Patriarchen Jakob 12,26). Eingeführt werden sie mit dem Vaternamen zur Unterscheidung von anderen Personen gleichen Namens (Johannes der Täufer in 4.6.9.14, Jakobus, der Bruder Jesu, in 6,3). Ihr sozialer Status ist etwas höher als der von Simon und Andreas, da sie über ein Boot zum Fischfang verfügen, in dem sie ihre Netze flicken. Auch sie ruft Jesus **20**, ohne daß der Befehl von 17 im Wortlaut wiederholt wird, und auch sie leisten ihm unmittelbar Folge, indem sie ihren Vater Zebedäus verlassen, dem aber immerhin seine Heuerleute bleiben — auch deren Vorhandensein ist ein Hinweis auf die etwas höhere soziale Stellung. Der Satz, der ihre Nachfolge beschreibt, nimmt das ὀπίσω μου von 17 auf.

Am Beginn des Weges Jesu steht also die Berufung von vier Jüngern, zwei Brüderpaaren. Diese vier allein werden — abgesehen von Judas Iskarioth in der Passionsgeschichte — im Evangelium auch sonst als Personen auftreten, alle vier zusammen (1,29.36 3,16f

13,3), die drei anderen außer Andreas (5,37 9,2 14,33), die beiden Zebedaiden (10,35.41), Johannes allein (9,38), vor allem aber Simon, der ab 3,16 nur noch mit dem ihm dort verliehenen Beinamen Πέτρος genannt wird (außer in der Anrede 14,37). Über Herkunft, Alter, Aussehen und was uns sonst interessieren könnte, erfahren wir ebensowenig etwas wie über Jesus bei seinem ersten Auftritt in 9. Lediglich ihr Beruf spielt insofern eine Rolle, als sie ihn ja nur hier am See ausüben könnten, also aufgeben, wenn sie Jesus nachfolgen. Und das eben ist das Ziel der Geschichte: die bedingungslose Nachfolge dieser vier. Sie zeigen beispielhaft, was in 15 als Konsequenz der Nachfolge gefordert war: umkehren und an das Evangelium glauben, ohne daß dies hier expliziert wird; und auch, was Nachfolge bedeutet, wird erst im Laufe des Evangeliums thematisiert werden gerade im Blick auf diese allerersten Jünger (10,28—31.35—45). Auch die Einbindung dieser vier in den Kreis der Zwölf, denen Jesus eine besondere Funktion gibt, welcher sie dann doch nur halb genügen, wird erst später erzählt (vgl. 3,14f 6,7—13.30). Gerade Simon Petrus wird in der Passionsgeschichte als der erscheinen, der konsequente Nachfolge nicht leisten kann.

Wenn am Beginn der Wirksamkeit Jesu als erstes die Berufung von vier Jüngern steht, ist das Evangelium zwar auch weiterhin die Geschichte Jesu, der am Ende in der Passion auch wieder allein sein wird, aber doch ist es von Anfang an auch die Geschichte einer Gruppe. Aus dem Markusevangelium läßt sich keine Ekklesiologie erheben, wohl aber, daß die grundlegende Verkündigung Jesu 1,14f auf Bildung von Gemeinschaft zielt.

1,21—28 Jesu erster Auftritt in der Öffentlichkeit

[21]Und sie kommen nach Kapharnaum hinein. Und sofort am Sabbat ging er in die Synagoge und lehrte. [22]Da gerieten sie außer sich über seine Lehre; er lehrte sie nämlich als einer, der Vollmacht besitzt, und nicht wie die Schriftgelehrten. [23]Und sofort war in ihrer Synagoge ein Mann mit einem unreinen Geist. Und er schrie auf [24]und sagte: „Was ist mit uns und dir, Jesus, Nazarener? Bist du gekommen, uns zu vernichten? Ich weiß, wer du bist: der Heilige Gottes!" [25]Da fuhr Jesus ihn an und sagte: „Sei still, und fahre aus ihm aus!" [26]Da riß ihn der unreine Geist und fuhr mit lauter Stimme schreiend aus ihm aus. [27]Und alle erschraken, so daß sie einer zum anderen sagten: „Was ist dies? Eine neue vollmächtige Lehre! Selbst den unreinen Geistern befiehlt er, und sie gehorchen ihm!" [28]Und sein Ruf drang sofort hinaus überall ins umliegende Gebiet von Galiläa.

Literatur: E. SCHWEIZER, „Er wird Nazoräer heißen", in: Judentum — Urchristentum — Kirche (Fs J. Jeremias), BZNW 26, 1960, 90—93. — R. H. STEIN, The „Redaktionsgeschichtlich" Investigation of a Markan Seam (Mc 1,21f), ZNW 61 (1970) 70—94.

Mit den vier soeben berufenen Jüngern geht Jesus nach Kapharnaum und lehrt dort in der Synagoge. Das aber wird nur referiert, erzählt wird ein erster Exorzismus, der die Vollmacht seiner Lehre deutlich macht. 23—27 zeigen die typischen Elemente dieser Art von Geschichten (s. u. S. 94f): 23.24a die Schilderung des Falles, 24b.25f die Heilung, 27 die Bestätigung des Wunders durch die Anwesenden. Überschüsse sind die Betonung

der Lehre Jesu in 21b.22 und am Ende von 27a sowie die Ausweitung dieser Einzelgeschichte in 28. Anders als in 3,2 spielt es für die Geschichte keine Rolle, daß Jesus diese
Heilung am Sabbat vollzieht; diese Zeitbestimmung ergibt sich vielmehr aus dem Motiv
der Lehre Jesu, die — wie der Leser auch außerhalb Palästinas weiß — eben am Sabbat als
dem Feiertag der Juden ihren Platz hat. Daher ist auch 21b als redaktionell anzusehen wie
22 und 27aβ sowie 21a als Verknüpfung mit dem Kontext. Die Frage des Sabbat spielt für
Mk und seine Leser keine Rolle mehr (s. u. S. 65). Ob die Lokalisierung in Kapharnaum
zur vorgegebenen Geschichte gehört hat, kann fraglich sein; daß aber Kapharnaum bei
Mk immer wieder als ein Zentrum des Wirkens Jesu erscheint, muß aus der von Mk
aufgenommenen Überlieferung stammen, auch wenn er diese Ortsangabe gelegentlich
sekundär eingefügt haben mag.

Als von Mk aufgenommene Tradition läßt sich also — obwohl eine von Mk unabhängige Parallele in Joh oder Q fehlt — bestimmen: 23—27 (außer 27aβ), eventuell mit einer
Ortsangabe „in Kapharnaum" in 23a. Aus einer solchen Einzelgeschichte wird bei Mk
der Beginn des öffentlichen Wirkens Jesu, Ausweis der Nähe des Reiches und Ausweis
seiner ἐξουσία im Unterschied zu den Schriftgelehrten als den Repräsentanten der Synagoge.

21 Der Plural εἰσπορεύονται schließt die eben berufenen Jünger mit ein. Die Lage von
Kapharnaum wird dem Leser nicht erklärt; auch für den, der sich in der Geographie
Palästinas nicht auskennt, ist aber aus 16 klar, daß es sich um einen Ort in Galiläa am See
handelt.

Kapharnaum

Die durch Luthers Bibelübersetzung übliche Transkription Kapernaum geht auf die Lesart Καπερ-
ναούμ der Koiné-Handschriften zurück, auf die sich Luthers griechische Vorlage, die Ausgabe des
Erasmus, stützte. Die besseren griechischen Handschriften lesen jedoch Καφαρναούμ, die lateinische Überlieferung, der Luther sonst bei der Wiedergabe von Eigennamen gefolgt ist, dementsprechend Capharnaum (כפר = Dorf, der zweite Bestandteil ist wohl der Eigenname נחום, also: „Na-
humsdorf"; vgl. Inschrift Nr. 2 der Synagoge von Ḥammat Gader bei F. Hüttenmeister, G. Reeg,
Die antiken Synagogen in Israel I, BTAVO B 12.1, 1977, 156). Da es sich um ein textkritisches
Problem handelt, weiche ich in diesem einen Falle von der vertrauten protestantischen Transkription der biblischen Namen ab. Der Ort ist im AT nicht, bei Josephus nur zweimal erwähnt (vita
403, wo die Handschriften freilich in der Schreibweise differieren; bell. III 519 eine Quelle Καφαρναούμ), also offenbar nicht ein „typischer" Ort, sondern konkrete historische Erinnerung an seine
Bedeutung für Jesu Wirken in Galiläa. Er läßt sich identifizieren mit dem heutigen *tell ḥum* am
Nordufer des Sees Genezareth westlich der Einmündung des Jordan und lag damals an der Grenze
zwischen den Tetrarchien des Herodes Antipas und des Philippus (s. u. S. 114), gegenüber von
Bethsaida, das bereits zu letzterer gehörte. Jesus wird im Laufe des Evangeliums immer wieder
dorthin zurückkehren, zuletzt in 9,33.

Jesus begibt sich (εἰσελθών ist gut genug bezeugt) in die dortige Synagoge und lehrt,
wozu jeder männliche Jude berechtigt war. (Die Synagoge, deren Reste in Kapharnaum
zu sehen sind, stammt frühestens vom Ende des 2. Jh.s n. Chr., wenn nicht gar erst vom
Anfang des 5. Jh.s; vgl. F. Hüttenmeister, G. Reeg, Synagogen 260—270). Die transkribierte Angabe „am Sabbat" (zum Plur. vgl. E. Lohse, ThWNT VII 20) ist nötig, weil die
griech. Sprache keine Wochentage kennt (s. u. S. 267). Ein Inhalt seiner Lehre ist nicht

genannt; vorausgesetzt ist hier wie im folgenden immer wieder seine Verkündigung in Galiläa 14f.

22 Die Wirkung seiner Lehre ist überwältigend, denn — so konstatiert der Erzähler — er lehrte als einer, der ἐξουσία besaß, nicht wie die Schriftgelehrten, denen also solche ἐξουσία abgesprochen wird. Diese ἐξουσία ist die Nähe des Reiches Gottes, die den Schriftgelehrten eben fehlt (vgl. 12,34).

Schriftgelehrte

Literatur: G. BAUMBACH, Jesus von Nazareth im Lichte der jüdischen Gruppenbildung, 1971. — M. COOK, Mark's Treatment of the Jewish Leaders, NT.S 51, 1978. — D. LÜHRMANN, Die Pharisäer und die Schriftgelehrten im Markusevangelium, ZNW 78 (1987) (im Erscheinen). — J. W. WEBER, Jesus' Opponents in the Gospel of Mark, JBR 34 (1966) 214—222.

Als erste der gegnerischen Gruppen werden hier, und zwar in einer kommentierenden Bemerkung des Erzählers, also sicherlich redaktionell, die Schriftgelehrten eingeführt. Das griechische Wort γραμματεύς — ebenso wie sein hebräisches Äquivalent סופר — enthält nicht die in Luthers Übersetzung gemeinte Assoziation an die „heilige Schrift", sondern bezeichnet den „Schreiber", dies griech. auch als Funktion in der Polis (vgl. im NT Apg 19,35). Wie in allen frühen Kulturen spielten des Schreibens kundige Leute am Jerusalemer Königshof eine Rolle (2Sam 8,17 20,25 1Kön 4,2f). Als „Schreiber" wird der Priester Esra in offizieller Funktion vom persischen König eingesetzt (Esr 7,12), für den Erzähler aber ist er als סופר ein „Schriftgelehrter" (7,6.11, vgl. Neh 8,1.4.9.13 u.ö.), Vorbild für den Torakundigen, der das Gesetz in religiöser und vor allem in rechtlicher Hinsicht interpretieren kann. Sir 38,24—39,11 beschreibt solche Schriftgelehrten als einen eigenen Berufsstand der Weisheitslehrer, gegen Honorar oder Gehalt beschäftigt mit der Interpretation der Überlieferung, und das nicht zuletzt für die Beratung und den Rechtsentscheid. In Sir 51,23 wird auch bereits ein „Lehrhaus" erwähnt (בית מדרש), in dem Weisheit gelehrt wird. Als Gruppe der Tempelschreiber werden sie erwähnt in dem Edikt des Königs Antiochos III. von 198 v. Chr. (Josephus, antiqu. XII 142; freilich fügt Josephus sie in das Edikt des Xerxes gegenüber Esr 7,24 selbst ein: antiqu. XI 128). Auffälligerweise fehlen sie aber sonst nicht nur bei Josephus (nur ἱερογραμματεύς bell. VI 291) und Philo, sondern im NT auch in Q und Joh (mit Ausnahme der sekundären Stelle Joh 8,3).

Bei Mk sind die Schriftgelehrten die am häufigsten genannte jüdische Gruppe (21mal gegenüber nur 12mal Pharisäer, s. u. S. 61); mit Ausnahme von 12,28.32 erscheinen sie immer als Kollektiv im Plural. Genannt werden sie vor allem als eine der zwei bzw. drei Fraktionen des Jerusalemer Synhedriums (8,31 10,33 11,18.27 14,1.43.53 15,1.31, davon waren wohl nur 14,1.43.53 in der Überlieferung vorgegeben); sie sind also im Unterschied zu den Pharisäern als an der Verurteilung Jesu beteiligt vorgestellt. Die Themen der Auseinandersetzung mit ihnen sind die ἐξουσία Jesu (1,22 2,6—10 11,27—33; hierher gehören auch 3,22—30, obwohl das Stichwort nicht fällt, und 9,14, wo die den Jüngern von Jesus verliehene ἐξουσία versagt hat) und dogmatische Probleme der Messianologie in den indirekten Streitgesprächen 9,11—13 und 12,35—37a (vgl. aber auch 14,53—65 und 15,31f) — insgesamt also Fragen der Christologie. Zu den Pharisäern treten sie hinzu in 7,1ff, wo es grundsätzlich um die Geltung der jüdischen Überlieferung geht; sonst jedoch nennt Mk nicht beide Gruppen zusammen, obwohl er in 2,16 durchaus von „Schriftgelehrten der Pharisäer" spricht. In 3,22 und 7,1 sind die Schriftgelehrten als aus Jerusalem nach Galiläa gekommen vorgestellt, wie sie dann später in Jerusalem Jesus entgegentreten; prinzipiell gehören sie also dorthin, die Pharisäer hingegen nach Galiläa.

Daß sie für Mk die Hauptgegner Jesu sind, zeigt sich auch darin, daß die letzte öffentliche Warnung Jesu 12,37b—40 sich auf sie bezieht, während die Q-Parallele Lk 11,43/Mt 23,6 gegen die Pharisäer gerichtet ist; ebenso nennt Mk sie in 3,22, wo die Q-Parallele ursprünglich (vgl. Lk 11,14f) nur von unbestimmten Leuten sprach. Mit Ausnahme von nur 14,1.43.53 15,1 können sie an allen Stellen redaktionell eingefügt sein, und daher liegt der Schluß nahe, daß man in den Schriftgelehrten Autoritäten der jüdischen Gesprächspartner der Leser des Markusevangeliums sehen muß. Der Titel γραμματεύς läßt sich, wenn auch wohl erst später und fast ausschließlich in Rom, inschriftlich als Bezeichnung einer Funktion in der Synagoge belegen (vgl. Register CIJ I s. v., der griechische Titel sogar als Fremdwort in den lateinischen Inschriften 221.225.284.456). Von allen jüdischen Gruppierungen eigneten sich die Schriftgelehrten am meisten als Identifikationsfiguren für aktuelle Auseinandersetzungen mit Juden, da sie im Unterschied zu den anderen auch außerhalb Palästinas begegneten; und das Thema der Auseinandersetzungen mit ihnen als den Autoritäten der Diasporajuden war eben die Christologie. Daß mit einem einzelnen Schriftgelehrten Jesus gegenseitige Übereinstimmung erzielen kann (12,28−34), was nie von den Pharisäern gesagt wird, zeigt, wie nahe sich ein solches von den Schriftgelehrten vertretenes Diasporajudentum und das Christentum der Leser des Mk standen. Was beide jedoch fundamental trennt, ist die Frage der Legitimation Jesu. Mk unterscheidet also sehr deutlich die Schriftgelehrten von den Pharisäern und sieht nicht beide Gruppen wie Mt in der Situation nach der Zerstörung des Jerusalemer Tempels als eine einheitliche Front.

23 Jesu Vollmacht erweist sich in der Begegnung mit einem Besessenen. Ein „unreiner Geist" (so bei Mk auch sonst neben δαιμόνιον, vgl. 34) gehört zur widergöttlichen Sphäre, die sich nach antiker Auffassung verkörpern kann in einzelnen Besessenen. Er ist Gegensatz zu dem „heiligen Geist", der Jesu Handeln leitet (vgl. 8.10.12). Der Besessene spricht Jesus an **24** mit einer Formel der Abgrenzung (vgl. 3Reg 17,18), in der der Plural schon auf die unreinen Geister überhaupt (vgl. 27b) verweist. Er redet Jesus mit Namen und auf seine Herkunft an und fragt ihn, ob er die Geister − erneut der Plural − vernichten wolle. Er gibt auch an zu wissen, wer Jesus sei (ein Rumpelstilzchen-Motiv), nämlich der „Heilige Gottes". Das ist für Mk kein christologischer Titel im engeren Sinne, und späterhin wissen Dämonen genauer, daß Jesus der „Sohn Gottes" ist (3,11 5,7). Hingewiesen ist aber auf den Konflikt zwischen „heilig" und „unrein", und es muß sich zeigen, wer stärker ist. **25** Jesus befiehlt dem unreinen Geist zu verstummen und auszufahren, und der Erfolg **26** tritt augenblicklich ein. **27** Die Reaktion der Anwesenden ist Erstaunen darüber, daß die unreinen Geister Jesu Befehl gehorchen; darin aber erweist sich im jetzigen Zusammenhang die ἐξουσία der Lehre Jesu (vgl. 22): seine Verkündigung der Nähe des Reiches Gottes bedeutet, daß die Macht der Dämonen gebrochen wird. **28** erweitert den Kreis derer, die davon erfahren, auf ganz Galiläa.

Gleich das erste öffentliche Auftreten Jesu in der Synagoge von Kapharnaum schafft Grundkonstellationen für die ganze Geschichte Jesu: Er lehrt mit ἐξουσία, bei ihm sind Jünger, er wird den Schriftgelehrten gegenübergestellt und begegnet siegreich der widergöttlichen Welt der Dämonen. Das alles zeigt, daß in seinem Auftreten das Reich Gottes nahe ist. Diese Geschichte aber bleibt nicht eine Einzelepisode, sondern zielt in den Erweiterungen von dem einen Besessenen auf die „unreinen Geister" überhaupt und von den Besuchern der Synagoge von Kapharnaum auf ganz Galiläa auf Verallgemeinerung und Wiederholung in den folgenden Geschichten.

1,29−31 Jesu erste Krankenheilung

[29]Und sofort, als sie aus der Synagoge gingen, gingen sie in das Haus von Simon und Andreas mit Jakobus und Johannes. [30]Die Schwiegermutter des Simon aber

lag fiebernd, und sofort berichtet man ihm über sie. ³¹Da ging er zu ihr hin und richtete sie auf, sie bei der Hand fassend. Da verließ sie das Fieber, und sie bewirtete sie.

Anschließend an Jesu ersten Exorzismus erzählt Mk eine erste Krankenheilung, die knappste Wundergeschichte im Evangelium überhaupt, aber doch in ihren Einzelelementen der Form entsprechend: Schilderung des Falls (30), Heilung (31a), Bestätigung der erfolgten Heilung (31b). 29 stellt die Verbindung zum Kontext her; redaktionell ist hier sicherlich die Erwähnung der drei weiteren Jünger neben Simon als Erinnerung an 16—20; aber auch der übrige Vers enthält nichts, was zum Verständnis von 30f unabdingbar nötig wäre, so daß die ganze Einleitung auf Mk zurückgehen kann.

29 Die erneut begegnende Verknüpfung durch καὶ εὐθύς (vgl. 18.20.23.28) vermittelt dem Leser den Eindruck einer weiterhin raschen Geschehensfolge, die keine Zeit zum Ausruhen läßt. Der Ort der Handlung wechselt von der Synagoge zum Haus des Simon (16, = Petrus, vgl. 3,16). Die Nennung der drei weiteren in 16—20 berufenen Jünger erinnert den Leser daran, daß diese vier immer als Jesus begleitend vorgestellt sind (vgl. 21), auch wenn dadurch der Plural ἦλθον etwas sperrig wirkt, da allein Jesus handelnde Person ist.

30 Die Schwiegermutter des Simon liegt mit einer fiebrigen Erkrankung darnieder. Das ist zwar keine genaue Diagnose, wohl aber bedeutet es dem antiken Leser mehr als uns, daß sie in Lebensgefahr ist. (Daß Petrus verheiratet war, belegt im übrigen auch 1Kor 9,5; doch erfahren wir nirgends im NT etwas über seine Familie, die er verlassen hat, vgl. 10,28f.) **31** Jesus faßt ihre Hand und stellt sie auf ihre Füße, das Fieber verläßt sie, und zum Erweis dessen wird konstatiert, daß sie den Männern eine Mahlzeit serviert (so der konkrete Sinn von διακονεῖν, vgl. 13).

Jesu ἐξουσία erweist sich also nicht allein gegenüber Dämonen (23—27), sondern auch gegenüber Krankheiten überhaupt, wenn auch zunächst nur in einem Einzelfall. Die Fortsetzung 32—34 wird aber auch für diesen Bereich der Heilungen die Verallgemeinerung bringen, die in 21—28 für die Exorzismen bereits in der Geschichte selber vollzogen war. Auch hier spielt wieder keine Rolle, daß diese Heilung an einem Sabbat geschieht (s. die immer noch vorausgesetzte Situation von 21b).

1,32—39 Jesu erstes öffentliches Auftreten in ganz Galiläa

³²Nachdem es Abend geworden war, als die Sonne unterging, brachten sie zu ihm alle Kranken und Besessenen. ³³Und die ganze Stadt war vor der Tür versammelt. ³⁴Da heilte er viele Kranke mit den verschiedensten Krankheiten und trieb viele Dämonen aus und ließ die Dämonen nicht reden, denn sie kannten ihn. ³⁵Und in der Frühe, noch ganz in der Nacht, stand er auf, ging hinaus und ging weg an einen einsamen Ort, und dort betete er. ³⁶Und Simon verfolgte ihn und die bei ihm, ³⁷und sie fanden ihn und sagen zu ihm: „Alle suchen dich!" ³⁸Da sagt er zu ihnen: „Laßt uns anderswohin gehen in die umliegenden Ortschaften, damit ich auch dort verkündige. Dazu bin ich nämlich ausgezogen." ³⁹Und er kam in ihre Synagogen nach ganz Galiläa, verkündigend und die Dämonen austreibend.

Die Tendenzen der Verallgemeinerung und der Wiederholung, die in 21—28 angelegt waren, kommen in diesem summarisch Jesu Wirken beschreibenden Abschnitt zum Tragen. Es finden sich keine Einzelepisoden, die isoliert tradiert sein können (vgl. D. A. Koch, Bedeutung 162); vielmehr ist alles auf den übergreifenden Kontext angelegt: aufgenommen werden Motive aus 14—31, vorbereitet wird der Fortgang der Geschichte. Es geht um Jesu Wunder und um seine Verkündigung.

32 Der Tag, ein Sabbat (vgl. 21b), der 21—31 umfaßte, ist vorüber. Die doppelte Zeitbestimmung deutet nicht auf Überarbeitung von Tradition; die zweite präzisiert lediglich die erste. Weiterhin ist eine rasche Geschehensabfolge erzählt, die Jesus keine Ruhe gibt. Man bringt alle Kranken und Besessenen zu ihm, und **33** das Gedränge ist groß: die ganze Stadt ist versammelt vor der Tür von Simons Haus, in dem Jesus sich ja seit 29 aufhält. **34** Jesus heilt viele mit unterschiedlichsten Krankheiten und treibt viele Dämonen aus. Mk unterscheidet also von Anfang an zwischen Krankenheilungen und Exorzismen; nicht jede Krankheit wird als von Dämonen verursacht angesehen.

Der eine Exorzismus in der Synagoge (23—27) und die eine Heilung der fiebernden Schwiegermutter Simons bleiben nicht Episode, sondern zeigen, daß Jesus die ἐξουσία besitzt, sowohl Dämonen auszutreiben als auch Kranke zu heilen. Sind es alle (32), die zu ihm gebracht werden, so heilt er „viele"; sein Wirken erhält für den Leser einen gewissen Grad der Wahrscheinlichkeit. 24 hatte gezeigt, daß die Dämonen wissen, wer Jesus ist. Dieses Motiv wird hier aufgenommen, indem Jesus sie das nicht aussprechen läßt. Der Leser jedoch ist erinnert an 11: er weiß, daß Jesus der von Gott selber beglaubigte Sohn Gottes ist.

35 beginnt mit einer erneuten doppelten Zeitangabe, in der wieder die zweite die erste präzisiert. Jetzt erst vor Sonnenaufgang des nächsten Tages findet Jesus Ruhe, indem er sich zum Gebet zurückzieht, ein Motiv, das im Evangelium wieder aufgenommen werden wird (vgl. gleich 45). **36** Dorthin jedoch verfolgen ihn Simon und die drei anderen Jünger (zu μετ᾽ αὐτοῦ vgl. 29 und vor allem 3,14) und **37** weisen ihn darauf hin, daß er von allen gesucht werde. **38** Jesus verweigert sich dem nicht, sondern macht eine grundsätzliche Aussage, daß er auch in den umliegenden Ortschaften verkündigen wolle. Erinnert wird damit an 14, daß Jesus nach Galiläa kam (vgl. hier ἐξῆλθον) und die Nähe des Reiches Gottes verkündigte. Κωμοπόλεις im Unterschied zu der Bezeichnung Kapharnaums als πόλις (33) ist offenbar als Sammelbegriff gemeint (vgl. H. Strathmann, ThWNT VI 529): weder κώμη noch πόλις sind im strengen Sinne verwendet. **39** beschreibt die Durchführung des Entschlusses; Jesus predigt wie in 21 in Kapharnaum nun in den Synagogen ganz Galiläas und treibt wie dort Dämonen aus. Die Bestimmung αὐτῶν (vgl. 23) bezieht sich zwar auf die Ortschaften Galiläas, drückt aber auch eine gewisse Distanz zu den Synagogen der Juden aus.

Binnen eines einzigen Tages ist Jesu ἐξουσία machtvoll demonstriert und über Kapharnaum hinaus in ganz Galiläa bekannt geworden, und sie weitet sich nun auch auf ganz Galiläa aus. Wie schon durch die redaktionelle Verbindung von 21f und 23—27 ist auch hier die Verbindung von Verkündigung und Wunder hergestellt. Durch Jesu grundsätzliche Aussage 38 ist seine Verkündigung betont. Als Verkündigung der Nähe des Reiches Gottes (14f) wird sie konkret in der Behebung von Krankheiten; Jesu Wunder zeigen, was die Vollmacht seiner Verkündigung ist (vgl. 22.27aβ).

1,40—45 Die Heilung eines Aussätzigen

⁴⁰Und ein Aussätziger kommt zu ihm, bittet ihn, fällt ihm zu Füßen und sagt zu ihm: „Wenn du willst, kannst du mich reinigen!" ⁴¹Und voller Erbarmen streckte er seine Hand aus, faßte ihn an und sagt zu ihm: „Ich will. Sei rein!" ⁴²Und sofort ging der Aussatz von ihm weg, und er wurde gereinigt. ⁴³Dann schnaubte er ihn an und warf ihn sofort hinaus ⁴⁴und sagt zu ihm: „Sieh zu, du sollst niemand etwas sagen, sondern gehe hin, zeige dich dem Priester, und opfere für deine Reinigung, was Mose angeordnet hat, ihnen zum Zeugnis." ⁴⁵Er aber ging hinaus und fing an, vielfach zu verkündigen und die Geschichte bekanntzugeben, so daß er nicht mehr öffentlich eine Stadt betreten konnte, sondern draußen an einsamen Orten blieb. Und man kam zu ihm von überall her.

Auf die summarische Schilderung des Wirkens Jesu in Galiläa (32—39) folgt wieder eine Einzelepisode, die Geschichte von der Heilung eines Aussätzigen. Das ist die zweite Krankenheilung nach 29—31. Stilgerecht ist zunächst mit dem Stichwort λεπρός der Fall vorgestellt (40a). Es folgen die Bitte um Heilung (40b), der Vollzug der Heilung (41) und deren Bestätigung (42) sowie — dem konkreten Fall entsprechend — die Anweisung, die erfolgte Heilung von einem Priester bestätigen zu lassen und das vorgeschriebene Opfer darzubringen (44b). Befremdlich wirken in diesem Zusammenhang Jesu Reaktion in 43, in 44a das Verbot, darüber zu reden, denn er soll sich ja einem Priester zeigen, aber auch die Übertretung dieses Verbots in 45, die zur weiteren Verbreitung des Rufes Jesu führt. Diese Züge gehen auf Mk zurück, der mit ihnen die ihm vorgegebene Wundergeschichte 40—42.44b in seine Darstellung der Geschichte Jesu einfügt; fraglich ist das allenfalls für 43, aber diese böse Reaktion Jesu wäre sperrig auch innerhalb einer vorgegebenen Überlieferung (vgl. D. A. Koch, Bedeutung 76f). Alle diese Züge fehlen im übrigen in der verwandten, aber doch wohl von Mk oder den synoptischen Parallelen unabhängigen Fassung PEgerton 2 (frg. 1r 8—10; Text bei Aland, Synopse 60; Greeven 44).

40 Ohne Orts- und Zeitangabe beginnt die Geschichte mit dem Auftritt eines als λεπρός charakterisierten Mannes. Der Sprachgebrauch ist in diesem Kontext (vgl. 44b) sicherlich bestimmt von dem der atlichen Vorschriften über den Umgang mit λέπρα (LXX für hebr. צרעת) in Lev 13f. Dort werden verschiedene Arten von ansteckendem Aussatz und bloßem Hautausschlag unterschieden. Was dort aber λέπρα genannt ist, deckt sich nicht ganz mit unserem medizinischen Befund „Lepra", eine Krankheit, die heutzutage grundsätzlich als heilbar erscheint. In unserem Kontext assoziiert die Kennzeichnung λεπρός jedenfalls, daß es sich um einen schweren, wohl gar unheilbaren Fall handelt. Um so erstaunlicher ist es, daß dieser Mann sich vor Jesus niederwirft (wenn angesichts der undurchsichtigen Textüberlieferung dieser Variante der Vorzug gegeben wird) und Jesus zutraut, ihn heilen zu können; die Heilung einer solchen Krankheit besteht in der „Reinigung" (vgl. 4Reg 5,14 Num 12,15). Im Kontext ist das ganze ein Beispiel für den großen Ruf, den Jesus bereits besitzt (vgl. 28.32.34a.39). **41** Jesus geht auf die Bitte ein, aus Erbarmen, wie hinzugefügt wird (die immer wieder einmal ins Spiel gebrachte Lesart ὀργισθείς ist durch D und einige lateinische Handschriften zu schlecht bezeugt); er berührt ihn, den niemand berühren darf, und befiehlt ihm: „sei gereinigt". **42** Auf der Stelle tritt der Erfolg ein: er ist geheilt. **43** Dem Erbarmen Jesu in 41 kontrastiert seine böse Reaktion, die im Zusammenhang mit dem folgenden Schweigegebot **44a** gesehen werden muß, dieses also verstärkt. Für den Leser aber bleibt das befremdlich, hier wie in ähnlichen Stellen im weiteren Evangelium.

In **44b** weist Jesus den Geheilten an, den Fall entsprechend den Gesetzesvorschriften abzuschließen, die die soziale Wiedereingliederung geheilter Aussätziger regeln (vgl. die komplizierten Prozeduren Lev 14,2−31, die zeigen, mit welcher Vorsicht vorgegangen wurde; vgl. jetzt auch TR 45,16−18 48,14f 48,17−49,4). „Ihnen zum Zeugnis" bedeutet, daß nun auch „sie" erfahren sollen, was Jesus tut — sind damit die Jerusalemer Autoritäten gemeint, so daß das Erscheinen von Schriftgelehrten aus Jerusalem (3,22) vorbereitet wird?

Eine Durchführung der Anweisung 44b wird nicht erzählt, wohl aber in **45**, daß der Geheilte entgegen dem Verbot Jesu 44a zu verkündigen beginnt, mit der Folge, daß Jesus sich nicht mehr öffentlich zeigen kann, sondern sich außerhalb der Städte halten muß, und daß trotzdem die Leute von überall her dort zu ihm kommen.

Erneut ist also über eine Einzelepisode eine Verallgemeinerung und Ausweitung erzielt. Der in 32−34 schon als sehr groß beschriebene Erfolg Jesu wird nun noch einmal gesteigert, auch noch gegenüber 39. Damit hat ein erster, mit 16 beginnender Spannungsbogen sein Ende erreicht: Jesus begann als einzelner, nun ist er ein bekannter und gesuchter Mann, und das sogar gegen seine eigene Intention, da er ja eine Verbreitung der Geschichte von der Heilung des Aussätzigen verboten hatte.

2,1−12 Die Heilung eines Gelähmten in Kapharnaum

¹Und als er wieder nach Kapharnaum kam, verbreitete es sich tagelang, daß er im Haus sei. ²Da versammelten sich viele, so daß nicht einmal der Platz vor der Tür mehr reichte, und er sagte ihnen das Wort. ³Da kommen welche, die zu viert einen Gelähmten zu ihm tragen. ⁴Und weil sie ihn wegen der Menge nicht zu ihm bringen konnten, deckten sie das Dach ab dort, wo er war, gruben es auf und lassen die Trage, auf der der Gelähmte lag, herab. ⁵Und als Jesus ihren Glauben sieht, sagt er zu dem Gelähmten: „Kind, deine Sünden werden vergeben." ⁶Es saßen dort aber einige von den Schriftgelehrten und dachten in ihrem Herzen: ⁷„Warum redet dieser so? Er lästert! Wer kann Sünden vergeben außer Gott allein?" ⁸Und sofort als Jesus in seinem Geist erkannte, daß sie so dachten, sagt er zu ihnen: „Warum denkt ihr dies in euren Herzen? ⁹Was ist leichter, zu dem Gelähmten zu sagen: ‚Deine Sünden werden vergeben!', oder zu sagen: ‚Steh auf, und nimm deine Trage, und geh'? ¹⁰Damit ihr aber merkt, daß der Menschensohn Vollmacht hat, auf der Erde Sünden zu vergeben" — er sagt zu dem Gelähmten: ¹¹„Ich sage dir: Steh auf, nimm deine Trage, und geh nach Hause!" ¹²Und er stand auf, nahm seine Trage und ging sofort weg vor aller Augen, so daß alle außer sich gerieten und Gott priesen, indem sie sagten: „So etwas haben wir noch nie gesehen!"

Literatur: K. KERTELGE, Die Vollmacht des Menschensohns zur Sündenvergebung, in: Orientierung an Jesus (Fs J. Schmid), 1973, 205−213. — I. MAISCH, Die Heilung des Gelähmten, SBS 52, 1971. — W. WREDE, Zur Heilung des Gelähmten (Mc 2,1ff), ZNW 5 (1904) 354−358.

In Einzelszenen und Summarien war bisher das Wirken Jesu als Ausdruck seiner ἐξουσία dargestellt worden. Die folgenden Szenen zeigen nun Jesus im Konflikt mit seinen Gegnern.

Streitgespräche

Literatur: J. Dewey, Markan Public Debate, SBLDS 48, 1980. — D. J. Doughty, The Authority of the Son of Man (Mk 2,1—3,6), ZNW 74 (1983), 161—181. — A. J. Hultgren, Jesus and His Adversaries, 1979. — J. Kiilunen, Die Vollmacht im Widerstreit, AASF 40, 1985. — W. Thissen, Erzählungen der Befreiung, FzB 21, 1976.

Mk konnte dafür wahrscheinlich schon auf eine ihm vorliegende Sammlung solcher Streitgespräche zurückgreifen, deren Umfang in der Literatur freilich umstritten ist, je nachdem, ob man den Grundbestand von 2,1—3,6 im ganzen (Klostermann), von 2,15—3,6 (Pesch, Ernst), von 2,(13)15—3,5 (Schweizer), von 2,1—28 (H. W. Kuhn, Sammlungen 85), von 2,15—28 (Gnilka) oder von 2,16—28 (E. Stegemann, Markusevangelium 131) einer solchen Quelle zuweist. Bestritten wird aber auch die Existenz einer solchen Vorlage überhaupt (J. Dewey, Debate; J. Kiilunen, Vollmacht). Kennzeichnend für alle Einzelgeschichten ist, daß differierendes Material (Wundergeschichten 2,1—12 3,1—5, Jüngerberufung 2,14, eigentliche Streitgespräche) auf den einen Gesichtspunkt des Konflikts hin ausgearbeitet worden ist. So ergibt sich für alle als gemeinsame Struktur, daß ein Verhalten Jesu oder seiner Jünger den Anstoß für einen Einwand der Gegner gibt, dem Jesus dann in einem über die jeweilige Situation hinausgehenden Wort antwortet. Dieses Wort formuliert eine für die überliefernde Gemeinde verbindliche Regel. Die Auslegung wird die doppelte Ebene der Geschichten zu beachten haben: aus einem Konflikt zwischen Jesus und seinen Gegnern damals wird eine Entscheidung in Problemen der sich auf Jesus berufenden Gemeinde abgeleitet. Die Norm für eine solche Entscheidung liegt im Wort Jesu, anders als z. B. bei Paulus, der nur im 1Kor gelegentlich auf Worte Jesu argumentierend zurückgreift. Das Interesse des Erzählers am Wort Jesu ist also kein ausschließlich biographisches in dem Sinne, daß er originale Äußerungen Jesu wiedergeben will, sondern ist ein Interesse gerade am Typischen als dem für die Gemeinde Verbindlichen.

Zur vereinheitlichenden Tendenz in der Gestaltung der einzelnen Geschichten gehört auch, daß die Angaben zu Ort und Zeit der Handlung auf das für die jeweilige Geschichte Notwendigste beschränkt sind: 2,1—12 spielt in einem Haus, das natürlich in einer Stadt stehen muß, 2,14 an einer Zollstation, 2,15—17 wieder in einem anderen Haus, 2,18—22 irgendwo, 2,23—28 in Feldern an einem Sabbat, 3,1—5 in einer Synagoge am Sabbat. Mehr braucht nicht angegeben zu werden, und mehr wird auch nicht angegeben. Ähnlich verhält es sich mit den auftretenden Personen: 2,6 sind als Gegner „einige von den Schriftgelehrten" genannt, 2,18.24 3,6 „die Pharisäer", neben die in 2,18 die Johannesjünger und in 3,6 die Herodianer treten. 2,16 verbindet mit „die Schriftgelehrten der Pharisäer" geschickt die beiden Gruppen. Insgesamt sind alle in Galiläa vorstellbaren Gegner Jesu genannt. Die Jünger Jesu treten in der ersten und letzten Geschichte nicht auf, dafür begegnet hier der jeweilige Kranke. Mit Namen wird außer Jesus nur Levi in 2,14 genannt, wobei die Erwähnung seines Namens die Funktion hat, ihn eindeutig als Juden auszuweisen.

Vom Aufbau, der Gestaltung und der Zielsetzung her gehören diese Geschichten zu der Form des Apophthegmas (R. Bultmann, GST) bzw. Paradigmas (M. Dibelius, FG), die gelegentlich auch sonst im Evangelium begegnen wird (7,1ff 8,11—13 10,2—9), in solcher Häufung jedoch erst wieder in der Darstellung der Jerusalemer Zeit vor der Passion (11,20—33 12,13—37a).

1—12 ergeben einen sinnvolleren Text, wenn man darin 5b—10 überspringt. Dadurch werden die merkwürdige syntaktische Konstruktion in 10 und der Widerspruch zwischen dem Lob aller (12) und dem ja doch wohl als fortdauernd gedachten Widerspruch der Schriftgelehrten beseitigt. Alles zusammen weist darauf hin, daß hier eine ursprüngliche Wundergeschichte 1−5a.11f um die Auseinandersetzung mit den Schriftgelehrten 5b−10 erweitert worden ist, und durch diese Erweiterung erst erhält die Geschichte den Charakter eines Streitgespräches; 3 nennt den Fall, 4 beschreibt seine Schwierigkeit, 5a.11 die Heilung und 12 konstatiert den Erfolg der Heilung. Das ist eine typische Wundergeschichte (s. u. S. 94f), mit dem Kontext verknüpft durch das πάλιν in 1, damit zusammenhängend, daß Jesus wieder „im Haus" ist (vgl. 1,29.33), aber auch durch das Motiv der Verkündigung (vgl. 1,14). Zu der Überlieferung, die Mk aufgenommen hat, werden die Ortsangabe Kapharnaum und das „Haus" gehört haben (s. o. S. 49). Abgesehen davon sind jedoch 1f als redaktionell anzusehen. Die von Mk aufgenommene Wundergeschichte einschließlich ihrer Einbindung in den Zusammenhang des Evangeliums sei vorab für sich interpretiert.

In **1** verknüpft Mk durch πάλιν die Geschichte mit dem bisherigen Erzählungsablauf, nach dem Jesus in 1,35 Kapharnaum verlassen hatte. Für das folgende Geschehen ist das Motiv „Haus in einer Stadt" konstitutiv; folglich läßt sich eine über diese Einfügung von πάλιν hinausgehende redaktionelle Arbeit in 1 kaum nachweisen. **2** schildert dem Leser schon vertraute Züge: wie immer ist der Andrang groß (vgl. 1,33.45), wie immer verkündigt er das Wort (vgl. 1,21.39.45), wobei als Inhalt seiner Predigt hier wie durchgehend die programmatische Verkündigung von 1,15 einzusetzen ist. Eher als in 1 kann man daher in 2 den Evangelisten am Werk sehen, der Jesu erneutes Auftreten in Kapharnaum als Fortsetzung seiner üblichen Wirksamkeit darstellt, wozu ja auch gehört, daß er nun einen Kranken heilt (vgl. 1,23−27.29−31.32−34.39.40−45).

3 nennt gegenüber der großen Zahl von Hörern im und vor dem Haus (noch gesteigert gegenüber 1,33) eine neue Gruppe, die in ihrer Mitte einen Gelähmten hat, der von vier Personen auf einer Trage gebracht wird, und der Leser muß sich fragen, wie sie wohl in all dem Gedränge zu Jesus kommen können. **4** Ihr Weg führt über das Dach, das in Palästina als Flachdach aus einer Schicht von Lehm über Balken und Flechtwerk besteht. Sie graben das Dach durch und lassen dann den Gelähmten zu Jesus herunter. Die doppelte Beschreibung macht dem Leser klar, wie er sich das vorzustellen hat. **5a** Diese Handlung bedarf keiner verbalen Erläuterung etwa in Form einer ausdrücklichen Bitte; der Erzähler qualifiziert diese Geste als Ausdruck von πίστις, also mit einem Wort, das für die Wundergeschichten der Jesusüberlieferung typisch ist und in 9,14−29 thematisiert werden wird. In **11** vollzieht Jesus die Heilung durch seine Anrede, und der Erfolg tritt auf der Stelle ein **12a**. Die Konsequenz ist in **12b** Staunen und Lob Gottes; gesteigert ist durch „noch nie" die Wirkung Jesu (vgl. 1,27a.34.39.45) in qualitativer Hinsicht.

Es handelt sich also zunächst um eine Heilungsgeschichte mit allen typischen Elementen. Eine neue Pointe erhält sie aber durch den Einschub 5b−10, der von dem Zusammenhang zwischen Krankheit und Sünde ausgeht (vgl. im NT Joh 5,14 9,3). Man braucht deshalb nicht **5b** noch zur ursprünglichen Wundergeschichte zu rechnen (so Schweizer), um eine Verbindung zwischen beiden Themen (Krankenheilung, Sündenvergebung) herzustellen, denn dieser Zusammenhang legte sich aus der jüdischen Tradition ohnehin nahe: Aufhebung von Krankheit bedeutete Aufhebung des Tat-Folge-Zusammenhangs von Sünde und Krankheit.

In **6** begegnen Jesus erstmals im Evangelium Gegner, die in dem engen Haus wie zufällig auch noch *sitzen*. Schon dieser historisch kaum vorstellbare Zug ist ein Hinweis darauf, daß nun die einmalige Geschichte ins Grundsätzliche überführt wird. Die Schriftgelehrten − in 1,22 bereits negativ eingeführt − äußern ihren Unmut nicht laut;

ihnen fällt **7** ihre Dogmatik ein, die ihnen die Möglichkeit nimmt zu begreifen, was hier vor sich geht. Sündenvergebung war Gott selbst vorbehalten, in dessen Namen der Priester im Kult oder charismatisch der Prophet (vgl. 2Sam 12,13) sie aussprechen konnte. Weil sie meinen, den Namen Gottes verteidigen zu müssen, verkennen sie den, der als Sohn Gottes (vgl. 1,11) vor ihnen steht. **8** Jesus durchschaut sie und stellt ihnen in **9** die Frage, was leichter sei, Sündenvergebung auszusprechen oder den Kranken durch das Wort zu heilen, läßt ihnen aber gar keine Zeit zur Antwort, sondern kündigt **10** die Heilung an als Beweis für die Vollmacht zur Sündenvergebung. Wie in 1,22 fällt also erneut das Stichwort ἐξουσία im Zusammenhang einer Auseinandersetzung mit den Schriftgelehrten.

Dieser Einschub ergibt für sich genommen keine selbständige Geschichte, sondern ist nur im Zusammenhang der Heilungsgeschichte verständlich, ohne den er dann auch nicht überliefert worden sein kann. Motiv dieses Einschubs ist nicht die Frage nach der Legitimation der in der Gemeinde abseits vom jüdischen Kultus praktizierten Sündenvergebung; die Geschichte hat im Zusammenhang des Mk vielmehr eine christologische Pointe. Anders als in Mt 9,8 wird gerade nicht von Jesu Vollmacht auf die Vollmacht der Gemeinde geschlossen, sondern Jesu ἐξουσία herausgestellt.

Wegen der durchgehenden Verbindung dieser Thematik mit der Auseinandersetzung mit den Schriftgelehrten (s. o. S. 50f) wird der Einschub 5b—10 auf Mk zurückgehen (vgl. mit anderer Begründung D. A. Koch, Bedeutung 49f). Er nimmt aktuelle Auseinandersetzungen mit den Autoritäten der jüdischen Gemeinde über die Christologie auf. Daß von Jesus Krankenheilungen erzählt wurden, stieß auf den Einwand, daß Krankheit und Sünde einen Kausalzusammenhang bilden, der hiermit geleugnet werde.

Jesus redet hier erstmals vom Menschensohn, scheinbar von einem anderen, für den Leser aber deutlich von sich selber (s. u. S. 147f), dessen Vollmacht (vgl. Dan 7,14!) vorgreifend vom Endgericht schon auf Erden wirksam ist. Weil er als der leidende Gerechte dieser Menschensohn ist, besitzt er diese Vollmacht, und das verkennen seine Gegner.

2,13—17 Die Tischgemeinschaft mit Zöllnern und Sündern

13Und er ging wieder hinaus am See entlang, und das ganze Volk kam zu ihm, und er lehrte sie. 14Und im Vorübergehen sah er Levi, den (Sohn) des Alphäus, am Zoll sitzen und sagt zu ihm: „Folge mir!" Und er stand auf und folgte ihm. 15Und es geschieht, daß er in seinem Haus zu Tisch liegt, und viele Zöllner und Sünder lagen mit Jesus und seinen Jüngern zu Tisch. Es waren nämlich viele, und sie folgten ihm nach. 16Und als die Schriftgelehrten der Pharisäer sahen, daß er mit den Sündern und Zöllnern ißt, sagten sie zu seinen Jüngern: „Mit den Zöllnern und Sündern ißt er?" 17Und als Jesus das hörte, sagt er zu ihnen: „Die Gesunden brauchen keinen Arzt, sondern die Kranken. Ich bin nicht gekommen, Gerechte zu rufen, sondern Sünder."

Literatur: S. Brock, A New Testimonium to the „Gospel according to the Hebrews", NTS 18 (1971/72) 220—222. — F. Herrenbrück, Wer waren die Zöllner?, ZNW 72 (1981) 178—194. — B. van Iersel, La vocation de Lévi, in: De Jésus aux Évangiles II, 1967, 212—232. — R. Pesch, Levi — Matthäus, ZNW 59 (1968) 40—56.

Der Kern von 13—17 ist das Apophthegma 15—17, das nach der Schilderung des Anlasses (15) und dem Einwand der Gegner (16) auf das Wort Jesu (17) als über den Anlaß hinausgehende normierende Regel hinausläuft. Vorgeschaltet sind in 14 eine an 1,16—20 erinnernde Berufungsgeschichte eines Zöllners namens Levi, die die in 15 geschilderte Szene motiviert, und in 13 eine redaktionelle Verknüpfung mit dem Kontext.

13 verbindet nicht nur erneut durch πάλιν (vgl. 1) die Einzelgeschichte mit dem Faden der Erzählung (vgl. 1,16, woher der Leser auch weiß, um welchen See es sich bei dem hier nicht näher bezeichneten handelt), sondern stellt Jesus auch wieder in der typischen Situation des Lehrens vor einer großen Menge dar. Ein Inhalt der Lehre ist nicht genannt; erinnert ist der Leser wieder an 1,14f, die Verkündigung Jesu in Galiläa. **14** Dort am See steht das Zollgebäude, und hier sitzt Levi, der Sohn des Alphäus, wie sein Name und der seines Vaters verrät: ein Jude, und doch als Zöllner einer, mit dem — wie der Leser weiß — nicht nur Juden nicht gerne etwas zu tun haben wollten. (Die Variante in D Θ Ferrar-Gruppe 565 it Tatian identifiziert wegen des gleichen Vaternamens Levi mit dem Jakobus von 3,18 aus dem Zwölferkreis; Mt macht aus Levi den in den Zwölferkatalogen genannten Matthäus; im Hebräerevangelium [vgl. Brock, Testimonium; s. Beilage 2] ist er der nach Apg 1,26 in den Zwölferkreis nachgewählte Matthias.) Wie in 1,60—20 die ersten Jünger beruft Jesus ihn in die Nachfolge, und wie sie folgt er Jesus auch tatsächlich nach.

In **15** braucht lediglich das vom Kontext her eindeutige αὐτόν durch „Jesus" ersetzt zu werden, um den Beginn einer neuen Geschichte zu erhalten, die auch einen üblichen Erzählanfang (γίνεται + A.c.I.) hat. Ob in solcher ursprünglicher Geschichte von *Jesu* Haus die Rede war, mag offenbleiben; im jetzigen Kontext jedenfalls ist Levis Haus gemeint, wie ja auch bisher nirgends ein Haus Jesu in Kapharnaum genannt worden war (vgl. 2,1). Auffällig ist die Erwähnung von Sündern neben Zöllnern im Munde des Erzählers. Die Zöllner waren ein eindeutig abgrenzbarer Berufsstand (vgl. dazu F. Herrenbrück, Zöllner), und Zöllner konnten von Frommen als „Sünder" qualifiziert werden, sofern sie sich nicht an das Recht hielten. Die Hinzufügung der Sünder zeigt aber das Interesse, aus dem damaligen Umgang Jesu mit Zöllnern verallgemeinernd Regeln für den Umgang der Gemeinde mit Sündern zu schließen, weshalb wohl auch ausdrücklich die Jünger erwähnt werden, die in der folgenden Szene gar keine Funktion haben.

Aus jüdischer Sicht sind nun „Sünder" vor allem die Heiden (vgl. Gal 2,15), und wir wissen aus Gal 2,11ff gerade von Streitigkeiten über die Tischgemeinschaft zwischen Juden- und Heidenchristen. Es ist daher nicht auszuschließen, daß die Überlieferung von Jesu Tischgemeinschaft mit Zöllnern der Gemeinde dazu gedient hat, die christliche Tischgemeinschaft ohne Beachtung der jüdischen Reinheitsgesetze zu legitimieren. Darauf könnte in **16** auch die Voranstellung der Sünder weisen, die dann in der Formulierung des Vorwurfs freilich wieder umgekehrt wird. Dieser Vorwurf ist in die Form einer feststellenden Frage gekleidet, die in den Augen der Gegner schon den Anspruch Jesu widerlegen muß, ohne daß es noch weiterer Argumentation bedarf. Die Verbindung „die Schriftgelehrten der Pharisäer" ist singulär bei Mk (s. o. S. 50). Mit ihr leitet Mk über von dem ersten Streitgespräch mit Schriftgelehrten (5b—10) zu den nun folgenden mit Pharisäern, die er einschließlich 15—17 einer Sammlung entnommen hat. In ihr war in 16 dann nur von Pharisäern die Rede.

Pharisäer

Literatur: G. Baumbach, Jesus von Nazareth im Lichte der jüdischen Gruppenbildung, 1971. — M. Cook, Mark's Treatment of the Jewish Leaders, NT.S 51, 1978. — D. Lührmann, Die Pharisäer und die Schriftgelehrten im Markusevangelium, ZNW 78 (1987) (im Erscheinen). — R. Meyer, H. F. Weiss, Art. Φαρισαῖος, ThWNT IX 11—51. — J. Neusner, The Rabbinic Traditions about the Pharisees before 70 A.D., 3 Bde., 1971. — Ders., Das pharisäische und talmudische Judentum, 1984. — E. Trocmé, La Formation de l'Évangile selon Marc, EHPhR 57, 1963. — J. W. Weber, Jesus' Opponents in the Gospel of Mark, JBR 34 (1966) 214—222. — R. A. Wild, The Encounter between Pharisaic and Christian Judaism, NT 27 (1985) 105—124.

Erst nach den Schriftgelehrten (s. o. S. 50f) treten die Pharisäer auf. Ihr Name, nur im NT und bei Josephus vorkommend, ist Gräzisierung von aram. פְּרִישַׁיָּא, also eines pt. pass. von פרש = „absondern, trennen"; es handelt sich wahrscheinlich um eine Fremdbezeichnung im Sinne von „Sektierer, Separatisten". In der Mischna (Jad IV 6.7.8) klagen Sadduzäer ihre Gegner als פרושים an; fraglich ist, ob das als Gruppenbezeichnung gemeint oder nur ein Vorwurf im Wortsinn ist. Josephus erwähnt sie erstmals im Kontext der Regierungszeit Jonathans (152—143 v. Chr.) und als handelnde Personen — da aber bereits als feste Gruppierung — in der Zeit des Johannes Hyrkanus (134—104 v. Chr.). Da sie in den Makkabäerbüchern noch nicht erwähnt werden, ist mit ihrer Entstehung etwa nach der Mitte des 2. Jh.s v. Chr. zu rechnen, und vermutlich stehen sie in einem Zusammenhang mit den Ἀσιδαῖοι (hebr. חסידים) der Makkabäerzeit (vgl. 1Makk 2,42 7,13), die in Opposition zu den Reformern in Jerusalem standen, sich später aber — im Unterschied zu den Makkabäern — abfanden mit der Restituierung des Jerusalemer Kultus unter Alkimus.

Josephus beschreibt sie seinen Lesern als eine philosophische Richtung (bell. II 162f, antiqu. XIII 171—173, XVIII 11—15, jeweils verglichen mit Essenern und Sadduzäern), die das menschliche Schicksal zwar als der εἱμαρμένη unterstellt sieht, den Menschen aber in ethischer Hinsicht auch selbst über gerecht und ungerecht entscheiden läßt. Weiterhin habe nach ihnen die menschliche Seele eine gewisse Kraft zur Unsterblichkeit, voraus aber gehe ein Hadesgericht über Gute und Böse. Übersetzt man solche auf Josephus' Leser abgezielte griechische Kategorien in jüdische, dann ergibt sich, daß die Pharisäer im Unterschied zu den Sadduzäern die Auferstehung der Toten zum Gericht vertraten, in dem über die Taten der Menschen geurteilt wird. Nicht in diesen zusammenfassenden Darstellungen, sondern in antiqu. XIII 297 hebt Josephus im Vergleich zu den Sadduzäern hervor, daß die Pharisäer dem Volk gewisse Vorschriften aus der Erbfolge der Väter überliefert haben, die nicht in den Gesetzen Moses geschrieben seien, während die Sadduzäer sich nur an die geschriebenen Gesetze hielten.

So wenig sich über die Entstehung der Pharisäer sagen läßt, so wenig läßt sich eine kontinuierliche Geschichte dieser Gruppe schreiben. Nach antiqu. XIII 288—300 besaßen sie anfangs Einfluß auf Johannes Hyrkanus, überwarfen sich dann aber mit ihm. Vermutlich gehörten sie auch zu der Opposition gegen seinen Sohn Alexander Jannäus (103—76 v. Chr.), die dieser mit der Kreuzigung von 800 Leuten auf einmal grausam strafte (antiqu. XIII 380). Unter der Regierung von dessen Witwe Salome Alexandra (76—67) dagegen gewannen sie ihren Einfluß zurück und rächten sich ihrerseits an ihren alten Gegnern (antiqu. XIII 398—418). Die Vollmachten, die sie dabei wahrnahmen, lassen darauf schließen, daß sie nun auch offizielle Funktionen im Synhedrium hatten. Wir hören danach erst wieder von ihnen in der Zeit des Herodes (40—4 v. Chr.): er habe bei seiner Rückkehr nach Jerusalem im Jahre 37 aus Dankbarkeit die Pharisäer Pollio und Sameas geehrt (antiqu. XV 3) und ihretwegen die Pharisäer auch von dem von allen geforderten Treueid befreit (ebd. 370); die Pharisäer waren später aber in eine Palastintrige verwickelt, und einige von ihnen wurden hingerichtet (antiqu. XIII 41—45). Nach der Umwandlung der Ethnarchie des Archelaus in die römische Provinz Judäa im Jahre 6 n. Chr. entstand über der Frage des census (vgl. Mk 12,13—17) als Abspaltung aus den Pharisäern die Gruppierung der Zeloten (antiqu. XVIII 1—10.23—25, vgl. bell. II 117f, s. Beilage 5); deren Führer waren Judas Galiläus und der Pharisäer Saddok. Insgesamt betont Josephus wiederholt den großen Einfluß der Pharisäer auf das Volk und ihre im Prinzip königfeindliche Haltung.

Als Eigentexte lassen sich den Pharisäern wahrscheinlich die Psalmen Salomos zuschreiben. In den Talmuden werden aus der Zeit vor der Zerstörung des Jerusalemer Tempels im Jahre 70 n. Chr. Lehrer zitiert, die den Pharisäern zuzurechnen sind (vgl. vor allem die von Mose bis Jochanan ben Zakkai und seinen Schülern führende Traditionskette Aboth I 1—15 II 4b—16), doch ist fraglich, was davon wirklich so weit zurückreicht. Sicherlich verstand sich das rabbinische Judentum nach 70 als Fortführung der pharisäischen Tradition; es bildete aber eine eigene neue Größe.

Bei Mk sind die Pharisäer 12mal genannt, also wesentlich seltener als die Schriftgelehrten (21mal, s. o. S. 50). Sie begegnen nur in Streitgesprächen bzw. in 3,6 und 8,15 in Texten, die ebenso die Differenz zwischen Jesus und ihnen aufzeigen. Die Themen der Auseinandersetzung mit ihnen sind Fragen des Essens (2,15—17 7,1—5), das Fasten (2,18—22), die Auslegung des Sabbatgebots (2,23—28 3,1—5), das Korbangelübde (7,9—13), die Ehescheidung (10,2—9), das Zahlen des census (12,13—17), alles Probleme nicht der Gültigkeit der geschriebenen Tora, sondern dessen, was in 7,4f παράδοσις τῶν πρεσβυτέρων heißt (vgl. Josephus, antiqu. XIII 297: παράδοσις τῶν πατέρων, Gal 1,14: πατρικαὶ παραδόσεις). Die Frage der Legitimation Jesu, die die Auseinandersetzung mit den Schriftgelehrten beherrscht, klingt nur in der Zeichenforderung 8,11—13 an, wird aber nicht explizit verhandelt.

Die genannten Themen sind sicher in der Zeit des Mk für die Leser nicht mehr aktuell, denn Mk muß in 7,3f ihnen erst erklären, worum es bei dem Streit eigentlich geht, und Mk disqualifiziert sie in 8,11 10,2 12,13 durch Bemerkungen über ihre Motive, damit der Leser gar nicht erst erwägen kann, ob sie nicht doch in lauterer Absicht gekommen sind. Die einzelnen Streitgespräche legitimieren die von der jüdischen abweichende christliche Praxis in den angesprochenen Fragen; aber die ist nicht mehr strittig, wie sie es einst gewesen sein mochte. Daraus ist zu schließen, daß Mk die Streitgespräche mit den Pharisäern aus seiner Überlieferung übernommen hat (vgl. auch, daß in 1,21—28 die Frage des Sabbats keine Rolle spielt). Da diese Überlieferungen in die Zeit vor 70 n. Chr. zurückgehen, sind sie neben Q (s. u.) und Josephus die wichtigste Informationsquelle für die Pharisäer, und es ergibt sich aus ihnen das Bild einer Gruppe, die primär bestimmt war vom Thema der Reinheit, eine παράδοσις τῶν πρεσβυτέρων neben der geschriebenen Tora entwickelte, regelmäßige Fasttage einhielt und gegenüber dem Zeloten das Problem des census ablehnte.

Die Q-Überlieferung Lk 11,39—52/Mt 23,1—35 bestätigt den unversöhnlichen Gegensatz zwischen den Pharisäern und Jesus und seinen Jüngern. Aus ihr läßt sich das historische Bild der Pharisäer erweitern um das — für die Christen nicht strittige — Beachten des Verzehntens (Lk 11,42/Mt 23,23, vgl. Lk 18,12), um das soziale Prestige, das sie genossen (Lk 11,43/Mt 23,6), um ihre Bemühung um die Prophetengräber (Lk 11,47/Mt 23,29) und um ihre Auffassung von der Tradition der Väter (Lk 11,48/Mt 23,30), wenn man hinter die polemische Kritik dieser Rede zurückfragt. Bestätigt wird ihre Sorgsamkeit im Blick auf die Reinheit der Mahlzeiten (Lk 11,39/ Mt 23,25).

Anders als die Schriftgelehrten sind die Pharisäer bei Mk also nicht aktuelle Gesprächspartner auf jüdischer Seite; das werden sie erst wieder bei Mt, für den „die Schriftgelehrten und Pharisäer" zu einer einheitlichen Gruppe verschmelzen, der gegenüber es um die Themen „Gesetz" und „Gerechtigkeit" geht (vgl. bes. Mt 5,17—20), während bei Mk sowohl νόμος als auch δικαιοσύνη nicht vorkommen. Bei Mt treten sie dann auch in der Passionsgeschichte auf (27,62), wo sie bei Mk fehlen. Das Pharisäerbild bei Mt, das teilweise auch in die Überlieferung des Mk-Textes eingedrungen ist (vgl. v. l. bei 9,11 und 11,18) darf aber nicht die Interpretation der Mk-Stellen bestimmen, denn Mk unterscheidet deutlich zwischen Schriftgelehrten und Pharisäern: die Pharisäer sind für ihn Gegner Jesu damals in Galiläa in Fragen der Überlieferung außerhalb der geschriebenen Tora, die Schriftgelehrten aktuelle Gesprächspartner in Fragen der Christologie. Das historische Besserwissen, daß die Schriftgelehrten vor allem zu den Pharisäern gehört haben, darf nicht diesen Unterschied bei Mk nivellieren (gegen die einzige umfangreiche Arbeit zum Thema: M. Cook, Treatment). Schließlich ist zu betonen, daß für Mk beide Gruppen wirklich jüdische Gruppierungen sind, nicht Decknamen für judenchristliche Strömungen innerhalb der Gemeinde des Mk (gegen E. Trocmé, Formation 70—109).

Auch hier verkennen die Gegner wieder, wie die Antwort Jesu **17** zeigt, was eigentlich vor sich geht. Diese Antwort besteht aus zwei in der Form „nicht — sondern" gebildeten

Sätzen, deren erster eine allgemeine Erfahrungsregel formuliert, aus der im zweiten ein Schluß auf das Verhalten Jesu als Ich-Aussage gezogen wird. Der Satz vom Arzt ist als sprichwortartige Sentenz vor allem in griechischer Tradition zu belegen. Im Kontext des Mk assoziiert er dem Leser, daß Jesus ja in der Tat Kranke geheilt hat (κακῶς ἔχοντες 1,32.34); der Zusammenhang von Krankheit und Sünde war ein Thema der vorausgehenden Geschichte, so daß auch die Logik des Schlusses vom ersten auf den zweiten Teil der Antwort Jesu im Kontext vorbereitet ist. Dieser erinnert mit ἦλθον an das Kommen Jesu nach Galiläa (1,14), das ja die Nähe des Reiches Gottes im Wort Jesu bedeutete. So liegt auch hier – wie in 1–12 – die Pointe der Geschichte in der Christologie; die vermutete Einwirkung der Konflikte um die Tischgemeinschaft zwischen Juden- und Heidenchristen tritt der Christologie gegenüber in den Hintergrund und spricht sicherlich nicht mehr ein aktuelles Problem der Gemeinde des Mk an. Der Vorwurf der Gegner ist nicht ein Mißverständnis, sondern trifft genau das Handeln Jesu, an dem sich die Nachfolge (vgl. καλεῖν 1,20) entscheidet.

2,18–22 Das Fasten

[18]Die Jünger des Johannes und die Pharisäer pflegten zu fasten. Und sie kommen und sagen zu ihm: „Warum fasten die Jünger des Johannes und die Jünger der Pharisäer, deine Jünger aber fasten nicht?" [19]Da sagt Jesus zu ihnen: „Können etwa die Söhne des Bräutigams fasten, solange der Bräutigam bei ihnen ist? Solange sie den Bräutigam bei sich haben, können sie nicht fasten. [20] Es werden aber Tage kommen, wenn der Bräutigam von ihnen genommen ist, und dann werden sie fasten an jenem Tage. [21]Niemand näht einen Flicken aus neuem Tuch auf einen alten Mantel; sonst reißt das Füllstück ab, das neue vom alten, und es entsteht ein schlimmer Riß. [22]Und niemand gießt neuen Wein in alte Schläuche; sonst sprengt der Wein die Schläuche, und der Wein verdirbt und die Schläuche; vielmehr: neuen Wein in neue Schläuche!"

Literatur: F. Hahn, Das Bildwort vom neuen Flicken und vom jungen Wein, EvTh 31 (1971) 357–375. – J. B. Muddiman, Jesus and Fasting, in J. Dupont (Hg.), Jésus aux origines de la Christologie, EThL.B 40, 1975, 271–281. – J. A. Ziesler, The Removal of the Bridegroom, NTS 19 (1972/73) 190–194.

Das Apophthegma 18–22 ist ebenso aufgebaut wie das vorausgehende: Ausgangssituation (18a), Vorwurf an Jesus (18b), Antwort Jesu (19–22). Auffällig ist die Überlänge der Antwort Jesu, der gegenüber die Schilderung des Anlasses und der Frage der Gegner farblos wirken.

18a Der Ausgangspunkt liegt hier nicht in einer Handlung Jesu oder seiner Jünger, sondern in einer Information des Erzählers über die Gepflogenheit der Johannesjünger und der Pharisäer zu fasten. Darin zeigt sich sicherlich eine zeitliche und räumliche Distanz des Erzählers und der Leser gegenüber der historischen Situation Jesu, wie sie noch stärker die informierenden Erklärungen in 7,3f verraten.

18b Unklar ist im jetzigen Zusammenhang, wer denn Jesus die Frage stellt – von der Formulierung her können es an sich schlecht die sonst im Kontext als Gegner vorgestellten Pharisäer sein. Ungenau ist auch die Formulierung „Jünger der Pharisäer", da ja die Pharisäer selber fasten, wie 18a korrekt gesagt hat; „Jünger der Pharisäer" ist analog zu den Jüngern Jesu bzw. des Johannes gebildet. Rühren diese Schwierigkeiten daher, daß Mk in 18a meinte, Lesern die Umstände erklären zu müssen, weil sie nicht mehr in der unmittelbaren Situation wie Jesus lebten? Vielleicht ist dann ein ursprünglicher Anfang der Geschichte ersetzt worden, oder die Pharisäer sind erst sekundär in die Geschichte hinein gekommen.

Fasten

Das Fasten gehört zu dem Bereich der παράδοσις τῶν πρεσβυτέρων (7,3f, vgl. o. S. 61), nicht zu den Forderungen des geschriebenen Gesetzes. Vorgeschrieben war dort nur ein Fasten am Versöhnungstag (Lev 16,29.31 23,27—32, vgl. TR 25,10f). In Ps Sal 3,7f — also einem wahrscheinlich pharisäischen Text (s. o. S. 60) — hat dieses Fasten unabhängig vom Kultus sühnende Wirkung für begangene Sünden. Das zweimalige Fasten pro Woche (vgl. Lk 18,12; Did 8,1: montags und donnerstags) zeigt den Stellenwert, den Fasten im alltäglichen Leben der Pharisäer hatte.

19 Die Antwort Jesu begründet das Verhalten der Jünger mit einem Hinweis auf die allgemeine Erfahrung, daß bei einer Hochzeit nicht gefastet wird. Daß dies aber bereits eine christologische Aussage ist, wird durch die Fortsetzung **20** deutlich, erst recht, wenn hier im Anschluß an Jes 53,8 (αἴρεται ἀπὸ τῆς γῆς ἡ ζωὴ αὐτοῦ) formuliert ist. Es wird unterschieden die Zeit Jesu von der Zeit der Gemeinde, in der es dann tatsächlich wieder ein Fasten gibt.

Die Fastenpraxis der Gemeinde kann also nicht direkt im Verhalten Jesu oder seiner Jünger legitimiert werden — das unterscheidet dies Apophthegma von den anderen —, sondern nur über ein Wort Jesu, das differenziert zwischen der damaligen Zeit und der (aus der historisierenden Perspektive gesehen) Zukunft. Auffällig ist der Wechsel vom Plural ἡμέραι in den Singular „an jenem Tage". Will man nicht eine Tautologie annehmen, wird man zudem τότε als Entsprechung zu den kommenden Tagen nehmen müssen und daher „jenen Tag" auf den Tag der Wegnahme des Bräutigams deuten. Dann bleibt als einleuchtendste Erklärung, daß hier auf ein Fasten am Freitag als dem Todestag Jesu hingewiesen wird (H. W. Kuhn, Sammlungen 69) im Unterschied zu Montag und Donnerstag als den jüdischen Fasttagen (vgl. Did 8,1, wo freilich neben dem Freitag auch der Mittwoch als christlicher Fastentag erscheint). Hinter dem Apophthegma werden also erneut auch innerchristliche Diskussionen sichtbar, hier um die Frage christlicher Fastenpraxis, die vom Wort Jesu her aber längst entschieden sind; erneut tritt für den Kontext des Evangeliums die Christologie stärker hervor, während das Thema nicht mehr strittig zu sein scheint.

21f sollen offenbar durch den Verweis auf allgemeine Erfahrungsregeln die Antwort Jesu argumentativ unterstützen. **21** Ein Schneider wird niemals ein neues Stück Stoff auf ein altes Kleid setzen, weil der neue Flicken beim Waschen eingehen und das alte Stück zerreißen würde; **22** ein Küfer würde niemals neuen Wein in alte Schläuche tun, die unter dem Druck der Gärung platzen müßten. (ThEv 47 kehrt hier das Verhältnis von alt und neu um, nachdem zunächst eine 22 ähnliche Fassung gebracht wurde.)

Was aber wird mit diesen beiden Regeln bewiesen? Der Vergleichspunkt liegt darin, daß das „Neue" (sei es das Nicht-Fasten Jesu und seiner Jünger oder das Freitagfasten der Gemeinde) nicht mit dem „Alten" (der Fastenpraxis der Johannesjünger und der Pharisäer) zusammengebracht werden kann. Das Moment des „Zerreißens" dagegen gehört zum Bild selber. (Der Schlußsatz von 22 ist gut bezeugt und auch nicht durch eine Parallelfassung bedingt; daher kann man ihn gegen D 2427 it bo^ms beibehalten.) Auch dieses Apophthegma argumentiert im ganzen von der Christologie her und enthält mit 20a wahrscheinlich einen Hinweis auf den Tod Jesu als Begründung des Fastens am Freitag.

2,23–28 Die Einhaltung des Sabbatgebotes

²³Und es geschah, daß er am Sabbat durch Felder wanderte, und seine Jünger fingen unterwegs an, Ähren auszuraufen. ²⁴Da sagten die Pharisäer zu ihm: „Siehe, was machen sie da am Sabbat, was nicht erlaubt ist?" ²⁵Und er sagt zu ihnen: „Habt ihr nie gelesen, was David machte, als er Mangel hatte und hungerte, er und die bei ihm? ²⁶Wie er in das Gotteshaus ging zur Zeit Abjathars des Hohenpriesters und die Schaubrote aß, die niemand außer den Priestern essen darf, und auch denen gab, die mit ihm waren?" ²⁷Und er sagte zu ihnen: „Der Sabbat ist wegen des Menschen da, und nicht der Mensch wegen des Sabbats. ²⁸Daher ist der Menschensohn Herr auch über den Sabbat."

Literatur: A. Lindemann, „Der Sabbat ist um des Menschen willen geworden . . .", WuD 15 (1979) 79–105. – E. Lohse, Jesu Worte über den Sabbat, in: Judentum – Urchristentum – Kirche (Fs J. Jeremias), BZNW 26, 1960, 79–89. – F. Neirynck, Jesus and the Sabbath, in: J. Dupont (Hg.), Jésus aux origines de la Christologie, EThL.B 40, 1975, 227–270.

Auffällig ist an diesem Apophthegma, daß Jesus nach der Schilderung des Anlasses (23) und der Frage der Gegner (24) zunächst das Verhalten der Jünger so ausführlich mit einem Rekurs auf ein atliches Vorbild begründet (25f), bevor nach einer neuen Einleitungsformel in 27f die verallgemeinernde Regel formuliert wird. 23f.27 allein würden eine in sich geschlossene Szene bilden. 25f sind ein sekundärer Zusatz, aber wohl nicht erst von Mk; überzeugen könnte diese Antwort keinen Pharisäer. 28 ist eine christologische Schlußfolgerung ähnlich 10, hier aber wohl von Mk angefügt.

23 Anlaß ist diesmal ein Verhalten der Jünger, die beim Gang durch reife Ährenfelder Ähren auszurupfen beginnen, und zwar am Sabbat. **24** Nach pharisäischer Ansicht handelt es sich dabei um eine am Sabbat verbotene ernteähnliche Arbeit. Der Distanz zu den historischen Verhältnissen wird man zuschreiben dürfen, daß gar nicht darüber reflektiert wird, ob ein solcher Marsch nicht für sich schon eine Verletzung des Sabbatgebots darstellt, an der dann ja auch die Pharisäer beteiligt wären.

Sabbatgebot

Anders als das Thema des Fastens (18–22) ist das Sabbatgebot (vgl. E. Lohse, ThWNT VII 1–35) im geschriebenen Gesetz verankert, und zwar im Dekalog (Ex 20,8–11 Dtn 5,12–15); Teil der παράδοσις τῶν πρεσβυτέρων der Pharisäer (s. o. S. 61) ist jedoch die Präzisierung dieses Gebotes über die Tora hinaus. Welche Bedeutung es für das Judentum generell hatte, zeigt 1Makk 2,32–38, wo die Frommen sich lieber niedermetzeln lassen, als sie am Sabbat angegriffen werden, statt das Sabbatgebot zu übertreten.

25f Jesus verweist sie auf die Schrift (vgl. 12,10.26), und zwar auf 1Sam 21. Freilich wird dieser Text ungenau zitiert, da nicht Abjathar (1Sam 22,20), sondern sein Vater Ahimelech dort der Priester war. (Seltsamerweise wird dieser Irrtum in den Handschriften nirgends korrigiert; D W it sy^s lassen nur — entsprechend den Paralleltexten — den Namen ganz aus.) Auch war dieser nicht ἀρχιερεύς, und es handelte sich um ἄρτοι ἅγιοι, nicht um die ἄρτοι τῆς προθέσεως des Jerusalemer Tempels nach Lev 24,5—9. Der Erzähler stellt sich die Szene offenbar im Jerusalemer Tempel vor, nicht in Nob, und in Jerusalem war Abjathar auch in der Tat Priester, wenn auch vor dem Bau des Salomonischen Tempels. Dies alles deutet wohl darauf hin, daß der Erzähler aus dem Gedächtnis zitiert. Das Beispiel soll zeigen, daß auch David ein kultisches Gebot übertreten hat, als er nichts zu essen für sich und seine Leute hatte. Dieses für 1Sam 21 wichtige Motiv des Hungers wird freilich in 23 nicht zur Begründung des Verhaltens der Jünger herangezogen (so erst Mt 12,1). Daß sich der Vorfall nach einer rabbinischen Deutung (vgl. bMen 95b, Billerbeck I 618) am Sabbat ereignet haben soll (was bei Mk nicht gesagt wird), ist nur eine Scheinparallele, denn dort ist damit gemeint, daß die Schaubrote ohnehin bald ausgewechselt werden mußten.

25f sind vermutlich christlicher Interpretation des AT entsprungen, die das Wort Jesu im AT zu legitimieren suchte, doch ohne daß dahinter noch eine aktuelle Auseinandersetzung mit Pharisäern stehen kann. Mit der typisch markinischen Überleitungsformel καὶ ἔλεγεν αὐτοῖς davon abgesetzt greift Jesus in **27** zunächst auf eine wohl auch im Judentum mögliche Sentenz zurück, aus der dann in **28** eine christologisch begründete Folgerung gezogen wird. Wieder wie in 10 redet Jesus vom Menschensohn, der Herr auch über den Sabbat ist; es geht also auch hier um das Motiv seiner Vollmacht. Abgeleitet wird sie daraus, daß der Sabbat dem Menschen untergeordnet ist und nicht umgekehrt (27). Der Schluß vom Menschen überhaupt auf den Menschensohn ist also ein Schluß a minore ad maius.

Verrät die Geschichte als solche wieder auch innerchristliche Diskussionen, diesmal über die Verbindlichkeit jüdischer Sabbatgebote (vgl. z.B. Kol 2,16), so ist hier im Kontext des Evangeliums der Ton erneut auf die Christologie gelegt: der Menschensohn ist Herr über alles (Dan 7,14), also auch über den Sabbat. Diese Pointe ist verkannt, wenn man hinter 28 ein ursprüngliches Wort Jesu vermutet, das wie 27 vom Menschen überhaupt geredet hätte. Anders als in der vorausgehenden Geschichte ist hier keine neue Praxis der Gemeinde, etwa ein Sonntagsgebot, begründet; es bleibt dafür nur die negative Auskunft, daß die Sabbatgebote überholt sind durch das Wort Jesu. Das aber ist sicherlich für die Zeit des Mk nicht mehr strittig.

3,1—6 Die Heilung am Sabbat

¹Und er ging wieder in die Synagoge. Da war dort ein Mensch mit einer gelähmten Hand. ²Und sie belauerten ihn, ob er ihn am Sabbat heilen werde, damit sie ihn anklagen könnten. ³Da sagt er zu dem Menschen, der die gelähmte Hand hatte: „Steh auf in die Mitte!" ⁴Und er sagt zu ihnen: „Ist es erlaubt, am Sabbat Gutes zu tun statt Böses zu tun, eine Seele zu retten statt sie zu töten?" Sie aber schwiegen. ⁵Und er blickte sie rundum mit Zorn an, betrübt über die Verstocktheit ihres Herzens, und sagt zu dem Menschen: „Strecke deine Hand aus!" Und

er streckte sie aus, und seine Hand war wiederhergestellt. ⁶Da gingen die Pharisäer hinaus und faßten sofort mit den Herodianern den Beschluß gegen ihn, ihn zu vernichten.

Literatur: K. BERGER, Hartherzigkeit und Gottes Gesetz, ZNW 61 (1970) 1–47. – C. DIETZFELBINGER, Vom Sinn der Sabbatheilungen Jesu, EvTh 38 (1978), 281–298.

Auch das letzte der fünf Apophthegmata handelt von einem Konflikt um die Einhaltung des Sabbatgebotes. Der Anlaß liegt wie im ersten (2,1–12) in einer Heilung Jesu. Typische Elemente einer solchen Wundergeschichte (s. u. S. 94f) sind die Beschreibung des Falles (1), die Heilung (3.5b) und deren Bestätigung (5b). In deren Schilderung ist die Auseinandersetzung eingeschoben, ohne daß sich jedoch literarkritisch zwei Überlieferungsschichten voneinander abheben lassen. 3,6 ist ein von Mk geschaffener Abschluß der Geschichte, aber auch des ganzen Komplexes 2,1–3,5.

1 Erneut wird die Geschichte durch πάλιν (2,1.13) mit dem Kontext verknüpft (vgl. 1,21.39). Ob die folgende Szene am selben Sabbat spielt wie die vorige, wird nicht gesagt, auch nicht, um welche Synagoge es sich handelt; der Erzähler denkt aber wohl an Kapharnaum. Mit 1b wird in einem beschreibenden Satz die Situation vorgestellt: dort ist ein Mann mit einer lahmen Hand anwesend. (Erst das Hebräerevangelium, das Hieronymus zu Mt 12,13 zitiert, läßt diesen Mann selber Jesus um Hilfe bitten und beschreibt ihn als Maurer, der nun infolge seiner Lähmung nicht mehr seinem Beruf nachgehen kann; Text bei Aland, Synopse 158, Greeven 66.) Die Zeitangabe „Sabbat" gehört hier konstitutiv zur Geschichte anders als in 1,21–28, wo erst Mk durch die Situationsangabe 1,21f aus 1,23–28 eine Sabbatheilung macht. Daß daraus dort kein Konflikt entsteht, zeigt, daß die Auseinandersetzung um den Sabbat kein aktuelles Problem der Zeit des Mk mehr ist.

2 Außer dem Kranken sind dort Leute, die Jesus offenbar zutrauen, daß er Kranke heilen kann, aber nun gespannt abwarten, ob er das auch am Sabbat tun und sich damit über das Gesetz hinwegsetzen wird. Da es sich nicht um einen akuten Fall handelt, hätte Jesus ja durchaus Zeit bis zum nächsten Tag. Wer diese Leute sind, wird nicht gesagt, nach 6 gehören zu ihnen erneut jedenfalls „die Pharisäer". Im παρατηρεῖν liegt hier vom Nachsatz her schon ein negativer Ton (W. Bauer, Wb 1234). Wie in 2,6 äußern sie sich auch hier nicht laut.

3 Jesus befiehlt zunächst den Kranken zu sich, womit nun nach der Situationsbeschreibung 1f die eigentliche Handlung beginnt. **4** Er seinerseits redet die Pharisäer an und stellt ihnen eine sehr einfache Frage, die sie an sich nur zustimmend beantworten können: verboten ist selbstverständlich auch ihrer Meinung nach, am Sabbat Böses zu tun; erlaubt ist selbstverständlich auch ihrer Meinung nach, am Sabbat Gutes zu tun oder Leben zu retten. Deshalb schweigen sie.

5 Stark hervorgehoben wird Jesu Gefühl des Zorns und der Trauer. Die Verhärtung ihrer Herzen (vgl. 10,5) liegt darin, daß sie sich dem Anspruch Jesu, der Herr auch über den Sabbat ist (2,28), entziehen. Jesus vollzieht die Heilung durch sein Wort, und die Heilung gelingt.

6 An die Stelle einer zu Wundergeschichten gehörenden Akklamation tritt hier der Auszug der Pharisäer, die sich mit den Herodianern gegen ihn verschwören, um ihn zu verderben.

Herodianer

Literatur: W. J. BENNETT, The Herodians of Mark's Gospel, NT 17 (1975) 9–14.

Herodianer ist eine Gruppenbezeichnung, die außerhalb des NT nicht begegnet, im NT außer hier noch in 12,13/Mt 22,16 (Mk 8,15 als v. l.). Bei Josephus allenfalls vergleichbare Wendungen (bell. I 351, antiqu. XIV 450 XV 2) meinen nicht eine feste Partei, sondern in bestimmten Situationen Leute, die auf der Seite Herodes' d. Gr. stehen. Der Name ist der Bildung mit -ιανος nach Bezeichnung der Leute, die zu Herodes gehören wie χριστιανοί zu Christus gehören. Mk denkt dabei an den „König" Herodes (Antipas), den Landesherrn in Galiläa, der Johannes den Täufer hinrichten läßt (6,14–29).

Die Erwähnung von „Herodianern" als den Vertretern der staatlichen Macht zeigt dem Leser also, daß Jesus Gefahr droht schon in Galiläa, nicht erst in Jerusalem. Der Leser erhält einen deutlichen Vorverweis auf das, was kommen wird und kommen muß, auch wenn Pharisäer und Herodianer ihr Vorhaben nicht ausführen werden.

Mk zeigt Jesus hier – wie in den Geschichten 2,1–3,6 insgesamt – im Konflikt mit seinen Gegnern. In allen Geschichten aber ist alles auf Jesus als Mittelpunkt konzentriert: er behält stets das letzte Wort, die Reaktion seiner Gegner findet sich erst in ihrer Verschwörung am Ende. Die Konflikte beruhen nicht auf bloßen Mißverständnissen, sondern sind als fundamental dargestellt; gegenüber den Pharisäern geht es um Tischgemeinschaft, Fasten, Sabbat, Probleme der Geltung der παράδοσις τῶν πρεσβυτέρων, gegenüber den Schriftgelehrten (2,1–12) um die Frage der ἐξουσία Jesu.

In der Vorgeschichte der Szenen mit Pharisäern läßt sich als Motiv der Gestaltung die Suche der Gemeinde nach Normen für ihr Verhalten entgegen jüdischer religiöser Praxis (Tischgemeinschaft von Juden- und Heidenchristen, Fasten, Sabbatgebot) vermuten. Und es ist dann wohl auch wahrscheinlich, daß schon vor Mk solche Szenen in einer kleinen Sammlung zusammengestellt waren (s. o. S. 56). Auf redaktionelle Überarbeitung durch Mk gehen die Verknüpfungen mit dem Kontext zurück, die im einzelnen notiert worden sind (2,13f 3,1 πάλιν, 3,6). Wahrscheinlich hat diese Sammlung erst mit 2,15 begonnen, wofür der auffällige Wechsel von den Schriftgelehrten (2,6) über die Schriftgelehrten der Pharisäer (2,16) zu den Pharisäern (2,18) spricht. Für Mk selbst aber liegt diese Stufe der ihm vorgegebenen Sammlung schon weit zurück. Er nimmt sie primär als Geschichten auf, die die ἐξουσία Jesu beschreiben, und das ist das Thema der ersten Auseinandersetzung (2,1–12), nicht mit Pharisäern, sondern mit den Schriftgelehrten. Die Auseinandersetzungen mit Pharisäern damals in Galiläa sind für die Leser des Mk nicht mehr aktuell (s. o. S. 61), wohl aber der Streit mit den Schriftgelehrten um die ἐξουσία Jesu (s. o. S. 51). Die christologische Zuspitzung in 2,18.20.28 zeigt, daß Jesus als der von Gott legitimierte leidende Gerechte (vgl. 1,11) der „Menschensohn" (s. u. S. 147f) ist, der ἐξουσία besitzt; 3,6, daß er schon in Galiläa bedroht ist.

3,7–12 Jesu Wirkung über Galiläa hinaus

[7]Dann zog Jesus mit seinen Jüngern an den See zurück, und eine große Menge aus Galiläa folgte ihm nach und aus Judäa [8]und aus Jerusalem und aus Idumäa und aus Transjordanien und aus (der Gegend) um Tyros und Sidon, eine große

Menge. Als sie hörten, was er tat, kamen sie zu ihm. ⁹Und er sagte zu seinen Jüngern, daß wegen des Volkes ihm ständig ein Boot zur Verfügung stehen solle, damit sie ihn nicht bedrängten. ¹⁰Viele nämlich heilte er, so daß die auf ihn einstürmten, ihn anzufassen, die Plagen hatten. ¹¹Und die unreinen Geister fielen vor ihm nieder, sobald sie ihn sahen, und schrien: „Du bist der Sohn Gottes." ¹²Da befahl er ihnen vielmals, ihn nicht offenbar zu machen.

Literatur: W. EGGER, Die Verborgenheit Jesu in Mk 3,7−12, Bib. 50 (1969) 466−490. − L. E. KECK, Mark 3,7−12 and Mark's Christology, JBL 84 (1965) 341−358.

Auf die Konfliktszenen 2,1−3,6 folgt nun erneut eine Darstellung der Wirkung Jesu gegenüber dem Volk. Der Stil des Abschnitts ist referierend und kommentierend; nur 9 schildert eine Einzelszene, während sonst Typisches, sich immer wieder Begebendes beschrieben wird. Dabei begegnen viele Motive wieder, die der Leser schon aus den voraufgehenden Kapiteln kennt, andere bereiten vor, was in den folgenden Geschichten erzählt wird.

Die Funktion eines solchen „Summariums" (vgl. 1,32−34 6,54−56) besteht darin, der Einzelgeschichte den Charakter des Einmaligen, Zufälligen zu nehmen und das Typische hervorzuheben. Dies ist auf allen Stufen der Überlieferung denkbar, deutet also nicht unbedingt auf redaktionelle Arbeit des Mk. Wegen der Verbindung zu den folgenden Wundergeschichten um den See (ab 4,35) bis zum nächsten Summarium 6,54−56 hält Pesch (I 198) 7−12 für eine vormarkinische Einleitung zu einem Wunderzyklus. Richtig ist daran, daß der Text „auf einen Zusammenhang hin komponiert ist" (ebd.), aber der Zusammenhang mit den vorausgehenden Geschichten spricht dann wohl eher für eine markinische Bildung. Zu interpretieren ist er jedenfalls im Kontext des Mk.

7a Aus der Stadt (für Mk Kapharnaum), in deren Synagoge Jesus zuletzt gewesen war, und vor seinen Gegnern (6) zieht Jesus sich mit seinen Jüngern zurück. Ἀναχωρεῖν begegnet bei Mk nur hier (bei Mt dann häufiger); das Motiv als solches erinnert jedoch an 1,35. Bei ihm sind seine Jünger (vgl. 2,23). Bei ihm ist aber auch **7b** eine große Volksmenge aus Galiläa, die ihm „nachfolgt". Ἀκολουθεῖν ist bisher (vgl. 1,28 2,14f) nirgends gleichsam neutral gebraucht, sondern im qualifizierten Sinn der „Nachfolge". Gemeint sind also solche, die in großer Zahl Jesu Predigt 1,14f (in Galiläa!) angenommen haben. Die Satzkonstruktion 7b.8 ist sperrig; die Textüberlieferung zeigt Vereinfachungen gegenüber dem mit BLΘ 565 2427 zu lesenden Urtext.

7c.8 nennen darüber hinaus einen großen Kreis solcher, die zu ihm kommen. Beschrieben werden aus der Perspektive Galiläas Gebiete im Süden (Judäa mit Jerusalem, Idumäa), im Osten (jenseits des Jordan) und im Norden (Tyrus und Sidon), wobei man wohl gerade nicht fragen darf, ob hier bewußt bestimmte Gebiete wie die Dekapolis oder Samaria ausgelassen sind − diese Frage stellt sich erst demjenigen, der anhand einer modernen „Karte von Palästina zur Zeit Jesu" diese Angaben vergleicht.

Im Kontext des Mk erinnert diese Aufzählung an 1,5 und weist dann auf den gegenüber Johannes dem Täufer verlagerten Standort (Jordan − Galiläa) und auf den auch gegenüber 1,45 erheblich erweiterten Einzugsbereich. Weiter handelt es sich hier − bis auf Idumäa − um einen Verweis auf die Gegenden, in denen Jesus im folgenden wirken wird. Grund für ihr Kommen ist, daß sie hören, was Jesus tut.

9 ist demgegenüber eine Einzelszene: Jesu Anweisung an seine Jünger, ein Boot zu beschaffen. Als Begründung nennt der Erzähler, daß Jesus Angst davor hat, von der Menge bedrängt zu werden (vgl. 5,24.31). Die Ausführung des Befehls wird nicht berichtet, in den folgenden Geschichten aber vorausgesetzt, in denen dieses Boot ab 4,1 bis 8,14 immer wieder begegnet. 9 dient also Mk dazu, eine Verknüpfung weiterer Geschichten untereinander vorzubereiten.

Wie begründet Jesu Angst ist, zeigen die mit γάρ angeschlossenen Verse 10—12: Jesus selbst hat seine Bedrängnis durch sein Wirken verursacht, das ja schon in 8 als Grund für das Kommen der Menge genannt worden war. Die Verse beschreiben nun dieses Wirken nicht noch einmal, sondern setzen es voraus; dargestellt werden die Konsequenzen. **10** Zuerst wird noch einmal erwähnt, daß er viele geheilt hatte (vgl. 1,34). Der Leser kennt solche Heilungen aus 1,29—31.40—44 2,1—12 3,1—6. Daraus entspringt der Wunsch, ihn zu berühren, um frei zu werden von den „Geißeln". Wie das konkret aussieht, wird in 5,25—34 erzählt werden (vgl. μάστιξ hier und 5,29.34).

11 Auch Dämonenaustreibungen sind dem Leser schon bekannt (1,21—28 als Einzelgeschichte, summarisch 1,34—39). Ist 5,25—34 die 10 exemplifizierende Geschichte, so gehört zu 11 die Dämonenaustreibung 5,1—20 (vgl. das Bekenntnis hier und in 5,7). Anders als in 1,34 kann Jesus nicht verhindern, daß die Dämonen aussprechen, daß er der Sohn Gottes ist. Sie wissen also das, was in 1,11 die Himmelsstimme gesagt hat, und man wird (gegen P. Vielhauer, Christologie 202f) gerade nicht 3,11 und 5,7 von den anderen „Sohn Gottes"-Stellen im Mk trennen und hier nur eine Bezeichnung Jesu als θεῖος ἀνήρ sehen können (zur Fragwürdigkeit einer solchen Verbindung im Blick auf die religionsgeschichtlichen Quellen vgl. W. von Martitz, ThWNT VIII 339). Jesus ist in der Tat, und das haben die Dämonen durchaus richtig erkannt (vgl. 1,34), der Sohn Gottes (s. o. S. 38) als der von Gott ins Recht gesetzte Gerechte, wenn auch zu dieser Sohnschaft der ganze Weg Jesu gehört, wovon die hier in 10f beschriebene Wirksamkeit nur ein Teil ist (vgl. 9,9).

12 Jesus versucht wie in 1,44f vergeblich zu verhindern, daß dies bekannt wird: Wer er ist, wird der Menge also nicht von ihm selbst gesagt, sondern von anderen. Aus seinem eigenen Munde werden es vor der Passion nur die Jünger erfahren (8,27ff); der Leser weiß es seit 1,11 und wird es in 14,61f bestätigt finden.

Der Abschnitt 7—12 hat deutlich die Funktion, die bisherige Wirksamkeit Jesu zu resümieren, seinen Erfolg darzustellen und die folgenden Geschichten vorzubereiten. Wenn wie in 1,32—34 ein Hinweis auf Jesu Verkündigung fehlt, so ist zu beachten, daß der Text selber Teil jenes Evangeliums ist, das verkündigt wird und das Jesus als den Sohn Gottes darstellt. Die „Biographie des Gerechten" hebt die einzelnen Geschichten ins Typische.

3,13—19 Die Schaffung der Zwölf

¹³Und er steigt auf den Berg und ruft zu sich, die er wollte, und sie gingen zu ihm hin. ¹⁴Und er schuf Zwölf, die er auch Apostel nannte, damit sie bei ihm seien und damit er sie aussende, zu verkündigen ¹⁵und Vollmacht zu haben, die Dämonen auszutreiben. ¹⁶Und er schuf die Zwölf und legte Simon den Namen „Stein" bei – ¹⁷und Jakobus, den Sohn des Zebedäus, und Johannes, den Bruder

des Jakobus, und er legte ihnen die Namen Boanerges bei, d.h. „Donnersöhne", [18]und Andreas und Philippus und Bartholomäus und Matthäus und Thomas und Jakobus, den Sohn des Alphäus, und Thaddäus und Simon Kananäus [19]und Judas Iskarioth, der ihn ja verraten hat.

Literatur: K. KERTELGE, Die Funktion der „Zwölf" im Markusevangelium, TThZ 78 (1969) 193—206. — G. SCHMAHL, Die Berufung der Zwölf im Markusevangelium, TThZ 81 (1972) 203—213.

Auf den Rückzug vor den Gegnern (7) folgt nun der Rückzug vor der Menge, die Jesus umgibt. Jesus bleibt hier aber nicht einsam (wie 1,35), sondern umgibt sich mit Jüngern seiner Auswahl. Ziel dieses Abschnitts ist die Konstituierung des Zwölferkreises; der Stil ist weiterhin nicht eigentlich erzählend, sondern referierend und kommentierend mit auffälliger Häufung von syntaktischen Schwierigkeiten, die in der Textüberlieferung teilweise behoben werden. Besonders auffällig ist die Doppelung καὶ ἐποίησεν δώδεκα (14a) und καὶ ἐποίησεν τοὺς δώδεκα (16a). Das läßt in literarkritischer Hinsicht darauf schließen, daß Mk hier zunächst in 14f den Anfang einer ihm überkommenen Zwölferliste überarbeitet, bevor er in 16—19 nach der Wiederholung dieser ihm vorgegebenen Einleitung die Liste zitiert.

13 Erstmals begegnet „der Berg" als Ort des Rückzugs Jesu. Wie in 9,2 und 13,3 (anders 6,46) ist er dort mit seinen Jüngern zusammen. Wer in der atlichen Tradition lebt, wird zu „Berg" unwillkürlich die Erinnerung an den Sinai als Ort der Begegnung zwischen Gott und Mose assoziieren (vgl. Ex 18,13ff), den Ort, an dem die zwölf Stämme lagern. Freilich wird dieses Motiv hier mit keinem Wort angedeutet, und man wird sich hüten müssen, mit ihm die Geschichte aufzufüllen. Wie in den vorausgegangenen Berufungsgeschichten (1,16—20 2,14) zeigt sich wieder das Schema von Ruf und Kommen.

14 Auf die erste Berufungsgeschichte weist auch ἐποίησεν zurück: in 1,17 wurden Simon und Andreas zu Menschenfischern „gemacht". Ποιεῖν steht dort (vgl. Ex 18,25f LXX) mit doppeltem Akkusativ. Hier steckt der zweite in dem doppelten ἵνα-Satz 14b, der die Funktion der Zwölf angibt. Diese sind im markinischen Kontext offenbar ein kleinerer Kreis gegenüber den in 13 Berufenen. Die textkritisch unsichere Zufügung οὓς καὶ ἀποστόλους ὠνόμασεν (vertreten immerhin durch ℵ B u.a.) kann zwar aus Lk 6,13 eingedrungen sein; da Mk aber in 6,30 die Bezeichnung der Zwölf (6,7) als ἀπόστολοι voraussetzt, ist die Lesart als ursprünglich anzusehen.

Die Zwölf

Literatur: G. BORNKAMM, Jesus von Nazareth, UB 19, [12]1980, 202—204. — G. KLEIN, Die zwölf Apostel, FRLANT 77, 1961.

Der literarisch gesehen älteste Beleg für den Kreis der Zwölf im NT ist 1Kor 15,5; in der Aufzählung der Auferstehungszeugen werden sie dort nach Kephas genannt. Daraus entsteht das Problem, das sich auch in der Textüberlieferung niedergeschlagen hat, daß nach den Evangelien zu diesen Zwölf ja der Verräter Judas gehört, der nach Mt 27,3—10 und Apg 1,16—20 sogar schon durch Selbstmord geendet ist. Ist also der Zwölferkreis erst nach Ostern entstanden (G. Klein, Apostel)? Die Evangelien setzen dagegen (auch Joh in 6,67—71, der keine Einsetzung des Kreises durch Jesus erzählt) einen vorösterlichen Zwölferkreis voraus, zu dem eben dieser Judas gehörte (Lk läßt dann in Apg 1,15–26 den Kreis durch Nachwahl wieder vollständig werden). Welchen Grund sollte man gehabt haben, eine solche Konstruktion nachträglich zu erfinden?

Auszugehen ist davon, daß „die Zwölf" im Horizont atlicher und jüdischer Tradition auf jeden Fall die Zwölfzahl der Stämme Israels assoziiert, die ihrerseits auf die Zwölfzahl der Söhne Jakobs = Israels zurückgeführt wird. Der Zwölferkreis ist also in irgendeiner Weise in Beziehung zu Israel zu sehen. In der Q-Überlieferung Lk 22,28–30/Mt 19,28 (s. u. S. 179) geschieht das in der Weise, daß die Jünger am Ende der Tage die zwölf Stämme Israels richten werden. Diese Stelle steht zwar im Zusammenhang der Israelpolemik der Logienquelle, enthält dabei jedoch das alte Motiv, daß die Gerechten am Ende der Tage über die Ungerechten zu Gericht sitzen werden; die Zwölf repräsentieren hier also jenes wahre Israel der Gerechten.

Daß Paulus diesen Kreis bei der Darstellung seiner Besuche in Jerusalem in Gal 1f nicht erwähnt, dürfte darauf weisen, daß er zu dieser frühen Zeit bereits der Vergangenheit angehört. (Hier liegt auch ein Ansatz für die betont durchgeführte Historisierung bei Lk, die aber an Mk durchaus anknüpfen kann.) Es kam dabei auf die Symbolzahl als solche an, nicht auf numerische Vollständigkeit, die durch das Ausscheiden des Judas verloren war (vgl. G. Bornkamm, Jesus 204). Auch 1Kor 15,5 braucht also nicht dagegen zu sprechen, den Zwölferkreis als vorösterlichen Kreis anzusehen, dessen Bedeutung aus der Q-Überlieferung noch zu ahnen ist.

Bei Mk fällt nun auf, daß er in 14f mit den beiden ἵνα-Sätzen den Zweck dieses Kreises ausdrücklich definiert, und zwar ohne eine eschatologische Dimension oder das in der Auslegung beliebte Motiv „das neue Gottesvolk, das Israel der Endzeit" (Schweizer), „eschatologische Gemeinde" (Pesch I 204) auch nur anzudeuten. Der Q-Überlieferung entsprechend könnte man eine Erwähnung der Zwölf z. B. in 13,26f erwarten, 1Kor 15,5 entsprechend in 16,7, aber sie finden sich an beiden Stellen nicht.

Die erste Funktion ist die, μετ' αὐτοῦ zu sein (vgl. für den ganzen Kreis 10,32 11,11 14,17, für kleinere Gruppen aus diesem Kreis 9,2 13,3 14,33). Aus der Perspektive des Mk ist dies also eine historische Funktion, die nur für die Lebenszeit Jesu Sinn hat und am Ende in der Passion gerade nicht erfüllt wird. (Lk systematisiert dies in Apg 1,21f zu einer Definition der „zwölf Apostel".) Die zweite Funktion besteht darin, daß er sie aussendet, was dann in 6,7–13.30 auch geschehen wird, doch ohne daß hier oder dort wie bei Mt (10,5b.23) eine spezielle Sendung an Israel betont wird. Der Zweck der Aussendung wiederum ist doppelt angegeben, zunächst mit κηρύσσειν, das an Jesu eigene Verkündigung 1,14f erinnert und in 6,12 dementsprechend aufgenommen wird (vgl. 6,30 ἐδίδαξαν), dann **15** mit der Vollmacht, Dämonen auszutreiben, was in 6,7.13 (vgl. 6,30) wieder begegnet (problematisiert in 9,14–29). 14f nennen also keine allein auf Israel bezogenen Funktionen, ebensowenig 6,7–13, sondern machen die damaligen Zwölf zu Typen von Verkündigern, wie sie wohl auch der Leser des Markusevangeliums kennt. Gleichzeitig sollen sie mit Verkündigung und Dämonenaustreibung dasselbe tun, was Jesus getan hat (vgl. 1,39), und damit Jesu Wirken fortsetzen. Nimmt Mk hier bewußt Dimensionen zurück, die sich an die Israelsymbolik knüpfen?

16 wiederholt zunächst zur Einführung der Zwölferliste die wohl ursprüngliche Einleitung 14a. Die Wiederaufnahme von καὶ ἐποίησεν τοὺς δώδεκα aus 14 – der Artikel verweist jetzt auf die Aufzählung der einzelnen Personen – ist von der Textüberlieferung her gut genug bezeugt; ihre Streichung in anderen Handschriften erklärt sich als Vereinfachung. 16b ist vom Inhalt her schon Teil dieser ab 17 in einer Reihung von Akkusativen aufgeführten Liste; syntaktisch ist es jedoch ein zu 16a paralleler Satz. Der bisher Simon heißende Jünger (1,16.29.36) erhält den Beinamen „Stein", der in griech. Sprache angegeben wird (vgl. Liddell/Scott 1398), während Paulus mit Ausnahme von Gal 2,7f die aramäische Namensform Κηφᾶς (= כיפא) verwendet. Eine spezielle Symbolik dieses

Namens wird nicht ausgeführt (anders Mt 16,18f). (Zur Formulierung vgl. in LXX 4Reg 24,17 2Esr 19,7 Dan 1,7.) Bereits in die lateinische Sprache — und erst recht nicht in andere Sprachen — ist er nicht übersetzt, sondern mit „Petrus" als Eigenname übernommen worden.

Es folgen in **17** die beiden Zebedäussöhne Jakobus und Johannes, deren Berufung in 1,19f berichtet war. Auch sie erhalten Beinamen (der plur. ὀνόματα ist lectio difficilior): Βοανηργές, was mit υἱοὶ βροντῆς erläutert wird. Unklar ist die Bedeutung der hinter der Transkription zu vermutenden hebr. oder aram. Wörter (Mt und Lk lassen deshalb wohl nicht zufällig diese Namensverleihung aus). Υἱοί läßt auf בני schließen, womit der Wortteil βοαν(η) abgedeckt sein könnte, wogegen aber die Schwierigkeiten einer solchen Transkription sprechen (die sollen in der Minuskel 565 durch Βανηϱεγές offenbar behoben werden). Der verbleibende Rest wiese dann auf den aram. Stamm רגש, der aber nicht „Donner" bedeutet, sondern ein lautes dumpfes Geräusch (vgl. C. Brockelmann, Lexicon Syriacum, s. v.); Hieronymus konjiziert deshalb zu Benereem = בני רעם (רעם in LXX = βροντή). So hat auch die syrische Übersetzung schematisch *bnj rgšj,* was dann im Nachsatz mit *bnj rʿmʾ* erläutert wird (konsequenterweise im Sinaisyrer ausgelassen). Auf jeden Fall würde die griechische Erläuterung bei einer Ableitung von רגש auf einer Fehlübersetzung beruhen. Die tradierte aram. Namensform war schon vor Mk nicht mehr verstanden worden, und irgend jemand hat versucht, ihr einen Sinn zu geben. Schlüsse auf eine ursprüngliche Bedeutung des Beinamens oder gar auf den Charakter der Zebedaiden verbieten sich deshalb.

18 Erst an vierter Stelle folgt Andreas, nach 1,16 der Bruder des Simon (Petrus), ohne daß dies hier noch einmal gesagt oder durch Nebeneinanderstellung beider angedeutet wird. Diese vier schon in 1,16—20 hervorgehobenen Jünger spielen auch im weiteren Evangelium noch eine Rolle, während die übrigen bis auf den letzten nicht mehr genannt werden (auch sonst im NT außerhalb der Zwölferlisten nur Matthäus bei Mt und Philippus und Thomas bei Joh), soviel auch die spätere Legende von ihnen zu berichten weiß.

Philippus trägt wie Andreas einen griech. Namen. Der Name Bartholomäus enthält außer aram. בר (= Sohn) den in 2Sam 3,3 13,37 belegten Namen תלמי. Matthäus (Kurzform von Mattathias) wird in Mt 10,3 (so v. l. auch hier) als Zöllner bezeichnet, und zwar als der, der in Mk 2,14 Levi heißt (vgl. Mt 9,9). Thomas ist als griech. Eigenname belegt, der sich auch aram. als תאומא findet, was aber zugleich die Bedeutung „Zwilling" hat (vgl. Joh 11,16 20,24 21,2; die spätere Thomas-Literatur macht aus ihm einen Zwillingsbruder Jesu). Jakobus trägt denselben Vaternamen wie Levi in 2,14, ohne daß eine Verwandtschaft zwischen beiden angedeutet wird. Thaddäus (vielleicht eine hebraisierte Form von Θεόδοτος) wird in D it durch Λεββαῖος ersetzt, die ihrerseits aber in 2,14 Levi durch Jakobus ersetzt haben, so daß eine Identifizierung mit Levi gerade nicht das Ziel dieser Variante sein kann. Der zweite Simon trägt den Beinamen Καναναῖος (anders als die bisherigen Beinamen nicht von Jesus verliehen), was nicht „aus Kana" oder „Kanaanäer" heißt (vgl. die v. l. Κανανίτης), sondern von Lk zu Recht mit ζηλωτής wiedergegeben wird. Er stammte also aus der Partei der Zeloten, was aber in der transkribierten Namensform bei Mk dem Leser gerade nicht deutlich wird. **19** An letzter Stelle ist Judas Iskarioth genannt, zu dem schon hier gesagt wird, daß er Jesus später verraten hat (der Aorist aus der Perspektive des Mk) — ein Hinweis darauf, daß Mk bei seinen Lesern Kenntnisse über die Geschichte Jesu voraussetzt. Der Beiname (wieder kein verliehener und wieder nicht erläutert), den Joh 6,71 13,2.26 freilich sein Vater trägt, deutet wohl auf seine Herkunft aus einer Ortschaft namens Kerioth („der Mann [אִישׁ] aus Kerioth"), nicht auf eine Zugehörigkeit zu den Sikariern.

Die Liste als solche dürfte Mk schon vorgelegen haben. Auch die erläuternden Bemerkungen brauchen nicht auf ihn selbst zurückzugehen, da derartige Zutaten leicht in der Überlieferung anwachsen können und z. B. auch in vergleichbaren atlichen Listen dazu gehören. Mt und Lk übernehmen sie von Mk und ändern nur geringfügig (Mt 10,2—4 Lk 6,14—16 Apg 1,13), ohne daß aus ihnen auf Kenntnis einer konkurrierenden Liste zu schließen ist. Für Mk gehören die Zwölf als historische Personen und als nicht mehr ergänzbarer Kreis zur Vergangenheit Jesu und werden nur, sofern sie „Jünger" sind, zu Identifikationsmöglichkeiten für die eigene Zeit. Ihre Funktion wird in 14f definiert ohne Erwähnung einer ursprünglich sicher am Zwölferkreis hängenden Symbolik (s. auch S. 179 zu 10,35—45).

Der ganze Zusammenhang 7—19 dient Mk zur Verknüpfung und Interpretation verschiedener Überlieferungen. Was vorher und danach in Einzelgeschichten dargestellt ist, wird hier interpretiert auf die christologische Aussage von Jesus als dem Sohn Gottes (11), der in seinem Wirken seine Sohnschaft erweist, auch wenn diese Christologie dann in Jesu eigener Interpretation 8,27ff noch einmal präzisiert wird auf das schon in 1,11 enthaltene Motiv des Leidens des Gerechten hin.

3,20—35 Ablehnung durch Schriftgelehrte und eigene Verwandte

²⁰Und er kommt in ein Haus. Da kommt wieder das Volk zusammen, so daß sie nicht einmal Brot essen können. ²¹Und als seine Verwandten davon hörten, zogen sie aus, ihn zu greifen. Sie sagten nämlich: „Er ist verrückt!"
²²Und die Schriftgelehrten, die von Jerusalem heruntergekommen waren, sagten: „Er hat den Beelzebul!", und: „Beim Herrscher der Dämonen treibt er die Dämonen aus!" ²³Da rief er sie zu sich, und in Gleichnissen sagte er zu ihnen: „Wie kann Satan Satan austreiben? ²⁴Und wenn ein Königreich in sich selbst gespalten ist, kann jenes Königreich keinen Bestand haben. ²⁵Und wenn ein Haus in sich selbst gespalten ist, wird jenes Haus keinen Bestand haben können. ²⁶Und wenn der Satan gegen sich selbst aufsteht und gespalten ist, kann er nicht bestehen, sondern ist am Ende. ²⁷Andererseits: Niemand kann in das Haus des Starken einbrechen, um seinen Besitz zu rauben, wenn er nicht erst einmal den Starken fesselt, und dann wird er sein Haus ausrauben. ²⁸Amen ich sage euch: Alle Sünden und Lästerungen werden den Menschen vergeben werden, die sie je äußern; ²⁹wer aber den heiligen Geist lästert, hat keine Vergebung in Ewigkeit, sondern ist ewiger Sünde schuldig", ³⁰weil sie gesagt hatten: „Er hat einen unreinen Geist!"
³¹Und seine Mutter kommt und seine Brüder, und sie schickten draußen stehend zu ihm, ihn zu rufen. ³²Und um ihn herum saßen Leute, und sie sagen zu ihm: „Siehe, deine Mutter und deine Brüder draußen suchen dich." ³³Da antwortete er ihnen und sagt: „Wer sind meine Mutter und meine Brüder?" ³⁴Und er blickte auf die, die um ihn herum saßen, und sagt: „Siehe, meine Mutter und meine Brüder. ³⁵Wer nämlich den Willen Gottes tut, der ist mein Bruder und meine Schwester und meine Mutter."

Literatur: E. Best, Mark iii.20,21,31–35, NTS 22 (1975/76) 309–319. – M. E. Boring, How May We Identify Oracles of Christian Prophets in the Synoptic Tradition? Mark 3,28–29 as a Test Case, JBL 91 (1972) 501–521. – Ders., The Unforgivable Sin Logion Mk 3:28–29/Mt 12:31–32/ Lk 12:10, NT 18 (1976) 258–279. – C. Colpe, Der Spruch von der Lästerung des Geistes, in: Der Ruf Jesu und die Antwort der Gemeinde (Fs J. Jeremias), 1970, 63–79. – J. D. Crossan, Mark and the Relatives of Jesus, NT 15 (1973) 81–113.

Auf die Schilderung des erfolgreichen Wirkens Jesu (7–12) und der Schaffung der Zwölf (13–19) folgt als Kontrast die Ablehnung durch von Jerusalem nach Galiläa gekommene Schriftgelehrte und durch seine eigene Familie. Ihnen gegenüber unterstreicht Jesus seine Vollmacht bzw. definiert neu, was „Familie" ist. Für 22–27 zeigt die Q-Parallele Lk 11,14–23/Mt 12,22–30, daß Mk auf vorgegebene Tradition zurückgreift. Zwar findet sich weder bei Mt noch bei Lk eine Dublette, doch sind die Gemeinsamkeiten gegenüber der von ihnen ebenfalls verwendeten Mk-Stelle so groß, daß eine eigene Q-Perikope gesichert scheint. Eine Parallele in Q hat auch das bei Mk anschließende Jesuswort 28f (vgl. Lk 12,10/Mt 12,32). 30 ist dagegen eine nachklappende Begründung, von Mk selber angefügt.

Durch die im wesentlichen auf Mk zurückgehende Einleitung 20f verschränkt Mk die Szene 22–30 mit der von der Ablehnung durch seine eigene Familie 31–35, für die es zwar keine unabhängige Parallele in Q oder Joh gibt, die aber sicherlich ebenfalls aus der Tradition stammt. Ob nun 31–34 als „ideale Szene" aus 35 herausgesponnen ist (so R. Bultmann, GST 29) oder umgekehrt 35 ein sekundärer Nachtrag zu 31–34 ist (so M. Dibelius, FG 54.60) – in jedem Falle hat Mk der gesamte Text bereits vorgelegen als kurzes Apophthegma, das in dem abschließenden grundlegenden Wort Jesu 35 seine Spitze hat.

Die Q-Parallele zu 22–27 ist in Q verbunden mit der Parallele zur „Zeichenforderung" Mk 8,11–13 (vgl. Lk 11,29–32/Mt 12,38–42) sowie mit einem Wort über die Rückkehr ausgetriebener Dämonen (Lk 11,24–26/Mt 12,43–45). Eingeleitet ist diese Komposition in Q durch eine in allerknappster Form erzählte Exorzismus-Geschichte (Lk 11,14/Mt 12,22f), die dem Vorwurf, im Namen Beelzebuls Dämonen auszutreiben, einen Anlaß gibt. Bei Mk ergibt sich die Situation aus dem Kontext: Exorzismen sind in 1,21–28.32–34.39 und zuletzt in 3,11 berichtet. Gemeinsam ist Mk und Q der gegen Jesus erhobene Vorwurf, seine Exorzismen mit Hilfe Beelzebuls zu vollziehen; in Q wird er von unbestimmten Leuten (Lk 11,15 diff. Mt 12,24) erhoben, bei Mk von Schriftgelehrten aus Jerusalem. Deren Einführung geht auf Mk zurück, da für Mk die Schriftgelehrten die Hauptgegner Jesu sind (s. o. S. 50f). Gemeinsam ist Mk und Q auch die Widerlegung dieses Vorwurfs als unlogisch (Mk 3,23–36 bzw. Lk 11,17f/Mt 12,25f).

Bei Mk fehlen aber ein Lk 11,19f/Mt 12,27f paralleler Hinweis auf Exorzisten seiner Gesprächspartner sowie eine positive Aussage über die Nähe des Reiches Gottes im Handeln Jesu. Letzterem ist bei Mk vergleichbar Jesu grundsätzliche Verkündigung der Nähe des Reiches Gottes bereits in 1,15, die sich nicht auf Exorzismen beschränkt und die in 4,1–34 ausgeführt werden wird.

Mk setzt 23–26 vielmehr mit 27 fort, bleibt damit direkt beim Thema der Überwindung des Teufels und hängt das grundsätzliche Wort 28f an, durch das – wie 30 noch unterstreicht – die Ablehnung der Schriftgelehrten als unvergebbare Sünde qualifiziert wird. 22–30 als Ganzes ist ein Streitgespräch mit einer vergleichsweise ausführlichen Antwort Jesu.

Die Einleitung **20** enthält dem Leser bereits vertraute Züge. Wie in 1,29 2,1.15 zieht Jesus sich in ein Haus zurück (ἔρχεται ist gegenüber dem Plural vorzuziehen, der an 13—19 und αὐτούς in 20b angleicht). Sein Name — zuletzt in 3,7 genannt — braucht nicht erwähnt zu werden, weil dem Leser immer klar ist, daß es Jesu Geschichte ist, die erzählt wird. Mit πάλιν weist Mk selbst darauf hin, daß immer der Andrang einer Volksmenge Jesu Wirken begleitet (vgl. 2,4.13 3,9). Dieser ὄχλος verfolgt also (vgl. 32a) im Hintergrund auch die folgenden Kontroversen. Daß Jesus und seine Jünger nicht einmal Zeit haben, eine Mahlzeit einzunehmen (zu ἄρτον φαγεῖν vgl. 7,2), unterstreicht die Bedrängnis.

Eine solche Exposition ist offen für alle möglichen Fortsetzungen, eine Wundergeschichte, eine Predigt Jesu oder was immer bisher schon so oder so ähnlich eingeleitet worden ist. Neu ist nun die Einführung der Verwandtschaft Jesu in **21** (zu οἱ παρ᾽ αὐτοῦ vgl. W. Bauer, Wb 1210), da das Evangelium ja nicht mit der Geburt Jesu und seiner Abstammung begonnen hatte, sondern Jesus von Anfang an als Sohn Gottes vorgestellt hatte (1,11). Was seine Verwandten denken und was sie wollen, steht in totalem Kontrast zu dem Bild, das der Leser bisher von Jesus gewonnen haben muß. Sie nämlich halten ihn für verrückt und wollen ihn deshalb zurückholen; der Leser dagegen weiß, daß Gott selbst ihn legitimiert hat und daß der Geist Gottes sein Handeln bestimmt (1,10—12).

Erst einmal aber treten nun in **22** erneut die Schriftgelehrten auf den Plan (vgl. 2,6.16), und zwar solche, die ausdrücklich als aus Jerusalem nach Galiläa herabgekommen eingeführt werden. Das Thema der Auseinandersetzungen mit dieser Gruppe (s. o. S. 50f) ist seit 1,22 (vgl. 2,6—10) die ἐξουσία Jesu, und ohne daß dieses Stichwort jetzt fällt, geht es auch hier um die Vollmacht Jesu im Blick auf seine Dämonenaustreibungen. Sie machen ihm den in zwei parallelen Sätzen formulierten Vorwurf, nicht durch Gottes Hilfe, sondern durch Beelzebul bzw. den „Herrscher der Dämonen" die Dämonen auszutreiben. Das ist für den Leser keine offene Frage, obwohl bei keinem der Exorzismen eine Formel ἐν θεῷ o. ä. verwendet worden ist; die Dämonen selber hatten ihn ja als Sohn Gottes erkannt (3,11, vgl. 1,11).

Beelzebul

Βεελζεβούλ (so die besser bezeugte Lesart gegenüber Βεεζεβούλ in B und Beelzebub aus 2Kön 1 in den für die deutsche Sprache prägend gewordenen lateinischen Übersetzungen) war offenbar kein verbreiteter Dämonen- oder Teufelsname im Judentum. Die wenigen Belege (vgl. W. Foerster, ThWNT I 605f) außerhalb des Neuen Testaments setzen wohl alle diese Stelle bzw. ihre Parallelen voraus. Verwiesen ist der Leser dann auf 2Kön 1,1—17, wo sich der König Ahasja an בעל, זבוב den Gott der Stadt Ekron, wendet; offenbar traut er ihm eine Heilung zu, während der Prophet Elia ihm dies als Götzendienst zum Vorwurf macht. זבוב ist ein Kollektivbegriff für „Fliegen, Bremsen", diffamiert also diesen Baal durch die Assoziation „Ungeziefer". LXX übersetzt dementsprechend μυῖα, und Josephus, antiqu. IX 19, nimmt Μυῖα als seinen Eigennamen. Symm. dagegen transkribiert in 2Kön 1,2 Βεελζεβούλ, liest also זבול, was hebr. „Wohnung" bezeichnet (vgl. Mt 10,25), vor allem aber in Texten aus Ugarit in der Form *zbl* als Prädikat des Baal mit der Bedeutung „Fürst" zu belegen ist (vgl. H. Gese, in: Die Religionen Altsyriens, Altarabiens und der Mandäer, RM 10,2, 122).

Der Name Beelzebul kann also dem Leser schon den Hinweis auf 2Kön 1,1—17 assoziieren: Wogegen Elia eingeschritten war, das geschehe — so der Vorwurf der Schriftgelehrten — auch bei Jesus, ein wahrhaft „schriftgelehrter" Einwand! Aber auch dem Leser, der mit dieser Geschichte nicht vertraut ist, wird deutlich, wer sich hinter dieser fremdsprachigen Größe verbirgt, nämlich der „Herrscher der Dämonen", sei es, daß beide – wie in Q (vgl. Lk 11,15/Mt 12,24) – direkt identifiziert werden oder daß Mk Beelzebul für einen Dämon neben anderen unter deren Herrscher hält. Jedenfalls lautet der Vorwurf der Schriftgelehrten, daß Jesus nicht mit Gottes, sondern mit widergöttlicher Hilfe seine Exorzismen vollziehe. Damit ist indirekt auch die Frage nach der Vollmacht der Jünger, Dämonen auszutreiben, gestellt, der Vollmacht, die Jesus ihnen gerade vorher verliehen hatte (15, vgl. 6,7.13), doch ohne daß dies hier explizit in die Auseinandersetzung miteinbezogen wird.

Jesu Antwort geht an alle, zu denen er „in Gleichnissen" (vgl. 4,1.11.34) redet **23**. „Beelzebul" und „der Herrscher der Dämonen" werden nun endgültig als „Satan" (vgl. 1,13, bei Mk fehlt διάβολος) identifiziert, die bekannte Prädikation der widergöttlichen Macht (hebr. שׂטן, vgl. W. Foerster, ThWNT VII 152–164). Jesus widerlegt den Einwand der Schriftgelehrten mit der an die Vernunft appellierenden Frage, ob Satan denn Satan austreiben würde. Er erläutert dies in **24f** mit dem doppelten Bildwort vom in sich gespaltenen Königreich bzw. Haus (gegenüber den Aussagesätzen der Q-Parallele in Konditionalform): weder ein Königreich noch ein Haushalt kann Bestand haben, wenn sie in sich uneins sind. Das gilt, so die Folgerung in **26**, auch für Satan, dem aber im Unterschied zu Q hier nicht eine βασιλεία zuerkannt ist: würde Satan gegen Satan auftreten, wäre das sein Ende.

Unklar ist die Fortsetzung in **27**, vor allem wenn man vergleicht, daß in Q (Lk 11,19f/Mt 12,27f) an dieser Stelle der Hinweis auf jüdische Exorzisten folgt und die positive Bedeutung der Exorzismen Jesu als Ankunft des Reiches Gottes gegen die Behauptung gestellt wird, er handle im Auftrag Satans. 27 ist ein Bildwort, das sich in irgendeiner Weise auf Jesu Wirken beziehen muß, aber doch nur eine allgemeine Regel bietet, wie man es anstellen könnte, einem Starken etwas wegzunehmen. Ist der Starke der Satan, zeigt 27 nur, wie schwer es ist, gegen ihn anzukommen, nicht, daß er schon gefesselt ist. Es fehlt hier also die in Q vorhandene christologische Aussage.

Mk schließt jedoch in **28f** einen durch die Einleitung ἀμὴν λέγω ὑμῖν als definitiv gekennzeichneten Rechtssatz an. Die Q-Parallele Lk 12,10/Mt 12,32 (nicht aus dem Kontext der Parallele zu 22–27) besteht aus zwei antithetischen Sätzen (besonders in der hierin wohl ursprünglicheren Mt-Fassung), während 28 zunächst einen allgemeinen Aussagesatz formuliert, dem die Regel 29 als Ausnahme entgegengesetzt ist. Daß Mk in 28 singulär von den υἱοὶ τῶν ἀνθρώπων (= Menschen) spricht, verrät, daß er den Spruch in der Q-Fassung gekannt hat, in der in der ersten Zeile Worte gegen den „Menschensohn" als vergebbar bezeichnet werden. Mk vermeidet eine solche Aussage, da in 2,6–10 die Schriftgelehrten ja gegen den „Menschensohn" Jesus den Vorwurf βλασφημεῖ erhoben hatten, was von 29 her keineswegs eine „läßliche Sünde" sein kann.

Seinen Sinn erhält 28 nämlich erst von 29 her, der Ausnahme von der Regel 28: unvergebbar ist eine Lästerung des heiligen Geistes; sie bedeutet ewige Sünde, worauf ebenso ewige Verdammnis steht. Träger dieses heiligen Geistes aber ist Jesus, der Menschensohn (2,10.28). Anstelle der bei 27 vermißten christologischen Zuspitzung steht also in 29 der Hinweis auf den Jesu Wirken von Anfang an bestimmenden heiligen Geist (vgl. 1,8.10–12). In Q dagegen ist unterschieden zwischen dem Menschensohn in seiner Niedrigkeit, den zu lästern vergebbar ist, und dem heiligen Geist; bei Mk aber ist Jesus gerade auch als „der Menschensohn" derjenige, der die Vollmacht hat (s. u. S. 147f) auch schon in seiner irdischen Existenz (vgl. 2,10.28), und diese seine Vollmacht ist Thema des Streites mit den Schriftgelehrten.

Das unterstreicht Mk ausdrücklich durch den Nachsatz **30**, der den Vorwurf der Schriftgelehrten aus 22 neu formuliert: sie hätten nämlich behauptet, er habe einen „unreinen Geist" (wie die Besessenen, vgl. bisher 1,23.26f 3,11), nicht den heiligen Geist, der doch nach der Taufe auf ihn herabgekommen war (das Attribut ἅγιον wie in 1,8 12,36 13,11, in 1,10.12 ist der Ursprung „vom Himmel" Ausweis genug der Heiligkeit dieses Geistes).

Verweist 22—30 also insgesamt darauf, daß Jesus der mit dem heiligen Geist ausgestattete Sohn Gottes ist, so ist klar, daß nicht nur der Vorwurf der Schriftgelehrten (22.30) absurd sein muß, sondern auch das Urteil seiner leiblichen Verwandten (21). Über 22—30 hinweg wird in **31** dieser Faden wieder aufgenommen und weitergesponnen. Wer οἱ παρ᾽ αὐτοῦ sind, ist nun ausgeführt: seine Mutter und seine Brüder. Jesu leiblicher Vater wird bei Mk nirgends erwähnt (auch nicht indirekt in 6,3). Das wird einfach damit zu erklären sein, daß er zu der Zeit des Wirkens Jesu bereits verstorben war. Anders als in 6,3 werden auch seine Schwestern hier nicht erwähnt (in 32 werden sie von freilich guten Handschriften eingetragen) — wohl die verwitwete Frau, sonst aber nur Männer sind in der Antike bei einem solchen öffentlichen Auftritt vorstellbar. Daß überhaupt leibliche Geschwister Jesu erwähnt werden, ist ein Problem nur noch für Teile der katholischen Exegese (s. u. S. 107 bei 6,3).

Diese seine engsten Verwandten bleiben draußen vor dem Haus, in dem sich Jesus nach wie vor befindet (vgl. 20), und lassen ihn rufen. In **32** kommt in Erinnerung, daß die ganze Zeit das Volk ihn umgeben hatte (vgl. 20); der Erzähler wiederholt noch einmal als direkte Rede die in 31 geschilderte Situation. Diese Doppelung unterstreicht die durch die Exposition (20.31) bereits gegebene Spannung: Wohin gehört Jesus, zurück in den Schoß seiner Familie oder in die Öffentlichkeit, deren offizielle Vertreter, Schriftgelehrte aus der Hauptstadt Jerusalem, ihn des Bündnisses mit Satan bezichtigt hatten?

Daß es um eine entscheidende Situation geht, zeigt Jesu Frage in **33**, wer denn seine Verwandten seien, die nicht als rhetorisch zu verstehen ist. Ausgeschlossen ist die Antwort: seine leibliche Mutter und seine leiblichen Brüder. Gelöst wird die Spannung durch Jesu Geste **34**, mit der er auf die ihn umgebende Volksmenge hinweist, und durch seine Deutung dieser Geste **35** durch den als Regel formulierten Satz, daß er bei denen zu Hause sei, die den Willen Gottes tun (θέλημα nur hier bei Mk). Daß zu denen später auch sein leiblicher Bruder Jakobus als Leiter der Jerusalemer Urgemeinde gehören wird, ist mit keinem Wort angedeutet.

Damit ist „Familie" neu bestimmt, an dieser Stelle nun auch unter Einschluß der „Schwestern". Dieses Regelwort ist offenbar Ansatzpunkt für die erst in 10,28—31 erfolgende Legitimierung von Nachfolge auch in den Strukturen des „Hauses", der „Familie". In sich selber jedoch ist es zunächst christologisch zu verstehen, daß Jesus nicht mehr zu Hause ist bei den Seinen, und damit ist es offen auch für die Konsequenz, Nachfolge Jesu müsse Aufgabe aller familiären Bindungen bedeuten, weil Jesus selbst sich gelöst habe aus den Beziehungen zu seiner Familie (s. u. S. 175f).

Insgesamt zeigt 20—35, daß Jesu bisheriges Wirken sowohl von seinen engsten Verwandten als auch von den sogar aus Jerusalem angereisten jüdischen Autoritäten völlig verkannt wird. Seine ἐξουσία, die er bisher bewiesen hatte, wird von ihnen nicht als Wirkung des ihm von Gott verliehenen heiligen Geistes gedeutet, sondern bezweifelt.

Die Nähe des Reiches Gottes, die er verkündigt (1,15), ist nicht erkannt, und das leitet über zu 4,1–34, wo expliziert wird, was Nähe des Reiches Gottes bedeutet: nahe ist es im Wort Jesu.

4,1–34 Die Nähe des Reiches Gottes im Wort Jesu

[1]Und erneut fing er an, am See zu lehren. Und bei ihm versammelt sich eine riesige Menge, so daß er in das Boot stieg und im See saß, und das ganze Volk war am Seeufer auf dem Land. [2]Da lehrte er sie in Gleichnissen vieles und sagte zu ihnen in seiner Lehre: [3]„Hört! Siehe, der Sämann ging zum Säen aus. [4]Und beim Säen geschah es, daß ein (Same) auf den Weg fiel. Da kamen die Vögel und fraßen ihn auf. [5]Und ein anderer fiel auf den Felsboden, wo er nicht viel Erde hatte, und ging sofort auf, weil er keine Tiefe an Boden hatte. [6]Und als die Sonne aufging, wurde er verbrannt, und weil er keine Wurzel hatte, wurde er verdorrt. [7]Und ein anderer fiel zwischen die Dornpflanzen, und die Dornpflanzen gingen auf und erstickten ihn, und er gab keine Frucht. [8]Und andere fielen auf den guten Boden und gaben Frucht, indem sie aufgingen und wuchsen, und sie trugen, der eine dreißigfach, der andere sechzigfach, der dritte hundertfach." [9]Und er sagte: „Wer Ohren hat zu hören, der höre!"
[10]Und als er allein war, fragten ihn die, die um ihn herum mit den Zwölf waren, nach den Gleichnissen. [11]Da sagte er zu ihnen: „Euch ist das Geheimnis des Reiches Gottes gegeben; jenen aber draußen geschieht das alles in Gleichnissen, [12]daß

> ,sie sehend sehen und nicht sehen
> und hörend hören und nicht verstehen,
> vielleicht kehren sie um und wird ihnen vergeben.'"

[13]Und er sagt zu ihnen: „Ihr versteht dieses Gleichnis nicht, und wie wollt ihr alle Gleichnisse verstehen? [14]Der Sämann sät das Wort. [15]Dies sind die am Wegrand, wo das Wort gesät wird: und wenn sie hören, kommt sofort der Satan und nimmt das Wort weg, das in sie gesät ist. [16]Und dies sind die, die auf den Felsboden gesät werden: die, wenn sie das Wort hören, es sofort mit Freude annehmen, [17]und sie haben keine Wurzel in sich selbst, sondern sind dem Augenblick hingegeben. Kommt dann Trübsal oder Verfolgung um des Wortes willen, fallen sie sofort ab. [18]Und andere sind die, die in die Dornpflanzen gesät werden: dies sind die, die das Wort gehört haben, [19]und die Sorgen der Welt und der Trug des Reichtums und die Begierde nach allem übrigen kommen dazwischen und ersticken das Wort, und es bleibt ohne Frucht. [20]Und jene sind die, die auf den guten Boden gesät sind: die hören das Wort und nehmen es an und bringen Frucht, der eine dreißigfach und der andere sechzigfach und der dritte hundertfach."
[21]Und er sagte zu ihnen: „Kommt etwa das Licht, damit es unter den Scheffel gestellt wird oder unter das Bett? Nicht, damit es auf den Leuchter gestellt wird? [22]Denn es gibt nichts Verborgenes, außer damit es offenbart wird. Und Heimliches ist nicht entstanden, außer damit es ins Offenbare kommt. [23]Wenn jemand

Ohren hat zu hören, der höre!" [24]Und er sagte zu ihnen: „Seht, was ihr hört! Mit welchem Maß ihr meßt, wird euch gemessen werden und euch noch hinzugefügt werden. [25]Wer nämlich hat, dem wird gegeben werden; und wer nicht hat, dem wird auch das, was er hat, genommen werden."

[26]Und er sagte: „So ist das Reich Gottes: wie ein Mensch den Samen auf die Erde wirft [27]und schläft und aufsteht Nacht und Tag und der Same sproßt und groß wird, ohne daß er es sich erklären kann. [28]Ohne sichtbare Ursache bringt die Erde Frucht: zuerst Halm, dann Ähre, schließlich volles Korn in der Ähre. [29]Wenn aber die Frucht es erlaubt, schickt er sofort die Sichel, denn die Erntezeit ist gekommen."

[30]Und er sagte: „Wie sollen wir das Reich Gottes vergleichen, oder in welchem Gleichnis sollen wir es fassen? [31]Mit einem Senfkorn, das, wenn es auf die Erde gesät ist, obwohl es doch kleiner ist als alle Samenkörner, die es auf der Erde gibt, – [32]und wenn es gesät ist, aufgeht und größer wird als alle Kräuter und große Zweige treibt, so daß unter seinem Schatten die Vögel des Himmels nisten können."

[33]Und mit vielen derartigen Gleichnissen sagte er ihnen das Wort, wie sie es hören konnten. [34]Ohne Gleichnis redete er aber nicht zu ihnen, seinen eigenen Jüngern aber löste er im kleinen Kreis alles auf.

Literatur: H. BALTENSWEILER, Das Gleichnis von der selbstwachsenden Saat, in: Oikonomia (Fs O. Cullmann), 1967, 69–75. – G. H. BOOBYER, The Redaction of Mark IV,1–34, NTS 8 (1961/62) 59–70. – S. BROWN, „The Secret of the Kingdom of God", JBL 92 (1973) 60–74. – C. DIETZFELBINGER, Das Gleichnis vom ausgestreuten Samen, in: Der Ruf Jesu und die Antwort der Gemeinde (Fs J. Jeremias), 1970, 80–93. – J. DUPONT, Le couple parabolique de Sénevé et du Levain, in: Jesus Christus in Historie und Theologie (Fs H. Conzelmann), 1975, 331–345. – DERS., Encore la parabole de la Semence qui pousse toute seule, in: Jesus und Paulus (Fs W. G. Kümmel), 1975, 96–108. – DERS., La transmission des paroles de Jésus sur la lampe et la mesure dans Marc 4,21–25 et dans la tradition Q, in: J. DELOBEL (Hg.), Logia, EThL.B 59, 1982, 201–236. – B. GERHARDSSON, The Parable of the Sower and its Interpretation, NTS 14 (1967/68) 165–193. – J. GNILKA, Die Verstockung Israels, StANT 3, 1961. – F. HAHN, Die Worte vom Licht Lk 11,33–36, in: Orientierung an Jesus (Fs J. Schmid), 1973, 107–138. – W. HARNISCH (Hg.), Gleichnisse Jesu, WdF 366, 1982. – DERS. (Hg.), Die neutestamentliche Gleichnisforschung im Horizont von Hermeneutik und Literaturwissenschaft, WdF 575, 1982. – DERS., Die Ironie als Stilmittel in Gleichnissen Jesu, EvTh 32 (1972) 421–436. – DERS., Die Sprachkraft der Analogie, StTh 28 (1974) 1–20. – J. JEREMIAS, Die Gleichnisse Jesu, [10]1984. – DERS., Palästinakundliches zum Gleichnis vom Säemann, NTS 13 (1966/67) 48–53. – A. JÜLICHER, Die Gleichnisreden Jesu, 2 Bde, 1910 (Nachdruck 1963). – H. J. KLAUCK, Allegorie und Allegorese in synotischen Gleichnistexten, NTA NF 13, [2]1986. – W. G. KÜMMEL, Noch einmal: Das Gleichnis von der selbstwachsenden Saat, in: Orientierung an Jesus (Fs J. Schmid), 1973, 220–237. – J. LAMBRECHT, Redaction and Theology in Mk. IV, in: M. SABBE (Hg.), L'Évangile selon Marc, EThL.B 34, 1974, 269–307. – P. LAMPE, Die markinische Deutung des Gleichnisses vom Sämann, ZNW 65 (1974) 140–150. – E. LINNEMANN, Gleichnisse Jesu, [3]1964. – U. LUCK, Das Gleichnis vom Säemann und die Verkündigung Jesu, WuD 11 (1971) 73–92. – J. MARCUS, The Mystery of the Kingdom of God, SBLDS 90, 1986. – W. MARXSEN, Redaktionsgeschichtliche Erklärung der sogenannten Parabeltheorie des Markus, ZThK 52 (1955) 255–271. – H. RÄISÄNEN, Die Parabeltheorie im Markusevangelium, SFEG 26, 1973. – H. P. RÜGER, „Mit welchem Maß ihr meßt, wird euch gemessen werden", ZNW 60 (1969) 174–182. – G. SCHNEIDER, Das Bildwort von der Lampe, ZNW 61 (1970) 183–209. – G. SELLIN, Textlinguistische und semiotische Erwägungen zu Mk. 4.1–34, NTS 29 (1983) 508–530. – R. STUHLMANN, Beobachtungen und Überlegungen zu Markus iv.26–29, NTS 19 (1972/73) 153–162. – D. O.

VIA, Die Gleichnisse Jesu, BEvTh 57, 1970. – H. WEDER, Die Gleichnisse Jesu als Metaphern, FRLANT 120, ³1984. – D. WENHAM, The Interpretation of the Parable of the Sower, NTS 20 (1973/74) 299–319. – H. WILDBERGER, Jesaja I, BK.AT 10.1, 1972.

In den Abschnitten seit 1,14f war des öfteren gesagt worden, daß Jesus lehrte (1,21f 2,13), verkündigte (1,38f, vgl. 1,45), das Wort sagte (2,2), ohne daß ein spezieller Inhalt genannt, vielmehr immer auf 1,14f zurückverwiesen war. Erst in 4,11.26.30 fällt wieder das Stichwort βασιλεία τοῦ θεοῦ aus 1,15, der Verkündigung Jesu überall in Galiläa. Da dies in 2 als exemplarischer Ausschnitt aus Jesu Lehre eingeführt wird, können wir aus 4,1–34 erfahren, was nach Mk „Nähe der Gottesherrschaft" heißt, wohl auch, was μετανοεῖν und was πιστεύειν ἐν τῷ εὐαγγελίῳ. Anders als in der Q-Parallele fehlte ein 1,15a entsprechender Satz in 3,22–30 (s. o. S. 74); die Nähe des Reiches Gottes ist bei Mk gebunden an das Wort Jesu. Das Reich, von dem in 3,24 in einem Bildwort die Rede war, ist nicht auf das Reich Gottes zu beziehen.

Grundlage des Abschnitts sind die drei Gleichnisse 3–8.26–29.30–32, die den Motivzusammenhang von Aussaat und Ertrag im Sinne eines Kontrastes von klein und riesig gemeinsam haben. Die beiden letzten beginnen mit Einleitungsformeln, die sie als Gleichnisse dafür bezeichnen, wie es sich mit der Gottesherrschaft verhält. Eine solche fehlt beim ersten, das Stichwort βασιλεία τοῦ θεοῦ findet sich jedoch im unmittelbaren Anschluß daran (11), so daß jedenfalls Mk auch dieses Gleichnis als Gleichnis von der Gottesherrschaft verstanden und vielleicht eine entsprechende Einleitung ersetzt hat. Das zweite und das dritte sind jeweils mit καὶ ἔλεγεν an den Kontext angeschlossen, ebenso der Aufruf zum Hören am Schluß des ersten (9). Diese Überleitungsformel findet sich nur an diesen drei Stellen im Markusevangelium im Unterschied zu den beiden anderen hier begegnenden καὶ ἔλεγεν αὐτοῖς (2.11.21.24), die man wegen des durchgehenden Gebrauchs im Evangelium als redaktionell ansprechen kann, und καὶ λέγει αὐτοῖς (13).

Literarkritisch kann man folgern, daß Ausgangspunkt der Überlieferungsgeschichte eine Sammlung von drei Gleichnissen war, die einen gemeinsamen Motivzusammenhang (Aussaat-Ertrag) haben, durch καὶ ἔλεγεν verbunden waren und wohl alle drei sich auf die Gottesherrschaft bezogen. Das unterschiedliche Erzähltempus (3–8: Aorist, 26–29: Präsens, dabei 26f.29a im Konjunktiv, 30–32: Präsens) läßt darauf schließen, daß die Zusammenstellung erst in griechischer Sprache erfolgte, da bei einer gemeinsamen Übersetzung aus dem Aramäischen eine Vereinheitlichung zu erwarten wäre. Ähnliche Zusammenstellungen von Gleichnissen findet man auch sonst in der Jesusüberlieferung (Lk 15,1–32: drei Gleichnisse vom Verlorenen) und in außerntlicher Literatur (vgl. 4Esr 4,3).

Der Zusammenhang zwischen dem ersten und dem zweiten Gleichnis ist im jetzigen Text unterbrochen durch eine Szene zwischen Jesus und seinen Jüngern allein, in der er auf ihre Frage nach den Gleichnissen exemplarisch das erste deutet. Dieser Wechsel aus der Öffentlichkeit in den Jüngerkreis ist eine typische Struktur markinischer Erzählweise; wir werden sie auch in 7,17–23 9,28f 13,3ff finden. Eine Rückkehr in die Öffentlichkeit wird nicht berichtet, im Fortgang der Erzählung (33) aber stillschweigend vorausgesetzt und ist daher nach Mk vor 26, frühestens aber vor 21 anzunehmen.

Während an den anderen angegebenen Stellen die Jüngerbelehrung erst am Ende der Geschichte erfolgt, muß sie hier bereits früher eingeschoben werden, weil sich die mitgeteilte Deutung 14–20 nur auf dieses erste Gleichnis bezieht. Überleitungsformeln wie καὶ λέγει αὐτοῖς in 13 weisen jeweils darauf hin, daß Mk nicht ursprünglich zusammengehörige Stücke (hier 11f und 13–20) miteinander verbindet (vgl. 2,10 6,10 7,9.20 u. ö.). 13–20 kann dabei keine isoliert überlieferte Einheit sein, da die Verse als Stück für Stück dem ersten Gleichnis folgende Auslegung nur in Verbindung mit diesem verständlich sind. Diese Auslegung hat Mk offenbar nicht selbst geschaffen, sondern mit dem Gleichnis verbunden vorgefunden. Er ist nämlich in 10–12 und 33f (vgl. 2) an *den* Gleichnissen interessiert und nimmt als Beispiel für das Verstehen *der* Gleichnisse überhaupt die Auslegung dieses einen Gleichnisses auf.

An diese Auslegung sind in 21–23 und 24f zweimal zwei jeweils mit der markinischen Überleitungsformel καὶ ἔλεγεν αὐτοῖς eingeführte Bildworte angeschlossen, die jedes für sich Parallelen in der Q-Überlieferung haben, dort aber in anderen Kontexten stehen. Zumindest ihre Verknüpfung mit 13–20 und 26–32 geht auf Mk zurück; es wird zu fragen sein, welche Bedeutung sie für diesen Kontext haben.

Die Einleitungsverse 1f verbinden den Abschnitt mit den voraufgehenden Szenen und geben die Situation an; die Schlußverse 33f fassen noch einmal den Abschnitt zusammen und greifen dafür vor allem auf 11f zurück. Erst 35f schaffen dann die Überleitung zur folgenden Perikope.

Die zum Mk-Text führende Überlieferungsgeschichte läßt sich also relativ einfach in drei Stufen beschreiben: 1. eine Sammlung von drei Gleichnissen, die in griechischer Sprache zusammengestellt worden waren, 2. Anfügung einer Auslegung an das erste Gleichnis, die aber schon vor Mk mit der Sammlung verbunden worden war, 3. markinische Erweiterungen 10–12.21–25 (9?) und Rahmung 1f.33f.

Auszulegen ist nun freilich nicht dieser überlieferungsgeschichtliche Prozeß als solcher, sondern der Text als Teil des Markusevangeliums; auch die Frage nach einer ursprünglichen Bedeutung der Gleichnisse im Munde Jesu ist der Frage nach dem markinischen Verständnis von 1–34 unterzuordnen. Daß die markinische Interpretation (zu der ja auch die von ihm offenbar zustimmend übernommene Auslegung 14–20 gehört) einschließlich der Rahmung ein Übergewicht gegenüber der Grundschicht der drei Gleichnisse hat (21:13 Verse), deutet darauf hin, daß Mk hier exemplarisch darstellen will, wie die Verkündigung Jesu von der βασιλεία τοῦ θεοῦ nach seiner Meinung zu interpretieren ist auf die eigene Gegenwart hin. Das Leitmotiv, das sich durch den ganzen Abschnitt zieht, ist das Stichwort „hören" (3.9.12.15.16.18.20.23.24.33), meistens an hervorstechenden Stellen, ein Stichwort, das nicht aus den Gleichnissen selber stammt, sondern aus der Auslegung; ihm entspricht in der Auslegung 14–20 und im Rahmen (33) die Betonung des Wortes.

1f Die Auseinandersetzung mit den Gegnern, die zuletzt die Darstellung beherrschte, tritt zurück; **1** Jesus lehrt wieder das Volk (vgl. 1,39). Die Szenerie besteht aus typischen Elementen: er befindet sich am Galiläischen See wie zuletzt in 3,7, besteigt das Boot, das zu beschaffen er in 3,9 geboten hatte und das in den folgenden Geschichten immer wieder begegnen wird (4,36f 5,2.18.21 6,32.45–54 8,14), er sitzt beim Lehren wie 9,35 13,3. So lehrt er vom Boot aus, während die Zuhörer, deren große Zahl betont wird, am Ufer stehen. **2** Seine Lehre geschieht „in Gleichnissen", die folgende Rede wird ausdrücklich als Ausschnitt aus seiner Lehre bezeichnet, dem offenbar exemplarischer Charakter zukommen soll.

Gleichnis

Das Gleichnis ist eine elementare Form menschlicher Rede überhaupt, unabhängig von kulturellen, soziologischen oder anderen Vorgegebenheiten. Je ursprünglicher freilich eine Sprache ist, desto mehr wird sie vermutlich in Gleichnissen statt in abstrakten Sätzen die Wirklichkeit zu erfassen suchen. Solches Reden in Gleichnissen ist etwas anderes als unser Reden in „Vergleichen", denen nachgesagt wird, daß sie immer „hinken". „Vergleich" bedeutet ja doch, daß man etwas, was man sagen will, nur anders sagt, um sich verständlich zu machen bzw. um einem abstrakten Sachverhalt durch Anschaulichkeit zur Evidenz zu verhelfen. Die Beweiskraft des Vergleichs liegt im Rekurs auf die Erfahrung des Angesprochenen, der aus dieser seiner Erfahrung zu einem Urteil über die Wahrheit des im Vergleich eigentlich Gemeinten gebracht werden soll. In diesem Sinn wird der Vergleich in der Rhetorik seit alters eingesetzt (vgl. Aristoteles, Rhetorik 2,20 1393 a 23ff).

Jesu Gleichnisse unterscheiden sich von solchen Vergleichen darin, daß sie nicht Wahrheiten außerhalb der Gleichnisse voraussetzen, sondern die Wahrheit selber in den Gleichnissen zur Sprache bringen; der Hörer wird gezwungen, seine Deutungen der Erfahrungen zu überprüfen und neu zu werten. Seit A. Jülicher (Gleichnisreden) unterscheidet man zwischen Gleichnissen und Parabeln: im Gleichnis wird dargestellt, was in der Regel immer und überall so ist (zu diesem Typ gehören wohl alle drei Gleichnisse unseres Abschnitts); die Parabel dagegen schildert einen interessanten Einzelfall, wie er passieren kann (Schafe gehen nicht ständig und allerorten verloren, wohl aber liegt das gelegentlich durchaus im Bereich der Möglichkeit). Aus der Gruppe der Parabeln grenzt Jülicher noch die Beispielerzählungen aus (Lk 10,30–37 barmherziger Samariter, 12,16–21 reicher Kornbauer, 16,19–31 reicher Mann und armer Lazarus, 18,9–14 Pharisäer und Zöllner – alle vier im lukanischen Sondergut).

Gleichnisse wie Parabeln setzen einen relativ geschlossenen, Sprecher wie Hörer gemeinsamen Deutungszusammenhang für den angesprochenen Erfahrungshorizont voraus. Dieser Erfahrungshorizont der Gleichnisse Jesu läßt sich durch eine Addition des verwendeten Bildmaterials rekonstruieren: Kleinbauern, Hirten, Fischer, Großgrundbesitzer im Hintergrund weisen auf die kleine Welt eines galiläischen Provinzdorfes; es fehlen die soziologischen und ökonomischen Strukturen der hellenistischen Großstädte. Der vorgegebene Deutungszusammenhang für diesen Erfahrungshorizont freilich wird in Jesu Gleichnissen in Frage gestellt, und nicht zuletzt hieraus entsteht der Konflikt Jesu mit seinen Gegnern.

Teil eines solchen Deutungszusammenhangs ist schon, daß der Rückgriff auf die Erfahrung in den Gleichnissen zugleich ein Stück vermittelter Erfahrung und vermittelter Deutung von Erfahrung ist; bestimmte Motive z. B. sind bereits durch die Tradition besetzt: wer in einem Gleichnis von einem König hört, vermutet, daß von Gott die Rede sein wird, wer von einem Weinberg hört, ist vorbereitet, von Israel zu hören usw. Umstritten ist dann, *wie* der Deutungshorizont akzentuiert oder gar umgestaltet wird. Gerade unser erstes Gleichnis (3–8) kann zeigen, wie um die Erfahrung gerungen wird; gedeutete Erfahrung wird überprüft und neu formuliert.

Vom Gleichnis zu unterscheiden ist die Allegorie, die sich nicht unmittelbar auf (gedeutete) Erfahrung bezieht, sondern statt eines eigentlich gemeinten Sachverhalts einen anderen erzählt; alle Einzelzüge der erzählten Geschichte sind nacheinander auf eine andere, die „eigentliche" Sinnebene zu transponieren. Beispiele dafür finden sich in den als Träume oder Visionen gestalteten Bilderreden der Apokalypsen (vgl. etwa Dan 2,31–35 der Traum, 37–45 seine allegorische Deutung). Allegorisch ist aber auch schon die Auslegung unseres ersten Gleichnisses 3–8 in 14–20: Zug für Zug wird eine andere Geschichte erzählt, die der Geschichte des Gleichnisses parallel läuft. Die Allegorese war eine der anerkannten exegetischen Methoden schon im Judentum (Philon von Alexandrien ist dafür der beste Zeuge), das sie aus der Auslegung Homers bei den Griechen gelernt hatte. Sie blieb es auch über lange Zeiten der Kirchengeschichte.

Legitim war solche allegorische Auslegung, solange die angenommene Sinnebene, d. h. konkret die kirchliche Lehre als diese obere Ebene, in sich stimmig und nicht in Frage gestellt war, fraglich wurde sie, als das nicht mehr der Fall war. A. Jülicher hat in seinem Buch, das die Grundlage der neueren Gleichnisforschung wurde, solcher allegorischen Auslegung der Gleichnisse Jesu ihr Recht bestritten und nachgewiesen, daß diese Gleichnisse selber nicht als Allegorien gemeint waren, was umgekehrt bei Vorliegen allegorischer Züge den Schluß auf Unechtheit zuließ. An die Stelle einer Transponierung der Gleichnisse auf eine vorgegebene Sinnebene der Dogmatik setzte er die Reduktion des Inhalts auf einen einzigen Skopus, das sog. tertium comparationis. Freilich bleibt dieses zumeist ein recht abstrakter Satz, der die konkreten Züge des Gleichnisses gerade verschwinden und das Besondere des jeweils interpretierten Erfahrungszusammenhangs hinter allgemein gültige Wahrheiten zurücktreten läßt. Auch hier ist offenbar noch nicht die Suche danach aufgegeben, was „eigentlich" im Gleichnis gemeint ist, auch wenn dies nicht mehr in einer vorgegebenen kirchlichen Lehre, sondern z. B. in einer historischen Situation oder einer immer gültigen „Wahrheit" gefunden wird.

Die an Jülicher anschließende Gleichnisforschung hat sich von solcher Engführung zu lösen versucht, indem man sich um ein Verstehen der sprachlichen Struktur bemühte, Gleichnisse nicht als „uneigentliche" Rede faßte, sondern der Funktion dieser Art zu reden nachging. Jesus sagt ja nicht zunächst, was das Reich Gottes ist, und veranschaulicht das dann in Vergleichen. Vielmehr spricht er vom Reich Gottes in Gleichnissen, und deren Funktion läßt sich z. B. an der Nathanparabel 2Sam 12,1−15a ablesen: Gleichnisse überreden, überführen, zwingen zu Urteilen, die man gar nicht im Sinne hatte, nötigen zu Aussagen, deren Richtigkeit zu bestreiten man an sich allen Grund hätte.

Jesu Gleichnisse rekurrieren auf Erfahrung, stellen vorgegebene Deutungen der Erfahrung in Frage und öffnen so die Erfahrung wieder für die Wirklichkeit Gottes. Gültig sind sie im konkreten Erfahrungszusammenhang; sobald dieser nicht mehr da ist, verlieren sie an Evidenz. Die Jesu Worte überliefernde Gemeinde hat aber trotz des Übergangs in neue Erfahrungszusammenhänge Jesu Gleichnisse nicht aufgegeben, sondern sie neu anzueignen versucht. *Dies* ist jener überlieferungsgeschichtliche Prozeß, der sich als Vorgeschichte von 1−34 rekonstruieren läßt; die Gleichnisse Jesu werden übertragen in die Geschichte, die die Gemeinde mit ihnen gemacht hat.

Das griechische Wort παραβολή bezeichnet den Vergleich, das Gleichnis; in der LXX dient es (mit nur zwei Ausnahmen) zur Übersetzung von hebr. מָשָׁל, das einen weiteren Bedeutungsumfang hat: Spruch, Sprichwort, Rätsel, Gleichnis. Daher kann z. B. bei Mk in 7,17 ein sentenzhafter Satz als παραβολή bezeichnet werden.

Das erste Gleichnis 3−8 erzählt einen alljährlich sich wiederholenden Vorgang: Aussaat und Reife. Die Einzelzüge entsprechen dabei der damaligen (und anderswo vielleicht noch heutigen) Technik, zuerst zu säen und dann die Aussaat unterzupflügen (vgl. J. Jeremias, Palästinakundliches), im Unterschied zu der hierzulande üblichen umgekehrten Reihenfolge. Das Erzähltempus ist der Aorist mit Imperfekten, wo es der Sinn erfordert.

3 beginnt mit einem Aufruf zum Hören, der durch den ganzen Abschnitt hindurch wiederholt wird (9.23f). Der erste Satz des Gleichnisses selber läßt die ursprünglichen Hörer wohl schon in etwa assoziieren, was im folgenden erzählt wird, da sie aus Erfahrung wußten, was kommen würde. Dargestellt wird der Vorgang von Aussaat und Reife in vier Perspektiven. **4** Ein Teil des Samens fällt auf den Weg (zu παρά vgl. W. Bauer, Wb 1211); gemeint ist nicht ein am Feld entlang führender Weg, sondern ein durch das brachliegende Feld getretener Trampelpfad. Da das Saatgut dort offen zutage liegt, können es sich die Vögel noch vor dem Pflügen holen.

5 Ein anderer Teil fällt auf steinigen Boden (erst mit modernen Tiefpflügen sind unsere Äcker weitgehend von Steinen gereinigt worden), wo es nur eine dünne Ackerkrume gibt. Die Saat geht hier zwar schnell auf, **6** verdorrt aber sofort in der Hitze.

7 Ein weiterer Teil fällt dorthin, wo mit der Saat auch das Unkraut aufschießt (erst die moderne Chemie hat bei uns das Unkraut, Kornblumen und Mohn eingeschlossen, aus den Getreidefeldern vertrieben), das sie dann erstickt.

8 Der letzte Teil endlich (über eine prozentuale Verteilung der vier Teile freilich wird nichts gesagt, also auch nichts darüber, ob dieser letzte Teil eine kleine oder große Menge ist; immerhin ist nur hier der Plural verwendet) fällt in den richtigen Ackerboden und bringt Frucht: dreißig-, sechzig-, ja hundertfach (die drei Zahlenangaben sind als steigernde Reihe aufzufassen; die in der Übersetzung aufgenommene Lesart [dreimal ἕν] von N²⁶ und Greeven ist keineswegs durch den Verweis auf Aram. gesichert; gegen B. M. Metzger, Commentary 83). Gemessen wird die Gesamtrelation von Aussaat und Ertrag, und an dieser Stelle muß sich der Hörer des Gleichnisses wundern. Seine Erfahrung nämlich gibt ihm einen Mittelwert von etwa 1:7,5 an (eine Relation, die erst mit Hilfe der modernen Agrartechnik verbessert werden konnte zu Ergebnissen, die vielleicht das „Dreißigfache", das „Hundertfache" aber immer noch nicht erreichen). Hier liegt der Punkt im Gleichnis, der den Hörer unvermutet trifft und ihm zu denken gibt: die Gottesherrschaft, und von ihr ist ja ursprünglich die Rede, hat etwas mit solchem unvorstellbarem Ertrag zu tun.

Viele Ausleger nehmen für Jesus selbst eine apologetische Funktion dieses Gleichnisses an; Jesus wolle gegenüber seinen Kritikern, die auf die Unscheinbarkeit seines Erfolges hinwiesen, sagen: „Allem Mißerfolg und Widerstand zum Trotz läßt Gott aus den hoffnungslosen Anfängen das herrliche Ende, das Er verheißen hat, hervorgehen" (J. Jeremias, Gleichnisse 150). Schweizer interpretiert das Gleichnis unter der Überschrift „Gleichnis vom geplagten Bauern" kaum anders: „So also ist Gottes Reich jetzt da, daß überall Widerstand dagegen aufbricht (. . .); wer aber Ohren hat zu hören, der kann Jesus so hören, daß er gerade in diesem Aufbrechen des Widerstandes schon Gott am Werk sieht."

Richtig ist an diesen Deutungen, daß der Kontrast zwischen wenig Samen und riesigem Ertrag trotz aller Widrigkeiten hervorgehoben wird, damit auch, daß die Abfolge von Saat und Reife nicht als „natürlicher" Wachstumsprozeß (Reich Gottes dann das Ergebnis einer ebenso „natürlichen" Entwicklung) interpretiert wird. Aber treten nicht doch die konkreten Züge des Gleichnisses zu sehr zurück? Angesprochen sind den Hörer zutiefst betreffende Vorgänge: am Ertrag der Ernte hängt für ihn die bange Frage nach dem Überleben überhaupt; erst in der neuesten Zeit kommt es zu Agrarüberschüssen, hängt unser Überleben nicht mehr primär von diesen elementaren Vorgängen ab, verlieren die Widrigkeiten (Weg, Steine, Unkraut) den Charakter des „Normalen" und werden zum „besonderen" Zug in diesem Gleichnis.

Angesprochen ist also beim damaligen Hörer nicht nur die Frage nach dem Überleben der Botschaft Jesu, sondern die Frage nach dem eigenen Überleben; ausgesprochen wird der reiche Segen, den die Gottesherrschaft als Einlösung von Gottes Gerechtigkeit bringt (vgl. Isaaks überreiche Ernte Gen 26,12, „denn der Herr segnete ihn", vgl. auch Prv 10,22 im Kontext des ganzen Kapitels). Dies führt auf einen anderen Zusammenhang für das Gleichnis als die Suche nach Auseinandersetzungen zwischen Jesus und Leuten, die dem, was er tat, skeptisch gegenüberstanden.

Das Bild vom Säen selber hat ja eine Vorgeschichte, und in der Apokalyptik wird die Diskrepanz zwischen Gottes Verheißungen des Segens und der eigenen Mangelerfahrung, die Diskrepanz zwischen Aussaat und Ertrag eingesetzt in die Deutung der Erfahrungen dieser Welt unter der Frage nach der Gerechtigkeit (vgl. U. Luck, Gleichnis). Wovon 4Esr 4 viel zu reden weiß, ist der Mißerfolg des Säens; unter den Bedingungen dieser Welt ist mit einem Ertrag nicht zu rechnen. Die „Ernte" ist deshalb nicht das Einbringen eines reichen Ertrags, sondern die Vernichtung dieser Welt; erst dann kann eine neue Welt, ein neuer ertragreicher Acker entstehen. Von „Ernte" ist aber in unserem Gleichnis bezeichnenderweise nicht die Rede; diese Welt ist nicht bloß ein schlechter Acker, sondern Boden, auf dem Recht und Gerechtigkeit, Hilfe und Heil als die Zeichen der Nähe der Gottesherrschaft (s. o. S. 42 bei 1,15) möglich sind, all dies zusammengefaßt in jenem wunderbaren Ertrag.

So ist das Gleichnis also eher Heilszusage als apologetische Erklärung einer Diskrepanz zwischen Anspruch und Wirklichkeit, ist vielmehr Verkündigung der Nähe der Gottesherrschaft unter den Bedingungen dieser Welt. Mk versteht es also offenbar richtig, wenn er mit ihm 1,15 wieder aufnimmt und in den folgenden Versen das Gleichnis in dieser Richtung interpretiert auf die Situation seiner Gemeinde hin. Das Gleichnis schließt in **9**, wie es begonnen hatte: mit einem Aufruf zum Hören, der auf diese Interpretation vorbereitet. Zu „hören" ist ja eine Konsequenz, die sich nicht unmittelbar aus der im Gleichnis erzählten Geschichte ergibt.

10–20 War das Gleichnis in 2 als Ausschnitt aus Jesu Lehre in Gleichnissen bezeichnet worden, so fragen die Jünger, als sie mit Jesus allein sind, auch folgerichtig nach *den* Gleichnissen überhaupt, und Jesus gibt die Auslegung *dieses* Gleichnisses als exemplarische Auslegung für seine Gleichnisse (13).

10 Auffällig ist die umständliche Angabe der Personen οἱ περὶ αὐτὸν σὺν τοῖς δώδεκα (Mt behebt diese Schwierigkeit 13,10 durch die Glättung οἱ μαθηταί, so auch einige Handschriften im Mk-Text). Die Zwölf sind in 3,13–19 eingeführt worden und werden hier zum ersten Mal wieder erwähnt. Zum ersten Mal begegnet hier aber auch das Motiv des „Jüngerunverständnisses" (vgl. 6,52 8,17–21). Οἱ περὶ αὐτόν ist deutlich Wiederaufnahme von 3,34, es sind die, „die den Willen Gottes tun" (vgl. 10,29f, auch dort ist vom „Hundertfachen" die Rede), historisierend als Kreis um Jesus dargestellt, gemeint aber als die Gemeinde, die das Wort Jesu hört. Läßt sich also die Angabe οἱ περὶ αὐτόν als redaktionell erklären, dann war in einer Vorlage vielleicht nur von den Zwölf die Rede, wenn Mk nicht auch die erst selbst eingeführt hat, um den engeren und den weiteren Jüngerkreis zusammenzuschließen. Zusammen sind sie jedenfalls die Jünger (34), die nicht verstehen, aber zum Verstehen gebracht werden.

Jesus antwortet zunächst aber nicht mit einem Tadel; dieser folgt erst in 13, und 13 könnte unmittelbar an 10 anschließen. Daher ist für die vormarkinische Verbindung von Gleichnis und Auslegung ein solcher Übergang von 10 auf 13 anzunehmen. Markinisch ist dabei aber in 10 die ausdrückliche Betonung κατὰ μόνας, die seinem Bild vom Wechsel Öffentlichkeit/Jüngerkreis entspricht, so daß als vormarkinisch für 10 anzunehmen wäre: καὶ ἠρώτων αὐτὸν (οἱ δώδεκα) τὴν παραβολήν, wenn nicht Mk hier eine ausgeführte Frage unterdrückt hat.

11f sind dann markinischer Einschub, eingeleitet mit redaktionellem καὶ ἔλεγεν αὐτοῖς. Das Wort Jesu (11) besteht aus zwei antithetischen Aussagesätzen; in 12 ist ohne ausdrückliche Zitationsformel ein Vers angefügt, der an Jes 6,9f erinnert, ohne mit einer bekannten Fassung des Jes-Textes übereinzustimmen. **11** Unterschieden ist zwischen „ihr" – nach der Situation die Jünger Jesu, nach der Intention zugleich die Leser des Mk – und „jene draußen", die nur die „Gleichnisse" haben, während „euch" das Geheimnis der Gottesherrschaft gegeben ist.

Μυστήριον

Auszugehen ist von dem Wort μυστήριον, das über die griechische Übersetzung des AT auf hebr. bzw. aram. רז(א) weist (vgl. G. Bornkamm, ThWNT IV 820—825). Von daher ist es ausgeschlossen, „Geheimnis" hier als „Deutung" zu verstehen und dementsprechend παραβολή in 11b ausschließlich als „Rätselrede", so daß eine bloße Äquivokation (παραβολή als Gleichnis und Rätsel) zur Einfügung von 11f geführt hätte (gegen J. Jeremias, Gleichnisse 10). Dann wäre bloß zu klären, wie Mk zu einem solchen Mißverständnis kommen konnte.

רז/μυστήριον bezeichnet vielmehr in apokalyptischen Texten die im Himmel bereits existierenden Heilsgüter, die am Ende der Tage offenbart werden und die die Apokalyptiker in ihren Visionen bereits jetzt gesehen haben und ihren Lesern mitteilen können, um sie des erwarteten Heils zu vergewissern. Bei Dan ist es Gott selber, von dem gesagt wird, daß er Geheimnisse offenbart (2,28f.47). Das Geheimnis, das Daniel mitgeteilt worden ist (2,19.27.30.47), ist nicht die Deutung von Nebukadnezars Traum (2,36—45) — diese wird mit פשרא/σύγκρισις bezeichnet (2,6.16.24.26.30.45) —, sondern das, „was in Zukunft geschehen wird" (2,45), also das *Geschehen,* von dem Traum *und* Deutung sprechen.

11 redet also vom Heilsgut der Gottesherrschaft, das den Jüngern gegeben ist (Perf. wie 1,15), nicht nur von einer „Erkenntnis", dem „Wissen um ihren gegenwärtigen Anbruch" (so J. Jeremias, Gleichnisse 12). „Jene draußen" haben nur die Gleichnisse, nicht das, was in ihnen zur Sprache kommt. (Mt und Lk haben gleichlautend γνῶναι τὰ μυστήρια τῆς βασιλείας τῶν οὐρανῶν [Mt] bzw. τοῦ θεοῦ [Lk], vgl. γνώσεσθε in 13, dort aber auf die Gleichnisse, nicht auf das Geheimnis bezogen. Bei Mt und Lk sind die Jünger damit in die Position der apokalyptischen Seher gerückt, die die Geheimnisse nur kennen, während sie sie nach Mk bereits haben.)

11 enthält zwar mit μυστήριον ein markinisches Hapaxlegomenon, auch sonst keine als ausschließlich redaktionell auszuweisenden Wörter, dennoch dürfte das Logion als ganzes redaktionell sein, da es ganz auf den Kontext bezogen ist (βασιλεία τοῦ θεοῦ, ἔξω, τὰ πάντα, ἐν παραβολαῖς). Wäre ein ursprünglich isoliertes Logion vorauszusetzen, so wäre es wie für diesen Kontext geschaffen.

Τὰ πάντα steht parallel zu μυστήριον; was es damit auf sich hat, wird in **12** expliziert. Ἵνα ist hier nicht final gemeint, sondern wie häufig nach Demonstrativa (τὰ πάντα!) explikativ (vgl. 9,12 Lk 1,43 1Kor 9,18 u. ö., vgl. P. Lampe, Deutung 141f,A.7, vgl. BDR § 394.3); es geht also nicht um den Zweck der Gleichnisrede, sondern um die Darstellung des Gegensatzes zwischen den Jüngern Jesu und „jenen draußen", die sich nicht in die Nachfolge Jesu stellen. Was ihnen geschieht, wird im Anschluß an Jes 6,9f gesagt.

Jes 6,9f

Jes 6,9f stammen aus der Berufungsvision Jesajas (vgl. zum folgenden H. Wildberger, Jesaja 230—261); wir stoßen also wieder wie schon zu 1,1—15 auf das Jes-Buch, dessen Aufteilung in Proto-, Deutero- und Trito-Jes man natürlich für das frühe Christentum nicht voraussetzen darf. Wildberger nimmt 6,1—11 als ursprünglich an und 12, vielleicht schon mit 13abα zusammen, als einen ersten Nachtrag, der in 13bβ noch einmal ergänzt worden ist (241). 9 enthält den Auftrag an Jesaja in zwei Imperativen, die bei Mk in Aussagesätze verwandelt sind und in umgekehrter Reihenfolge erscheinen. Angesprochen ist das Nein Israels zur Botschaft des Propheten, das zum Inhalt schon der Botschaft selber wird. 10 nimmt dies auf (hier findet sich dann die umgekehrte Reihenfolge sehen/hören) und überbietet es mit dem Verstockungsbefehl: damit Israel nicht (פן) hört, nicht einsichtig wird, ihm nicht geholfen wird. 11 unterstreicht dann (wie 12.13abα als Nachtrag aus der Zeit nach dem Ende Israels) die Endgültigkeit der Gerichtsankündigung für Israel. Bleibt hier kein „Raum mehr für eine Heilszukunft übrig" (Wildberger 258), so folgt in 13bβ doch noch eine Verheißung von späterer Hand: in der Vernichtung bleibt ein „heiliger Same". Dieser Schluß fehlt zwar in LXX, für den HT ist er jedoch auch durch 1QIsᵃ bezeugt und findet sich ebenfalls im Targum (dort auf die Deportierten als heiligen Rest gedeutet) und in späteren griechischen Übersetzungen des AT. Liegt hier vielleicht im Motiv des „Samens" eine nicht ausgesprochene Verbindung zwischen Jes 6 und dem Jes-Text in Mk 4,12? Immerhin ist auffällig, daß das Motiv „Same" sich in allen drei Gleichnissen findet, ein Thema, das nach Jes 53,10 auch zum Gottesknecht gehörte. Die Gleichnisse vom Samen hätten dann den Text Jes 6,9f auch wegen der Verheißung von 6,13 an sich gezogen.

Anders als in Mt 13,14f und Apg 28,20f (vgl. Joh 12,40) wird Jes 6,9f bei Mk nicht nach LXX zitiert (Lk 8,10 ist dann noch einmal eine verkürzte Wiedergabe von Mk 4,12). Auf die vertauschte Reihenfolge sehen/hören war schon hingewiesen worden; die ebenfalls bereits erwähnte Umsetzung der Imperative Jes 6,9 in Aussagesätze findet sich ebenso im Targum. Mit dem Targum trifft sich Mk aber auch (gegen LXX) in der Übersetzung von רפא (LXX: ἰάσομαι) durch ἀφεθῇ (Tg: שבק „vergeben"). Die wichtigste Änderung des Targums besteht aber in der Übersetzung von פן HT („damit nicht") durch דלמא im Sinne von „vielleicht; es sei denn" (nicht, wie offenbar auch hier möglich „damit nicht"), also in der Ersetzung der Verstockungsaussage durch ein bedingtes Heilsangebot.

J. Jeremias (Gleichnisse 13f) hat nun für eine ursprünglich aramäische Grundlage des Logions 12 wegen der Übereinstimmung mit dem Targum auch für μήποτε am Beginn der dritten Zeile ein solches דלמא angenommen und sie so interpretiert: „tun sie Buße, so wird Gott ihnen vergeben." Eine solche Interpretation würde jedoch für den vorliegenden griechischen Mk-Text, selbst wenn eine aramäische Urfassung anzunehmen wäre, nicht mehr ergeben, als daß bei Mk eine falsche Übersetzung vorläge, und die Ableitung aus dem Aramäischen würde für die Auslegung dieses Mk-Textes wenig austragen.

Nun hat aber P. Lampe gezeigt, daß auch das griechische μήποτε hier nicht final gemeint zu sein braucht, sondern als dubitatives μή, durch ποτέ verstärkt, verstanden werden kann, das eine indirekte Frage einleitet (Deutung 143, vgl. 1Thess 3,5 Gal 2,2 Apg 5,39); an dieser Stelle in 12 steht es fast wie am Beginn eines unabhängigen Satzes, in dem μήποτε dann mit „vielleicht" übersetzt werden kann. Auch in diesem Punkt läge also der griechische Text noch in der Linie der Interpretation des Targums.

Bestätigt wird solche Interpretation durch den Blick auf 1,15: dort folgerte ja aus der Ansage der Nähe der Gottesherrschaft der Aufruf zur Umkehr, und ἐπιστρέφειν ist Synonym zu μετανοεῖν (1,15). Die Verkündigung der Nähe der Gottesherrschaft geschieht in Gleichnissen; wie in 1,14f ist sie öffentliche Verkündigung, mit dem impliziten Aufruf zur Umkehr, zum Anschluß an das εὐαγγέλιον (1,14), die διδαχή (4,2), den λόγος (4,33); wer wie die in 11 Angesprochenen umkehrt, hat das Heilsgut der Nähe der Gottesherrschaft im Wort Jesu. (Zu ἀφεθῇ vgl. 1,4: μετάνοια εἰς ἄφεσιν ἁμαρτιῶν).

Das μυστήριον, das jenen draußen, die nicht sehen und nicht hören, vorenthalten bleibt, solange sie nicht umkehren, ist die Nähe der Gottesherrschaft als Heilsgut, von der in Jesu Gleichnis vom Sämann die Rede ist. Wie in 1,15 ist hier in der historisierenden Szene zwischen Jesus und seinen Jüngern auch der Leser des Mk angesprochen. „Jene draußen" sind nicht mehr die „draußen Stehenden" von 3,31f im Unterschied zu denen „um ihn" (3,34), sondern alle, die sich dem Evangelium von Jesus verschließen. 11f sind daher nicht eine erste Auslegung des Sämannsgleichnisses, der in 14–20 eine zweite folgt (gegen P. Lampe, Deutung 146), sondern eine Einleitung zu dieser Auslegung, eine Aussage über Jesu in Gleichnissen geschehende Verkündigung der Gottesherrschaft überhaupt, die 1,15 wieder aufnimmt. Auf der redaktionellen Ebene wird diese Verbindung hergestellt, und eine Rekonstruktion einer Vorgeschichte von 11f bleibt zweifelhaft; eher sind daher 11f auf Mk zurückzuführen.

13 ist wahrscheinlich die alte Fortsetzung von 10. In der vorwurfsvollen Frage Jesu erst geht es um das Verstehen bzw. Nicht-Verstehen der Gleichnisse, das Mt und Lk schon in ihrer Übernahme von 11 ansprechen. In 14–20 gibt Jesus selbst eine allegorische Auslegung des Sämannsgleichnisses, indem er die Geschichte des Gleichnisses Zug um Zug als eine Geschichte neu erzählt, die vom Wort handelt. Angesprochen und vorausgesetzt sind hier die Erfahrungen, die die Gemeinde im Umgang mit dem Wort Jesu gemacht hat; das Wort, auf das hin das Gleichnis ausgelegt wird, ist das Wort Jesu, das die Gemeinde als Wort von Jesus weiter überliefert und in dem sie ihre eigene Situation birgt.

14 Der Sämann wird nicht gedeutet, wohl aber der Same als „das Wort". Gemeint ist, wie 33 zeigt, die Verkündigung, nach 1,14f das εὐαγγέλιον. Aussaat und Reife als Metaphern für das Wort begegnen auch Kol 1,6.10. **15** Die Auslegung des ersten Teils des Gleichnisses geht wie die der folgenden auf das Schicksal des Wortes bei denen, die es annehmen. Beim ersten Teil geht es verloren, weil der Satan dieser Hörer schnell habhaft werden kann. Auch wenn sonst an mehreren Stellen im Mk vom Teufel die Rede ist, findet sich doch keine vergleichbare Aussage im Evangelium (vgl. jedoch den Zusammenhang 3,23–26).

16f Der zweite Teil geht verloren, weil die Empfänger das Wort zwar mit Freude aufnehmen, aber versagen, sobald es Verfolgung wegen des Wortes gibt. Angesprochen ist hier eine Situation der Gemeinde, die vor allem unter dem Stichwort θλῖψις in 13,19.24 deutlich werden wird (vgl. 10,30: διωγμοί), aber auch in den Aussagen über die Nachfolge ab 8,34. „Um des Wortes willen" entspricht 8,35.38 13,9: Jesus gehört als Verkündiger dieses Wortes in das Wort selbst hinein.

18f Der dritte Teil wird ausgelegt auf diejenigen, die unter den Sorgen dieser Welt, der Täuschung des Reichtums und anderen Begierden das Wort ersticken lassen. Auch dies wird später im Evangelium wieder aufgenommen, vgl. vor allem die exemplarische Szene 10,17–31.

20 Der vierte Teil schließlich sind die, die das Wort bewahren und Frucht bringen. Zu beachten ist dabei, daß Mk die in Q häufiger begegnende und von Mt aufgenommene Rede von der Frucht im übertragenen Sinn außerhalb dieser Gleichnisauslegung nicht verwendet; die „Frucht" braucht daher nicht ethisch verstanden zu werden. Das Aufnehmen des Wortes ist Nachfolge unter den ab 8,27 genannten Bedingungen, ist Nähe der Gottesherrschaft in der Nähe des Wortes Jesu von dieser Gottesherrschaft, die sich gerade in der Leidensnachfolge verwirklicht. Deutungshorizont für das Gleichnis als ganzes ist also die Erfahrung der Gemeinde im Umgang mit dem Wort Jesu. Die Nähe der Gottesherrschaft, von der das Gleichnis Jesu sprach, wird in die Nähe seines Wortes als des Wortes von ihm gelegt.

Es folgen in 21–25 zwei Spruchpaare, die entsprechend dem weiteren Sprachgebrauch von παραβολή (vgl. 7,17) zur öffentlichen Gleichnisverkündigung Jesu gerechnet werden könnten. Da sie aber, wie die Auslegung zeigen wird, schon von ihrer Vorgeschichte her auf die Verkündigung zu beziehen sind, unterstreichen sie den Schluß der Gleichnis-auslegung in 20 und sind daher noch zu der Jüngerbelehrung 10–20 zu ziehen.

21 hat eine Parallele in der Q-Überlieferung, die aus Lk 11,33 und Mt 5,15 zu rekon-struieren ist (ThEv 33b steht Lk 11,33 am nächsten). Bei Mk ist in der Form einer Frage eine aus der Erfahrung abgeleitete Regel ausgesprochen. Gegenüber der Q-Fassung, die als Aussagesatz formuliert ist, fehlt am Schluß die Aussage über das Leuchten der Lam-pe. F. Hahn (Wort 120) verbindet den Spruch mit 11 und sieht hier die „Gewißheit des Offenbarwerdens des Geheimnisses" unterstrichen. Da aber dort das Motiv verborgen/offenbar, das sich bei dem Stichwort „Geheimnis" leicht assoziiert, gerade nicht begeg-net, liegt es näher, mit G. Schneider (Bildwort 198) an „das dem Evangelium von Gott her bestimmte Geschick" zu denken, also an das überreichliche Fruchtbringen: „Das Evangelium soll in aller Welt verkündigt werden (Mc 13,10 14,9)" (199).

Auch das in **22** als Begründung (γάρ) folgende doppelgliedrige Wort vom Verborge-nen, das offenbar werden muß, hat eine Parallele in Q (Lk 12,2/Mt 10,26, vgl. ThEv 5.6) und ist dort bereits auf die Verkündigung hin interpretiert worden, wenn auch Mt 10,27 und Lk 12,3 im einzelnen voneinander abweichen. Mk übernimmt also nicht einfach eine Sentenz, sondern einen Satz, der auch sonst in der Jesusüberlieferung auf denselben Zusammenhang bezogen wird, in dem er bei Mk steht. Es geht also auch hier wieder nicht um die Verborgenheit des Geheimnisses von 11, sondern um das Offenbarwerden der Verkündigung (20).

Das erste Spruchpaar schließt wie das erste Gleichnis mit einem Aufruf zum Hören **23**, wobei dieses Hören aber inzwischen durch die Gleichnisauslegung qualifiziert worden ist als Hören eben des λόγος, den Jesus verkündigt. Angesprochen sind also wieder die Leser des Mk, Jesus und das Evangelium zu hören.

Wie das erste in 21 ist auch das zweite Spruchpaar **24f** mit der redaktionellen Überlei-tungsformel καὶ ἔλεγεν αὐτοῖς angeschlossen. Es beginnt mit einem erneuten Aufruf zum Hören in **24**. 24b hat wieder eine Parallele in der Q-Überlieferung (Lk 6,38/Mt 7,2), dort als Warnung vor dem Richten, die mit dem Hinweis auf das endzeitliche Gericht begründet wird. Bei Mk schießt nun καὶ προστεθήσεται ὑμῖν gegenüber der sonst fast identischen Q-Formulierung über (die Verdeutlichung zu ὑμῖν: τοῖς ἀκούουσιν ist zwar breit bezeugt und sinnvoll, dennoch wohl sekundär). Damit wird aber der Spruch bei Mk zu einem Verheißungswort und hat nicht mehr warnenden Charakter. Aufgenom-men ist auch hier der vielfältige Ertrag von 20.

Ähnlich verhält es sich dann aber mit dem wieder als Begründung (γάρ) angefügten zweiten Spruch **25**, der im Q-Text (Lk 19,26/Mt 25,19, vgl. ThEv 41) ebenfalls warnen-den Charakter hat. Bei Mk ist die erste positive Hälfte für den Kontext relevant, die zweite negative dagegen unterstreicht nur die erste. Ist daher auch in 24f der Schluß der Gleichnisauslegung aufgenommen, so ist zugleich eine Überleitung zu den beiden noch folgenden Gleichnissen geschaffen, die wie das erste den wunderbaren Ertrag des Sa-mens herausstellen; 21–25 insgesamt aber gehören noch zur Deutung des ersten Gleich-nisses auf die Geschichte des Wortes.

26–29 Das zweite Gleichnis findet sich weder bei Mt noch bei Lk wieder. Da jeder von ihnen jedoch gelegentlich Mk-Texte nicht übernimmt, wenn der andere das tut, besteht kein Grund, diese Verse für eine nachträgliche Erweiterung des Mk-Textes zu halten (gegen H. Baltensweiler, Gleichnis 69).

26 Mit der vermutlich vormarkinischen Übergangsformel καὶ ἔλεγεν angeschlossen beginnt es mit einer Einleitung, die das Gleichnis auf die βασιλεία τοῦ θεοῦ bezieht. Erzählt wird wie im ersten Gleichnis die Geschichte eines Mannes, der aussät. Durchgehendes Erzähltempus ist das Präsens (gegenüber dem Aorist im ersten Gleichnis) mit zwei Konj. Aor. (βάλῃ 26 und παραδοῖ 29), die jeweils am Beginn eines Abschnitts (Saat, Ernte) stehen; auffällig ist, daß 26b.27.29a im Konjunktiv stehen gegenüber durchgehendem Indikativ im ersten Gleichnis.

27 Anders als im ersten Gleichnis wird zunächst weiter vom Bauern erzählt: er schläft Nacht um Nacht und steht auf Tag um Tag, während die Saat aufgeht, „ohne daß er es sich erklären kann" (J. Jeremias, Gleichnisse 151 als Übersetzung von ὡς οὐκ οἶδεν αὐτός). **28** „Ohne sichtbare Ursache" (αὐτομάτη) nämlich bringt die Erde Frucht; das Reifen wird in den drei Stadien Halm/Ähre/Korn beschrieben. Anders als im ersten Gleichnis liegt also das Erstaunliche nicht in einem unvorstellbaren Ertrag, sondern im Vorgang des Aufgehens des Samens selber.

Entgegen üblichen Deutungen ist nicht auf die Passivität des Sämanns abzuheben, so daß sich als Skopus ergäbe, daß die Gottesherrschaft von selbst ohne menschliches Zutun kommt − hier schwingt immer noch die Auseinandersetzung mit der liberalen Theologie nach, die das Reich Gottes bei Jesus als sittlich zu verwirklichende Größe interpretierte, ebenso aber auch aktuelle Auseinandersetzung um politische Verwirklichung des Reiches Gottes auf Erden. Erzählt wird vielmehr das ganz normale Verhalten des Bauern, der auch in 29 zur rechten Zeit wieder aktiv wird.

Gesprochen ist das Gleichnis ja zu Leuten, die dies aus eigener Erfahrung kennen, nur das hier beschriebene Funktionieren des Zusammenhangs von Saat und Ernte nicht als „natürlichen" Vorgang empfinden, sondern als jedes Jahr bei der Aussaat neu erhofftes Wunder. In diesem Punkt des Wunders treffen sich das erste und das zweite Gleichnis, auch die ausdrückliche Hervorhebung „*volles* Korn" unterstreicht dies.

Umstritten ist die Zugehörigkeit von **29** zum ursprünglichen Gleichnis, doch nur unter der Voraussetzung, daß man die Pointe des Gleichnisses in der Passivität des Bauern sieht und deshalb sein erneutes Eingreifen als störend empfindet. Hinzu kommt dann wie auch beim dritten Gleichnis die Anspielung auf atliche Redeweise, die als in Jesu Gleichnissen ungewöhnlich bezeichnet wird. Aufgenommen ist Joel 4,13. Mit HT und Targum trifft sich der Mk-Text in dem Singular δρέπανον (LXX: δρέπανα), wie HT spricht Mk von der Getreideernte (θερισμός/קציר) und nicht von der Weinlese (LXX: τρύγητος, was hebr. בציר entspricht), anders als LXX hat Mk das Simplex ἀποστέλλει. Mit LXX freilich trifft sich Mk in παρέστηκεν, das nur hier für בשל steht. Doch zeigt der Gesamtbefund, daß 29 jedenfalls als Ganzes nicht LXX voraussetzt, daraus also auch kein Argument gegen eine ursprüngliche Zugehörigkeit von 29 zum Gleichnis gewonnen werden kann.

Joel 4,9−21 spricht vom endzeitlichen Krieg, der im Gericht über die Völker endet (18ff) und zur Verödung der Länder der Feinde führt, zu paradiesischen Zuständen hingegen in Jerusalem. Wer seine Bibel kannte, konnte hier diese den vollen Ertrag noch überhöhenden Züge mithören. Mit dem Motiv „Ernte", das im ersten und auch im dritten Gleichnis fehlt, hat dieses einen eigenen Zug, der auf das Gericht deutet. Wäre dies jedoch die Pointe (so J. Jeremias, Gleichnisse 151), wäre auch vorher schon der Bauer mit Gott selber zu identifizieren. Wie im ersten Gleichnis liegt aber die Pointe wieder in dem Wunderhaften, hier dem Funktionieren des Segenszusammenhangs von Saat und Ernte.

13b fordert auf, dieses Gleichnis nach dem Vorbild von 14–20 zu deuten, was etwa so aussehen müßte: „Ein Mensch sät das Wort. Das Wort geht auf und bringt Frucht, volle Frucht." Diese Deutung schließt das zweite Gleichnis sehr eng an den schon durch 21–25 unterstrichenen Schluß der Deutung des ersten Gleichnisses an.

30–32 Das dritte Gleichnis ist erneut mit καὶ ἔλεγεν **30** angeschlossen. Die Einleitungsformel ist hier als Doppelfrage formuliert. Das Gleichnis selber hat eine Parallele in der Q-Überlieferung, die in Lk 13,18f besser erhalten ist als bei Mt, der in 13,31f beide Textformen stärker verschmilzt. Erzähltempus ist bei Mk in 32 das Präsens gegenüber dem Aorist in Q. In Q war es mit dem Gleichnis vom Sauerteig (Lk 13,20/Mt 13,33) zu einem Doppelgleichnis verbunden, während es bei Mk zusammen mit Gleichnissen erscheint, die das Motiv des Samens gemeinsam haben. Es behält aber die es mit dem Gleichnis vom Sauerteig verbindende Betonung des Gegensatzes von klein/riesig oder wenig/viel. In Q (= Lk 13,19 diff. Mt 13,32 aus Mk) ist dieser Gegensatz nicht eigens herausgearbeitet (vgl. aber in Q Lk 17,5f/Mt 17,20, wo die Kleinheit des Senfkorns die Pointe hergibt). Mk unterstreicht dagegen diesen Punkt ausdrücklich in 31b, weshalb er in 32 den Satzbeginn noch einmal wiederholen muß.

31 Das Gleichnis erzählt diesmal nicht eine Geschichte, sondern einen Vorgang in der Natur: der Same der Senfstaude, sprichwörtlich kleinster Same, **32** wird zum größten aller Sträucher (Q: gar zu einem Baum). Gibt der Gegensatz klein/riesig die Struktur des Gleichnisses ab, so liegt aller Ton auf der Gegenwart dieses Ertrages; darauf weisen die Präsensformen in 32 und die syntaktische Unterordnung des Saatvorgangs. Der Schluß des Gleichnisses geht wieder wie beim zweiten Gleichnis über in aus dem Alten Testament entlehnte Formulierungen. Zu nennen sind Dan 4,9.18 Ez 17,23 31,6 Ps 104,12, ohne daß ein bestimmter Text einzugrenzen wäre. Gemeinsam ist allen der Zusammenhang paradiesischer Zustände.

Versuchen wir auch hier eine Deutung nach dem Vorbild von 14–20: „Das Senfkorn ist das Wort, das große, ja riesige Frucht bringt." Erneut ist also der Schluß des ersten Gleichnisses unterstrichen. Mindestens für die redaktionelle Ebene bestätigt sich also die Interpretation des ersten Gleichnisses von seinem Ende her.

33f schließen den Abschnitt 1–34 ab, indem sie noch einmal hervorheben, wie Mk ihn verstanden haben will. Auch **33** geht auf Mk zurück, der hier aber vielleicht einen alten Schluß der übernommenen Gleichnissammlung verwertet hat. Λαλεῖν τὸν λόγον (vgl. 2,2) nimmt διδάσκειν/διδαχή (1f) auf, damit aber auch κηρύσσειν τὸ εὐαγγέλιον (1,14f). Inhalt dieses λόγος ist wie in 1,14f die Nähe der Gottesherrschaft. Da diese Verkündigung aber die Verkündigung Jesu ist, wird die Nähe der Gottesherrschaft gebunden an den Verkündiger Jesus; hier wie dort gehört Jesus in den λόγος, in das εὐαγγέλιον mit hinein. Dementsprechend begegnet dann auch λαλεῖν τὸν λόγον in der Missionsterminologie der Apg (4,29.31 8,25 11,19 13,46 14,25 16,6.32), während eine Parallele zu Mk 4,33 bei Lk fehlt, der die Verkündigung Jesu stärker von der Verkündigung von Jesus abhebt als Mk.

Bei Mk ist die Verkündigung Jesu zur Verkündigung von Jesus geworden, und zwar, wie 8,31 endgültig zeigen wird, als λόγος vom leidenden Gerechten, der von Gott selber ins Recht gesetzt wird. Hier ist die Nähe der Gottesherrschaft ganz in das Geschick Jesu verlegt. 1,15 und 8,31 gehören also zusammen und sind jener λόγος (= διδαχή, εὐαγγέλιον usw.), von dem über die Deutung 14–20 in den drei Gleichnissen die Rede ist, der zu hören ist, wie dieser Abschnitt durchgehend auffordert, was dann in 9,7 endgültig christologisch begründet werden wird. Das „Fruchtbringen" deutet voraus auf die Nachfolge der Jünger im Leiden als ihre Geschichte mit diesem Wort, die ab 8,27 ebenso angesprochen wird wie Jesu eigenes Leiden, und dort wird auch von denen die Rede sein, die in der Nachfolge versagen. Dieses Wort Jesu bleibt als Wort von Jesus Aufruf zur Umkehr zum Evangelium (1,15).

34 Solcher Aufruf geschieht in Gleichnissen, die also spätestens auf der Ebene des Mk keine apologetische Funktion mehr haben können, wenn sie sie denn je gehabt haben, sondern Ansage dieser Nähe der βασιλεία τοῦ θεοῦ im Wort von Jesus sind. Wie dieses Wort Jesu als Wort von Jesus neu zu verstehen ist, das wird exemplarisch in diesem Abschnitt seinen Jüngern vorgeführt, den Lesern des Mk damit sachgemäßer Umgang mit der Jesusüberlieferung in einer neuen Situation. Das εὐαγγέλιον (= διδαχή, λόγος) ist nicht etwas, was unabhängig vom und außerhalb des Wortes Jesu da ist, sondern ist Aufnahme des Wortes Jesu.

4,35—8,26 Jesu Wirken am See von Galiläa

4,35 bildet keinen so markanten Einschnitt im Ablauf der Geschichte Jesu wie später 8,27
11,1 13,1 oder 14,1. Man kann 1,16—8,26 (bzw. 1,14—8,26) auch anders untergliedern,
und zumeist werden Einschnitte mit 3,7 und 6,6b angenommen (vgl. die Übersicht bei
F. G. Lang, Kompositionsanalyse 2). Daran ist richtig, daß sowohl der See von Galiläa
nicht erst hier zum Ort der Handlung wird, sondern es schon in 1,16 2,13 3,7 4,1 ist, als
auch, daß das die einzelnen Geschichten von 4,35 bis 8,26 verbindende Motiv des Bootes
bereits in 3,9 vorbereitet und in 4,1 aufgenommen worden war. Dennoch bilden ab 4,35
die verschiedenen Überfahrten über den See auch nach der Wanderung vom See weg
(7,24.31) einen von Mk offenbar intendierten Zusammenhang, der etwas Neues gegenüber 1,16—4,34 darstellt.

Beherrschend sind in 4,34—8,26 die „großen" Wundergeschichten, „groß" im Blick
auf das, was in ihnen geschieht, „groß" aber auch im Blick auf den Umfang gegenüber
den in 1,16—4,34 bereits begegnenden nur knapp erzählten Wundergeschichten. Entscheidend jedoch ist, daß sich für 4,35—8,26 ein inhaltlicher Zusammenhang ergibt, der
mit der Frage der Jünger 4,41: τίς ἄρα οὗτός ἐστιν; einsetzt und immer wieder auch
explizit (5,7 6,3.14b.15.50 7,37 8,4.11f.14—21), erst recht implizit auf diese Frage zu-
rückkommt und damit hinzielt auf 8,27ff, wo diese christologische Frage, wer Jesus
eigentlich ist, dann ausdrücklich thematisiert wird.

Auch in 1,16—4,34 ging es natürlich um die Christologie; das ist nicht anders zu
erwarten, wenn denn Mk das „Evangelium Jesu Christi" (1,1) schreibt. Im Vordergrund
stand hier jedoch Jesu ἐξουσία in Wort und Tat, und zwar als Nähe des Reiches Gottes in
seinem Wort (1,14f), was zuletzt in 4,1—34 interpretiert worden war. Auch in 4,35—8,26
finden sich zwar wie in 1,16—4,34 Gegnerschaft und Mißverständnis, aber seine ἐξουσία
ist hier vorausgesetzt (auch in 6,1—6a) und wird machtvoll in den „großen" Wundern
demonstriert. Leitendes Motiv jedoch ist nun die neue Frage, wer der denn ist, der diese
ἐξουσία hat, bzw. der überraschende Eindruck, daß sich diese Frage gerade aus den
„großen" Wundergeschichten ergibt.

Überbrückt ist bei solcher Gliederung die oft behauptete Zäsur 6,6, die weder inhaltlich noch vom Erzählungsablauf als solche bestimmt werden kann, da weder der Ort der
Handlung noch die christologische Thematik in der Folge verlassen werden. Andererseits verbindet 3,7—4,34 mehr mit 1,16—3,6 als mit 4,35—6,6a bzw. 4,35—8,26. Will
man also überhaupt in 1,16—8,26 eine Untergliederung vornehmen, obwohl Mk keinen
deutlichen Einschnitt markiert, bietet sich am ehesten die hier vorgeschlagene bei 4,35
an.

Dominant sind in diesem Teil die breit erzählten Wundergeschichten (4,35—41 5,1—
20.21—43 6,32—44.45—52 7,24—30.31—37 8,1—10.22—26), die durch das Summarium
von Jesu Wundern 6,53—56 sowie durch die Forderung eines Zeichens 8,11—13 und das
Gespräch Jesu mit seinen Jüngern über die Bedeutung der beiden Speisungsgeschichten
8,14—21 noch verstärkt werden, und auch die relativ erfolglose Tätigkeit Jesu in Naza-

reth 6,1—6a gehört in diesen Rahmen der Wunder Jesu. Die Aussendung der Jünger 6,6b—13 und ihre Rückkehr 6,30f verweisen auf 3,15 und heben die Wundertaten der Jünger neben ihrer Lehre hervor, wie ja auch Jesus weiterhin nicht nur Wunder tut, sondern auch lehrt (6,2.6b.34).

6,17—29 ist eine Rückblende, die vom Tod Johannes des Täufers erzählt, der in 1,14 vorausgesetzt war, und 6,14—16 gehört zu dem die einzelnen Geschichten verbindenden christologischen Faden. Lediglich 7,1—23 — die große Auseinandersetzung Jesu mit der Überlieferung der Juden — wirkt wie ein Fremdkörper, der nur locker über das Motiv des „Brote essen" (7,2) mit dem Kontext verbunden scheint und explizit auch nichts mit dem Thema der Christologie zu tun hat. Vielleicht erklärt sich die Stellung sowohl von 7,1—23 als auch von 6,17—29 in diesem Zusammenhang einfach damit, daß Mk sie als relativ umfangreiche Geschichten hier untergebracht hat, wo er ohnehin lange Geschichten bietet, während sich in 1,16—4,34 ja nur kurze Szenen fanden.

Wundergeschichten

Literatur: P. J. ACHTEMEIER, Toward the Isolation of Pre-Markan Miracle Catenae, JBL 89 (1970) 265—291. — DERS., The Origin and Funktion of the Pre-Markan Miracle Catenae, JBL 91 (1972) 198—221. — J. BECKER, Wunder und Christologie, NTS 16 (1969/70) 130—148. — H. D. BETZ, Jesus als göttlicher Mensch, in: A. SUHL (Hg.), Der Wunderbegriff im Neuen Testament, WdF 295, 1980, 416—434. — R. T. FORTNA, The Gospel of Signs, SNTSMS 11, 1970. — K. KERTELGE, Die Wunder Jesu im Markusevangelium, StANT 23, 1970. — D. A. KOCH, Die Bedeutung der Wundergeschichten für die Christologie des Markusevangeliums, BZNW 42, 1975. — H. W. KUHN, Ältere Sammlungen im Markusevangelium, StUNT 8, 1971. — L. SCHENKE, Die Wundererzählungen des Markusevangeliums, SBB, 1974. — W. SCHMITHALS, Wunder und Glaube, BSt 59, 1970. — G. THEISSEN, Urchristliche Wundergeschichten, StNT 8, 1974. — T. J. WEEDEN, Die Häresie, die Markus zur Abfassung seines Evangeliums veranlaßt hat, in: R. PESCH (Hg.), Das Markus-Evangelium, WdF 161, 1979, 238—258. — DERS., Mark — Traditions in Conflict, 1971.

Der erzählerische Spannungsbogen solcher Wundergeschichten setzt ein mit der Schilderung der aktuellen Notlage, erzählt dann die Abwendung der jeweiligen Not und schließt mit der Konstatierung des Wunders als Resümee des Erzählers oder als kommentierende Zusammenfassung des Geschehens durch die Beteiligten. Ein solches Grundgerüst ist in allen Wundergeschichten zu finden, variiert wird es durch die Besonderheiten des jeweiligen Falles. Nie ist die Erzählhaltung sozusagen neutral; nirgends finden sich distanzierte oder gar skeptische Töne gegenüber dem Wunder. Nie auch ist es ein anderer als Jesus, von dem eine solche Geschichte erzählt wird; von den Jüngern wird nur gesagt (6,13), daß sie Dämonen ausgetrieben und Kranke geheilt haben. 9,17f hingegen wird eine von dem Vater erzählte Geschichte eines gescheiterten Wunders der Jünger sein; 9,38—41 setzt nur voraus, daß es andere gab, die ebenfalls Dämonen austrieben, erzählt wird jedoch keine Geschichte davon.

Es lassen sich zwar zu allen Wundern Jesu ähnliche Geschichten in jüdischer oder hellenistischer Überlieferung finden; die Wundergeschichten hier aber sind ganz auf Jesus konzentriert, sie charakterisieren ihn durch sein Handeln und durch abschließende kommentierende Bemerkungen. Jesus erscheint als der, der Macht hat, Unmögliches möglich zu machen (vgl. 9,23). Ihr Zweck ist also durchaus Verkündigung; auch diese „großen" Wundergeschichten sind nicht bloße „Novellen" (M. Dibelius, FG 68) ohne Verkündigungsgehalt.

Auffällig ist aber gerade in 4,35—8,26, daß Wunder offenbar nicht direkt zu einem Verstehen Jesu führen, die Frage: „Wer ist dieser?", sich also nicht allein aus ihnen beantworten läßt, sondern erst in 8,27ff und dann später in 14,61f von Jesus selbst beantwortet werden muß. Insofern läßt sich durchaus von einer kritischen Interpretation der Wundergeschichten durch Mk reden (vgl. D. A.

Koch, Bedeutung 182—188), über der man jedoch nicht ihre positive Funktion (ebd. 188—193) vergessen darf: der von Gott ins Recht gesetzte leidende Gerechte, der Jesus von Anfang an ist (vgl. 1,11), hat Gewalt über Wellen und Sturm und selbst über den Tod.

Die Interpretation der markinischen Wundergeschichten ist bestimmt durch die Frage nach seinen Quellen, die sich dann verbindet mit der Frage einer Differenz zwischen Tradition und Redaktion, vor allem in der von T. J. Weeden (Traditions, Häresie) vertretenen These, Mk nehme solche Geschichten nur auf, um sie zu neutralisieren; in Wahrheit bekämpfe er mit seiner theologia crucis deren θεῖος-ἀνήρ-Christologie. Für Joh läßt sich als eine seiner Vorlagen eine σημεῖα-Quelle wahrscheinlich machen, die Wundergeschichten enthielt und nach ihrem in Joh 20,30.31a genannten Zweck darauf zielte, zum Glauben zu führen (vgl. J. Becker, Wunder; R. T. Fortna, Gospel). Ihre Christologie wäre die eines allen Widrigkeiten überlegenen Wundertäters nach der Art des hellenistischen Typs des θεῖος ἀνήρ (vgl. dazu H. D. Betz, Jesus).

Auch für das Markusevangelium ist eine solche Quelle behauptet worden bzw. zwei parallele Quellen, die insbesondere die Wundergeschichten in 4,35—8,26 enthalten hätten (vgl. J. P. Achtemeier, Catenae; zur Literatur: H. W. Kuhn, Sammlungen 27—32). Zwar sind offenbar, wie der Vergleich mit Joh 6 zeigen wird, die Speisung der 5000 und das Seewandeln Jesu Mk 6,32—52 bereits zusammen überliefert worden (s.u. S. 118f), eventuell auch die beiden ineinander verschachtelten Geschichten von der Heilung der am Blutfluß leidenden Frau und der Auferweckung der Tochter des Jairus 5,21—43 (s.u. S. 103). Es fehlen aber alle Anzeichen für eine durchgehende vormarkinische Zusammenstellung der Wundergeschichten von 4,35—8,26 bzw. zweier paralleler Sammlungen von solchen Geschichten in 4,35—5,43 und 6,32—8,26. Mk übernimmt sie zwar alle aus seiner Tradition und hat keine einzige selbst neu entworfen. Sie bilden jedoch nicht als geschlossene Einheit die Tradition, gegen die er sich absetzt. Wohl aber werfen sie für ihn die Frage auf, wer denn Jesus eigentlich war bzw. *ist*. Diese Frage ist jedoch nicht durch die Wundergeschichten aktuell gestellt, sondern durch die in 13,5—37 reflektierte Situation.

Ein auffälliger Zug in einigen Wundergeschichten bei Mk ist schließlich, daß Jesus zu verhindern sucht, daß solche Geschichten verbreitet werden (1,34.44 3,12 5,43 7,36, vielleicht ist auch 8,26 so zu verstehen), während in anderen (vgl. 5,19 gegenüber 8,26) Jesus selbst den Geheilten dazu auffordert. W. Wrede (Messiasgeheimnis) hat diesen Befund so interpretiert, daß Mk damit die „Dogmatik" der Gemeinde nach Ostern (Jesus der Messias) zurückführen wolle auf Jesus selber: der historische Jesus habe sich nicht als Messias verstanden, sei aber von der nachösterlichen Gemeinde als Messias schon zu Lebzeiten gesehen worden, und daher komme die Theorie, daß Jesus verboten habe, das auszusprechen. In diesem Sinne hat auch M. Dibelius (FG 232) das Markusevangelium als „Buch der geheimen Epiphanien" charakterisiert. Dieses Modell erscheint überlieferungsgeschichtlich modifiziert in der These von T. J. Weeden, der es nicht auf das Verhältnis zwischen historischem Jesus und nachösterlichem Glauben bezieht, sondern auf das zwischen Mk und seiner Tradition.

Anhaltspunkt für diese Theorie des „Messiasgeheimnisses" in der einen oder anderen Form ist 9,9, daß nämlich für Mk Jesu Weg nur von seinem Ende her zu begreifen sei, als Weg des leidenden Gerechten, der von Gott ins Recht gesetzt wird in seiner Auferstehung, und daß Jesus nicht schon in seiner irdischen Existenz der Verherrlichte ist, so sehr er auch ἐξουσία besitzt. Wer Jesus ist, ergibt sich in der Tat erst von 16,6 her, wo Jesu eigenes „Geständnis" 14,61f und seine Voraussagen 8,31 9,31 10,33f durch den Engel bestätigt werden.

Der Leser des Markusevangeliums freilich weiß von Anfang an, wer Jesus ist (vgl. 1,11, aber auch schon 1,1). Daß in den Wundergeschichten geschieht, was er sagt, legitimiert ihn als Sohn Gottes (vgl. auch 5,7). So zeigen für Mk auch die Wundergeschichten die ἐξουσία Jesu (1,22.27) und sind nicht allein gegen ihre eigene Intention aufgenommene Fremdkörper, machen aber doch nicht in sich selber deutlich, wer er ist.

4,35–41 Die Stillung des Sturms

[35]Und er sagt zu ihnen an jenem Tage, als es Abend geworden war: „Laßt uns hinüberfahren auf die andere Seite!" [36]Und nachdem sie das Volk entlassen haben, nehmen sie ihn mit, wie er im Boot war, und andere Boote waren dabei. [37]Da kommt ein gewaltiger Sturmwind auf, und die Wellen schlugen ins Boot, so daß das Boot schon vollief. [38]Doch er lag schlafend im Heck auf einem Sitzkissen. Da wecken sie ihn auf und sagen zu ihm: „Lehrer, kümmert es dich nicht, daß wir untergehen?" [39]Da stand er auf, drohte dem Sturm und sagte zum See: „Schweig! Verstumme!" Da legte sich der Sturm, und es trat völlige Windstille ein. [40]Und er sagte zu ihnen: „Warum seid ihr feige? Habt ihr noch nicht Glauben?" [41]Da fürchteten sie sich furchtbar und sagen zueinander: „Wer ist denn dieser, daß ihm sowohl der Sturm als auch der See gehorchen?"

Literatur: E. HILGERT, Symbolismus und Heilsgeschichte in den Evangelien, in: Oikonomia (Fs O. Cullmann), 1967, 51–56. – G. SCHILLE, Die Seesturmerzählung Markus 4,35–41 als Beispiel neutestamentlicher Aktualisierung, ZNW 56 (1965) 30–40.

Nachdem Jesus seine Gleichnisrede (1–34) beendet hat, erfolgt ein Wechsel, räumlich wie thematisch. Erzählt wird eine Geschichte von einem großen Wunder. Diese Art von Geschichten ist zwar nicht neu (vgl. 1,29–31.40–45 2,1–12 3,1–6), und Mk hatte auch bereits summarisch auf Jesu Wundertätigkeit hingewiesen (1,32–34 3,10–12, vgl. auch 3,22ff), ab jetzt jedoch werden die Wundergeschichten breiten Raum einnehmen bis 8,26; sie werden entsprechend ausführlich erzählt und sind nicht nur wie in 2,1–12 und 3,1–6 Anlaß für eine ganz andere Thematik.

Der übliche dreistufige Aufbau von Wundergeschichten findet sich auch in 35–41. Die Notlage entsteht durch einen Sturm (37), und sie wird verstärkt dadurch, daß Jesus schläft (38a), derjenige, von dem man Rettung erwarten könnte. Nachdem seine Jünger ihn geweckt haben, beschwört er den Sturm (39a), der sich auch sofort legt (39b). Die Jünger fassen das Geschehen in einer verwunderten Frage zusammen (41b). Erzählvorbild mag für die Beschreibung des Sturms Jon 1,3ff sein; Seenot ist aber eine so elementare Bedrohung, daß die Geschichte nicht aus einem solchen Vorbild abzuleiten ist, das zudem eine andere Pointe hat.

Die Besonderheit dieser Geschichte liegt in dem das Geschehen überlagernden Dialog zwischen den Jüngern und Jesus (38b.40), der zu Recht für markinisch gehalten wird, da 40 besondere Motive der markinischen Redaktion enthält, vor allem das des Glaubens (vgl. D. A. Koch, Bedeutung 96–98). Dem korrespondiert der Vorwurf der Jünger in 38b, so daß auch dies auf Mk zurückgeht. Redaktionell ist schließlich auch weitgehend die Einleitung 35f, die die Geschichte mit dem Kontext verbindet, wobei natürlich die Geschichte als solche voraussetzt, daß das in Seenot geratene Boot auf dem See ist.

35 knüpft an die Rahmung 1.33f an. In 1 saß Jesus am Uferrand in dem Boot; seine „Lehre" ist mit 33f abgeschlossen, und es ist nun sein Wunsch, über den See zu fahren. **36** Seine Jünger führen den aus. Daß noch mehr Boote da waren, spielt im folgenden keine Rolle, steigert aber die Gefahr, insofern nicht nur Jesus und seine Jünger betroffen sein werden von dem, was nun kommt, sondern auch andere.

37 Unvermittelt wechselt die Erzählung von einem ruhigen Bild zur Schilderung höchster Gefahr, die vorweg konstatiert, dann dramatisch beschrieben wird. **38a** Daß Jesus schläft, gehört vom Geschehensablauf her natürlich vor die Schilderung 37; an dieser Stelle nachgetragen steigert es aber die Spannung durch den Kontrast zwischen der Ruhe Jesu und dem, was um ihn herum vor sich geht. Die Jünger wecken ihn **38b** und machen ihm den Vorwurf, er kümmere sich nicht um ihr Ergehen. Vorausgesetzt ist damit, daß nicht sie, wohl aber er die Not wenden kann.

39a Jesus antwortet darauf nicht direkt, sondern beschwört zunächst den Sturm, wie er in 1,25 Dämonen beschworen hatte. Das Ergebnis **39b** ist die völlige Behebung der gefährlichen Situation; war vorher λαῖλαψ μεγάλη, so ist nun γαλήνη μεγάλη. Erst nach diesem Erweis seiner Macht nimmt Jesus den Vorwurf der Jünger (38b) auf und macht ihnen nur seinerseits **40** den Vorwurf der Feigheit und der mangelnden πίστις (textkritisch ist mit N[26] zu lesen: τί δειλοί ἐστε; οὔπω ἔχετε πίστιν;). Dieses Motiv der πίστις zieht sich durch die Wundergeschichten hindurch (vgl. 2,5 5,34.36 9,23f 10,52) bis hin zu der grundsätzlichen Aussage in 11,22f über die bergeversetzende Kraft des Glaubens, und der Leser wird an dieser Stelle gefragt nach seiner eigenen πίστις. Die Reaktion der Jünger **41a** jedoch ist „Furcht", die angemessene Wirkung freilich von Epiphanien, und sie kleiden ihre Reaktion in eine Frage **41b**, die erneut auch den Leser reagieren läßt: dem Wind und Meer gehorchen, ist an sich nur Gott selber (vgl. Ps 89,10). Jesus aber ist nicht Gott, sondern von Gott als Sohn legitimiert (1,11). So erhält die Geschichte von ihrem Ende her etwas Zweideutiges. Zwar sind Furcht und Bewunderung typische Reaktionen auf solches Geschehen; im Zusammenhang des Markusevangeliums jedoch wäre das von 40 her Glaube, und was wie Bewunderung klingt, zeigt, daß sie nicht wissen, wer Jesus eigentlich ist. Ihre Frage τίς ἄρα οὗτός ἐστιν; wird bis 8,26 immer wieder gestellt werden.

Hatte 1–34 Jesu „Lehre" der Nähe des Reiches Gottes (1,14f) interpretiert als Nähe des Reiches Gottes im Wort Jesu, zeigt diese unmittelbar darauf folgende Geschichte, daß das Reich Gottes in der Tat im Wort Jesu nahe ist; die elementare Störung der Ordnung wird von ihm behoben. Das Medium der Vermittlung des Wortes Jesu ist die πίστις (vgl. 1,15). Die Jünger, damit die Leser, werden angesprochen auf ihren Glauben. Zwar ist von dieser Geschichte noch fernzuhalten die Symbolik des „Schiffs der Kirche", die die mtische Aufnahme bestimmt (Mt 8,23–27), doch ist sie von Mk ausgestaltet worden als Geschichte der Jünger, die die Nähe des Reiches Gottes in Jesu Wort nicht begreifen, obwohl doch ihnen (11) das „Geheimnis des Reiches Gottes" gegeben ist.

Dieses Motiv des Unverständnisses der Jünger nimmt Mk im folgenden gerade im Zusammenhang der Wundergeschichten immer wieder auf (vgl. vor allem 6,52 8,17–21). Dieses erste zeigt wie die folgenden Wunder Jesu ἐξουσία, und dennoch entsteht an ihm die Frage, wer er eigentlich ist. Auch die Wundergeschichten als Teil des Evangeliums zeigen, daß Jesus der ist, der als „Sohn Gottes" (1,11) zwar nicht Gott selber ist, dem Sturm und Meer gehorchen, wohl aber der, der von Gott in seinem Handeln gerechtfertigt wird. Nähe des Reiches Gottes bedeutet auch Behebung elementarer Bedrohung.

5,1–20 Die Dämonenaustreibung bei den Gerasenern

[1]Und sie kamen an die andere Seite des Sees in das Gebiet der Gerasener. [2]Und als er aus dem Boot gestiegen war, kam ihm sofort aus den Gräbern ein Mensch mit einem unreinen Geist entgegen, [3]der seine Wohnung in den Gräbern hatte, und nicht einmal mit einer Kette hatte jemand ihn bisher binden können, [4]weil er schon oft mit Fußfesseln und Ketten gebunden worden war und die Ketten von sich gestreift und die Fußfesseln durchgescheuert hatte, und niemand konnte ihn bändigen. [5]Und die ganze Nacht und den ganzen Tag war er in den Gräbern und in den Bergen am Schreien und sich selbst mit Steinen Schlagen. [6]Und als er Jesus von fern sah, lief er und fiel vor ihm nieder [7]und schreit mit lauter Stimme: „Was ist mit mir und dir, Jesus, Sohn des höchsten Gottes? Ich beschwöre dich bei Gott: Quäle mich nicht!" [8]Er hatte nämlich zu ihm gesagt: „Fahre aus, unreiner Geist, aus dem Menschen!" [9]Und er fragte ihn: „Welchen Namen hast du?" Da sagt er zu ihm: „Legion ist mein Name, denn wir sind viele." [10]Und er bat ihn vielmals, sie nicht aus dem Gebiet fortzuschicken. [11]Es war aber dort am Berghang eine große Schweineherde am Weiden. [12]Da baten sie ihn: „Schick uns in die Schweine, damit wir in sie einfahren!" [13]Und er gestattete es ihnen. Da fuhren die unreinen Geister aus und fuhren in die Schweine, und die Herde stürzte den Abhang hinab in den See, etwa zweitausend, und sie ertranken im See. [14]Da flohen ihre Hirten und meldeten es in die Stadt und in die Gehöfte, und die Leute kamen zu sehen, was das Geschehene war. [15]Und sie kommen zu Jesus und sehen den Besessenen dasitzen, bekleidet und vernünftig, den, der den Legion gehabt hatte, und gerieten in Furcht. [16]Und die, die es gesehen hatten, erzählten ihnen, wie es dem Besessenen ergangen war, und über die Schweine. [17]Da fingen sie an, ihn zu bitten, ihr Gebiet zu verlassen. [18]Und als er in das Boot einstieg, bat ihn der Besessene, mit ihm sein zu dürfen. [19]Aber er ließ ihn nicht, sondern sagt zu ihm: „Geh nach Hause zu den Deinen, und erzähle ihnen, was der Herr dir getan und wie er sich deiner erbarmt hat!" [20]Da ging er hin und fing an, in der Dekapolis zu verkündigen, was Jesus ihm getan hatte, und alle staunten.

Literatur: F. ANNEN, Heil für die Heiden, FTS 20, 1976. – C. H. KRAELING, T. KLAUSER, Art. „Gerasa", RAC X 223–233. – H. SAHLIN, Die Perikope vom gerasenischen Besessenen, StTh 18 (1964) 159–172.

Nachdem der Sturm, der die Überfahrt ans andere Seeufer (4,35) gefährdet hatte, gestillt ist, kommen Jesus und die Jünger nun tatsächlich dort an, und zwar im „Gebiet der Gerasener" (1). Damit beginnt die am breitesten erzählte Wundergeschichte im ganzen Markusevangelium, die Heilung eines dortigen von bösen Geistern Besessenen. Dem dreigliedrigen Aufbau solcher Geschichten entsprechend wird zunächst die aussichtslos scheinende Ausgangslage beschrieben (2–5), dann nach längerer Verzögerung die Befreiung des Kranken von den Dämonen (6–13), und weiterhin recht breit ist schließlich auch die Reaktion verschiedener Gruppen von Betroffenen erzählt, einschließlich der des Geheilten (14–20).

Nicht zu überhören sind in der Geschichte Töne des Burlesken, und deutlich spiegeln sich in ihr auch Züge des Befremdlichen in der Schilderung des Auftretens des Kranken, ja Züge des Fremden am „jenseitigen Ufer", wo es Schweine gibt und Unmengen von Dämonen. So ist die Geschichte deutlich aus jüdischer Perspektive erzählt, behält aber auch für den Leser, der diese Perspektive nicht mehr teilt, ihren komischen Charakter.

Die Breite der Erzählung ist bedingt durch Wiederholungen und retardierende Momente. Zweimal wird der Aufenthalt des Besessenen in Gräbern erwähnt (3.5), zweimal, daß die Dämonen um Schonung bitten (10.12), und zweimal wird Bericht erstattet (14.16). Doch ergeben sich daraus (gegen Pesch I 282f und extrem F. Annen, Heil) keine Anhaltspunkte für eine literarkritische Scheidung verschiedener Stufen eines Wachstums der Geschichte. Sie sind vielmehr durchweg Ausdruck der Lust am Erzählen.

Die markinische Rahmung läßt sich leicht abheben. 1a und 2a verbinden die Geschichte nach rückwärts mit dem Kontext, ebenso 18a nach vorwärts, wo Jesus das Boot zur Rückfahrt an das „diesseitige" Ufer besteigt. Im übrigen nimmt Mk die Geschichte offenbar so auf, wie sie ihm vorlag, ohne z. B. ein Schweigegebot einzufügen; im Gegenteil, der Geheilte soll die Geschichte verbreiten (vgl. 19 gegenüber 8,26). Unter den vielen, die sich ihre Gedanken machen über diese Geschichte (14–20), sind auch nicht die Jünger, deren Verstehen, vielmehr Mißverstehen Mk sonst hervorhebt.

Nur für 8 läßt sich annehmen, daß Mk hier nachträgt, was ihm in der Geschichte fehlt, der ausdrückliche Exorzismus (vgl. ähnliche Nachträge in 3,30 6,17–29 15,7.10 u. ö.). Daß der Exorzismus an dieser Stelle deplaciert sei, kann man freilich nicht behaupten, da nun gerade durch den Nachtrag die Spannung noch gesteigert wird. Vergleicht man diese Geschichte mit der knappen Szene 1,21–28 als der bisher einzigen Geschichte eines Exorzismus (vgl. aber 1,34 3,11f.22–30), so fällt gerade das Fehlen spezieller theologischer Motive auf, andererseits die Lust am Ausschreiben der Geschichte.

Die von Mk aufgenommene Geschichte muß einen Anfang gehabt haben, in dem ihr Ort, ἡ χώρα τῶν Γερασηνῶν, genannt wurde, der dem Hörer bedeutete, daß dies außerhalb Palästinas spielt, dort, wo es Schweine gibt. Im übrigen hat Mk sie nur in 18a mit der Fortsetzung verknüpft, vielleicht in 8 den fehlenden Exorzismus eingefügt. Als isolierte Geschichte erzählt sie, daß Jesu Wirken auch die angrenzenden Gebiete erreicht (vgl. 7,26), ohne daß sie doch das Problem der Heidenmission thematisch aufnimmt; das hier mit den Schweinen angesprochene Thema der Reinheit wird Mk erst in 7,1–23 grundsätzlich aufnehmen.

1 knüpft an den Wunsch Jesu in 4,35 an, der dort nicht weiter begründet war, sondern nur die aus diesem Wunsch entstehende Seenot vorbereitete. Was mit „jenseits des Sees" gemeint war, wird nun erläutert als „Gebiet der Gerasener". Die Stadt Gerasa lag freilich ca. 60 km landeinwärts südöstlich des Sees von Galiläa, und auch das zu ihr gehörende Umland hat nicht bis an den See gereicht. Daher haben Mt (8,28) und ihm folgend Handschriften des Mk geändert in Gadara oder in Gergesa, Orte, die näher am See lagen als Gerasa. Die Ortsangabe hat für Mk aber nur den Sinn einer allgemeinen Orientierung an der nächsten größeren bekannten Stadt; dem Leser kann klar werden, daß Jesus sich nun außerhalb des jüdisch bewohnten Gebietes befindet, in der Dekapolis, wie 20 beim Leser als geographisches Wissen voraussetzt. Damit ist er vorbereitet auf Besonderes, Jesu Begegnung mit Heidentum, nicht mehr wie bisher allein mit jüdischen Verhältnissen.

2 Diese Erwartung wird alsbald erfüllt, denn ein Mensch begegnet Jesus, aus den Grabstätten ihm entgegenkommend und als von einem unreinen Geist Besessener vom

Erzähler eingeführt. Der Erzähler weiß noch mehr über ihn **3—5**: daß er sich an dem schauerlichen Ort der Gräber aufzuhalten pflegte, daß niemand ihn bändigen konnte, was man oft vergeblich versucht habe, daß er Tag und Nacht brüllte und sich selbst mit Steinen schlug, in den Gräbern und auf den Bergen, also abseits der Zivilisation — kurz, ein unheimlicher Mensch.

Um so erstaunlicher verläuft seine Begegnung mit Jesus, die in 2 bereits vorweg genannt war und nun in **6f** ausführlich geschildert wird. Ausgerechnet ein solcher Mensch kommt von weit her zu Jesus gelaufen, fällt ihm zu Füßen und schreit mit lauter Stimme (vgl. 1,23f), aber nicht eigentlich er, sondern der Dämon in ihm, der versucht, Jesus zu beschwören. Die Formel τί ἐμοὶ καὶ σοί, die hier ebenso wie in 1,24 begegnet, mag zwar an 3Reg 17,18 erinnern; wichtiger als eine inhaltlich gar nicht gegebene Beziehung zu dieser Elia-Geschichte ist aber die hier wie dort gleiche Funktion der Formel, nämlich eine Abgrenzung zu versuchen. Wie in 1,24 weiß der Dämon nicht nur Jesu Namen, sondern auch (anders als die Jünger in 4,41!), wer Jesus wirklich ist, „der Sohn des höchsten Gottes", wie Gott selbst ja in 1,11 ihn seinen Sohn genannt hatte (1,11) und wie es auch nach 3,11 die Dämonen geschrien hatten. Bedeutet die Kenntnis des Namens Macht (das Rumpelstilzchen-Motiv), so versucht der Dämon nun seinerseits eine Beschwörung, darin über den Dämon von 1,24 hinausgehend.

An dieser Stelle nun erwartet der Leser einen Exorzismus (vgl. 1,25), und dessen Vorbereitung könnte mit 9 beginnen. Doch Mk schiebt in **8** als rückblickende Bemerkung ein, daß Jesus dem unreinen Geist bereits befohlen hatte auszufahren, bevor dieser überhaupt zu Wort kam. Offenbar fehlte Mk in der Geschichte dieser ausdrückliche Exorzismus; die Geschichte konnte aber durchaus ohne ihn auskommen, da sich der Dämon im fremden Land schon auf Jesu Erscheinen hin ihm unterworfen und ihn um Gnade gebeten hatte, wenn er auch ein letztes Mal ohnmächtig seine Macht zu zeigen versuchte.

Im Unterschied zu dem Dämon, der Jesu Namen weiß, fragt Jesus ihn nach dem seinen **9**, und er gibt ihn preis mit dem lateinischen Wort legio. Das assoziiert beim Leser einmal die große Zahl; nachher in 13 werden es zweitausend Schweine sein, und das ist noch wenig gegenüber der etwa dreifachen Sollstärke römischer Legionen (vgl. A. R. Neumann, KlP III 538—546). Zum andern enthält es natürlich den Klang der militärischen Stärke, die jeder Leser, wo immer er lebte, von den römischen Legionen kannte. (Der Dämon wird aber mit den Legionen verglichen, nicht die Legionen mit Dämonen!) Im Gegensatz zu diesem Gehabe steht **10**, daß der Dämon legio, der vor Jesu Füßen liegt, also längst besiegt ist (6), erneut um Gnade fleht, nämlich im Lande (der Gerasener 1) bleiben zu dürfen.

11 lenkt den Blick auf eine Schweineherde; für jüdische Leser ein Ekel, für jeden anderen Leser wohl ein eher komisches Bild. **12** Der Dämon oder vielmehr die Legion Dämonen sehen hier einen Ausweg, und Jesus gewährt ihnen den **13**. Nun steigert sich die Szene ins Burleske: eine Schweineherde, 2000 Stück, die in Panik einen Steilhang in den See hinabstürzt (vorbereitet durch ὄρος in 11) und dort ersäuft und mit ihr die Legion Dämonen, eine solche Vorstellung muß für jeden Leser komisch sein.

Ist somit der Dämon besiegt, in der von Mk aufgenommenen Geschichte gar ohne eigentlichen Exorzismus, so wird nunmehr ebenso breit die Reaktion auf das Wunder erzählt. **14** Die Schweinehirten fliehen und erzählen, was geschehen ist, in der Stadt (also Gerasa) und auf dem flachen Land. Daraufhin versammeln sich Neugierige am Ort des

Geschehens **15.** Was sie sehen, ist der vormals Besessene, nun anständig gekleidet und vernünftig wirkend, und was sie hören **16,** ist noch einmal die ganze Geschichte, ohne daß sie der Erzähler wiederholt. Ihre Furcht (15) äußert sich in ihrer Bitte **17,** Jesus möge ihre Gegend verlassen, während die Dämonen ja den Wunsch gehabt hatten (10), dort zu bleiben. Das „Gebiet der Gerasener" bleibt also das fremde Land, das Land von Dämonen und Schweinen, denn Jesus steigt wieder in das Boot **18a,** um zurückzukehren an das „diesseitige" Ufer der Erzählperspektive.

Der Geheilte freilich bittet ihn **18b,** „mit ihm sein" zu dürfen, wie es nach 3,14 die Zwölf sind, die auch hier Jesus begleiten (1), ohne daß sie in der Geschichte selber eine Rolle spielen. **19** Jesus läßt ihn jedoch zurück und schickt ihn nach Hause, dort zu verkündigen, was Gott (κύριος ist bei Mk Gott selber, abgesehen von wenigen Stellen, an denen Jesus als κύριος bezeichnet wird, freilich nicht in einem titularen Sinn, sondern zur Bezeichnung seiner Vollmacht; vgl. 2,28 7,28 11,3 12,37) ihm getan hat und wie er sich seiner erbarmt hat. So bleibt in diesem redaktionellen Abschluß das Gebiet der Gerasener doch nicht bloß die Gegend der Schweine und Dämonen; auch hier wird vielmehr Gottes Erbarmen verkündigt.

Ist **20** der Abschluß der Geschichte, so schließt für Mk das, was Jesus getan hat, auch die Interpretation des Geschehens durch Jesus selber in 19b ein; auch die Dekapolis jenseits des Sees ist zumindest ansatzweise erreicht von Gottes Barmherzigkeit. Δεκάπολις (αἱ ἐν τῇ Συρίᾳ δέκα πόλεις, Josephus, vita 342f) bezeichnet eine Konföderation hellenistischer Städte östlich des Jordan, der Pompejus bei seiner Neuordnung der Verhältnisse in Palästina 67 v. Chr. im Rahmen der neu geschaffenen Provinz Syria relative Autonomie gegeben hatte; zuvor gehörten sie zu den hasmonäischen Eroberungen (vgl. K. Niederwimmer, KlP I 1436f).

Nach Jesu Macht über Naturgewalten (4,35—41) zeigt diese Geschichte, darin über bisherige Dämonenaustreibungen hinausgehend, seine Macht auch über Dämonen bei den Heiden. Im Kontext verankert durch das in 3,9 eher beiläufig eingeführte Bötchen und die dadurch ermöglichten Fahrten hin und her auf dem See von Galiläa, zeigt sie dem Leser Jesu ἐξουσία, die auch von den Dämonen, so vielen und außerhalb des eigentlichen Wirkungsbereichs, anerkannt werden muß. In der von Mk aufgenommenen Geschichte geschieht das ohne einen Exorzismus; Mk trägt jedoch in 8 einen solchen ein, denn diese Geschichten erzählen ja nicht allein von Jesu Wirken damals, sondern sind auch Mustergeschichten dafür, wie man mit Dämonen umgehen soll (vgl. M. Dibelius, FG 84); auch die Jünger sollen ja die ἐξουσία haben, Dämonen auszutreiben (3,15 6,7.13). Nähe des Reiches Gottes bedeutet Aufhebung der Leben mindernden Faktoren, zu denen die Besessenheit gehört.

Vielleicht gibt es schließlich zur Zeit des Mk auch christliche Gemeinden dort in der Dekapolis; darauf könnte die Erwähnung einer ansatzweisen Verkündigung in 19f deuten. Sie hat jedoch keine Spuren hinterlassen, weder bei Mk (vgl. 7,31) noch sonst im NT.

5,21—43 Heilung der an Blutfluß leidenden Frau und Auferweckung der Tochter des Jairus

²¹Und als Jesus in dem Boot wieder auf die andere Seite übergesetzt war, versammelten sich viele Leute bei ihm, und er war am See. ²²Da kommt zu ihm einer von den Synagogenvorstehern mit Namen Jairus und sieht ihn und fällt ihm zu Füßen ²³und bittet ihn vielmals: „Mit meinem Töchterchen geht es zu Ende. Komm, und leg ihr die Hände auf, damit sie geheilt wird und am Leben bleibt." ²⁴Da ging er mit ihm fort, und es folgten ihm viele Leute, und die umdrängten ihn. ²⁵Und eine Frau, die seit zwölf Jahren an Blutungen litt ²⁶und vieles erlitten hatte von vielen Ärzten und dafür alles, was sie besaß, ausgegeben hatte und keinen Nutzen davon gehabt hatte, sondern immer mehr ins Unglück geraten war, ²⁷die hatte über Jesus gehört und war in der Menge gekommen und hatte seinen Mantel von hinten berührt. ²⁸Sie hatte (sich) nämlich gesagt: „Wenn ich auch nur seinen Mantel berühre, werde ich geheilt werden." ²⁹Und sofort war die Quelle ihrer Blutungen versiegt, und sie hatte an ihrem Körper erkannt, daß sie von der Plage geheilt war. ³⁰Da erkannte Jesus sofort bei sich, daß eine Kraft aus ihm ausgefahren war, und wandte sich in der Menge um und sagte: „Wer hat meinen Mantel berührt?" ³¹Da sagten seine Jünger zu ihm: „Du siehst das Volk, das dich umdrängt, und da sagst du: ‚Wer hat mich berührt?'" ³²Und er schaute sich um, um die zu sehen, die es getan hatte. ³³Die Frau aber kam mit Furcht und Zittern, wissend, was ihr geschehen war, fiel vor ihm nieder und sagte ihm die ganze Wahrheit. ³⁴Er aber sagte zu ihr: „Tochter, dein Glaube hat dich geheilt. Geh hin in Frieden, und sei gesund von deiner Plage!" ³⁵Als er noch spricht, kommen Leute vom Synagogenvorsteher und sagen: „Deine Tochter ist gestorben. Was belästigst du noch den Lehrer?" ³⁶Jesus aber überhörte das Wort, das geredet worden war, und sagt zu dem Synagogenvorsteher: „Fürchte dich nicht, glaube nur!" ³⁷Und er ließ niemand ihm folgen außer Petrus und Jakobus und Johannes, den Bruder des Jakobus. ³⁸Da kommen sie in das Haus des Synagogenvorstehers, und er sieht ein Gewimmel und die laut Weinenden und Klagenden ³⁹und geht hinein und sagt zu ihnen: „Warum regt ihr euch auf und weint? Das Kind ist nicht gestorben, sondern schläft." ⁴⁰Da lachten sie ihn aus. Er aber trieb alle hinaus und nimmt den Vater des Kindes und die Mutter und die bei ihm mit und geht dorthin, wo das Kind war. ⁴¹Da faßt er die Hand des Kindes und sagt zu ihr: „Talitha kum", das heißt übersetzt: „Mädchen, ich sage dir, steh auf!" ⁴²Da stand das Mädchen sofort auf und ging umher; es war nämlich zwölf Jahre alt. Da entsetzten sich sofort alle entsetzlich. ⁴³Und er befahl ihnen vielmals, niemand dürfe dies wissen, und sagte, ihr solle zu essen gegeben werden.

Die mit 18a begonnene Rückfahrt über den See bringt Jesus wieder an das „gegenüberliegende Ufer", aus dem Heidenland ins jüdische. Es beginnt eine Wundergeschichte, wie üblich mit der Schilderung der Notlage einsetzend (22.23b), hier verbunden mit der direkten Bitte um Hilfe, der Jesus auch entspricht, indem er mit dem Bittsteller geht (24). An dieser Stelle wird diese Geschichte durch eine zweite Wundergeschichte (25—34) unterbrochen und erst in 35—43 fortgesetzt. 25f referieren den neuen Fall, 27—29 die Heilung, unwillentlich herbeigeführt; es kann nicht eine öffentliche Bewunderung der Heilung erfolgen, da diese im Verborgenen geblieben ist. An ihrer Stelle steht das Gespräch Jesu mit der geheilten Frau (30—34), das Jesu ἐξουσία zeigt, zugleich auf die πίστις der Geheilten abhebt.

Danach wird die erste Wundergeschichte wieder aufgenommen, deren in 23 geschilderter Fall sich inzwischen tödlich entwickelt hat (35). Jesus geht trotzdem zu der Kranken (36—40) und erweckt sie wieder zum Leben (41.42a). Die Reaktion der Anwesenden ist Staunen (42b). Die Geschichte schließt mit Jesu Verbot, die Geschichte zu verbreiten, und dem Befehl, dem wieder lebendigen Mädchen zu essen zu geben.

Die markinische Redaktion ist zunächst in der Verknüpfung mit dem Kontext in 21 zu sehen; nach vorne geschieht die Verknüpfung in 6,1. Weiter geht sicherlich 37 auf Mk zurück, da die hier erwähnten drei Jünger das Evangelium hindurch eine besondere Rolle spielen; μετ' αὐτοῦ in 40 setzt 37 voraus, ist also ebenfalls redaktionell. Redaktionell ist schließlich auch das Verbot 43a, das Mk ähnlich auch an anderen Stellen einfügt (vgl. 7,36 9,9). Zu erwägen ist, ob Mk nicht auch die Rückblende 28 geschaffen hat.

Insbesondere aber stellt sich die Frage, ob nicht Mk auch erst beide Wundergeschichten ineinander gefügt hat. Zwar sind mögliche Motive dafür (Steigerung der Spannung, Betonung des Glaubens) auch auf jeder anderen Überlieferungsstufe denkbar. D. A. Koch (Bedeutung 138f) weist aber darauf hin, daß die beiden Geschichten weder inhaltlich noch sprachlich aneinander angeglichen sind und daß Verschachtelung von Einzelszenen auch sonst typisch ist für Mk. Als Ganzes weist 21—43 auf die Weiterführung nicht nur in 6,2.5 (so Koch, ebd. 152f), sondern auch auf 6,14.

21 Jesus kehrt mit dem Boot (vgl. 3,9) wieder dorthin zurück, von wo aus er ans andere Ufer gefahren war (4,35). Dort ist erneut eine große Menge (vgl. 4,1), und erneut ist er am See (4,1); insgesamt ergibt sich also ein dem Leser inzwischen vertrautes Bild, das Mk mit spärlichen Mitteln geschaffen hat. Die Geschichte kommt in Gang mit dem Auftreten eines Mannes **22a**, der als ein Synagogenvorsteher (εἷς bezeichnet die Zugehörigkeit zu einer Gruppe, vgl. 35.38), dazu mit seinem Namen Jairus eingeführt wird (ein üblicher jüdischer Name יאיר Num 32,51 u.ö., bei Mk mit griechischer Endung). Beides macht dem Leser klar, daß Jesus wieder auf der jüdischen Seite des Sees ist, obwohl es den Titel ἀρχισυνάγωγος auch außerhalb des Judentums gibt (vgl. W. Schrage, ThWNT VII 842). Auf jeden Fall kann der Leser jüdische ἀρχισυνάγωγοι auch außerhalb Palästinas kennen (vgl. im NT Apg 13,15 18,8.17).

Nach dem Meer (4,35—41) und den heidnischen Dämonen (5,1—20) anerkennt auch dieser Mann durch seinen Kniefall Jesu Macht **22b**. **23** Seine Bitte um Hilfe ist in wörtlicher Rede vorgetragen; der erste ἵνα-Satz vertritt einen Imperativ (BDR § 387.2b), ist vom Sinn her von παρακαλεῖ abhängig. Die kleine Tochter des Jairus ist todkrank, und er bittet Jesus, ihr die Hand aufzulegen. So hatte Jesus schon in 1,41 einen Kranken geheilt, und der Leser kann sich in diesem Moment vorstellen, wie es weitergehen wird: Jesus geht hin, legt ihr die Hand auf, und sie ist wieder gesund.

Diese Erwartung wird mit **24** zunächst auch erfüllt, denn Jesus macht sich tatsächlich auf den Weg, die große Menschenmenge (vgl. 21) hinterher, ein Gedränge entsteht. Mit diesem Abschluß von 24 ist aber unmerklich bereits die Unterbrechung der erwarteten Geschichte vorbereitet. Es tritt eine Verzögerung ein durch eine Frau, die sich das Gedränge zunutze macht.

Sie wird in **25** eingeführt als seit zwölf Jahren an ständigen Menstruationsblutungen leidend. Die Beschreibung ihrer Krankheit hier und im folgenden ist bestimmt durch die Terminologie von Lev 12 15,19–33, ohne daß der Gesichtspunkt der Reinheit für die Geschichte eine Rolle spielt. Ihren Leidensweg beschreibt **26** mit der im NT einmaligen aggressiven Kritik an Ärzten, die nichts können und ihre Patient(inn)en ausnehmen. Es gab in der Tat in der damaligen Zeit einen hoch entwickelten Ärztestand, für den seinerseits Wundertäter nur Scharlatane waren (vgl. D. Lührmann, Arzt). Die Bemerkung 26 gibt also einen Seitenblick auf das Konkurrenzverhältnis von Wunder und Medizin, wobei der Erzähler offenbar ein Einverständnis mit seinen Lesern voraussetzt (vgl. von medizinischer Seite Beilage 4).

Weiterhin im Partizipialstil **27** wird diese Frau vorgestellt als eine, die von Jesus gehört hatte (vgl. 3,8) und deshalb verdeckt in der Menge ihn an seinem Gewand berührt hatte. **28** Der Erzähler erklärt das mit einer Überlegung der Frau, die dem Leser 3,10 in Erinnerung ruft. Der Erfolg ist sofort eingetreten **29**, verborgen freilich, bedingt durch die Art der Krankheit, deren Heilung ja nicht öffentlich demonstriert werden kann.

Anstelle der Heilung eines todkranken Mädchens, die der Leser nach 22–24 erwartet, wird also zunächst die Heilung einer erwachsenen Frau berichtet. Der Leser ist darauf in 21 und 24b durch die Erwähnung der Menschenmenge vorbereitet worden; überrascht wird er damit, daß Jesus nicht nur durch Handauflegen heilen kann, wie der Vater erwartet (23), sondern tatsächlich das bloße Berühren seines Gewandes ausreicht (vgl. 3,10), und das in einem Fall, in dem alle Ärzte versagt hatten.

Die nächste Frage ist folgerichtig die, wie sich das erklärt. Sie wird in **30** vorbereitet mit der referierten Beobachtung Jesu, daß eine δύναμις aus ihm herausgegangen sei. Erneut ist damit seine ἐξουσία hervorgehoben, in seinem Wissen (vgl. 2,8 u.ö.), vor allem aber in eben dieser δύναμις. Er fragt, wer sein Gewand berührt habe. **31** Die Jünger weisen ihn verständlicherweise auf das Gedränge hin, in dem man das gar nicht feststellen könne. **32** Jesus hält jedoch Ausschau nach derjenigen, die das getan hat (die Femininform ergibt sich aus der Geschichte, unterstreicht aber doch das selbstverständliche Wissen Jesu).

33 Die Frau, die mit Furcht und Zittern auf ihre Heilung reagiert, also als Betroffene so wie sonst die Zuschauer (vgl. 15), fällt vor ihm nieder und erzählt ihre ganze im Verborgenen gebliebene Geschichte, bestätigt damit auch öffentlich das Wunder. Jesus spricht sie an **34** und nennt als Grund ihrer Heilung ihre πίστις. Πίστις ist wie im Wort vom „bergeversetzenden" Glauben (11,23) das Vertrauen, daß es entgegen allem Augenschein in ausweglos scheinender Lage doch Heil gibt (vgl. 4,40); Aufhebung von Lebensminderung bedeutet auch hier Nähe des Reiches Gottes. Jesus entläßt sie mit dem Friedensgruß und sichert ihr dauerhafte Heilung zu (zu μάστιξ vgl. 29 und 3,10).

35 Damit ist zwar diese Geschichte abgeschlossen; in Erinnerung kommt aber die in 25 unterbrochene erste Geschichte, die jedenfalls nach Meinung der Boten gar nicht wieder aufgenommen werden muß, denn inzwischen ist das todkranke Mädchen gestorben. **36** Jesus aber setzt die Geschichte dennoch fort; er überhört das Gesagte und fordert den Vater auf zu glauben, und was der Glaube vermag, hatte sich ja gerade eben gezeigt.

37 Jesus läßt die Menge zurück und nimmt nur Petrus, Jakobus und Johannes mit sich, zusammen mit Petrus' Bruder Andreas die zuerst berufenen Jünger (1,16–20), die auch in der Zwölferliste 3,16–19 zuerst genannt waren; diese drei oder vier werden auch im folgenden (vgl. 9,2 13,3 14,33) Jesus begleiten an besonderen Höhepunkten der Geschichte. Das läßt darauf schließen, daß Mk sie hier eingeführt hat; er vergißt dabei, die Eltern des Kindes zu erwähnen, die in 40 selbstverständlich als anwesend vorausgesetzt werden.

38 Sie kommen in das Haus und treffen auf das übliche Trauerzeremoniell. Jesus bestreitet jedoch **39**, daß es dafür einen Grund gebe, denn das Mädchen sei nicht gestorben, sondern schlafe nur. **40** Die Reaktion darauf ist Gelächter, ein starker Kontrast zur Situation nicht nur der Klage, sondern auch des Todes überhaupt. Er aber bricht das Trauerzeremoniell ab, indem er die Anwesenden hinauswirft und mit den Eltern und den drei Jüngern dorthin geht, wo das Mädchen ist.

41 Jesus faßt das Mädchen an der Hand (vgl. 1,31) und spricht zu ihr in einer dem Leser fremden Sprache. Mag solcher ῥῆσις βαρβαρική aus griechischer Sicht Wunderkraft zukommen, so wird sie hier doch, und zwar sprachlich korrekt, gleich übersetzt. Jesus hat nichts anderes gesagt, als in seiner Sprache dem Mädchen den Befehl gegeben aufzustehen. Ταλιθα ist Transkription von aram. טליתא, κουμ von aram. קום (קומי wäre der in vielen Handschriften verbesserte korrektere imper. fem., vgl. J. Jeremias, Theologie 16 Anm. 13). **42a** Das Mädchen steht tatsächlich auf und läuft umher. Der nachträgliche Verweis auf ihr Alter (vgl. die zwölf Jahre in 25) kann nur den Sinn haben, daß das mit den Diminutiven κοράσιον (41) bzw. θυγάτριον (23) bezeichnete Kind durchaus im lauffähigen Alter ist. Die Reaktion auf das Wunder **42b** ist wie üblich Staunen (vgl. 1,27 4,41 5,20).

43a Jesus befiehlt jedoch, so fügt Mk ein, diese Geschichte nicht zu verbreiten, für den Leser eine merkwürdige Anordnung, sind doch die von Jesus Hinausgeworfenen (40) noch draußen und erst recht die Menschenmenge, die er zurückgelassen hatte (37), und diese alle warten selbstverständlich auf Auskunft. Auch der Leser selbst, der diese Geschichte liest, kann sie ja nur kennen, wenn sie trotz Jesu Befehl verbreitet worden ist. Der Einschub zeigt, daß Jesu Geschichte nicht aufgehen soll in den Einzelepisoden, sondern als ganze gesehen werden muß. Der, der hier eine Tote ins Leben zurückholt, ist der, von dem am Ende (16,6) der Engel im Grab sagen wird, daß er nicht bei den Toten sei; daß die Frauen das dort nicht weitersagen, ist eine Verkennung der neuen Situation. Daß Jesus schließlich auch befiehlt **43b**, dem Mädchen etwas zu essen zu geben, demonstriert nur ihre Rückkehr ins Leben, löst aber auch die Spannung durch die Rückkehr zum Alltäglichen.

Die Aufeinanderfolge der Geschichten seit 4,35, miteinander an sich nur locker verknüpft durch das Motiv der Bootfahrten, zeigt eine Steigerung in der Darstellung der Vollmacht Jesu. Ausgeführt ist, was in der summarischen Beschreibung 3,10–12 bereits behauptet war, gesteigert aber nun durch die Herrschaft auch über Naturgewalten (4,35–41), durch das Wirken (gegenüber 3,7) auch im heidnischen Land (5,1–20) und schließlich durch die Überwindung auch des Todes.

Diese letzte Geschichte ist besonders dramatisch gestaltet, weil die δύναμις Jesu, die sich schon in der Heilung der Frau gezeigt hatte, gerade durch die so entstandene Verzögerung ausgedehnt wird auf den Bereich des Todes, der Grenze des Lebens wie der Krankheit. Belegt ist damit Jesu ἐξουσία (1,22.27); eine Steigerung darüber hinaus kann es zunächst nicht geben, und die weiteren Geschichten werden daher erst einmal nicht weitere Wundergeschichten sein, vielmehr folgt im direkten Kontrast dazu zunächst eine Geschichte, die Grenzen der ἐξουσία Jesu zeigt (6,1–6a).

6,1—6a Jesus in Nazareth

¹Und er ging von dort weg und kommt in seine Heimatstadt, und seine Jünger folgen ihm. ²Und als es Sabbat geworden war, fing er an zu lehren in der Synagoge. Da erregten sich viele Zuhörer und sagten: „Woher hat dieser dies? Und was ist das für eine Weisheit, die diesem gegeben ist, und derartige Wunder, die durch seine Hände geschehen? ³Ist dieser nicht der Zimmermann, der Sohn der Maria und Bruder von Jakobus und Joses und Judas und Simon? Und sind nicht auch seine Schwestern hier bei uns?" Und sie ärgerten sich über ihn. ⁴Da sagte Jesus zu ihnen: „Ein Prophet ist nirgends ungeehrt außer in seiner Heimatstadt und bei seinen Verwandten und in seinem Haus." ⁵Und er konnte dort kein einziges Wunder tun, außer daß er wenigen Kranken die Hände auflegte und sie heilte. ⁶Und er staunte wegen ihres Unglaubens.

Literatur: R. A. BATEY, „Is not this the Carpenter?", NTS 30 (1984) 249—258. — E. GRÄSSER, Jesus in Nazareth, NTS 16 (1969/70) 1—23. — DERS., Jesus in Nazareth, in: W. ELTESTER (Hg.), Jesus in Nazareth, BZNW 40, 1972, 1—37.

Die formgeschichtliche Bestimmung dieser Geschichte hat offenbar zwei Möglichkeiten (D. A. Koch, Bedeutung 150). Nach der einen handelt es sich um eine „ideale Szene" (R. Bultmann, GST 30f), entwickelt aus dem Logion 4. Nach der anderen ist 4 sekundär in eine ursprüngliche Geschichte eingefügt, die vom erfolglosen Auftreten Jesu in Nazareth erzählte (Gnilka I 229), also gerade 5a und 6a enthielt, die bei der ersten Möglichkeit als sekundär gelten müssen; zur Struktur eines Apophthegmas gehört ja, daß das Jesuswort, in diesem Falle also 4, Höhepunkt und zugleich Schluß der Geschichte ist (vgl. die Apophthegmata in 2,1—3,6). Daraus wird deutlich, daß auch der Akzent der markinischen Redaktion jeweils verschieden bestimmt werden muß. In jedem Fall liegen jedoch die markinische Aufnahme und die Intention der aufgenommenen Überlieferung sehr nahe beieinander (D. A. Koch, Bedeutung 147).

Redaktionell sind zunächst die Überleitung 1a und wohl auch die Erwähnung der Jünger 1b, die im folgenden keine Rolle spielen. So bleibt als Einleitung der von Mk aufgenommenen Geschichte καὶ ἔρχεται (Ἰησοῦς) εἰς τὴν πατρίδα αὐτοῦ, wobei das Stichwort πατρίς vorausweist auf das Logion 4. 2a zeigt das für Mk typische Motiv des Lehrens Jesu und erinnert den Leser an Jesu Auftreten in Kapharnaum (1,21—28), ebenso zunächst die Reaktion der Hörer in 2b, zu der auch noch 3 passen könnte, wenn das ganze nicht durch den Schluß von 3 und vor allem durch 4 in eine völlig entgegengesetzte Beleuchtung käme. Auf Mk geht aber jedenfalls die Erwähnung der Wunder am Schluß von 2 zurück, die nicht direkt durch die vorgestellte Szene begründet ist.

4 ist im Kern traditionell, wie die von Mk unabhängige Parallele Joh 4,44 zeigt; die Erweiterung bei Mk erklärt sich aus dem Kontext. 5a.6a ist die Pointe der Geschichte, die aber mit dem Stichwort ἀπιστία (vgl. dagegen 5,34.36 9,23f 11,23) wieder ein für Mk typisches Motiv enthält. 5b, scheinbar eine Abschwächung gegenüber 5a, hält jedoch fest, daß Jesu ἐξουσία als solche (vgl. 3,10) nicht in Frage steht.

Als eindeutig traditionell ist also nur das Logion 4 zu bestimmen; alles andere entspricht so sehr der markinischen Redaktion, daß eine weitergehende Scheidung von Tradition und Redaktion nicht möglich erscheint. Vor allem ist die Geschichte auch in den übergreifenden Beziehungen zu 3,21.31−35 4,41 6,14−16 und 8,27ff zu sehen. Vielleicht hat Mk lediglich das Logion 4 als Jesuswort übernommen, eventuell mit einer kleinen Rahmung.

1 Jesus verläßt den Bereich des Sees von Galiläa, an dem er sich zuletzt aufgehalten hatte, und geht in seinen Heimatort. Daß das Nazareth in Galiläa ist, weiß der Leser aus 1,9 (vgl. 1,24 10,47 14,67 16,6). Nazareth war zu der Zeit ein unbedeutender kleiner Gebirgsort, der bei Josephus nirgends erwähnt wird, obwohl der Galiläa ja gut kannte. Mit πατρίς statt einer konkreten Ortsangabe wird Jesu Ausspruch 4 vorbereitet. Kennt der Leser 4 als geflügeltes Wort, mag er wissen, was kommen wird; kennt er es nicht, wird er bei 4 nicht erst eine Beziehung herstellen müssen. Jesu Jünger begleiten ihn weiterhin, obwohl sie seit 5,1 und auch hier keine Rolle spielen. Wie Jesus es in Kapharnaum getan hatte (1,21, vgl. 1,39), beginnt er auch in Nazareth, am Sabbat in der Synagoge zu lehren **2a**, also mit ἐξουσία (1,22.27), und Inhalt seiner Lehre ist weiterhin, was Mk in 1,14f als seine Verkündigung des Evangeliums Gottes in Galiläa vorausgestellt hatte: die Nähe des Reiches Gottes.

So scheint auch die Reaktion der Hörer **2b** zunächst keine andere als damals in Kapharnaum (1,22), und sie fassen ihr Erstaunen in die zwei Fragen nach seiner Lehre und seinen Wundern, die auch dort zusammengehörten (1,21−28). Daß anstelle von ἐξουσία (1,27) nun σοφία steht, ist damit begründet, daß die Geschichte anders weitergeht als damals in Kapharnaum, gerade nicht zu seiner Anerkennung führt; das Stichwort δυνάμεις erinnert an 5,30, wird hier und 5.14 aber zur Bezeichnung für Wundertaten überhaupt (textkritisch ist mit N²⁶ der immerhin von ℵ* und B bezeugten Lesart der Vorzug zu geben, die beide Fragen πόθεν unterstellt).

Entspricht 2b scheinbar noch der Jesus sonst entgegenschlagenden Bewunderung, so stellt **3** diese in Frage, eindeutig durch die referierende Bemerkung des Erzählers am Schluß. Man meint Jesus zu kennen, nämlich nach seinem Beruf und seiner Herkunft. Er ist, so ist zu betonen, „nur" ein τέκτων, ein Handwerker also, der mit dem Hausbau zu tun hat, demnach keiner, von dem man σοφία erwarten kann (vgl. Sir 38,27: οὕτως πᾶς τέκτων als einer der vielen Handwerker, von denen das Idealbild des Weisheit lehrenden γραμματεύς Sir 38,24−39,11 abgehoben wird). Seine Verwandten leben im selben Ort; genannt werden seine Mutter (sein Vater wird bei Mk nirgends erwähnt), mit Namen seine Brüder, ohne Namen seine Schwestern (illustrativ zum dogmatischen Problem der Geschwister Jesu: Pesch, Nachtrag zur 3. Aufl. von Mk I, 1980, 453−462), und der Leser weiß aus 3,21, daß die selber ihn für verrückt hielten, und aus 3,32−35, daß Jesus Verwandtschaft neu definiert hatte (vgl. auch 10,29f). Die Reaktion in der Synagoge von Nazareth ist nicht wie in Kapharnaum Anerkennung, sondern Ablehnung.

Jesus reagiert darauf mit dem Satz, daß es Propheten in ihrer Heimat nie anders ergehe **4**, der in ähnlicher Weise auch Joh 4,44 begegnet. Auf den Kontext bezogen ist die Erweiterung bei Mk auf die Verwandten und das Haus im Sinne von „Familie". Es handelt sich um ein Sprichwort, das z. B. für Philosophen zu belegen ist, die hier in der Welt des Mk durch den Propheten ersetzt werden (ebenso Joh 4,44; POx 1,6 = ThEv 31 stellt parallel dazu das Schicksal des Arztes).

5.6a erzählen daraufhin, daß Jesus in Nazareth keine δύναμις tat (anders 1,23−27 in Kapharnaum), dennoch seine ἐξουσία nicht verlor, aber eben nur „kleine" Wunder vollbrachte (vgl. 13b). Statt des θαυμάζειν der Leute nach einem Wunder (vgl. 5,20) wundert er sich selbst, und der Schlüssel für das ganze, so der Erzähler, liegt in der ἀπιστία derer, die ihn hier ablehnen. Erinnert wird damit an den Zusammenhang von Wunder und Glaube (vgl. 4,40 5,34.36).

Auf die „großen" Wunder in 4,35–5,43 folgt also mit 6,1–6a eine Geschichte von der Grenze des Wunders. Dieses wird damit erneut an die πίστις gebunden. Eine Gegengeschichte dazu wird 9,14–29 sein. Historische Erinnerung an einen Mißerfolg Jesu in Nazareth mag darin erhalten sein; für Mk jedoch schiebt sich mehr und mehr die Frage in den Vordergrund, die in 4,41b seine Jünger gestellt hatten: τίς ἄρα οὗτός ἐστιν; Sie klingt an in der Doppelfrage 2b mit dem πόθεν, wird aber eben nicht richtig beantwortet mit 3: οὐχ οὗτός ἐστιν . . . Jesus ist für Mk vielmehr der, der ἐξουσία besitzt, und das hatten ja gerade die Geschichten in 4,35–5,43 gezeigt, nicht weniger seine Lehre von der Nähe des Reiches Gottes in 4,1–34. Die Frage, wer Jesus eigentlich ist, wird aufgenommen werden in 14f und den ganzen Zusammenhang bis 8,26 bestimmen. Nach den großen Wundern stellt Mk damit auch dem Leser diese Frage als Frage nach dessen πίστις.

6,6b–13 Die Aussendung der Zwölf

⁶ᵇUnd er zog umher durch die Dörfer ringsum und lehrte. ⁷Da ruft er die Zwölf zu sich und fing an, sie zu zweien auszusenden, und gab ihnen Vollmacht über die unreinen Geister ⁸und trug ihnen auf, nichts mit auf den Weg zu nehmen außer allein einen Knüppel, nicht Brot, nicht einen Rucksack, nicht Geld im Gürtel, ⁹sondern Sandalen an den Füßen, und: „Zieht nicht zwei Kleider an!" ¹⁰Und er sagte zu ihnen: „Wo immer ihr in ein Haus hineinkommt, dort bleibt, bis ihr wieder von dort fortgeht. ¹¹Und welche Ortschaft euch nicht aufnimmt und sie nicht auf euch hören, geht weg von dort, und schüttelt den Staub ab, der unter euren Füßen ist, ihnen zum Zeugnis." ¹²Da zogen sie aus und verkündigten, daß man umkehren solle, ¹³und trieben viele Dämonen aus und salbten mit Öl viele Kranke und heilten.

Literatur: M. HENGEL, Nachfolge und Charisma, BZNW 34, 1968. – DERS., Die Ursprünge der christlichen Mission, NTS 18 (1971/72) 15–38. – G. THEISSEN, Wanderradikalismus, ZThK 70 (1973) 245–271.

Die Aussendung der Zwölf in 7 weist zurück auf 3,14f, das fast wörtlich wiederholt wird. Die Ausführung in 12f entspricht 3,14f und 6,7, nimmt jedoch keine Motive aus 8–11 auf, ebensowenig tut das die abschließende Bemerkung 30. Jesu Anweisungen in 8–11 haben eine Parallele in der Q-Überlieferung (vgl. dazu P. Hoffmann, Studien 235–331); Mk hat sie also seiner Tradition entnommen, während die Rahmung in 7.12f.30 auf seine Redaktion zurückgeht.

Mt verbindet in 9,37–10,16 die Q-Überlieferung mit Mk 6,7–11 und 3,13–19 und erweitert die Rede durch Sondergut und anderes Q-Material. Lk übernimmt in 9,1–6 Mk 6,7–13 (und 3,14b.15) mit nur geringen Abweichungen (3: Verbot des Knüppels, keine Erwähnung der Sandalen, Änderungen in 4f), die die Anweisungen angleichen an die Q-Überlieferung (vgl. Mt 10,10.11–13). Dieser folgt Lk in 10,1–12, wo sich über Mk 6,7–13 hinausgehende Gemeinsamkeiten mit Mt 9,37–10,16 finden. Lk motiviert die Dublette durch die unterschiedliche Aussendung der Zwölf in 9,1–6 und von siebzig bzw. zweiundsiebzig (vgl. die Textüberlieferung in Lk 10,1) Jüngern. Letztere Zahl bezeichnet die bekannten Völker überhaupt, die Zwölfzahl in 9,1 deutet dann auf die zwölf Stämme Israels, so daß Völkermission und Israelmission parallelisiert werden. (Vgl. bei Lk auch noch die teilweise Aufhebung dieser Anweisungen in 22,35f).

Die Q-Überlieferung ist im wesentlichen in Lk 10,2—12 zu finden. Sie bietet eine durchgehende direkte Rede Jesu, während bei Mk zunächst der Evangelist erzählt, was Jesus tut, dann in indirekter Rede Jesu Anweisungen referiert (8.9a), in 9b plötzlich in direkte Rede übergehend. 10 leitet mit καὶ ἔλεγεν αὐτοῖς neu direkte Rede Jesu ein.

Gemeinsam ist Q und Mk die Abfolge Ausrüstung der Ausgesandten (Mk 6,8f Lk 10,4/Mt 10,9) und Verhalten während der Aussendung (Mk 6,10f Lk 10,5—11/Mt 10,11—13.7f.14). Q enthält darüber hinaus aber noch eine Begründung der ganzen Aussendung (Lk 10,2/Mt 9,37f), die Aussendung selber in direkter Rede (Lk 10,3/Mt 10,16a); vor allem sind die Anweisungen zum Verhalten erheblich ausführlicher. Hier erscheint in Q auch die Aufforderung, zu verkündigen (Lk 10,9b/Mt 10,7) und Kranke zu heilen (Lk 10,9a/Mt 10,8), die in Mk 6,8—11 fehlt, jedoch im Rahmen 7.12f.30 aufgenommen ist (vgl. 3,14b.15).

Die Q-Überlieferung wirkt demnach im Verhältnis zu Mk glatter (eine durchgehend in direkter Rede gestaltete Anweisung Jesu gegenüber dem Wechsel von Referat, indirekter und direkter Rede bei Mk); andererseits wirkt inhaltlich Mk 6,8f mit der Zulassung von Knüppel (gegen Lk 9,3/Mt 10,10a) und Schuhwerk (gegen Lk 10,4/Mt 10,10a) wie eine „Ermäßigung" der Reisebedingungen von Q, denn zugelassen wird gerade, was in Q nicht erlaubt ist.

Als Hauptdifferenz jedoch ist festzustellen, daß das, was nach Q (Lk 10,9/Mt 10,7) Inhalt der Verkündigung der Jünger sein soll (ἤγγικεν ἡ βασιλεία τοῦ θεοῦ) bei Mk in der Rede selber nicht genannt wird, in den referierenden Rahmenbemerkungen 3,14 6,12.30 aber auch nicht. Dieser Inhalt ist bei Mk vielmehr allein Jesu Verkündigung (1,14f), während in Q die Jünger dasselbe verkündigen und tun, was auch Jesus selber verkündigt und getan hat (Lk 11, 20/Mt 12,28: ἔφθασεν ἐφ' ὑμᾶς ἡ βασιλεία τοῦ θεοῦ, vgl. zu 3,22—30). Im Referat 12 klingt nur die zweite Hälfte von 1,15 an (ἵνα μετανοῶσιν), nicht die erste.

Was zur Zeit des Mk verkündigt wird, ist τὸ εὐαγγέλιον (13,10 14,9), wie es aller Welt verkündigt werden soll. Dieses εὐαγγέλιον (s. o. S. 40f) aber ist τὸ εὐαγγέλιον τοῦ θεοῦ (1,14), das Jesus verkündigt hat und als dessen Verkündiger er Teil dieses Evangeliums ist. In seinem Wort ist das Reich Gottes nahe (1,14f 4,1—34), und nur als Verkündigung von Jesu Wort bedeutet auch die Verkündigung der Jünger Nähe des Reiches Gottes. Mk bindet diese Nähe exklusiv an das Wort Jesu, denn zu viele sind offenbar in Jesu Namen aufgetreten und haben Nähe des Reiches Gottes proklamiert (13,6.21—23).

Gegenüber der Q-Überlieferung bedeutet der Mk-Text also eine Reduktion der Bedeutung der Jünger, die begründet ist in der Situation des Mk wie seiner Leser. Eine „naive" Fortsetzung dessen, was Jesus gesagt und getan hat, wie in Q, ist höchst fragwürdig angesichts einer Situation, in der umstritten ist, was Jesus denn gesagt und getan hat (vgl. 13,1—37). Vor diesem Problem werden erneut Mt und Lk stehen, wenn sie das Markusevangelium noch einmal umschreiben.

Wenn die Mk-Fassung also zunächst als ursprünglicher erscheinen konnte, so zeigt sich, daß gegenüber Q nicht nur die „Ermäßigungen" bei Knüppel und Schuhwerk auf eine spätere Zeit schließen lassen, sondern daß in der Rede eine Rücknahme in der

Überlieferung angelegter Elemente zu finden ist. Mk übernimmt die Aussendungsrede, modifiziert dabei die Art und Weise des Auftretens der Missionare, schweigt jedoch über den Inhalt ihrer Verkündigung. Er bildet mit 6b.7 und 12f.(30) einen redaktionellen Rahmen unter Rückgriff auf 3,14f, bearbeitet aber auch das Traditionsstück 8—11 redaktionell.

Mt folgt der Tendenz des Mk auf seine Weise, wenn er die Verkündigung der urchristlichen Missionare bindet an das, was Jesus geboten hat (28,20a). Lk widerruft die Bedingungen der Aussendungsreden teilweise in 22,35f und nennt in Apg 1,8 als neue Funktion der Apostel, seine Zeugen zu sein, deren Verkündigung in ihren Reden wie in den summarischen Zusammenfassungen der Apg nicht eine einfache Wiederholung der Verkündigung Jesu ist. Mt und Lk unterscheiden damit ausdrücklich zwischen der Zeit des irdischen Jesu und der nachösterlichen Zeit. Ansatzweise tut das auch Mk mit seiner Bestimmung von εὐαγγέλιον, aber doch nur ansatzweise z. B. durch das Auslassen eines Verkündigungsinhalts in der Aussendungsrede.

6b Nach der Episode in Nazareth (1—6a) setzt Mk die Geschichte Jesu fort mit einer Notiz über das typische „Lehren" Jesu (vgl. 1,21f 2,13 4,1f 6,2) in der Umgebung. Erneut ist dabei kein spezieller Inhalt genannt; dem Leser kommen in Erinnerung das Motiv der ἐξουσία Jesu (1,22.27) und der Inhalt seiner Verkündigung in Galiläa (1,14f 4,1—34), die Nähe des Reiches Gottes in seinem Wort.

7 rekapituliert 3,13—15, im Wortlaut nur leicht variiert. Was dort als Intention Jesu genannt worden war (die ἵνα-Sätze 3,15), wird nun in die Tat umgesetzt (ἤρξατο). Die Zwölf waren zwischendurch ausdrücklich nur in 4,10 erwähnt worden, und zwar als solche, denen das Geheimnis der βασιλεία τοῦ θεοῦ gegeben ist, die Jünger jedoch (οἱ μαθηταί) erschienen immer wieder als Begleiter Jesu (zuletzt 1). Die Aussendung zu zweit (vulgärgriechisch δύο δύο, BDR § 248,1) entspricht offenbar urchristlicher Missionspraxis (vgl. z. B. Apg 13,2). Gegenüber 3,13—15 fehlt natürlich die Funktion der Jünger, μετ' αὐτοῦ zu sein; das waren sie ja bisher (ausdrücklich μετ' αὐτοῦ 5,37.40), jetzt werden sie ausgesandt. Auch der dort erste Zweck der Aussendung, nämlich zu verkündigen, braucht hier noch nicht wiederholt zu werden; wichtig sind dagegen zunächst die Art und Weise der Aussendung (zu zweit) und die dort angekündigte, nun erfolgende tatsächliche Verleihung der ἐξουσία über die unreinen Geister (1,23.26f 3,11.30 5,2.8.13) bzw. Dämonen (1,34.39 3,15.22). Die Umsetzung dieser ἐξουσία ist ἐκβάλλειν τὰ δαιμόνια.

Neu gegenüber 3,13—15 ist die Regelung der Art und Weise ihres Auftretens (8—11) als Anweisung Jesu selber (παρήγγειλεν). **8f** bestimmen ihre Ausrüstung. Auffällig ist, daß die Reihe der Verbote mit einer Ausnahme beginnt, dem Zugeständnis des in Q (Lk 9,3/Mt 10,10) verbotenen ῥάβδος; das ist nicht ein „Wanderstab", sondern ein handfester „Knüppel", mit dem man sich unterwegs gegen Tiere und Menschen wehren kann. Das Verbot des ἄρτος, also jeglichen Reiseproviants, findet sich weder in Lk 10,4 (9,3 aus Mk) noch in Mt 10,9f, stand also offenbar nicht im Q-Text. Dort ist jedoch wie bei Mk das Mitnehmen einer πήρα, eines „Rucksacks", untersagt (Lk 10,4/Mt 10,10), in dem der Proviant seinen Platz hatte. Wenn nun Mk die Nahrungsmittel gesondert vorweg nennt, kann bei ihm πήρα die speziellere Bedeutung „Bettelsack" haben, in dem man erbettelte Nahrung und Münzen verstaute (vgl. W. Michaelis, ThWNT VI 119—121). Untersagt wird auch die Mitnahme von Geld, bei Mk χαλκός, die wertmäßig kleinsten Münzen aus Kupfer, bei Lk ἀργύριον (9,3), bei Mt Gold, Silber und Kupfer (10,9).

Am Beginn von 9 nennt Mk dann erneut eine Ausnahme, nämlich σανδάλια zu tragen, während nach Q (Lk 10,4/Mt 10,10) dies verboten ist (ὑποδήματα). Das überraschend in direkter Rede angefügte Verbot zweier Chitone hingegen ist für Q nicht eindeutig zu belegen (Lk 9,3 und Mt 10,10 können auf Mk zurückgehen; Vergleichbares fehlt in Lk 10,4). Χιτών ist entweder das Untergewand oder Bezeichnung für Kleidung überhaupt (vgl. 14,63). Der Wechsel in direkte Rede deutet darauf, daß Mk diese letzte Bestimmung selbst hinzugefügt hat.

Die Anweisungen von 8f erwecken beim Leser den Eindruck einer extremen Einschränkung üblicher Reiseausrüstungen, auch noch trotz der zwei Zugeständnisse von Knüppel und Sandalen. In Erinnerung kommt von ferne vielleicht die Darstellung Johannes' des Täufers (1,6); ähnliche Leute kannte man aber in der Antike mit den kynischen Wanderphilosophen, die auf diese Weise den Inhalt ihrer Lehre, die Bedürfnislosigkeit, demonstrierten, und es mag sein (vgl. M. Hengel, Nachfolge 36), daß gerade die markinischen Besonderheiten sich an deren Bild orientieren: ein Mantel aus grobem Stoff (τρίβων), der sich beim Schlafen doppelt legen läßt, ein Stab (βάκτρον) und ein Bettelsack (πήρα), so beschreibt Diogenes Laertius (VI 13) ihre Ausrüstung, deren Einführung auf Antisthenes oder auf Diodor von Aspendus zurückgehen soll (s. Beilage 3); bei Mk zwar auch ein Knüppel und nur ein Mantel, aber keine πήρα.

Vor allem aber kannte der damalige Leser solche Gestalten als auch in seinem Ort oder gar in seinem Haus auftauchende christliche Wanderprediger, die nach den Q-Bestimmungen oder nach diesen etwas differenzierten umherzogen. Daß es solche wandernden Missionare gegeben hat, ist vielfach belegt in den Schriften des frühen Christentums, nicht zuletzt durch Paulus, der uns als einziger solcher Wandermissionar als Person vor Augen stehen kann. Auch Mt und Lk zeigen ja auf ihre Weise, daß sie dies nicht nur als ein Stück der Vergangenheit verstehen, sondern als ein gegenwärtiges Phänomen.

Durch καὶ ἔλεγεν αὐτοῖς eingeleitet folgen in 10f zwei Anweisungen zum Verhalten unterwegs. Ihnen entspricht in Q der viel ausführlichere Teil Lk 10,5−11 par. **10** bestimmt, daß die Ausgesandten bei einem Aufenthalt in ein und demselben Haus bleiben, also nicht das Quartier wechseln sollen. Die ausgeführtere Bestimmung in Q Lk 10,5−8/Mt 10,11−13 setzt auch den Fall der Abweisung; demnach ist bei Mk die Vorstellung wohl nur noch die, daß es sich um ein bereits christliches Haus handelt. Auch in Q ist der Quartierwechsel verboten; hier scheint als Begründung durch, daß man sich mit dem begnügen soll, was man vorgesetzt bekommt.

11 entspricht in Q Lk 10,10.11a/Mt 10,14, dort fortgesetzt mit der Gerichtsankündigung Lk 10,12/Mt 10,15, die eine Reihe von Handschriften, vor allem die Koiné, auch hier bei Mk einsetzen. Τόπος ist die Ortschaft; Q spricht von πόλις. Auf 10 folgend bezieht sich 11 also auf Orte, in denen es noch keine christlichen Häuser gibt und in denen Mission auch keinen Erfolg hat. Dort soll man nicht verweilen, sondern demonstrativ (εἰς μαρτύριον αὐτοῖς, vgl. 1,44 13,9) eine Geste der Verachtung machen (vgl. Neh 5,13 Apg 13,51 18,6).

Ohne daß die Ausführung von 8−11 in Erzählung umgesetzt wird, referieren **12f** nur, daß die Zwölf tatsächlich loszogen, daß sie dabei verkündigten (vgl. 3,14) und Heilungen vollzogen (vgl. 3,15). Zur Verkündigung ist nur gesagt: ἵνα μετανοῶσιν (zu ἵνα vgl. BDR § 392), μετανοεῖν im Sinne von „sich bekehren", „zum Glauben kommen", sich dieser Verkündigung anschließen (vgl. 1,15); es ist also der Zweck, nicht ein Inhalt der Verkündigung angegeben. In der Q-Parallele Lk 10,9/Mt 10,7 jedoch ist ihre Verkündigung das, was bei Mk die Verkündigung Jesu allein ist (1,15). Für Mk kann Inhalt der Verkündigung der Jünger nur sein τὸ εὐαγγέλιον (s. o. S. 109); da dieses aber den ganzen Weg Jesu einschließt, können sie es nicht vor Beendigung dieses Weges bereits verkündigen, ebensowenig aber setzen sie wie in Q Jesu Verkündigung einfach unmittelbar fort. So impliziert die Formulierung bei Mk gerade nicht eine βασιλεία-Verkündigung (gegen Gnilka I 240), sondern Mk ist sich der Differenz zwischen der Verkündigung Jesu und der Verkündigung der Jünger bewußt.

Ihre Vollmacht über die unreinen Geister (7) realisiert sich in Dämonenaustreibungen (13); problematisiert wird dieses Thema noch einmal in 9,14–29 erscheinen. Daß sie viele Kranke (ἄρρωστοι wie 5) mit Öl salbten, wird vielfach ebenfalls auf die Exorzismen bezogen. Öl ist aber in der antiken Medizin als Salbe das Grundheilmittel überhaupt bei vielen Krankheiten (vgl. die Wundversorgung des barmherzigen Samariters Lk 10,34, auch Jak 5,14), so daß es näher liegt, dies mit ἐθεράπευον zu verbinden; die Jünger trieben also Dämonen aus und heilten mit Salben viele Kranke. In der Q-Parallele Lk 10,9 (Mt 10,8 ist eine Erweiterung) steht die Anweisung zu heilen ebenfalls neben dem Befehl zu verkündigen, und deshalb ist um so wahrscheinlicher, daß Mk aus seiner Vorlage den Inhalt der Verkündigung, die Nähe des Reiches Gottes, gestrichen hat.

Der Bezug auf 3,13–19 und die Verbindung mit 6,1–6a zeigen, daß Mk die Zwölf als Vorbilder für gegenwärtige Mission sieht. Er nimmt freilich gegenüber seiner Vorlage eschatologische Züge zurück, besonders wenn man sich in Q noch die Partien ansieht, die bei Mk überhaupt nicht erscheinen: das Bild von der großen Ernte (Lk 10,2/Mt 9,37f) und die Gerichtsworte (Lk 10,12–15/Mt 10,15 11,21–23). Der Inhalt gegenwärtiger Verkündigung ist für Mk τὸ εὐαγγέλιον, nicht die direkte Wiederholung der Verkündigung Jesu selber von 1,15; ein Wort wie Lk 10,16/Mt 10,40, das in Q die Rede abschloß, findet sich eben bei Mk nicht (vgl. 9,41, wo die Jünger definiert werden als die, die zum χριστός gehören, ihn nicht direkt repräsentieren). Im Zusammenhang des Evangeliums kann Mk aber dies noch nicht als Inhalt ihrer Verkündigung nennen, da das Evangelium noch nicht abgeschlossen ist.

Der damalige Leser wird in der Aussendungsrede durchaus gegenwärtige Mission wiedererkannt haben, und er kannte gegenwärtige eschatologische Verkündigung in Jesu Namen (vgl. 13,6.21f), die angesichts der Ereignisse des Jüdischen Krieges Nähe Jesu selber proklamierte. Weder kann diese sich nach Mk auf Jesus selbst berufen, der vor solcher Verkündigung als Irrlehre gewarnt hatte, noch kann sie unmittelbar wie Jesus die Nähe des Reiches Gottes ansagen; nahe ist es nach Mk allein im Wort Jesu. So spiegelt sich auch in 6b–13 die aktuelle Situation des Mk und seiner Leser. Urchristliche Verkündigung vergegenwärtigt zwar auch nach Mk die Nähe des Reiches Gottes, aber eben im Evangelium Jesu Christi (1,1), der als Sohn Gottes das Evangelium Gottes verkündigt hat (1,14f). Indirekt reflektiert also auch diese Geschichte die christologische Frage.

6,14–29 König Herodes

¹⁴Und der König Herodes hörte (von ihm), denn sein Name war bekannt geworden, und man sagte: „Johannes der Täufer ist von den Toten auferweckt worden, und deshalb wirken die Kräfte in ihm." ¹⁵Andere aber sagten: „Er ist Elia." Andere aber sagten: „Ein Prophet, wie einer von den Propheten." ¹⁶Als Herodes

das hörte, sagte er: „Den ich habe enthaupten lassen, Johannes, der ist auferweckt worden!"
[17]Er nämlich, Herodes, hatte ausgesandt und Johannes festnehmen und ihn binden lassen im Gefängnis wegen Herodias, der Frau seines Bruders Philippus, denn die hatte er geheiratet. [18]Johannes nämlich sagte zu Herodes: „Es ist dir nicht erlaubt, die Frau deines Bruders zu haben." [19]Herodias aber hatte es auf ihn abgesehen und wollte ihn töten und konnte das nicht. [20]Herodes nämlich fürchtete den Johannes, da er wußte, daß der ein gerechter und heiliger Mann war, und behütete ihn, und wenn er ihm zuhörte, kam er sehr in Verlegenheit, und (doch) hörte er ihm gern zu. [21]Und als sich ein geeigneter Tag ergab, als Herodes an seinem Geburtstag ein Essen veranstaltete für seinen Hofstaat und die Offiziere und die Prominenz von Galiläa [22]und als da seine Tochter Herodias auftrat und tanzte, gefiel sie Herodes und seinen Gästen. Der König sagte zu dem Mädchen: „Bitte mich, was immer du willst, und ich werde es dir geben." [23]Und er schwor ihr vielmals: „Was immer du mich bittest, ich will es dir geben bis zur Hälfte meines Königreiches." [24]Und sie ging hinaus und sagte zu ihrer Mutter: „Was soll ich erbitten?" Die aber sagte: „Den Kopf Johannes des Täufers!" [25]Da ging sie sofort mit Eile hinein zum König und bat: „Ich will, daß du mir auf der Stelle auf einem Teller den Kopf Johannes des Täufers gibst." [26]Da wurde der König sehr traurig, aber wegen der Schwüre und wegen der Gäste wollte er sie nicht abweisen. [27]Und sofort sandte der König den Scharfrichter und befahl ihm, seinen Kopf zu bringen. Und der ging hin und enthauptete ihn im Gefängnis. [28]Und er brachte seinen Kopf auf einem Teller und gab ihn dem Mädchen, und das Mädchen gab ihn seiner Mutter. [29]Und als seine Jünger davon hörten, kamen sie und holten seine Leiche und bestatteten sie in einem Grab.

Literatur: M. Dibelius, Die urchristliche Überlieferung von Johannes dem Täufer, FRLANT 15, 1911, 77—87.123—129. — H. W. Hoehner, Herod Antipas, MSSNTS 17, 1972, 110—171. — W. Schenk, Gefangenschaft und Tod des Täufers, NTS 29 (1983) 453—483.

Die in 6b—13 ausgesandten Jünger kehren erst in 30 wieder zurück. Mk schafft einen „Zwischenraum" (Schweizer 74), in dem zunächst die seit 4,41 latent und offen vorhandene Frage τίς ἄρα οὗτός ἐστιν; erneut gestellt wird (14—16). Mk führt damit zugleich Herodes und Johannes den Täufer ein, die zwei Personen, von denen er in 17—29 erzählt; die einzige Geschichte im Markusevangelium, die nicht direkt mit Jesus zu tun hat. Im Zusammenhang des Evangeliums handelt es sich um eine Rückblende; der Ort der Geschichte im Geschehensablauf wäre vor 1,14, wo Mk in der Zeitangabe μετὰ δὲ τὸ παραδοθῆναι τὸν Ἰωάννην bereits den Tod des Täufers erwähnt hatte, ohne im übrigen diese spätere Erzählung anzukündigen. Rückblenden gibt es bei Mk auch sonst gelegentlich, jedoch nirgends in dieser Ausführlichkeit.

Aus der Einführung 14—16 werden 14b.15 leicht abgewandelt noch einmal in 8,28 begegnen, während 14a und 16 auf die folgende Geschichte hinführen und deshalb in jedem Fall markinisch sind. 14b.15 bzw. 8,28 jedoch sind als isoliert tradierte Einheit schlechterdings nicht denkbar, also doch wohl ebenfalls auf Mk selber zurückzuführen, auch wenn sie ein durchaus treffendes Urteil vermitteln (gegen Gnilka I 244f, der sie als aus einer Wundergeschichte stammend interpretiert).

Was Mk in 17—29 erzählt, nimmt er dagegen aus seiner Überlieferung auf und versieht es nur mit wenigen kommentierenden Bemerkungen. Sieht man hier Johannes als die Hauptperson, kann man die Geschichte als Täuferlegende bezeichnen, überliefert bei den Anhängern des Täufers (R. Bultmann, GST 328f); andererseits kann man sie auch als Anekdote über Herodes Antipas sehen (so M. Dibelius, Überlieferung 80). In jedem Fall ist sie eine detailfreudige, an Ursachen und Zusammenhängen interessierte Geschichte, die dem Leser ein Bild davon suggeriert, wie es in der Herodesfamilie zuging, und sie trifft sich darin mit einer damals offenbar verbreiteten Beurteilung: die ließen sich scheiden und heirateten in der eigenen Familie wieder; es gab Gelage, bei denen man die eigene Tochter tanzen ließ, ein halbes Königreich aufs Spiel setzte, vor blankem Mord nicht zurückschreckte und makabre Situationen inszenierte. Das unschuldige Opfer ist ein „gerechter und heiliger Mensch".

Aus Josephus kennen wir genug Skandalgeschichten solcher Art über Herodes und seine zahlreichen Nachkommen. Sein Bericht über den Tod Johannes' des Täufers (antiqu. XVIII 116—119; s. Beilage 1) enthält freilich derartige Züge nicht. Auch er ist übrigens eine Rückblende: Daß Herodes Antipas eine Niederlage gegen den König Aretas (im NT: 2 Kor 11,32) erlitten hatte, sei von einigen Juden als Gottes Strafe für die Hinrichtung Johannes' des Täufers verstanden worden. Josephus charakterisiert zunächst dessen Verkündigung (vgl. 1,1—8) und erzählt weiter, daß Herodes ihn aus Angst vor einem Aufstand gefangen setzen und hinrichten ließ in der Festung Machaerus; zur Strafe dafür habe Gott ihn die Schlacht verlieren lassen. Das sind nüchtern referierende, das Geschehen wertende Sätze, eigentlich keine erzählte Geschichte. Auf jeden Fall stimmen Josephus und Mk darin überein, daß es Herodes war, der Johannes den Täufer hat hinrichten lassen.

Geht man in die Details der Geschichte, wie Mk sie hier wiedergibt, zeigt sich, daß sie aus zweiter oder dritter Hand stammen muß. Das beginnt mit der Einführung des Herodes als βασιλεύς (14.22.25.26.27). Der richtige Titel für Herodes Antipas wäre τετράρχης (so Mt 14,1 Lk 3,1 9,7 und auch die Minuskeln 983 und 1689 der Ferrar-Gruppe, s. Greeven z. St.); nach dem Tode Herodes' d. Gr. (4 v. Chr.) hatten die drei Söhne Archelaus, Herodes Antipas und Philippus je einen Teil des Reiches geerbt, keiner jedoch den Königstitel. Daß Herodes Antipas König werden wollte, wurde ihm am Ende zum Verhängnis (Josephus, antiqu. XVIII 240—246).

Ungenau ist die Darstellung auch in bezug auf Herodias. Herodes Antipas hatte sich von seiner ersten Frau, einer Tochter des Nabatäerkönigs Aretas scheiden lassen (ebd. 109ff, das war der Anlaß für jenen oben erwähnten Krieg mit seinem Schwiegervater), um seine Schwägerin Herodias zu heiraten; die aber war die Frau seines Halbbruders Herodes (ebd. 110), nicht des Philippus, wie bei Mk behauptet (gegen alle Harmonisierungsversuche z. B. von H. W. Hoehner, Herod 131—136, dem Pesch I 340 folgt). Dieser war vielmehr verheiratet mit einer Tochter ebendieser Herodias namens Salome (ebd. 136f), die wiederum nach dessen Tod (34 n. Chr.) einen Aristobul heiratete. Von Töchtern des Herodes Antipas (s. zu 22) wissen wir nichts, wohl aber hatte Herodias aus ihrer ersten Ehe eine Tochter (so Mt 14,6), jene Salome; die war jedoch zur Zeit unserer Geschichte längst verheiratet, eben mit Philippus, bzw. schon verwitwet, in keinem Falle ein κοράσιον (22.28).

Die verwickelten Verwandtschaftsverhältnisse in der Herodesfamilie lassen sich schwer entwirren (Josephus versucht es ebd. 127—142, Grundlage aller Stammbäume bis heute); Mk durchschaute sie jedenfalls nicht, wenn er eine solche Geschichte aufnahm, die nur typisch dafür ist, wie die ganze Familie beurteilt wurde. Lk, der vielleicht besser Bescheid wußte, bringt diese Geschichte nicht, sondern resümiert sie nur in 3,18−20, ohne die Fehler des Mk zu wiederholen.

Die Geschichte verrät ein Interesse daran, wie Johannes der Täufer umkam, ist aber weit entfernt von den historischen Vorgängen. Wo Mk sie gehört oder gelesen hat, ist nicht zu erkennen; er nennt nie seine Quellen. Sie formgeschichtlich auf ein Martyrium zurückzuführen (Pesch I 338f; Gnilka I 246), ist, selbst wenn sich das wirklich nachweisen ließe, für die Interpretation deshalb unerheblich, weil der Mk-Text an solchen Zügen kein Interesse hat und auch nicht an der deuteronomistischen Vorstellung vom Tod der Propheten. In der Geschichte erscheint Johannes nicht einmal als Prophet (vgl. 20), nur im Rahmen 14−16 sowie in 1,1−8 und 9,11−13.

Die historische Frage, wann Johannes der Täufer inhaftiert worden ist, läßt sich weder aus Josephus noch aus Mk klären (gegen W. Schenk, Gefangenschaft 436f, der Verhaftung und Hinrichtung auf „um das Jahr 35" datiert, womit Johannes Jesus um 4−5 Jahre überlebt hätte). Zwar bringt Josephus seine Notiz im Zusammenhang mit Ereignissen, die kurz vor dem Tod des Kaisers Tiberius (37 n. Chr.) und nach dem Tod des Philippus (34 n. Chr.) spielen. Doch auch bei Josephus handelt es sich um ein Ereignis der Vergangenheit, literarisch gesehen eine Rückblende, wobei nicht klar ist, wie weit sie in die Geschichte zurückgreift. Anachronistisch ist jedenfalls die Datierung bei Mk auf diese Zeit, in der erst Herodes Antipas seine Schwägerin Herodias geheiratet hat; ein Indiz mehr dafür, wie weit weg von den historischen Vorgängen diese Geschichte ist, aber gerade deshalb darf man sie nicht zur Datierung benutzen. Eine andere Frage ist die, ob Johannes der Täufer und Jesus nicht doch gleichzeitig gewirkt haben, wie Joh es darstellt, und nicht nur nacheinander wie bei Mk (vgl. 1,14).

14−16 stellen eine Verbindung her zwischen dem Erzählfaden und der Geschichte vom Tod des Täufers. In **14a** wird eingeführt „der König Herodes", für Mk offenbar „König von Galiläa" (vgl. 21); ebenso waren auch in 3,6 bereits „Herodianer" in Galiläa genannt worden. Da in Palästina seit 37 v. Chr. ein Herodes König gewesen war, konnte wohl jeder Leser der damaligen Zeit mit dem Namen zumindest dies verbinden, daß es sich um den Landesherrn handelte, ohne daß man genauere Kenntnisse brauchte. Neben der römischen Macht, die in der Gestalt des Pilatus am Ende in Jerusalem auftreten wird, steht also ein jüdischer König mit dem Namen Herodes in Galiläa, dessen Leute schon als Jesus gegenüber feindselig genannt worden waren (3,6). Was Herodes hörte, braucht man nicht zu fragen; der Leser bezieht es auf das, was bisher von Jesus erzählt worden ist, und daß Jesu Name offenbar geworden war, zeigten ja zuletzt die „großen" Wunder in 5,1−43. Zudem bereitet ἀκούειν die Aussagen der Leute in 14b.15 vor.

14b.15 referiert drei Meinungen über Jesus, die im Zusammenhang der auf 8,27ff hinführenden Frage, wer Jesus eigentlich ist, zu sehen sind (vgl. 4,41 5,7 6,3), also eine Funktion im übergreifenden Erzählzusammenhang haben und in 8,28 wiederholt werden (mit B D W 2427 und wenigen anderen griechischen Handschriften ist als schwierigere Lesart ἔλεγον zu lesen, nicht ἔλεγεν, das aus 16 vorgezogen ist). Die erste Meinung ist die, daß Jesus der von den Toten auferweckte Johannes der Täufer sei, woraus sich seine δυνάμεις erklärten. Das ist deutlich vom markinischen Motiv der zeitlichen Abgrenzung (1,14 9,11−13) her und auf 16 hin formuliert, wo wiederum 17−29 vorbereitet wird; 14b weist also nicht auf Vorstellungen bei Täuferjüngern, Johannes sei auferstanden. Im übrigen kann das für den Leser natürlich keine zutreffende Meinung sein, der Jesu Weg vom Anfang des Evangeliums an kennt und damit auch das Verhältnis zwischen Johannes und Jesus, wie Mk es darstellt.

Falsch ist für Mk auch die zweite Meinung, denn der wiederkommende Elia (vgl. Mal 3,23) ist für Mk explizit in 9,11–13, damit implizit auch in 1,1–13 Johannes der Täufer, nicht Jesus (vgl. außerdem 9,4 und auch 15,35). Nicht gerecht wird der markinischen Christologie schließlich auch die dritte Meinung, wie 8,27ff deutlich machen wird; Jesus ist nicht nur ein Prophet, obwohl seine Verkündigung wie sein Auftreten am ehesten diese Bezeichnung nahelegen. Darin mag entfernt Dtn 18,15, die Erwartung eines Propheten wie Mose anklingen; bei Mk jedenfalls fehlt dieses Motiv (vgl. aber 9,7), und es geht hier auch nicht um *den* Propheten, sondern Jesus wird als „irgendein Prophet" gesehen.

Den Leser können diese Meinungen über Jesus nicht befriedigen; er weiß, daß Jesus nach der Taufe als „Sohn Gottes" legitimiert wurde (1,11), daß dies das Evangelium von Jesus als dem χριστός ist (1,1) und daß Jesus die ἐξουσία des „Menschensohns" besitzt (2,10.28). Er ist also mehr als Johannes der Täufer, mehr als Elia und mehr als ein Prophet. Was er aber eigentlich ist, ist die Frage, die dann in 8,27ff aufgenommen wird, und 14b.15 haben innerhalb des ganzen Zusammenhangs die Funktion, diesen Teil vorzubereiten, wo ja diese Meinungen in 8,28 als Meinung der Leute den Anlaß bieten, die christologische Frage zu klären.

16 Herodes greift nur die erste Meinung auf, und seine Reaktion ist im Sinne des Erzählers offenbar Angst davor, daß der zurückgekehrt ist, den er hat köpfen lassen. Damit ist gegenüber 1,14 auch die Art der Hinrichtung genannt (vgl. 27), und Mk hat den Anlaß geschaffen, die Geschichte zu erzählen, wie es zur Enthauptung des Täufers kam. Das γάρ in 17 (vgl. Josephus, antiqu. XVIII 117) hat die Funktion, dies einzuführen und damit die Angst des Herodes zu begründen. Es zeigt sich, daß Herodes in der Tat den Toten fürchten muß, da er wider besseres Wissen (20) Johannes hat hinrichten lassen.

Die Geschichte beginnt in **17** mit der Festnahme und Inhaftierung des Johannes durch Herodes wegen seiner Heirat mit Herodias, seiner Schwägerin. **18** Johannes habe nämlich Einspruch gegen eine solche Ehe erhoben. Der Hintergrund ist das jüdische Familienrecht, wo die Ehe mit einer Schwägerin unter das Inzesttabu von Lev 18,16 fiel (Mk 12,18–27 setzt einen anderen Rechtsfall voraus, bei dem der Bruder verstorben ist); nach römischem und griechischem Recht dagegen bedeutete dies kein Ehehindernis. Der Leser sieht Herodes also als jemanden, der zwar legal handelt (wenn auch vielleicht nicht moralisch), sich aber doch als jüdischer König unglaubwürdig macht. Das Auftreten Johannes' des Täufers zeigt eine Spannung zwischen dem Herrscher und seinen Untertanen; auch bei Mk, nicht nur bei Josephus, gibt es also politische Implikationen in der Geschichte.

Ein altbekanntes und daher dem Leser vertrautes Motiv nimmt **19** auf, den schädlichen Einfluß böser Frauen auf Herrscher, und dieser wird auch hier zur Katastrophe führen, wie denn auch bei Josephus der Ehrgeiz der Herodias Herodes Antipas am Ende um alles brachte (antiqu. XVIII 240–256: nachdem ihr Bruder Agrippa I. die Tetrarchie des Philippus nach dessen Tod erhalten hat und dazu den Königstitel, stachelt sie ihren Mann an, sich ebenfalls um den Königstitel zu bemühen; aber Agrippas Ränke machen alles zunichte, Herodes wird verbannt, und Agrippa erhält dessen Tetrarchie zusätzlich).

Herodias sah mit der Inhaftierung des Johannes den Fall nicht erledigt, sondern trug ihm nach, was er gesagt hatte, so sehr, daß sie seinen Tod wollte.

Vorübergehend gerät Herodes in **20** in den Schein des guten Herrschers, jedenfalls gemessen an seiner Frau, denn er wußte, so der Erzähler, daß Johannes ein tadelloser Mensch war, mit dem er sich auch gerne unterhielt. Nicht nur für heutige Leser wird das aber einen unhaltbaren Zustand andeuten: ein König, der wider besseres Wissen einen Unschuldigen gefangen hält, mit ihm gelegentlich plaudernd, entspricht sicherlich auch damals nicht dem Idealbild eines Herrschers, zumal wenn die „böse Frau" im Hintergrund (19) steht. Die Geschichte appelliert an Vorurteile ihrer Leser (nicht nur männlicher).

Die Katastrophe beginnt damit, daß sich eine geeignete Gelegenheit ergibt **21**, geeignet für Herodias' Pläne, auf deren Handeln der Leser nun wartet angesichts des in 19f angezeigten Konflikts um Leben und Tod des Täufers: Herodias will ihn, Herodes nicht. Die Gelegenheit ist ein δεῖπνον, das Herodes zu Ehren seines Geburtstages gibt für alles, was in Galiläa Rang und Namen hat (die Geschichte nennt nur Galiläa, nicht den anderen Teil seiner Herrschaft, Peräa, in dem die Festung Machaerus liegt, auf der Johannes nach Josephus gefangen saß und hingerichtet wurde).

22 Bei diesem δεῖπνον tritt mit einem Tanz auch Herodes' Tochter auf. Die Lesart αὐτοῦ ist mit GNT³ und N²⁶ gegen N²⁵ und Greeven als ursprünglich anzusehen. Gut bezeugt durch ℵ B D L Δ 565 ist sie die schwierigere Lesart gegenüber τῆς entsprechend Mt 14,6 in der Lake-Gruppe und gegenüber der offenbar beide Versionen kombinierenden Lesart αὐτῆς τῆς (so N²⁵) in A C Θ, Ferrar-Gruppe, vielen Minuskeln und dem Koinétext und gegenüber der vereinfachenden Lesart αὐτῆς in W (B. M. Metzger, Commentary 89f, nennt αὐτοῦ die am wenigsten unbefriedigende Lesart; das ist jedoch vom historischen Wissen her geurteilt, nicht von der Textüberlieferung). Aus Mk ergibt sich das einfache Bild, daß Herodes und Herodias eine kleine Tochter hatten, die ebenfalls Herodias hieß (nicht Salome). Mit ihrem (kindlichen!) Tanz entzückt sie die Geburtstagsgesellschaft so sehr, daß der Vater ihr jeden Wunsch zu erfüllen verspricht. Und er verstärkt das **23** mit einem Schwur, ihr bis zur Hälfte seines Königreichs geben zu wollen. Darin klingt die Formulierung von Est 5,3.6 7,2 an, ohne daß sich jedoch nähere inhaltliche Berührungen zur Esther-Geschichte ergeben; es ist lediglich ein unbedachtes Versprechen, das hier wie dort Konsequenzen hat.

Das kleine Mädchen (κοράσιον) berät sich mit seiner Mutter **24**, und die will nichts anderes als den Kopf des Johannes. Die Tochter läuft sofort zum Vater **25** und trägt dies als ihren Wunsch vor. Der hat sich mit seinem öffentlichen Versprechen selbst gebunden **26**; gegen sein besseres Wissen (20) kann er den Wunsch nicht abschlagen. Und so sendet er den Scharfrichter (speculator mit dem hier als Fremdwort verwendeten lateinischen Wort), seinen makabren Befehl auszuführen **27**. Der kommt zurück **28**, auftragsgemäß den Kopf des Täufers dem Mädchen auf einem Tablett servierend, die ihn weiterreicht an ihre Mutter. Die Szene spricht für sich; Kommentare des Erzählers sind nicht nötig. Zu erzählen bleibt nur noch **29**, daß Johannes' Jünger seine Leiche abholten und begruben.

Im Zusammenhang des Markusevangeliums hat die Geschichte einmal die Funktion, einen Zeitraum zwischen Aussendung und Rückkehr der Jünger zu schaffen (12f.30). Weiter erinnert sie den Leser daran, wie gefährdet Jesus in Galiläa ist, wo ja schon nach diesem Herodes benannte Leute mit den Pharisäern zusammen beraten hatten, wie sie Jesus vernichten könnten (3,6), und wo das Schicksal des Täufers von Anfang an wie ein Schatten über dem Weg Jesu lag (1,14).

6,30—44 Die Speisung der mehr als 5000

[30]Und die Apostel versammelten sich bei Jesus, und sie meldeten ihm alles, was sie getan und was sie gelehrt hatten. [31]Da sagt er zu ihnen: „Auf, ihr allein, an einen einsamen Ort, und ruht euch ein bißchen aus!" Die kamen und gingen waren nämlich viele, und auch zum Essen fanden sie keine Gelegenheit.
[32]Und sie fuhren allein mit dem Boot an einen einsamen Ort. [33]Und viele sahen sie abfahren und erkannten sie, und am Land liefen sie dort aus allen Städten nebenher und kamen ihnen zuvor. [34]Und beim Aussteigen sah er viele Leute und erbarmte sich über sie, denn sie waren wie Schafe, die keinen Hirten haben, und begann, sie viel zu lehren. [35]Und als es schon spät geworden war, kamen seine Jünger zu ihm und sagten: „Einsam ist der Ort, und es ist schon spät. [36]Entlaß sie, damit sie in die Gehöfte und Dörfer rundherum gehen und sich etwas zu essen kaufen können." [37]Er aber antwortete und sagte zu ihnen: „Gebt ihr ihnen zu essen!" Da sagen sie zu ihm: „Sollen wir hingehen und für 200 Denare Brote kaufen und ihnen zu essen geben?" [38]Er aber sagt zu ihnen: „Wieviel Brote habt ihr? Geht, und schaut nach!" Sie stellten es fest und sagten: „Fünf, und zwei Fische." [39]Da befahl er ihnen, daß alle sich in Gruppen auf dem grünen Gras zu Tisch legen sollten. [40]Und sie ließen sich nieder in Gruppen zu je hundert und je fünfzig. [41]Da nahm er die fünf Brote und die zwei Fische, blickte zum Himmel auf, sprach den Segen und brach die Brote und gab seinen Jüngern, damit sie ihnen vorlegten, und die zwei Fische teilte er für alle. [42]Da aßen alle und wurden satt, [43]und man sammelte die Brocken auf, zwölf Körbe voll, und von den Fischen. [44]Und die, die die Brote gegessen hatten, waren 5000 Männer!

Literatur: G. FRIEDRICH, Die beiden Erzählungen von der Speisung in Mk 6,31—44; 8,1—9, ThZ 20 (1964) 10—22. — U. H. J. KÖRTNER, Das Fischmotiv im Speisungswunder, ZNW 75 (1984) 24—35. — J. KONINGS, The Pre-Markan Sequence in Jn. VI, in: M. SABBE (Hg.), L'Évangile selon Marc, EThL.B 34, 1974, 147—177. — L. SCHENKE, Die wunderbare Brotvermehrung, 1983. — J. M. VAN CANGH, La multiplication des pains dans l'évangile de Mark, in: M. SABBE (Hg.), L'Évangile selon Marc, EThL.B 34, 1974, 309—346.

Mit 30 nimmt Mk selbst den Erzählfaden von 6b—13 wieder auf (s. o. S. 113) und setzt ihn fort. 31—33 enthalten so viele dem Leser bereits bekannte Motive, daß auch diese Verse mit Recht allgemein für redaktionell gehalten werden. Dasselbe gilt für 34b, wo Jesus erneut wie zuletzt in 2 als lehrend vorgestellt wird.

Die eigentliche Geschichte von der Speisung 35—44 dagegen stammt aus der vorgegebenen Überlieferung, wie Joh 6,1—15 und Mk 8,1—9 zeigen. Mit Joh 6,1—15 stimmt sie im Aufbau wie in einzelnen Details weitgehend überein; die Unterschiede zwischen beiden Fassungen lassen jedoch eine direkte literarische Abhängigkeit einer von der anderen als unwahrscheinlich erscheinen. Vielmehr haben Mk und Joh unabhängig voneinander je auf ihre Tradition zurückgegriffen, Joh dabei auf die ihm vorliegende σημεῖα-Quelle (s. o. S. 95). Bei beiden folgt unmittelbar darauf die Geschichte von Jesu Seewandeln, was bei Joh deshalb auffällig ist, weil die anschließende Rede Jesu über das Lebensbrot nur auf die Speisung zurückverweist, aber keine Motive aus der zweiten Wundergeschichte aufnimmt.

Gemeinsam sind Mk und Joh insbesondere die Zahlenangaben: fünf Brote und zwei Fische, fünftausend Männer, zwölf Körbe mit Resten, zweihundert Denare. Daneben bietet Mk eine Variante derselben Geschichte in 8,1−9, nach der viertausend Leute mit sieben Broten gespeist werden und sieben Körbe übrig bleiben. Auch dort ist von Fischen die Rede (8,7), aber das ist möglicherweise eine Angleichung an 6,38.41.43, wie umgekehrt Mk in 6,34a aus 8,2 das Motiv des Erbarmens Jesu übernommen hat. Joh 6,1−15 Mk 6,35−44 und 8,1−9 sind als drei voneinander unabhängige Varianten ein und derselben Geschichte zu sehen (Mt 14,13−21 15,32−39 und Lk 9,10−17 dagegen als je von Mk abhängig); nirgends sonst aber wiederholt Jesus bei Mk ein Wunder, und Mk wird in 8,14−21 diese Wiederholung auch ausdrücklich hervorheben (vgl. auch πάλιν in 8,1 sowie die Wiederholung der Situation in 8,14).

35−44 hat den für Wundergeschichten typischen dreigliedrigen Aufbau: Darstellung der Not, hier der Mangel an Nahrungsmitteln (35−38); Behebung der Not durch Jesus, der wunderbarerweise mit dem wenigen, das vorhanden ist, so viele sättigt (39−42); Bestätigung des Wunders durch den Hinweis auf die übriggebliebenen Reste (43), denen noch einmal die übergroße Zahl der Gespeisten konfrontiert wird (44). Bei Joh schließt die Geschichte in 6,14 mit einem Ausruf der Menge, Jesus sei in der Tat der Prophet, der in die Welt kommt. Ähnliches fehlt bei Mk, und im Gegensatz dazu wird in 6,52 und 8,14−21 in der Weise auf diese Geschichte zurückverwiesen, daß seine Jünger gar nicht begriffen hätten, was eigentlich vorgegangen sei. Mk hat aber immerhin den Titel „Prophet" vorweg als Meinung der Leute in 6,15, und Mk führt in 34a aus der zweiten Speisungsgeschichte ein Motiv ein, das mit der Mose-Typologie zusammenhängt. Die Geschichte hat zwar auch ohne eine solche Akklamation einen Sinn in sich selber; hat diese zur markinischen Vorlage gehört, hätte Mk sie zugunsten des Motivs des Unverständnisses der Jünger gestrichen.

Charakterisieren kann man die Geschichte mit G. Theißen (Wundergeschichten 111−114) als „Geschenkwunder", dessen Merkmale „die Spontaneität des wunderbaren Handelns, die Unauffälligkeit des Wunders selbst und die Betonung des Demonstrationsschlusses" sind und dessen Funktion die Transzendierung materieller Mangelsituationen ist. Erzählvorbild ist sicherlich die Geschichte 2Kön 4,42−44, wo Elia mit zwanzig Broten hundert Männer sättigt.

30 bringt über 14−29 hinweg 6b−13 in Erinnerung. Wie in 3,14 werden die Zwölf als ἀπόστολοι bezeichnet, ohne daß Mk eine feste Definition wie Lk hat (vgl. Apg 1,21f); das Substantiv nimmt das Verbum ἀποστέλλειν (7) auf. Sie erstatten Bericht (vgl. 12f). Jesu Antwort **31a** nimmt ein dem Leser bekanntes Motiv auf: wie Jesus selbst sich zurückgezogen hatte an einen einsamen Ort (1,35.45), so sollen es jetzt auch die Jünger tun nach ihrer Verkündigung. Zugleich wird aber, wie die Fortsetzung **31b** zeigt, die ebenfalls an Bekanntes erinnert (vgl. 3,20), auch schon die Speisungsgeschichte vorbereitet. **32** Das in 3,9 beschaffte Boot, das zuletzt in 5,21 benutzt worden war, ist erneut das Mittel zum Ortswechsel, während **33** die Menschenmenge am Ufer folgt. Daß Jesus an Land zu lehren beginnt **34**, ist ebenfalls typisch von Anfang des Evangeliums an (zuletzt 6,6b). Das bringt dem Leser einmal das Motiv der ἐξουσία Jesu in Erinnerung (vgl. 1,22.27), zum anderen den Inhalt seiner Lehre von Anfang an (vgl. 1,14f), die Nähe des Reiches Gottes im Wort Jesu. Das Motiv des Erbarmens, das vielleicht aus der Parallelversion 8,2−10 hierher übernommen ist, ist unterstrichen durch das Bild von der Herde ohne Hirten. Unter den zahlreichen Belegen für dieses Bild im AT ist am ehesten auf Num 27,17 zu verweisen, wo Israel ohne Mose hirtenlos wäre und deshalb Josua als sein Hirte eingesetzt wird. Verstärkt ist damit die Vermutung, daß in Joh 6,14 der ursprüngliche Schluß erhalten ist, nämlich die Bezeichnung Jesu durch die Menge als „der Prophet", den Gott nach Dtn 18,15−18 schicken wird (vgl. F. Hahn, Hoheitstitel 391).

Erinnert 30−34 insgesamt also den Leser an Bekanntes, so beginnt mit **35f** die neue Geschichte: die Jünger weisen Jesus hin auf die fortgeschrittene Zeit und auf den Mangel an Nahrungsmitteln, mit dem Vorschlag, die Leute zu umliegenden Höfen und Dörfern zu schicken, sich etwas zu essen zu kaufen. Über Jesu Antwort sind sie mit Recht erstaunt **37**, da sie sie nur so verstehen können, daß sie selbst für viel Geld (vgl. die 300 Denare in 14,5) Brot für alle kaufen sollen. (Der römische denarius ist die Standardsilbermünze von zunächst 4,55 g Gewicht, dann 3,98 g, seit Nero 3,41 g; H. Chantraine, KlP I 1488−1490.) Ihre Frage ist also als rhetorische Frage zu verstehen (Dubitativus: BDR § 366).

Jesus dagegen läßt zusammenstellen, was vorhanden ist **38**: fünf Brote und zwei Fische, sehr wenig gegenüber dem, was erforderlich wäre, wenn man dafür zweihundert Denare ausgeben müßte. Die Fische (Joh 6,9: ὀψάρια) sind übliche Beikost zum Brot, zumal in der Nähe eines Sees (U. H. J. Körtner, Fischmotiv 32), und bringen kein zusätzliches Motiv in die Geschichte hinein. Jesus läßt die Leute sich auf dem grünen Gras lagern **39f** in Gruppen zu 100 und zu 50; deutlich wird noch einmal die Differenz zwischen der großen Zahl der Anwesenden und dem wenigen, was vorhanden ist. **41** Und doch nimmt Jesus diese fünf Brote und zwei Fische, spricht wie bei einer Mahlzeit das Tischgebet, bricht die Brotlaibe und läßt dann seine Jünger austeilen; ebenso verteilt er die zwei Fische an alle.

Die oft beobachteten Anklänge an die Einsetzung des Abendmahls (vgl. 14,22−25) beschränken sich auf das, was bei jeder Mahlzeit üblich ist, Tischgebet und Brechen des Brotes, während die Besonderheit des letzten Mahles Jesu mit seinen Jüngern, die Worte Jesu, fehlt. Zum Abendmahl passen natürlich auch nicht die Fische, und es fehlt eine wunderbare Weinvermehrung, wie sie Joh 2,1−12 von Jesus erzählt wird. Das Wunder ist die Speisung so vieler mit so wenig, nicht Jesu Dahingabe für die vielen (14,24).

42 Erstaunlicherweise bekommen alle zu essen und werden alle satt, ja **43** es bleiben mehr Reste übrig, als ursprünglich vorhanden war, und das **44** bei fünftausend Männern, und wenn es allein fünftausend Männer waren, multipliziert sich diese Zahl wohl noch einmal um Frauen und Kinder.

Die Geschichte erzählt erneut in aller Ausführlichkeit ein „großes" Wunder wie die in 4,35−5,43. Sie ist in sich selbst evident als Geschichte der Nähe des Reiches Gottes, in dem so elementare Mangelerfahrungen wie Hunger behoben sind, und braucht deshalb keine Deutung. Um so erstaunlicher ist es, daß der Erzähler in 6,52 und nach der Wiederholung des Wunders (8,1−10) noch einmal in 8,14−21 den Jüngern vorwirft, nicht verstanden zu haben, was bei der Brotvermehrung eigentlich vorgegangen sei. Dies Eigentliche ist für Mk nicht ein verhüllter Hinweis auf das Abendmahl, also eine allegorische Deutung des Geschehens, daß Jesu Leben erhaltende Brotvermehrung gegenwärtig erfahrbar sei im Abendmahl, sondern Mk will damit die Frage: „Wer ist dieser?" (4,41 5,7 6,3.14f) unterstreichen, ohne doch in dieser Geschichte eine Antwort anzudeuten, und vielleicht hat er gar selbst einen ursprünglichen Schluß ähnlich Joh 6,14 gestrichen. Die Antwort ergibt sich erst aus 8,27ff.

6,45—52 Das Seewandeln Jesu

⁴⁵Und sofort drängte er seine Jünger, ins Boot zu gehen und vorauszufahren auf die andere Seite nach Bethsaida, bis er das Volk entlassen hätte. ⁴⁶Und als er sie verabschiedet hatte, ging er auf den Berg, um zu beten. ⁴⁷Und am Abend war das Boot mitten auf dem See und er allein am Land. ⁴⁸Und als er sie beim Rudern sich abplagen sah — denn sie hatten Gegenwind —, kommt er um die vierte Nachtwache zu ihnen auf dem See gegangen; und er wollte an ihnen vorübergehen. ⁴⁹Als sie ihn auf dem Wasser gehen sahen, meinten sie: „Es ist ein Gespenst!", und schrien auf. ⁵⁰Alle nämlich sahen ihn und waren durcheinander. Er aber sprach sofort mit ihnen und sagt zu ihnen: „Habt Mut; ich bin es. Fürchtet euch nicht!" ⁵¹Und er stieg zu ihnen in das Boot, und der Wind legte sich. Da waren sie überaus bestürzt bei sich selbst, ⁵²denn sie hatten von den Broten nichts verstanden, sondern ihr Herz war verstockt.

Literatur: V. HOWARD, Das Ego Jesu in den synoptischen Evangelien, MThSt 14, 1975.

Wie in Joh 6,16—21 folgt auf die Speisung der (mehr als) 5000 die Geschichte davon, wie Jesus zu seinen in Seenot geratenen Jüngern über die Wellen gegangen kommt. Beide Geschichten, die inhaltlich keine Beziehungen zueinander haben, waren also schon in der Mk vorliegenden Überlieferung miteinander verbunden. Die überraschenden wörtlichen Übereinstimmungen zwischen Mk und Joh bei gleichzeitigen Unterschieden, die nicht als bewußte Veränderungen des einen Textes im anderen zu erklären sind, lassen darauf schließen, daß Mk und Joh unabhängig voneinander auf gemeinsame Überlieferung zurückgreifen, Joh dabei auf die σημεῖα-Quelle.

Wie bei Joh (6,16—18) ist die Ausgangssituation (45—47) die, daß die Jünger ohne Jesus nachts über den See fahren und in Schwierigkeiten geraten (bei Mk: Gegenwind; bei Joh: Sturm). Jesus kommt daraufhin über den See gegangen, und das erschreckt sie (48—50a; Joh 6,19). Jesus gibt sich ihnen zu erkennen (50b = Joh 6,20), kommt zu ihnen ins Schiff (51; anders Joh 6,21, wo das Schiff wunderbarerweise plötzlich an Land ist), und der Wind legt sich. Es handelt sich in beiden Versionen um eine „Epiphanie", die den typischen dreigliedrigen Aufbau von Wundergeschichten aufweist: Schilderung der Not (47), Behebung der Not (48—50), Konstatierung des Erfolges (51). Im Zentrum steht das Erscheinen Jesu, der Mut zuspricht und sich selber offenbart.

Redaktionell ist die Gestaltung der Verknüpfung mit dem Kontext in 45—47, in die (vgl. Joh 6,17) der Beginn der von Mk aufgenommenen Geschichte verarbeitet ist, daß die Jünger nachts allein mit einem Boot über den See fahren. Redaktionell ist auch die überraschende Schlußbemerkung 52, mit der der Evangelist zurückverweist auf die vorige Geschichte und zugleich weitere Geschichten (8,1—10.14—21) vorbereitet. Im Zusammenhang des Evangeliums knüpft sie aber nicht nur, wie 45 und 52 suggerieren, an die Speisung der 5000 an, sondern bringt auch 4,35—41 in Erinnerung, wo Jesus sich mit der Stillung des Sturmes bereits als Herr über Sturm und See erwiesen hatte und die Jünger gefragt hatten: „Wer ist dieser?" (4,41).

45 Das Boot, in das Jesus seine Jünger schickt, ist zwar für die folgende Geschichte notwendig und war deshalb auch schon in der von Mk aufgenommenen Überlieferung genannt (vgl. Joh 6,17); es ist aber zugleich das Boot, das seit 3,9 bereitsteht und seither einzelne Szenen miteinander verbindet. Jesus schickt seine Jünger voraus in Richtung

Bethsaida, ein Dorf am Nordufer des Sees von Galiläa (daß Philippus aus ihm eine Stadt mit Namen Julias gemacht hatte [Josephus, antiqu. XVIII 28], spielt für die Geschichte keine Rolle, da hier eben der hebräische Name steht; ebensowenig, daß nach Joh 1,44, nicht aber nach Mk, Petrus und Andreas aus Bethsaida stammten). Jesus will noch das Volk entlassen und zieht sich dann **46**, wie es für ihn typisch ist (vgl. 3,13), auf einen Berg zurück, um zu beten (vgl. 1,35). **47** Das Boot mit den Jüngern ist derweil schon mitten auf dem See, Jesus aber allein am Land, und die Frage ist, wie Jesus zum Boot kommen wird.

48 Jesus sieht die Jünger sich quälen, weil, so die Erklärung, sie mit Gegenwind zu kämpfen haben (bei Mk handelt es sich nicht wie bei Joh um eine Sturmstillung). Um die vierte Nachtwache herum (eine römische Zeitangabe, nach der die Nacht zwischen 18 Uhr und 6 Uhr in vier solcher Wachablösungen eingeteilt ist; also ca. 3 Uhr morgens) geht er zu ihnen über das Wasser, will aber an ihrem Boot vorbeigehen. **49** Die Jünger halten ihn für ein Gespenst und schreien; der Erzähler betont noch einmal, daß tatsächlich alle ihn sahen und erschraken **50a**. Jesus aber offenbart sich ihnen **50b** mit der Anrede, Mut zu haben, der Selbstvorstellung ἐγώ εἰμι und der erneuten Anrede, sich nicht zu fürchten, Elementen also der Epiphanie, und er steigt zu ihnen ins Boot **51a**, und der Wind legt sich. Die Jünger reagieren auf das Geschehen **51b** so, wie auch sonst die Leute auf Wunder reagieren, wenn sie außer sich geraten (vgl. 2,12 5,42).

Die doppelte Verstärkung mit λίαν und ἐκ περισσοῦ jedoch bereitet den überraschenden Schlußsatz **52** vor, daß die Jünger die Geschichte mit den Broten nicht verstanden hätten, ihr Herz vielmehr verhärtet gewesen sei. Was sonst angemessene Reaktion auf Wunder und auch auf Epiphanien ist, wird ihnen hier also zum Vorwurf gemacht, und das, ohne daß Mk dem Leser einen Hinweis gibt weder hier noch dort, wie denn seiner Meinung nach die Geschichte mit den Broten verstanden werden solle. Der Leser selbst ist zum Nachdenken aufgefordert, eine Antwort zu finden auf die Frage von 4,41, die zwar der Dämon in 5,7 wußte, nicht aber Jesu Verwandte und Mitbürger in 6,3 und die Leute in 6,14f, aber eben auch nicht die Jünger, die ihn für ein Gespenst hielten (49). Wie wichtig Mk für das Folgende das Brotmotiv ist, zeigt sich darin, daß es auch in 7,2.27f begegnet, bevor dann nach der zweiten Brotvermehrung (8,1–10) Jesus selbst den Jüngern vorgeworfen wird, daß sie die Geschichten mit den Broten nicht verstanden hätten.

Beiden Geschichten, der Speisung der 5000 wie dem Seewandel, schreibt Mk mit 52 in dem Gesamtkomplex 4,35–8,26 eine Schlüsselrolle zu. Hier ist offenbar nach seiner Meinung eine Antwort auf die in 4,41 von den Jüngern gestellte Frage: „Wer ist dieser?" zu finden. Durch die Selbstidentifikation Jesu in 50 ἐγώ εἰμι wird der Leser nachdrücklich auf sie verwiesen, doch ohne eine explizite Antwort zu erhalten, die erst in 8,27ff folgt. Jesus gibt sich seinen Jüngern als er selbst zu erkennen (es handelt sich um eine Identifikation, die nicht eine Prädikation enthält, wer oder was er ist, wie 6,3.15 oder 8,28.29; es geht keinesfalls um den Gottesnamen, der auch in Ex 3,14 nicht einfach ἐγώ εἰμι ist, sondern eine Prädikation enthält, nach LXX ἐγώ εἰμι ὁ ὤν). Wer er eigentlich ist, ist damit noch nicht beantwortet.

Mk bereitet mit diesen wiederholten und sich im folgenden wiederholenden Hinweisen 8,27ff vor, gibt damit auch zu verstehen, daß nicht die „großen" Wunder in sich selbst zeigen, wer Jesus ist. Die Geschichte zeigt ihn freilich erneut als den, der ἐξουσία besitzt, das Reich Gottes nahe zu bringen, in dem Leben hindernde Widrigkeiten aufgehoben sind.

6,53—56 Jesu Wirken bei Genezareth

⁵³Und nachdem sie drüben an Land angekommen waren, kamen sie nach Genezareth und liefen in den Hafen ein. ⁵⁴Und als sie aus dem Boot stiegen, erkannten sie ihn sofort, ⁵⁵liefen in jenem ganzen Gebiet umher und fingen an, auf den Tragen die Kranken dorthin zu bringen, wo er, wie man hörte, gerade war. ⁵⁶Und wo immer er in Dörfer oder Städte oder Gehöfte kam, stellten sie die Kranken auf den Plätzen auf und baten ihn, auch nur den Saum seines Mantels anfassen zu dürfen. Und wer auch immer ihn anfaßte, wurde geheilt.

Auf die Reihe von Einzelgeschichten folgt wieder wie in 1,32—34 und 3,10—12 eine summierende Darstellung von Jesu Wirken, die die einzelnen Geschichten ins Typische erhebt, zugleich von den „großen" Wundern zurückverweist auf das typische Handeln Jesu. Da jegliche erzählerische Substanz fehlt, die dies Stück als als Einzelperikope überliefert wahrscheinlich machen könnte, ist sie auf einen Zusammenhang hin formuliert, und dieser Zusammenhang ist die markinische Redaktion (D. A. Koch, Bedeutung 169), nicht eine vormarkinische Sammlung von Wundergeschichten mit 3,7—12 als Einleitung (gegen Pesch I 364). Mk bringt dem Leser nach den „großen" Wundern Jesu „normales" Wirken in Erinnerung.

53 Das Boot, jenes in 3,9 bereitgestellte und seitdem die einzelnen Geschichten verbindende Boot, landet offenbar in Bethsaida, dem in 45 genannten Reiseziel. Jesus und die Jünger gehen aber sogleich nach Genezareth. Die Lage dieses Ortes, der sonst unter dem kürzeren Namen Γέννησαρ erscheint (1Makk 11,67, Josephus; so auch hier neben D lateinische, syrische und koptische Übersetzungen, die sich offenbar an geographischen Handbüchern orientiert haben) und der dem See, der bei Mk θάλασσα τῆς Γαλιλαίας heißt (1,16 7,31), den uns vertrauten Namen „See Genezareth" gegeben hat, ist nicht genau zu identifizieren; vermutlich lag er südlich von Kapharnaum. Mk liegt offenbar nur daran, daß sofort, nachdem sie das Boot verlassen haben **54**, wieder Leute da sind, die ihn erkennen; **55** wie ein Lauffeuer verbreitet sich die Nachricht von seiner Ankunft, und man bringt wie in 2,4 auf Tragen Kranke zu ihm, wo immer er hinkommt. Diese Angabe wird in **56** noch einmal variiert und dahin verstärkt, daß in allen Dörfern, Städten und Gehöften die Leute die Kranken auf die Plätze stellten und ihn baten, auch nur den Saum seines Gewandes berühren zu dürfen (so die einfache Bedeutung von κράσπεδον im Griechischen; man braucht nicht an die Troddeln jüdischer Kleidung von Num 15,38f Dtn 22,12 zu denken). Wer das tat (vgl. 5,27—29), wurde gesund.

Anders als in den anderen Summarien erscheint Jesus hier merkwürdig passiv (D. A. Koch, Bedeutung 171); das steigert aber nur die von ihm ausgehende ἐξουσία oder δύναμις, ohne daß die Wunder in irgendeiner Weise relativiert werden (gegen Koch ebd.). Als Zwischenresümee hat der Abschnitt die Funktionen der Zusammenfassung und der Überleitung.

7,1—23 Reinheit und Unreinheit

¹Und die Pharisäer und einige der Schriftgelehrten, die aus Jerusalem gekommen waren, versammeln sich bei ihm. ²Und als sie einige seiner Jünger mit unreinen, d. h. mit ungewaschenen Händen die Brote essen sehen, — ³die Pharisäer nämlich und alle Juden essen nicht, wenn sie nicht (wenigstens) mit einer Handvoll die Hände gewaschen haben, womit sie die Überlieferung der Alten festhalten; ⁴und vom Markt essen sie nicht, ohne daß es gewaschen ist, und es gibt vieles anderes, was zu halten ihnen überliefert worden ist: Waschungen von Bechern und Krügen und Kupfergeräten und Lagerstätten.
⁵Und die Pharisäer und die Schriftgelehrten fragen ihn: „Warum verhalten sich deine Jünger nicht entsprechend der Überlieferung der Alten, sondern essen das Brot mit unreinen Händen?"
⁶Er aber sagte zu ihnen: „Vortrefflich hat Jesaja über euch Heuchler geweissagt, wie geschrieben ist:
   ,Dies Volk ehrt mich mit den Lippen,
      ihr Herz aber ist weit weg von mir;
   ⁷vergeblich verehren sie mich,
      indem sie als Lehren Menschensatzungen lehren' (Jes 29,13).
⁸Ihr laßt das Gebot Gottes und haltet die Überlieferungen der Menschen fest."
⁹Und er sagte zu ihnen: „Vortrefflich tut ihr das Gebot Gottes ab, um eure Überlieferung hinzustellen. ¹⁰Mose nämlich hat gesagt: ,Du sollst deinen Vater und deine Mutter ehren!' und: ,Wer Vater oder Mutter schmäht, soll des Todes sterben!'. ¹¹Ihr aber sagt: ,Wenn jemand zu seinem Vater oder seiner Mutter sagt: „Korban, d. h. Opfergabe ist, was du als Nutzen von mir hast!"' ¹²Ihr laßt ihn gar nichts mehr tun für seinen Vater oder seine Mutter, ¹³womit ihr das Wort Gottes außer Kraft setzt zugunsten eurer Überlieferung, die ihr überliefert habt. Und dergleichen tut ihr vieles."
¹⁴Und er rief wieder das Volk zusammen und sagte zu ihnen: „Hört mich alle, und begreift! ¹⁵Nichts gibt es, was von außerhalb des Menschen in ihn hineinkommt, das ihn verunreinigen kann; sondern diejenigen Dinge, die aus dem Menschen herauskommen, sind es, die den Menschen verunreinigen."
¹⁷Und als er vom Volk weg ins Haus gegangen war, fragten ihn seine Jünger nach dem Gleichnis. ¹⁸Und er sagt zu ihnen: „Seid auch ihr so unverständig? Versteht ihr nicht, daß alles, was von außen in den Menschen hineinkommt, ihn nicht verunreinigen kann, ¹⁹weil es nicht ins Herz hineinkommt, sondern in den Bauch und in den Abort hinausgeht?", womit er alle Speisen für rein erklärte.
²⁰Er sagte aber: „Das, was aus dem Menschen herauskommt, das verunreinigt den Menschen. ²¹Von innen nämlich aus dem Herzen des Menschen kommen die bösen Gedanken:
Hurereien, Diebstähle, Morde, ²²Ehebrüche, Begehrlichkeiten, Bosheiten, Betrug, Ausschweifung, böser Blick, üble Nachrede, Überheblichkeit, Dummheit;
²³all dies Böse kommt von innen heraus und verunreinigt den Menschen."

Literatur: C. E. CARLSTON, The Things That Defile, NTS 15 (1968/69) 75−96. − J. A. FITZMYER, The Aramaic qorbān Inscription from Jebel Hallet eṭ-Ṭûri and Mk 7:11/Mt 15:5, in: Essays on the Semitic Background of the New Testament, 1971, 93−100. − M. HENGEL, Mc 7,3 πυγμῇ, ZNW 60 (1969) 182−198. − H. HÜBNER, Mark vii.1−23 und das „jüdisch-hellenistische" Gesetzesverständnis, NTS 22 (1975/76) 319−345. − W. G. KÜMMEL, Äußere und innere Reinheit bei Jesus, in: Heilsgeschehen und Geschichte II, MThSt 16, 1978, 117−129. − J. LAMBRECHT, Jesus and the Law, EThL 53 (1977) 24−82. − D. LÜHRMANN, ... womit er alle Speisen für rein erklärte (Mk 7,19), WuD 16 (1981) 71−92. − H. MERKEL, Markus 7,15, ZRGG 20 (1968) 340−363. − J. NEUSNER, ‚First Cleanse the Inside', NTS 22 (1975/76) 486−495. − W. PASCHEN, Rein und Unrein, StANT 24, 1970. − S. M. REYNOLDS, A Note on Dr. Hengel's Interpretation of πυγμῇ in Mark 7,3, ZNW 62 (1971) 295f.

Mk zeigte seit 4,35 in den „großen" Wundern Jesu ἐξουσία über Naturmächte und Dämonen. 6,1−6 und 6,14−29 hielten darin die Strittigkeit und die Gefährdung seines Auftretens fest; 7,1−23 erinnert nun daran, daß auch die Gegner aus 1,16−4,34, Pharisäer und Schriftgelehrte, ihn weiter beobachten und daß sie sich nach den Auseinandersetzungen in 2,1−3,30 keineswegs geschlagen gegeben haben. Die Verbindung zum Kontext 6,32−44 ist mit dem Motiv „Brote essen" (2) nur locker hergestellt.

Mit der Folge der Streitgespräche in 2,1−3,6 teilt dieser Text wesentliche Elemente des Aufbaus: der Anlaß, hier wie 2,23 ein Verhalten der Jünger (2), der darauf bezugnehmende Vorwurf der Gegner (5) und die Antwort Jesu, die nun aber zunächst mit einem atlichen Zitat einen grundsätzlichen Vorwurf gegen die Gegner bringt (6−8), daran anschließend mit redaktionellem καὶ ἔλεγεν αὐτοῖς (9) verbunden einen Fall nennt, der den Vorwurf von 6−8 erhärtet, aber mit der eigentlichen Frage von 5 nichts zu tun hat (9−13). Sucht man nach einer Antwort auf die Frage der Gegner, so findet man die erst in 15; dazwischen liegt freilich ein Szenenwechsel in 14: Jesus redet nun zum Volk. Nach erneutem Szenenwechsel ist eine doppelte Erläuterung von 15 im engen Kreis der Jünger angeschlossen (17−19 und 20−23). Dieser Wechsel aus der Öffentlichkeit in den Jüngerkreis erinnert an 4,1−34, wo Jesus in 4,13−20 eine „authentische" Auslegung der Gleichnisse vermittelte (vgl. 7,17 mit 4,10).

Der komplizierte Aufbau läßt eine längere Überlieferungsgeschichte hinter dem Mk-Text vermuten. Darauf deutet vor allem die erläuternde Zwischenbemerkung 3f, in der wie in 2,18a den Lesern Informationen über jüdische religiöse Sitten gegeben werden, die sie offenbar nicht mehr aus eigenem Augenschein kennen. Das aktuelle Problem des Streitgesprächs, die Frage des Händewaschens als Befolgung einer vorgeschriebenen religiösen Handlung, ist also nicht mehr ihr Problem. Dennoch wird das Wort Jesu von damals, das diesen aktuellen Anlaß hatte, weiterüberliefert, weil es über den Anlaß hinaus für die Gemeinde Geltung hatte.

Die erste Auslegung 17−19 aktualisiert es durch die feststellende Bemerkung am Schluß von 19 angesichts der urgemeindlichen Auseinandersetzungen um die Gültigkeit jüdischer Speisevorschriften. Die zweite interpretiert es allgemeiner im Blick auf das ethische Verhalten; dies dürfte die Stufe der markinischen Gemeinde sein, ob 20−23 nun auf die Redaktion des Mk zurückgeht oder nicht. Dieselbe Stufe, und hier wohl deutlicher die Hand des Evangelisten, finden wir auch in der Erläuterung 3f und schließlich in der Zwischenschaltung von 6−8 und 9−13, die neben dem paränetischen Ziel von 20−23 die grundsätzliche Differenz zwischen Christen und Juden im Blick auf den Umgang mit dem Gesetz herausstellt, ein Thema, das dann in 10,1−12 und in 12,13−40 wieder aufgenommen werden wird. Dabei wird jedenfalls 9−13 eine Tradition enthalten, die zunächst unabhängig von ihrem jetzigen Kontext überliefert worden ist.

Am Anfang der Überlieferungsgeschichte steht also ein kurzes, aus 1f.5.15 zu rekonstruierendes Apophthegma (vgl. K. Berger, Gesetzesauslegung 463; J. Lambrecht, Jesus 66; gegen H. Hübner, Mark vii 323 u. a., die vor 14 abteilen), dem dann eine erste Aktualisierung in 17−19 folgte, schließlich in einem oder zwei Schritten die Erweiterung durch die zweite Auslegung 20−23, die Erläuterung 3f und die grundsätzliche Aussage in 6−8, die mit dem aus anderem Zusammenhang stammenden Beispiel von 9−13 belegt wird, weil der eigentliche Anlaß dies nicht hergibt. 6−8 setzt aber voraus, daß das ursprüngliche Streitgespräch über die Reinheit bereits grundsätzlich gefaßt ist als Auseinandersetzung um die „Überlieferung der Alten" (3.5). Das Ziel ist wie in allen Streitgesprächen ein doppeltes: nach außen die Abgrenzung gegenüber dem Judentum, nach innen die Aktualisierung des Wortes, das Jesus damals gesprochen hat, als verpflichtend für die Gegenwart.

Die Exposition 1−5 ist verhältnismäßig ausführlich, pedantisch dabei in der umständlichen Wiederholung einzelner Wörter. **1** Als Gegner treten wieder wie in 2,15−3,6 die Pharisäer (vgl. 2,16) und mit ihnen Schriftgelehrte, die Hauptgegner Jesu bei Mk (vgl. 1,22), auf; wie in 3,22 werden die Schriftgelehrten als aus Jerusalem nach Galiläa gekommen eingeführt. Jerusalem behält also weiterhin im Auge, was Jesus in Galiläa treibt; zugleich weist diese Angabe voraus auf die Passion Jesu, in der die Schriftgelehrten als Teil des Synhedriums verantwortlich sein werden für Jesu Tod. **2** Anstoß erregt bei ihnen (auch wenn ἐμέμψαντο sekundär eingefügt ist, um den Anakoluth aufzulösen, zeigt 2 dem Leser doch ihren Vorbehalt), daß einige der Jünger mit unreinen Händen Brote essen. Der Fachausdruck dafür ist κοιναὶ χεῖϱες, wobei κοινός die spezielle Bedeutung von „Unreinheit" gemessen am Maßstab des Gesetzes hat (vgl. 1Makk 1,47.62; Josephus), anknüpfend wohl an die Bedeutung von „allgemein" im Sinne von „vulgär, gemein". Dem Leser ist dies so unmittelbar nicht verständlich; der Erzähler hält eine Erläuterung für nötig (τοῦτ' ἔστιν), schon in 2 und dann vor allem in 3f.

Der in 2 begonnene Satz bleibt unvollständig, wird auch in 5 nicht direkt fortgesetzt. Der Evangelist schiebt die Erläuterung ein, um seinen Lesern deutlich zu machen, worin der Konflikt eigentlich besteht (vgl. ähnlich 2,18a). Der Sinn von **3** ist klar: Alle Juden − man sieht die Distanz zu „den Juden" −, nicht nur die Pharisäer, beachten die Vorschrift, nicht zu essen, ohne sich die Hände gewaschen zu haben. Klar ist damit aber auch, daß dem Leser nach Meinung des Mk solche Vorschriften nicht bekannt sein können. Sie stehen ja auch nicht im Gesetz des Alten Testaments geschrieben, sondern gehören zur „Überlieferung der Alten", also dem mündlichen Gesetz neben der geschriebenen Tora (s. o. S. 61); diese hatte für die Pharisäer eine ähnliche Dignität wie das Sinaigesetz (vgl. zu diesen Vorschriften im einzelnen Bill I 695−704). Schwierigkeiten bereitet das Hapaxlegomenon πυγμῇ, von M. Hengel (Mc 7,3) als „Handvoll" erklärt, von S. M. Reynolds (Note) als „halbgeschlossene Hand". So oder so scheint πυγμῇ auf eine Minimalforderung zu deuten: „wenn sie nicht wenigstens . . .".

4 nennt weitere beim Essen zu beachtende Vorschriften: Auf dem Markt Gekauftes muß vor dem Genuß gewaschen werden, darüber hinaus muß noch vieles andere eingehalten werden, Waschungen von Bechern, Krügen, Kupfergefäßen und auch Liegemöbeln (καὶ κλινῶν ist ein gut bezeugter Zusatz). All dies sind für die Leser fremdartige Bräuche, die ihnen als „Überlieferung der Alten" vorgestellt werden, die aber nicht zum geschriebenen Gesetz gehören. Verständlich kann nun sein, warum die Gegner fragen **5**, weshalb die Jünger sich über diese Vorschriften hinwegsetzen. Damit ist das Thema von 2, die spezielle Frage des Essens, ausgeweitet auf die Frage der Geltung der mündlichen Überlieferung generell, und die Geschichte wird zur grundsätzlichen Auseinandersetzung darüber.

Jesus antwortet zunächst **6—8** mit einem Hinweis auf die Schrift, die selbst den Juden den Vorwurf mache, Menschenüberlieferung anstelle des Gottesgebotes zu halten (8). Das Zitat in 6b.7 setzt die LXX-Fassung von Jes 29,13 voraus; nur hier nämlich und nicht im hebräischen Text ist der zitierte Vers ein abgeschlossener Aussagesatz (HT: die Begründung der in Jes 29,14 folgenden Strafandrohung). Daher kann 6—8 erst auf der Stufe der griechisch übersetzten Tradition in diesen Kontext gekommen sein. „Heuchler" (6a — das Substantiv ὑποκριτής nur hier bei Mk) sind die Gegner insofern, als sie nur Menschengebote lehren, nicht wirklich Gott verehren, ja Gottes Gebot abtun zugunsten menschlicher Überlieferung. Damit aber wird aus der für die Pharisäer dem geschriebenen Gesetz prinzipiell gleichwertigen „Überlieferung der Alten" „Überlieferungen der Menschen" im Gegensatz zum „Gebot Gottes". Daß „die Juden" dies außer acht lassen, läßt sich freilich an der zur Debatte stehenden Frage des Händewaschens nicht zeigen, da ein solches Verhalten ja nicht einem Gebot des Gesetzes widerspricht.

Deshalb fügt Mk mit redaktionellem καὶ ἔλεγεν αὐτοῖς **9** ein Beispiel an, das belegen soll, wie eine Vorschrift der jüdischen Überlieferung gegen ein im Gesetz fixiertes Gebot Gottes aufgestellt ist (10—13). Als Gebote Gottes werden das Elterngebot des Dekalogs (Ex 20,12 Dtn 5,16) und Ex 21,17 zitiert **10**. Im Widerspruch zu beidem steht die Möglichkeit, in bestimmten Fällen die Eltern nicht zu ehren und Böses gegen sie zu sprechen in Erfüllung einer Vorschrift der Überlieferung **11—13a**: Wer nämlich etwas, was er mit einer Dedikationsformel belegt hat, nachträglich doch seinem Vater oder seiner Mutter zukommen lassen möchte, dem ist das verwehrt. Das hebräische Wort κορβᾶν erscheint zunächst in griechischer Umschrift und wird dann mit δῶρον erläutert (δῶρον „Opfer" ist das Übersetzungswort für קרבן in der LXX, vgl. Josephus); die zitierte Formel entspricht als ganze jüdischer Praxis (vgl. K. H. Rengstorf, ThWNT III 865; J. A. Fitzmyer, Inscription; vgl. auch die Inschrift aus Jerusalem: B. Mazar, BA 33 [1970] 55). „Das Ergebnis des Ausspruchs ist nur, daß dem Betreffenden selbst der Genuß unmöglich ist, nicht aber, daß die genannten Personen oder Gegenstände dem Tempel anheimfallen" (Rengstorf ebd.). Diese auch im Judentum selber nicht unumstrittene und später modifizierte Vorschrift (vgl. Ned. IX) nun hat keinen Anhalt im geschriebenen Gesetz, hindert jedoch die Erfüllung des darin zu findenden „Wortes Gottes" (13a). **13b** verallgemeinert von diesem Einzelfall auf den in 8f formulierten generellen Vorwurf. Das alles hat nichts mehr direkt mit der Ausgangssituation in 1—5 zu tun, dient vielmehr dazu zu zeigen, daß jüdische Überlieferungen, wie nun auch diejenigen, die das Händewaschen betreffen, im Widerspruch zum eigentlichen Willen Gottes stehen, der im geschriebenen Gesetz zu finden ist.

Der ursprüngliche Erzählungsfaden wird mit 14f wieder aufgenommen, freilich mit einem redaktionell geschaffenen Neueinsatz. Jesus wendet sich nun an das Volk **14** und leitet mit seinem Aufruf zum Hören seine Rede ein. Der Leser erinnert sich bei ἀκούσατε vielleicht an die Einleitung des Sämannsgleichnisses 4,3, vor allem aber wohl an 4,12, wo im Zitat aus Jes 6,9 ja gesagt war, daß „die draußen" hören und nicht verstehen. Damit ist zugleich die Jüngerbelehrung 17—23 vorbereitet. **15** Die so eingeleitete Rede besteht nun freilich aus nur einem einzigen Satz. Indem Mk diesen nicht mehr (wie wohl das ursprüngliche Apophthegma) als Antwort Jesu auf die Frage seiner Gegner (5), sondern als allgemeine Rede an das Volk darstellt, schafft er zugleich wie in 4,1–34 wieder die Möglichkeit, zwischen Öffentlichkeit und Jüngerkreis zu unterscheiden, zumal er den Satz von 15 in 17 als παραβολή bezeichnet (vgl. 4,10.33). Der Sinn dessen, was Jesus gesagt hat, erschließt sich den Jüngern, aber nur über die „authentische" Auslegung durch Jesus selber.

Der Satz ist als zweigliedriger antithetischer Regelsatz gefaßt. Er wendet sich gegen alle Sorge vor von außen kommender Verunreinigung, die auch den Vorschriften über das Händewaschen zugrunde liegt, und lenkt den Blick darauf, daß Verunreinigung aus dem Menschen selber herauskommt. Das Gesetz schützt auch in diesem Falle den Menschen nicht vor der Außenwelt, sondern umgekehrt schützt der Wille Gottes die anderen vor allem, wozu das Ich fähig ist. Diese Umkehrung der Blickrichtung ist ein bezeichnender Zug der gesamten Gesetzesauslegung Jesu; auch die überspitzende Formulierung der ersten Spruchhälfte spricht dafür, daß dieser Satz auf Jesus selbst zurückgeht.

(Der Vers **16** des textus receptus nimmt den Weckruf aus 4,9.25 auf, zeigt also, daß schon frühe Abschreiber die enge Beziehung zu 4,1–34 gemerkt haben; er ist sekundär, gegen Greeven z. St.).

17 Die beiden Auslegungen werden mit einem erneuten Szenenwechsel in den Jüngerkreis eingeleitet (vgl. 4,10). **18a** Die Jünger sind hier wieder „unverständig" (vgl. 4,13 6,52), unterscheiden sich also nicht von denen „draußen", erhalten jedoch die Auslegung. Jesus interpretiert zunächst den negativ formulierten ersten Halbsatz 15a, der in **18b** noch einmal zitiert wird. Begründet wird er in **19** auf recht drastische Weise – das, was von außen kommt, berührt nicht das Herz des Menschen als den eigentlichen Ort seines Personseins, sondern verschwindet im Abort. Die konstatierende Bemerkung am Schluß von 19 sieht darin den Beweis dafür, daß es nach Jesu Meinung keine unreinen Speisen geben kann, die Christen also nicht mehr an jüdische Speisegebote gebunden sind (gegen Schweizer u. a., die den Schluß von 19 noch als Teil der Rede Jesu verstehen und dann zumeist als sekundäre Glosse ausscheiden). Apg 10,14f Röm 14,14f und viele andere Stellen zeigen, welche Rolle diese Frage in der Geschichte des frühen Christentums gespielt hat. Weil er dafür kein direktes „Wort des Herrn" besaß, aktualisierte Mk den allgemeinen Satz 15.

Die zweite Auslegung 20–23 referiert in **20** zunächst den positiv formulierten zweiten Halbsatz von 15. **21a** Wie in 19 ist das Herz die eigentliche „Person" des Menschen. Beabsichtigt oder nicht liegt darin, daß gegenüber 15 in den Auslegungen nun καρδία betont wird, ein Rückgriff auf das Zitat in 6 mit seinem Gegensatz von „Herz" und „Menschensatzungen".

Was aus dem Herzen herauskommt, sind διαλογισμοὶ κακοί (vgl. Prov 6,18 LXX), der zusammenfassende Begriff für die in **21b.22** aufgezählten zwölf falschen Verhaltensweisen. Die nächsten Parallelen zu dieser Reihe finden sich nicht in der Jesusüberlieferung, sondern in paränetischen Teilen der Briefliteratur („Lasterkataloge"), die wiederum vor allem in der griechischen philosophischen Ethik, vermittelt über die Literatur des hellenistischen Judentums, ihre Vorbilder haben. Wir stoßen hier also auf eine letzte Überlieferungsschicht, die das Jesuswort von 15 völlig aus seinem ursprünglichen Kontext der jüdischen Reinheitsgebote löst. Diese Richtung ist aber im Judentum selber schon angelegt, vgl. Philos Interpretation der Reinheitsgebote in spec. leg. III 209: ἀκάθαρτος γὰρ κυρίως ὁ ἄδικος καὶ ἀσεβής.

Vor allem die Pluralform der ersten sechs Glieder zeigt, daß es sich nicht um bloße „Gesinnungen" oder „Haltungen" handelt, sondern um konkrete Verhaltensweisen. Im einzelnen werden genannt: Hurereien (oft zu Beginn solcher Kataloge, wobei πορνεία immer auch den Zusammenhang des Götzendienstes mit anklingen läßt), Diebstähle, Morde, (22) Ehebrüche, Gewinnsucht, Bosheiten (welcher Art auch immer), dann auf der Mitte in den Singular wechselnd: Betrug, Zügellosigkeit, böser Blick im Sinne von Mißgunst (aber doch wohl immer noch alte magische Vorstellungen einschließend), Lästerung, Hochmut, Dummheit — alles Verhaltensweisen im zwischenmenschlichen Bereich. Solche Listen haben nie abschließenden Charakter, sondern ließen sich beliebig fortsetzen (vgl. Gal 5,21). Die Zwölfzahl (gegliedert durch den Wechsel vom Plural zum Singular auf der Mitte) weist auf den umfassenden Sinn der Liste.

23 wiederholt erneut 15b, das nun nicht mehr allein durch das Gegenüber zu 15a, sondern auch durch 21f selber inhaltlich erläutert ist. Die Reinheitsfrage verlagert sich ganz in den Bereich ethischer Verhaltensweisen. Das überlieferte Wort Jesu behält seine Gültigkeit und liefert in dieser Weise interpretiert Anweisung auch für die Gegenwart der Gemeinde, nicht nur für die Zeit damals in Galiläa.

Im Zusammenhang des Evangeliums wirkt 1—23 an dieser Stelle wie ein Fremdkörper, da inhaltlich keine Beziehungen zum Kontext bestehen. Die Auseinandersetzung mit Pharisäern und Schriftgelehrten ist nach hinten nur in 2 locker verbunden über das Motiv „Brote essen", nach vorne ebenso locker durch dasselbe Motiv in 28, inhaltlich vielleicht etwas stärker, insofern die folgende Geschichte vom Glauben einer Heidin im Gegensatz zur Auseinandersetzung mit den Juden (3) erzählt. Insgesamt hat 1—23 die Funktion einer Erinnerung an die Gegner Jesu in Galiläa, die Pharisäer, zu denen hier auch die Schriftgelehrten aus Jerusalem treten.

Inhaltlich zieht die Auseinandersetzung einen scharfen Trennungsstrich zu dem aus der „Überlieferung der Alten" sich definierenden Judentum, gegenüber Pharisäern wie auch gegenüber den aktuellen Hauptgegnern auf jüdischer Seite, den Schriftgelehrten. Jesu ἐξουσία (vgl. 1,22.27) erweist sich erneut auch in seiner Lehre. Den Jüngern dagegen wird ein weiteres Mal der Vorwurf gemacht (vgl. 6,52), nicht zu verstehen.

7,24—30 Jesu Begegnung mit einer syrophönizischen Frau

²⁴Von dort brach er auf und ging in das Gebiet von Tyrus. Und als er in ein Haus ging, wollte er, daß es niemand wüßte, und konnte doch nicht verborgen bleiben, ²⁵sondern sofort kam eine Frau, die über ihn gehört hatte, deren Töchterchen einen unreinen Geist hatte, und fiel vor seinen Füßen nieder. ²⁶Die Frau war aber eine Griechin, von Geburt Syrophönizierin. Und sie bat ihn, den Dämon aus ihrer Tochter auszutreiben. ²⁷Da sagte er zu ihr: „Laß zuerst die Kinder satt werden, denn es ist nicht gut, das Brot der Kinder zu nehmen und es den Hündchen hinzuwerfen." ²⁸Sie antwortete aber und sagte zu ihm: „Herr, auch die Hündchen unter dem Tisch essen von den Brosamen der Kinder." ²⁹Da sagte er zu ihr: „Wegen dieses Wortes geh hin; ausgefahren ist aus deiner Tochter der

Dämon." [30]Da ging sie nach Hause und fand das Kind auf das Bett geworfen und den Dämon ausgefahren.

Literatur: T. A. BURKILL, The Syrophoenician Woman, ZNW 57 (1966) 23—37. — G. THEIßEN, Lokal- und Sozialkolorit in der Geschichte von der syrophönizischen Frau, ZNW 75 (1984) 202—225.

Auf die Auseinandersetzung mit der Lehrüberlieferung der Juden (1—23) folgt eine Geschichte von einer Begegnung Jesu mit einer heidnischen Frau. Sie enthält den typischen Aufbau einer Wundergeschichte: Beschreibung der Notlage und Bitte um Hilfe (25f), Heilung durch Jesus (29) und Konstatierung des geschehenen Wunders (30). Darin eingelagert findet sich ein Dialog zwischen Jesus und der Frau (27f), eine Art „Streitgespräch" (R. Bultmann, GST 38). Anders als in 2,1—12 gibt es aber keine Anzeichen, daß beides nicht ursprünglich zusammengehört habe; vielmehr entsteht der Dialog aus der Besonderheit dieser Geschichte. Sie ist nämlich die einzige, in der der Bittsteller nicht auch Jude wie Jesus ist (vgl. die ähnliche Geschichte, ebenfalls eine Fernheilung, aus Q Lk 7,1—10/Mt 8,5—13, in der auch ein Dialog die Szene prägt, der genauso die Besonderheit der Heilung eines Nichtjuden begründet).

Redaktionell ist lediglich die Verknüpfung mit dem Kontext in 24 (vgl. zu 24a 10,1a, zum Motiv des Hauses als Ort der Verborgenheit 24b 2,1 3,20 7,17); die Überleitung 31 zu Beginn der nächsten Geschichte setzt 24 voraus und ist ebenso redaktionell. Die Geschichte als solche war an sich ort- und zeitlos; die Ortsangabe 24 ist aus der Herkunft der Frau (26) gebildet.

24 Die letzte Ortsangabe findet sich in 6,53: Jesus hielt sich in der Umgebung von Genezareth auf. Von dort zieht er nun in das Hinterland der Stadt Tyros; ὅρια meint die zu einer πόλις gehörenden Dörfer und Einzelgehöfte (vgl. 5,17 7,21). Diese Gegend war bereits in dem geographischen Überblick 3,8 genannt worden, und auch ohne genauere Kenntnisse wird ein damaliger Leser wissen, daß es sich um das Gebiet der bekannten alten Stadt am Mittelmeer handelt, außerhalb Palästinas. Jesus verläßt also wieder Galiläa (vgl. 5,1—20) in Richtung nichtjüdisches Gebiet. Er zieht sich in ein Haus zurück, kann aber selbst auf fremdem Boden nicht verborgen bleiben (vgl. 3,8).

25 Alsbald kommt nämlich eine Frau zu ihm, deren Notlage der Erzähler schildert, sie nicht selbst vortragen läßt. Ihre Tochter hat einen unreinen Geist, wie Jesus schon öfters welche ausgetrieben hat (vgl. 1,23.26f 3,11 5,2.8.13 6,7), und sie fällt vor Jesus nieder. Erwartet der Leser eine Wiederholung der Dämonenaustreibungen, so gibt **26** ein neues Thema an, denn die Frau wird nachträglich noch vorgestellt als Ἑλληνίς, also Griechin, nicht Jüdin, und als Συροφοινίκισσα ihrer Herkunft nach. Letzteres ist nicht Eigenbezeichnung der Leute dieser Gegend, sondern von einem Standpunkt außerhalb her formuliert, wo man zwischen Lybophöniziern in Afrika und Syrophöniziern unterscheidet (Diod. Sic. XIX 98,7 und XX 55,4); die ältesten Belege für diesen Sprachgebrauch finden sich in lateinischen Texten (G. Theißen, Lokalkolorit 222). Wenn nun eine solche Frau an Jesus herantritt, ist die Frage nicht, ob er helfen kann, sondern ob er will.

27 Jesu erste Reaktion ist negativ, wenn auch in einem Bildwort verschlüsselt. Das Thema des Sättigens verbindet die Geschichte locker mit dem Kontext, in dem es in 6,32—44 und 7,1—23 um Essen ging und in 8,1—10.14—21 wieder gehen wird. Das Stichwort „Kinder" ist weder im Kontext angelegt noch hier unmittelbar verständlich, wo es doch um ein Kind geht und „Kind" zunächst den Unterschied zu „erwachsen" enthalten kann. Diese Assoziation wird jedoch in der Begründung abgelöst durch den Unterschied zwischen Kindern und Hunden, genauer wegen der Diminutivform κυνά-ριον: ungefährlichen und ebenso wie Kinder auf Nahrung angewiesenen Hündchen im Hause. Als Regelsatz klingt dies wie ein Sprichwort, das durch die Vorstellung der bittenden Mutter in 26a auf den Gegensatz von Juden und Heiden aktualisiert ist.

Die Geschichte spricht also das Problem des frühen Christentums an, ob bzw. wie auch Heiden Zugang zur Gemeinde haben können. Dieses Problem hatte außerhalb des Horizonts des historischen Jesus gelegen; die wenigen Aussagen Jesu über Heiden im Unterschied zu Juden (bes. in Q) und die wenigen Geschichten von Begegnungen Jesu mit Nichtjuden boten keine eindeutige Richtlinie, waren aber um so wichtiger, wollte man unbeschränkten Zugang für Heiden begründen, da sich auf der anderen Seite keine grundsätzliche Absage an Heiden(mission) in der Jesusüberlieferung findet (Mt 10,5b und 15,24 werden bei Mt durch Jesus selbst in 28,19a aufgehoben). So scheint Jesu Antwort in 27 zunächst denen Recht zu geben, die uneingeschränkte Zulassung von Heiden ablehnen; das πρῶτον klingt anders als bei Paulus (Röm 1,16) exklusiv.

28 Die schlagfertige Antwort der Frau nimmt dem Wort Jesu jedoch diese Exklusivität. Mit der Anrede κύριε (die Einleitung mit ναί ist zwar durch א B 2427 u. a. gut bezeugt, aber doch wohl aus Mt 15,27 eingetragen) anerkennt die Frau zwar seine Autorität (zu κύριος vgl. 5,19 und 12,35–37a), akzeptiert auch den Vorrang der Kinder, relativiert jedoch das πρῶτον. **29** Jesus gibt sich geschlagen und versichert der Frau, daß sie zu Hause ihre Tochter geheilt vorfinden werde. Die Spannung ist also gelöst, wenn auch nur für dieses eine Mal. Aber immerhin konnte die Geschichte als Paradigma verwendet werden für die Hinwendung auch zu Heiden, wie sie zur Zeit des Mk längst selbstverständlich ist (vgl. 13,10). **30** Daß Jesus Recht hatte, konstatiert abschließend der Erzähler; in der Tat findet die Mutter ihr Kind geheilt vor.

Das jedoch verwundert den Leser nicht mehr; wichtiger ist der Ausgang der erstmaligen, wenn auch Episode bleibenden Begegnung Jesu mit einer Heidin. Jesus hatte zwar in 5,1–20 schon seine Vollmacht auch über heidnische Dämonen bewiesen; dort aber waren ihm nur diese entgegengetreten, hatte nicht ein Heide oder eine Heidin ihn um Hilfe gebeten. Im Kontext des Evangeliums handelt es sich um eine weitere der diesen Teil des Weges Jesu bestimmenden Wundergeschichten. In 19c war eines der Grundprobleme des Verhältnisses zwischen Juden(christen) und Heiden(christen), die Frage der Speisevorschriften, nebenbei angesprochen worden; nun kommt dieses Verhältnis episodenhaft erneut zur Sprache. Die Geschichte als solche mag ihren begrenzten Horizont dort haben, wo sie spielt (vgl. G. Theißen, Lokalkolorit), abgelöst von ihrem Ursprung wird sie zum Paradigma, daß Jesus selbst, wenn auch nur vorübergehend, die Grenzen Israels überschritten hatte und daß die Nähe des Reiches Gottes nicht an diese Grenzen gebunden ist.

7,31–37 Die Heilung eines Taubstummen

31Und er ging weg aus dem Gebiet von Tyrus und zog durch Sidon wieder an den See von Galiläa mitten durch das Gebiet der Dekapolis. 32Da bringen sie zu ihm einen Taubstummen und bitten ihn, ihm die Hand aufzulegen. 33Da nahm

er ihn weg aus der Menge für sich, legte seine Finger in seine Ohren, spuckte und
berührte seine Zunge [34]und blickte auf zum Himmel, seufzte und sagt zu ihm:
„Ephatha", d. h.: „Sei geöffnet!" [35]Da öffneten sich seine Ohren sofort, und die
Fessel seiner Zunge war gelöst, und er redete richtig. [36]Und er befahl ihnen,
niemandem etwas zu sagen. So sehr er es ihnen befahl, sie verkündigten es um so
mehr. [37]Und über alle Maßen erregten sie sich und sagten: „Alles hat er gut
gemacht; sowohl die Tauben bringt er zum Hören als auch die Stummen zum
Reden."

Literatur: D. A. KOCH, Inhaltliche Gliederung und geographischer Aufriß im Markusevangelium,
NTS 29 (1983) 145–166. – F. G. LANG, „Über Sidon mitten ins Gebiet der Dekapolis", ZDPV 94
(1978) 145–160.

Jesus war in 24 über die Grenzen Galiläas hinausgegangen und kehrt nun in 31 an den See
von Galiläa zurück, wenn auch mitten in der Dekapolis. Diese Verbindung ist auf Mk
selbst zurückzuführen. Die folgende Wundergeschichte ist an sich ort- und zeitlos, erzählt nur in der typischen Abfolge von Schilderung der Notlage und Bitte um Hilfe (32),
Heilung durch Jesus (33f) und Konstatierung der erfolgten Heilung (35) sowie abschließender Akklamation (37) davon, wie Jesus einem Taubstummen Gehör und Sprache
zurückgegeben hat. 36 ist mit den bekannten Motiven des Verbreitungsverbots und
dessen Übertretung redaktionell.

Gegenüber den bisherigen wunderhaften Heilungen Jesu fällt auf, daß die Heilung
nicht allein durch das Wort Jesu oder ein damit verbundenes Berühren des Kranken
erfolgt, sondern wie später auch in 8,23 durch den Speichel (zur Frage einer ursprünglichen Zusammengehörigkeit beider Geschichten s. u. S. 139). Ein Rekurs auf antike
magische Vorstellungen, die mit dem Speichel verbunden waren, zeigt nur, daß auch
damals wie noch heute der Speichel ein natürliches Mittel war, Wunder zu wirken (wenn
man bei einem Kind mit angelecktem Finger über eine schmerzende oder verwundete
Stelle fährt, am besten verbunden mit einem Zauberspruch wie „Heile, heile, Segen").

31 Jesus kehrt vom tyrischen Hinterland zurück an den See von Galiläa, die Stätte
seines Wirkens von Anfang an (1,16). Um eine mögliche Verwechslung mit dem Mittelmeer, an dem Tyros liegt, auszuschließen, wird er hier noch einmal ausdrücklich als
θάλασσα τῆς Γαλιλαίας bezeichnet; auch das πάλιν erinnert den Leser daran. Die Stationen der Reise sind recht pauschal angegeben, da sie zunächst nach Norden zu führen
scheint und dann unvermittelt in der Dekapolis endet, wenn man sich an einer modernen
Karte „Palästina zur Zeit Jesu" orientiert. Erneut zeigt sich, daß Mk nur vage Kenntnisse
über Palästina (und Umgebung) besitzt; geographisch läßt sich diese Route nicht verifizieren (gegen F. G. Lang, Sidon, der meint, daß Mk hier Jesus über Damaskus gehen
läßt). Tyros und Sidon bilden ein altbekanntes Zwillingspaar; wer Tyros nannte, mußte
auch Sidon erwähnen (vgl. Mt 15,21 und die Textüberlieferung hier in 31 und 24).

Es geht Mk darum, Jesus dorthin zurückzubringen, wo er bisher gewesen war, bevor
dann alles auf das endgültige Ziel des Weges Jesu, Jerusalem, ausgerichtet sein wird. Daß
ἀνὰ μέσον τῶν ὁρίων Δεκαπόλεως am Ende des einleitenden Satzes steht, zeigt, daß die
folgende Geschichte hier gedacht ist (D. A. Koch, Gliederung 152). Der Leser kennt die
Dekapolis bereits aus 5,1–20 als die Gegend jenseits des Sees, aus der Jesus alsbald
zurückgekehrt war ans „diesseitige" Ufer; er kennt sie als das Land, wo es Schweine gibt

und Legionen von Dämonen, also als nichtjüdisches Gebiet. Wenn Jesus dort nun einen Taubstummen heilen wird, zeigt das, daß sein Wunder 24−30 nicht Episode bleibt, sondern bestätigt wird durch ein zweites, abgesehen noch einmal von 5,1−20; freilich spielt diese Lokalisierung in der Geschichte selber keine Rolle.

32a beschreibt kurz und prägnant den Fall: man bringt zu ihm (vgl. 1,32 2,3) einen, der taub und dementsprechend sprachbehindert ist, eine auf natürliche Weise nicht behebbare Minderung des Lebens. Die Bitte **32b** besteht schlicht und einfach darin, daß Jesus ihn mit seiner Hand anfassen soll. Daß dies allein Wunder wirkt, weiß der Leser (vgl. 1,31.41 5,23.41 6,2.5). Das Neue ist demnach, wie er das tut: **33** Jesus nimmt den Kranken beiseite, legt seine Finger auf die Ohren des Kranken, spuckt, faßt seine Zunge an, berührt also nacheinander die beiden von der Krankheit betroffenen Organe, **34** blickt seufzend zum Himmel auf und sagt zu dem Kranken ein in griechischer Sprache fremdes Wort εφφαθα, das wieder wie in 5,41 übersetzt wird, also nicht fremdsprachiger Zauberspruch bleibt, sondern einfach bedeutet: „Öffne dich!" (zugrunde liegt der hebr. und aram. Stamm פתח, vgl. J. Jeremias, Theologie 18 + Anm. 51). Das liest sich nicht nur als ein Bericht über das, was Jesus damals getan hat, sondern auch als ein Beispiel, wie bei derartigen Fällen zu verfahren ist.

Sofort geschieht die Heilung **35** beider Organe; der Kranke kann wieder hören und richtig sprechen. Jesus verbietet den Anwesenden **36**, jemandem davon zu erzählen (vgl. 1,43.44a 5,43a); jedoch verkündigen die es um so mehr (vgl. 1,45). Erneut wird dadurch der Leser vor die Frage gestellt: „Wer ist dieser?" (4,41). Sicherlich ist er der Wundertäter, und das wird auch verkündigt (vgl. κηρύσσειν in 1,45 und hier), weil es Teil des Evangeliums ist (vgl. 13,10); und dennoch zeigen Wundergeschichten wie diese für Mk nicht, wer Jesus eigentlich ist. So ist auch die abschließende Akklamation **37**, die aus der einen Heilung verallgemeinert, nicht die zutreffende Antwort. Ihre Formulierung greift zurück auf atliche Sprache (Gen 1,31 LXX: καὶ εἶδεν ὁ θεὸς τὰ πάντα, ὅσα ἐποίησεν, καὶ ἰδοὺ καλὰ λίαν, Jes 35,5f LXX: καὶ ὦτα κωφῶν ἀκούσονται … καὶ τρανὴ ἔσται γλῶσσα μογιλάλων); auf Jesus wird übertragen, was dort von Gott gesagt ist. Aber Jesus ist nicht Gott selber (vgl. 4,41), sondern Gottes Sohn (vgl. 1,11), der das Reich Gottes nahebringt in seinem Wort, das nun nahe ist im Evangelium (vgl. die durchaus ähnliche Konzeption in Q Lk 7,22/Mt 11,5).

Im Zusammenhang des Evangeliums ist dies eine weitere Station des Weges Jesu, der erneut seine ἐξουσία erweist und dies weiterhin auf heidnischem Gebiet. Neu gegenüber früheren Heilungen ist nicht nur die Art der Krankheit, sondern auch, wie Jesus heilt. Dem Leser wird erneut die seit 4,41 immer wieder aufbrechende christologische Frage (vgl. 5,7 6,3.14b.15.50) gestellt.

8,1−10 Die Speisung der 4000

¹Als in jenen Tagen wieder viele Leute da waren und nichts hatten, was sie essen könnten, rief er seine Jünger zu sich und sagt zu ihnen: ²„Ich habe Erbarmen mit dem Volk, denn sie sind schon drei Tage bei mir und haben nichts, was sie essen könnten. ³Und wenn ich sie hungrig nach Hause schicke, machen sie unterwegs schlapp. Und einige von ihnen sind von weither gekommen." ⁴Da antworteten ihm seine Jünger: „Woher könnte jemand diese hier satt machen mit Broten in

der Einsamkeit?" [5]Und er fragte sie: „Wieviel Brote habt ihr?" Sie sagten aber: „Sieben." [6]Da befiehlt er dem Volk, sich auf der Erde zu lagern, und nahm die sieben Brote, dankte, brach sie und gab sie seinen Jüngern, damit sie sie vorlegten, und sie legten sie den Leuten vor. [7]Und sie hatten wenige Fischchen, und er sprach den Segen über ihnen und gab Anweisung, auch sie vorzulegen. [8]Da aßen sie und wurden satt, und sie hoben die übrigen Brocken auf, sieben Körbe. [9]Es waren aber ungefähr 4000. Da entließ er sie. [10]Und sofort stieg er in das Boot mit seinen Jüngern und kam in die Gegend von Dalmanutha.

Literatur: S. zu 6,32—44.

Wie das πάλιν in 1 andeutet und wie die Parallelisierung in 19f zeigen wird, ist Mk sich bewußt, daß er erneut und kaum variiert eine ähnliche Geschichte wie 6,32—44 erzählt. Dort erwies sich das Motiv des Erbarmens Jesu (6,34) als redaktionelle Übernahme aus dieser zweiten Geschichte (8,2); hier ist die nachklappende Erwähnung der Fische in 7 Angleichung an die erste Geschichte. Beide Versionen hat Mk seiner Überlieferung entnommen (s. o. S. 119). Die zweite beweist die redaktionelle Schlußbemerkung 6,52, die in 17—21 wieder aufgenommen wird: die Jünger verhalten sich ja in 8,1—9 genauso wie in 6,32—44, haben also nichts aus der ersten Geschichte gelernt. 10 stellt mit dem Motiv des Bootes redaktionell den Zusammenhang zum Kontext her.

1a Πάλιν verweist den Leser auf die Ausgangssituation von 6,32—44. Wie dort ist erneut eine große Volksmenge bei Jesus, die nichts mehr zu essen hat. Die Zeitangabe ἐν ἐκείναις ταῖς ἡμέραις hat etwas Unbestimmtes, stellt jedenfalls nur eine lockere Verbindung zum Kontext her und verzichtet auf das geographische Motiv des Ortswechsels, das für die letzten Geschichten bestimmend gewesen war.

1b Anders als in 6,35f machen nicht die Jünger Jesus auf die sich abzeichnende Notlage aufmerksam, vielmehr ruft er sie zu sich (vgl. 3,13 6,7) und schildert ihnen **2** die Lage unter dem Vorzeichen seines Erbarmens mit der Menge. In 6,35 war dies mit der Einsamkeit des Ortes (vgl. 4) begründet, hier mit der Dauer des Aufenthalts von drei Tagen; danach, so wird der Leser schließen, muß jeder mitgebrachte Vorrat erschöpft sein. **3** setzt diese Überlegungen fort, daß es nun zu spät sei, die Leute heimzuschicken. Mit ἀπὸ μακρόθεν kommt neben dem zeitlichen auch ein räumliches Motiv ins Spiel. Im Zusammenhang des Markusevangeliums befindet Jesus sich „in jenen Tagen" ja in der Dekapolis (7,31), „weit entfernt" von Galiläa, dem Gebiet seiner eigentlichen Wirksamkeit. Im Sinne des Mk deutet ἀπὸ μακρόθεν also gerade nicht auf Heiden (gegen Pesch I 400), sondern auf Leute aus Galiläa; ohne diesen redaktionellen Zusammenhang ist dies aber ebenfalls nur ein Motiv, das die Notlage unterstreicht.

Die Antwort der Jünger **4** überrascht den Leser, der 6,32—44 in Erinnerung hat. Durch diesen Zusammenhang kommt erneut die christologische Frage in den Blick, denn was die Jünger als rhetorische Frage formulieren, ist ja nach der ersten Speisung gar keine Frage mehr: niemand könnte an diesem abgelegenen Ort (vgl. 6,35) Nahrung verschaffen, wohl aber Jesus. Daß die Jünger nicht begriffen haben, was damals vor sich ging (6,52), wird drastisch klar, wenn sich nun **5** Frage und Antwort von 6,38 wiederholen. Die Zahlen sind zwar anders: sieben Brote, nicht fünf wie dort, und am Ende werden es „nur" 4000 Leute insgesamt sein (9), nicht 5000 allein schon Männer; damit wird aber nur das Wunder „leichter", und dem Leser ist klar, was nun geschehen wird, den Jüngern offenbar nicht.

Jesus läßt wie in 6,39f die Menge sich lagern **6a**, er nimmt die Brote, spricht über ihnen das Tischgebet und läßt die Jünger die Brote austeilen wie in 6,41 **6b**. Wenn in **7** nachträglich auch noch Fische genannt werden, ist der Leser um so mehr an 6,38.41f erinnert.

Wie nicht anders erwartet, reichen sieben Brote und wenige Fische **8**, wenn in 6,32–44 fünf Brote und zwei Fische gereicht hatten, und wie ebenfalls nicht anders zu erwarten, bleibt viel übrig, wenn auch diesmal „nur" sieben Körbe statt zwölf (6,43); das Wunder ist insgesamt eben etwas „kleiner", auch in der Zahl **9** von 4000 Leuten insgesamt statt mehr als 5000 in 6,44.

10 stellt mit der erneuten Bootfahrt (vgl. 3,9) über den See (zuletzt 6,45) den Zusammenhang mit dem geographischen Rahmen wieder her. Dalmanutha ist offensichtlich als Ortsname gemeint, doch gelingt keine Identifizierung (vgl. die Textüberlieferung z. St. sowie die Änderung in Magada Mt 15,39). Daß Jesus dort Pharisäer entgegentreten (11), läßt darauf schließen, daß nach Meinung des Mk Jesus nun aus der Dekapolis nach Galiläa zurückgekehrt ist. Bei ihm sind die Jünger.

Nachdrücklich erhält durch 10 die bloß zeitliche, nicht geographische Einleitung die Funktion, der Geschichte den Charakter des Exkurshaften zu geben. Mk liegt daran, daß sich das gleiche Wunder wie 6,32–44 wiederholt (vgl. 19–21), und er spitzt damit erneut die christologische Frage zu durch den Aufweis des Unverständnisses der Jünger (4). Die Jünger hatten in 4,41 gefragt: „Wer ist dieser?", und diese Frage war immer wieder aufgenommen worden (5,7 6,3.14b.15.50 7,37); jetzt haben sie nicht einmal begriffen, daß Jesus 4000 speisen kann, wenn er schon mehr als 5000 mit weniger Broten gespeist hat. Zwar übernimmt Mk auch diese zweite Geschichte aus seiner Überlieferung, bildet sie nicht neu; nirgends sonst jedoch erzählt er die gleiche Geschichte zweimal; die Verdoppelung dieser Geschichte weist also auf sein Interesse, und zwar an der christologischen Frage, die über 11f und 14–21 hinweist auf 8,27ff. Der Leser begreift mehr als die Jünger damals (6,52 8,4).

8,11–13 Die Zeichenforderung der Pharisäer

¹¹Und die Pharisäer kamen heraus und fingen an, mit ihm zu disputieren, indem sie ein Zeichen vom Himmel von ihm forderten, womit sie ihn versuchten. ¹²Da seufzte er in seinem Geist und sagt: „Warum fordert dieses Geschlecht ein Zeichen? Amen ich sage euch: Keinesfalls wird diesem Geschlecht ein Zeichen gegeben werden!" ¹³Und er verließ sie, stieg wieder ein und fuhr weg an die andere Seite.

Literatur: O. LINTON, The Demand for a Sign from Heaven, StTh 19 (1965) 112–129. – F. STOLZ, Zeichen und Wunder, ZThK 69 (1972) 125–144. – A. VÖGTLE, Der Spruch vom Jonaszeichen, in: Synoptische Studien (Fs A. Wikenhauser), 1953, 230–277.

In der folgenden Geschichte treten wieder die Pharisäer auf wie zuletzt in 7,1ff. In Erinnerung bleibt also die Bedrohtheit Jesu (vgl. 3,6), aber auch die Souveränität seines Auftretens ihnen gegenüber. Die Geschichte hat eine Parallele in Q (Lk 11,29–32/Mt 12,38–42; die mtische Dublette Mt 16,1.2a.4 folgt Mk, während Lk beide Varianten miteinander verbindet), die dort unmittelbar anschließt an die Szene vom Beelzebulstreit (Lk 11,14–26/Mt 12,22–30.43–45, vgl. Mk 3,22–27). Jesu Gesprächspartner in Q sind οἱ ὄχλοι (Lk 11,14.29/Mt 12,23) bzw. τινὲς ἐξ αὐτῶν (Lk 11,15), also nicht die bestimmte Gruppe der Pharisäer wie bei Mk bzw. in Mt 12,38 Schriftgelehrte und Pharisäer.

Die Erwähnung der Pharisäer ist aber nicht erst auf Mk zurückzuführen, da für ihn die Hauptgegner Jesu die Schriftgelehrten sind (s. o. S. 50f), vielmehr sind sie in der vormarkinischen Überlieferung eingesetzt worden. Dasselbe gilt auch für die Formung als Apophthegma bei Mk durch die einleitende Notiz 11, während in Q (Lk 11,29; 11,16 ist redaktionell, abhängig von Mk) Jesus die Rede über seine Dämonenaustreibungen fortsetzt und dabei die Zeichenforderung zitiert. Die Erweiterung um das Jonazeichen in Lk 11,30/Mt 12,39 mit der anschließenden Erklärung Lk 11,30 (Mt 12,40 ist demgegenüber sekundär) und den Gerichtsworten gegen „dieses Geschlecht" Lk 11,31f/Mt 12,41f gehört zur Q-Überlieferung und ist für die Mk vorgegebene Überlieferung nicht vorauszusetzen.

Mk greift also eine kurze Szene auf, in der Jesus die von Pharisäern erhobene Forderung eines Zeichens emphatisch ablehnt. Redaktionell ist die Überleitung 13, in der das Bootmotiv (vgl. 3,9) erneut die Verbindung zum Kontext herstellt. Redaktionelle Verstärkungen werden sich aber auch in der Einleitung der Szene zeigen.

11 Das Auftreten der Pharisäer kündigt einen Streit an, der aber nicht wie sonst über Fragen der Gesetzesüberlieferung geht (2,15–3,5 7,1ff). Sie disputieren mit Jesus, wobei sie von ihm ein Zeichen fordern, das als ἀπὸ τοῦ οὐρανοῦ qualifiziert wird. Damit ist offenbar auch für Mk etwas anderes gemeint als die vielen Wunder, die Jesus bisher schon getan hat, für die er aber nicht σημεῖον als Sammelbezeichnung benutzt, sondern δύναμις (6,2); und als Zeichen „vom Himmel" muß es eine besondere Qualität haben. „Zeichen und Wunder", die Legitimation des Propheten (F. Stolz, Zeichen), begegnen bei Mk nur negativ bei der Charakterisierung der ψευδόχριστοι 13,22. Die Pharisäer fragen also nach einer besonderen über Jesu Wunder hinausgehenden Beglaubigung vom Himmel herab, d. h. von Gott selbst. Die aber ist unnötig, da ja bereits am Anfang des Evangeliums Jesus durch die Stimme ἐκ τῶν οὐρανῶν (1,11, vgl. die Wiederholung in 9,7) vom Himmel herab beglaubigt ist als der „Sohn Gottes". Erneut wird also die in 4,41 formulierte christologische Frage aufgenommen (vgl. 5,7 6,3.14b.15.50 7,37 8,4).

Hinter der Frage der Pharisäer meint der Erzähler ihre Absicht erkennen zu können: sie wollten Jesus nur in Versuchung führen (vgl. später 10,2 12,15). Diese redaktionelle Bemerkung zeigt dem Leser, daß die Frage nicht ernst gemeint ist; erneut wird er aber damit auf die Frage gestoßen, welche Bedeutung die „großen" Wunder seit 4,35 haben. Redaktionell ist aber wohl auch der Zusatz ἀπὸ τοῦ οὐρανοῦ, der in Q fehlt und auch in der Antwort Jesu 12. Er erst stellt die Assoziation zu 1,11 her und lenkt den Blick erneut auf die christologische Frage, auf die seit 4,41 der Leser immer wieder verwiesen wird: Jesus ist der von Gott legitimierte Sohn, der das Reich Gottes nahe bringt, gerade als der leidende Gerechte, wie 8,27ff dann zeigen wird.

12 Jesu Antwort wird mit einem Hinweis auf seine Gefühle eingeleitet (vgl. 3,5) und ist dann auch entsprechend emphatisch. Die Frage (in Q ein feststellender Aussagesatz) rekapituliert noch einmal die Szene. Die Bezeichnung ἡ γενεὰ αὕτη (ohne eine Qualifizierung durch πονηρά wie in Q) ist abwertend gemeint und bezieht sich hier im Kontext allein auf die Pharisäer (in Q: Gegensatz zu ganz Israel). Mit ἀμὴν λέγω ὑμῖν (vgl. 3,28) als definitive Aussage eingeleitet ist die Antwort die Verweigerung eines solchen Zeichens, nach Art hebräischer Schwursätze (BDR § 454,5) mit εἰ (= אִם) eingeleitet (dem Leser ist solche Syntax über die LXX vertraut; vgl. ᾽Ιεϱ 45,16 3Reg 17,1 4Reg 4,30 u. ö.).

Die Q-Form des Logions mit der Erweiterung um das Jonazeichen und der der griechischen Grammatik besser entsprechenden Verneinung ist sekundär gegenüber der Mk-Fassung. Die doppelte Überlieferung in Mk und Q (vgl. auch Joh 6,30) weist auf ein hohes Alter, und es spricht nichts dagegen, es als ein Wort des historischen Jesus anzusehen, der damit jede Beglaubigung seiner Person durch ein außergewöhnliches Wunder abgelehnt hätte.

Mit **13** nimmt Mk den Faden der verschiedenen Bootreisen hin und her über den See wieder auf; πάλιν verweist den Leser auf dieses seit 3,9 die Geschichten verbindende Motiv. Jesus fährt von Dalmanutha (10) nach Bethsaida (vgl. 6,45) am Nordufer (22).

Im Zusammenhang des Markusevangeliums nimmt die kurze Szene erneut die seit 4,41 die Geschichten durchziehende christologische Frage auf. Jesus ist von Anfang an der „Sohn Gottes" (1,11), der auch in seinen Wundern das Reich Gottes nahe bringt (vgl. 1,14f). Er bedarf keiner σημεῖα (vgl. 13,22); also sind auch seine Wunder nicht als solche σημεῖα zu sehen. Sie zeigen für Mk nicht, wer er eigentlich ist.

8,14—21 Das Unverständnis der Jünger

¹⁴Und sie hatten vergessen, Brote mitzunehmen, und hatten nichts außer einem einzigen Brot bei sich im Boot. ¹⁵Da schärfte er ihnen ein: „Seht, nehmt euch in acht vor dem Sauerteig der Pharisäer und dem Sauerteig des Herodes." ¹⁶Sie aber unterhielten sich untereinander darüber, daß sie keine Brote haben. ¹⁷Und als er das merkt, sagt er zu ihnen: „Warum unterhaltet ihr euch darüber, daß ihr keine Brote habt? Begreift ihr noch nicht, und versteht ihr nicht? Habt ihr ein verhärtetes Herz? ¹⁸Habt ihr Augen und seht nicht, und habt ihr Ohren und hört nicht? Und erinnert ihr euch nicht, ¹⁹als ich die fünf Brote gebrochen habe für die 5000, wie viele Körbe voll Brocken ihr gesammelt habt?" Sie sagen zu ihm: „Zwölf." ²⁰„Als die sieben für die 4000, wie viele Körbe voll Brocken habt ihr da gesammelt?" Und sie sagen: „Sieben." ²¹Da sagte er zu ihnen: „Versteht ihr noch nicht?"

Die Geschichte während der Bootfahrt ist diesmal nicht eine Rettung aus Seenot (4,35—41) oder eine Epiphanie Jesu (6,45—52), sondern ein Gespräch Jesu mit seinen Jüngern, die in der Einleitung nicht eigens genannt sind (zuletzt in 10). Sie nimmt auf, was Mk bereits in 6,52 überraschend behauptet und in 8,1—10 an ihrem Verhalten demonstriert hatte, daß nämlich die Jünger gar nicht verstanden hätten, was bei der Speisung so vieler eigentlich geschehen sei, ohne daß er positiv aufzeigt, wie oder was nach seiner Meinung die Jünger denn hätten verstehen sollen.

Lediglich 15 wird zumeist als Mk vorgegebene Überlieferung angesehen; alles andere ist von Mk gestaltet unter Rückgriff auf bereits bekannte Motive. 14 ist eine Überleitung, in der zum letzten Mal das in 3,9 bereitgestellte Boot erwähnt wird, das die einzelnen Geschichten seither miteinander verbunden hatte. 18b—20 greift zurück auf die beiden Speisungsgeschichten, verbunden in 18a mit dem aus 4,12 bekannten Motiv des Unverständnisses, das in 16f vorbereitet wird. Aber auch 15 hat so starke Rückbezüge auf den Kontext, daß zumindest die Erwähnung des Herodes auf Mk verweist, wenn er nicht das Jesuswort als ganzes selbst gebildet hat.

14 Die Schilderung der Ausgangssituation des Mangels an Proviant erinnert den Leser natürlich an die beiden Speisungsgeschichten: wenn dort fünf Brote für mehr als 5000 bzw. vier Brote für 4000 gereicht hatten, muß ein Brot genug sein können für 12. **15** Scheinbar unvermittelt redet Jesus die Jünger an und warnt sie vor dem „Sauerteig" der Pharisäer und des Herodes. Die Pharisäer waren die letzten Gesprächspartner Jesu gewesen, Herodes war in 6,14−29 erwähnt worden, und nach ihm benannte Herodianer erschienen zusammen mit den Pharisäern in 3,6 als bedrohliche Gegner Jesu (vgl. 12,13). Das Bild des Sauerteigs, das natürlich zum Thema der Brote paßt, assoziiert wie 1Kor 5,6 Gal 5,9 Jak 3,3−5 die Motive „kleine Ursache/große Wirkung" bzw. „ansteckende oder durchdringende Wirkung" (vgl. H. Windisch, ThWNT II 904−908). Lk wie Mt meinten, über Mk hinausgehend, erläutern zu sollen, was mit dem Sauerteig gemeint sei: die Heuchelei der Pharisäer (Lk 12,1 im Anschluß an die aus Q übernommene Rede gegen die Pharisäer), die Lehre der Pharisäer und Sadduzäer (Mt 16,12 als nachträgliche Erklärung des Evangelisten). Bei Mk fehlt eine solche Auflösung des Bildes. Was jedoch 8,11−13 und 6,14−16 verbindet, ist die christologische Frage; weder die Pharisäer noch Herodes haben begriffen, wer Jesus eigentlich ist. Und ebensowenig begreifen es die Jünger; sie reden darüber **16**, daß sie nichts zu essen haben, wo sie doch wissen müßten, daß der bei ihnen ist, der sie speisen könnte. So hatte Mk sie ja auch in 4 als die dargestellt, die die Speisung der mehr als 5000 vergessen hatten.

17 Jesus kennt ihre Überlegungen (zum Motiv vgl. 2,8) und spricht sie darauf an. Die Vorwürfe, die er ihnen macht, stellen sie entgegen 4,11 auf eine Stufe mit denen „draußen", denen das „Geheimnis des Reiches Gottes" nicht gegeben ist, in diesem Zusammenhang also mit den Pharisäern und Herodes; und die Erinnerung an diesen Zusammenhang wird in **18** unterstrichen durch den Rückgriff auf das Jes 6,9f (in 4,12) ähnliche atliche Zitat Jer 5,21 (vgl. Ez 12,2). Direkt erinnert werden sie nun aber in **19f** an die beiden Speisungsgeschichten 6,32−44 und 8,1−10; Jesus läßt sie die Zahlenangaben wiederholen, die sie auch korrekt angeben können. Die Szene schließt in **21** abrupt mit der Frage Jesu, ob sie immer noch nicht verstanden haben, ohne daß die Jünger eine Antwort geben oder der Evangelist erklärt, was sie denn verstehen sollen (vgl. 6,52).

Die ganze Szene hindurch ist der Leser zum Mitdenken aufgefordert, und so bleibt ihm auch die Frage Jesu in 21. Versteht er mehr als die Jünger? Abzulehnen ist eine an Joh 6 orientierte Deutung, daß Jesus auf sich selbst als das „Brot des Lebens" weise (Joh 6,35.48) oder gar auf das Abendmahl (Joh 6,51−58; gegen Q.Quesnell, Mind 260). Vielmehr gehört diese Szene zu der seit 4,41 die Geschichten durchziehenden christologischen Frage (vgl. 5,7 6,3.14b.15.50 7,37 8,4.11f), in der gerade auch die Pharisäer und Herodes ihren Ort haben. Sie bereitet damit 8,27ff vor, wo die christologische Frage ausdrücklich aufgenommen wird, und auch 14,61f, das „Geständnis" Jesu vor dem Synhedrium.

Der Leser freilich, der das Evangelium von Anfang an in Erinnerung hat, könnte verstehen, was die Jünger nicht verstehen; auch in den „großen" Wundern ist Jesus als der „Sohn Gottes" (1,11) der von Gott ins Recht gesetzte leidende Gerechte. Dies wird in 8,27ff einschließlich der darin enthaltenen Konsequenzen für die Jünger entfaltet werden. Die Erinnerung an 4,11f meint, daß in Jesu Wirken das Reich Gottes nahe ist (vgl. 1,14f);

als Teil des Evangeliums bedeuten die Wunder solche Nähe als Aufhebung der Differenz-erfahrungen, z. B. des Hungers.

Mag der Leser während der Überfahrt über den See eine erneute Epiphanie analog 4,35–41 oder 6,45–51 erwartet haben, so ist ihm noch einmal die Frage von 4,41 gestellt: „Wer ist dieser?", und das um so mehr, wenn weder die Jünger noch der Erzähler ihm die Antwort abnehmen. Gefragt ist er nach seinem eigenen Glauben.

8,22–26 Die Heilung eines Blinden in Bethsaida

²²Und sie kommen nach Bethsaida. Da bringen sie ihm einen Blinden und bitten ihn, ihn anzufassen. ²³Da nahm er die Hand des Blinden und brachte ihn außerhalb des Dorfes, spuckte in seine Augen und legte ihm die Hände auf und fragte ihn: „Siehst du etwas?" ²⁴Da konnte er wieder sehen und sagte: „Ich sehe die Menschen, denn wie Bäume sehe ich sie gehen." ²⁵Dann legte er ihm erneut die Hände auf seine Augen, und er sah scharf und war wiederhergestellt und sah alles ganz deutlich. ²⁶Da schickte er ihn nach Hause und sagte: „Geh nicht in das Dorf!"

Literatur: G. BORNKAMM, Die Heilung des Blindgeborenen, in: Geschichte und Glaube II, BEvTh 53, 1971, 65–72. – E. S. JOHNSON, Mark 8.22–26, NTS 25 (1978/79) 370–383.

Auf den Vorwurf der Blindheit der Jünger (18) folgt eine Geschichte davon, wie Jesus in einem konkreten Fall Blindheit behoben hat. Die Geschichte als solche hat Mk aus seiner Überlieferung übernommen, abgesehen von der Einleitung 22a und dem Abschluß 26 (oder nur 26b). Eine Parallele findet sich in Joh 9,1–7, wohl wieder auf die σημεῖα-Quelle zurückgehend (s. o. S. 95), vom Evangelisten in 4f erweitert. Beide Versionen können auf eine gemeinsame Grundlage zurückgehen, da in beiden (anders als in Mk 10,46–52) der Speichel bei der Heilung eine Rolle spielt.

Dargestellt ist wie für Wundergeschichten typisch zunächst die Notlage (22b), dann der Vorgang der Heilung (23–25a), und abschließend wird der Erfolg konstatiert (25b). Das Besondere dieser Geschichte ist die ausführliche Schilderung der Heilung, die sehr stark, nicht zuletzt mit dem Motiv des Speichels, an 7,31–37 erinnert. Sieht man diese beiden Geschichten als ursprüngliches Doppelwunder mit 7,37 als beide abschließender Akklamation (L. Schenke, Wundererzählungen 310), so fehlt in dieser doch ein Rekurs auf die Blindheit; Mk müßte ihn dann gestrichen haben. Eher ist anzunehmen, daß Mk zwei ähnliche Geschichten in seiner Überlieferung vorfand. Er hat die Heilung eines Blinden dann betont nach 14–21 und vor 27ff gestellt, wie er auch den mit 8,27 beginnenden Teil des Evangeliums in 10,46–52 wieder mit einer Blindenheilung abschließen wird.

22 Die in 13 begonnene Bootfahrt erreicht ihr Ziel, Bethsaida am Nordufer des Sees, das in 6,45 bereits einmal anvisiert worden war. Es ist die letzte Bootfahrt im Zusammenhang des Evangeliums; das „Bötchen", das in 3,9 bereitgestellt worden war und ab da immer wieder einzelne Geschichten miteinander verbunden hatte (4,1.36.37 5,2.18.21 6,32.45.47.51.54 8,10.13.14), begegnet ab jetzt nicht mehr.

Ein Blinder wird zu Jesus gebracht mit der Bitte, daß er ihn berühre (vgl. 1,31 7,33), wie ja auch umgekehrt Jesus zu berühren Heilung gebracht hatte (3,10 5,27—31 6,56). Blindheit (vgl. W. Schrage ThWNT VIII 271—275) ist eine unheilbare Krankheit, heilbar nur durch ein Wunder. So wird z. B. eine Blindenheilung des römischen Kaisers Vespasian überliefert (Tacitus, hist. IV 81; Sueton Vespasian 7,2f). Über die Ursache der Blindheit ist nichts gesagt.

23 Jesus führt den Blinden aus Bethsaida heraus, spuckt (vgl. 7,33) auf dessen Augen, legt ihm die Hände auf und fragt ihn, ob er etwas sehe (εἰ vor einer direkten Frage, vgl. BDR § 440.3, klassisch nur bei indirekten Fragesätzen, E. Schwyzer, Griech. Gramm. II 628; verschiedene Handschriften korrigieren deshalb zu βλέπει). Der bejaht, aber doch nur so weit, daß er unscharf sehe **24**. Darauf legt Jesus ihm nochmals seine Hände auf die Augen **25**, und nun ist der Blinde vollständig geheilt.

26 Jesus schickt den Geheilten überraschenderweise nach Hause, nicht nach Bethsaida zurück, wo der Leser von 26a doch unbefangen dies Haus vermuten würde. Gehört 26a zur Mk vorgegebenen Geschichte, beschreibt es nur den Abschluß der Heilung (vgl. 5,19). Im markinischen Kontext aber erinnert 26a nun zusammen mit 26b an 5,43; das Wunder soll also verborgen bleiben (vgl. die Handschriften, die ein Schweigegebot einfügen).

Die vorerst letzte Wundergeschichte schließt den ganzen Zusammenhang 4,35—8,26 ab, und ebenso wird eine Blindenheilung in 10, 46—52 am Ende des mit 8,27 beginnenden Teils stehen. Die wunderbare Behebung unheilbarer Krankheit hat natürlich auch hier einen Sinn in sich selber: Nähe des Reiches Gottes als Aufhebung von Lebensminderung. Auf 14—21 folgend und 27ff vorangestellt erhält sie aber zusätzlichen Sinn als Geschichte von der Möglichkeit, daß die „Blindheit" der Jünger (18) behoben werden kann, durch Jesus selber.

8,27–10,52 Jesu Weg nach Jerusalem

Daß mit 8,27 ein neuer Teil des Evangeliums beginnt, erschließt sich dem Leser nicht unmittelbar, da zunächst mit einem neuen Reiseziel nördlich der bisherigen Wirkungs-stätte (27a) die Geschichte einfach fortgesetzt wird. Erst später wird der Leser merken, daß das Stichwort ὁδός bis hin zu 10,52 ein strukturierendes Motiv für die folgende Geschichte ist (8,27 9,33f 10,17.32.46.52), vergleichbar dem „Boot" in 4,35–8,26, das nun nicht mehr begegnet.

Die erste Szene 8,27–33 greift auch nicht nur auf 6,14b.15 zurück (28), sondern nimmt die 4,35–8,26 im ganzen bestimmende Frage (4,41 5,7 6,3.14b.15.50 7,37 8,4.11f) auf, wer Jesus eigentlich ist; anders als bisher sagt er nun jedoch selbst, wer er ist, in der dreifachen Ankündigung seines Leidens, Sterbens und Auferstehens als Men-schensohn (8,31 9,31 10,32–34). Auch Petrus kann ihn nun richtig den χριστός nennen (8,29), und die Stimme vom Himmel bestätigt ihn als „Sohn Gottes" (9,7, vgl. 1,11). Thema des ganzen Teiles 8,27–10,52 ist die Christologie, damit verbunden die dieser Christologie entsprechende Nachfolge der Jünger.

Die 4,35–8,26 beherrschenden Wunder treten zurück, denn in der Wundergeschichte 9,14–29 liegt der Akzent nicht mehr auf der Demonstration der ἐξουσία Jesu, sondern auf dem Versagen der Jünger, und die Wundergeschichte 10,46–52 dient als Abschluß des ganzen Komplexes, wie schon 4,35–8,26 mit einer Blindenheilung geendet hatte, transparent für die Blindheit der Jünger. Geographisch ist nicht mehr der See von Galiläa das Zentrum, sondern erzählt wird ein Weg, der von Caesarea Philippi durch Galiläa bis hin nach Jericho kurz vor Jerusalem führt.

Auch in diesem Teil greift Mk weithin auf ihm vorliegende Überlieferungen zurück, nicht nur dort, wo sich Parallelen bei Joh oder in Q nachweisen lassen. Unwahrschein-lich jedoch ist die These einer mit 8,27 beginnenden vormarkinischen Passionsgeschich-te, die Mk fast ohne Änderungen übernommen habe (gegen Pesch s. o. S. 14); dafür spricht gar nichts, so verlockend es sein mag, sich auf diese Weise aller überlieferungsge-schichtlichen und historischen Probleme zu entledigen.

Ein vorgegebener Zusammenhang wird – bei unterschiedlicher Abgrenzung – häu-fig hinter dem jetzigen Kapitel 10 gesehen (vgl. die Überblicke bei H. W. Kuhn, Samm-lungen 26–38; R. Busemann, Jüngergemeinde 13–35). Grundsätzlich richtig ist der Hinweis von J. Jeremias (Kindertaufe 62), daß 10,1–31 nacheinander „Ehe, Kinder, Besitz" behandeln. Dieses Schema des „Hauses" hat aber wohl erst Mk aus unterschied-lichem Material geschaffen (s. u. S. 176f). Kuhn (aaO 146–191) sieht den Grundbestand von 10,1–12.17–31.35–45 als formgeschichtlich einheitliche „Lebensordnung für die Gemeinde", die jedoch auch erst redaktionell so zusammengestellt sein könne (173). Busemann (seine Rekonstruktion von Tradition und Redaktion aaO 202–204) nimmt alles mit Ausnahme von 32–34 als vorgegebene Sammlung, also über Kuhn hinausge-hend auch 13–16.

Zusammengehalten werden die vorgegebenen und die neu geschaffenen Stücke in

8,27–10,52 durch die markinische Redaktion. Strukturierend wirken vor allem die drei Leidensankündigungen zu Beginn (8,31), in der Mitte (9,30–32) und gegen Ende (10,32–34). Dadurch ergibt sich ein erster von 8,27 bis 9,29 reichender Teil, in dem zunächst in 8,27–9,1 die christologische Frage von 4,35–8,26 nicht nur beantwortet, sondern erneut auch an den Leser zurückgegeben wird, die christologische Antwort aber auch mit der Kreuzesnachfolge verbunden ist. Der Wechsel von Zeit und Ort in 9,2 setzt davon einen zweiten Zusammenhang ab (9,2–29), in dem die δόξα Jesu dem Unverständnis der Jünger gegenübergestellt ist: weder verstehen sie, wer Jesus ist, noch sind sie in der Lage, die ἐξουσία, die Jesus ihnen verliehen hatte (3,15 6,7b), tatsächlich auszuüben. Jesus muß sie belehren, auf welche Weise man derartige Dämonen austreiben kann (9,28f).

An die zweite Leidensankündigung (9,30–32) schließt an ein neuer Zusammenhang, der sich aber nicht direkt aus ihr ergibt, sondern in einer vorerst kaum durchschaubaren Weise damit das Thema „groß und klein innerhalb der Gemeinde" verbindet (9,33–50). Erneut durch Wechsel des Ortes und der Zeit davon abgehoben, folgt bis zur dritten Leidensankündigung (10,32–34) ein weiterer Zusammenhang (10,1–31), den Mk aus unterschiedlichen Überlieferungen zusammengefügt hat. Sein Thema ist die Nachfolge unter den Bedingungen neuer, am Modell des „Hauses" entworfener Strukturen.

An die dritte Leidensankündigung angeschlossen begegnen schließlich die durch 9,33–50 vorbereitete konkrete Fassung der Kreuzesnachfolge als Dienst entsprechend dem Weg des Menschensohns (10,35–45) und die Geschichte vom Sohn des Timaios, der als Blinder Jesus nicht begreift, ihm dann aber nachfolgt auf dem Weg, der nach Jerusalem in die Passion führt (10,46–52).

8,27–33 Das Petrusbekenntnis und die Ankündigung des Leidens

[27]Und Jesus und seine Jünger gingen weg in die Dörfer von Cäsarea Philippi. Und unterwegs fragte er seine Jünger, indem er zu ihnen sagte: „Wer, sagen die Leute, sei ich?" [28]Sie sagten aber zu ihm: „Johannes der Täufer, und andere: Elia, und andere: Einer der Propheten." [29]Da fragte er sie: „Wer aber, sagt ihr, sei ich?" Da antwortet Petrus und sagt zu ihm: „Du bist der Gesalbte!" [30]Da fuhr er sie an, daß sie niemandem etwas über ihn sagen sollten. [31]Und er fing an, sie zu lehren: „Der Menschensohn muß vieles leiden und verworfen werden von den Ältesten und den Hohenpriestern und den Schriftgelehrten und getötet werden und nach drei Tagen auferstehen." [32]Und in aller Offenheit sagte er das Wort. Da nahm Petrus ihn zu sich und fing an, ihn anzufahren. [33]Er aber wandte sich um und sah seine Jünger und fuhr den Petrus an und sagt: „Geh weg von mir, Satan, denn du hast nicht Gottesgedanken, sondern Menschengedanken im Sinn!"

Literatur: E. DINKLER, Petrusbekenntnis und Satanswort, in: Zeit und Geschichte (Fs R. Bultmann), 1964, 127–153. – J. ERNST, Petrusbekenntnis – Leidensankündigung – Satanswort, Cath(M) 32 (1978) 46–73. – E. HAENCHEN, Die Komposition von Mk vii.27–ix.1, NT 6 (1963) 81–109. – P. HOFFMANN, Mk 8,31, in: Orientierung an Jesus (Fs J. Schmid), 1973, 170–204. – D. A. KOCH, Zum Verhältnis von Christologie und Eschatologie im Markusevangelium, in: Jesus Christus in Historie und Theologie (Fs H. Conzelmann), 1975, 395–408. – G. STRECKER, Die Leidens- und Auferstehungsvorsagen im Markusevangelium, ZThK 64 (1967) 16–39.

In gewohnter Weise ist die Szene durch die Notiz über einen Ortswechsel angefügt (27a). Auf dem Wege stellt Jesus seinen Jüngern die Frage, wofür ihn die Leute halten (27b). Sie antworten darauf mit dem Leser Bekanntem (28). Darauf fragt er sie persönlich, und Petrus als ihr Sprecher antwortet mit dem Messiasbekenntnis (29); Jesus jedoch verbietet ihnen, das anderen zu sagen (30). Er belehrt sie über das ihm als dem Menschensohn bevorstehende Schicksal (31), in aller Offenheit, wie der Erzähler bemerkt (32a). Petrus wendet sich gegen ihn (32b), woraufhin Jesus ihn schroff zurechtweist (33). In 34a vollzieht sich ein Szenenwechsel, da Jesus nun das Volk hinzuzieht und ihm eine Rede hält (8,34—9,1); das ist der typische Wechsel von öffentlicher und Jüngerunterweisung, hier nur in gegenüber 4,10 7,14 vertauschter Reihenfolge. Vom Inhalt her muß man 8,27—9,1 als Einheit sehen, der gegenüber 9,2 dann einen Neueinsatz markiert. Lediglich der Übersichtlichkeit wegen soll jedoch die Auslegung zunächst nur bis 8,33 vorgreifen.

27—33 lassen sich charakterisieren als Gespräch Jesu mit seinen Jüngern, das in 27b—29 mit zwei Fragen und den jeweiligen Antworten einen ersten Bogen spannt, der in 30 beendet ist; das Gespräch setzt mit Jesu Belehrung in 31 neu ein, die in 32a abgeschlossen, aber von Petrus in 32b neu aufgenommen wird, freilich ohne direkte Rede. Mit Jesu Antwort 33 wird sie endgültig beendet. Die dreifache Verwendung des ἐπιτιμᾶν (30.32b.33a) gibt dem Gespräch den Charakter eines Wortwechsels, zumal wenn man den Vorwurf 33b als Ausdruck dieses ἐπιτιμᾶν liest.

Solche ausführlichen Gesprächsgänge gibt es selten bei Mk. Vergleichbar sind die beiden Dialoge Jesu mit dem Vater des epileptischen Knaben in 9,14—29 und das Gespräch Jesu mit seinen Jüngern in 9,33—50. Der Vergleich macht aber im Rückblick auf 8,27—33 deutlich, wie wenig erzählerische Substanz hier vorliegt; das Interesse richtet sich ganz und gar auf Jesus und Petrus, ihre Aussagen und ihre gegenseitigen Reaktionen.

Schwierig und dementsprechend überaus kontrovers diskutiert ist die Frage, was Mk hier an Überlieferung aufgenommen hat. Pesch (II 28.47) hält 27—30 und 31—33 für bereits in der vormarkinischen Passionsgeschichte, deren Einleitung sie bilden sollen, verknüpft; 27—30 gehe auf die historische Situation zurück, 31—33 immerhin auf allerfrüheste Überlieferung (ebd. 34.55). Bei dieser These erübrigt sich jede weitere Analyse. E. Dinkler (Petrusbekenntnis 141) hält 33 für die ursprüngliche Antwort Jesu auf das Bekenntnis des Petrus (29). Jesus selbst habe für sich einen „politischen" Messiasbegriff abgelehnt. F. Hahn (Hoheitstitel 228f) schält ähnlich ein „biographisches Apophthegma" als Grundlage heraus, das dann später durch Einfügung von 31 doch zu einer modifizierenden Übernahme des Messiastitels geführt habe. Gegen W. Wrede, für dessen Theorie des Messiasgeheimnisses dieser Text natürlich zentrale Bedeutung haben muß (Messiasgeheimnis 115—124), ist damit der Kern der Szene doch auf die Situation des historischen Jesus zurückgeführt, nicht nur auf die nachösterliche Situation, in der Jesus als χριστός gilt und Petrus (1Kor 15,5) als erster Zeuge der Auferstehung Jesu.

Gegenüber der Interpretation von Pesch (II 33) ist auf jeden Fall festzustellen (mit Gnilka II 10), daß 30 eines der für Mk typischen Schweigegebote ist (vgl. 1,34 3,11f). Weiterhin repetiert 28 lediglich 6,14b.15, verkürzt in der Nennung Johannes des Täufers; diese aber war dort durch den Kontext bedingt (s.o. S. 115f) als Vorbereitung der Rückblende auf den Tod des Täufers 6,17—29. Doch auch die Anführung des Elia hängt mit der Täuferthematik zusammen, so daß insgesamt in 28 eine redaktionelle Bildung lediglich redaktionell wiederholt wird.

Es bleibt also als eine mögliche vormarkinische Überlieferung 27a.29 (bzw. 27b statt der Einleitung in 29). Sie hat eine Parallele in Joh 6,66–71, die aber nicht über ein Bekenntnis des Petrus hinausgeht (Joh 6,69), und dieses lautet dort nicht σὺ εἶ ὁ χριστός, sondern σὺ εἶ ὁ ἅγιος τοῦ θεοῦ (vgl. die Textüberlieferung von Joh 6,69, in der sekundär der χριστός-Titel kombiniert mit anderen Titeln eingeführt wird; daß Joh diesen Titel nicht etwa unterdrückt, zeigt z. B. Joh 1,41). Hat es also eine Überlieferung von einem Bekenntnis des Petrus gegeben, so ist damit noch nicht gesichert, daß dieses wie bei Mk lautete: σὺ εἶ ὁ χριστός. ThEv 13 schließlich ist eine erweiterte Fassung, die das Wesen Jesu gerade nicht in Kategorien fassen will, denn die Antwort des Thomas: „Meister, mein Mund wird es gar nicht ertragen zu sagen, wem du gleichst", ist dort die angemessene Antwort auf Jesu Frage, wem er gleiche.

Bei 31, das leicht variiert in 9,31 und 10,32f wieder begegnen wird, ist erst nach der Interpretation zu entscheiden, ob es sich um von Mk aufgenommene Tradition handelt oder ob er nicht diesen Vers wie alle Leidensvoraussagen selbst gebildet hat. Von Mk unabhängige Parallelen in Q oder Joh gibt es jedenfalls nicht, und der Titel „Menschensohn" ist traditionsgeschichtlich nicht als gleichbedeutend mit χριστός/„Messias" nachzuweisen. Deshalb ist eine Verbindung von 31 mit 27a.29 nicht selbstverständlich (dagegen spricht auch der für Mk typische Neueinsatz mit καὶ ἤρξατο + Inf.). Zumindest die Verknüpfung von 27a.29 mit 31 durch 30 und der Beginn von 31 gehen also auf Mk zurück.

33b wird durchgehend als ein altes, auf Jesus selbst zurückgehendes Wort angesehen; niemand habe, so lautet die Begründung, eine Bezeichnung des in der Urgemeinde hochangesehenen Petrus als „Satan" erfinden können. Nun kann aber gerade die Beziehung auf Petrus redaktionell sein, denn sein Name wird ja in dem Wort selber nicht genannt. Verbindet man das Jesuswort mit der markinischen Fassung der Versuchung Jesu 1,13 (nicht der schriftgelehrten Q-Version) und mit der Auseinandersetzung in 3,22–30, kann es sich durchaus um ein isoliertes Jesuswort handeln, das nicht von Anfang an auf Petrus bezogen war. Andererseits wiederholt 33b in seiner positiven Aufforderung nur 1,17 (δεῦτε ὀπίσω μου), die Berufung des Petrus und seines Bruders. Handelt es sich also im ersten Teil nur um eine redaktionelle Wiederholung von 1,17, läge der Ton für Mk nun auf der Qualifizierung des Petrus als „Satan" gegenüber seiner eigentlichen Funktion, Jesus nachzufolgen.

Die literarkritische Analyse von 27–33 zeigt, daß allenfalls 27a.29 (bzw. 27.29b), 31b und 33b als drei vorgegebene Überlieferungen angesehen werden können; 30, die Überleitungen 31a und 33a (zumindest in der vorliegenden Fassung), 28 als Wiederholung von 6,14b.15 dagegen sind in jedem Fall redaktionell. Die Beurteilung von 32 hängt davon ab, wie man mögliche vormarkinische Zusammenhänge sieht.

Daß die literarkritische Analyse von 27–33 so wenig sicher ist, hängt damit zusammen, daß es sich hier um einen der Schlüsseltexte für das Verständnis des Markusevangeliums insgesamt handelt (und das gilt auch, wenn mehr als oben noch angenommen traditionell sein sollte, denn auch dann wäre es für das Evangelium bedeutsam). Die den vorangehenden Teil 4,35–8,26 bestimmende Frage: „Wer ist dieser?" (4,41), wird hier und im folgenden beantwortet. Zusammenfassend wird sich die im Sinne des Mk richtige Christologie am Ende in Jesu eigenem „Geständnis" 14,61f zeigen: er ist wirklich der χριστός, der Sohn des „Hochgelobten" (= Gottes), und er wird am Ende der Tage als der Menschensohn kommen; erst die Kombination dieser drei Titel (Gesalbter, Sohn Gottes, Menschensohn) ergibt für Mk die richtige Antwort auf die Frage 4,41.

Von diesen drei Titeln begegnen hier zunächst χριστός (29) und Menschensohn (31); daß Jesus der leidende Menschensohn ist, ist ja in 14,61f auf einem Höhepunkt der Passionsgeschichte die Voraussetzung der Szene. Im folgenden wird Jesus sich selbst jedoch als am Ende kommender Menschensohn bezeichnen (38) und wird er von der Stimme „vom Himmel herab" erneut als „Sohn Gottes" legitimiert werden (9,7, vgl. 1,11). Durch die Zusammenstellung unterschiedlicher Überlieferungen schafft Mk also in 8,27–9,13 eine Darstellung seiner in 14,61f redaktionell knapp zusammengefaßten Christologie. Nur „Gesalbter, Sohn Gottes, Menschensohn" zusammen (14,61f) sagen nach Mk aus, wer Jesus eigentlich ist. Die Antwort auf die seit 4,41 gestellte Frage ergibt sich für Mk letztlich erst in Jesu eigener Aussage 14,61f; die aber wird vorbereitet in 8,27–9,13.

27a schließt die folgende Szene unmittelbar an die Blindenheilung in Bethsaida an, ohne daß ein Einschnitt sonderlich markiert wäre, außer durch die in solchen Überleitungen überaus seltene Nennung des Namens Jesu. Cäsarea mit dem Zusatz Philippi zur Unterscheidung von dem bekannteren Cäsarea am Mittelmeer war eine von dem Tetrarchen Philippus (vgl. 6,17) an der Stelle der Ortschaft Paneas errichtete Stadt (vgl. Josephus, antiqu. XVIII 28), benannt zu Ehren des Kaisers Tiberius (vgl. 6,45). Sie liegt außerhalb Galiläas, und zwar nördlich des Sees zu Füßen des Hermon an den Jordanquellen. Zu ihr als einer πόλις gehörten die umliegenden Dörfer.

27b Erstmals begegnet hier das Motiv des „Weges", das in 8,27–10,52 eine ähnlich verbindende Funktion haben wird wie die Bootfahrten in 4,35–8,26 (vgl. 9,33f 10,17.32.46.52). Gegenüber der kürzeren, vielleicht aus der ursprünglichen Vorlage stammenden Einleitung 29a werden betont noch einmal die Jünger genannt. An sie richtet Jesus die Frage, als was die Leute ihn sehen. Ihre Antwort **28** wiederholt 6,14b.15, leicht gekürzt besonders in der einfachen Nennung Johannes des Täufers. Hier wie dort geht diese Aufzählung von Meinungen auf Mk selbst zurück, und hier wie dort ist klar, daß es sich nicht um eine angemessene Antwort handeln kann. Johannes der Täufer selbst hatte ja auf Jesus als den Stärkeren hingewiesen (1,7f), und er entspricht nach Mk der Elia-Erwartung von Mal 3,23f Sir 48,10 (Mk 9,11–13, vgl. 1,6). Historisch am ehesten zutreffend könnte für Jesus die Bezeichung „Prophet" sein, denn sein Auftreten in Wort und Tat muß auf seine Zeitgenossen wie das eines Propheten gewirkt haben. Im Sinne des Mk jedoch war nur Johannes der Täufer ein Prophet (vgl. 11,32), nicht Jesus.

Ist mit 28 der 4,35–8,26 durchziehende christologische Faden aufgenommen, so richtet Jesus in **29a** die Frage nun an seine Jünger; die freilich hatten in 4,35–8,26 ja gerade nicht begriffen, wer Jesus eigentlich ist (vgl. zuletzt 8,14–21). Die Antwort des Petrus **29b** hat die Form eines als Anrede formulierten Bekenntnisses (vgl. 1,11 3,11). Ihr Inhalt kommt etwas überraschend, da der χριστός-Titel bisher lediglich in 1,1 begegnet war; wo hingegen bisher Titel gebraucht wurden, waren es andere. Für den Leser freilich wird dieses Bekenntnis zu seinen Voraussetzungen gehören, und daß das Bekenntnis des Petrus nicht falsch ist, wird 14,61f zeigen, wo Jesus in seinem „Geständnis" die entsprechende Frage des Hohenpriesters bejaht.

Χριστός

Literatur: M. DE JONGE, The Earliest Christian Use of Χριστός, NTS 32 (1986) 321–343. – G. MINETTE DE TILLESSE, Secret 329–342.

Der Titel χριστός begegnet bei Mk sehr selten (1,1 8,29 9,41 12,35 13,21 14,61 15,32). 9,41 und 1,1 zeigen, wie selbstverständlich er ist, 12,35 und 13,21, daß der titulare Sinn durchaus noch verstanden wird und χριστός nicht bloßer Eigenname ist. Der Sinn des Titels ergibt sich nicht von der griechischen Sprache her, sondern allein als Übersetzung von hebr. מָשִׁיחַ (vgl. LXX), die Joh 1,41 4,25 auch ausdrücklich vollzogen wird, nicht jedoch bei Mk (oder sonst im NT). Grundlage der Erwartung eines „Gesalbten" als eines am Ende der Tage auftretenden Königs Israels sind die bei der Inthronisation des Königs von Juda vollzogene Salbung einerseits (vgl. 1Sam 16,13) und die Nathanverheißung 2Sam 7,12f andererseits, daß dieses Königtum ewigen Bestand haben werde und daher auch mit der Katastrophe von 587 v. Chr. nicht beendet sein müsse.

Eine kontinuierliche Geschichte der Messiaserwartung im Judentum läßt sich nicht aufzeigen; es handelt sich nur um eine unter mehreren konkurrierenden Möglichkeiten eschatologischen Denkens. Daß in Sach 4,1–6.10–14 der Hohepriester, der in Jerusalem bei seiner Amtseinführung ebenso wie der König gesalbt wurde (vgl. F. Hesse, ThWNT IX 490f), ein zweiter „Ölbaum" genannt wird und somit zwei „Gesalbte" da sind, ein königlicher aus Davids Nachkommenschaft und ein priesterlicher, begegnet in den Qumrantexten in der Konzeption des Messias Aarons und des Messias Israels wieder (1QS 9,11 und mehrere Stellen in CD); dabei hat aber der priesterliche Messias den Vorrang (vgl. A. S. van der Woude, ThWNT IX 508–511). Klassischer Text für die Erwartung des einen königlichen Messias aus Davids Stamm ist PsSal 17f (vgl. M. de Jonge, ebd. 504f), ein Text, der offenbar die Davidstraditionen kritisch gegen das hasmonäische Königtum stellt und dem seine Legitimität bestreitet.

In der Jesusüberlieferung fehlt der Titel χριστός in Q ganz (Mt 11,2 mtische Redaktion), und es spricht nichts dafür, daß der historische Jesus sich selbst so bezeichnet hat (Mk 14,61 ist redaktionell, 9,41 unreflektierter frühchristlicher Sprachgebrauch, 12,35 zeigt die Schwierigkeiten, die die Anwendung dieses Titels auf Jesus bringt). Dennoch ist Jesus sehr bald als (ὁ) χριστός bezeichnet worden, und zwar im Zusammenhang der frühchristlichen Traditionen, die in Tod und Auferweckung Jesu das Heilsgeschehen sehen (1Kor 15,3b–5 u. a.). Daß im übrigen in der frühchristlichen Tradition und auch bei Mk von Anfang an mehrere Titel verwendet wurden, nicht einer allein, spricht dagegen, daß Jesus sich selbst mit einem Titel charakterisiert hat (wie Mohamed „der Prophet").

Zu den wenigen Belegen für χριστός bei Mk gehört 13,21 und auch 13,22, die Rede von ψευδόχριστοι (sonst im NT nur von Mk abhängig Mt 24,24), also eine Messiaserwartung im Zusammenhang mit den in 13,5–37 reflektierten Ereignissen des Jüdischen Krieges, die nach Mk Jesus selbst für irreführend erklärt hat, denn Jesus in Verbindung zu bringen mit dem gegenwärtigen oder gerade vergangenen Geschehen der Zerstörung Jerusalems und des Tempels (13,2), bedeutet für Mk ψεῦδος (14,58).

Im Sinne des Mk ist das Bekenntnis des Petrus, Jesus sei der χριστός, also zwar nicht falsch; umstritten war jedoch, in welchem Sinne er angesichts gegenwärtiger messianischer Erwartungen so bezeichnet werden konnte. Jesus spricht in **30** ein Schweigegebot aus wie zuvor gegenüber den Dämonen (3,12), die ebenfalls erkannt hatten, wer er eigentlich ist. Erst das Evangelium als ganzes (vgl. 9,9) kann zeigen, wer er ist und in welchem Sinne er der χριστός ist; insofern ist auch das Bekenntnis des Petrus nur vorläufig und bedarf der Interpretation.

Die gibt Jesus selbst zunächst in **31**. Bisher war Inhalt seines διδάσκειν in Galiläa von Anfang an (1,15) die Nähe des Reiches Gottes in Jesu Wort gewesen; nun wird dieses Wort auf sein eigenes Schicksal bezogen, und zwar unter dem Titel ὁ υἱὸς τοῦ ἀνθρώπου. Dieser war bisher in 2,10 und 28 bereits begegnet und hatte dort Jesu ἐξουσία bezeichnet. Er wird gleich im Anschluß in 8,38 (vgl. 13,26 und 14,62) wieder begegnen zur Bezeichnung Jesu als dessen, der am Ende der Tage kommen wird. Mit 8,31 beginnend, das in 9,31 und 10,33f wiederholt wird, ist mit diesem Titel bei Mk aber vor allem der Zusammenhang von Tod und Auferstehung Jesu verbunden, und das macht die Mehrzahl der Belege aus (vgl. 9,9.12 10,45 14,21.41).

Verständlich ist auch dieser Titel nicht von der griechischen Sprache her, sondern nur als wortgetreue Übersetzung von hebr. בן אדם bzw. aram. בר אנש(א), wie LXX zeigt: „Zur Gattung Mensch gehörend", also „ein Mensch" oder „der Mensch" (vgl. 3,28, wo „den Menschenkindern" eben „den Menschen" heißt). Das ergibt aber in sich keinen exklusiven Titel, und was in 31 über Jesu Schicksal gesagt wird, kann ja nicht so gemeint sein, daß es für den Menschen schlechthin gilt; vielmehr ist hier Jesu besonderes Schicksal beschrieben, wie es dann in der Passionsgeschichte geschildert wird.

Menschensohn

Literatur: M. BLACK, The „Son of Man" Passion Sayings in the Gospel Tradition, ZNW 60 (1969) 1—8. — C. COLPE, Traditionsüberschreitende Argumentationen zu Aussagen Jesu über sich selbst, in: Tradition und Glaube (Fs K. G. Kuhn), 1971, 230—245. — J. COPPENS, Les logia du Fils de l'Homme dans l'évangile de Marc, in: M. SABBE, (Hg.) L'Évangile selon Marc, EThL.B 34, 1974, 487—528. — F. HAHN, Hoheitstitel 13—66. — J. JEREMIAS, Die älteste Schicht der Menschensohn-Logien, ZNW 58 (1967) 159—172. — Jesus und der Menschensohn (Fs A. Vögtle), 1975. — K. KOCH, Das Buch Daniel, EdF 144, 1980. — W. G. KÜMMEL, Jesus der Menschensohn?, SbWGF 20.3, 1984. — K. MÜLLER, Menschensohn und Messias, BZ 16 (1972) 159—187, 17 (1973) 52—66. — U. B. MÜLLER, Messias und Menschensohn in jüdischen Apokalypsen und in der Offenbarung Johannes, StNT 6, 1972. — E. SCHWEIZER, Der Menschensohn, ZNW 50 (1959) 185—209. — H. E. TÖDT, Der Menschensohn in der synoptischen Überlieferung, ²1963. — P. VIELHAUER, Jesus und der Menschensohn, in: Aufsätze zum Neuen Testament, ThB 31, 1965, 92—140.

Die Verwendung des Titels Menschensohn für eine individuelle Gestalt ist angelegt in der Vision Dan 7,1—14, wo auf die vier schrecklichen Bestien eine menschliche Gestalt folgt (7,13 aram. כבר אנש. LXX und Theod. ὡς υἱὸς ἀνθρώπου). Die Deutung der Vision in 7,17ff interpretiert die vier Tiere als vier sich ablösende Königreiche, die menschliche Gestalt als das endgültige und ewige Reich der „Heiligen des Höchsten" (7,18.27 aram. קדישי עליונין, LXX und Theod. ἅγιοι ὑψίστου), d.h. der Engel oder — wahrscheinlicher — der Gerechten. In Dan 7,13 handelt es sich also bei dem „Menschensohn" um ein Bild (human gegenüber bestialisch), das in der Deutung auf eine kollektive Größe bezogen wird, nicht auf eine individuelle Gestalt.

Das ist anders in äthHen 37—69, wo der Menschensohn durchaus eine individuelle Gestalt ist. In 46,1 wird deutlich Dan 7 aufgenommen, aber in 46,2 ist „jener Menschensohn" die in 1 geschaute menschliche Gestalt, und im folgenden (vgl. 48,2 62,5.7.9.14 63,11 69,26f.29) hat dieser Menschensohn die Funktion des endzeitlichen Richters (im Anhang zu den Bilderreden 70f wird Henoch zum Menschensohn erhöht und mit ihm identifiziert). Die „Bilderreden" äthHen 37—69 sind nur in äthiopischer Sprache erhalten, nicht wie andere Teile dieses Buches auch griech. oder aram. Die aram. Überlieferung belegt aber immerhin בני אנשא (7,3 [14,2] 22,3 77,3) bzw. בני אנוש (93,13), während die äthiopische Übersetzung auffälligerweise nur in 22,3 wĕluda sabĕ'ĕ (= „Söhne der Menschen") hat, sonst aber einfach verschiedene Bezeichnungen für „Menschen"; und auch wo die griech. Übersetzung erhalten ist (7,3 14,2), steht an dessen Stelle nur ἄνθρωποι, nicht υἱοὶ τῶν ἀνθρώπων, obwohl z. B. 6,1 beide durchaus auch „Menschenkinder" haben. Die aram. Überlieferung läßt immerhin auch für eine aramäische Vorlage der „Bilderreden" בר אנש(א) vermuten.

An Dan 7,13 ist auch 4Esr 13 orientiert, und deshalb ist anzunehmen, daß die lat. als homo, syr.

als *kbr nš'* bezeichnete Gestalt in der zu vermutenden ursprünglichen aramäischen oder hebräischen Fassung eben jener „Menschensohn" war, wie in äthHen 37–69 eine individuelle Gestalt, die am Ende der Tage auftreten soll. Dieser homo vernichtet die Völker zugunsten des Restes von Israel; in die Menschensohn-Konzeption fließen hier Traditionen des Gottesknechtes aus Dtrjes ein (13,32.37: filius meus = παῖς μου). Aufgenommen ist Dan 7,13 auch in Apk 1,13 14,14 zur Kennzeichnung des kommenden Jesus, jedoch nur als eine unter mehreren Prädikationen.

Bei Mk zeigt sich die Beziehung zu Dan 7,13f am deutlichsten in 13,26 und 14,62 in dem Motiv des Kommens mit den Wolken. Auch in 8,38 ist der Menschensohn eine Gestalt, die am Ende kommt, um Gericht zu halten, ein Aspekt von Herrschaft. Jesus spricht hier wie in entsprechenden Q-Texten (Lk 12,40/Mt 24,44 Lk 17,24.26.30/Mt 24,27.37.39 Lk 11,30 diff. Mt 12,40 Lk 12,8 diff. Mt 10,32) vom Menschensohn als einer scheinbar von ihm unterschiedenen eschatologischen Gestalt. Dem Leser aber ist in Q wie bei Mk klar, daß dieser Menschensohn, von dem Jesus spricht, kein anderer ist als er selbst, denn in beiden Überlieferungssträngen finden sich neben den Aussagen, die sich auf das Ende beziehen, auch solche, in denen Jesus sich selbst schon in seiner irdischen Existenz „der Menschensohn" nennt. Bei Mk sind das neben den Worten über sein Leiden, Sterben und Auferstehen, die in Q keine Parallele haben, die beiden Aussagen 2,10 und 28, in denen jedoch mit den an Dan 7,13f erinnernden Stichwörtern ἐξουσία und κύριος nicht einfach die Niedrigkeit seiner irdischen Existenz betont wird wie in Q (Lk 7,34/Mt 11,19 Lk 9,58/Mt 8,20 Lk 6,22 diff. Mt. 5,11), sondern seine Vollmacht.

Für die Deutung des Befundes in der synoptischen Überlieferung sind zwei sich ausschließende Ansätze möglich. Der erste, vor allem durch R. Bultmann, H. E. Tödt und F. Hahn vertreten, hält die Menschensohn-Worte für ursprünglich, in denen er als eschatologische Figur erscheint; Jesus selbst habe entsprechend der an Dan 7,13f anschließenden Tradition die Erwartung gehabt, daß am Ende der Tage der Menschensohn kommen werde. Nach Ostern habe dann die Gemeinde den von Jesus angekündigten Menschensohn mit ihm selbst identifiziert (eine Variante dieses Ansatzes ist die These von P. Vielhauer, zwar habe nicht Jesus von einem kommenden Menschensohn geredet, wohl aber die Gemeinde nach Ostern Jesus als kommenden Menschensohn bezeichnet).

Der zweite Ansatz, in verschiedenen Variationen z. B. von J. Jeremias, E. Schweizer, C. Colpe vertreten, hält dagegen die Menschensohn-Worte für ursprünglich, die sich auf den irdischen Jesus beziehen. Jesus habe in dieser Weise von sich selbst gesprochen, die keinen titularen Sinn habe, sondern einfach meine „ich, ein Mensch"; die Gemeinde nach Ostern habe diese Redeweise Jesu dann mit Dan 7,13f verbunden und die entsprechenden Worte gebildet. Dabei begegnet als Argument, daß eine jüdische Menschensohn-Erwartung sich gar nicht nachweisen lasse; die oben herangezogenen Texte – obwohl eine schmale Basis – sind jedoch nicht bloß als zufällige Interpretationen von Dan 7 zu sehen. Gegen den zweiten Ansatz spricht aber auch, daß die wenigen Belege sich nur in Q finden würden, wenn man den Charakter von Mk 2,10.28 als Hoheitsaussagen ernst nimmt (zu 10,45 s. u. S. 181). So ist wohl doch der erste Ansatz derjenige, der größere Wahrscheinlichkeit für sich hat. Der Vermittlungsversuch von W. G. Kümmel, beide Textgruppen über das eschatologische Selbstbewußtsein Jesu zu verbinden, hat gegen sich, daß er dem in der jüdischen Tradition vorgegebenen Gehalt von „Menschensohn" nicht gerecht wird.

Im Zusammenhang des Markusevangeliums jedenfalls assoziiert der Leser von 2,10.28 an bei „Menschensohn" den Gedanken der Vollmacht Jesu, die in 8,38 13,26 14,62 ausgeweitet erscheint auf seine eschatologische Funktion. Mit 8,31 jedoch beginnt daneben eine neue Reihe durch die Verbindung des Titels mit Leiden, Tod und Auferstehung Jesu. Daß diese auf den historischen Jesus zurückgeht, ist unwahrscheinlich, schon weil sie sich nur bei Mk findet (sowie von Mk abhängig bei Mt und Lk), nicht jedoch in Q oder Joh (bei Joh nur das Motiv der „Erhöhung" des Menschensohns). Sicherlich mußte Jesus mit seinem Tod rechnen und konnte auch auf seine Auferstehung hoffen; die Worte aber sind ex eventu formuliert als vorausschauende Zusammenfassung des Geschehens, das Mk in 14,1–16,8 erzählen wird. 9,31 und 10,33f sind leicht variierte Wiederholungen von 8,31; 9,12 14,21.41 nehmen das Motiv des παραδιδόναι aus 9,31 10,33 auf, ohne an den betreffenden Stellen die Aussage über die Auferstehung wiederholen zu müssen, während 9,9 nur diese aufgreift; 10,45 verweist auf den Tod Jesu.

Der Zusammenhang von Tod und Auferweckung Jesu ist in der frühchristlichen Überlieferung sonst jedoch mit dem χριστός-Titel verbunden, der aber bei Mk diese Assoziation nicht hat (s. o. S. 146), und zu derartigen christologischen Aussagen gehört eine Bestimmung des Heilsgeschehens, z. B. ὑπὲρ τῶν ἁμαρτιῶν ἡμῶν (1Kor 15,3b). Daß Mk solche Aussagen kannte, zeigen 14,24 und 10,45; sie fehlen jedoch an den übrigen Stellen. Auch das Motiv κατὰ τὰς γραφάς aus 1Kor 15,3b–5 klingt in 9,12 und 14,21 zwar an, nicht jedoch in den drei Leidensankündigungen. Von ihnen gibt nur 8,31 mit dem δεῖ einen Hinweis auf die Frage, warum geschieht, was geschehen wird, ohne doch die Schrift oder Gottes Willen als Grund ausdrücklich zu nennen.

Mit den kerygmatischen Aussagen über Jesu Tod und Auferstehung haben die Leidensankündigungen also weder deren streng parallele Struktur gemeinsam noch das Motiv der Heilsbedeutung dieses Geschehens (auch nicht die dort vorherrschende passivische Formulierung ἐγήγερται). Sie können also nicht als Variationen des urchristlichen Kerygmas interpretiert werden, sondern sind Zusammenfassungen dessen, was in 14,1–16,8 erzählt wird, am präzisesten in der letzten (10,33f) kurz vor Beginn der Passionsgeschichte, knapp zusammengefaßt in 9,31 und erstmals eben 8,31. Verknüpft wird dadurch die Passionsgeschichte mit der übrigen Jesusüberlieferung, und eine solche Zusammenfassung der Passionsgeschichte ist nicht unabhängig von dieser Verknüpfung zu erwarten; die Leidensankündigungen sind also als redaktionell zu beurteilen.

Mk setzt in diesen Zusammenfassungen allein den Menschensohn-Titel ein, nicht entsprechend der kerygmatischen Tradition χριστός oder entsprechend Weish 2,13–18 (s. o. S. 38) „Sohn Gottes" als Bezeichnung des leidenden Gerechten. Daß er der „Sohn Gottes" ist, wird in 9,7 noch einmal ausdrücklich bestätigt werden (vgl. 1,11 3,11 5,7), und 14,61f wird zeigen, daß diese drei Titel zusammen erst sagen, wer Jesus eigentlich ist (dort braucht vom leidenden Menschensohn nicht gesprochen zu werden, weil Jesus in dieser Situation ja der leidende Menschensohn ist).

Der Menschensohn-Titel ist freilich nicht in der Mk vorliegenden Passionsgeschichte verankert (14,21.41.62 redaktionell), ebensowenig wie er sonst in Verbindung mit Aussagen über Tod und Auferweckung Jesu erscheint. Sowohl 2,10.28 als auch 8,38 13,26 14,62 verweisen auf Jesu ἐξουσία, und das führt wieder auf die aktuelle Situation der Zeit des Mk und seiner Leser, wie sie in 13,5–37 reflektiert ist: die Aufnahme des Menschensohn-Titels in die Leidensankündigungen unterstreicht, daß der kommende Menschensohn niemand anders ist als der, der gelitten hat, gestorben und auferstanden ist; das hat Konsequenzen für die Nachfolge in dieser Situation. Mk hält dort an der Eschatologie fest, gerade gegenüber anderen, an den aktuellen Ereignissen entzündeten eschatologischen Erwartungen z. B. von (ψευδό)χριστοι. Das aus Dan 2,28 übernommene δεῖ γενέσθαι (13,7) gilt auch für Tod und Auferstehung Jesu (8,31).

Auch die Konzeption des „Sohnes Gottes" als des leidenden Gerechten enthält in Weish 5,1–7 das Motiv des Gerichtes über die Ungerechten, doch ist „Sohn Gottes" nicht eine exklusive Bezeichnung wie „der Menschensohn", sondern gilt für jeden Gerechten (zum Problem s. u. S. 179 zu 10,35–45). Mk verbindet durch die Wahl des Menschensohn-Titels in den Leidensankündigungen die Vergangenheit Jesu, sein zukünftiges Kommen am Ende der Tage und die aktuelle Situation seiner Leser miteinander.

Im einzelnen kündigt Jesus in 8,31 an, daß er vieles leiden wird, wie es das Schicksal des Gerechten ist (vgl. Ps 34,26), und das bedeutet Verwerfung (zu ἀποδοκιμασθῆναι vgl. Ps 118,22f in 12,10: dort dieselben Gruppen in 11,27) durch die drei Gruppen des Synhedriums (vgl. 15,1), von denen bisher nur die betont zuletzt genannten Schriftgelehrten begegnet waren; gemeint ist also die Verurteilung Jesu (vgl. 14,53–64). Als zweiter Schritt folgt sein Tod (vgl. 15,20–41). Geschehen muß aber auch seine Auferstehung nach drei Tagen (gegenüber „am dritten Tag" 1Kor 15,4 und der Zeitberechnung von 16,1 im Verhältnis zu 15,42: dort ist er bereits nach zwei Tagen auferstanden). Durch 8,31 gerät die Geschichte Jesu nun in eine ausdrückliche Beziehung zur Passionsgeschichte, wenn auch Jerusalem erst in 10,33 als Ziel genannt und in 11,1 erst erreicht wird und das vorausgesagte Geschehen erst ab 14,1 erzählt wird.

In **32a** betont der Erzähler, daß Jesus dies in aller Offenheit gesagt habe (zu λόγος vgl. 4,33a); der Gegensatz zu παρρησία ist sein Reden ἐν παραβολαῖς zu denen „draußen" (4,11.33f). Es handelt sich ja um eine Jüngerbelehrung (31a). **32b** Petrus jedoch, mit seinem Bekenntnis in 29 Sprecher der Jünger, beginnt ihn daraufhin zu bedrohen. Die Jünger haben also weiterhin nicht verstanden, wer Jesus eigentlich ist, und werden auch im folgenden immer wieder nicht begreifen, was Jesu Leidensankündigung bedeutet.

33 Jesus weist seinerseits Petrus zurecht, nämlich dorthin, wohin er ihn schon bei seiner Berufung gewiesen hatte (vgl. 1,17), und das deutet zugleich voraus auf die Passionsgeschichte, in der Petrus die Nachfolge in den Tod (vgl. 14,29) nicht leisten wird. Die Schärfe der Zurechtweisung zeigt sich in seiner Anrede als „Satan" (vgl. 1,13 3,23.26 4,15) und in der Alternative Gott/Menschen.

Ohne daß Mk ausdrücklich einen Übergang markiert, merkt der Leser doch, daß mit 8,27ff ein neuer Teil des Evangeliums beginnt. Die in 4,35–8,26 gestellte christologische Frage wird in der Szene zwischen Jesus und Petrus nicht nur aufgenommen, sondern nun auch erstmals beantwortet von Petrus wie von Jesus, von beiden in einer kaum vorbereiteten Weise, denn weder das Petrusbekenntnis χριστός noch die Aussagen Jesu über sich als „Menschensohn" ergeben sich aus dem bisher Gelesenen. 9,7 freilich wird ihn durch die Stimme aus der Wolke bestätigen als „Sohn Gottes", und so ist Jesus denn in der Tat, wie er in 14,61f gesteht, der Gesalbte, der Sohn des Hochgelobten, der Menschensohn. Der schroffe Ton am Ende der Szene macht dem Leser klar, wieviel zum Verstehen der Geschichte Jesu bei Mk an dieser Aussage Jesu liegt, die er in 9,31 und 10,33f ja noch zweimal wiederholen wird, und auch in 14,61f ist es Jesus selbst, der den Menschensohn-Titel einführt: der die ἐξουσία hat, auch über Wellen und Sturm (4,41), ist der Menschensohn, der in sein Leiden und Sterben geht.

8,34–9,1 Die Leidensnachfolge

³⁴Und er rief die Leute mit seinen Jüngern heran und sagte zu ihnen: „Wenn jemand mir folgen will, verneine er sich selbst, und nehme sein Kreuz auf sich, und folge mir! ³⁵Wer immer nämlich seine Seele retten will, der wird sie verlieren; wer immer aber seine Seele verliert wegen meiner und wegen des Evangeliums, der wird sie retten. ³⁶Was nützt es nämlich einem Menschen, die ganze Welt zu gewinnen und seine Seele einzubüßen? ³⁷Was könnte nämlich ein Mensch im Tausch für seine Seele geben? ³⁸Denn wer sich meiner und meiner Worte

schämt vor diesem ehebrecherischen und sündigen Geschlecht, dessen wird sich auch der Menschensohn schämen, wenn er kommt in der Herrlichkeit seines Vaters mit den heiligen Engeln." [9,1]Und er sagte zu ihnen: „Amen ich sage euch: Es gibt einige unter den hier Stehenden, die den Tod nicht schmecken werden, bis sie die Gottesherrschaft kommen sehen werden in Kraft."

Literatur: G. DAUTZENBERG, Sein Leben bewahren, StANT 14, 1966. — E. DINKLER, Jesu Wort vom Kreuztragen, in: Neutestamentliche Studien für R. Bultmann, BZNW 21, 1954, 110—129. — W. G. KÜMMEL, Das Verhalten Jesus gegenüber und das Verhalten des Menschensohns, in: Jesus und der Menschensohn (Fs A. Vögtle), 1975, 210—224.

Auf die Jüngerbelehrung 27—33 folgt Jesu Rede an das Volk, eine Umkehrung gegenüber dem gewohnten Bild von Jüngerbelehrung nach öffentlicher Rede (4,10 7,17). Sie besteht aus auf einen Konditionalsatz bezogenen Imperativen in 34 und einem Gefüge von vier jeweils durch γάρ aufeinander bezogenen Worten: ein antithetischer Regelsatz (35), zwei rhetorische Fragen weisheitlichen Charakters (36f) und ein Konditionalsatz, der Tun und Ergehen in Beziehung zueinander setzt (38). In 9,1 folgt nach einer neuen Redeeinleitung (καὶ ἔλεγεν αὐτοῖς) ein weiteres Jesuswort, das als definitiver Aussagesatz formuliert ist.

Mk greift auch hier weitgehend auf Überlieferung zurück, denn 34b hat eine Parallele in Q (vgl. Lk 14,27/Mt 10,38), 35 ebenfalls (vgl. Lk 17,33/Mt 10,39) sowie bei Joh (vgl. Joh 12,25), und eine Parallele in Q hat auch 38 (vgl. Lk 12,8f/Mt 10,32f). 36 und 37 sind sicherlich ebensowenig ad hoc formuliert, auch wenn sie keine Parallele haben, vielleicht jedoch 9,1. Das jeweilige Verhältnis zwischen vorgegebener Überlieferung und markinischer Aufnahme ist bei der Einzelauslegung zu klären; vorweg jedoch die Frage, ob Mk hier einen vorgegebenen Block (8,34b—38, so M. Horstmann, Studien 34) übernimmt oder die Sprüche selbst zusammengestellt hat.

Bei den genannten Parallelen erscheinen 34b und 35 zusammen auch in Mt 10,38f, nicht jedoch bei Lk; die Verbindung kann bei Mt also auf Mk-Einfluß zurückgehen. Die Parallele zu 34b ist in Q Teil eines Doppelspruches, dessen erste Hälfte bei Mk fehlt (Lk 14,26f/Mt 10,37f). Die Parallele zu 38 erscheint in Q in einem größeren Zusammenhang (Lk 12,2—9/Mt 10,26—33), zu dessen Beginn Mk 4,22 zu vergleichen ist. Da eine Parallele zu 36 und 37, der Verbindung zwischen 34b.35 und 38 fehlt, läßt sich über deren Ort nichts sagen, und es empfiehlt sich insgesamt, die Verknüpfung von 34b—38 zu einem Begründungszusammenhang auf Mk selbst zurückzuführen, zumal die Q-Parallele zu 34b nicht die Imperativ-Struktur aufweist und somit der Begründungszusammenhang (nicht eine einfache Parataxe) erst durch diese Umformung gefordert wird. Redaktionell sind jedenfalls die überleitenden erzählenden Elemente 34a (vgl. 3,23 7,14) und 9,1a (vgl. 6,4.10 8,21).

34a Wie in 3,23 und 7,14 ruft Jesus das Volk zusammen; was folgt, ist also öffentliche Rede. Betont wird aber, daß auch die Jünger dabei sind, denen anders als sonst bereits vorweg die besondere Belehrung gegeben worden war (31a). Daß diese Rede auf die Jünger zielt, zeigt die Anknüpfung **34b** an das ὀπίσω μου von 33. Die Öffnung zum Volk bedeutet, daß hier generell Kennzeichen der Nachfolge genannt werden, nicht nur solche der Jünger Jesu damals wie in 6,6b—13. „Nachfolge" gibt es damals wie heute; neu gegenüber dem bisher Gelesenen (vgl. 1,18 2,14f) sind aber die Modalitäten der Nachfolge, die anschließen an das, was in 31 gesagt ist über das Schicksal dessen, dem man nachfolgt.

Mit der Q-Parallele Lk 14,27/Mt 10,38 (Lk 9,23 bzw. Mt 16,24 folgen Mk) hat 34 die Stichworte σταυρός und ὀπίσω μου gemeinsam, durch die in Q Jüngerschaft definiert wird. Bei Mk jedoch wird durch die Imperative 3.Pers. präzisiert, wie Nachfolge aussehen muß (ἐλθεῖν ist zwar wesentlich besser bezeugt, ἀκολουθεῖν jedoch die schwierigere Lesart, da ἐλθεῖν aus Mt 16,24 übernommen sein kann).

„Sein Kreuz auf sich nehmen" ist nicht als eine gängige Redensart zu belegen; es ist aber auch nicht zu interpretieren als eine Art Tätowierung mit dem + geschriebenen hebräischen Buchstaben Tav (gegen E. Dinkler, Wort). Es ist vielmehr vom Tode Jesu her formuliert: Nachfolge hat zu sein Nachfolge des Menschensohns, der am Kreuz sterben wird (31). Das „sich selbst verleugnen" begegnet in der Q-Parallele nicht (vgl. aber zu 38), weist bei Mk aber ebenfalls voraus auf die Passionsgeschichte, in der Petrus nicht sich selbst, sondern Jesus verleugnen wird (14,30f.68.70.72), und auch nicht er oder ein anderer Jünger Jesu Kreuz auf sich nehmen wird, sondern Simon von Kyrene (15,21). Diese Beziehung zur Passionsgeschichte ist bereits durch den Vorblick 31 und den Wortwechsel mit Petrus 32f gegeben. Die syntaktische Struktur des Satzes geht auf Mk selbst zurück, der ein ihm vorgegebenes Jesuswort ähnlich der Q-Fassung in dieser Weise umformte. Die Ankündigung des Leidensweges Jesu 31 wird normierend für die Nachfolge.

Begründet wird dies in **35** in zwei antithetisch gegeneinander gesetzten Umkehrungen von „vernichten" und „retten". Die Q-Parallele Lk 17,33/Mt 10,39 (Lk 9,24 bzw. Mt 16,25 folgen Mk) enthält nicht den Bezug auf Jesus (in Mt 10,39 als Angleichung an 16,25) und das Evangelium; gemeinsam sind die Satzstruktur, das Verbum ἀπόλλυμι und das Substantiv ψυχή, das in beiden Fassungen nicht „Seele" als einen Teil des Menschen meint, sondern wie hebr. נפש das Leben als ganzes. Das Futur bezieht sich in beiden Fassungen auf eine postmortale Existenz, ist Verheißung eines Lebens über den Tod hinaus für die Jesus Nachfolgenden entsprechend seiner eigenen Auferstehung; Joh 12,25 bringt dies ausdrücklich auf den Begriff des „ewigen Lebens". Den Bezug auf Jesus präzisiert Mk durch die Einfügung von ἕνεκεν ἐμοῦ καὶ τοῦ εὐαγγελίου: das Evangelium (vgl. 1,14) ist die Vergegenwärtigung des Wortes Jesu (vgl. 38). Dessen Inhalt ist die Nähe des Reiches Gottes, nun also auch über den Tod hinaus. Begründung für die Forderung der Leidensnachfolge (34b) ist 35 durch seinen Verheißungscharakter.

35 wiederum wird in **36f** begründet durch zwei an die Erfahrung des Menschen appellierende Fragen über die Vergänglichkeit menschlichen Lebens. Alle Güter der Welt können den Verlust des Lebens nicht aufwiegen, denn (vgl. Ps 49,8—10 Koh 1,3 Lk 12,16—20) kein Mensch kann dem Tod etwas als Ersatz für das geforderte Leben bieten. Ψυχή ist zwar das verbindende Stichwort, in 36f hat es jedoch nicht die Bedeutung der den Tod überdauernden Existenz des Menschen; begründet wird allein der negative Teil von 35.

38 ist abschließende Begründung für 34b bzw. den ganzen bisherigen Zusammenhang 34b—37. Gegenüber der Q-Parallele Lk 12,8f/Mt 10,32f (Lk 9,26 folgt Mk, während Mt hier eine Dublette vermeidet) gibt Mk nur die negative Hälfte wieder, nicht die in Q vorausgehende entsprechende Verheißung für das Bekennen. Bei Mk ist der Satz gegenüber Q erweitert, und dadurch ist der strenge Parallelismus gelockert. Der Bezug ist nicht allein zu Jesus hergestellt (so auch in Q von Lk 12,8/Mt 10,32 her vorausgesetzt), sondern auch zu seinen Worten, was dem Verweis auf das Evangelium in 35b (vgl. 10,29) entspricht. Gegenüber Q sind „die Menschen" qualifiziert als „dieses ehebrecherische und sündige Geschlecht"; bei dem Interesse von Q gerade an dem Gegensatz zu „diesem Geschlecht" kann die Mk-Fassung nicht die ursprüngliche sein. Während in Q „die Engel" das Forum bilden, vor dem der Menschensohn auftritt (Lk 12,8f; Mt 10,32f setzt statt des Menschensohn-Titels das „ich" Jesu und statt der Engel die für ihn typische Wendung „mein Vater in den Himmeln" unter Einfluß von Mk), gehören sie bei Mk zur Begleitung des Menschensohns bei seinem Kommen (vgl. 13,27; zur δόξα vgl. 13,26).

Diese Änderung hängt zusammen mit dem Wechsel des Verbums: Bei Q ergibt sich aus der Gegenüberstellung von ὁμολογεῖν und ἀρνεῖσθαι die Szene eines Gerichts, in dem die Engel als Hofstaat fungieren, der Menschensohn als Richter und Ankläger in einem. Bei Mk hingegen steht das Verbum ἐπαισχύνομαι, das demgegenüber schwächer ist. Mk hatte nun bereits in 35 ἀπαρνεῖσθαι redaktionell eingeführt und damit vorausgewiesen auf die Verleugnung des Petrus in der Passionsgeschichte. Würde er es hier in 38 beibehalten, käme das einer endgültigen Verurteilung des Petrus gleich, während 16,7 ja die Restitution des Petrus verheißen ist. Die Nennung des Vaters stellt die Beziehung zur „Sohn Gottes"-Christologie her (1,11 9,7).

Die doppelgliedrige Fassung in Q Lk 12,8f dürfte auf den historischen Jesus zurückgehen, der darin das Ergehen im vom Menschensohn vollzogenen Gericht von der Stellung zu seinem eigenen Auftreten abhängig gemacht hatte. Für Q wie für Mk ist die Identifikation dieses Menschensohns mit Jesus selbst klar (s. o. S. 148); für Mk sind zudem die Vergegenwärtigung Jesu seine Worte (= das Evangelium). Als Begründung für 34a bzw. 34−37 unterstreicht 38 mit dem Verweis auf das, was Jesus gesagt hat, die Verbindlichkeit von 34a, aber auch von 31: der ins Leiden gehende Menschensohn ist der, der am Ende der Tage kommen wird, und er ist zugleich der „Sohn Gottes". Am Verhalten ihm und seinen Worten gegenüber, nach 34 also an der Kreuzesnachfolge hängt Leben und Tod.

9,1 Mit redaktionellem καὶ ἔλεγεν αὐτοῖς angefügt schließt die Rede mit einem durch ἀμὴν λέγω ὑμῖν als definitive Aussage gekennzeichneten Satz. Die Aussage, daß einige der Anwesenden das Kommen des Reiches Gottes noch erleben werden, entspricht 13,30. Mk hält ca. vierzig Jahre später fest an der Naherwartung, auch gegenüber einer an den Ereignissen des Jüdischen Krieges entzündeten aktuellen Eschatologie. Das Kommen des Reiches Gottes entspricht dem Kommen des Menschensohns (8,38 13,26 14,62), dessen Wort selber Nähe des Reiches Gottes bedeutet. Das Logion reflektiert das Problem der Parusieverzögerung, ein aktuelles Problem in der Situation des Mk; hat er es nicht selbst gebildet, geht es auf eine vergleichbare Frage zurück (vgl. bei Paulus: 1Thess 4,13−18 1Kor 15,51f).

Von 8,34−9,1 her bestätigt sich nachdrücklich, daß mit 8,27 in der Tat ein neuer Teil des Evangeliums beginnt. War zunächst in 27−33 die Frage, wer Jesus eigentlich ist, von ihm selbst in 31 beantwortet worden, so stellt er nun heraus, was dem entsprechende Nachfolge heißt, nämlich Nachvollzug des Weges Jesu um seinetwillen, der im Evangelium Nähe des Reiches Gottes bringt. Diese Nähe hat für Mk durchaus auch einen zeitlich futurischen Sinn (9,1). Die christologische Frage wird dahin weitergeführt, daß er als „der Gesalbte" und ins Leiden gehende „Menschensohn" der ist, der am Ende der Tage als der erwartete Menschensohn kommen wird. Vorbereitet wird in 38 aber auch der dritte für Mk wichtige christologische Titel „Sohn Gottes", auf den die folgende Geschichte hinzielt.

9,2−8 Die Verklärung Jesu

2Und nach sechs Tagen nimmt Jesus Petrus und Jakobus und Johannes und führt sie auf einen hohen Berg, nur sie allein. Da wurde er vor ihnen umgestaltet, 3und seine Kleider wurden ganz leuchtend weiß, wie kein Färber auf der Welt sie weiß machen kann. 4Da erschien ihnen Elia mit Mose, und sie unterhielten sich mit Jesus. 5Und Petrus antwortet und sagt zu Jesus: „Rabbi, es ist gut, daß wir hier sind; und wir wollen drei Zelte bauen, für dich eins und für Mose eins und für Elia eins." 6Er wußte nämlich nicht, was er antwortete; denn sie waren in großen Schrecken geraten. 7Da geschah es, daß eine Wolke ihren Schatten über sie warf, und eine Stimme geschah aus der Wolke: „Dieser ist mein geliebter Sohn, hört auf ihn!" 8Und alsbald, als sie sich umblickten, sahen sie niemand mehr, sondern Jesus allein bei ihnen.

Literatur: C. E. CARLSTON, Transfiguration and Resurrection, JBL 80 (1961) 233−240. − D. GEORGI, Die Gegner des Paulus im 2. Korintherbrief, WMANT 11, 1964. − K. HAACKER, P. SCHÄFER, Nachbiblische Traditionen vom Tod des Mose, in: Josephus-Studien (Fs O. Michel), 1974, 147−174. − U. B. MÜLLER, Die christologische Absicht des Markusevangeliums und die Verklärungsgeschichte, ZNW 64 (1973) 159−193. − J. M. NÜTZEL, Die Verklärungsgeschichte im Markusevangelium, fzb 6, 1973.

Im Kontrast zum Thema des Leidens, das 8,27−9,1 bestimmte, wird Jesus in 9,2−8 in seiner Herrlichkeit (vgl. δόξα 8,38) dargestellt und vom Himmel herab als „Sohn Gottes" legitimiert (vgl. 8,38 τοῦ πατρὸς αὐτοῦ). Weiterhin geht es also um das christologische Thema: Er ist (vgl. 14,61f) „der Gesalbte" (8,29), der „Menschensohn" (8,31.38), der „Sohn Gottes" (8,38 9,7), und die seit 4,41 latente Frage: „Wer ist dieser?", ist damit beantwortet; seine Jünger freilich, die in 4,41 so fragten, begreifen das nicht und werden es weiterhin nicht begreifen.

Die Abgrenzung der Szene ist zu Beginn durch die Angabe der zeitlichen Distanz von sechs Tagen deutlich. 9, dann aber auch 14 setzen die folgenden Szenen in einen unmittelbaren Zusammenhang, so daß an sich 2−29 eine Einheit nach Ort und Zeit bilden vor dem in 30 markierten Ortswechsel. Für die Auslegung empfiehlt sich eine Zerlegung des Zusammenhangs in die drei Szenen 2−8, 9−13 und 14−29 lediglich aus dem pragmatischen Grund, eine überlange Interpretation zu vermeiden.

Die Geschichte hat eine Parallele in 2Petr 1,17f. Da 2Petr jedoch auch auf Joh 21,18f zurückgreift (1,14), wird der Verfasser dieses Briefes diese Geschichte nicht unabhängig von einem der Evangelien (Lk wegen der Erwähnung der δόξα?) kennen. Dennoch ist sie als Mk in seiner Überlieferung bereits vorgegeben zu beurteilen. Darauf deutet vor allem der interpretierende Nachsatz 6b: solche Erläuterungen weisen auf einen, der erklären will, was ihm offen erscheint in dem, was er nacherzählt.

Der Umfang und die Vorgeschichte der aufgenommenen Überlieferung sind in der Literatur umstritten. Die Rekonstruktion eines Überlieferungsweges (z. B. bei F. Hahn, Hoheitstitel 310−312.334−340) muß in jedem Fall, so zweifelhaft sie sein mag, eine

Transponierung der Geschichte in die Welt der Leser des Markusevangeliums schon vor der markinischen Redaktion in Rechnung stellen, und beweist damit nur einmal mehr, daß der Horizont dieser Welt nicht mehr Galiläa und Jerusalem zur Zeit Jesu ist, sondern ein Christentum, dessen Sprache Griechisch ist und das das „Alte" Testament in dieser Sprache kennt. Andererseits wird die Frage nach der übernommenen Tradition relativiert, wenn die Auslegung nicht primär abzielt auf die Rekonstruktion frühchristlicher Überlieferungen, sondern auf das vorliegende Evangelium als Einheit. Dann nämlich ist das Evangelium nicht lediglich in seiner Überlieferung verändernden Sprache zu interpretieren, sondern auch in der Verbindung formulierter Überlieferungen, wie z. B. 9,7 in Beziehung zu sehen ist zu 4,41.

An bereits bekannten Motiven kehren in 2–8 wieder: der Rückzug auf den Berg (vgl. 3,13 6,46), die Hervorhebung der drei Jünger Petrus, Jakobus und Johannes (vgl. 1,16–20 3,16f 5,37; später 13,3 14,33), die Rolle des Petrus als Sprecher der Jünger (vgl. 8,29), das Unverständnis der Jünger und die Anrede Jesu als Sohn Gottes (vgl. 1,11 3,11 5,7). Letzteres war bei 1,11 interpretiert worden als aus gerade dieser Geschichte vorgezogen, um Jesus von allem Anfang an zu legitimieren als von Gott selbst anerkannten Verkündiger der Nähe des Reiches Gottes; deshalb ist es nun in 9,7 nicht auf Mk zurückzuführen.

Die Jünger hingegen werden erneut (vgl. zuletzt 8,14–21) in 5f so sehr als die hingestellt, die nicht begreifen, was vor sich geht, daß ihre Erwähnung in 2 und 6f übereinstimmt mit dem Duktus der bisherigen Erzählung und deshalb wahrscheinlich redaktionell ist. Es bleibt als Vorlage des Mk also eine Geschichte (vgl. R. Bultmann, GST 278–281), nach der Jesus nach sechs Tagen auf einem hohen Berg verwandelt wurde in δόξα-Gestalt, gleichberechtigt mit Mose und Elia, und vom Himmel herab als Sohn Gottes anerkannt wurde, auf den zu hören sei. Der Vergleich mit einer Ostergeschichte liegt nahe, doch haben die ein anderes Thema: den Auferstandenen wiederzuerkennen als den gekreuzigten Jesus.

Im NT am nächsten verwandt ist dieser Geschichte 2Kor 3,7–18. Mit diesem Text berührt sich 2–8 in dem Stichwort μεταμορφοῦσθαι und in der Erwähnung des Mose. Auf Mose deutet aber auch der Text der Himmelsstimme in 7; zu hören ist nach Dtn 18,15 auf Mose und den jeder neuen Generation neu erstehenden Propheten wie Mose. Ausgelegt wird in 2Kor 3,7–18 Ex 34, Moses zweiter Aufenthalt auf dem Berg Sinai; in der Geschichte von seinem ersten Aufenthalt dort, Ex 24,12–18, finden sich die Motive „sechs Tage" und „Wolke", aus der Gott zu Mose spricht. In Ex 34 muß Mose bei seinem Abstieg vor den Israeliten sein Gesicht verhüllen wegen der δόξα, die sie nicht ertragen können.

Der Verweis auf 2Kor 3,7–18 besagt nur so viel, daß Paulus sich dort mit einer Auslegung des Sinaiaufenthalts des Mose auseinandersetzen muß, die die δόξα des Mose betont und damit auch die δόξα des Gesetzes. Das verweist auf das griechisch sprechende Judentum, z. B. Philos Interpretation dieses Komplexes in vita Mos. II 69f (vgl. D. Georgi, Gegner 258–265): Moses Aufenthalt auf dem Sinai bedeutet Aufstieg in die himmlische Welt, seine Schönheit Verwandlung in göttliche δόξα (vgl. auch quaest. in Ex II 29).

Was Elia betrifft, so ist er hier nicht in seiner Funktion als Vorläufer gesehen (vgl. 11), sondern es verbindet ihn mit Mose, daß beide nicht gestorben, sondern direkt zu Gott entrückt sind. Für Elia ist das in 2Kön 2,1–11 begründet; für Mose schloß es jüdische Überlieferung aus Dtn 34,5, daß niemand das Grab des Mose kennt (vgl. J. Jeremias,

ThWNT IV 859f; K. Haacker/P. Schäfer, Traditionen). Die dritte Gestalt aus dem AT, die hier zu nennen wäre, Henoch (vgl. Gen 5,24), begegnet im NT auch sonst nur selten.

Die von Mk aufgenommene Geschichte — bezieht man sie auf einen derartigen religionsgeschichtlichen Hintergrund — beschreibt also eine Legitimation Jesu durch seine Entrückung in die himmlische Welt. Seine Lehre ist dadurch als göttlich ausgewiesen, wie es das Gesetz des Mose durch seine Herkunft vom Sinai ist. Solche Beziehung mag sich auch dadurch nahegelegt haben, daß nach Ex 24,13.15 Ἰησοῦς (= Josua) mit Mose auf dem Sinai gewesen war. Mk nimmt diese Geschichte auf und verbindet sie mit dem Motiv des Unverständnisses der Jünger, die erneut nicht erkennen, wer Jesus eigentlich ist (6f.10). Im Kontext zeigt sie die δόξα des kommenden Menschensohns (8,38), der Sohn Gottes ist.

2 stellt mit der Zeitangabe einen Neueinsatz dar. Jesus bringt wie in 3,13 die Jünger auf einen Berg, und zwar die drei dort erstgenannten, die auch sonst eine besondere Rolle spielen. Wie in 4,34 6,31f 7,33 9,28 13,4 zeigt κατ' ἰδίαν die Trennung von der Öffentlichkeit an; auch die in der Vorlage aus Ex 24,16 zu verstehende Angabe „nach sechs Tagen" hat diesen Ton der Distanz. Was geschieht, ist mit μετεμορφώθη bezeichnet, Umwandlung der Gestalt Jesu, im Griechischen ein geprägter Terminus für die Verwandlung von Göttern in Menschen, aber auch von Menschen in Götter (vgl. J. Behm, ThWNT IV 762–765).

3 beschreibt das Ergebnis dieser Umwandlung als das strahlendste Weiß seiner Kleider, das man sich überhaupt vorstellen kann. „Weiß" ist die Farbe der göttlichen Welt (vgl. 16,5; W. Michaelis, ThWNT IV 251). Jesus Gestalt ist nicht mehr irdisch, sondern göttlich, und zu ihm treten **4** zwei Gestalten der göttlichen Welt, Elia zusammen mit Mose, und die drei reden nun miteinander, Jesus ist also gleichberechtigt mit ihnen.

5 In diese entrückte Welt paßt nicht, daß Petrus Jesus nur als „Rabbi" anredet. Immerhin hatte er in 8,29 doch schon erkannt, daß Jesus „der Gesalbte" ist, und selbst die Dämonen hatten es besser gewußt, wenn sie ihn „Sohn Gottes" nannten (3,11 5,7). Ihn als „Rabbi" zu bezeichnen (רבי ist auch außerhalb des hebr./aram. Sprachraums als Titel belegt, vgl. CIJ I Register s. v.; Mk braucht deshalb das Wort nicht zu erklären), wird in keiner Weise der Situation gerecht, in der nun deutlich wird, wer Jesus eigentlich ist. Das zeigt sehr drastisch der Vorschlag des Petrus, drei Hütten zu bauen, denn was geschehen muß, hatte Jesus ja in 8,31 gesagt: nicht ein Aufenthalt in der göttlichen Sphäre, sondern Leiden und Tod und danach Auferstehung in diese göttliche Sphäre. Daß Petrus in der Tat mit seinem Vorschlag die Situation verkennt, unterstreicht der Erzähler in **6**.

Das Ziel der Geschichte ist **7**; die Stimme aus der Wolke wiederholt, was der Leser schon seit 1,11 weiß, was also durch die seitherige Geschichte Jesu nicht aufgehoben ist. Das aber erhält nun von 8,27–38 her seine auch in 1,11 traditionsgeschichtlich erschließbare Bedeutung. Daß Jesus der Gesalbte, der leidende wie der als Richter kommende Menschensohn ist, hebt nicht auf, daß er von Anfang an der „Sohn Gottes" ist, der leidende Gerechte, der von Gott Recht bekommt (s. o. S. 38). Der aus Dtn 18,15 stammende Imperativ ἀκούετε αὐτοῦ (trotz der Differenz zu Dtn 18,15 LXX αὐτοῦ ἀκούσεσθε) weist im Zusammenhang des Markusevangeliums zurück auf die Betonung des ἀκούειν in 4,1–34 und damit auf das Wort Jesu als Nähe des Reiches Gottes. Dies ist es, worauf zu hören ist.

Petrus wollte in 5 dem Geschehen Dauer verschaffen; unversehens aber **8** ist die Szene vorbei, ein Vorblick auf die δόξα des Menschensohns (8,38), aber Rückkehr aus der himmlischen Welt auf den wenn auch „hohen Berg", der jedoch auf der Erde ist. Von ihm geht Jesus zurück auf den Weg, der ins Leiden führen wird.

Im Zusammenhang des Markusevangeliums unterstreicht 2−8 die Legitimation Jesu und seines Wortes der Nähe des Reiches Gottes (vgl. 1,14f), denn der (vgl. 8,31) ins Leiden gehende Jesus ist der von Gott von Anfang an anerkannte „Sohn" (vgl. 1,11), der in seinem Wort die Nähe des Reiches Gottes vermittelt. Seine − vorübergehende − δόξα-Gestalt (vgl. Lk 9,31f in richtiger Aufnahme von Mk 8,38) bestätigt ihn als den, der entsprechend seiner eigenen Ankündigung 8,31 leiden, sterben und auferstehen wird. Diese δόξα-Gestalt ist die Gestalt des Menschensohns am Ende der Tage (vgl. 8,38), und so erfüllt sich (gegen M. Horstmann, Studien 97) 9,1 nicht schon hier, sondern wird sich erst in der auch von Mk als nah erwarteten Zukunft (vgl. 13,26f) erfüllen.

9,9−13 Fragen beim Abstieg vom Berg der Verklärung

⁹Und als sie hinabgingen vom Berg, befahl er ihnen, daß sie niemandem erzählen sollten, was sie gesehen hatten, außer wenn der Menschensohn von den Toten auferstanden sei. ¹⁰Und sie behielten das Wort bei sich, disputierend, was das ist: „von den Toten auferstehen". ¹¹Da fragten sie ihn und sagten: „Warum sagen die Schriftgelehrten, daß Elia zuerst kommen muß?" ¹²Er aber sagte zu ihnen: „Elia kommt zuerst und bringt alles in Ordnung. Und wie ist geschrieben über den Menschensohn? Daß er vieles erleiden und verachtet werden muß. ¹³Aber ich sage euch, daß auch Elia gekommen ist, und sie haben mit ihm gemacht, was sie wollten, wie über ihn geschrieben ist."

Mit dem Abstieg vom Berg verbindet Mk zwei kurze Szenen: ein Schweigegebot an die drei Jünger, deren Reaktion darauf freilich wieder einmal nur ihr Unverständnis zeigt (9f), und eine Erörterung über ein dogmatisches Problem (11−13), das hervorgerufen ist durch eine Lehre der jüdischen Schriftgelehrten. Die erste Szene hat Mk selbst geschaffen, denn Schweigegebot wie Unverständnis der Jünger sind für seine Redaktion typische Motive. Der Inhalt der zweiten Szene wäre vorstellbar als Thema eines Streitgespräches, in dem die Gegner direkt aufträten. Hier jedoch werden sie von den Jüngern mit ihrer Meinung nur zitiert. Vergleichbar ist dem 12,35−37a, wo Jesus selbst eine Äußerung der Schriftgelehrten aufgreift und widerlegt. Die Schriftgelehrten (s. o. S. 50f) sind bei Mk Gegner in Fragen der ἐξουσία Jesu, und d. h. seiner christologischen Legitimation, und sie sind offenbar die gegenwärtigen Konfliktpartner der Gemeinde des Mk auf jüdischer Seite. Anknüpfend an die Erwähnung des Elia in 4f bringt Mk also an dieser Stelle die Widerlegung eines aktuellen Einwandes gegen die Christologie unter; auch die zweite Szene wird daher auf die markinische Redaktion zurückgehen.

9 Das Schweigegebot Jesu (wie 5,43 7,36 mit διαστέλλομαι) ist terminiert bis zu dem Zeitpunkt, da der Menschensohn aufersteht von den Toten, wie er es in 8,31 vorausgesagt hat; es weist damit voraus auf die Botschaft des Engels im leeren Grab 16,6. Wie die Schweigegebote in den großen Wundergeschichten unterstreicht auch dieses, daß das Evangelium als Geschichte Jesu nur als ganzes verstanden werden kann; die δόξα des Sohnes Gottes ist die δόξα des ins Leiden gehenden Gerechten.

Wie wenig die Jünger – selbst diese drei besonders hervorgehobenen – begriffen haben, zeigt ihre Reaktion **10**. Sie verstehen nicht, was „von den Toten auferstehen" (vgl. 8,31!) bedeutet, und der Leser ist gefragt, ob er besser versteht als sie. Diese Frage wird sich ihm noch einmal stellen, wenn die Frauen in 16,8 über den von Jesus gesetzten Termin hinaus sich an das Schweigegebot halten. Daß die Jünger Jesus nun nicht danach fragen, zeigt, daß das Unverständnis-Motiv eben nicht ein historisches Interesse hat, sondern auf den Leser zielt.

Ihre Frage in **11** trägt vielmehr eine Lehre der Schriftgelehrten vor (zu ὅτι vgl. BDR § 300.4), daß Elia πρῶτον kommen müsse, die Jesus in **12a** zunächst noch einmal wiederholt und präzisiert. Ausgangspunkt ist Mal 3,23f: vor dem Tag des Herrn sendet Gott den Propheten Elia, der die Generationen miteinander versöhnen wird, damit Israel dem Gericht entgeht. Sir 48,10f nimmt dies auf und preist die selig, die ihn sehen werden. Seine Aufgabe ist hier, die Stämme Jakobs aufzurichten (vgl. Jes 49,6). Das griech. Verbum καταστῆσαι gibt in Sir 48,10 הכין wieder, während in LXX Mal 3,24 ἀποκαταστήσει für השיב steht, das wiederum in Sir 48,10 mit ἐπιστρέψαι übersetzt ist. In Sir 48,10 erhält Elia also die Funktion, Israel zu restituieren, bevor das Ende kommt, nicht nur die Versöhnung der Generationen herbeizuführen.

Die zitierte Meinung der Schriftgelehrten ist als jüdischer Einwand gegen die Christologie zu verstehen. Dieser bezieht sich weder darauf, daß Jesus als Menschensohn kommen wird, ohne daß ihm (vgl. 13,5–27) Elia dabei vorausgeht (zu δεῖ vgl. 13,7, zu πρῶτον 13,10), noch darauf, daß die Verwendung des χριστός-Titels für Jesus (vgl. 12,35–37a) unangebracht wäre, so lange Elia nicht gekommen ist. Vielmehr wird die Elia-Erwartung gegen die Erwartung des Menschensohns Jesus gestellt; πρῶτον hat in der Wiedergabe der Meinung der Schriftgelehrten exklusiven Sinn: nicht der Menschensohn, sondern Elia kommt vor dem „Tag des Herrn".

Jesus nimmt nämlich in 12a zunächst diese Lehre zustimmend auf unter deutlichem Bezug auf Mal 3,23f, wobei nun πάντα anstelle der Beziehungen der Generationen zueinander steht oder (vgl. Sir 48,10) anstelle der „Stämme Jakobs". Es folgt aber nicht sofort 13, die Identifikation des bereits gekommenen Elia, sondern zunächst **12b**; das μέν von 12a bleibt ohne Entsprechung, der Satz bricht ab. Der Sinn von 12b ist, ein Gegenargument zu liefern, daß nämlich ebenso wie das Kommen des Elia auch das, was Jesus in 8,31 unter dem Vorzeichen des δεῖ vorausgesagt hatte, seine Begründung in der Schrift hat. Aufgenommen wird das πολλὰ παθεῖν aus 8,31, nun nicht durch ἀποδοκιμάζεσθαι erläutert, sondern durch (das im NT singuläre) ἐξουδενεῖσθαι (ursprünglicher gegenüber ἐξουθενεῖσθαι in verschiedenen Handschriften). Das verweist pauschal auf Psalmtexte in derselben Weise, wie wir in der Passionsgeschichte solche Hinweise auf Schriftstellen finden werden; eine atliche oder jüdische Tradition des Leidens des Menschensohns gibt es hingegen nicht.

Damit ist das δεῖ der Meinung der Schriftgelehrten entkräftet durch einen gleichwertigen Verweis auf die Schrift, und es folgt **13** in einem zweiten Schritt der Beweis dafür, daß der Einwand der Schriftgelehrten auch insofern unberechtigt ist, als Elia ja bereits gekommen war. Damit kann kein anderer gemeint sein als Johannes der Täufer (wie Mt 17,13 denn auch diese Identifikation ausdrücklich vollzieht), dessen Tod in 6,17–29 erzählt worden war; und es bestätigt sich, daß Mk tatsächlich in 1,2–8 Johannes den Täufer als Elia verstanden wissen wollte. Das dortige καθὼς γέγραπται (1,2) enthält freilich keine Aussage über seinen Tod; wohl aber ist Elia von der atlichen Darstellung her der verfolgte Prophet. Gegen den Einwand der Schriftgelehrten steht also, daß Elia in der Gestalt Johannes des Täufers bereits da gewesen ist, aber dasselbe Schicksal erlitten hat, das Jesus bevorsteht (vgl. 1,14).

Mit der Verklärung Jesu ist die Antwort auf die christologische Frage abgeschlossen: Jesus ist der Gesalbte (8,29), der am Ende kommende Menschensohn (8,38) gerade als der ins Leiden gehende Menschensohn (8,31), der von Gott anerkannte Sohn Gottes (8,38 9,7). Die Gespräche beim Abstieg vom Berg der Verklärung zeigen jedoch, daß die Jünger weiterhin nicht begriffen haben und daß ein Einwand der Schriftgelehrten gegen die Legitimation Jesu widerlegt werden kann. Angesprochen sind also erneut die Leser; gefragt sind sie, ob sie besser verstehen als die Jünger damals, angeleitet werden sie, Einwände ihrer jüdischen Nachbarn gegen die Christologie zurückzuweisen.

9,14–29 Die Heilung eines epileptischen Jungen

[14]Und sie kamen zu den Jüngern und sahen viele Leute bei ihnen und Schriftgelehrte mit ihnen disputieren. [15]Und alle Leute sahen ihn und erschraken sofort, und sie liefen ihm entgegen und begrüßten ihn. [16]Da fragte er sie: „Was disputiert ihr mit ihnen?" [17]Und einer von den Leuten antwortete ihm: „Lehrer, ich habe meinen Sohn zu dir gebracht, der einen sprachlosen Geist hat. [18]Und wo immer er ihn packt, reißt er ihn, und er schäumt und knirscht mit den Zähnen und wird starr. Und ich habe zu deinen Jüngern gesagt, daß sie ihn austreiben sollten, und sie konnten es nicht." [19]Er aber antwortet und sagt zu ihnen: „Oh ungläubiges Geschlecht, bis wann soll ich bei euch sein? Bis wann soll ich euch ertragen? Bringt ihn zu mir!" [20]Und sie brachten ihn zu ihm. Und als der Geist ihn sah, riß er ihn sofort zusammen, und er fiel zu Boden und wälzte sich schäumend. [21]Da fragte er seinen Vater: „Wie lange Zeit geht das schon so mit ihm?" Er aber sagte: „Von Kindheit an. [22]Und oft hat er ihn auch ins Feuer geworfen und ins Wasser, um ihn zu vernichten. Aber wenn du kannst, hilf uns aus Erbarmen mit uns!" [23]Jesus aber sagte zu ihm: „Was soll das: ‚wenn du kannst'? Alles ist dem möglich, der glaubt." [24]Sofort schrie der Vater des Kindes und sagte: „Ich glaube, hilf meinem Unglauben!" [25]Als Jesus sah, daß das Volk zusammenläuft, bedrohte er den unreinen Geist und sagte zu ihm: „Sprachloser und tauber Geist, ich befehle dir: fahre aus ihm aus, und kehre nicht mehr in ihn zurück!" [26]Da schrie er auf, riß ihn vielmals und fuhr aus, und er wurde wie tot, so daß viele sagten: „Er ist gestorben." [27]Jesus aber faßte ihn an der Hand und richtete ihn auf, und er stand auf.
[28]Und als er ins Haus ging, fragten ihn seine Jünger allein: „Warum konnten wir ihn nicht austreiben?" [29]Da sagte er zu ihnen: „Diese Art kann durch nichts ausfahren, außer durch Gebet."

Literatur: G. BORNKAMM, Πνεῦμα ἄλαλον, in: Geschichte und Glaube II, BEvTh 53, 1971, 21–36. – F. G. LANG, Sola gratia im Markusevangelium, in: Rechtfertigung (Fs E. Käsemann), 1976, 321–337. – G. PETZKE, Die historische Frage nach den Wundertaten Jesu, NTS 22 (1975/76) 180–204. – W. SCHENK, Tradition und Redaktion in der Epileptiker-Perikope Mk 9,14–29, ZNW 63 (1972) 76–94.

Vom Berg herab kommt Jesus mit den ihn begleitenden drei Jüngern wieder zu den anderen zurück (vgl. 2.9). Die Geschichte, die nun folgt (17—27), ist ein breit erzählter Exorzismus mit den typischen Elementen: Beschreibung der Notlage (17f.20—22a), Bitte um Heilung (22b), Exorzismus (25), Erfolg (26) und Bestätigung der Heilung (27). Damit sind jedoch nicht erfaßt die Besonderheiten dieser Geschichte: die Thematik des Glaubens und das Unvermögen der Jünger, denen auch die abschließende Belehrung 28f gilt. Diese Besonderheiten sind es, die diese Geschichte mit dem Kontext 8,27—10,52 verbinden, während die breit erzählten Wundergeschichten ja an sich typisch waren für den vorangehenden Teil 4,35—8,26.

Als redaktionell hebt sich das abschließende Gespräch Jesu mit seinen Jüngern ab (28f). Redaktionell ist aber auch weithin die Verbindung zum Kontext in 14—16. Daß gerade die Schriftgelehrten hier genannt sind, erklärt sich aus ihrer besonderen Rolle bei Mk (s. o. S. 50f). Die Beschreibung des Volkes in 15 spielt für die Geschichte selber keine Rolle, sondern ruft dem Leser 8,34 in Erinnerung, verknüpft die Geschichte also ausdrücklich mit dem Kontext; Ansatzpunkt ist die Erwähnung des Volkes in 25. Voraussetzung für die Geschichte ist natürlich die Abwesenheit Jesu (17f), so daß für die von Mk aufgenommene Überlieferung als Beginn in etwa 14a zu vermuten ist, fortgesetzt mit einer Frage, auf die 17 die Antwort gibt, während die jetzige Frage in 16 an die Schriftgelehrten gerichtet ist, aber nicht von denen beantwortet wird. Innerhalb der Geschichte selber lassen sich in 17—27 nicht eindeutig redaktionelle Bestandteile ausmachen (23f?); daß zwei Erzählstränge nebeneinander herzulaufen scheinen, ermöglicht nicht eine Zerlegung in zwei erst von Mk zusammengefügte Geschichten.

14 Die Singularformen ἐλθών und εἶδεν könnten als die schwierigere Lesart erscheinen (Gnilka II 46); die Qualität der Textzeugen zeigt leichte Vorteile für den Plural (in etwa dieselben Handschriften bieten im übrigen in Mt 17,14 das gleiche Bild, A ist dort nicht erhalten; eine Beeinflussung durch die Parallel-Überlieferung ist also nicht als Argument zu verwenden), und der Singular kann als Angleichung an 15 gesehen werden. In jedem Fall signalisiert 14a die Rückkehr zur Volksmenge (vgl. 8,34). Die Schriftgelehrten waren in 11 genannt worden, freilich nicht selbst aufgetreten. Ihre Nennung assoziiert von Beginn an (vgl. 1,22) das Motiv des Streits um die ἐξουσία Jesu. Worüber sie mit den zurückgebliebenen Jüngern disputieren, ist nicht gesagt; aus dem folgenden ergibt sich aber, daß die den Jüngern verliehene ἐξουσία über die Dämonen (vgl. 3,15 6,7) zum Problem geworden ist. Mit der Legitimation Jesu ist also auch die Vollmacht der Jünger Diskussionsstoff gegenwärtiger Auseinandersetzungen mit jüdischen Autoritäten zur Zeit des Mk; für die Geschichte als solche spielen die Schriftgelehrten dann keine Rolle mehr.

15 Die versammelte Volksmenge kommt Jesus entgegen und begrüßt ihn. Das wird in 25 wieder aufgenommen; die Geschichte könnte also gleich mit 25 weitergehen. Dazwischen liegt jedoch die breit erzählte Episode, für die die Volksmenge den Hintergrund bildet. Wen Jesus in **16** fragt, ist von 14b her eindeutig: die Schriftgelehrten. Aber nicht sie antworten, sondern **17f** einer aus der Volksmenge. Er beginnt, eine Geschichte zu erzählen, die sich zunächst wie eine Wundergeschichte anhört mit der Beschreibung der Notlage: der Mann berichtet, daß er einen stummen Sohn hat, seine Stummheit auf einen Dämon zurückführend; die weiteren Symptome beschreiben dann epileptische Anfälle.

Epilepsie

Literatur: E. Lesky, J. H. Waszink, Art. „Epilepsie", RAC V 819–831.

Epilepsie (vielleicht mit einem etwas weiteren Begriff als heute) galt in der Antike als auf die Götter zurückgeführte „heilige Krankheit". Der Verfasser der gleichnamigen Schrift des Corpus Hippocraticum (de morbo sacro, s. Beilage 4) bestreitet dies und wendet sich gegen rituelle Reinigungen und Beschwörungen als Heilmittel. Diese Schrift zeigt in besonderer Weise die Konkurrenz zwischen Wundertätern und Medizinern in der Antike (s. o. bei 5,26); die hippokratische Medizin nimmt für jede Krankheit, selbst für die Epilepsie, natürliche Ursachen an, wenn die Gegenmittel vielleicht auch noch nicht gefunden sind. Sie bestreitet in einem generellen Angriff (1) den Wundertätern, frömmer zu sein als solche wissenschaftliche Medizin, und setzt dagegen die eigene Ehrfurcht vor der Natur (18). Aufgrund empirischer Beobachtungen wird die Epilepsie als erblich bezeichnet (2), sie treffe nur Phlegmatiker, nicht Choleriker und habe ihren Sitz im Gehirn (3). Damit ist eine Rückführung auf übernatürliche Ursachen ausgeschlossen. Unter den Symptomen der Krankheit werden Stummheit und Starrheit genannt (ἄφωνος γίνεται καὶ πνίγεται 7).

Von einer solchen wissenschaftlichen Auffassung der Epilepsie ist unsere Geschichte weit entfernt. Hier ist die Ursache ein Dämon, das Heilmittel ein Exorzismus. Deshalb hat der Mann seinen kranken Sohn zu Jesus bringen wollen und, da der nicht da war, sich an die Jünger gewandt mit der Bitte um Heilung. Ginge die Geschichte wie erwartet weiter, würde der Vater nun erzählen, wie die Jünger den Dämon ausgetrieben haben (vgl. 6,13) und der Junge geheilt wurde. Seine Geschichte endet aber abrupt: „und sie konnten es nicht", ist also keine Wundergeschichte, sondern der Bericht von einem mißglückten Wunder.

19 Jesu Reaktion auf diese Geschichte ist eine Schelte der Jünger, sie sind das „ungläubige Geschlecht" (vgl. 4,40); ihre ἀπιστία zeigt sich darin, daß sie das Wunder nicht vollbracht haben. Diese Anrede und die beiden folgenden Fragen übersteigen den Zusammenhang; im Grunde spricht hier eine „mythische" Person (M. Dibelius, FG 278). Daß Jesu Wunderkraft in Nazareth eingeschränkt gewesen war, lag an der ἀπιστία der Leute dort (6,6a); πίστις als die das Wunder herbeiführende Macht war bisher auf seiten der Kranken (2,5 5,34.36), jetzt jedoch fehlt sie auf der Seite der potentiellen Wundertäter. Jesu Befehl, den Kranken zu bringen, läßt erwarten, daß nun doch eine Geschichte von einem Wunder beginnt.

Der Junge wird gebracht **20** und bekommt sofort einen Anfall, d. h. der Dämon sieht Jesus und bewirkt diesen Anfall; der Junge fällt hin, aber nicht als Zeichen der Unterwerfung des Dämons wie in 5,6. Auf die Frage an den Vater **21**, wie lange schon sein Sohn an der Krankheit leide, antwortet der: „von Kindheit an", und das zeigt die Schwere dieser Krankheit (vgl. Hippocr., morb. sacr. 10f), die eben auch für die antike Medizin als unheilbar galt. Der Vater schildert noch einmal **22** Symptome, diesmal dafür, wie lebensgefährlich die Krankheit ist, und er fügt die Bitte an, Jesus möge ihn heilen, wenn er könne, ein Konditionalsatz, der sich in keiner anderen Wundergeschichte bisher gefunden hatte.

23 Jesus greift denn auch diesen Konditionalsatz auf und stellt ihm fast maximenhaft formuliert entgegen: „Alles ist möglich dem, der glaubt". Doch ist das nicht als gängiges Sprichwort nachzuweisen, sondern dazu erst aus dieser Geschichte geworden. Erneut geht es um die πίστις dessen, der das Wunder tut (vgl. 19), hier also Jesu selber. Die generelle Formulierung schließt aus, dies von 10,27 her zu interpretieren (gegen T.

161

Söding, Glaube 475), daß bei Gott nichts unmöglich sei. **24** Der Glaube auf seiten des Bittenden erscheint in der Antwort des Vaters; zugleich bittet er jetzt für sich selbst um Heilung des Unglaubens, der sich in jenem „wenn du kannst" geäußert hatte (11,25 wird das aufnehmen mit dem Motiv „nicht zweifeln"). Es geht nicht mehr allein um den Jungen, der ja auch die Geschichte hindurch stumm bleibt und nicht selbst zu Wort kommt, sondern auch um den Vater, der zum Gegenbild der ungläubigen Jünger wird.

Daß Jesus den Glauben hat, der alles möglich macht, zeigt sein erfolgreicher Exorzismus **25–27**. Das Volk kommt herbei, ist also Zeuge, wie Jesus den Dämon beschwört, nicht nur für diesen einen Anfall, sondern für alle Zukunft. Der Geist wird über das bisherige hinaus als „unrein" bezeichnet (vgl. 1,23.26f 3,11.30 5,2.8.13 6,7 7,25) und auch als nicht nur Stummheit, sondern auch Taubheit verursachend, eine steigernde Beschreibung der Schwere der Krankheit kurz vor der Heilung. Schreiend und den Kranken hin- und herzerrend (vgl. 20) fährt er aus (vgl. 1,26). Der Geheilte ist wie tot, aber Jesus faßt ihn an und richtet ihn auf, und der Erfolg der Heilung ist konstatiert, ohne daß die anwesende Volksmenge das in einer Akklamation kommentiert (etwa nach Art von 7,37).

Daß Jesus sogar einen Epileptiker heilen kann, ist nach den „großen" Wundergeschichten von 4,35–8,26 eigentlich fast kein Wunder mehr; dem Leser bleibt vielmehr die Frage, warum von den Jüngern keine Wundergeschichte erzählt werden konnte aus der Zeit, als Jesus abwesend war. In einer typisch markinischen Geschichte „im Haus" (vgl. 7,17.24) und „mit den Jüngern allein" (vgl. 4,34 6,31f 7,33 9,2) fragen sie **28** Jesus danach (zu ὅτι, ursprünglicher gegenüber διὰ τί in einigen Handschriften aus Mt 17,19, vgl. BDR § 300.4). Seine Antwort **29** hat generellen Charakter, gilt also auch für die Zeit der „Abwesenheit" Jesu überhaupt: wie in 11,23f konkretisiert sich der Glaube im Gebet, obwohl Jesus ja in der Geschichte keineswegs ein Gebet gesprochen hatte, sondern einen Exorzismus (sekundär ist zusätzlich καὶ νηστείᾳ in die Textüberlieferung eingedrungen). Mk nimmt also ein ursprünglich selbständiges Jesuswort auf, weil für ihn Glaube und Gebet eng zusammengehören (vgl. Jak 5,13–18 zur Heilungskraft des Gebetes).

Mk verbindet in 9,14–29 mit dem Zusammenhang 8,27–9,13 ein „großes" Wunder, die Heilung einer schlechthin als unheilbar geltenden Krankheit, die sich gut in den Zusammenhang 4,35–8,26 fügen würde. Daß Mk sie jedoch an dieser Stelle bringt, liegt daran, daß ihre Hauptmotive das Versagen der Jünger und die Thematik des Glaubens sind. Der Leser wird erneut nach seinem eigenen Glauben gefragt durch die Jünger wie durch die Figur des Vaters. Glaube an das Evangelium war von Anfang an von ihm verlangt (1,15); hier aber bedeutet Glaube nicht mehr allein, daß Jesus Wunder tun kann, sondern auch die Möglichkeit, selbst Wunder zu tun – und sei es bei einer so sehr religiös besetzten Krankheit wie der Epilepsie.

Die Geschichte reflektiert sicherlich auch die Erfahrung der Diskrepanz zwischen den von Jesus erzählten „großen" Wundern und der eigenen Wirklichkeit, in der eben nicht ständig viele Dämonen ausgetrieben werden (vgl. 6,13a), vielleicht nur (vgl. 6,13b) viele Kranke durch Salben geheilt werden. Den Dämonen ist nur beizukommen durch Glauben, auf seiten der Kranken wie auf seiten derer, die sie auszutreiben versuchen, und Glaube äußert sich im Gebet (vgl. die grundsätzliche Beschreibung der Macht des Glaubens in 11,23f).

Das Evangelium, dem oder an das zu glauben ist (1,15), bedeutet Nähe des Reiches Gottes, und Nähe des Reiches Gottes heißt auch Behebung Leben mindernder Mächte.

Die Fortsetzung dessen, was Jesus gewirkt hat, im Tun der Jünger (vgl. 6,6b—13) ist gebunden an das Evangelium als das Wort Jesu. Der Glaube, wenn er ohne Zweifel ist (11,23), vermag unmöglich Scheinendes möglich zu machen; gefordert ist Glaube aber nicht nur auf seiten der Kranken, sondern auch bei denen, die Nähe des Reiches Gottes demonstrieren wollen. Nähe des Reiches Gottes aber heißt, daß es nahe ist im Wort des ins Leiden gehenden Menschensohns. Das haben die Jünger nach wie vor nicht verstanden — weder die mit ihm auf dem Berge waren noch die zurückgebliebenen —, obwohl auf sie doch die ἐξουσία übergegangen war, Dämonen auszutreiben (3,15 6,7).

9,30—32 Die zweite Leidensankündigung

³⁰Und von dort gingen sie weg und zogen durch Galiläa, und er wollte nicht, daß jemand es wüßte. ³¹Er lehrte nämlich seine Jünger und sagte zu ihnen: „Der Menschensohn wird übergeben in Menschenhände, und sie werden ihn töten, und getötet wird er nach drei Tagen auferstehen." ³²Sie aber verstanden die Rede nicht und fürchteten sich, ihn zu fragen.

8,27—9,29 spielten in der Gegend von Cäsarea Philippi; 9,2—29 waren untereinander in einen engen zeitlichen Zusammenhang gebracht (9,9.14). Mit 30 findet ein Orts- und Zeitwechsel statt: Jesus kehrt zurück nach Galiläa. 31 wiederholt verkürzt 8,31, geht demnach auf die markinische Redaktion zurück, 32 mit dem bekannten Motiv des Unverständnisses der Jünger ebenfalls. Sind aber 31 und 32 redaktionell, dann ist es auch 30. Die ganze Szene ist also von Mk geschaffen als Erinnerung an Bekanntes, vor allem an die erste Leidensvoraussage, zugleich als Zäsur in dem übergreifenden Teil 8,27—10,52, an dessen Beginn (8,31), in dessen Mitte (9,31) und zur Einleitung von dessen Schluß (10,33f) die drei Leidensankündigungen stehen.

30 Der 8,27 nördlich des Sees beginnende Weg nach Jerusalem führt durch Galiläa, das ein letztes Mal Stätte des Wirkens Jesu ist. Wie in 7,24 will Jesus verborgen bleiben, denn **31** er lehrt seine Jünger, was er sie schon in 8,31 gelehrt hatte. Mit 8,31 hat 31 gemeinsam: den Titel Menschensohn, die dreigliedrige Aussage, die Verben „töten" und „auferstehen" und die Angabe „nach drei Tagen". Es fehlt das δεῖ aus 8,31, das dort die Satzstruktur bestimmt; hier handelt es sich um einfache Aussagesätze, deren beide letzte lediglich die Infinitive von 8,31 in finite Verben umsetzen. Eine Kürzung ist dagegen beim ersten Teil vorgenommen; die in 8,31 ausgeführte Beschreibung des πολλὰ παθεῖν ist reduziert auf das Gegenüber von Menschensohn und Menschen (vgl. 14,21). Das verbindende Verb παραδίδοται (vgl. 14,41) ist Mk in der Passionsgeschichte vorgegeben (14,10f.18.42.44 15,1.15), deren Zusammenfassung die Leidensvoraussagen darstellen; auch der erste Teil läßt sich daher nicht als Mk vorgegebene Tradition isolieren (gegen Gnilka II 53).

32 Obwohl die Jünger dies nun schon zum zweiten Mal hören, verstehen sie erneut nicht (vgl. 8,32 9,10), wagen aber auch nicht, Jesus zu fragen, was sie ja sonst durchaus tun (vgl. 7,17 9,11.28). Dem Leser wird 8,31 in Erinnerung gebracht, und er wird wie dort gefragt, ob er besser versteht als die Jünger.

30—32 hat also insgesamt eine rückweisende und eine überleitende Funktion und macht dem Leser deutlich, daß dieser ganze Teil der Geschichte Jesu unter dem Vorzeichen der Passion steht.

9,33—50 Nachfolge des Menschensohns

[33]Und sie kamen nach Kapharnaum. Und als er im Haus war, fragte er sie: „Worüber habt ihr euch unterwegs unterhalten?" [34]Sie aber schwiegen. Unterwegs hatten sie sich nämlich untereinander darüber unterhalten, wer größer sei. [35]Und er setzte sich und rief die Zwölf und sagt zu ihnen: „Wenn jemand der Erste sein will, dann sei er von allen der Letzte und aller Diener." [36]Und er nahm ein Kind und stellte es in ihre Mitte und schloß es in die Arme und sagte zu ihnen: [37]„Wer immer eins von diesen Kindern aufnimmt in meinem Namen, nimmt mich auf, und wer mich aufnimmt, nimmt nicht mich auf, sondern den, der mich gesandt hat."

[38]Johannes sagte zu ihm: „Lehrer, wir haben einen gesehen, der in deinem Namen Dämonen austreibt, und wir haben ihn gehindert, weil er uns nicht folgt." [39]Jesus aber sagte: „Hindert ihn nicht, denn es gibt niemanden, der ein Wunder in meinem Namen tut und mich gleich darauf schmähen kann. [40]Wer nämlich nicht gegen uns ist, der ist für uns. [41]Wer euch nämlich einen Becher Wasser darauf gibt, daß ihr zum Gesalbten gehört, amen ich sage euch: der wird nicht um seinen Lohn kommen. [42]Und wer immer einen von diesen Kleinen, die glauben, verführt, viel besser ist es für den, wenn ihm ein Mühlstein um den Hals gelegt und er ins Meer geworfen wird. [43]Und wenn deine Hand dich verführt, dann schlage sie ab. Besser ist es für dich, als Krüppel in das Leben zu kommen, als beide Hände zu haben und in die Gehenna zu kommen, in das nie erlöschende Feuer. [45]Und wenn dein Fuß dich verführt, dann schlage ihn ab. Besser ist es für dich, in das Leben als Lahmer zu kommen, als beide Füße zu haben und in die Gehenna geworfen zu werden. [47]Und wenn dein Auge dich verführt, reiß es heraus. Besser ist es für dich, als Einäugiger in die Gottesherrschaft zu kommen, als beide Augen zu haben und in die Gehenna geworfen zu werden, [48]wo ihr Wurm nicht stirbt und das Feuer nicht erlischt. [49]Jeder nämlich wird durch Feuer gesalzen werden. [50]Gut ist das Salz. Wenn aber das Salz salzlos wird, womit wollt ihr dann würzen? Habt unter euch Salz, und haltet untereinander Frieden."

Literatur: H. FLEDDERMANN, The Discipleship Discourse, CBQ 43 (1981) 57—75. — H. KOESTER, Mark 9:43—47 and Quintilian 8.3.75, HThR 71 (1978) 151—153. — M. LATTKE, Salz der Freundschaft in Mk 9,50c, ZNW 75 (1984) 44—59. — R. SCHNACKENBURG, Markus 9,33—50, in: Schriften zum Neuen Testament, 1971, 129—154. — U. C. VON WAHLDE, Mark 9:33—50: Discipleship, BZ 29 (1985) 49—67.

9,33—50 bilden für Mk eine Einheit nach Ort und Zeit. Jesus kommt auf seinem Weg nach Jerusalem in Galiläa (vgl. 30) ein letztes Mal nach Kapharnaum (vgl. 1,21 2,1), und zwar in „das Haus" dort (2,1). Er setzt sich (9,35) und steht erst in 10,1 wieder auf. Innerhalb der Szene gibt es keine Anzeichen dafür, daß vom Erzähler ein Einschnitt intendiert ist.

Freilich ist 33—50 ein in sich sehr kompliziertes Gebilde, das kein Vorbild hat in dem, was der Leser bisher kennt. 33—37 bilden einen ersten (stummen!) Gesprächsgang, der nicht direkt anknüpft an 30—32, sondern ein neues Thema aufgreift, das Jesus mit seinem Wort 35b entscheidet. Das wird in 36 demonstriert und durch die erneute Deutung 37 unterstrichen. Durch den Bericht des Johannes in 38 ergibt sich ein neues Problem, das Jesus mit seiner Antwort 39 in einer den Leser überraschenden Weise löst, die in 40f begründet wird. Mit 39 beginnt zugleich eine bis 50 reichende durchgehende Rede Jesu, unterbrochen weder durch Zwischenfragen der Jünger noch durch redaktionelle Bemerkungen des Erzählers. 42 bildet darin einen Obersatz, der in 43—48 mit drei Konditionalsätzen illustriert und in 49 abschließend begründet wird. Auf den allgemeinen Aussagesatz 50a folgen eine als rhetorische Frage formulierte Begründung und eine Folgerung in Form von zwei parallelen Imperativen, die zurücklenkt zum Ausgangsproblem 34.

Wie schwer dieser ganze Zusammenhang schon von Anfang an verständlich schien, zeigt die Textüberlieferung, die ungewöhnlich verwickelt ist. Die These, daß Mk hier einen bereits vorformulierten Katechismus als ganzen übernommen habe, folgt lediglich Mt 18,1—22, wie es schon die Textüberlieferung weithin tat, und verlagert die Frage nach aufgenommenem Überlieferungsgut nur. Obwohl es sich um Sprüche Jesu handelt, gibt es erstaunlich wenig an Parallelen in Q und noch weniger in Joh. Andererseits finden sich jedoch Vorgriffe innerhalb des Evangeliums auf 10,13—16 (in 36f) und auf 10,35—45 (in 35).

Die Gestaltung des ganzen Zusammenhangs ist auf Mk zurückzuführen, nicht auf eine ihm vorgegebene Überlieferung welchen Umfangs auch immer. Zu fragen ist dennoch, was er hier aus der Tradition aufgreift und in seinen Kontext einbindet. Das wird bei jedem einzelnen Vers zu entscheiden sein; vorweg sei aber ein Überblick geboten.

33f verbinden die Szene mit dem Kontext, das Problem 34b ist aus dem folgenden Jesuswort heraus formuliert. Die Parallele 10,43f deutet auf ein Mk vorgegebenes Logion. 36f weisen voraus auf 10,13—16, nehmen aber in 37b ein Wort auf, das in ähnlicher Form in Q (Lk 10,16/Mt 10,40) begegnet. Die Szene 38—41 ist ohne Parallele; wohl aber erinnert 40 an das gegensätzliche Wort Jesu in Q (Lk 11,23/Mt 12,20) und eventuell die abschließende Begründung 41 an Mt 10,42; aber das wird wohl nicht aus Q stammen, sondern eine Variation des Mk-Textes sein. 49f schließlich erscheint Mt 5,13 in abgewandelter Form, doch läßt sich daraus ebenfalls keine von Mk unabhängige Fassung ableiten.

Gegenüber anderen Reden Jesu bei Mk finden sich also erstaunlich wenige unabhängige Parallelen (und die synoptischen Parallelen Mt 18,1—35 und vor allem Lk sprengen diesen Zusammenhang wieder auf). Das deutet auf ein hohes Maß an eigener redaktioneller Gestaltung durch Mk. Das Thema der Rede ist mit 30—32 vorgegeben: die Nachfolge der Jünger, wenn der Menschensohn der ist, der ins Leiden geht.

33 Ein letztes Mal kommt Jesus nach Kapharnaum, dem Standort seines Wirkens im ersten Teil des Evangeliums (1,16—4,34). Im Haus (vgl. 2,1 3,20 7,17), also nicht in der Öffentlichkeit, fragt er seine Jünger, worüber sie unterwegs diskutiert haben. Der Leser muß annehmen, daß nun 32 direkt weitergeführt wird, ihr Unverständnis und ihre Furcht. Statt dessen nennt der Erzähler in **34** ein neues Thema, das sich aus Jesu Antwort 35b ergibt. Ähnliche Nachträge finden sich sonst gelegentlich bei Mk (z.B. 3,30 5,8), wenn er etwas deutlich machen will, was ihm in vorgegebener Überlieferung unklar scheint. Ist 33a eine redaktionelle Überleitung, in 33b das Motiv des Hauses redaktionell und redaktionell auch 34b, bliebe als solche vorgegebene Überlieferung nur die kurze Szene, daß Jesus auf eine Frage keine Antwort erhält und ohne Bezug auf diese Situation 35b spricht. Daher ist es wahrscheinlich, daß Mk selbst zu dem überlieferten Jesuswort 35b die ganze Szene geschaffen hat, freilich nicht sehr geschickt.

35 Daß Jesus die Zwölf ruft, unterstreicht noch einmal, daß alles folgende, bis Jesus in 10,1 wieder aufsteht, Rede an die Jünger ist. Das Logion 35b ist eine Variante zu 10,43f unter Aufnahme des Paares πρῶτος/ἔσχατος aus 10,31, während μείζων und διάκονος auf 10,43f verweisen. Am wahrscheinlichsten ist, daß Mk diese Variante selbst formuliert hat. 35b gibt das Thema für die ganze Rede an: Nachfolge des Menschensohns bedeutet Umkehrung von Rangfolgen nach irdischen Maßstäben. Anders als in 10,45 wird das hier jedoch nicht ausdrücklich christologisch begründet; es besteht aber ein Zusammenhang mit 31.

36 Jesus demonstriert diesen Grundsatz an einem Kind (Mk vergißt offenbar die von ihm selbst geschaffene Situation, daß Jesus mit den Jüngern allein in einem Haus ist). Das Verbum ἐγκαλίζομαι begegnet im NT nur hier und in 10,16, und von dort hat Mk dieses Motiv aufgenommen. Das Kind steht für die Geringen. **37** Was Jesus daraus folgert, ist in zwei konditionalen Relativsätzen formuliert. Das Logion erinnert an die die Aussendungsrede in Q abschließende Verheißung Lk 10,16/Mt 10,40 (s. o. S. 112), die ebenfalls als synthetischer par. membr. gefaßt ist und ebenso von Gott redet als dem, „der mich gesandt hat". Die in Q gemeinte direkte Repräsentanz Jesu in den Jüngern hatte Mk in seiner Aussendungsrede 6,6b–13 aber gerade vermieden und meint sie auch hier nicht, denn den Jüngern wird als Repräsentant Jesu ein Kind gegenübergestellt. Ἐπὶ τῷ ὀνόματί μου sprengt jedoch das Bild. Die Wiederholung in 41 zeigt, was gemeint ist: weil es zum Christus gehört, nicht einfach, weil es ein Kind ist. Es geht also um „geringe" Jünger Jesu, die aufzunehmen so viel bedeutet wie Jesus oder Gott selbst aufzunehmen. Gesagt ist das zu den Jüngern, die „groß" sein wollen, nicht klein wie ein Kind.

Auch daß nun **38** Johannes auftritt (vgl. 1,19.29 3,17 5,37 9,2), wird durch den Zusammenhang mit 10,35–45 bedingt sein, wo er zusammen mit seinem Bruder Jakobus einen Wunsch äußert. Er berichtet den Fall eines Exorzisten, der im Namen Jesu Dämonen austrieb, ohne doch zu „uns" zu gehören, und deshalb hätten sie ihm das verboten. Damit ist ein Problem der frühchristlichen Gemeinden angesprochen. „Im Namen Jesu" geschehen Exorzismen und Heilungen in der Apg (3,6 4,10.30 16,18 19,13); der Plural „uns" statt „dir" weist auf diese spätere Zeit. Es deutet sich hier das Problem von Häresie und Orthodoxie an. (Textkritisch ist der Vers außergewöhnlich kompliziert, ohne daß daran viel für sein Verständnis hängt. In der Redeeinführung lesen viele Handschriften eine Form von ἀποκρίνομαι, wohl im Anschluß an Lk 9,49. Tischendorfs Konjektur, die bis N²⁵ übernommen war, ist in N²⁶ und bei Greeven aufgegeben, freilich mit unterschiedlichem Ergebnis. Die Bezeugung für die Textfassung von N²⁶ ist zwar quantitativ gering und steht ebenfalls unter dem Verdacht der Beeinflussung durch Lk 9,49, kann sich aber immerhin auf ℵ und B stützen.)

39 Jesus widerspricht Johannes und begründet das mit einem allgemein formulierten Regelsatz. Durch δύναμις (vgl. 6,2.5) ist der Fall ausgeweitet auf Wundertaten überhaupt; ἐπὶ τῷ ὀνόματί μου anstelle von ἐν τῷ ὀνόματί σου stellt eine Beziehung zu 37 und zu 41 her. Wer als zu Jesus Gehörender Wunder tut, steht nicht im Verdacht, abtrünnig zu werden. Die in 37 erläuterte Grundaussage 35b wird hier angewandt auf außerhalb der eigenen Gemeinde stehende Christen. Dieser Grundsatz hat freilich seine Grenze in der Abwehr solcher, die ἐπὶ τῷ ὀνόματί μου kommen und behaupten, daß er da sei (13,6), weil dann die Bindung an Jesu Wort aufgegeben ist.

40 begründet die Aussage von 39 noch einmal mit einem allgemeinen Satz, der in Q eine Parallele hat (vgl. Lk 11,23a/Mt 12,30a, vgl. Mk 3,22–30), dort freilich gerade mit exklusiver Tendenz. In beiden Fassungen ist das Wort ein sprichwortartiger Regelsatz, ohne daß zu entscheiden ist, ob auch Jesus ihn in der einen oder anderen Fassung selbst verwendet hat.

41 ist als weitere Begründung angefügt, ebenfalls ein als konditionaler Relativsatz formulierter Regelsatz, durch die Einleitung mit ἀμὴν λέγω ὑμῖν als definitiv gekennzeichnet. Er konkretisiert 37; das δέχεσθαι dort kann sich im Reichen eines Bechers mit Wasser äußern. Wie selbstverständlich für Mk an sich die Bezeichnung χριστός für Jesus ist, obwohl sie so selten begegnet (s. o. S. 146), zeigt sich in der ganz beiläufigen Verwendung hier. Begründet wird 40b, zurückverwiesen aber auch auf 37.

Auf 37 verweist auch **42** zurück. Der Satz ist parallel dazu formuliert: dem „annehmen" steht „verführen" gegenüber, die „Kinder" sind nun durch die „Kleinen" ersetzt, und τῶν πιστευόντων (εἰς ἐμέ ist zwar gut bezeugt, aber doch wohl Angleichung an Mt 18,6) entspricht ἐπὶ τῷ ὀνόματί μου. Der Verheißung in 41 steht die Drohung gegenüber, die zwar nicht ausgesprochen wird, aber in dem komparativischen Nachsatz überdeutlich wird. Der μύλος ὀνικός ist (vgl. W. Bauer, Wb 1130) der schwere Mühlstein der vom Esel gedrehten Mühle.

Es folgen in **43.45.47f** drei parallel gebaute Sätze, die einen Konditionalsatz mit einem Imperativ fortsetzen; darauf folgt jeweils ein komparativischer Nachsatz, ebenso wie in 42 mit καλόν (Positiv statt Komparativ, vgl. BDR § 245) eingeleitet. (Die Parallelität wird in den Handschriften noch verstärkt, die sekundär auch 43 und 45 mit 48 abschließen.) Verstärkt wird durch diese drei Sätze 42, doch geht es nicht mehr direkt um das Verführen der „Kleinen", sondern um die Körperteile Hand, Fuß und Auge als Mittel der Verführung, die zurückschlägt auf den Angesprochenen selbst. Sehr drastisch wird empfohlen, eins von ihnen notfalls zu entfernen, statt das ewige Leben zu verfehlen. Γέεννα ist (weder in LXX noch bei Josephus oder Philo belegte) Transkription von hebr. גי (בני) הנם, dem Tal bei Jerusalem (LXX 4 Reg 23,10: φάραγξ [υἱοῦ] Ἐννόμ), in dem Moloch Kinderopfer dargebracht worden waren und das zum Symbol für die endzeitliche Feuerhölle wurde (vgl. J. Jeremias, ThWNT I 655), wie es hier in 43 erläutert ist. Darin liegt auch der Bezug zu dem in 48 aufgenommenen atlichen Text Jes 66,24. Der Gehenna steht gegenüber das Leben (43.45) bzw. das Reich Gottes (47).

Der anschließende Regelsatz **49** verbindet in einem Bild das Feuer mit dem Salz; wie unklar er ist, zeigt erneut die Textüberlieferung. Offenbar geht es um die Feuer und Salz gemeinsame Eigenschaft des Reinigens. Geschaffen wird mit 49 der Übergang zu der abschließenden Ermahnung **50**. Gepriesen wird zunächst das Salz. Die rhetorische Frage, deren Erfahrungsgrund offenbar starke Verunreinigungen im Haushaltssalz sind, schließt bereits den folgenden Imperativ in sich, die Kraft des Salzes zu bewahren, und das wird umgesetzt in die Aufforderung, untereinander Frieden zu halten; Salz aber ist hier zugleich Zeichen der Gastfreundschaft (M. Lattke, Salz).

33–50 ist ein komplizierter und in sich zum Teil nicht klarer Zusammenhang; vielleicht auch deshalb wird Mk in Mk 10,13–16 und in 10,35–45 wesentliche Teile noch einmal aufnehmen. Deutlich wird jedoch, daß Probleme der sich auf Jesus berufenden

Gemeinde angesprochen sind, nicht solche der Zeit Jesu selber: Machtfragen in der Gemeinde, das Verhältnis zu anderen Christen. Dennoch trifft die Bezeichnung „eine Art Gemeindekatechismus" (R. Bultmann, GST 160) nicht, da „Katechismus" doch wohl „Lehrstücke" o. ä. assoziiert.

Die Auslegungsschwierigkeiten beruhen nicht zuletzt darauf, daß wir die Situation der ursprünglichen Leser nicht kennen, auf die Mk diese Rede Jesu bezieht. Offenbar hielt er es für nötig, zum Frieden untereinander, zur Gastfreundschaft auch gegenüber anderen („Kleinen", fremden Exorzisten z. B.) aufzurufen. Als Problem wird erkennbar das Verhältnis zwischen „Großen" und „Kleinen" in der Gemeinde, das in 10,42–45 jedoch präziser benannt ist. Das am deutlichsten erkennbare Problem in 33–50 ist das Verhältnis zu anderen, sich ebenfalls auf Jesus berufenden Christen (abgesehen von der eindeutigen Haltung gegenüber den in 13,6 Gemeinten). Das wird konkret am Beispiel des fremden Exorzisten (38), das durch Jesu Antwort (39f) generalisiert wird.

Die „Kleinen" könnten also auch andere Christen sein, die durch 37 und 42 auf eine Stufe mit denen gestellt würden, die sich als die „richtigen" Christen verstehen. Dagegen spricht jedoch, daß 41 den Grundsatz 40 an Nichtchristen erläutert und daß 50c zum Frieden untereinander aufruft. Deutlich ist insgesamt, daß Verhaltensmaßstäbe gesetzt werden für die, die sich auf Jesus berufen, auch wenn keine direkte Beziehung zur Leidensankündigung 31 hergestellt ist wie in der Wiederholung der Ausgangsfrage 33–37 in 10,35–45 im Verhältnis zur letzten Leidensankündigung 10,32–34.

10,1–12 Ehe und Ehescheidung

[1]Und nachdem er aufgestanden war, geht er von dort in die Gebiete von Judäa und Peräa, und wieder kommt Volk zusammen zu ihm, und wie üblich lehrte er sie wieder. [2]Da kamen Pharisäer zu ihm und fragten ihn, ob es einem Mann erlaubt ist, seine Frau zu entlassen, womit sie ihn versuchten. [3]Er aber antwortete und sagte zu ihnen: „Was hat Mose euch geboten?" [4]Sie aber sagten: „Mose hat zugelassen, einen Scheidebrief zu schreiben und zu entlassen." [5]Jesus aber sagte zu ihnen: „Wegen eurer Hartherzigkeit hat er euch dies Gebot geschrieben. [6]Von Anfang der Schöpfung an hat er sie aber männlich und weiblich geschaffen. [7]Deshalb wird ein Mensch seinen Vater und seine Mutter verlassen, [8]und die zwei werden zu einem Fleisch werden. Also sind sie nicht mehr zwei, sondern ein Fleisch. [9]Was nun Gott zusammengefügt hat, das soll der Mensch nicht trennen." [10]Und im Hause fragten ihn wieder seine Jünger danach. [11]Da sagt er zu ihnen: „Wer seine Frau entläßt und eine andere heiratet, begeht ihr gegenüber Ehebruch; [12]und wenn sie ihren Mann entläßt und einen anderen heiratet, begeht sie Ehebruch."

Literatur: E. BAMMEL, Markus 10,11f und das jüdische Eherecht, ZNW 61 (1970) 95–101. – K. BERGER, Hartherzigkeit und Gottes Gesetz, ZNW 61 (1970) 1–47. – B. BROOTEN, Konnten Frauen im alten Judentum die Scheidung betreiben?, EvTh 42 (1982) 65–80. – DIES., Zur Debatte über das Scheidungsrecht der jüdischen Frau, EvTh 43 (1983) 466–478. – J. A. FITZMYER, The Matthean Divorce Texts and Some New Palestinian Evidence, TS 37 (1976) 197–226. – P. HOFFMANN, Jesu Wort von der Ehescheidung, Conc(D) 6 (1970) 326–332. – G. SCHNEIDER, Jesu Wort über die Ehescheidung, TThZ 80 (1971) 65–87.

Der Neueinsatz 10,1 markiert den Abschluß von 9,33−50 und stellt die Verbindung zum übergreifenden Kontext her. 2−9 bilden ein Streitgespräch: auf die ihm von Pharisäern vorgelegte Frage (2) stellt Jesus eine Rückfrage (3), die sie beantworten (4), worauf Jesus eine ausführliche Stellungnahme abgibt (5−9). Streitpunkt ist auch diesmal ein Problem der Überlieferung, nicht des Gesetzes selber, da im Gesetz nur die Modalitäten der Ehescheidung geregelt sind, sie nicht begründet (oder verworfen) wird. Im Judentum jedoch waren die Möglichkeit der Ehescheidung und der gleichfalls vorausgesetzten Polygamie Streitpunkte (s. u. bei 6−8).

Dieses Streitgespräch hat Mk aus seiner Überlieferung übernommen, vielleicht in 2 zur Verdeutlichung πειράζοντες αὐτόν einfügend. Es schließt sich eine der bei Mk typischen Jüngerbelehrungen „im Haus" (vgl. zuletzt 9,33) an (10−12). Für den ersten der beiden parallel gebildeten Sätze 11f findet sich eine Parallele in Q (vgl. Lk 16,18/Mt 5,32, die Dublette Mt 19,9 steht im von Mk vorgegebenen Zusammenhang); zu vergleichen ist aber auch das ausdrücklich als solches gekennzeichnete Herrenwort 1Kor 7,10f in indirekter Rede.

1 knüpft an 9,33a.35a an: Jesus steht wieder auf und verläßt Kapharnaum. Der Weg von Cäsarea Philippi (8,27) durch Galiläa (9,30) geht nun weiter in Richtung Judäa. Schwierig ist die Zuordnung der zweiten geographischen Angabe: πέραν τοῦ Ἰορδάνου kann (vgl. 3,8) das Gebiet Peräa bezeichnen, also die zweite Hälfte der Tetrarchie des Herodes Antipas (s. o. S. 117) neben Galiläa. So verstehen A und die Koiné-Handschriften, die διὰ τοῦ πέραν τοῦ Ἰορδάνου lesen, aber auch diejenigen Handschriften, die ein καί vor πέραν haben. Die Handschriften ohne καί hingegen können von Mt 19,1 beeinflußt sein und verstehen die Angabe als Gebiete von Judäa, die jenseits des Jordan liegen. Die gute Bezeugung des καί (א B C⋆ L Ψ 0274 892 2427) und die Tatsache, daß Mk dieses „Peräa" als geographischen Begriff kennt, geben den Ausschlag zugunsten dieser Lesart, die aber − ein Blick auf eine Karte zeigt das − nur einmal mehr beweist, wie vage seine Kenntnisse von Palästina sind. Mit πάλιν erinnert Mk daran, daß die Volksmenge um Jesus herum ein bekanntes Bild ist (vgl. zuletzt 9,15); Jesus kehrt gegenüber 9,30.33 in die Öffentlichkeit zurück und beginnt wieder, „wie üblich" − ein weiteres Erinnerungssignal des Erzählers − zu lehren (vgl. zuletzt 6,34).

2 Auch das Auftreten von Pharisäern (zuletzt 8,11) ist ein dem Leser vertrautes Bild (gegen den Kommentar von B. M. Metzger 104 ist nicht D it der Vorzug zu geben, wo ihre Erwähnung ausgefallen ist), und der Erzähler fügt erneut die Bemerkung an, ihre Frage sei gar nicht ernst gemeint gewesen (vgl. 8,11). Es ist also klar, daß ein Streitgespräch beginnt, mit dem Thema der Zulässigkeit von Ehescheidung. Die Frage setzt im Unterschied zu 11f eine Möglichkeit dazu nur auf seiten des Mannes voraus; das entspricht jüdischem Recht (s. u. zu 11f).

3 Jesus fragt sie nach dem, was ihnen Mose geboten habe; das distanzierende ὑμῖν setzt (vgl. 7,3) eine Trennung von „den Juden" voraus. Sie antworten in **4** mit Dtn 24,1, nicht einem Gebot oder Verbot der Ehescheidung, sondern einer Bestimmung, wie eine Ehescheidung vollzogen werden soll: der Mann muß seiner Frau eine Rechtsurkunde ausstellen, die sie aus der Ehe entläßt und ihr damit die Freiheit wiedergibt. Dem bei Billerbeck I 311f abgedruckten späten Formular eines solchen Briefes entspricht im Aufbau und in den Formulierungen der aram. Text Mur 19 (DJD II 104−109). Der griechische Text Mur 115,3f belegt im übrigen ἀπολύειν als term. techn. für die Scheidung durch Entlassung (vgl. J. A. Fitzmyer, Divorce 212f).

5 Was die Pharisäer selbst als Zugeständnis (ἐπέτρεψεν 4), nicht als Gebot (ἐνετείλατο 3) bezeichnet hatten, relativiert Jesus in seiner Antwort als ein Gebot, das allein durch ihre σκληροκαρδία veranlaßt ist (vgl. LXX Dtn 10,16 Jer 4,4 Sir 16,10, vgl. Ez 3,7). Aufgenommen ist die jüdische Tradition der Unterscheidung zwischen eigentlichen Geboten Gottes und Zugeständnissen im Anschluß an Ez 20,25 (vgl. K. Berger, Hartherzigkeit).

6–8 Dementsprechend stellt Jesus der in Dtn 24,1 begründeten Praxis den ursprünglichen und eigentlichen Willen Gottes entgegen, der sich aus der Schöpfung ergibt. Kombiniert werden Gen 1,27 und 2,24, jeweils in der LXX-Fassung. Beide Stellen haben von Haus aus nichts mit dem Problem der Ehescheidung zu tun, Gen 1,27 nicht einmal mit der Ehe, denn hier wird entsprechend den anderen in der Schöpfung gesetzten Polaritäten auch die von „männlich und weiblich" begründet. In CD 4,21 wird Gen 1,27 aber angeführt zur Begründung der im atlichen Gesetz ja nicht vorausgesetzten Monogamie (vgl. dazu jetzt für den Fürsten TR 57,17–19 in einer Interpretation von Dtn 17,17, die CD 5,1f entspricht). Dadurch wird aber klar, daß es nicht nur um Monogamie, sondern auch um ein Scheidungsverbot geht (vgl. J. A. Fitzmyer, Divorce 219–221). Gen 2,24 beschreibt die Gründung einer neuen Familie. Wenn hebr. שׁיא in LXX mit ἄνθρωπος wiedergegeben ist und bei Mk gerade der Textteil καὶ προσκολληθήσεται πρὸς τὴν γυναῖκα αὐτοῦ fehlt (vor allem Koiné-Handschriften fügen ihn unter Einfluß von Gen 2,24 und Mt 19,5 wieder ein), bezieht sich bei Mk die ganze Aussage auf „die beiden", eben Mann und Frau, die eins werden und beide ihr Elternhaus verlassen.

Die Schlußfolgerung **9**: Ist es Gott selbst, der die beiden verbunden hat, darf kein Mensch sie trennen. Die Ausgangsfrage der Pharisäer (2) ist also beantwortet: Ehescheidung ist nicht erlaubt. Das ist natürlich nicht ein Problem bloß der jüdischen Überlieferung, sondern damit wird auch für Christen Ehescheidung verboten. Das unterstreicht die anschließende Jüngerbelehrung im Haus, wo erneut (vgl. zuletzt 9,28) die Jünger ihn fragen **10**. Jesus wiederholt in zwei parallelen Regelsätzen **11f** seinen Standpunkt von 9, bezeichnet nun aber durch das Urteil μοιχᾶται Ehescheidung als Verstoß gegen das Verbot des Ehebruchs im Dekalog (vgl. 19). Die Q-Parallele ist in Lk 16,18 ursprünglicher erhalten als in Mt 5,32 (Mt fügt hier die Klausel παρεκτὸς λόγου πορνείας ein, vgl. μὴ ἐπὶ πορνείᾳ 19,9). Hier wird auch die Heirat einer geschiedenen Frau als Ehebruch gewertet. Beide Aussagen sind jedoch allein auf den Mann bezogen, nicht wie bei Mk und in 1Kor 7,10f auf Mann und Frau gleichermaßen.

Ehescheidung

Nach griechischem und römischem Recht besaßen beide Seiten die Möglichkeit, die Ehescheidung zu vollziehen, und auf diese Situation beziehen sich Mk und Paulus. Nach jüdischem Recht hingegen hatte diese Möglichkeit (und hat sie heute im Staat Israel) allein der Mann (vgl. Josephus, antiqu. XV 259); darauf beziehen sich Lk 16,18/Mt 5,32 und auch Mk 10,2 (s. o. z. St.). Dies ist zuletzt von B. Brooten (Frauen, Debatte) bestritten worden. Die bekannten und auch die neuen für diese Ansicht beigebrachten Belege (vgl. E. Bammel, Eherecht; J. A. Fitzmyer, Divorce) zeigen nur, daß es Ausnahmen gegeben hat: die an jüdisches Recht sich nicht gebunden fühlende Herodesfamilie (Josephus, antiqu. XV 259 XVIII 136 [vgl. Mk 6,18] XX 141–143), Juden außerhalb Palästinas (die Elephantine-Texte), sogar einige Rabbinen (Kethub 30b Baba Bathra 16c). Unklar ist der nach wie vor nicht edierte Murabaat-Text, den J. T. Milik in DJD II 108 anführt (übrigens mit gegenüber VT.S 4, 1957, 21 abweichendem Text); daß dort eine Frau von ihrem Mann die Scheidung fordert, bedeutet ja noch nicht, daß sie juristisch dazu das Recht hat.

Das Streitgespräch begründet eine Regelung, die auch im Judentum bereits gefordert worden war (s. o. bei 6—8 zu CD 4,21). Die Jüngerbelehrung macht sie verbindlich für die christliche Gemeinde und dehnt sie entsprechend griechischen und römischen Rechtsverhältnissen auch auf die Frau aus. Daß die Frage der Ehescheidung im frühen Christentum von elementarer Bedeutung war, zeigt 1Kor 7,10—16: muß die Bekehrung zum Christentum mit der Abwendung von der Vergangenheit nicht auch die Trennung vom ungläubigen Ehepartner zur Folge haben? Mk 10,29f spart sicher nicht zufällig bei den aufgegebenen und neu konstituierten Verwandtschaftsverhältnissen die Ehe aus (an der Stelle wird noch einmal auf 1—12 zurückzukommen sein; s. u. S. 176).

Überhaupt zeigt sich erst vom Fortgang des Evangeliums her der von Mk intendierte Zusammenhang 1—31: es geht zunächst um Ehe (1—12), dann um Kinder (13—16) und schließlich um Fragen des Besitzes (17—27) und der Familienbeziehungen (28—31). Das erneute Auftreten der Pharisäer in 2 hat zwar auch die Funktion, die Strittigkeit und Gefährdung Jesu in Erinnerung zu halten. Das Thema, das sie anschlagen, führt aber wieder zu den Problemen der Nachfolge der Jünger, die diesen Teil des Evangeliums (8,27—10,52) bestimmen. Deshalb ist der Platz dieser Geschichte hier und nicht z. B. bei 2,1—3,6.

10,13—16 Kinder

[13]Und sie brachten Kinder zu ihm, damit er sie anfaßte. Die Jünger aber fuhren sie an. [14]Jesus aber sah das und wurde zornig und sagte zu ihnen: „Laßt die Kinder zu mir kommen, hindert sie nicht, denn solchen gehört das Reich Gottes. [15]Amen ich sage euch: Wer nicht das Reich Gottes wie ein Kind annimmt, wird nicht in es hineingehen." [16]Da schloß er sie in die Arme und segnete sie, indem er die Hände auf sie legte.

Literatur: A. LINDEMANN, Die Kinder und die Gottesherrschaft, WuD 17 (1983) 77—104. — G. RINGSHAUSEN, Die Kinder der Weisheit, ZNW 77 (1986) 34—63. — V. K. ROBBINS, Pronouncement Stories and Jesus' Blessing of the Children, Semeia 29 (1983) 43—74. — J. SAUER, Der ursprüngliche „Sitz im Leben" von Mk 10,13—16, ZNW 72 (1981) 27—50.

Ging es in 1—12 um Ehe, wenn auch primär unter dem Aspekt der Ehescheidung, so schließt sich das Thema „Kinder" sinnvoll an. Der Leser kennt die Geschichte eigentlich schon aus 9,36f wo Jesus demonstrativ ein Kind in die Arme geschlossen hatte; jedenfalls kann er hier nichts anderes erwarten trotz der Abwehrreaktion der Jünger. In 9,36f war das Kind aber nur Demonstrationsobjekt gewesen für die „Kleinen" überhaupt (vgl. 9,42 par. 9,37); hier nun geht es wirklich um Kinder.

Redaktionelle Anteile lassen sich nicht ausmachen. Das Jesuswort 15 hat eine entfernte Parallele in Joh 3,3.5, die aber dort so sehr von johanneischer Theologie bestimmt ist, daß man daraus keine Schlüsse ziehen kann auf eine sicherlich zugrunde liegende gemeinsame Tradition. Das gilt nicht in gleicher Weise für ThEv 22, wo das Wort Jesu dann zwar anders interpretiert, zunächst aber in einem 15 sehr ähnlichen Wortlaut wiedergegeben wird. Mt 18,3 schließlich ist eine vorgezogene von Mk abhängige Fassung.

15 ist wahrscheinlich ein ursprünglich selbständiges Herrenwort; nicht anders als in

9,36f steht hier das Kind nur bildlich (ὡς παιδίον), während es in 13f. 16 ja tatsächlich um Kinder geht. Formal ist die Szene ein Apophthegma: kurze Schilderung des Anlasses (13) und Jesu Reaktion darauf in Wort (14f) und Tat (16). Das Logion 15 hat legitimierende Funktion für 13f gerade durch seinen definitiven Charakter. Mk kann es aus diesem Grund eingefügt haben; das kann aber ebensogut bereits in der ihm vorgegebenen Überlieferung geschehen sein.

Die Szene mag historische Erinnerung an Jesu Umgang mit Kindern festhalten. Daß das Problem in der Geschichte jedoch durch Jünger entsteht, nicht durch Pharisäer oder Schriftgelehrte (wie z. B. 2,16), deutet darauf, daß sie ein Problem der frühchristlichen Gemeinden aufwirft. J. Sauer (Sitz) hat sie deshalb zurückgeführt auf Streitigkeiten um die „Legitimität der Heilung von Kindern" (45), unter Verweis auf an Wundergeschichten erinnernde Motive. Doch eine solche Frage wäre eher an den bereits erfolgten Heilungen von Kindern (5,21–24.35–43 7,24–30 9,14–27) zu entscheiden gewesen; bei denen zeigt sich aber auch nicht einmal ein Ansatz eines solchen Problems.

A. Lindemann (Kinder) hat in neuer Weise die Deutung auf eine Legitimation der Kindertaufe wieder aufgenommen (99), jedoch ohne hier direkt auf die Taufe weisende Motive finden zu wollen. Mit Sauer und Lindemann wird in der Tat danach zu fragen sein, inwiefern Kinder ein Problem sein konnten, und für die Interpretation sind nicht der lediglich begründende Satz 15 oder die markinische Prolepse 9,36f in den Mittelpunkt zu stellen. Freilich zeigt die bloß mittelbare Verwendung in 9,36f andererseits, daß das Problem der Geschichte nicht mehr ein aktuelles Problem der Zeit des Mk sein kann.

13 Προσφέρειν (vgl. 2,4, φέρειν 1,32 2,3 7,32 8,22 9,17.19f) und insbesondere der Wunsch, daß Jesus die Kinder berühren möge (vgl. 1,41 3,10 5,27–31 6,56 7,33 8,22), mag zwar an Wundergeschichten erinnern; in den Parallelen ist aber immer klar, daß es sich um Kranke handelt, hier jedoch geht es um Kinder, nicht um kranke Kinder. Daher ist auch ἐπιτιμᾶν nicht den Motiven von Wundergeschichten zuzuordnen (s. 8,30.32f). Das Verhalten der Jünger wird in **14** vielmehr als κωλύειν gewertet, und das weist zurück auf 9,38 (nicht auf Apg 8,36 10,47, denn es ist nicht term. techn. der Taufsprache), wo die Jünger einen Exorzisten, der sich auf Jesus berief, ausgeschlossen hatten. Wie Jesus dort gegen ein solches Ausschließen war, so auch hier: uneingeschränkt spricht er Kindern die Zugehörigkeit zum Reich Gottes zu (natürlich nicht exklusiv, deshalb steht τοιούτων, nicht τούτων).

15 Das wird verstärkt durch den mit ἀμὴν λέγω ὑμῖν als definitiv eingeleiteten Regelsatz, der nach Art der Eingangsbedingungen in das Reich Gottes formuliert ist. Das ὡς läßt offen, für was „Kind" hier steht (jedenfalls ist ὡς παιδίον auf ὅς zu beziehen und steht nicht prädikativ zu τὴν βασιλείαν τοῦ θεοῦ). Im Zusammenhang belegt 15, daß auch Kinder nicht gehindert werden dürfen (14c).

16 Jesus selbst demonstriert diesen Grundsatz, indem er mehr tut, als in 13 von ihm erwartet wird: er berührt sie nicht nur, sondern schließt sie in die Arme (vgl. 9,36) und segnet sie, indem er ihnen die Hände auflegt. Die Überladenheit des Satzes weist erneut darauf, daß Zulassung von Kindern das Problem der Geschichte ist.

Als innergemeindliches Problem weist 13–16 voraus auf 29f: Gehört das Verlassen der Kinder zu den unbedingten Voraussetzungen der Nachfolge? Ein ähnliches Problem zeigte sich ja schon für 9f: Gehört Ehescheidung zur Konsequenz der Nachfolge? Wie dort ist auch hier auf 1Kor 7 zu verweisen, wo ein einziges Mal in den echten Paulusbriefen überhaupt Kinder erwähnt werden, und das nur beiläufig (1Kor 7,14), aber mit vergleichbarer Tendenz. Das läßt sich angesichts 1 Kor 7,1.8.25ff zuspitzen auf die Frage der Existenz von Kindern überhaupt, wenn sexuelle Askese Maßstab für Nachfolge ist. Neben der Ehe (1—12) erhalten nun in 13—16 auch Kinder ihre Legitimation in der Nachfolge. Das Problem mag konkret geworden sein in der Frage der Taufe von Kindern, aber es ist ein viel elementareres Problem der Nachfolge überhaupt.

10,17—31 Besitz und Familie

[17]Und als er sich auf den Weg machte, lief einer herzu, fiel vor ihm auf die Knie und fragte ihn: „Guter Lehrer, was soll ich tun, damit ich das ewige Leben erbe?" [18]Jesus aber sagte zu ihm: „Warum nennst du mich gut? Niemand ist gut, außer Gott allein. [19]Die Gebote kennst du: ‚Du sollst nicht töten, du sollst nicht ehebrechen, du sollst nicht stehlen, du sollst nicht falsches Zeugnis ablegen, du sollst nicht berauben, ehre deinen Vater und deine Mutter!'" [20]Er aber sagte zu ihm: „Lehrer, das alles habe ich beachtet seit meiner Jugend." [21]Jesus aber blickte ihn an und gewann ihn lieb und sagte zu ihm: „Eins fehlt dir: Gehe hin, verkaufe, was du hast, und gib es den Armen, und du wirst einen Schatz im Himmel haben, und komm, folge mir!" [22]Er aber entsetzte sich über das Wort und ging betrübt weg, denn er war einer, der viel Besitz hatte.
[23]Da blickt Jesus umher und sagt zu seinen Jüngern: „Wie schwer werden die in das Reich Gottes kommen, die Besitz haben." [24]Die Jünger aber waren erschrocken über seine Worte. Jesus antwortete und sagte erneut: „Kinder, wie schwer ist es, in das Reich Gottes zu kommen. [25]Leichter ist es, daß ein Kamel durch ein Nadelöhr geht, als daß ein Reicher in das Reich Gottes hineinkommt." [26]Sie aber erregten sich noch mehr und sagten zueinander: „Und wer kann gerettet werden?" [27]Jesus blickt auf sie und sagt: „Bei Menschen ist es unmöglich, aber nicht bei Gott, ‚alles nämlich ist möglich bei Gott'."
[28]Petrus fing an, zu ihm zu sagen: „Siehe, wir haben alles verlassen und sind dir gefolgt." [29]Jesus sagte: „Amen ich sage euch: Es gibt keinen, der ein Haus verlassen hat oder Brüder oder Schwestern oder Mutter oder Vater oder Kinder oder Äcker wegen meiner und wegen des Evangeliums, [30]der nicht hundertfach empfangen wird, jetzt in dieser Weltzeit Häuser und Brüder und Schwestern und Mütter und Kinder und Äcker unter Verfolgungen, und in der kommenden Weltzeit ewiges Leben. [31]Viele Erste werden Letzte sein und die Letzten Erste."

Literatur: W. HARNISCH, Die Berufung des Reichen, in: Festschrift für Ernst Fuchs, 1974, 161—176. — A. SATAKE, Das Leiden der Jünger „um meinetwillen", ZNW 67 (1976) 4—19. — G. THEISSEN, Wanderradikalismus, ZThK 70 (1973) 245—271. — DERS., „Wir haben alles verlassen", NT 19 (1977) 161—196. — N. WALTER, Zur Analyse von Mc 10,17—31, ZNW 53 (1962) 206—218.

Auf 1—12 (Ehe) und 13—16 (Kinder) folgt ein dritter Abschnitt, der sich im Blick auf Nachfolge zunächst mit der Frage des Besitzes beschäftigt (17—27), dann (28—31) grundsätzlich mit der Frage der οἰκία (= οἶκος, = lat. familia). Er setzt ein mit einem als Schul-, nicht als Streitgespräch konzipierten Apophthegma. Zu Jesus kommt einer, der ihm eine Frage vorlegt (17); auf Jesu Rückfrage (18f) erklärt er seine Zustimmung (20).

Jesus beantwortet ihm seine Frage (21); doch er kann, wie der Erzähler berichtet, nicht erfüllen, was ihm hier zugemutet wird. Eine ähnliche Geschichte wird es noch einmal in 12,28–34 geben.

Es folgt eine Wertung der Geschichte durch Jesus selbst gegenüber den Jüngern (23), die abschließend klingt, in 24–27 jedoch überraschenderweise noch einmal diskutiert wird. Die Reaktion der Jünger auf Jesu Aussage ist Erschrecken (24a), Jesus wiederholt seine Stellungnahme (24b) und unterstreicht sie mit einem Vergleich (25). Die Jünger erschrecken noch mehr und stellen eine entsetzte Frage (26); Jesu Antwort (27) ist versöhnlich und nimmt seiner wiederholten Stellungnahme (23.24b) die Endgültigkeit.

Redaktionelle Motive sind in 17–22 außer in 17a nicht zu erkennen, und eine Vorlage dieses Umfangs wird mit dem Jesuswort 23b.25 bzw. 24b.25 geendet haben. 24b als Wiederholung des Jesuswortes 23b und das erneute Erschrecken der Jünger gehen auf Mk zurück, wobei hier die Jünger einmal nicht unverständig sind. Das vorerst letzte Wort Jesu 27 ist ein allgemeiner Satz, der das Problem wieder offen macht. Ist die ganze Szene 23–27 von Mk geschaffen als Erläuterung des 17–22 abschließenden Wortes Jesu 23b.25 bzw. 24b.25, dann muß auch die Anfügung von 27 auf ihn zurückgehen.

28–31 greift das Problem von 17–27 neu auf. Auf die in dem Aussagesatz 28 enthaltene Frage des Petrus antwortet Jesus mit einem durch die Einleitung ἀμὴν λέγω ὑμῖν als definitiv gekennzeichneten doppelgliedrigen Satz (29f), der die Nachfolgeregel 21b interpretiert und auf die Situation der Jünger bezieht. Dieser Satz 29f hat eine Parallele in Q (vgl. Lk 14,26/Mt 10,37), die jedoch geradezu das Gegenteil aussagt. Der abschließende Satz 31 ist eine allgemeine Regel, die der Leser in einer Abwandlung bereits aus 9,35 kennt.

28–31 setzt also die in 23 beginnende Belehrung der Jünger fort. Nun freilich geht es um Kriterien ihrer eigenen Nachfolge. 29 hat Mk aus seiner Überlieferung aufgenommen, aber durch 30 und den Zusammenhang mit der von ihm selbst geschaffenen Szene 23–27 uminterpretiert. Das Ziel des ganzen Abschnitts 17–31, vorbereitet durch 1–12 und 13–16, ist die Legitimierung eines Verständnisses von Nachfolge im Sinne von 30 gegenüber dem in der Q-Überlieferung (Lk 14,26/Mt 10,37) tradierten: Gemeinde nach dem Modell der οἰκία gegen die radikale Vereinzelung; 10,17–31 bzw. 10,1–31 als Ganzes spiegeln daher auch die bei 6,6b–13.30 (s. o. S. 112) beobachteten Phänomene (Rücknahme in der Aussendungsrede von Q enthaltener Motive bei Mk). Eine markinische Ekklesiologie läßt sich nicht schreiben, wohl aber zeigen sich konkurrierende Modelle von „Nachfolge"; Mt und Lk werden je auf ihre Weise dieses Thema noch einmal neu aufnehmen.

17 Das Motiv des Weges (vgl. 8,27 9,33f), der in der Gegend von Cäsarea Philippi begann, stellt die Verbindung zum Kontext her. Ziel des Weges (vgl. 1) ist Judäa. Ein bei Mk nicht näher gekennzeichneter Mann stellt Jesus die Frage nach dem ewigen Leben, die gleichbedeutend ist mit der Frage nach dem Eingehen in das Reich Gottes (15.23b.24b, vgl. 9,43.45 gegenüber 9,47). Er redet Jesus als διδάσκαλος an, zuviel jedoch ist das Prädikat ἀγαθός, das Jesus zurückweist **18**, weil es allein Gott zustehe (vgl. Philo, decal. 176, wo Gott als der Urheber der Gebote „gut" genannt wird).

19 Seine Frage ist offenbar zunächst sehr einfach zu beantworten mit dem Hinweis auf die Gebote, die er kennt. Ähnlich wird später der Schriftgelehrte das Doppelgebot der Liebe akzeptieren (12,29f) als sinnvolle Antwort auf seine Frage. Hier jedoch sind Gebote der zweiten Hälfte des Dekalogs zitiert, μὴ ἀποστερήσῃς dabei als Wiedergabe des zehnten Gebots (gegen die LXX-Fassung, der entsprechend dann auch einige Handschriften diese Formulierung streichen). Die Reihenfolge entspricht dem HT (die Umstellung von μὴ φονεύσῃς und μὴ μοιχεύσῃς in einigen Handschriften hingegen LXX Ex 20,13f). Nachgestellt ist aber das Elterngebot (Ex 20,12 Dtn 5,16), das bereits in 7,10 als unabdingbares Gebot Gottes zitiert worden war. Das weist voraus auf 29f, wie auch schon in dem Zitat aus Gen 2,24 in 7 die Eltern erwähnt worden waren. Die Anfügung des Elterngebotes gegen die vorgegebene Reihenfolge läßt sich als redaktionell erklären. In der jüdischen Tradition war umstritten, ob das Elterngebot zur ersten oder zur zweiten Tafel des Dekalogs zu zählen sei (Philo, decal. 106—120, spec. leg. II 224f weist ihm eine Mittelstellung zu); eine Nachstellung wie hier bei Mk findet sich nirgends (vgl. insgesamt das umfangreiche Material zur Auslegung des Dekalogs bei K. Berger, Gesetzesauslegung 258—361).

20 Der Mann kennt die Gebote nicht nur, sondern hat sie — wie er versichert — auch von Jugend an befolgt, und er vermeidet nun auch die falsche Anrede. **21** Seine Antwort stößt auf keinerlei Kritik bei Jesus, wie dessen positive Reaktion zeigt. Was fehlt, ist die Nachfolge, zu der Jesus ihn auffordert (vgl. 1,17f 2,14), und Nachfolge bedeutet hier, sich von allem Besitz zu trennen, statt dessen einen Schatz im Himmel zu erwerben, eine Radikalisierung der jüdischen Forderung, Almosen zu geben. **22** Dazu jedoch ist der Mann nicht bereit, denn, so trägt der Erzähler nach, er hatte viel Besitz. Erst durch diesen Schluß erhält die Geschichte ihre Zuspitzung auf die Frage des Besitzes.

Diese Frage wird nun in 23—27 thematisiert. **23** Jesus zieht aus der Geschichte das Fazit, daß Reichtum den Zugang zum Reich Gottes erschwert, was **24** seine Jünger entsetzt, nicht etwa freut. Jesus wiederholt sein Fazit, jedoch in allgemeinerer Form ohne einen Bezug auf Besitz (die Ergänzung τοὺς πεποιθότας ἐπὶ [τοῖς] χρήμασιν, die Greeven in den Text hineinnimmt, ist sekundär), und erläutert es mit dem Bildwort vom Kamel und dem Nadelöhr **25**. Folgt man N. Walters Interpretation (Analyse), daß auch hier das Motiv des Reichtums sekundär ist, könnte 24b.25a der ursprüngliche Schluß der Geschichte 17—22a sein, die abschließende Stellungnahme Jesu, die stilgerecht zu einem Apophthegma gehört.

Vorbereitet durch 22b handelt sie für Mk aber doch vom Problem des Besitzes im Blick auf Nachfolge. Auf Jesu Wiederholung von 23b in 24b.25, nun ebenfalls in dieser Richtung zugespitzt, reagieren die Jünger noch erschreckter **26** mit der Frage, wer überhaupt gerettet werden könne. **27** Jesus nennt darauf nicht Bedingungen, sondern verweist überraschend darauf, daß das für menschliche Begriffe zwar unmöglich sei, nicht aber für Gott, unter Aufnahme der aus dem Alten Testament bekannten Formel, daß bei Gott alles möglich ist (vgl. 14,36 Gen 18,14 Hi 42,2 Sach 8,6 LXX 2Chron 14,10). Damit ist die Schlußfolgerung vermieden, daß Nachfolge in jedem Fall Aufgabe von Besitz bedeuten müsse.

Die Szene wird weitergeführt mit dem Hinweis des Petrus **28**, daß die Jünger alles aufgegeben haben und Jesus nachgefolgt sind, wie 1,16—20 zeigt. Jesus antwortet mit dem durch die Einleitung ἀμὴν λέγω ὑμῖν als definitiv gekennzeichneten doppelgliedrigen Regelsatz 29f. **29** Das „Haus" (οἰκία oder οἶκος, lat. familia) ist der Oberbegriff; zu ihm gehören die, die unter einem Dach zusammen wohnen (Geschwister, Eltern, Kinder), aber auch das Land, das unter agrarischen Verhältnissen die Lebensgrundlage für die Familie bildet. Nachfolge um Jesu willen und um des Evangeliums willen (vgl. 8,35.38), in dem Jesus gegenwärtig ist, bedeutet hier Verlust von Familie und Besitz. Die

Q-Parallele Lk 14,26/Mt 10,37 ist sehr viel schärfer, besonders in der im ganzen wohl ursprünglicheren Lk-Fassung. Hier wird das μισεῖν der Familienangehörigen zur Bedingung von Jüngerschaft gemacht, und es folgt der Mk 8,34 verwandte Spruch über die Kreuzesnachfolge Lk 14,27/Mt 10,38 (s. o. S. 152). In Q sind zudem in Lk 9,57−60/Mt 8,19−22 Bedingungen der Nachfolge auch, kein Dach über dem Kopf zu haben und nicht einmal die Pflicht erfüllen zu dürfen, den eigenen Vater zu bestatten.

Was in Q also Nachfolge definiert, ist hier bei Mk nur im Konditionalsatz als Fall gesetzt und wird in **30** fortgeführt mit einer Aussage über die Reintegration in ein ebensolches „Haus", wenn auch „unter Verfolgungen" (vgl. 4,17) als dem Kennzeichen „dieses Äons", ohne daß dies den Verlust des ewigen Lebens bedeutet (vgl. 17 als die Ausgangsfrage des ganzen Abschnitts). Gegenüber 29 fehlt in 30 der Vater; offenbar rückt derjenige, der sein „Vaterhaus" verlassen hat, nun in die Position des „Hausvaters". Vergleichbar sind im übrigen die Aussagen über die Proselyten bei Philo, spec. leg. I 52, die um der Tugend und der Frömmigkeit willen Heimat, Freunde und Verwandtschaft verlassen haben und denen nicht – eine Interpretation von Lev 19,34 – neue Heimat, Hausgemeinschaft und Freundschaft bei den Juden verweigert werden darf. Die von Mk selbst in 22b−27 aufgeworfene Frage nach dem Verhältnis von Besitz und Nachfolge wird nun also über 27b hinaus so beantwortet, daß Nachfolge durchaus auch geschehen kann innerhalb von sozialen Strukturen des „Hauses", nicht nur als Herauslösung aus ihnen. Damit steht Mk − wie der Vergleich mit der Q-Parallele zeigte − gegen andere frühchristliche Traditionen, die dies als unbedingtes Kennzeichen von Nachfolge fordern.

Der Abschlußvers **31**, den Mk bereits in 9,35 aufgenommen hatte, formuliert eine überraschende Umkehrung und hat warnenden Charakter. Das Futur bezieht sich auf den kommenden Äon, in dem die irdischen Rangfolgen umgekehrt werden. Entweder ist damit noch einmal das Problem des Besitzes angesprochen, da Besitz ja nach irdischen Maßstäben Rangfolgen bestimmt, oder das Logion nimmt 27 auf, die Umkehrung irdischer Maßstäbe vor Gott.

Haus als soziale Größe

Wie in 8,27−10,52 insgesamt ist auch in 10,1−31 das vorrangige Thema die Nachfolge, die sich am Schicksal des Menschensohns orientiert. Das ist weder bei 1−12 noch bei 13−16 auf den ersten Blick erkennbar, erschließt sich jedoch von 28−31 her, und die ursprünglichen Leser konnten diesen Zusammenhang erkennen, wenn Mk denn Probleme der frühchristlichen Tradition aufnimmt und reflektiert. In 30 wird durch Jesus das Leben in der sozialen Struktur Haus legitimiert (die Abfolge Ehe − Kinder − Besitz ist also nicht allein literarisch begründet), und das gegen eine Konzeption gerade auch von Kreuzesnachfolge (vgl. 8,34) als Herauslösung aus sozialen Strukturen, wie sie in Q überliefert ist (Lk 14,26f/Mt 10,37f).

Im Rückblick auf 1−12 fällt auf, daß in 29f unter den Verwandtschaftsverhältnissen die Ehefrau fehlt, die in Lk 14,26 (diff. Mt 10,37) durchaus genannt ist (ebenso Lk 18,29 in der Parallele zu Mk 10,29f). Auflösung der Ehe ist bei Mk also keineswegs Konsequenz der Nachfolge (und Nachfolge ist trotz der zwölf Männer auch nicht nur Männern vorbehalten, vgl. 15,41). Das belegt Mk mit dem Streitgespräch 2−9, das an sich nur eine Auseinandersetzung mit jüdischer Tradition enthält; durch die anschließende Jüngerbelehrung wird diese aber ausdrücklich für die Gemeinde verbindlich gemacht, unter Rückgriff auf ein Jesuswort, das sich ähnlich auch in Q findet.

Die Kinder hingegen, das Problem der Szene 13−16, sind in 29f genannt als Teil des „Hauses". Daß bei Mk Jesus in Auseinandersetzung mit den Jüngern auch Kindern Teilhabe am Reich Gottes zuspricht unter Rückgriff auf ein Wort (15), das Kinder zum Vorbild machte (vgl. 9,37), legitimiert die Zugehörigkeit von Kindern zur Gemeinde, darüber hinaus aber wohl auch die Existenz von Kindern überhaupt gegenüber asketischem Verzicht auf die Ehe, wie er sich ebenfalls in 1Kor 7 zeigt.

Die Eltern, in 29f als weiterer Teil des „Hauses" genannt, sind nach dem in 19 gegen alle Reihenfolgen nachgestellten Gebot des Dekalogs zu ehren; in 7,10−13 hatte Jesus das Elterngebot bereits als unabdingbar verpflichtend gegen jüdische Tradition gestellt.

Von den in 29f genannten Verwandtschaftsverhältnissen fehlen in 1−31 allein die Geschwister, und bei Mk begegnet auch sonst nicht die übliche frühchristliche Bezeichnung ἀδελφοί für die οἰκεῖοι τῆς πίστεως (Gal 6,10). Die vier im Evangelium allein wesentlichen Jünger werden jedoch betont als zwei Geschwisterpaare vorgestellt: Petrus und Andreas, Jakobus und Johannes (1,16−20 3,17 5,37 10,35 13,3 14,33). Zwar bringt Mk auch Jesu neue Definition von Verwandtschaft (3,31− 35) und setzt in dem Konditionalsatz 10,29 eine mögliche Desintegration aus der Familie voraus; 30 jedoch etabliert das οἶκος-Modell als legitime Form von Nachfolge, obwohl Jesus selbst eher als Vorbild für das Modell der Herauslösung aus der Familie wirken konnte (vgl. 3,31−35 6,1−6a).

Dieses οἶκος-Modell findet sich bei Paulus selber wie in der deuteropaulinischen Tradition. Der programmatische Satz Gal 3,28 nimmt Bezug auf das Verhältnis von Mann und Frau und von Hausherr und Sklave (eine Perspektive, die unter den eher ländlichen Verhältnissen von Mk 10,29f fehlt), und dies wird in den Haustafeln der Deuteropaulinen (Kol 3,18−4,1 Eph 5,22−6,9) erweitert um die Relation Eltern/Kinder. In 1Kor 7 behandelt Paulus Probleme des οἶκος, die durch die Bekehrung eines Ehepartners entstanden sind, und plädiert für die Aufrechterhaltung der Ehe als der Grundlage des οἶκος.

Mk ist also nicht der erste in der frühchristlichen Tradition, der das οἶκος-Modell aufnimmt; er hat sich aber offenbar mit Überlieferungen auseinanderzusetzen, die Realisierung von Nachfolge nur in der radikalen Abwendung von den vorgegebenen Strukturen sehen konnten, in jenem „Wanderradikalismus", wie G. Theißen ihn beschrieben hat.

War für diese Überlieferungen die Aussendungsrede Regel für gelebte Nachfolge, so bezieht Mk sie (vgl. 6,6b−13) allein auf Mission im Zusammenspiel mit ortsansässigen Christen (s.o. S. 111), nimmt vor allem aber gegenüber der Q-Fassung bestimmte Motive zurück, nicht zuletzt das der direkten Repräsentanz Jesu durch die Ausgesandten. In Q verkündigten die Jünger selbst die Nähe des Reiches Gottes; bei Mk liegt diese im Wort Jesu, im Evangelium (vgl. 1,15), um dessentwillen es Verlust sozialer Bindungen geben kann (29), doch ohne daß das unabdingbare Voraussetzung für Nachfolge sein muß. Kreuzesnachfolge (vgl. 8,34) kann es nach Mk auch innerhalb der vorgegebenen sozialen Strukturen geben.

10,32−34 Die dritte Leidensankündigung

³²Sie waren aber unterwegs auf dem Weg nach Jerusalem hinauf, und Jesus ging ihnen voraus, und sie waren bestürzt, und die ihm folgten, fürchteten sich. Da nahm er erneut die Zwölf beiseite und fing an, ihnen zu sagen, was auf ihn zukommen werde: ³³„Siehe, wir gehen hinauf nach Jerusalem, und der Menschensohn wird den Hohenpriestern und den Schriftgelehrten ausgeliefert werden, und sie werden ihn zum Tode verurteilen und ihn den Heiden ausliefern, ³⁴und die werden ihren Mutwillen mit ihm treiben und ihn anspucken und ihn auspeitschen und töten, und nach drei Tagen wird er auferstehen."

Die erneute Ankündigung des Jesus erwartenden Schicksals lenkt den Blick zurück über 9,31 auf 8,27–33. Jesus wiederholt, was er dort gesagt hatte, nennt nun aber am präzisesten den Geschehensablauf. Selbst wenn sich 8,31 oder 9,31 als vorgegebene Tradition erweisen ließe (s. o. S. 149), wäre 10,33f in jedem Fall redaktionell, damit aber auch die Einleitung 32.

32a Der Weg, der bei Cäsarea Philippi begonnen hatte (8,27), durch Galiläa führte (9,30.33) und als dessen Ziel Mk in 10,1 vorerst Judäa und Peräa genannt hatte, erhält nun die präzise Ausrichtung auf Jerusalem. Dadurch, daß Jesus vorausgeht, werden die anderen zu „Nachfolgenden". Schrecken und Furcht ist ihre hier schon vorweggenommene Reaktion auf diesen Weg. **32b** Mit πάλιν erinnert der Erzähler daran, daß Jesus ja schon öfter die Zwölf belehrt hat über das, was kommen wird (vgl. 8,31 9,31).

33f Die geographische Angabe des Erzählers in 32a wiederholt sich zu Beginn der Rede Jesu. Wie in 8,31 und 9,31 sind drei Schritte aufgezählt:

1. Die Auslieferung (παραδιδόναι wie in 9,31) an die Hohenpriester und Schriftgelehrten (gegenüber 8,31 fehlen hier die Ältesten, aber auch in der Passionsgeschichte sind an zwei Stellen nur diese beiden Gruppen genannt: 14,1 15,31); die werden ihn zum Tode verurteilen und an die Heiden ausliefern. Das alles wird in 14,41b–15,1 erzählt werden, unter Verwendung derselben Wörter wie hier.

2. Die Heiden werden ihren Mutwillen mit ihm treiben (vgl. 15,20) und ihn anspukken (vgl. 15,19), ihn geißeln (vgl. 15,19 φραγελλόω) und ihn töten (vgl. 15,20–39).

3. Nach drei Tagen wird er auferstehen (vgl. 16,1–8).

Die kurze Szene hat als Wiederholung zunächst gliedernde Funktion, inhaltlich jedoch ruft sie noch einmal ins Gedächtnis, daß der Weg Jesu in Leiden, Tod und Auferstehung führt und daß „Nachfolge" diesem Weg entsprechend Kreuzesnachfolge ist (vgl. 8,34).

10,35–45 Der Wunsch der Söhne des Zebedäus

[35]Und Jakobus und Johannes, die Söhne des Zebedäus, kommen zu ihm und sagen zu ihm: „Lehrer, wir wollen, daß du, was immer wir dich bitten, uns tust." [36]Er aber sagte zu ihnen: „Was wollt ihr, daß ich euch tue?" [37]Sie aber sagten zu ihm: „Gib uns, daß wir einer zu deiner Rechten und einer zur Linken sitzen in deiner Herrlichkeit." [38]Jesus aber sagte zu ihnen: „Ihr wißt nicht, was ihr erbittet. Könnt ihr den Becher trinken, den ich trinke, oder mit der Taufe getauft werden, mit der ich getauft werde?" [39]Sie sagten zu ihm: „Wir können." Jesus aber sagte zu ihnen: „Den Becher, den ich trinke, werdet ihr trinken, und mit der Taufe, mit der ich getauft werde, werdet ihr getauft werden; [40]zu meiner Rechten oder zur Linken zu sitzen, ist nicht an mir zu vergeben, sondern das ist für die, für die es bereitet ist." [41]Und als die zehn das hörten, fingen sie an, sich über Jakobus und Johannes aufzuregen. [42]Da ruft Jesus sie herbei und sagt zu ihnen: „Ihr wißt, daß diejenigen, die als Herrscher der Völker gelten, sie unterjochen und ihre Gewaltigen ihre Macht über sie mißbrauchen. [43]Nicht so ist es bei euch, sondern: wer immer groß werden will bei euch, soll euer Diener sein, [44]und wer bei euch Erster sein will, soll aller Sklave sein. [45]Denn auch der Menschensohn ist nicht gekommen, bedient zu werden, sondern zu dienen und seine Seele zu geben als Lösegeld für viele."

Literatur: S. Légasse, Approche de l'épisode préévangélique des Fils de Zébédée, NTS 20 (1973/74) 161—177. — J. Roloff, Die Anfänge der soteriologischen Deutung des Todes Jesu, NTS 19 (1972/73) 38—64. — P. Stuhlmacher, Existenzstellvertretung für die Vielen, in: Werden und Wirken des Alten Testaments (Fs C. Westermann), 1980, 412—427.

Wie auf die zweite Leidensankündigung in 9,33—50 folgt auch auf die dritte eine nachdrückliche Belehrung Jesu an seine Jünger über Rangordnungen und Nachfolge. Es ist das vorerst letzte Wort, das Jesus ihnen zu sagen hat. Formal ist der Text ein erweitertes Apophthegma, in dem die Überleitung 41.42a eine gewisse Zäsur andeutet.

Ausgangssituation ist eine Bitte der Jünger Jakobus und Johannes, Jesus möge ihnen gewähren, was sie sich wünschen (35). Jesus fragt zurück (36) nach dem Inhalt ihres Wunsches, und sie nennen den in 37. Jesus tadelt sie wegen dieses Wunsches und fragt sie, ob sie in der Lage sind, seinen Weg ins Leiden nachzugehen (38). Sie bejahen das (39), und Jesus kündigt ihnen an, daß sie in der Tat diesen seinen Weg gehen werden; dennoch (40) will er ihnen die Erfüllung ihres Wunsches nicht versprechen. Die übrigen zehn Jünger sind ärgerlich über die beiden (41), aber Jesus gibt allen zusammen seine abschließende Belehrung über Rangordnungen in seiner Nachfolge (42—45).

Am deutlichsten redaktionelle Züge sind in der Überleitung 41.42a zu finden. Die anschließende Rede Jesu ist teilweise in 9,35 bereits vorweggenommen, dort redaktionell gestaltet. Die soteriologische Aussage in 45b hat bei Mk eine Parallele nur in der Abendmahlsüberlieferung (14,24), ist sonst im frühen Christentum aber breit zu belegen. Auf jeden Fall wird also nicht erst Mk sie angefügt haben, und man kann daher die Rede 42—45 insgesamt (vielleicht abgesehen vom Menschensohn-Titel, s. u. z. St.) als Mk vorgegebenes Traditionsstück ansehen. Daß Lk 22,24—27 eine von Mk unabhängige Parallele sei, ist freilich kaum zu beweisen.

Im ersten Teil 35—40 fällt auf, daß Jesus zwei Antworten gibt, 38f und 40. R. Bultmann (GST 23) hält 38f als vaticinium ex eventu für sekundär, während Gnilka (II 99) 35—38 als ursprünglich und 39f als spätere Erweiterung eines biographischen Apophthegmas ansieht, die sich auf den Märtyrertod der Zebedaiden bezieht.

Auszugehen ist von der Frage, ob sich als Thema dieser Geschichte ein Problem der frühchristlichen Gemeinden ausmachen läßt. In der Jesusüberlieferung gibt es eine Stelle, die sich dafür anführen läßt: das in Lk 22,28—30 und Mt 19,28 in sehr differierender Weise überlieferte Jesuswort über das Sitzen der Jünger auf Thronen, die zwölf Stämme Israels zu richten beim endzeitlichen Gericht. Nach Q hat Jesus den Jüngern insgesamt (s. o. S. 70f zu den Zwölf) in etwa das versprochen, was er den beiden hier abschlägt, und es fehlt auch jede Erwähnung der Zwölf oder dieser beiden Jünger in den Aussagen über das Kommen des Menschensohns zum Gericht (8,38 13,24—27 14,62). Eine ursprüngliche Einheit 35—37.40 läßt sich als Auseinandersetzung mit solchen Traditionen begreifen; daß die Gerechten die Sünder richten werden, ist ein altes Motiv weisheitlicher Tradition (vgl. z. B. Weish 4,16), das in Q auf die Jünger als die exemplarischen Nachfolgenden bezogen ist. Der markinischen Christologie entspricht es jedoch, daß Jesus allein als der Menschensohn richten wird, wie er allein die nur im Evangelium vermittelte Nähe des Reiches Gottes bringt.

38f sind ein dem Thema der Kreuzesnachfolge entsprechender Einschub des Mk; die Terminologie ist freilich singulär (s. zu 14,36) und wird auf traditionelle Sprache des Martyriums zurückgehen (die Belege dafür — Lk 12,50 MPol 14,2 — sind freilich nicht zweifelsfrei unabhängig von dieser Stelle). Angewandt wird sie hier auf das Schicksal der Zebedaiden, die denselben Weg wie Jesus gehen werden (39).

Für Jakobus belegt das Apg 12,2: dieser Jakobus ist von „Herodes" (= Julius Agrippa I, Enkel Herodes des Großen, 37 Nachfolger des Philippus, 40 auch des Herodes Antipas und 41—44 König auch über Judäa) mit dem Schwert hingerichtet worden. Johannes kann aber keinesfalls mit Jakobus zusammen umgekommen sein, da Paulus ihm danach noch beim Apostelkonvent ca. 48 in Jerusalem begegnet ist als einer der drei „Säulen" neben (dem Herrenbruder) Jakobus und Petrus (Gal 2,9).

Joh 21,23 gibt nun eine merkwürdige Notiz über den „Lieblingsjünger" wieder, daß das Gerücht entstanden sei, er werde nicht sterben, bis Jesus komme (vgl. Mk 9,1!); der Erzähler korrigiert das aber unter Hinweis auf den genauen Wortlaut des Jesuswortes. Da bei Joh der Zebedaide Johannes nie erwähnt wird (sein Bruder Jakobus freilich auch nicht), ist es nicht ausgeschlossen, daß zumindest die letzte Stufe der Redaktion, zu der Joh 21,23 gehört, den „Lieblingsjünger" als Johannes identifiziert hat, der inzwischen nun doch gestorben ist. Nur das Martyrium des Jakobus (Apg 12,2) wäre also der Ansatzpunkt für 39. Von all den „Großen" der ersten Generation war er der erste, der als Märtyrer gestorben ist. Die Erinnerung daran bringt Mk dazu, 38f einzufügen, während er den Tod des Petrus (vgl. Joh 21,19) nicht erwähnt (vgl. 14,29—31), Petrus vielmehr zum Beispiel nicht der Bewährung, sondern des Verleugnens wird (14,54.66—72).

35 Nach der erneuten Leidensankündigung 33f kommen Jakobus und Johannes zu ihm, wie in 1,19 und 3,17 als Söhne des Zebedäus vorgestellt. Diese beiden gehören zu den bei Mk immer wieder hervorgehobenen drei bzw. vier Jüngern aus dem Kreis der Zwölf (vgl. 5,37 9,2, später 13,3 14,33). Der Leser kann also eigentlich erneut etwas Besonderes erwarten; gewarnt ist er freilich durch 9,38ff, wo Johannes von Jesus zurechtgewiesen worden war. Sie reden Jesus als „Lehrer" an wie zuletzt der reiche Mann in 20 (und vermeiden die dort von Jesus zurückgewiesene Bezeichnung ἀγαθός). Alles deutet also hin auf eine Belehrung, und die wird auch in 42—45 erfolgen, jedoch anders als es die beiden erhoffen. Sie äußern zunächst keine direkte Bitte, sondern wollen nur einen Wunsch frei haben.

36 Jesus gesteht ihnen das aber nicht zu, sondern fragt nach dem konkreten Wunsch. Was sie vortragen **37**, ist nichts anderes, als was nach dem parallelen Q-Logion Lk 22,28—30/Mt 19,28 Jesus allen Jüngern versprochen hat, beschränkt auf sie beide (zu δόξα vgl. 8,38). Jesu Antwort **38f** lenkt zurück auf das, was Jesus gerade vorher erneut angekündigt hatte (33f): der ἐν δόξῃ kommende Menschensohn ist der, der ins Leiden geht; die Nähe des Reiches Gottes ist nicht der offene Triumph über die Sünder, sondern die Auslieferung an sie (vgl. 14,41).

Das Bild des Bechers wird in 14,36 wiederaufgenommen werden; das Bild der Taufe erinnert im Zusammenhang des Markusevangeliums an Jesu eigene Taufe (1,9), damit aber auch daran, daß er als der leidende Gerechte nach seiner Taufe als „Sohn Gottes" anerkannt worden ist (1,10f, vgl. 9,7). Die eigene Taufe (vgl. Röm 6,3) erinnert den Tod Jesu ebenso, wie es das Abendmahl tut (vgl. 14,22—25), der „Becher", auf den hier angespielt ist. Taufe und Abendmahl, die bei Mk nirgends von Jesus „eingesetzt" werden, sind vorausgesetzt ebenso, wie in 11,25 das Gebet vorausgesetzt ist. Taufe und Abendmahl weisen den Leser hin auf das, was Nachfolge heißt.

40 Die Ausgangsbitte 37 ist demgegenüber relativ, entgegen – wenn denn die Behauptung eines traditionsgeschichtlichen Zusammenhangs mit dem Q-Logion zutrifft – anderen frühchristlichen Traditionen. Der Nachdruck liegt auf der Leidensnachfolge der Jünger, für die zur Zeit des Mk Jakobus als Beispiel genannt werden kann (39). Voraussetzung ist aber, daß bereits viele tatsächlich diesen Weg gegangen sind (vgl. 13,9—13).

41 Die Reaktion der anderen Jünger ist Verärgerung über die beiden, wie sie hier gerade nicht (vgl. 10,14) von Jesus ausgesagt wird. **42** Er ruft alle zusammen und gibt ihnen eine letzte Belehrung, deren Thema in 9,33—50 vorbereitet war. Zunächst spricht er sie auf die bekannten Herrschaftsstrukturen in der Welt an: Unterdrückung und Machtmißbrauch. **43f** Bei den Jüngern soll es das Gegenteil sein: Herrschaft als Dienst, ja als Sklavendienst, begründet **45** im Weg des Menschensohns selber.

Singulär bei Mk neben den Abendmahlsworten (14,24: ὑπὲρ πολλῶν) ist die soteriologische Aussage über Jesu Tod als λύτρον ἀντὶ πολλῶν, die ja in den Leidensankündigungen wie in den anderen Menschensohn-Worten (s. o. S. 149) fehlt. Von der Formulierung her ist die nächste Parallele 1 Tim 2,6 ὁ δοὺς ἑαυτὸν ἀντίλυτρον ὑπὲρ πάντων; das Motiv als solches jedoch ist breit zu belegen in den Zusammenfassungen des Glaubens, die sich bei Paulus und anderswo finden (vgl. 1 Kor 15,3b—5 Gal 2,20 u. ö.). Daß hier bei Mk damit das zu διακονῆσαι parallele Motiv des δουλεύειν aufgenommen ist, verweist ebenso auf Jes 53,11f (LXX: δίκαιον εὖ δουλεύοντα πολλοῖς) wie die Stichworte πολλοί, ψυχή, ἀντί. Das bedeutet nicht, daß sich deshalb sicherstellen ließe, daß das Wort auf den historischen Jesus zurückgeht. In der Struktur erinnert es an die (οὐκ) ἦλθον-Worte (vgl. 2,17), die zurückblicken auf den vollendeten Weg Jesu; es mag sein, daß erst Mk es mit dem Menschensohn-Titel verbunden hat, da die Worte vom leidenden Menschensohn wahrscheinlich erst von ihm selber gebildet worden sind (s. o. S. 149).

Die Szene verbindet eindrucksvoll die kommende δόξα des Menschensohns (37) mit seinem Weg in die Passion (45) und macht diesen zum verpflichtenden Maßstab für Nachfolge und auch für Gemeindestruktur. Die angesprochenen Probleme von Herrschaft sind keine speziellen Probleme allein der Gemeinde des Mk damals, sondern Strukturprobleme, wenn Nachfolge gelebt wird in sozialen Strukturen einer Gemeinde, in denen latent immer Machtansprüche vorhanden sind. Jesu Vermächtnis, belegt in seinem eigenen Schicksal, ist, daß Macht nur dann legitim ist in der christlichen Gemeinde, wenn sie als vorbehaltloser Dienst ausgeübt wird, nicht als Verwirklichung eigener (christlicher) Identität.

10,46—52 Die Heilung des blinden Sohns des Timaios in Jericho

⁴⁶**Und sie kommen nach Jericho. Und als er und seine Jünger und eine beträchtliche Volksmenge aus Jericho herauskam, saß der Sohn des Timäus, Bartimäus, ein blinder Bettler, am Weg.** ⁴⁷**Und als er hörte, daß es Jesus der Nazarener ist, fing er an zu schreien und zu sagen:** ⁴⁸**„Sohn Davids, Jesus, erbarme dich über mich!" Und viele fuhren ihn an, daß er schweigen solle. Er aber schrie um so mehr: „Sohn Davids, erbarme dich über mich!"** ⁴⁹**Da blieb Jesus stehen und sagte: „Ruft ihn herbei!" Und sie riefen den Blinden und sagen zu ihm: „Hab Mut, steh auf, er ruft dich."** ⁵⁰**Da warf er seinen Mantel ab, sprang hoch und kam zu Jesus.** ⁵¹**Und Jesus antwortete ihm und sagte: „Was willst du, soll ich dir tun?" Der Blinde sagte zu ihm: „Rabbuni, daß ich wieder sehe."** ⁵²**Da sagte Jesus zu**

ihm: „Geh hin, dein Glaube hat dich geheilt." Und sofort sah er wieder und
folgte ihm auf dem Weg.

Literatur: P. J. ACHTEMEIER, ‚And he followed him‘, Semeia 11 (1978) 115—145. — V. K. ROBBINS,
The Healing of Blind Bartimaeus, JBL 92 (1973) 224—243.

Die vorletzte Station des Weges Jesu von Caesarea Philippi nördlich des Sees (8,27) durch
Galiläa (9,30.33) nach Jerusalem (10,32f) ist Jericho; und wie der Teil 4,35—8,26 mit einer
Blindenheilung endete (8,22—26), so nun auch 8,27—10,52, bevor mit 11,1 der neue
Abschnitt beginnt, der in Jerusalem spielt. Erzählt wird eine wunderbare Heilung, ohne
daß die Geschichte nach den formalen Kriterien einer Wundergeschichte aufgebaut ist.
Zwar finden sich die Schilderung der Notlage (46b) und die Bitte um Heilung (47f); es
fehlen aber — gerade im Vergleich mit 8,22—26 — die Heilung selbst und die Bestätigung
des Wunders durch die Akklamation der Anwesenden.

Nach diesen Kriterien eine „ursprüngliche" Wundergeschichte zu rekonstruieren,
führt zu nichts. Auszugehen ist vielmehr davon, daß es zwar eine Jesusgeschichte ist;
ungewöhnlich stark tritt jedoch die Person des Geheilten hervor, nicht zuletzt dadurch,
daß er mit seinem Namen vorgestellt wird (der einzige andere Name in einer Wundergeschichte, Jairus in 5,22, hatte die Funktion, anzuzeigen, daß Jesus sich wieder auf jüdischem Gebiet befindet). Mit 9,14—29, wo ähnlich stark der Vater des epileptischen
Jungen hervortritt, verbindet die Geschichte das Motiv des Glaubens. 10,46—52 geht
jedoch darüber hinaus, indem singulär der Geheilte Jesus auch nachfolgt (52), was dem
geheilten Besessenen in der Dekapolis (5,18f) verwehrt worden war. Aber ist die Geschichte deshalb als Personallegende zu deuten (so D. A. Koch, Bedeutung 129)? Welches Interesse sollte man haben an einem Mann, dessen Vater Timaios hieß?

Redaktionell ist die Geschichte auf jeden Fall in 46 bearbeitet. Die Doppelung der
Ortsangabe (in B* und in D it behoben) zeigt, daß Jesus ohne Rast auf dem Weg nach
Jerusalem ist. Auch die Erwähnung der Jünger als der Begleiter Jesu wird auf Mk
zurückgehen. Das Weg-Motiv begegnet am Ende in 52 wieder und wird hier ebenfalls
von Mk hinzugefügt sein. Weitere redaktionelle Bearbeitungen innerhalb der eigentlichen Geschichte werden sich erst in der Auslegung herausstellen.

46 In 1 war als Reiseziel Judäa und Peräa angegeben. Daß Jericho in der Nähe Jerusalems (10,32f) liegt, ist als Wissen beim Leser vorausgesetzt. Der Weg nach Jerusalem
führt Jesus durch Jericho; bei ihm sind weiterhin die Jünger (zuletzt 42) und eine Volksmenge (zuletzt 1). Die eigentliche Handlung beginnt mit der Nennung eines Namens in
griechischer Sprache: „der Sohn des Timaios", ein bekannter griechischer Eigenname.
Anders als sonst, wo aram./hebr. Wörter dem Leser in griech. Sprache erläutert (vgl.
3,17 5,41 7,11) werden, folgt hier das aramäische Wort auf das griechische: der Wortteil
„Bar" entspricht aram. בר = Sohn (vgl. Bartholomaios 3,18), der zweite Wortteil wiederholt nur den Vaternamen. Durch diese umgekehrte Erklärung wird der Mann über
seinen Namen als Jude identifiziert, und das mag auf Mk selbst zurückgehen. Vorgestellt
wird er als blinder Bettler, das Schicksal der Blinden bis weit in die Neuzeit.

47 Was der Leser erwartet, ist eine Wundergeschichte, und er erinnert sich dabei an
8,22—26. Jetzt freilich bringen ihn nicht andere zu Jesus, sondern er selbst beginnt zu
schreien. Gehört hat er ὅτι Ἰησοῦς ὁ Ναζαρηνός ἐστιν. Ναζαρηνός (gegenüber der aus
Lk 18,37 eingedrungenen Lesart Ναζωραῖος ursprünglich) verweist auf Jesu Herkunft

aus Nazareth in Galiläa und damit zurück auf den Beginn des ganzen Weges Jesu (vgl. 1,9); dieselbe Funktion haben auch die übrigen Stellen bei Mk, wo von Jesus als dem Ναζαρηνός gesprochen wird (1,24 14,67 und vor allem 16,6).

48 Der Schrei des Blinden ist Bitte um Hilfe. Er redet hier und erneut in 49 Jesus als „Sohn Davids" an. Damit wird 11,10 vorbereitet, wo dieser Titel freilich gerade fehlt, aber auch 12,35–37a, wo Jesus gegenüber der Lehre der Schriftgelehrten bestreitet, daß der χριστός Sohn Davids sein müsse. Dennoch braucht die Verwendung hier, die in keiner Weise kritisch kommentiert wird, nicht erst auf Mk zurückzugehen; sie gehörte eben zu der vorliegenden Geschichte und kommt erst durch den Zusammenhang mit den folgenden Geschichten in ein neues Licht. Andere wollen den Blinden zum Schweigen bringen; er schreit um so mehr. Das Verbum ἐπιτιμᾶν hat nichts mit den Schweigegeboten zu tun, sondern ist gemeint wie zuletzt in 13.

49 Sein erneuter Schrei findet Gehör bei Jesus, der ihn zu sich kommen lassen will, und diese Botschaft übermitteln dem Blinden die Leute. **50** Er folgt ihr, indem er seinen Bettlermantel abwirft und zu Jesus kommt; er selbst, man braucht ihn nicht zu bringen (gegenüber 8,22). **51** Jesus fragt ihn, was er sich wünsche, und er antwortet, wieder sehen zu können. Die Anrede רבוני wird ebensowenig übersetzt wie רבי in 9,5 (vgl. später 11,21 14,45); dem Leser ist sie auch aus dem Griechisch sprechenden Judentum als Titel bekannt.

52 Jesus bestätigt die Heilung durch die aus 5,34 bereits bekannte Formel. Wie Jesus ihn geheilt hat, braucht nicht erzählt zu werden, da der Leser aus 8,22–26 ja weiß, wie Jesus Blindheit heilen kann. Der Erzähler muß also nur konstatieren, daß diesmal (gegenüber der stufenweisen Heilung in 8,22–26) der Blinde sofort wieder sehen kann; neu gegenüber früheren Wundergeschichten ist, daß der Geheilte Jesus folgt, und d. h. nachfolgt auf dem Weg, der nach Jerusalem in die Passion führt.

An sich wäre dies Stoff genug für eine der „großen" Wundergeschichten, wie Mk sie in 4,35–8,26 aufnimmt. Die wunderbaren Elemente sind jedoch stark zurückgenommen, und in ihrer jetzigen Fassung bringt die Geschichte dem Leser mehrfach ihm bereits vertraute Motive in Erinnerung. Das Thema der Nachfolge und das Motiv des Weges bestimmen den ganzen Zusammenhang 8,27–10,52: Jesu Weg nach Jerusalem ins Leiden und die diesem Weg entsprechende Kreuzesnachfolge der Jünger sind hier noch einmal am Schluß ausdrücklich aufgenommen.

Daß Jesus einen Blinden heilt, erinnert an 8,22–26 und damit daran, daß diese Geschichte der Abschluß von 4,35–8,26 war. Die 4,35–8,26 durchziehende Frage: „Wer ist dieser?" (4,41) wird auch in 10,46–52 noch einmal aufgenommen in der Häufung der Anreden Ναζαρηνός, υἱὸς Δαυίδ und ῥαββουνί, die aber alle drei hinter dem zurückbleiben, was bisher in 8,27–10,52 schon als Antwort auf die Frage von 4,41 gegeben worden war. Der Leser also ist durch diese unangemessenen Kategorien noch einmal gefragt nach der „richtigen" Christologie und damit verbunden nach der richtigen Nachfolge.

In 8,22–26 war der sehend gewordene Blinde ein Gegenbild zu den „blinden" Jüngern (8,18); in 10,46–52 hingegen steht der Blinde für alle, die nicht erkannt haben, wer Jesus eigentlich ist und was dementsprechend Nachfolge bedeuten muß. Wieder ist der Leser nach seinem Glauben gefragt (52a); auf dem Weg in die Passion (11,1–16,8) begleitet ihn die Frage, ob er besser versteht als die Jünger, was es heißt, dem Menschensohn nachzufolgen. Der Blinde jedenfalls hat es gesehen und ist ihm nachgefolgt.

Von dieser redaktionsgeschichtlichen Interpretation her stellt sich die Frage nach der Mk vorgegebenen Überlieferung noch einmal neu. Heilung von Blinden (s. o. S. 139f) gehört sicherlich zu den „großen" Wundern, und als ein solches erscheint sie auch in 8,22−26 trotz der Überlagerung durch das Motiv der „Blindheit" der Jünger. Da Mk sonst nicht Wunder Jesu wiederholt (zur Ausnahme 8,1−10 s. o. S. 135), ist auch 10,46−52 nicht als einfache Wiederholung anzusehen. Es zeigte sich eine erhebliche Prägung der Geschichte durch zurück- und vorausweisende Motive, und das gilt auch für die Ortsangabe „Jericho". Daß Mk eine in unmittelbarer Nähe zu Jerusalem lokalisierte Geschichte in seiner Tradition vorfand, die so sehr seinen eigenen Interessen entsprach, ist äußerst unwahrscheinlich; und wenn es so war, würde diese Tradition mit seiner Redaktion fast identisch übereinstimmen.

Eine Geschichte von der Heilung eines blinden Bettlers, dessen Vater Timaios hieß (und griechische Namen waren zu der Zeit nichts Besonderes in Palästina), mag die Grundlage sein. In sie fügt Mk noch einmal wesentliche Motive der Geschichte Jesu ein, wie er sie von 1,9 (und 1,1) an beschrieben hat, bevor Jesus nun (11,1) Jerusalem erreicht. Redaktionell kann schon die Lokalisierung in Jericho sein. Redaktionell ist die Überlagerung der Geschichte durch das christologische Thema von 4,35−8,26, da gehäuft unangemessene Kategorien verwendet werden. Redaktionell ist schließlich auch die Thematik des Verhältnisses von Nachfolge und Weg Jesu. Was immer Mk an Tradition vor sich gehabt hat, entweder paßte es zu seiner Intention oder er hat es ihr unterstellt. Wahrscheinlicher ist dann, daß er eine „große" Wundergeschichte umgeschrieben hat, deren Text nicht mehr zu ermitteln ist.

11,1–12,44 Die Auseinandersetzungen in Jerusalem

11,1 markiert einen Einschnitt im Markusevangelium; erreicht wird Jerusalem, in 10,32f ausdrücklich als Ziel genannt, aber auch schon in den vorherigen Leidensankündigungen im Blick. Daher weiß der Leser, daß nun bald das geschehen wird, was Jesus vorausgesagt hat. Es wechselt gegenüber den vorherigen Kapiteln auch die Thematik: 11,1–12,44 enthalten Auseinandersetzungen mit verschiedenen jüdischen Gruppen, und zwar, wie Mk immer wieder hervorhebt, im Jerusalemer Heiligtum selber (11,11.25.27.35 12,35). Die Jünger sind zwar Jesu Begleiter, werden aber nur zu Anfang (11,1.14.20f) und am Ende (12,43) eigens erwähnt. Mit 13,1 wechselt dann erneut sowohl der Ort (vom Tempel zum Ölberg) als auch das Thema (Rede über das Endgeschehen), und Jesus steht nicht mehr in Auseinandersetzung mit jüdischen Gruppen, sondern wendet sich an den engeren Kreis der Jünger (13,3).

Mk nimmt wie im übrigen Evangelium auch in 11,1–12,44 Traditionen auf. Das zeigen die Parallelüberlieferungen in Q (zu 11,23 12,38b–40) und Joh (zu 11,1a.8–10 11,15–19); das ist aber – wie die Einzelanalysen zeigen werden – weithin auch dort anzunehmen, wo solche Doppelüberlieferung fehlt. Dagegen läßt sich nicht eine von Mk verarbeitete Sammlung Jerusalemer Streitgespräche nachweisen. M. Albertz (Streitgespräche) hatte eine solche neben den galiläischen Streitgesprächen 2,1–3,6 behauptet und ihren Umfang mit 11,15–17.27–33 12,13–40 bestimmt (zur Kritik und weiteren Forschungsgeschichte vgl. H. W. Kuhn, Ältere Sammlungen 39–43). Diese These ist in neuerer Zeit in modifizierter Form von M. Cook (Treatment) aufgenommen worden, der neben einer Sammlung von Streitgesprächen mit Pharisäern und Herodianern (7,1ff 2,15–3,5 12,13–17.34b 3,6) eine zweite von Streitgesprächen mit Schriftgelehrten annimmt. Zu ihr rechnet er (49) 12,18–34a 9,11–12a.13ab 12,35–40; gemeint seien hier freilich an sich ebenfalls die Pharisäer, ohne daß Mk das bemerkt habe (5). Man kann jedoch im Gegenteil ein besonderes Interesse des Mk gerade an den Schriftgelehrten feststellen (s. o. S. 50f), so daß eher mit ihrer redaktionellen Einfügung, zumindest an einzelnen Stellen, zu rechnen ist als mit einer solchen Verwechslung.

Mk läßt nacheinander unterschiedliche jüdische Gruppen auftreten: Hohepriester, Schriftgelehrte und Älteste (11,27, vgl. 11,18), also das Synhedrium (vgl. 15,1), ohne daß diese Bezeichnung hier fällt, dann Pharisäer und Herodianer (12,13), Sadduzäer (12,18), schließlich einen einzelnen Schriftgelehrten (12,28), der von Jesus ausdrücklich gelobt wird, und doch widerlegt Jesus im folgenden eine Lehre der Schriftgelehrten (12,35–37) und verurteilt gerade die Schriftgelehrten insgesamt (12,38–40). Keiner der Gruppen gelingt es – und das aufzuweisen ist die Intention des Mk –, Jesus einer falschen Lehre zu überführen. Vorbereitet wird damit die Passionsgeschichte, in der jeder Rechtsgrund für eine Verurteilung Jesu fehlen wird.

Im Blick auf die Passionsgeschichte ist aber auch die Aufteilung der Ereignisse auf drei Tage zu sehen (11,11b.12.19.20). Durch sie wird Jesu Äußerung belegt, daß er Tag für Tag im Heiligtum gelehrt habe, ohne daß seine Gegner zugegriffen hätten (14,49a). Mit

14,1 hingegen beginnt eine neue Tageszählung, die nicht an diejenige von 11,1−12,44 anknüpft, sondern vom bevorstehenden Passafest aus zurückrechnet. Mk zielt also nicht ab auf einen auf sechs Tage verteilten Handlungsablauf bis zur Kreuzigung Jesu bzw. auf acht Tage bis zur Auffindung des leeren Grabs (anders Joh 12,1, wo die Zählung aber nicht mit dem Einzug in Jerusalem, sondern am Tag zuvor beginnt); es fehlt ja auch eine Angabe über den Abschluß des dritten Tages nach 12,44 oder 13,37.

Sowohl die Verbindung der einzelnen Szenen als auch das Tagesschema sind auf die Redaktion des Mk zurückzuführen und ebenso die Erwähnung der wiederholten Beratungen der Gegner Jesu (11,18 12,12), die in 14,1f fortgesetzt werden. Es ergibt sich ein geschlossener Zusammenhang, durch Ort und Zeit, aber auch Thema zusammengehalten, abgegrenzt zum Vorangehenden, aber auch gegenüber dem Folgenden. Jesus zieht ein in Jerusalem, seine Vollmacht durch sein Wissen über das Reittier beweisend (11,1−11). Seine Macht erweist er auch in der Verfluchung des Feigenbaums (11,12−14). Er zeigt auf, was die eigentliche Bestimmung des Jerusalemer Heiligtums gewesen wäre, nämlich Bethaus, nicht Opferbetrieb zu sein (11,15−19). Der Erfolg der Verfluchung des Feigenbaums als Bestätigung seiner Vollmacht nennt noch einmal (wie schon 9,14−29) Glaube und Gebet als Voraussetzung (11,20−25). Diejenigen, in deren Hände er nach den Leidensankündigungen (8,31 10,33) übergeben werden wird, fragen ihn nach seiner Vollmacht und verweigern ihm die Antwort auf seine Rückfrage, worauf Jesus ihnen in einem Gleichnis ihre und damit auch seine eigene Geschichte erzählt (11,27−12,12). Sie schicken die dem Leser bereits bekannten Pharisäer und Herodianer vor (12,13−17), die ebenso erfolglos bleiben wie darauf die Sadduzäer (12,18−27). Mit einem einzelnen Schriftgelehrten stellt Jesus zwar eine auch von diesem bekundete Übereinstimmung fest (12,28−34), dennoch überführt Jesus die Schriftgelehrten insgesamt eines Irrtums (12,35−37) und kündigt gerade ihnen das Gericht an (12,38−40). Nicht sie, sondern eine arme Witwe wird zum Schluß von Jesus als vorbildhaft herausgestellt (12,41−44).

11,1−11 Jesu Einritt in Jerusalem

[1]Und als sie sich Jerusalem, Bethphage und Bethanien nähern, auf den Ölberg zu, sendet er zwei seiner Jünger [2]und sagt zu ihnen: „Geht in das Dorf, das vor euch ist, und sofort, wenn ihr in es hineinkommt, werdet ihr ein Fohlen angebunden finden, auf dem noch nie ein Mensch gesessen hat. Bindet es los, und bringt es. [3]Und wenn jemand zu euch sagt: ‚Warum macht ihr das?‘, sagt: ‚Der Herr braucht es, und sofort schickt er es wieder hierher.‘“ [4]Und sie gingen weg und fanden ein Fohlen an die Tür gebunden draußen an der Straße und binden es los. [5]Und einige von den dort Herumstehenden sagten zu ihnen: „Was macht ihr da − das Fohlen losbinden?“ [6]Sie aber sagten zu ihnen, wie Jesus gesagt hatte; da ließen sie sie. [7]Und sie bringen das Fohlen zu Jesus und legen ihm ihre Kleider auf, und er setzte sich auf es. [8]Und viele breiteten ihre Kleider auf den Weg, andere Laubbüschel, die sie auf den Feldern abschnitten. [9]Und die Voraufgehenden und die Nachfolgenden schrien:
    Hosanna,
        [10]**gelobt sei, der im Namen des Herrn kommt,**

gelobt sei das kommende Reich unseres Vaters David,
    hosanna in der Höhe.
¹¹**Und er kam nach Jerusalem in das Heiligtum. Und er schaute sich alles an, und als es schon spät am Abend war, ging er hinaus nach Bethanien mit den Zwölf.**

Literatur: J. Jeremias, ΙΕΡΟΥΣΑΛΗΜ/ΙΕΡΟΣΟΛΥΜΑ, ZNW 65 (1974) 273–276. – H. W. Kuhn, Das Reittier Jesu in der Einzugsgeschichte des Markusevangeliums, ZNW 50 (1959) 82–91. – H. Patsch, Der Einzug in Jerusalem, ZThK 68 (1971) 1–26.

Die Geschichte hat für 11,1a.8–10 eine Parallele in Joh 12,12–14a(b.15); Joh 12,16–18 sind kommentierende Erklärungen des Erzählers im Anschluß an den Joh wohl schon vorgegebenen Schriftbeleg Sach 9,9 in 12,15. Die Mk und Joh gemeinsame Grundlage erzählt von Jesu Einritt auf einem Reittier in Jerusalem; in beiden Evangelien hat sie ihren Platz am Beginn des auf Jesu Kreuzigung hinauslaufenden Geschehens. Die trotz wörtlicher Übereinstimmung zu erkennenden Unterschiede sprechen wie sonst gegen die These einer direkten Abhängigkeit des Joh von Mk oder einer über seine Kenntnis von Mt oder Lk vermittelten indirekten Abhängigkeit. Gemeinsam ist der Handlungsablauf sowie insbesondere die Verwendung von Ps 118,25f in der Begrüßung.

Bei Mk schießt über die ausgeführte Geschichte der Findung des Reittiers in 11,1b–7; bei Joh findet Jesus (12,14a) selbst am Wege einen kleinen Esel und setzt sich auf ihn. Eine 11,1b–7 ähnliche Geschichte einer Findung wird sich bei Mk in 14,13–16 wiederholen. Hier wie dort geht es um das Motiv des Vorherwissens Jesu und damit um seine Souveränität. Im Zusammenhang des Evangeliums ist daran erinnert, daß Jesus in den Leidensvoraussagen vorausgesehen hat, was kommen wird, nämlich das, was nun in Jerusalem beginnt (vgl. bes. 10,33f). Dennoch dürfte diese Erweiterung einer ursprünglichen, aus dem Mk und Joh gemeinsamen Grundgerüst zu erhebenden Geschichte nicht erst auf Mk zurückgehen, sondern auf die vormarkinische Tradition. Motiv dieser Erweiterung ist die besondere Dignität des Reittieres.

Für die Überlieferungsgeschichte der Szene ergibt sich aus dem Vergleich zwischen Mk und Joh eine erste Traditionsstufe (11,1a.8–10 par. Joh 12,12–14a). Sie zielt hin auf die Begrüßung mit Ps 118,25f, enthält aber nicht den expliziten Schriftbeweis Sach 9,9, den unabhängig voneinander Mt (21,4f) und Joh bzw. eine vorjohanneische Überlieferung (Joh 12,14b.15) in die Geschichte einbringen. Eine zweite Stufe stellt die Ausführung des Findungsmotivs dar (11,1b–7). Mk selbst verbindet in 11,1a und 11 redaktionell die Geschichte mit dem engeren und dem weiteren Kontext; wo eventuell weitere redaktionelle Eingriffe zu finden sind, wird die Einzelauslegung zeigen.

1a Seit 10,33f war klar, daß Jerusalem das Ziel der Reise und der Ort der Passion Jesu sein würde. Von Jerusalem waren ja auch schon vorher Schriftgelehrte, die Hauptgegner Jesu, nach Galiläa gekommen (3,22 7,1), die nun auch bald wieder auftauchen werden. Mk verwendet immer die Namensform Ἱεροσόλυμα im Unterschied zu der vor allem aus der LXX (außer Apokryphen) bekannten und sonst auch im NT gebräuchlichen Form Ἱερουσαλήμ. Letztere ist als Transkription von ירושלם enger an die hebr./aram. Aussprache des Städtenamens angelehnt; erstere mag zwar aus jüdischer Sicht die „profane" Bezeichnung sein (so J. Jeremias, ΙΕΡΟΥΣΑΛΗΜ), erinnert aber an griechische Städtenamen mit der Vorsilbe ἱερ- (z. B. Hierapolis in Kleinasien), die dadurch als Tempelstädte gekennzeichnet waren. (Ἱεροσόλυμα ist daher mit spiritus asper zu schreiben,

187

so GNT³, N²⁶, Aland, Greeven gegenüber N²⁵ Ἰεροσόλυμα.) Die Namensform, so gebräuchlich sie für Jerusalem gerade bei Nichtjuden war, stellt also als solche eine Verbindung zu der Thematik des Tempels her (vgl. schon 11), der im folgenden immer als ἱερόν bezeichnet wird, nicht als ναός (so erst 14,58, davon abhängig 15,29, sowie 15,38).

Die Einleitung der Geschichte zeigt dem Leser also mit der Ortsangabe Jerusalem, daß nun der in den Voraussagen 8,31 9,31 10,33f angekündigte letzte Abschnitt der Wirksamkeit Jesu beginnt; die Namensform bereitet ihn zugleich auf die Rolle des Heiligtums als Ort der folgenden Auseinandersetzungen vor. Hinzu kommen in 1a drei weitere Ortsangaben. Ein Blick auf eine übliche Karte der Umgebung von Jerusalem zeigt, daß sich daraus kein geradliniger Weg in die Stadt hinein ergibt; vorbereitet werden vielmehr mit Bethanien (vgl. 14,3) und dem Ölberg (vgl. 13,3 14,26) Stationen, die im folgenden Geschehen eine Rolle spielen werden. Einzig Bethphage (ein Ort nicht ganz sicherer Lokalisierung) begegnet nur hier und wird deshalb auf die Tradition zurückgehen, während mit den beiden anderen Angaben Mk dem Leser Informationen über die einzigen im Fortgang der Geschichte neben Jerusalem wichtigen Orte gibt. (Daß Bethphage „Feigenhaus" heißt, teilt Mk den Lesern nicht mit; daher ergibt sich ihnen keine Beziehung zur Szene der Verfluchung des Feigenbaums 11,12—14.)

1b Der den Nebensatz 1a fortsetzende Hauptsatz lenkt das Interesse zunächst noch nicht auf Jerusalem, sondern auf die Aussendung zweier seiner Jünger (die waren ausdrücklich zuletzt in 10,46 genannt worden) mit dem Befehl **2,** in das nächste Dorf zu gehen (in der von Mk aufgenommenen Tradition also wohl Bethphage), wo sie ein bestimmtes Jungtier finden sollen, das noch nie geritten worden ist; sie sollen es losbinden und Jesus bringen. Dieses Tier ist als πῶλος bezeichnet, was auch etymologisch dem deutschen Wort „Fohlen" entspricht (vgl. H. Frisk, Griech. Etymologisches Wb II 634). Auch im folgenden wird es nie anders genannt (4.5.7, ebenso Lk 19,30.33.35), während es bei Joh ein ὀνάριον ist (12,14) und Mt in Verkennung des parallelismus membrorum von Sach 9,9 aus ihm einen Esel (ὄνος) mitsamt seinem Fohlen macht. Die Unbestimmtheit des Tieres bei Mk läßt freilich nicht den Schluß zu, daß der Geschichte nicht Sach 9,9 zugrunde liege, das explizit erst bei Mt und Joh zitiert wird. Dagegen spricht schon, daß Jesus der einzige sein wird, der auf einem Tier in die Stadt einreitet und als einziger begrüßt werden wird, während die anderen zu Fuß gehen. Es handelt sich auch bei Mk um das königliche Reittier aus Sach 9,9 und Gen 49,11. Der Ton liegt aber bei Mk darauf, daß es ein Jungtier ist, das noch niemand geritten hat.

In **3** bereitet Jesus die beiden Jünger auf einen naheliegenden Einwand von Beobachtern ihres Tuns vor, dem sie entgegnen sollen, daß Jesus (er ist hier ὁ κύριος, ohne daß dies eine besondere christologische Bedeutung einschließt, die dann ja auch der Gottesbezeichnung im Zitat in 10 widersprechen würde) das Tier braucht und daß er es auch zurückschicken wird (was im übrigen nicht berichtet wird).

4—7 erzählen die Ausführung des Befehls. Es tritt alles so ein, wie Jesus es vorausgesagt hat, und die Beobachter sind auch mit der den Jüngern genannten Erklärung zufrieden. Die Jünger „satteln" das Tier mit ihren Kleidern, und er setzt sich darauf. So reitet Jesus ab jetzt nach Jerusalem hinein. In **8** ist aus 10,46 vorausgesetzt, daß viele (πολλοί) ihn begleiten, die ihre Kleider auf dem Weg vor ihm ausbreiten oder Laubbüschel, die sie am Wegrand abgeschlagen haben. Aus dem gemeinsamen Marsch von Pilgern wird eine Prozession, in deren Mittelpunkt der eine auf dem Tier reitet.

9f steigern dieses Motiv mit dem Ausruf derer, die voraus- und hinterhergehen. Aufgenommen ist Ps 118,25f; der atliche Hintergrund dieses Ausrufs ist die Begrüßung der auf Jerusalem zukommenden Pilger von der Stadt aus. Hier jedoch sind es die Ankommenden selber, die dies rufen, und der Singular ὁ ἐρχόμενος hat nicht mehr generelle Bedeutung, sondern meint Jesus allein. Ὡσαννά ist griechische Transkription von hebr. הושע־נא, in die christliche Liturgie übernommen wie auch andere Transkriptionen (vgl. Did 10,6); in LXX Ps 117,25 freilich ist es übersetzt, wie es in der LXX überhaupt nie als Transkription begegnet (und auch sonst in jüdischer Literatur zu fehlen scheint). Schon die hebräische Formel enthält neben der Bitte um Rettung (so auch gegenüber Königen in 2Sam 14,4 2Kön 6,26) den Klang der Huldigung dessen, dem man Rettung zutraut (E. Lohse, ThWNT IX 682), und die Stelle scheint auch im Judentum messianisch gedeutet worden zu sein.

Im Unterschied zum ursprünglichen Sinn von Ps 118,25f ist also ὁ ἐρχόμενος nicht jeder Pilger, der nach Jerusalem hereinkommt, sondern ein Huldigungsruf wird dem entgegengebracht, der auf einem πῶλος wie ein König nach Jerusalem einreitet. Die parallele, nicht auf Ps 118 zurückgehende zweite Zeile huldigt ihm freilich nicht als dem kommenden König, sondern spricht von dem kommenden Reich „unseres Vaters David", eine in jüdischer Literatur offenbar nicht zu belegende Wendung (E. Lohse, ThWNT IX 684). Die Parallele Joh 12,13 hat nun an dieser Stelle den Titel „König Israels", der in der Mk und Joh gemeinsamen Passionsgeschichte und damit auch für Mk im folgenden eine große Rolle spielt (vgl. 15,2.9.12.18.26.32). Joh dürfte ihn aus der Tradition übernommen haben, da er für sein eigenes Verständnis Jesu nicht konstitutiv ist, sondern in Joh 18,36 uminterpretiert wird. Wenn nun bei Mk dieser oder ein ähnlicher Titel von der Anlage der Geschichte her zu erwarten wäre (wie Mt 21,9 vom „Sohn Davids" spricht), liegt die Vermutung nahe, daß Mk hier gegenüber seiner Vorlage geändert hat, die dann „König Israels" entsprechend Joh enthalten haben kann (vgl. auch Beilage 9).

Das „Reich (βασιλεία) unseres Vaters David" war nie Inhalt der Verkündigung Jesu, sondern das „Reich Gottes" (vgl. 1,15). Was in Wirklichkeit in Jesu Kommen nahe ist, ist eben dieses Reich Gottes und nicht das Reich Davids. So zeigt der Ausruf im Sinne des Mk nur ein halbwegs richtiges Verständnis dessen, wer Jesus ist, als wer er sich selbst seinen Jüngern enthüllt hat (8,27ff) und sich vor dem Synhedrium in Jerusalem auf dem Höhepunkt der Passionsgeschichte bekennen wird (14,61f). Zwar ist Jesus unmittelbar vorher von Bartimäus als „Sohn Davids" angesprochen worden (10,48f), doch wird er selber in 12,35—37 widerlegen, daß der χριστός als „Sohn Davids" zu definieren ist. Mk nimmt also in der von ihm aufgenommenen Geschichte angelegte messianische Züge zurück; Jesus ist zwar als „im Namen des Herrn Kommender" legitimer Gesandter Gottes, doch kommt mit ihm nicht das Reich Davids, sondern das Reich Gottes, und „König Israels" wie „Sohn Davids" gehören nicht zur eigentlichen Christologie des Mk.

11 erzählt, daß das im Nebensatz 1a angegebene Ziel, Jerusalem, erreicht ist und bereitet das zunächst vor der Passion bestimmende Thema des „Heiligtums" vor, freilich in einer merkwürdig neutralen und distanzierenden Bemerkung, die zwar die Überleitung zu 11,15—19 schafft, doch ohne das Thema jener Szene hier bereits anzudeuten z. B. durch eine mißbilligende Äußerung Jesu über den Tempel. Die Geschichte schließt vielmehr mit einer abrupten Bemerkung, die weder das Geschehen dieses Tages resümiert noch das Thema des nächsten andeutet: Jesus geht einfach zurück nach Bethanien (vgl. 1) mit den Zwölf, also jenen, die er „geschaffen" hatte, mit ihm zu sein (3,14.16), und die er belehrt hatte über das, was in Jerusalem geschehen wird (10,32–34). Ihre Erwähnung erinnert an das Thema der Passion Jesu, während messianische Töne in der nun beendeten Geschichte am Schluß keine Rolle spielen.

Indem Mk die ihm einschließlich der Findungsgeschichte in der Tradition vorliegende Szene vom Einritt in Jerusalem übernimmt, schafft er eine deutliche Zäsur in der von ihm erzählten Geschichte Jesu. Nun beginnt das, was in Jerusalem geschehen soll (10,33f), wenn auch nicht sofort mit der Passion Jesu. Zunächst reitet Jesus in die Tempelstadt ein, noch einmal legitimiert durch die Erfüllung seiner Voraussage, begrüßt nicht als der, der er ist (der χριστός, der von Gott anerkannte Sohn, der Menschensohn) und der die βασιλεία τοῦ θεοῦ verkündigt, wohl aber wie ein König, aber doch nicht als ein König. So zielt die Geschichte hin auf das, was kommen muß, was aber erst mit 14,1 beginnen wird, jedoch auch auf die nun beginnenden Auseinandersetzungen im und um den Tempel und auf die Rede Jesu 13,5–37, die die z. Zt. des Mk erfolgte Zerstörung des Jerusalemer Heiligtums interpretieren wird. Das Volk, das seine Gegner fürchten, hat ihm zwar gehuldigt (daher zu Recht ihre Furcht), aber nicht begriffen, wer er ist (deshalb werden die Gegner es anstiften können, seine Kreuzigung zu fordern, 15,6–15).

11,12–14 Die Verfluchung des Feigenbaums

¹²Und als sie am nächsten Tag weggingen aus Bethanien, hatte er Hunger. ¹³Da sah er von fern einen Feigenbaum, der Blätter hatte, und ging hin, ob er wohl etwas an ihm fände. Und als er zu ihm kam, fand er nichts außer Blättern, denn es war nicht die Zeit für Feigen. ¹⁴Da antwortete er und sagte zu ihm: „In Ewigkeit soll niemand mehr eine Frucht von dir essen." Und seine Jünger hörten ihn.

Literatur: H. Giesen, Der verdorrte Feigenbaum, BZ 20 (1976) 95–111. – G. Münderlein, Die Verfluchung des Feigenbaums, NTS 10 (1963/64) 88–104. – W. R. Telford, The Barren Temple and the Withered Tree, JStNT.S 1, 1980.

Auch diese kurze Szene hat Mk der Tradition entnommen, da die hinter der besserwisserischen Bemerkung von 13 stehende Unstimmigkeit nicht ein und demselben Erzähler zuzutrauen ist; niemand würde eine Geschichte erfinden, um sie dann selber als nicht ganz passend zu bezeichnen. Es handelt sich um ein Strafwunder, das einzige in der Jesusüberlieferung (vgl. aber die Verfluchung von Ortschaften in den Weherufen der Logienquelle Lk 10,13–15/Mt 11,21–23); infolge der Datierung im Frühjahr, bedingt durch die Verbindung mit der Passionsgeschichte, wirkt es freilich willkürlich. Der eingetretene Erfolg wird erst in 20 konstatiert und schafft dort den Anlaß für eine neue Szene. Da, wie sich zeigen wird, diese redaktionell von Mk gestaltet ist, wird man eine ähnliche abschließende Bemerkung, die das augenblickliche Verdorren des Feigenbaums feststellte, am Schluß der von Mk aufgenommenen Überlieferung nach 14 vermuten dürfen.

12 schafft in Verbindung mit dem redaktionellen Schluß der vorausgehenden Szene das Schema von insgesamt schließlich drei Tagen (s. o. S. 185f). Daß Jesus Hunger hat, gibt den Anlaß für die folgende Geschichte, denn Jesus sieht **13** aus der Ferne einen Feigenbaum, der zwar im Laub steht, aber, wie sich bei näherem Hinsehen herausstellt, keine Früchte trägt. Das ist, so die glossierende Bemerkung des Evangelisten, zu dieser Jahreszeit auch nicht anders zu erwarten (vgl. 13,28!). Dennoch belegt Jesus in **14** den Baum mit einer solennen Verwünschungsformel, die in 21 richtig als Verfluchung bezeichnet wird. Die Schlußbemerkung, daß seine Jünger diese Verwünschung hörten, weist über die Geschichte hinaus auf eine Fortsetzung, die dann in 20−25 folgen wird.

In sich bleibt die Geschichte zunächst rätselhaft; erst die Fortsetzung wird ihren Sinn erschließen. Lediglich das Motiv der „Früchte" ist im bisherigen Evangelium vorbereitet (4,7f.20), doch ohne daß es hier tragend sein kann, wenn es denn eben nicht die Zeit für Feigen war. Daß mit dem Feigenbaum Israel gemeint sei, wie in vielen Auslegungen behauptet wird, ist ebensowenig der Geschichte zu entnehmen, da „Feigenbaum" anders als z. B. „Weinberg" (12,1) von der Tradition her keine stehende Metapher für Israel ist. Die allenfalls vergleichbaren Stellen (Mich 7,1ff, nicht aber Hos 6,6 9,10 Jer 8,13 u. a.) sind Bildworte, die nicht ein Gericht über Israel ankündigen. Daß Mk die Szene trotz der von ihm betonten botanischen Unstimmigkeit hier plaziert, hat abgesehen von der Fortsetzung in 20−25 offenbar zunächst nur die Funktion, Jesu Vollmacht zu unterstreichen: Was er sagt, geschieht (20).

11,15−19 Die eigentliche Funktion des Tempels

¹⁵Und sie kommen nach Jerusalem. Und als er in das Heiligtum hineinkam, fing er an, die Händler und die Käufer im Tempel hinauszuwerfen, und die Tische der Geldwechsler und die Sitze der Taubenhändler stürzte er um ¹⁶und ließ nicht zu, daß jemand ein Gerät durch den Tempel trug, ¹⁷und lehrte und sagte zu ihnen: „Ist nicht geschrieben: ‚Mein Haus soll ein Haus des Gebetes heißen für alle Völker'? Ihr aber habt es zu einer ‚Räuberhöhle' gemacht." ¹⁸Und die Hohenpriester und die Schriftgelehrten hörten das und suchten, wie sie ihn vernichten könnten. Sie fürchteten ihn nämlich, denn das ganze Volk erregte sich über seine Lehre. ¹⁹Und als es Abend wurde, gingen sie aus der Stadt heraus.

Literatur: C. K. BARRETT, The House of Prayer and the Den of Thieves, in: Jesus und Paulus (Fs W. G. Kümmel), 1975, 13−20. − M. HENGEL, Proseuche und Synagoge, in: Tradition und Glaube (Fs K. G. Kuhn), 1971, 157−184.

Das Geschehen des zweiten Tages in Jerusalem ist mit der Verfluchung des Feigenbaums nicht erschöpft, sondern geht weiter mit Jesu Auftreten im Heiligtum. Diese Geschichte hat wieder eine Parallele bei Joh, dort freilich nicht im Zusammenhang der Passionsgeschichte, sondern am Beginn von Jesu Wirken (Joh 2,13−16, jedoch ebenfalls im Zusammenhang mit einem Passafest). 19 als Aufnahme des Tagesschemas (vgl. 11b) und 18 als erste Erwähnung der Reaktionen der Gegner Jesu (vgl. 12,12 14,1) verbinden die Geschichte mit dem Kontext und gehen daher auf die markinische Redaktion zurück, ebenso die einleitende Angabe in 15a, nach der Jesus, von Bethanien kommend (12), nun erneut Jerusalem betritt (vgl. 11).

Mk und Joh erzählen zwar erkennbar dieselbe Geschichte bei geringen Übereinstimmungen im Wortlaut; doch ist die Pointe jeweils eine andere. Gemeinsames Grundgerüst ist, daß Jesus Händler aus dem Heiligtum (ἱερόν hier wie dort) vertreibt. Das ist bei Joh zunächst schon das Ziel der Handlung, das in Jesu Wort Joh 2,16b auch deutlich unterstrichen wird; die reflektierende Bemerkung in 17, die Ps 69,10 aufgreift, ist der Redaktion des Joh zuzuschreiben. Das bei Joh anschließende Wort über die Zerstörung des Tempels einschließlich seiner Interpretation durch den Evangelisten (Joh 2,18−22) fehlt bei Mk an dieser Stelle (vgl. 13,2 14,58). Für Mk liegt die Pointe jedoch weder in der Austreibung der Händler allein noch in einem − wie auch immer zu interpretierenden − Wort über die Zerstörung des Tempels, sondern in Jesu Wort über die eigentliche Funktion des Jerusalemer Heiligtums (17). Erschließt sich der Sinn der Geschichte bei Joh erst von hinten her (17.21f), so liegt er bei Mk im Geschehen selber, das in der Gegenwart des Mk durch die Zerstörung des Jerusalemer Tempels aktuelle Bedeutung hat.

15a schließt die vorherige Szene ab und leitet über zu dem, was nun zu erzählen ist. Wieder schafft die Namensform Ἱεροσόλυμα mit ihrem Anklang an ἱερόν eine Verbindung (vgl. 11).

Das Jerusalemer Heiligtum

Literatur: B. MAZAR, The Archaeological Excavations near the Temple Mount, in: Y. YADIN (Hg.), Jerusalem Revealed, 1976, 25−40.

Das Jerusalemer Heiligtum, das den Ort für die folgenden Szenen abgibt und thematisch auch in den folgenden Kapiteln eine Rolle spielen wird (13,2.14 14,58 15,29.38), ist der nach dem Babylonischen Exil errichtete zweite Tempel, seit dem Beginn der Renovierungsarbeiten zur Zeit Herodes des Großen eine riesige Baustelle, in der der Opferbetrieb aber weiterging. Unsere Kenntnis seiner Architektur beruht auf literarischen Zeugnissen, da archäologische Arbeiten aufgrund der besonderen Lage des Jerusalemer Tempelbergs mit seiner Überbauung durch islamische Moscheen kaum durchführbar sind. Von den aus diesen literarischen Zeugnissen zu gewinnenden Besonderheiten ist freilich bei Mk wenig zu erkennen. Weder zeigt Mk Kenntnisse über den Aufbau der verschiedenen Höfe, zu denen je nach abgestufter Reinheit Zugang erlaubt war für Heiden oder für Frauen (vgl. 12,42), noch berücksichtigt er, daß im Tempel selber keine andere Währung als die bei den Wechslern (11,15) eingetauschten Münzen erlaubt war (12,15f bringen ausgerechnet die Pharisäer Jesus eine Münze mit dem Bild des Caesars entgegen allem, was bekannt ist über die Empfindlichkeit der Juden gegenüber Bildern im Tempel). Für den Leser entsteht auch aus 11,15f nur das typische Bild eines Tempels der damaligen Zeit, nicht das Lokalkolorit des Jerusalemer; vorausgesetzt ist nicht mehr, und das ergibt sich ja schon aus der Namensform Ἱεροσόλυμα, als daß Jerusalem eine der in der Antike auch sonst bekannten Tempelstädte ist bzw. war, denn zur Zeit des Mk wird gerade dieser Tempel ja zerstört durch die Römer, und Jerusalem hört vorerst auf zu existieren. Wie dieses Geschehen zu werten ist und wie es dazu kam, ist eine Frage, die für Mk und seine Leser dringend ist (s. u. S. 221f).

Wie in jedem Tempel gibt es auch in Jerusalem Händler und Geldwechsler **15b**. Im Unterschied zu Joh 2,14 nennt Mk von den Opfertieren nur die Tauben, die freilich auch bei Joh noch einmal besonders hervorgehoben werden (2,16). Tauben sind die kleinen preiswerten Opfertiere (vgl. z. B. Lev 12,8, zu ihrer Bedeutung in der Antike: H. Greeven, ThWNT VI 64f) auch in Israel (vgl. Lev 1,14, im NT Lk 2,24). Die Funktion dieses ganzen Handels in einem Tempel braucht dem Leser nicht erklärt zu werden; er weiß, daß sich die Tempel hierdurch ihre Mittel verschaffen. Jesus vertreibt alle Händler, wirft

Tische und Stühle um und **16** läßt auch nicht zu, daß irgendein Gerät durch das Heiligtum getragen wird. Σκεῦος ist an sich eine neutrale Bezeichnung für Geräte aller Art; vom Kontext her legt sich nahe, daß kultische Geräte gemeint sind.

Der Sinn des erzählten Vorgangs ergibt sich aus der „Lehre" Jesu **17**, die Jes 56,7 und Jer 7,11 aufnimmt. Bei Dtrjes ist an sich eine sakralrechtliche Entscheidung gemeint: entgegen Dtn 23,2–9 sollen auch Eunuchen und Fremdlinge teilhaben können am Kult des erwarteten neuen Jerusalemer Tempels, und insofern wird dieser, bei selbstverständlicher Beibehaltung des Opferkults, für „alle Völker" offen sein. Diese Problematik ist natürlich im Zusammenhang des Mk nicht mehr vorausgesetzt; als aus seinem ursprünglichen Zusammenhang isoliertes Wort erhält Jes 56,7 vielmehr den Charakter einer grundsätzlichen Aussage über den Zweck des Jerusalemer Tempels; nach Gottes Willen soll er οἶκος προσευχῆς sein, während die Angeredeten aus ihm ein σπήλαιον λῃστῶν gemacht haben, ein Stichwort aus der Tempelkritik des Jeremia (Jer 7,11). Der Vordersatz zeigt, daß es nicht bloß um eine „Reinigung" des Tempels von finanziellen oder anderen Unsitten geht, sondern um eine andere Bestimmung der Funktion des Jerusalemer Heiligtums: nicht vom Opfer her bestimmter Tempel, sondern (προσευχή ist term. techn. in diesem Sinne, vgl. M. Hengel, Proseuche) opferlose Synagoge, offen auch für die „Heiden", nicht nur für Israeliten. Der tatsächliche Zustand des Tempels als „Räuberhöhle" hingegen bezieht sich weniger auf das Treiben der Händler als auf die Schlußphase des Jüdischen Krieges in der Gegenwart des Mk, in der der Tempel in der Hand der Aufständischen war (C. K. Barrett, House, auch wenn λῃσταί in 14,48 15,27 sich nicht direkt auf die Zeloten zu beziehen braucht).

Ziel der Geschichte ist also nicht nur Kritik an Unsitten, sondern eine neue Bestimmung der Funktion des Jerusalemer Tempels. Sie spiegelt einerseits die Absonderung der hinter der Überlieferung stehenden Gemeinde vom Tempel, die in diesem Punkt durchaus in Übereinstimmung sein kann mit dem Judentum der Schriftgelehrten (vgl. 12,33b die Ergänzung des Schriftgelehrten zu Jesu Aussage); diese Gemeinde hält opferlosen Gottesdienst unter Einschluß von Heiden. Andererseits bereitet die Geschichte zusammen mit der Ansage der Tempelzerstörung 13,2 die Haltlosigkeit des gegen Jesus erhobenen Vorwurfs 14,58 vor: Jesus hat nicht gesagt, daß er selbst den Tempel zerstören werde; wohl aber hat er mit einem Gotteswort auf die von Gott selbst gewollte Funktion des Tempels hingewiesen.

Historisch steht hinter dieser Geschichte und ihrer Parallele bei Joh sicherlich ein demonstratives Auftreten Jesu im Jerusalemer Tempel. Dessen Intention wie die des damit verbundenen Wortes über die Zerstörung des Tempels (vgl. 13,2) ist bei Mk jedoch verdeckt durch die Aktualität der Einnahme Jerusalems durch die Römer. Näher am historischen Vorgang ist die Darstellung bei Joh (ohne die spezielle Interpretation in Joh 2,17.21f).

Waren im Duktus der Erzählung die von Jesus Angeredeten die von ihm Vertriebenen oder allenfalls eine unbestimmte Größe „ihr", so nennt Mk nun in **18** die eigentlich Gemeinten: „die Hohenpriester" als die von Amts wegen zuständige Gruppe (wobei es strenggenommen in Jerusalem im Unterschied zu anderen Tempeln ja nur einen Hohenpriester gibt, vgl. 14,47.53a.54.60f.63.66) und „die Schriftgelehrten" als die eigentlichen Gegner Jesu (s. o. S. 50f), beide Gruppen schon in den Leidensankündigungen 8,31 und 10,33 genannt als die, die für Jesu Tod verantwortlich sein werden. Sie überlegen denn auch, wie sie ihn vernichten können; vorerst hindert sie jedoch ihre Furcht, denn, und damit wiederholt Mk ein durchgehendes Motiv (1,22.27; vgl. 6,2 7,37), das Volk steht gegen sie auf der Seite Jesu.

Ohne daß von einem Eingreifen gegen Jesu Handeln berichtet wird, schließt **19** die Geschichte mit Jesu Weggang am Abend entsprechend dem Tagesschema (11,11b.12).

Die Geschichte hat einen ersten und grundsätzlichen Konflikt mit den Gegnern Jesu in Jerusalem zum Inhalt, der im folgenden bis in die Passionsgeschichte hinein fortgesetzt wird. Ihr Ziel ist – im Unterschied zur Parallele bei Joh – nicht nur die Behebung von Mißständen im Jerusalemer Tempel, sondern dessen von Gott gewollte eigentliche Bestimmung, nämlich Ort für opferlosen Gottesdienst zu sein (daher auch die Betonung der „Lehre" Jesu im Tempel hier wie in 12,14.35.38 14,49). Daß er nicht in eine auch für Heiden offene Synagoge umgestaltet worden ist, sondern als Opfertempel fortgeführt wurde, widerspricht seinem von Gott selbst gesetzten Zweck, und deshalb war der in der Gegenwart des Mk zerstörte Tempel nicht wirklich „Haus Gottes", sondern „Räuberhöhle".

11,20–25 Gebet und Glaube

²⁰Und in der Frühe sahen sie im Vorbeigehen den Feigenbaum von den Wurzeln an verdorrt. ²¹Und Petrus erinnert sich und sagt zu ihm: „Rabbi, siehe der Feigenbaum, den du verflucht hast, ist verdorrt." ²²Da antwortet Jesus und sagt zu ihnen: „Habt Glauben an Gott. ²³Amen ich sage euch: Wer immer zu diesem Berg sagt: ‚Hebe dich auf, und stürze dich ins Meer!', und nicht zweifelt in seinem Herzen, sondern glaubt, daß geschieht, was er sagt, dem wird es geschehen. ²⁴Deshalb sage ich euch: Alles, um was ihr beten und bitten werdet, glaubt, daß ihr es bekommt, und es wird euch geschehen. ²⁵Und wenn ihr betend dasteht, vergebt, wenn ihr etwas gegen jemand habt, damit auch euer Vater in den Himmeln euch eure Übertretungen vergibt."

Literatur: H. VON CAMPENHAUSEN, Gebetserhörung in den überlieferten Jesusworten und in der Reflexion des Johannes, KuD 23 (1977) 157–171. – G. DAUTZENBERG, Der Glaube in der Jesusüberlieferung, in: B. JENDORFF, G. SCHMALENBERG (Hg.), Anwalt des Menschen, 1983, 41–62. – F. HAHN, Jesu Wort vom bergeversetzenden Glauben, ZNW 76 (1985) 149–169. – D. LÜHRMANN, Glaube im frühen Christentum, 1976, 17–23. – J. ZMIJEWSKI, Der Glaube und seine Macht, in: Begegnung mit dem Wort (Fs H. Zimmermann), BBB 53, 1980, 81–103.

Die Szene bildet über 15–19 hinweg die Fortsetzung von 12–14, ohne daß diese Verbindung abgesehen von 20 schon in der Überlieferung vorgegeben war. Formal ein knapp eingeleitetes Apophthegma hat sie ihr Ziel in Jesu Wort, das zum Glauben an Gott aufruft und weiterführend diesen Glauben konkretisiert im Gebet. 23 hat eine Parallele in der Q-Überlieferung (Lk 17,6/Mt 17,20), der dieser Zusammenhang von Glaube und Gebet fehlt. 24 hat Parallelen bei Joh (14,13f 15,7), die dort aber sehr stark von johanneischer Theologie überlagert sind, so daß eine gemeinsame Urform kaum zu bestimmen ist. Immerhin fällt beim Vergleich auf, daß bei Mk nicht nur vom „bitten" die Rede ist, sondern der geprägte Terminus προσεύχεσθαι begegnet, der das Zitat aus Jes 56,7 in 17 in Erinnerung ruft.

194

Mk greift also außer auf den Schluß der Feigenbaumszene (20) auf zwei voneinander unabhängige Jesusworte (23 und 24f) zurück. Er gibt ihnen mit 21f einen Ort und fügt in 20 mit πρωί das Tagesschema ein (vgl. 19). (26 ist ein sekundärer, aus Mt 6,15 eingedrungener Vers.)

20 Erneut und zum letzten Mal markiert Mk einen Neueinsatz mit dem Beginn eines neuen Tages (vgl. 12). Die Jünger, die in 14 gehört hatten, was Jesus sagte, sehen nun den Erfolg, in der Überlieferung wohl der Abschluß der Szene 12—14. In **21** stellt Petrus dies ausdrücklich fest und charakterisiert das Geschehen als „Verfluchung". Die in **22** beginnende Antwort Jesu auf die Feststellung des Petrus nimmt jedoch keinen direkten Bezug mehr auf dieses Geschehen (wie Mt 21,21). Vorausgezogen ist die imperativisch formulierte Aufforderung zu glauben, und zwar an Gott; der Genitiv θεοῦ ist als gen. obi. zu verstehen. Das Substantiv πίστις entspricht dem folgenden Verbum πιστεύειν, das freilich in 23 absolut steht. Was in 23 über den Glauben überhaupt gesagt wird, ist durch die Überschrift in 22 präzisiert auf den Glauben an Gott hin.

Das Wort vom bergeversetzenden Glauben **23** hat bei Mk gegenüber der Q-Parallele das Motiv des „nicht zweifeln"; es fehlt andererseits die Pointe des Q-Logions, die in dem Motiv „Glaube klein wie ein Senfkorn" liegt. „Berge versetzen" ist eine Metapher für „Unmögliches möglich werden lassen"; es fehlen jedoch außerchristliche Parallelen, die dies auf den Glauben beziehen (zur christlichen Überlieferung vgl. noch 1Kor 13,3; dagegen ThEv 48 und 106 ohne das Motiv des Glaubens). Die Q-Überlieferung in der Fassung von Mt 17,20 (ohne die dort die Verbindung zum Kontext herstellende Schlußbemerkung καὶ οὐδὲν ἀδυνατήσει ὑμῖν) ist die ursprüngliche (Lk, der die Verfluchung des Feigenbaums ausläßt, verwendet ihren Stoff einmal in dem Gleichnis Lk 13,6—9, zum anderen, trotz der differierenden Bezeichnung συκάμινος, in seiner Fassung des Wortes vom bergeversetzenden Glauben 17,6). Der Gegensatz zum Zweifel in der Mk-Fassung stellt ein sekundäres Stadium dar, ebenso der ausdrückliche Bezug auf Gott in der einleitenden Überschrift in 22.

24 Mk führt 23 weiter (διὰ τοῦτο), indem er wie schon in 9,29 Glaube und Gebet verbindet. Das Gebet ist es, das alles vermag, wenn es ohne zu zweifeln geschieht, denn so ist das πιστεύειν ja von 23 her bestimmt. Sollte das Jerusalemer Heiligtum nach Gottes Willen „Haus des Gebets" sein (17), so zeigt Jesu Wort nun, welche Macht dieses Gebet haben kann. Der paränetische Schluß **25** bezieht sich auf die gottesdienstliche Situation: zum gemeinsamen Gottesdienst soll wie die Vergebung durch Gott selber die gegenseitige Vergebung gehören (zur weisheitlichen Tradition vgl. Sir 38,2); Mk könnte nach 15—19 dies jedoch nicht wie Mt 5,23f auf die Situation des Opfergottesdienstes beziehen. Singulär ist bei Mk die Gottesbezeichnung „euer Vater, der in den Himmeln ist", die auf gottesdienstliche Sprache verweist.

Knüpft diese Szene auch an 12—14 an, so hat sie darin doch nur ihren Ausgangspunkt, nicht ihre Pointe. Im Blick auf Jesu Voraussagen bestätigt sich zwar erneut, daß eintritt, was er sagt; im Blick auf die in 15—19 aufgeworfene Frage des Gottesdienstes hat 20—25 jedoch die Funktion zu präzisieren, was Glaube heißt, damit auch eine Verbindung zum Beginn des Evangeliums schaffend (vgl. 1,15). Gezeigt wird, was der Glaube vermag (vgl. 9,14—29) und wie er sich als legitimer Gottesdienst, eben als Gebet äußert. Die Szene hat also eigentlich keine direkte Bedeutung im Zusammenhang der Vorbereitung der Passion Jesu, wohl aber spricht sie die Leser oder Hörer an im Blick auf ihren Gottesdienst außerhalb des Tempels. Die Verschachtelung der Feigenbaumszene mit der

Tempelszene ist also nicht lediglich als literarische Technik zu verstehen, sondern hat einen Sinn im Blick auf den Leser.

11,27−12,12 Die Vollmacht des Sohnes Gottes

[27]Und sie kommen wieder nach Jerusalem. Und als er im Heiligtum herumgeht, kommen die Hohenpriester und die Schriftgelehrten und die Ältesten zu ihm [28]und sagten zu ihm: „Mit welcher Vollmacht tust du dies? Oder wer hat dir diese Vollmacht gegeben, daß du dies tust?" [29]Jesus aber sagte zu ihnen: „Ich werde euch ein Wort fragen, und antwortet mir, dann werde ich euch sagen, in welcher Vollmacht ich dies tue: [30]Die Taufe des Johannes, war sie vom Himmel oder von Menschen? Antwortet mir!" [31]Da unterhielten sie sich untereinander und sagten: „Wenn wir sagen: ‚vom Himmel‘, wird er sagen: ‚Warum nun habt ihr ihm nicht geglaubt?‘ [32]Aber wenn wir sagen: ‚von Menschen‘?" − sie fürchteten das Volk; alle nämlich hielten Johannes in der Tat dafür, daß er ein Prophet war. [33]Und sie antworten Jesus und sagen: „Wir wissen es nicht.". Da sagt Jesus zu ihnen: „Dann sage ich euch auch nicht, mit welcher Vollmacht ich dies tue."
[12,1]Und er fing an, zu ihnen in Gleichnissen zu reden: „Ein Mensch pflanzte einen Weinberg und setzte eine Mauer darum und grub eine Kelter und baute einen Turm, und er verpachtete ihn an Winzer und reiste weg. [2]Und er sandte zu den Winzern zur festgesetzten Zeit einen Sklaven, damit er von den Winzern seinen Anteil von den Früchten des Weinbergs in Empfang nehme. [3]Und sie nahmen ihn und prügelten ihn und schickten ihn mit leeren Händen weg. [4]Und erneut sandte er zu ihnen einen anderen Sklaven, und dem schlugen sie auf den Kopf und beschimpften ihn. [5]Und er sandte einen anderen, auch den töteten sie, und viele andere: die einen verprügelten sie, die anderen töteten sie. [6]Einen hatte er noch: den geliebten Sohn. Er sandte ihn als letzten zu ihnen, weil er sich sagte: ‚Sie werden sich vor meinem Sohn scheuen.‘ [7]Jene Winzer aber sagten zueinander: ‚Dieser ist der Erbe. Auf, laßt uns ihn töten, und das Erbe ist unser.‘ [8]Und sie nahmen ihn und töteten ihn und warfen ihn hinaus aus dem Weinberg. [9]Was wird nun der Herr des Weinbergs tun? Er wird kommen und die Winzer vernichten und den Weinberg anderen geben. [10]Habt ihr nicht diese Schriftstelle gelesen:

‚Der Stein, den die Bauleute verworfen haben,

    der ist zum Eckstein geworden.

[11]Das ist vom Herrn geschehen

    und ist wunderbar vor unseren Augen.‘"

[12]Da suchten sie, ihn zu ergreifen, und hatten Angst vor dem Volk. Denn sie wußten, daß er das Gleichnis zu ihnen gesagt hatte. Und sie verließen ihn und gingen weg.

Literatur: J. BLANK, Die Sendung des Sohnes, in: Neues Testament und Kirche (Fs R. Schnackenburg), 1974, 11−41. − B. DEHANDSCHUTTER, La parabole des vignerons homicides, in: M. SABBE (Hg.), L'Évangile selon Marc, EThL.B 34, 1974, 203−219. − M. HENGEL, Das Gleichnis von den Weingärtnern, ZNW 59 (1968) 1−39. − C. MARUCCI, Die implizite Christologie in der sogenannten Vollmachtsfrage, ZKTh 108 (1986) 292−300. − G. S. SHAE, The Question on the Authority of Jesus, NT 16 (1974) 1−29. − K. SNODGRASS, The Parable of the Wicked Tenants, WUNT 27, 1983.

— O. H. Steck, Israel und das gewaltsame Geschick der Propheten, WMANT 23, 1967. — H. Weder, Die Gleichnisse Jesu als Metaphern, FRLANT 120, ³1984.

11,27 markiert mit dem Ortswechsel nach Jerusalem hinein und in den Tempel einen Neueinsatz. Es wechseln auch die Gesprächspartner und das Thema. Formal beginnt der Abschnitt als Apophthegma mit einer Doppelfrage an Jesus (28), auf die er mit einer Rückfrage reagiert (29f). Man erwartet darauf eine Antwort der Frager (vgl. z. B. 10,4); die aber bleibt aus. Vielmehr werden Erwägungen der Frager referiert (31f) einschließlich einer wertenden Bemerkung des Erzählers über ihre Motive (32b), und das Resultat ist, daß sie aus taktischen Gründen Jesu Rückfrage nicht beantworten (33a), woraufhin auch Jesus ihnen keine Antwort auf ihre ursprüngliche Frage (28) geben will (33b).

Es handelt sich also in diesem ersten Teil des Abschnitts um ein mißglücktes Schul- oder Streitgespräch; nach einer ursprünglichen, „geglückten" Fassung ist oft gesucht worden, indem man eine passende Antwort Jesu finden wollte, die bei Mk aber weggefallen sei (vgl. z.B. G. S. Shae, Question 14, der dann aber auch die Gegner Jesu Rückfrage „richtig" beantworten lassen muß). In jedem Fall ist jedoch bei dem uns vorliegenden Text von einem hohen Anteil markinischer Überarbeitung auszugehen. Das gilt nicht nur für die Einleitung der Szene (27) und eine eventuelle Umgestaltung ab 31, sondern insbesondere für die Thematik des ganzen: die ἐξουσία Jesu (vgl. 1,22) ist vom Beginn des Evangeliums an der Streitpunkt gegenüber den Schriftgelehrten (vgl. 2,1—12 3,22—30), die auch hier auftreten, wenn auch nur als eine Gruppe innerhalb der seit 8,31 bekannten Trias (vgl. 15,1: das Synhedrium). So bleibt entweder eine sehr hypothetische von Mk aufgenommene Überlieferung, die aber ganz von Mk umgearbeitet wäre, oder als die wahrscheinlichere Annahme, daß die Szene von Mk selbst geschaffen ist. Sie steht am Beginn der Serie von Auseinandersetzungen mit Vertretern aller jüdischer Gruppen: den aus Galiläa bereits bekannten Pharisäern, die hier erneut zusammen mit den Herodianern (vgl. 3,6) auftreten (12,13—17), den Sadduzäern (12,18—27) und den Schriftgelehrten (12,28—40). Die Kernfrage nach der ἐξουσία Jesu steht voraus; Gesprächspartner sind hier „Hohepriester, Schriftgelehrte und Älteste", also das Gremium, das ihn zum Tode verurteilen (8,31 14,64) und dieses Todesurteil bei Pilatus durchsetzen wird (15,1ff).

Das ergebnislose Gespräch über Jesu ἐξουσία findet aber doch noch ein Ende mit dem Gleichnis, das Jesus erzählt (12,1b—9) und in dem er seinen Gesprächspartnern, nachdem er ihnen in 9a bereits ein Urteil zugemutet hatte, direkt ein Schriftzitat entgegenhält (10f). Im Kontext des Evangeliums ist auf Grund der abschließenden Bemerkung des Evangelisten in 12 klar, von wem hier im Gleichnis die Rede ist: von den von Gott gesandten Propheten, von Jesus als Gottes geliebtem Sohn und vor allem von den „Hohepriestern, Schriftgelehrten und Ältesten", deren Handeln das der Winzer des Gleichnisses ist. So ergibt sich mit 11,27—12,12 eine längere Szene, deren Ende (12) bewußt an 11,18 erinnern soll.

27 Erneut (wie in 11 und 15) kommen Jesus und seine Jünger, die freilich nun bis 12,43 keine Rolle mehr spielen, nach Jerusalem hinein, und erneut gehen sie in den Tempel, der Ort, wo man Hohepriester, Schriftgelehrte und Älteste antrifft. Ohne daß der Erzähler noch einmal auf die Ereignisse des Vortags zurückverweist, stellen die Gegner ihm die Doppelfrage **28** nach Wesen und Herkunft seiner ἐξουσία. Für den Leser ist diese längst beantwortet: Jesus handelt in der Vollmacht Gottes, denn Gott selber hat ihm die Voll-

197

macht verliehen (vgl. 3,22–30); dies zu bestreiten, bedeutet βλασφημεῖν (3,28f), der Vorwurf, den die Schriftgelehrten umgekehrt ihm machen (2,7) und der später die Begründung des Todesurteils abgeben wird (14,64). Jesu Vollmacht stammt also von Gott; Jesus ist der, „der im Namen des Herrn kommt" (11,10). Unbestimmt ist das doppelte ταῦτα in 28 (vgl. in der Antwort Jesu 33b). Vom Kontext her liegt es zwar am nächsten, es auf Jesu Vorgehen gegen den Opferbetrieb des Tempels (15–19) zu beziehen; die Frage zielt aber doch, zumal in der Präsensform, generell auf alles, was Jesus tut. Seine grundsätzliche Legitimation ist der Streitpunkt, wie sie es von Anfang an (vgl. 1,22) gewesen war.

Jesus kündigt in **29** eine Gegenfrage an (das betonte κἀγώ in der Mehrzahl der Handschriften dürfte trotz seiner guten Bezeugung aus Mt 21,24 eingedrungen sein), nach deren Beantwortung er Auskunft geben will. Auch hier **30** ist dem Leser die Antwort selbstverständlich klar: Die Taufe des Johannes kann nicht von Menschen gewesen sein, war sie doch (vgl. 1,2f) durch Gottes eigenes Wort veranlaßt und war doch Johannes der, der als Elia gekommen war, alles in den Gottes Willen entsprechenden Zustand zu versetzen (9,12f). Die richtige Antwort auf Jesu Frage wäre also: „vom Himmel" = „von Gott".

In ihren Erwägungen **31** wissen die Gesprächspartner diese richtige Antwort durchaus (διαλογίζομαι wie 2,6.8). Zutreffend ist aber auch ihre Überlegung, daß diese richtige Antwort gegen sie selber sprechen würde. Die Alternative **32**, gegen besseres Wissen zu sagen, die Taufe des Johannes stamme von Menschen, ist unmöglich, da absurd (32a ist noch von ἐάν 31b abhängig, also nicht kohortativ gemeint, wie die Fortsetzung zeigt). So bleibt dieser Gedanke unvollendet; der Erzähler bezichtigt sie erneut der Angst vor dem Volk (vgl. 18 und noch einmal 12,12), wie sie denn auch ihr Vorhaben, Jesus zu töten, später nur ἐν δόλῳ ausführen können (14,1). Wie das Volk Jesus als den begrüßt hatte, „der im Namen des Herrn kommt", so begriff es zu Recht auch Johannes den Täufer als legitimen Propheten. Angesichts dieses Dilemmas ist die Konsequenz der Gegner, so zu tun, als ob sie die Antwort auf Jesu Frage nicht wüßten **33a**, obwohl sie ihnen in ihren Erwägungen durchaus klar war. Dementsprechend verweigert auch Jesus ihnen eine Antwort auf ihre Frage **33b**, da sie seine Bedingung (29f) nicht erfüllt haben.

Er setzt vielmehr neu ein, indem er anfängt, ἐν παραβολαῖς zu reden **12,1a**, und damit nun doch eine indirekte Antwort gibt, die freilich über die ursprüngliche Frage hinausgeht. Ein Mensch **1b**, so beginnt er, legte einen Weinberg an; dem Leser aber ist sofort klar, daß es hier nicht um irgendeinen Menschen geht, denn er kennt diese Geschichte aus Jes 5,1ff. Zwar macht das jeder, der einen Weinberg anlegen will: eine Mauer um das Gelände ziehen, einen Wassertrog aushauen, einen Turm bauen, aber doch ist es dies, und nur dies, nicht andere ebenso notwendige Tätigkeiten, was hier erzählt wird von jenem „Menschen" – das ist aber das, wovon der Prophet „gesungen" hatte. „Der Mensch" der Geschichte Jesu ist also niemand anders als Gott selber, wie der „Freund" des Liedes sich in Jes 5,7 herausstellt als Gott selber und der Weinberg Israel ist. Geht es dort freilich um die fehlenden Reben, die der Weinberg trotz aller Mühen seines Besitzers nicht brachte, weshalb Gott diesem seinem Weinberg Israel das Gericht androht, so hat Jesu Geschichte eine andere Fortsetzung: der „Mensch" des Gleichnisses übergibt den Weinberg Leuten, die ihn bewirtschaften sollen. Das entspricht den Grundbesitz- und Pachtverhältnissen der damaligen Zeit, gerade auch in Galiläa (vgl. M. Hengel, Gleichnis) als dem Erfahrungshorizont der Gleichnisse Jesu.

Und doch bleibt die Geschichte, wie sie es von Anfang an gewesen war, auch weiterhin transparent für eine andere Geschichte: der Besitzer sendet – auch das war üblich – einen Sklaven, um zur rechten Zeit (also wenn der Weinberg erstmals Ertrag zu bringen beginnt) seinen Anteil in Naturalabgaben einzufordern. **3** Die Pächter – was vorstellbar ist – verjagen ihn und senden ihn zurück. **4** Der Besitzer schickt einen weiteren Sklaven; den mißhandeln sie. Er schickt **5** noch einen; den töten sie, und er schickt viele andere, die sie teils verprügeln, teils töten.

Hier spätestens gerät die Geschichte ins Unwirkliche, denn nach der Ermordung des Sklaven würde man sich etwas anderes einfallen lassen müssen, jedenfalls nicht weitere schicken. Die Geschichte ist durchsichtig für die eigentliche Geschichte: Ist Gott selber der „Mensch" des Gleichnisses, so sind die δοῦλοι die Propheten, die er gesandt hat; Israel hat sie mißhandelt und getötet, jedenfalls nach dem Geschichtsbild der deuteronomistischen Schule. Dieses deuteronomistische Geschichtsbild (vgl. dazu O. H. Steck, Geschick), das in der Logienquelle dominierend ist, begegnet bei Mk nur hier in diesem Gleichnis. Daher kann es für die markinische Redaktion keine besondere Bedeutung haben, und es wird auch nicht zur Deutung des Todes Jesu (z. B. in den Leidensankündigungen) herangezogen. Deshalb geht das Gleichnis nicht erst auf Mk zurück, sondern auf die von ihm aufgenommene Jesusüberlieferung.

Den Höhepunkt bildet die Sendung des Sohnes des Weinbergbesitzers **6**; wenn dieser ausdrücklich als der „geliebte Sohn" bezeichnet wird, ist im Zusammenhang des Evangeliums von 1,11 und 9,7 her klar, daß dieser Sohn kein anderer ist als Jesus selbst, der Erzähler des Gleichnisses, der „mehr" ist als ein Prophet (vgl. 8,27ff). Entgegen der Hoffnung des Vaters, daß die Winzer ihn schonen würden, töten sie auch ihn **7f** und werfen seine Leiche aus dem Weinberg hinaus, in der falschen Hoffnung, nun den Weinberg für sich in Anspruch nehmen zu können.

Damit überschreitet Jesu Geschichte ihren Zeitpunkt vor der Passion, denn Jesus ist ja noch nicht getötet worden. Der Leser sieht aber erneut (vgl. 8,31 9,31 10,33f), daß Jesus weiß, was auf ihn zukommt. Das Gleichnis endet mit der Frage **9** nach der zu erwartenden Reaktion des Weinbergbesitzers, also Gottes. Er wird, das wissen die Angeredeten, die Pächter vernichten und den Weinberg, den sie meinten für sich übernehmen zu können, anderen übergeben. Hier endet die Geschichte in der Gegenwart der Leser und reicht damit weit über die erzählte Zeit hinaus: die Römer haben das Land übernommen.

Jesus beendet seine Geschichte **10f** schließlich mit einem Verweis auf Ps 118,22f, ein Zitat also aus demselben Psalm, der bei der Begrüßung Jesu in 11,9f aufgenommen war: der verworfene Baustein ist der getötete Sohn; wie Gott diesem Stein eine neue Funktion gegeben hat, so wird er auch den Sohn auferwecken, denn die Verschlüsselung dieses Zitats weist voraus auf die Botschaft des Engels in 16,6.

Unstrittig ist in der Forschung, daß im Zusammenhang des Markusevangeliums das Gleichnis in dieser Weise allegorisch zu lesen ist, als Geschichte Gottes mit Israel bis in die Gegenwart des Mk. Mk hatte ja selbst in 4,13–20 einen derartigen Schlüssel zum Verstehen der Gleichnisse gegeben. Fraglich ist jedoch, ob dieses Gleichnis zurückzuführen ist auf eine Urfassung, die noch frei war von allegorischen Zügen. ThEv 65 bietet zwar eine Version ohne Anspielungen auf Jes 5,1ff; die Verbindung mit dem unmittelbar folgenden Spruch ThEv 66 setzt aber doch die Deutung des Gleichnisses von Ps 118,22f her voraus. So ist diese Fassung als Reduktion der Fassung bei Mk bzw. der von Mk aufgenommenen Überlieferung oder der von Mk abhängigen Weiterüberlieferung in Mt oder Lk zu sehen.

Wer eine Urfassung des Gleichnisses auf Jesus selber zurückführt (wie z. B. H. Weder, Gleichnisse 150f), muß nicht nur die Anklänge an Jes 5 aus 1b entfernen, sondern auch 5b.c.6a.9b sowie das Zitat aus Ps 118 in 10f. Die dann verbliebene Geschichte ist zwar plausibel im Rahmen der damaligen ökonomischen Verhältnisse (vgl. M. Hengel, Gleichnis), lebt jedoch anders als die Gleichnisse 4,3–9.26–29.30–32 nicht von der überraschenden Beziehung irdischer Verhältnisse auf das Reich Gottes, sondern von der Identifikation der Sklaven als Propheten, des „Menschen" als Gott und des Sohnes als Jesus. Dann aber ist doch wieder allegorisch gedeutet und ist der unzeitgerechte Schluß der Geschichte doch vorausgesetzt.

Erneut versuchen die Gegner, ihre Absicht durchzuführen 12, und erneut haben sie Angst vor dem Volk (vgl. 11,18.32b). Sie erkannten nämlich, so weiß der Erzähler, daß diese Geschichte ihre Geschichte war, und sie verschwinden zunächst (vgl. 14,1).

Nimmt man 11,27–12,12 als vom Evangelisten intendierte Einheit, so wird klar, daß die Gegner Jesu, die ihn schließlich zum Tode verurteilen werden, durchaus wissen, woher Jesu ἐξουσία stammt, nämlich von Gott selber. Und es wird ebenso klar, daß Jesus ihre Fragen in seinem Gleichnis beantwortet: seine Legitimation ist die des von Gott anerkannten Sohnes, auf den zu hören ist (9,7). So führt das Gleichnis hinaus über Jesu Zeit in die Gegenwart des Mk und seiner Leser, denn Israel wird denen, die hier angeredet sind, genommen werden. Gemeint ist die Zerstörung Jerusalems und die Eroberung des Landes durch die Römer zur Zeit des Mk. Diese übernehmen den „Weinberg" des Gleichnisses. Nur im Zitat aus Ps 118 klingt an, wer Jesus sein wird, nämlich der von Gott ins Recht gesetzte Gerechte. Die Metapher „Bau" wird jedoch nicht umgesetzt in ein Bild für „Kirche"; anders als bei Mt (21,43), wo die Kirche das Erbe Israels antritt, ist das Verhältnis Israel/Kirche bei Mk nicht im Blick.

Für Mk zeigt die Szene erneut, daß Jesus täglich – und dies ist nun schon der dritte Tag – öffentlich im Tempel gelehrt hat und die Gegner ihn nicht verhaftet haben (14,49); wider besseres Wissen, wie ihre Erwägungen in 11,31f zeigen, werden sie ihn ἐν δόλῳ (14,1) verhaften und ihn διὰ φθόνον (15,10) verurteilen. Mk liegt also einerseits an der juristischen Unschuld Jesu im Blick auf den Prozeß, den die in 11,27 Genannten ihm machen werden (14,53), zum anderen an der Souveränität Jesu, der erneut zeigt, daß er weiß, was geschehen wird (12,6f). Das Gleichnis, das Jesus ihnen erzählt, stellt ihr Handeln in eine Geschichte: in der Vergangenheit haben die Winzer die Sklaven getötet, in der Zukunft wird der Besitzer ihnen den Weinberg nehmen.

12,13–17 Die Frage der Pharisäer

13Und sie senden zu ihm einige der Pharisäer und der Herodianer, damit sie ihn mit einem Wort fingen. 14Und sie kommen und sagen zu ihm: „Lehrer, wir wissen, daß du wahrhaftig bist und auf niemand Rücksicht nimmst. Denn du siehst nicht auf das Gesicht der Menschen, sondern lehrst in Wahrheit den Weg Gottes. Ist es erlaubt, dem Cäsar den Census zu geben oder nicht? Sollen wir geben, oder sollen wir nicht geben?" 15Er aber kannte ihre Heuchelei und sagte zu ihnen: „Warum versucht ihr mich? Bringt mir einen Denar, damit ich sehe."

¹⁶Sie brachten. Da sagt er zu ihnen: „Wessen Bild und Aufschrift ist dies?" Sie aber sagten zu ihm: „Des Cäsars." ¹⁷Jesus aber sagte zu ihnen: „Das, was dem Cäsar gehört, gebt dem Cäsar, und das, was Gott gehört, Gott." Da erstaunten sie über ihn.

Literatur: K. ALAND, Das Verhältnis von Kirche und Staat in der Frühzeit, ANRW II 23.1 (1979) 60—246. — M. DIBELIUS, Rom und die Christen im ersten Jahrhundert, in: R. KLEIN (Hg.), Das frühe Christentum im römischen Staat, WdF 267, 1971, 275—301. — G. PETZKE, Der historische Jesus in der sozialethischen Diskussion, in: Jesus Christus in Historie und Theologie (Fs H. Conzelmann), 1975, 223—235. — W. SCHRAGE, Die Christen und der Staat nach dem Neuen Testament, 1971.

Zwar sind in 12 „die Hohenpriester, Schriftgelehrten und Ältesten" verschwunden; im Hintergrund bleiben sie aber weiterhin aktiv, denn sie schicken nach ihrem eigenen mißglückten Versuch (11,27—33) nun Pharisäer und Herodianer vor. Es entwickelt sich ein Gespräch, in dem die Gegner scheinbar nach Art eines Schulgesprächs autoritative Belehrung suchen, in Wirklichkeit aber, so suggeriert der Erzähler, Jesus hereinlegen wollen. Formal entspricht die Szene mit (devot vorgetragener) Frage, Gegenfrage, Demonstration des Gegenstands und abschließender Antwort Jesu dem Aufbau solcher Schulgespräche; es handelt sich aber für den Erzähler nur um ein Pseudoschulgespräch, da er den Fragern andere Absichten unterstellt.

13 Subjekt des Satzes sind im markinischen Kontext jene „sie", die sich in 12 zurückgezogen hatten. Pharisäer und Herodianer, die in Galiläa selbst bedrohliche Gegner gewesen waren (3,6), erscheinen hier nur als von ihnen vorgeschickt, und sie kommen, wie der Erzähler weiß, mit unlauteren Absichten. Sie sollen ihn hereinlegen, was ihren Auftraggebern mit der Frage nach seiner ἐξουσία nicht gelungen war. Sie reden ihn als „Lehrer" an **14a**, unbestechlich und den Weg Gottes lehrend — ihre Auftraggeber hatten gerade dies nicht eingestehen wollen (11,27—33). Sie fragen **14b** nach dem Census, eine höchst heikle Frage zur Zeit Jesu wie zur Zeit des Mk und seiner Leser. Das lateinische Wort, das hier in griechischer Transkription erscheint, erinnert nämlich an die Steuerveranlagung von Rom erworbener Provinzen, und diese Frage war gerade unter den Pharisäern umstritten, war doch an ihr bei der Übernahme der Provinz Judaea durch die Römer (6 n. Chr.) die Partei der Zeloten aus den Pharisäern entstanden. Judas der Galiläer hatte es nach Josephus (bell. II 118; s. Beilage 5) für einen Frevel erklärt, wenn die Bewohner dieser Provinz bei der Steuerzahlung bleiben und so neben Gott andere sterbliche Herrscher anerkennen würden; dahinter steht offenbar die Erinnerung an Davids von Gott gestrafte Volkszählung (2Sam 24). Jene Zeloten nun sind es, die zur Zeit des Mk den Krieg gegen die Römer führen. Die Frage mit „nein" zu beantworten, hieße also, auf die Seite der Aufständischen zu treten.

PEgerton 2 enthält (frg. 2r, 11f; Aland 383, Greeven 205) eine ähnliche Frage, die aber allgemeiner gehalten und gerade nicht an den speziellen römischen Verhältnissen orientiert ist. Jesus beginnt dort seine Antwort Mk 7,6f ähnlich mit dem Zitat aus Jes 29,13, bevor das Fragment dann abbricht, so daß die eigentliche Antwort nicht erhalten ist.

15 Der Erzähler läßt keinen Zweifel daran, wie prekär die Situation ist; er wertet die Frage als pure Heuchelei und läßt Jesus selber sie als Versuchung bezeichnen (vgl. 8,11 10,2), und einige Handschriften verstärken diese Züge noch. Jesus aber läßt die Gesprächspartner eine Münze bringen (in ThEv 100 beginnt die Szene damit, daß sie ihm von sich aus eine solche Münze zeigen). Mk berücksichtigt dabei nicht die angenommene Situation im Jerusalemer Heiligtum, wo ja gerade derartige Münzen nicht zugelassen waren, sondern eingewechselt werden mußten (vgl. 11,15).

16 An der Münze demonstriert Jesus ihnen die Unsinnigkeit ihrer Frage: die Münzen zeigen zur Zeit Jesu nicht anders als zur Zeit des Mk Bild und Aufschrift des Kaisers. Wer also, und dies ist die Logik der abschließenden Antwort Jesu **17**, derartige Münzen benutzt, anerkennt die römische Herrschaft und ist daher verpflichtet, dem Caesar zu geben, was ihm zusteht, nämlich den Census; er soll aber Gott geben, was Gott gehört (ThEv 100 relativiert beides, indem die Antwort fortgesetzt wird: „und das, was mein ist, gebt es mir"). Jesus hat also auch in dieser Frage seinen Gegnern keinen Grund für eine Verurteilung gegeben, und der Erzähler nimmt dieses Motiv auch nicht wieder auf in der Passionsgeschichte (anders Lk, der in 23,2 verglichen mit 20,20.25 die Ankläger gegenüber Pilatus fälschlich behaupten läßt, Jesus habe zur Steuerverweigerung aufgerufen).

Wie immer es um eine Mk vorgegebene Überlieferung stehen mag, für Mk jedenfalls ist Jesu Antwort auf die Frage klar, und ebenso klar sind für ihn die Motive, die hinter dieser Frage stehen. In seiner Situation wird aus Jesu Reaktion deutlich, daß der Ort der Christen nicht auf Seiten der jüdischen Aufständischen ist, die den Census von Anfang an abgelehnt haben. Gott zu geben, was ihm gehört, bedeutet freilich eine gewisse Distanz zum Römischen Reich zur Zeit des Mk und damit des Jüdischen Krieges. Der Ort der Christen ist nämlich ebensowenig auf der Seite der Römer, die Jerusalem und den Tempel zerstören. Zu dieser Zeit ist aber noch nicht klar, daß die Pharisäer (ohne Herodianer) diejenigen sein werden, die Israel reorganisieren, und das u. a. wird Mt veranlassen, das Markusevangelium umzuschreiben.

Bei Mk bedeutet diese Szene einen weiteren gescheiterten Versuch der eigentlichen Gegner, Jesus hereinzulegen; der Erzähler stellt zum Schluß das Erstaunen sogar der hier auftretenden Pharisäer und Herodianer fest (17b). Weiterhin gibt es keinen Rechtsgrund, Jesus zu verurteilen. Ist die Geschichte also gut verständlich auf der Ebene der markinischen Redaktion und gehen auf sie die szenische Rahmung wie die Einbettung in den Kontext zurück, so greift sie natürlich ein Problem auf, das nicht erst zur Zeit des Mk entstanden ist. Die Antwort Jesu entspricht der Forderung zur grundsätzlichen Loyalität gegenüber dem römischen Staat, wie sie sich im NT auch Röm 13,1–7 1Petr 2,13–17 u. ö. findet, und sie hat ihre Vorgeschichte in der jüdischen Weisheitsliteratur, wo solche grundsätzliche Loyalität gegenüber eigener, aber auch fremder Herrschaft empfohlen wird (vgl. Prov 24,21), auch wenn die Bestimmung des Verhältnisses zwischen Gottes und irdischer Macht unterschiedlich interpretiert werden kann. Wenn im isolierten Jesuswort 17a beides mit dem gleichen Verbum einfach parallel genannt wird, ist dieses Verhältnis jedoch nicht problematisiert, und dem Satz ist keine Kritik am römischen Staat abzugewinnen; der wird vielmehr als gegeben hingenommen.

12,18–27 Die Frage der Sadduzäer

18Und Sadduzäer kommen zu ihm, die sagen, daß es eine Auferstehung nicht gebe, und fragten ihn und sagten: 19„Lehrer, Mose hat für uns geschrieben: ‚Wenn jemandes Bruder stirbt und eine Frau zurückläßt und kein Kind hinter-

läßt, daß sein Bruder die Frau nehmen und seinem Bruder Samen erwecken soll.' [20]Es waren sieben Brüder. Und der erste nahm eine Frau. Und als er starb, hinterließ er keinen Samen. [21]Und der zweite nahm sie und starb und ließ keinen Samen zurück. Und der dritte ebenso. [22]Und die sieben hinterließen keinen Samen. Zu allerletzt starb auch die Frau. [23]Bei der Auferstehung, wenn sie auferstehen, wem von ihnen soll die Frau gehören? Denn die sieben hatten sie zur Frau." [24]Jesus sagte zu ihnen: „Irrt ihr nicht deswegen, daß ihr weder die Schriften noch die Macht Gottes kennt? [25]Wenn sie nämlich von den Toten auferstehen, heiraten sie nicht und werden nicht geheiratet, sondern sie sind wie Engel in den Himmeln. [26]Was aber die Toten betrifft, daß sie auferweckt werden: Habt ihr nicht gelesen im Buch des Mose, wie Gott zu ihm am Dornbusch sagte: ‚Ich bin der Gott Abrahams und der Gott Isaaks und der Gott Jakobs'? [27]Er ist nicht ein Gott der Toten, sondern der Lebenden. Ihr irrt völlig."

Als weitere Gruppe kommen nach den Pharisäern und Herodianern die Sadduzäer zu Jesus (18), nicht von den Hohenpriestern, Schriftgelehrten und Ältesten vorgeschickt wie die. Auch sie beginnen mit ihrer Anrede Jesu als „Lehrer" scheinbar ein Schulgespräch, indem sie Jesus einen Fall zur Entscheidung vortragen (19—23), der aber so grotesk ist, daß er die Absicht der Fragesteller deutlich macht, so daß hier der Erzähler nicht vorweg ihre Motive anzugeben braucht. Jesus antwortet ihnen (24—27), wobei er ihnen grundsätzlichen Irrtum vorwirft (24.27). Seine Antwort hat zwei Teile; zunächst (24f) geht sie ein auf den vorgetragenen Fall, dann auf die implizierte Frage nach der Auferstehung der Toten überhaupt (26f). Es gibt keine Anzeichen, daß erst Mk diese Szene selber geschaffen hat; sie wird seiner Überlieferung entstammen, vielleicht abgesehen von den erläuternden Bemerkungen in 18b und 23b.

18 Mk führt die bei ihm nur hier begegnenden Sadduzäer (vgl. dazu R. Meyer, ThWNT VII 35—54) ebensowenig ein, wie er es bei den anderen Gruppen getan hatte; er setzt also bei seinen Lesern erneut eine grundsätzliche Kenntnis der jüdischen Gruppierungen voraus. Dennoch erwähnt er, daß die Sadduzäer die Auferstehung ablehnen, um seinen Lesern den Hintergrund der Frage wie der Antwort verständlich zu machen (vgl. die ähnliche Funktion seiner Erläuterungen 7,3f im Blick auf die Pharisäer). Dies stimmt überein mit dem, wie Josephus die Sadduzäer charakterisiert (antiqu. XVIII 16f, bell. II 165). Der Grund für diese ihre Meinung ist historisch darin zu sehen, daß sie allein den Pentateuch als verbindlich nahmen, nicht die Prophetenbücher. Im Unterschied zu den Pharisäern (s.o. S. 60f) waren sie, die sich nach dem Priester zur Zeit Davids und Salomos, Zadok, nannten, die Vertreter der Jerusalemer Priesterschaft; das aber wird weder dem Leser deutlich gemacht, der keine Verbindung zu den „Hohepriestern" herstellen kann, noch spielt es eine Rolle für die folgende Geschichte. Und auch, daß die weder bei Mk noch sonst im NT erwähnten Essener, wie sie uns nun aus den Qumrantexten bekannt sind, sich als „Söhne Zadoks" bezeichneten (CD 4,2 1QS 5,2.9), liegt für Mk und seine Leser nicht im Blick.

19 Voraussetzung des Falles, den die Sadduzäer konstruieren, ist die Gesetzesbestimmung Dtn 25,5f, eingeleitet durch den Verweis auf Mose als deren Urheber (vgl. 10,3; das ἡμῖν kann daher für den Leser den Klang haben, daß es sich um eine Bestimmung der Juden handelt, die ihm als solche ebenso fremd ist wie das Gebot 10,3 oder die jüdischen Überlieferungen in 7,3f). Es geht um die „Leviratsehe", daß der Bruder eines Verstorbenen einen Sohn mit dessen Witwe zeugen soll, der dann als dessen Sohn gilt. Geht es dort speziell um den Sohn (בֵּן) als den Träger des Namens, so spricht bereits LXX allgemeiner von einem „Kind" (παιδίον) wie dann auch Mk (τέκνον). Aus einer atlichen Geschichte, der ein solcher Fall zugrunde liegt (Gen 38,8), stammt der zweite Teil der Voraussetzung.

20—22 Es entwickelt sich daraus aber nicht ein Streitgespräch über die Gültigkeit einer Gesetzesvorschrift (anders als z. B. in 10,2—9), sondern die Sadduzäer erzählen eine deutlich überzogene Geschichte, daß eine Frau aufgrund dieser Bestimmung insgesamt sieben Männer gehabt habe, bis endlich auch sie selbst starb. Und aus dieser unglaublichen Geschichte leiten sie schließlich ihre Frage ab **23a**, als wessen Ehefrau sie dann bei der Auferstehung gelten würde; der Leser ist durch 18b vorbereitet, daß der Zweck der ganzen Geschichte lediglich der ist, den Gedanken der Auferstehung ad absurdum zu führen. Die Frage behauptet also die Unsinnigkeit der Lehre der Auferstehung der Toten. Das leistet die Geschichte als solche jedoch keineswegs, denn nach der zugrunde liegenden Gesetzesbestimmung wäre sie ja die Ehefrau nur des ersten und nur an dessen Stelle hätten die Brüder ein Kind mit ihr zu zeugen gehabt. Deshalb betont die nachgetragene Begründung **23b**, ob auf Mk und schon von ihm aufgenommene Überlieferung zurückgehend, daß sie mit allen sieben tatsächlich verheiratet gewesen sei.

Jesu Antwort **24** behauptet zunächst emphatisch, daß die Sadduzäer, die sich auf das Gesetz berufen, weder „die Schriften" noch die Macht Gottes kennen. Dieser doppelte Vorwurf wird in den beiden Teilen der Antwort begründet und am Ende wiederholt. Zu beachten ist für den ersten Teil **25**, daß Jesus nicht allein auf das Gesetz verweist, sondern auf „die Schriften", deren Verbindlichkeit die Sadduzäer ablehnten, die aber für andere jüdische Gruppen und auch für die Leser des Mk feststand. Die Antwort besteht jedoch nicht einfach aus einem Zitat aus dem übrigen AT, sondern in einer allgemeinen Aussage, daß Auferstandene geschlechtslos wie Engel sein werden, wofür zu verweisen ist auf eine verbreitete jüdische Anschauung über Engel (vgl. syrBar 51,10 äthHen 15,7) neben der auf Gen 6,1—6 zurückgehenden vom männlichen Geschlecht der Engel.

Der grundsätzliche Teil der Antwort hingegen **26**, der „die Macht Gottes" belegen soll, greift zurück auf eine Grundaussage des Gesetzes selber, die die Sadduzäer also auf jeden Fall anerkennen müssen. Zitiert ist die Selbstvorstellung Gottes gegenüber Mose am Dornbusch (Ex 3,2.6), daß er der Gott Abrahams, Isaaks und Jakobs sei, also, und das ist die Logik der Zitierung **27**, zur Zeit des Mose bereits Verstorbener, und deshalb ist auch aus dem Gesetz zu belegen, daß es eine Auferstehung der Toten gibt. So schließt denn die Antwort mit dem erneuten Vorwurf des Irrtums.

Die komplizierte Szene von Jesu Auseinandersetzung mit den Sadduzäern — kompliziert sowohl in der von jenen konstruierten Geschichte wie in der Antwort Jesu — hat ihr Ziel in der Verteidigung der Denkbarkeit der Auferstehung der Toten. Im Zusammenhang des Markusevangeliums hat sie anders als die vorangehenden Szenen nichts zu tun mit der Frage nach der Rechtmäßigkeit der Verurteilung Jesu durch das Synhedrium, wohl aber mit der Frage der Auferstehung überhaupt und damit der Auferstehung Jesu, die der Engel im Grab (16,6) verkünden wird, die aber auch Jesus selbst angekündigt hatte (8,31 9,31 10,34). Daß ein Schriftgelehrter Jesu Antwort für richtig hält (28), zeigt dem Leser, daß in der Frage der Auferstehung kein Streit mit den Hauptgegnern besteht.

12,28—34 Die Frage eines einzelnen Schriftgelehrten

[28]Und einer der Schriftgelehrten kam herzu, der sie disputieren gehört hatte, und da er wußte, daß er ihnen gut geantwortet hatte, fragte er ihn: „Welches Gebot ist das erste von allen?" [29]Jesus antwortete: „Das erste ist: ‚Höre, Israel, der Herr unser Gott ist *ein* Herr, [30]und du sollst den Herrn deinen Gott lieben aus deinem ganzen Herzen und aus deiner ganzen Seele und aus deinem ganzen Verstand und aus deiner ganzen Kraft.' [31]Das zweite ist dies: ‚Du sollst deinen Nächsten lieben wie dich selbst.' Größer als diese ist kein anderes Gebot." [32]Da sagte der Schriftgelehrte zu ihm: „Gut, Lehrer, zu Recht hast du gesagt: ‚Er ist einer, und es ist kein anderer außer ihm, [33]und ihn zu lieben aus ganzem Herzen und aus ganzem Verstand und aus ganzer Kraft und den Nächsten zu lieben wie sich selbst, ist mehr als alle Brandopfer und Opfergaben.'" [34]Und Jesus, der sah, daß er verständig geantwortet hatte, sagte zu ihm: „Du bist nicht weit entfernt vom Reich Gottes." Und niemand wagte mehr, ihn etwas zu fragen.

Literatur: G. BORNKAMM, Das Doppelgebot der Liebe, in: Geschichte und Glaube I, BEvTh 48, 1968, 37—45. — C. BURCHARD, Das doppelte Liebesgebot in der frühen christlichen Überlieferung, in: Der Ruf Jesu und die Antwort der Gemeinde (Fs J. Jeremias), 1970, 39—62. — H. W. KUHN, Zum Problem des Verhältnisses der markinischen Redaktion zur israelitisch-jüdischen Tradition, in: Tradition und Glaube (Fs K. G. Kuhn), 1971, 299—309. — A. NISSEN, Gott und der Nächste im antiken Judentum, WUNT 15, 1974.

Hatten in den vorausgehenden Szenen Pharisäer und Herodianer (13—17) sowie die Sadduzäer (18—27) nur scheinbar von Jesus Belehrung erhalten wollen und war das Gespräch in 11,27—12,12 insgesamt mißglückt, so kommt es nun, wie der Erzähler durch seine Bemerkungen in 28a und 34a zu erkennen gibt, zu einem wirklichen Gespräch; beide Gesprächspartner haben wechselseitig Sympathie füreinander. Die Frage des Schriftgelehrten (28) ist nicht in böser Absicht gestellt (so Mt 22,35 und Lk 10,25); Jesus beantwortet sie (29—31), und der Schriftgelehrte wiederholt zustimmend und weiterführend Jesu Antwort (32f). Jesus stellt zum Abschluß (34a) die gegenseitige Nähe ausdrücklich fest. Mit der summarischen Bemerkung 34b beschließt Mk den Zyklus von Gesprächen, der mit 11,27 begonnen hatte.

Mt 22,34—40 und Lk 10,25—28 weisen gegenüber Mk Übereinstimmungen auf, nicht nur in einzelnen Motiven wie dem der versucherischen Absicht des Fragestellers (bei beiden im übrigen ein νομικός, was hapaxlegomenon für Mt ist), sondern vor allem darin, daß bei beiden die zustimmende Rekapitulation durch Jesu Gesprächspartner fehlt. Könnte man daraus schließen, daß Mt und Lk an dieser Stelle nicht nur den Mk-Text, sondern außerdem eine parallele Überlieferung (vielleicht Q) zur Verfügung hatten, wäre gesichert, daß Mk die Szene als ganze im wesentlichen vorgelegen hat. Das ist aber auch abgesehen von einer solchen hypothetischen Annahme wahrscheinlich; der markinische Anteil ist jedoch über seine bereits genannten kommentierenden Bemerkungen in 28a und 34a und den Abschluß 34b hinaus höher zu veranschlagen, als das üblicherweise geschieht. Die rekapitulierende Antwort des Schriftgelehrten 32f entspricht ganz und gar seinem Bild dieser Gruppe (s. o. S. 50f). Mt und Lk können sie nicht übernehmen, da für sie der Gesprächspartner ja mit seiner Anfrage böse Absichten verfolgt. Auch ohne 32–34 bleibt die Szene ein Schulgespräch, da auch dann Jesus das letzte Wort hat.

Die ursprüngliche Überlieferung unter Ausschluß von 31 auf 28–30 zu begrenzen (K. Berger, Gesetzesauslegung 183), hat zwar scheinbar für sich, daß die Frage 28b nur auf das erste Gebot zielt, während in 31 noch ein zweites angefügt ist; damit aber würde die Szene zu einem Abfragen von Selbstverständlichkeiten, während die Pointe gerade in der Verbindung der beiden Gebote liegt. Da eine solche Verbindung (s. bei 31) nur in der sich im griechischen Horizont definierenden jüdischen Überlieferung nachzuweisen ist, geht die Szene nicht auf die historische Situation Jesu zurück; für Jesus selbst ist auf das bei Mk nicht überlieferte Gebot der Feindesliebe aus Q (Lk 6,27–36/Mt 5,39–48) zu verweisen.

28 Waren bisher Gruppen aufgetreten (11,27 12,13.18), darunter auch die Schriftgelehrten (11,27), so kommt nun ein einzelner, freilich nicht als Einzelperson durch seinen Namen charakterisiert, wohl aber als einer eingeführt, der zu den Schriftgelehrten gehört, den Hauptgegnern der Gemeinde des Mk also. Um so erstaunlicher ist, daß er, der die Diskussion mit den Sadduzäern verfolgt hat, als einer erscheint, der ohne böse Absicht ist, ja Jesus sogar zustimmt. (Die Bezeugung für εἰδώς und ἰδών ist etwa gleichwertig; das textkritisch offenbar unumstrittene ἰδών in 34 könnte zu einer Änderung von ursprünglichem εἰδώς geführt haben.) Er fragt nach dem ersten Gebot, und die Antwort darauf ist im Unterschied zu einer Frage nach dem höchsten Gebot bei Mt (22,36) klar.

War es nämlich im Judentum umstritten, ob man eine Rangordnung der 613 einzelnen Gebote und Verbote des Gesetzes angeben dürfe, so konnte eine solche Frage nicht das in Jesu Antwort **29f** zitierte Ausschließlichkeitsgebot Dtn 6,4f mit umfassen, dessen Rangstellung unbestritten war. Die oft herangezogene Anekdote von dem, der die Tora lernen wollte, solange er auf einem Bein stehen könne, was Schammai ihm verweigert, während Hillel ihm die „Goldene Regel" als solche Zusammenfassung nennt (bSchab 31a; zitiert bei Billerbeck I 357), klammert natürlich diese Frage aus und bezieht sich nur auf die übrigen Gebote.

Dtn 6,4f jedoch war kein Gebot unter anderen, sondern Grundlage des Judentums überhaupt, täglich rezitiert und ständig gelehrt, wie schon in Dtn 6,6–9 angeordnet. Jesu Antwort zitiert nicht die LXX-Fassung, in der die drei anthropologischen Grundbegriffe לבב, נפש und מאד sachgemäß mit καρδία, ψυχή und δύναμις wiedergegeben werden: Δύναμις ist durch ἰσχύς ersetzt; vor allem aber tritt als vierte Größe διάνοια hinzu (die Handschriften, die dies streichen, gleichen an LXX an). Drücken die drei ursprünglichen Substantiva die Totalität der Gottesbeziehung aus, so tritt im griechischen Sprachbereich der Verstand hinzu, diese Totalität zu wahren.

Jesus fügt aber – über die Frage des Schriftgelehrten hinausgehend – ein zweites Gebot hinzu **31**, das Gebot der Nächstenliebe aus Lev 19,18, und die Pointe der Antwort liegt in der zusammenfassenden Bemerkung, daß es kein größeres Gebot als diese beiden gebe. Dtn 6,4f und Lev 19,18 verbindet das gemeinsame ἀγαπήσεις sowie das Motiv der Totalität, das bei Lev 19,18 in dem ὡς σεαυτόν liegt. Sachlich steht hinter dieser Verbindung jedoch die aus der griechischen Tradition stammende Fassung der Grundpflichten εὐσέβεια gegenüber den Göttern und δικαιοσύνη gegenüber den Menschen (K. Berger, Gesetzesauslegung 168), die auch in dem Judentum, das sich im Zusammenhang der griechischen Welt darstellt, zum Kern des Gesetzes erklärt wird (vgl. Philo, der in spec.

leg. II 63 die Vielfalt der Gebote unter δύο κεφάλαια zusammenfaßt, die dann jeweils entfaltet werden können: τό τε πρὸς θεὸν δι' εὐσεβείας καὶ ὁσιότητος καὶ τὸ πρὸς ἀνθρώπους διὰ φιλανθρωπίας καὶ δικαιοσύνης). Zwar ist hier nirgends die Addition der beiden Gebote Dtn 6,4f und Lev 19,18 zu finden, wohl aber definiert sich dieses Diasporajudentum in solchem Doppelgebot unter Ausschluß der Gebote, die den Kult betrafen (vgl. Test Iss 5,2 Dan 5,3). Im internen jüdischen Bereich hingegen stand das erste Gebot Dtn 6,4f außer Frage; diskutabel erschien nur die Möglichkeit einer Zusammenfassung aller anderen Gebote. Daher finden sich hier keine Texte, die dem Doppelgebot vergleichbar wären (vgl. A. Nissen, Gott 230–244). Jesu Antwort ist also nicht verständlich in der Situation Jesu damals in Jerusalem (oder Galiläa), um so mehr aber in der Zeit des Mk und seiner Gemeinde einschließlich ihrer Überlieferung, die sich anschließt an die im Diasporajudentum entworfene Zusammenfassung der Lehre.

Dies wird bestätigt durch die Antwort des Schriftgelehrten **32f**, auf der Ebene der Erzählung Gesprächspartner Jesu damals in Jerusalem, für den Leser gegenwärtiger Konfliktpartner auf jüdischer Seite. Er stimmt Jesus ausdrücklich zu und rekapituliert in leicht variierter Form, was Jesus gesagt hat, seine eigene Bibelkenntnis zeigend (zunächst Ex 8,6 in den ersten Teil aufnehmend, dann Dtn 6,5 wieder auf drei Glieder reduzierend, dabei ψυχή durch das διάνοια entsprechende Wort σύνεσις ersetzend). Er fügt jedoch hinzu, daß das zweite Gebot der Nächstenliebe mehr bedeutet als alles Opferwesen. Zwar ist dabei atliche Sprache aufgenommen (vgl. 1Sam 15,22, vor allem Hos 6,6), doch ist die hier gemeinte Entgegensetzung nicht wirklich dem Alten Testament zu entnehmen, wohl aber der in 11,15–19 behaupteten eigentlichen Zweckbestimmung des Jerusalemer Heiligtums nicht als Opfertempel, sondern als „Bethaus". Der Schriftgelehrte stimmt darin also ausdrücklich mit Jesus überein; für Mk und seine Leser bedeutet das, daß das von den Schriftgelehrten vertretene Judentum und die Christen grundsätzlich übereinstimmen in einer opferlosen Gottesverehrung und daß für beide das Doppelgebot Gottes Willen umfassend beschreibt.

Die Differenz trotz solcher Übereinstimmung, die der Erzähler am Beginn von **34a** noch einmal hervorhebt, ist in Jesu Antwort markiert: Bei aller Nähe ist auch dieses Judentum der Schriftgelehrten nicht bereit, die Nähe des Reiches Gottes im Wort Jesu, die das Thema des Markusevangeliums von Anfang an war (vgl. 1,14f), anzuerkennen, und deshalb hatte von Anfang an der Gegensatz zu den Schriftgelehrten die Geschichte Jesu bestimmt (1,22). Trotz aller Nähe bleibt also ein unüberbrückbarer Gegensatz. **34b** schließt die Gespräche Jesu mit seinen Gegnern im Jerusalemer Heiligtum ab, vorblickend auf 14,49, zugleich erneut Jesu ἐξουσία andeutend.

Abgeschlossen sind die verschiedenen Gespräche, in denen es Jesu Gegnern nicht gelungen ist, ihn eines Deliktes zu überführen, das seine Verurteilung rechtfertigen würde. Im Gegenteil, zum Schluß hat ein Vertreter der Schriftgelehrten, die ja Teil des Synhedriums sind, seine grundsätzliche Übereinstimmung mit Jesu Lehre bekundet. Da der Leser aus Jesu Voraussagen (8,31 9,31 10,33f) weiß, daß diese Gegner ihn dennoch verhaften und verurteilen werden, wartet er über 34b hinaus auf eine Fortsetzung, die dann in 14,1 beginnen wird. Zuvor aber ergreift Jesus in 35–44 und dann in 13,1–37 noch einmal selber das Wort.

12,35–37 Die Davidssohnschaft des Messias

[35]**Und Jesus antwortete und sagte, als er im Heiligtum lehrte: „Wieso sagen die Schriftgelehrten, daß der Gesalbte ein Sohn Davids ist?** [36]**David selbst hat im heiligen Geist gesagt: ‚Der Herr hat zu meinem Herrn gesagt: Setze dich zu meiner Rechten, bis ich deine Feinde unter deine Füße lege.' **[37]**David selbst nennt ihn Herr, und wieso ist er sein Sohn?" Und das ganze Volk hörte ihn gern.**

Literatur: C. Burger, Jesus als Davidsohn, FRLANT 98, 1970. – J. A. Fitzmyer, The Son of David Tradition and Mt 22:41–46 and Parallels, in: Essays on the Semitic Background of the New Testament, 1971, 113–126. – W. Michaelis, Die Davidssohnschaft Jesu als historisches und kerygmatisches Problem, in: H. Ristow, K. Matthiae (Hg.), Der historische Jesus und der kerygmatische Christus, 1960, 317–330. – F. Neugebauer, Die Davidssohnfrage, NTS 21 (1974/75) 81–108. – G. Schneider, Die Davidssohnfrage, Bib. 53 (1972) 65–90. – W. Wrede, Jesus als Davidsohn, in: Vorträge und Studien, 1907, 147–177.

Sind in 34b die Gespräche mit den Vertretern der jüdischen Gruppen beendet, so ist 35–37 ein weiteres, freilich indirektes Streitgespräch. Jesus zitiert in 35b als Streitfrage eine Meinung der Schriftgelehrten und widerlegt diese mit einem Schriftzitat (36.37a). Das läßt sich leicht in ein direktes Gespräch mit den Schriftgelehrten umsetzen, wie es Mt getan hat (22,41–45), oder auch in ein Lehrgespräch mit den Jüngern analog der inhaltlich verwandten Stelle 9,11–13.

35 Mk hebt erneut hervor, daß Jesus im Heiligtum lehrt (vgl. 11,17.18), damit 14,49 vorbereitend. Inhalt seiner Lehre ist nun die Erörterung der dogmatischen Frage, daß die Schriftgelehrten – wie in 9,11 Autoritäten für solche dogmatischen Fragen – behaupten, daß der Messias ein Davidssohn sein muß; ὁ χριστός ist hier nicht eine Bezeichnung für Jesus (so 9,41), sondern allgemein „der Messias" als im Judentum erwartete eschatologische Rettergestalt (E. Lohse, ThWNT VIII 488). Daß der Messias Davidide sein müsse, gehört zur Definition des Messias, wenn auch seine ausdrückliche Bezeichnung als „Davids Sohn" erst PsSal 17,21–25 begegnet (s. o. S. 146). Daher ist die Zitierung der Meinung der Schriftgelehrten doch wohl am ehesten so zu verstehen, daß sie einen Einwand dagegen erhoben, daß Jesus von den Christen als (ὁ) χριστός bezeichnet wurde, ähnlich ihrem Einwand in 9,11, daß Elia zuerst kommen müsse, nicht der Menschensohn.

Vorbereitet ist die Szene freilich dadurch, daß der Sohn des Timaios ihn als „Sohn Davids" angerufen hatte (10,48f), und zwar den Jesus, der betont vorweg als aus Nazareth stammend eingeführt wurde (10,47) – nicht aus der Stadt Davids, Bethlehem. Für die markinische Christologie freilich hat „Davidssohn" keine besondere Bedeutung; sie zentriert sich in den drei Titeln χριστός, Sohn Gottes, Menschensohn (vgl. 14,61f), und auch in 12,35–37 ist das eigentliche Thema ja nicht die Bestimmung einer Rechtmäßigkeit des Titels „Davidssohn" für Jesus, sondern die Berechtigung, Jesus (ὁ) χριστός zu nennen. (Daß in 11,10 die Jesus begleitende Menge von der „Herrschaft unseres Vaters Davids" gesprochen hatte, bezeichnete Jesus gerade nicht als „Sohn Davids".)

Die Frage 35b bedeutet also, ob Jesus zu Recht als (ὁ) χριστός bezeichnet werden darf, wie die Leser des Mk es tun, wenn er nicht das Kriterium erfüllt, als zur Nachkommenschaft Davids gehörig zu gelten. In anderen Schichten des frühen Christentums wird nun Jesus durchaus „Sohn Davids" genannt (vgl. Röm 1,3 2Tim 2,8), ja seine Abstammung ausdrücklich auf David zurückgeführt (Mt 1,1.6 Lk 3,31), und Mt gebraucht diesen Titel sehr häufig. Eine solche Genealogie ist aber bei Mk nicht einfach vorauszusetzen, und Joh 7,42 zeigt, daß gerade seine Herkunft aus Nazareth (Mk 1,9 10,47) dagegen sprechen kann, ihn als Messias anzuerkennen.

Behaupten die Schriftgelehrten also, Jesus von Nazareth dürfe gar nicht (ὁ) χριστός genannt werden, so hält Jesus selbst dem den Wortlaut von Ps 110,1 entgegen **36**, der seiner Überschrift nach von niemand anderem als David stammt, inspiriert sein muß und daher verbindliche Aussage ist für die Leser des Mk wie für die Schriftgelehrten als deren Konfliktpartner. Dieser Psalm und speziell auch der zitierte erste Vers spielen eine große Rolle für die Entwicklung frühchristlicher Christologie. Erneut ist diese Entwicklung aber nicht einfach auch für Mk vorauszusetzen, denn κύριος ist für ihn eine Bezeichnung Gottes (1,3 11,9 13,20 u. ö.), wie ja auch hier im Zitat (wobei der Artikel ὁ textkritisch besser bezeugt ist, also nicht Angleichung an den LXX-Text sein muß). Zwar wird auch bei Mk Jesus als κύριος angeredet (7,28) und spricht Jesus von sich selbst als κύριος (11,3), doch ist damit nicht der volle Bedeutungsgehalt des κύριος-Titels, seine himmlische Inthronisation gemeint (vgl. Phil 2,11 oder in Aufnahme von Ps 110 Apg 2,32—36), sondern nur das Verhältnis von Befehl und Gehorsam; und ebensowenig wie „Sohn Davids" gehört κύριος zu den Titeln, die für die markinische Christologie ausschlaggebend sind. Daher ist das Problem dieser „Lehre" Jesu nicht das Verhältnis zwischen den Titeln „Sohn Davids" und κύριος (so E. Lohse, ThWNT VIII 488), sondern die Frage, ob Jesus zu Recht ὁ χριστός genannt werden darf, wie es Mk von Anfang an (1,1) tut.

So bezeichnet auch die Auswertung des Zitats **37a** Jesus nicht als κύριος überhaupt, sondern als κύριος Davids; unbegründet ist daher die Behauptung der Schriftgelehrten, der Messias müsse Davids Sohn sein, wenn er doch nach dessen eigener Aussage sein Herr ist. Daß in Ps 110 der Messias gemeint sei, scheint freilich im Judentum nicht nachweisbar, wohl aber im frühen Christentum. Daher geht die Szene jedenfalls nicht auf die historische Situation Jesu zurück, spiegelt vielmehr Auseinandersetzungen zwischen Juden und Christen über den Anspruch Jesu. Da Mk durchgehend die Schriftgelehrten als Gegner Jesu in Fragen der ἐξουσία darstellt (s. o. S. 50f), kann die Szene ebenso wie 9,11—13 auf ihn selbst zurückgehen. Er nimmt später im Geständnis Jesu 14,61f das Motiv des „sitzend zur Rechten" wieder auf, überträgt es dort aber auf den „Menschensohn".

37b schließt die Szene ab und leitet über zur nächsten. Weiterhin ist das Volk auf der Seite Jesu, die Furcht der Gegner (11,18.32 12,12) also begründet.

Jesu Lehre widerlegt einen Einwand der Schriftgelehrten und macht damit deutlich, wo trotz der in der vorangehenden Szene festgestellten Nähe die Differenz auch zu dieser Gruppe liegt, nämlich in der Frage der Legitimation Jesu.

12,38—40 Warnung vor den Schriftgelehrten

38Und in seiner Lehre sagte er: „Gebt acht auf die Schriftgelehrten, die in Luxusgewändern einhergehen und Grüße auf den Plätzen wollen 39und Ehrensitze in den Synagogen und Ehrenplätze bei Mahlzeiten. 40Die die Häuser der Witwen

fressen und zum Schein lange beten, die werden ein schlimmes Urteil empfangen."

Literatur: H. FLEDDERMANN, A Warning about the Scribes, CBQ 44 (1982) 52–67.

Hatte 28–34 die Nähe zu den Schriftgelehrten gezeigt, 35–37 jedoch die Differenz zu ihnen in der Frage der Messianität Jesu, so folgt nun eine grundsätzliche Warnung vor den Schriftgelehrten, die in einer Gerichtsansage endet. Das zeigt erneut, wie wichtig unter allen jüdischen Gruppen gerade sie für Mk sind (s. o. S. 50f), ist dies doch die letzte „Lehre" Jesu in der Öffentlichkeit.

Der Text hat eine Parallele in der Rede gegen die Pharisäer, die hinter Lk 11,37–52/Mt 23,1–36 als Q-Text zu erkennen ist. Lk folgt nämlich in 20,45–47 Mk 12,38–40, während die Dublette Lk 11,43 Gemeinsamkeiten mit Mt 23,6 zeigt, die nicht auf Mk zurückgehen; Mt verbindet beide Überlieferungen miteinander. In Q steht Lk 11,43/Mt 23,6 in einer Reihe von sieben Weherufen, die mit einer Ankündigung des Gerichts endet; die Form des Weherufs in Lk 11,43 im Unterschied zu Mt 23,6 ist ursprünglicher (vgl. H. Fleddermann, Warning 57.61). Ist durch die Q-Parallele gesichert, daß Mk auf Tradition zurückgreift und diese Szene nicht selber schafft, so liegt die Hauptdifferenz zwischen der Mk- und der Q-Fassung bei den Adressaten. In Q sind es die Pharisäer, in Mk die Schriftgelehrten, die in Q an keiner Stelle erwähnt werden wie übrigens bei Joh auch nicht (abgesehen von 8,3 innerhalb des textkritisch sekundären Stückes 7,53–8,11). Angesichts des Interesses des Mk an den Schriftgelehrten als den Hauptgegnern Jesu dürfte deren Erwähnung hier erneut auf ihn zurückgehen, während seine Überlieferung wie in Q von den Pharisäern sprach. Von Mk stammt schließlich auch die Einleitung 38a mit dem Motiv der „Lehre im Tempel" (vgl. 14,49), die 35–37 fortsetzt.

38a Als weiterer Ausschnitt aus Jesu „Lehre" (vgl. 4,2b), die das Volk gerne hörte, wie Mk in 37b versichert hatte, folgt der Aufruf, aufzupassen auf die Schriftgelehrten 38b–40a, wie er in 8,15 (ebenso mit βλέπετε ἀπό eingeleitet) die Jünger vor den Pharisäern und vor Herodes gewarnt hatte. Der Weheruf in Q (in der Fassung von Lk 11,43) enthält zwei Beschreibungen des Verhaltens der Pharisäer, die beide auch bei Mk erscheinen (Vorsitz in den Synagogen, Grüße auf den Plätzen); bei Mk sind es insgesamt sechs, von denen die ersten vier von θελόντων abhängig sind, während die beiden letzten als Partizipien im Nominativ grammatisch nur locker damit verbunden sind. Jedenfalls die beiden ersten sind offenbar als Paare gemeint.

Das erste **38b** bezieht sich auf ihr öffentliches Auftreten: gekleidet in Luxusgewänder erwarten sie, als Respektspersonen von den anderen gegrüßt zu werden (H. Fleddermann, Warning 56; στολαί meint also nicht Talare im Gottesdienst, gegen Billerbeck II 31–33). Das zweite Paar **39** zielt auf ihren Anspruch im Gottesdienst und bei Festmählern. Wie im ersten Paar geht es also auch hier um ihre Stellung als Autoritäten, im Kontext des Markusevangeliums (vgl. 1,22) also um ihre fehlende ἐξουσία, und die Leser mögen in dieser Beschreibung die Schriftgelehrten der Synagogen ihrer Stadt wiedererkennen. Erst das dritte Paar **40a** macht ihnen substantiierte Vorwürfe, nämlich daß sie die Rechte der Witwen nicht achten, ein Vorwurf aus der prophetischen Tradition (vgl. Jes 10,2 u. a.), und daß sie nur zum Schein (zu προφάσει vgl. W. Bauer, Wb 1433) viel beten (zum Gebet als Kennzeichen des Synagogengottesdienstes im Unterschied zum Opfer des Tempels vgl. zu 11,17). Daß sie viel beten, kann also nicht bestritten werden, wohl aber wird ihnen dabei Heuchelei unterstellt. Der Vorwurf der Beraubung der Witwen, so gut er in der atlichen Tradition verankert ist, kann aktuell durchaus auf eine Konkurrenz zwischen Juden und Christen um Witwen schließen lassen (vgl. zu 41—44).

Insgesamt werden also die Schriftgelehrten charakterisiert als nicht geeignet, legitime Autoritäten zu sein, auf der Ebene der Erzählung für das von Jesus angeredete Volk, zur Zeit des Mk für die jüdischen Nachbarn. Was sie erwartet, ist nach der Gerichtsankündigung Jesu **40b** die Verurteilung durch Gott selber.

Mit aller Schärfe läßt Mk also zum Schluß der Lehre im Tempel Jesus noch einmal den Gegensatz zu den Schriftgelehrten markieren, den jüdischen Autoritäten, denen er und seine Leser gegenüberstehen (s. o. S. 50f). Trotz aller Nähe, die grundsätzlich besteht (vgl. 28—34), ist dieser Gegensatz unüberbrückbar. So schließt Jesu öffentliche Lehre im Tempel (vgl. 14,49) mit dem Dissens auch mit ihnen, nicht nur mit Pharisäern, Herodianern und Sadduzäern als den auf Palästina und die Zeit Jesu beschränkten Autoritäten. Und die Schriftgelehrten waren ja im übrigen auch schon in den Leidensvoraussagen Jesu 8,31 10,33 ebenso genannt wie in 11,27, und sie werden in der Passionsgeschichte ab 14,1 wieder begegnen als für Verurteilung und Hinrichtung Jesu verantwortlich.

12,41—44 Das Vorbild der armen Witwe

⁴¹Und als er dem Opferkasten gegenübersaß, sah er, wie das Volk Geld in den Opferkasten wirft. Und viele Reiche warfen viel hinein. ⁴²Da kam eine arme Witwe und warf zwei Lepta hinein, das ist ein Quadrans. ⁴³Da rief er seine Jünger zu sich und sagte zu ihnen: „Amen ich sage euch: Diese arme Witwe hat mehr als alle, die etwas hineingeworfen haben, in den Opferkasten geworfen. ⁴⁴Alle nämlich haben von ihrem Überfluß hineingeworfen, sie aber hat von ihrem Mangel hineingeworfen alles, was sie hatte, ihren ganzen Lebensunterhalt.“

Literatur: A. G. WRIGHT, The Widow's Mites: Praise or Lament?, CBQ 44 (1982) 256—265.

Den Abschluß des Auftretens Jesu im Jerusalemer Heiligtum bildet noch nicht seine Warnung vor den Schriftgelehrten (38—40), sondern erst sein Hinweis auf ein vorbildhaftes Handeln einer armen Witwe. Zwar ist sie durch das Stichwort χήρα (40) mit der vorangehenden Szene verbunden, dennoch bleibt vieles rätselhaft, nicht zuletzt die betonte Stellung der Szene am Ende von 11,1—12,44. Daß Mk sie aus der Überlieferung übernommen hat, zeigt sich vielleicht an der Erläuterung des Geldwertes in römischer Währung (42); jedenfalls spricht nichts dafür, daß er sie selbst geschaffen hat, da dann zu viele Fragen im Blick auf die Einbindung in den Kontext offen bleiben würden.

41 Die Lokalisierung der Szene weist erneut lediglich auf allgemeine Kenntnisse des antiken Tempelwesens, nicht auf spezielle des Jerusalemer Heiligtums; zu jedem Tempel gehörte eine Schatzkammer, und in jedem Tempel wurden Geldspenden der Besucher erwartet. Daß es in Jerusalem mehrere Schatzkammern gab (vgl. Billerbeck II 37—41) und einen Frauenvorhof, in den allein Frauen eingelassen wurden (ebd. 41—45), ist weder im Blick, noch spielt es für die Geschichte eine Rolle. **42** Das Besondere ist vielmehr, daß eine vom Erzähler als „arm" charakterisierte Witwe kommt und zwei λεπτά – eine griech. Währungseinheit – spendet, ein Quadrans in römischer Münze. Der Leser weiß, daß das eine ganz kleine Summe ist, und deutlich ist ihm auch der Gegensatz zwischen der einen armen Witwe und den vielen Reichen, die viel gaben.

43f Jesu Beurteilung dieser von ihm beobachteten Szene gegenüber seinen eigens herbeigerufenen Jüngern wertet nun, mit dem definitiven ἀμὴν λέγω ὑμῖν eingeleitet, das Verhalten der Witwe so, daß sie mehr als alle anderen gegeben habe, und begründet dieses Urteil damit, daß die anderen nur aus ihrem Überschuß gegeben hätten, sie jedoch alles, was sie hatte, ja ihren ganzen Lebensunterhalt.

Bleibt schon in dieser an sich einfachen Geschichte vieles unklar, so darf man sie vor allem nicht im Zusammenhang der Tempelkritik sehen, wäre doch dann die Spende der Witwe sinnlos den „Räubern" (11,17) zugute gekommen. Ihre Pointe kann für Mk nur in der Verknüpfung mit 38–40 liegen: die Schriftgelehrten, vor denen Jesus dort warnt, sind das Gegenteil dieser Witwe; ihnen wird sogar vorgeworfen, daß sie die Witwen berauben, für die Armut der Witwe also verantwortlich sein können. Als Belehrung der Jünger (43) bezieht sich Jesu Rede auf die Gemeinde; in der Gemeinde sollen auch arme Witwen geachtet sein. Durch die frühchristliche Literatur hindurch zeigt sich von den Anfängen an (vgl. 1Kor 7,8 Apg 6,1 u. ö.), daß gerade Witwen zur Gemeinde gehören und daß das nicht ohne Probleme war (vgl. G. Stählin, ThWNT IX 437–454). Durch den Kontrast zum Tun der Schriftgelehrten wird die Gemeinde von Jesus verpflichtet, Witwen zu achten, auch arme. Damit ist eine gute jüdische Tradition aufgenommen, und es zeigt sich noch einmal die Polemik gegen die den Schriftgelehrten unterstellte Praxis. Hinter der Geschichte steht auch die Konkurrenz im Werben um Witwen zwischen Christen und Juden, gerade wenn „die Schriftgelehrten" für die Leser Repräsentanten der Synagoge ihrer jüdischen Nachbarn sind.

13,1–37   Die Zerstörung des Tempels und das Kommen des Menschensohns

¹Und als er aus dem Heiligtum herausgeht, sagt einer seiner Jünger zu ihm: „Lehrer, sieh, was für Steine und was für Gebäude!" ²Da sagte Jesus zu ihm: „Siehst du diese großen Gebäude? Kein Stein wird hier auf dem anderen gelassen, der nicht herausgebrochen wird."

³Und als er auf dem Ölberg gegenüber dem Heiligtum saß, fragten ihn Petrus und Jakobus und Johannes und Andreas allein: ⁴„Sage uns, wann wird das sein, und welches wird das Zeichen sein, wann dieses alles sich vollenden wird?"

⁵Jesus aber fing an, zu ihnen zu sagen: „Seht zu, daß euch nicht jemand in die Irre führt. ⁶Viele werden kommen in meinem Namen und sagen, daß ich es bin, und viele in die Irre führen. ⁷Wenn ihr aber von Kriegen und Kriegsgerüchten hört, erschreckt nicht. Das muß geschehen, aber es ist noch nicht das Ende. ⁸Volk nämlich wird gegen Volk aufstehen und Königreich gegen Königreich. Es wird Erdbeben geben an verschiedenen Orten, es wird Hungersnöte geben. Das ist der Anfang der Wehen. ⁹Seht auf euch selbst: Sie werden euch ausliefern an Synhedrien, und in Synagogen werdet ihr gepeitscht werden, und vor Statthaltern und Königen werdet ihr stehen wegen meiner, ihnen zum Zeugnis. ¹⁰Und an alle Völker muß erst das Evangelium verkündigt werden. ¹¹Und wenn sie euch ausliefern und abführen, dann sorgt nicht vorher, was ihr reden sollt, sondern was euch gegeben wird in jener Stunde, das redet. Denn nicht ihr seid es, die reden, sondern der heilige Geist. ¹²Und Bruder wird Bruder ausliefern zum Tode und Vater Kind, und Kinder werden aufstehen gegen Eltern und sie töten. ¹³Und ihr werdet verhaßt sein bei allen wegen meines Namens. Wer aber durchhält bis ans Ende, der wird gerettet werden.

¹⁴Wenn ihr aber den Greuel der Verwüstung stehen seht, wo er nicht darf – wer es liest, merke auf! –, dann sollen die in Judäa in die Berge fliehen; ¹⁵wer auf dem Dach ist, soll nicht herabsteigen und nicht hineingehen, um etwas aus seinem Haus zu holen, ¹⁶und wer auf dem Acker ist, soll nicht zurückkehren, um seinen Mantel zu holen. ¹⁷Wehe aber den Frauen, die schwanger sind, und denen, die Säuglinge haben in jenen Tagen. ¹⁸Betet aber, daß das nicht im Winter geschieht. ¹⁹Denn jene Tage werden Trübsal sein, wie nie eine derartige gewesen ist seit Anfang der Schöpfung, die Gott geschaffen hat, bis jetzt und nie mehr eine sein wird. ²⁰Und wenn der Herr die Tage nicht abgekürzt hätte, würde kein Fleisch gerettet werden. Aber wegen der Auserwählten, die er auserwählt hat, hat er die Tage verkürzt. ²¹Und dann, wenn jemand zu euch sagt: ‚Siehe, hier ist der Gesalbte, siehe dort‘, glaubt nicht. ²²Aufstehen werden nämlich Pseudogesalbte und Pseudopropheten und Zeichen und Wunder geben, um, wenn möglich, die Auserwählten in die Irre zu führen. ²³Ihr aber seht zu, ich habe euch alles vorhergesagt.

²⁴Aber in jenen Tagen nach jener Trübsal wird die Sonne verfinstert werden und der Mond seinen Schein nicht geben. ²⁵Und die Sterne werden vom Himmel fallen und die Kräfte in den Himmeln erschüttert werden. ²⁶Und dann wird man den Menschensohn kommen sehen in Wolken mit voller Kraft und Herrlichkeit. ²⁷Und dann wird er die Engel aussenden und die Auserwählten einsammeln aus den vier Winden, vom Rande der Erde bis zum Rande des Himmels.

²⁸Lernt aber vom Feigenbaum das Gleichnis: Wenn sein Zweig schon neue Triebe ansetzt und Blätter treibt, erkennt ihr, daß der Sommer nahe ist. ²⁹So erkennt ihr auch, wenn ihr dies geschehen seht, daß er nahe vor den Toren ist. ³⁰Amen ich sage euch: Dieses Geschlecht wird nicht vergehen, bis dies alles geschieht. ³¹Der Himmel und die Erde werden vergehen, meine Worte aber werden nicht vergehen. ³²Über jenen Tag oder jene Stunde aber weiß niemand etwas, weder die Engel im Himmel noch der Sohn, nur der Vater. ³³Seht zu, seid wachsam, ihr wißt nämlich nicht, wann der Zeitpunkt ist. ³⁴Wie ein Mensch, der in die Ferne zog, sein Haus zurückließ und seinen Sklaven Vollmacht gab, jedem seine Aufgabe, und dem Türhüter befahl zu wachen. ³⁵Wacht nun, denn ihr wißt nicht, wann der Hausherr kommt, ob abends oder um Mitternacht oder beim ersten Hahnenschrei oder in der Frühe, ³⁶damit er nicht plötzlich kommt und euch schlafend findet. ³⁷Was ich euch sage, sage ich allen: Wacht!"

Literatur: E. Brandenburger, Markus 13 und die Apokalyptik, FRLANT 134, 1984. − H. Conzelmann, Geschichte und Eschatologie nach Mc. 13, in: Theologie als Schriftauslegung, BEvTh 65, 1974, 62−73. − J. Dupont, La parabole du maître qui rentre dans la nuit, in: Mélanges Bibliques en hommage au R. P. Béda Rigaux, 1970, 89−116. − Ders., Il n'en sera pas laissé pierre sur pierre, Bib. 52 (1971) 301−320. − Ders., La ruine du temple et la fin des temps dans le discours de Marc 13, in: Apocalypses et théologie de l'espérance, LeDiv 95, 1977, 207−269. − L. Gaston, No Stone on another, NT.S 23, 1970. − F. Hahn, Die Rede von der Parusie des Menschensohnes Markus 13, in: Jesus und der Menschensohn (Fs A. Vögtle), 1975, 240−266. − G. Harder, Das eschatologische Geschichtsbild der sogenannten kleinen Apokalypse Markus 13, ThViat 4 (1952) 71−107. − L. Hartman, Prophecy Interpreted, CB.NT 1, 1966. − G. Hölscher, Der Ursprung der Apokalypse Mrk 13, ThBl 12 (1933) 193−202. − W. G. Kümmel, Verheißung und Erfüllung, ³1956. − J. Lambrecht, Die Redaktion der Markus Apokalypse, AnBib 28, 1967. − W. Marxsen, Der Evangelist Markus, FRLANT 67, 1956, 101−140. − R. Pesch, Naherwartungen, 1968. − B. Rigaux, Βδέλυγμα τῆς ἐρημώσεως, Bib. 40 (1959) 675−683. − N. Walter, Tempelzerstörung und synoptische Apokalypse, ZNW 57 (1966) 38−49.

Die Auseinandersetzungen mit den Gegnern in Jerusalem hatten gezeigt, daß niemand in der Lage gewesen war, Jesus eines Irrtums zu überführen. Dennoch wird sich in Jerusalem erfüllen, was Jesus vorausgesagt hat (8,31 9,31 10,33f) und was seine Gegner auch bereits planen (11,18 12,12). Bevor dies ab 14,1 in der Passionsgeschichte erzählt wird, ist Jesus wieder mit seinen Jüngern allein. 1−37 greift über die Passionsgeschichte hinweg auf die Zeit danach: die Geschichte der Gemeinde, die Zerstörung des Tempels, das Kommen des Menschensohns am Ende der Tage.

Es beginnt (1f) mit einer kurzen Szene zwischen Jesus und einem namenlosen Jünger: Das Jerusalemer Heiligtum, eindrucksvoller Schauplatz der letzten beiden Kapitel und von diesem Jünger staunend bewundert, geht nach Jesu Wort seiner Zerstörung entgegen. Dem vertrauten Kreis der vier am Anfang berufenen Jünger (vgl. 1,16−20) gibt Jesus dann auf deren Frage hin (3f) eine lange Belehrung über das, was in der Zukunft geschehen wird, über die Verwüstung des Heiligtums hinaus bis zum Ende der Tage (5—37).

Dies ist im Markusevangelium die längste Rede Jesu in einem Stück. Sie wird nicht wie die Gleichnisrede 4,1—34 unterbrochen durch die üblichen Überleitungsformeln wie καὶ ἔλεγεν αὐτοῖς, auch nicht durch Zwischenfragen der Jünger. Es fehlen uns also in literarkritischer Hinsicht Signale für die Herausarbeitung von Mk übernommener Überlieferungen. Obwohl die Rede in sich sehr geschlossen wirkt, ist doch auch hier anzunehmen, daß Mk vorgegebene Tradition aufgenommen hat, nur hat er sie stärker als sonst durchgestaltet.

Von Mk unabhängige parallele Überlieferungen gibt es freilich fast gar nicht. Eine solche ist nur nachzuweisen für Jesu Wort über die Zerstörung des Tempels 2b (s. u. S. 217f). Der Vergleich mit der thematisch 5—37 ähnlichen Rede in Q (Lk 17,22—30.34—37/Mt 24,23.27f.37—41) zeigt lediglich das ähnliche Motiv des Kommens des Menschensohnes, jedoch keine Verbindung mit der Tempelzerstörung und vor allem keine gemeinsame Vorlage.

Die Auslegung ist bestimmt durch die These eines „apokalyptischen Flugblattes", das Mk aufgenommen und kritisch verarbeitet habe. Für die neuere Exegese ist vor allem einflußreich die Analyse von G. Hölscher (Ursprung), der 7f.12.14—20.24—27 auf ein solches Flugblatt jüdischen Ursprungs zurückführt, das im Jahre 40 n. Chr. entstanden sei. Diese Datierung ergibt sich aus der Interpretation des „Greuels der Verwüstung" (14) als „Standbild"; ein solches nämlich im Jerusalemer Tempel aufstellen zu lassen, hatte Caligula (37—41 Kaiser) versucht (Josephus, bell. II 185), war darüber aber ermordet worden. Auf eine schriftliche Vorlage, ein „Flugblatt", deute die Anrede des Lesers in 14.

Variiert erscheint diese These in der Frage der Zurechnung von vor allem 21f, aber auch weiterer Verse, in der Frage christlichen, nicht jüdischen Ursprungs der Vorlage und in der Frage ihrer Datierung erst auf die Zeit des Jüdischen Krieges 66—70, nicht schon auf 40, sowie in unterschiedlichen Bestimmungen des übrigen Materials in 5—37. Das Fehlen von Mk unabhängiger Paralleltexte und die durchgehende redaktionelle Gestaltung der Rede erschweren die Suche nach einer solchen bzw. mehrerer von Mk verarbeiteter Überlieferungen. Entscheidend ist dabei die Interpretation von 14, und im folgenden wird eine Auslegung versucht werden, die den Text zunächst und vor allem im Zusammenhang des Markusevangeliums auslegt.

Deutlich ist, daß das historische Problem dieser Rede die Wertung der Zerstörung des Jerusalemer Heiligtums ist. Damit beginnt das ganze in 1f, und dies sind die Tage der vorausgesagten großen θλῖψις (19.24). Deutlich ist auch, daß die Wertung sich orientiert an bestimmten Formulierungen aus dem Buch Daniel (7.14.19.22.26), angefangen bei der Ausgangsfrage 4.

Dies ist die letzte große Rede Jesu vor seiner Passion; sie hat damit den Charakter eines Testaments, indem sie vorausblickt auf das, was die Jünger unter seinem Wort und in seiner Nachfolge erleben werden, und nicht nur sie, sondern „alle", wie es am Schluß in 37 heißt. Damit gibt sie uns die deutlichsten Hinweise auf die Situation der Leser des Markusevangeliums und auf deren Geschichte (s. o. S. 6), damit aber vor allem Hinweise darauf, wie Mk diese Geschichte und diese Situation vom Wort Jesu her verstanden wissen will. Wir werden daher zu beachten haben, wie die Verkündigung Jesu bezogen wird einmal auf das überlieferte Wort Jesu, zum anderen auf eine neue Situation, woraus sich Rückwirkungen auf das Wort Jesu selber ergeben; strittig war offenbar, was Jesu Wort für diese Situation bedeutete.

Dieses Problem ist die Rede hindurch reflektiert, wie die verschiedenen Verweise auf die Bindung an Jesus, Jesu Wort, das Evangelium zeigen (9.10.13.23.31.37). Auch hier geht es wie in 4,1–34 und in 8,27ff um die christologisch interpretierte Aussage der Nähe der βασιλεία τοῦ θεοῦ (1,15) im Wort Jesu, deutlicher noch als in 4,13–20 auf die konkrete Situation der Leser bezogen. Als Rede an die vier Jünger damals wird sie zum Vermächtnis Jesu für alle, die ihm nachfolgen (37); Jesu Wort bewährt sich angesichts der Geschichte und ist nicht überholt durch sie oder überhaupt überholbar.

Die szenische Rahmung der Rede ist zunächst einem Apophthegma vergleichbar: Anlaß 1f, Frage 3f, Antwort 5–37. Das Übergewicht der Antwort sprengt freilich diese Form. Die Rede Jesu ist durchgehend im Futur formuliert. Schon ein Blick auf den gedruckten Text zeigt dabei eine Häufung von Anspielungen auf atliche Stellen, ohne daß je ausdrücklich zitiert wird. Das Alte Testament stellt also den Deutehorizont für das, was – aus der Zeit Jesu gesehen – in der Zukunft geschehen wird bis hin zum Ende der Tage. Diesem Inhalt entspricht die Stellung der Rede gegen Ende des Evangeliums, da ein altes Gestaltungsprinzip eschatologische Partien in jüdischen wie in frühchristlichen Schriften häufig an das Ende stellt.

Apokalypsen

Die Rede steht in der Tradition der kleinen Textpartien oder ganzen Schriften, die die Zukunft bis zur Weltvollendung zum Thema haben, der nach der Offenbarung des Johannes (1,1) sog. Apokalypsen, auch wenn hier nur die Zeit unmittelbar vor dem Ende, nicht die Weltgeschichte von Anfang an dargestellt wird. Auffällig ist, daß bestimmte Kennworte des Buches Daniel an Schlüsselstellen begegnen, also des einzigen apokalyptischen Buches, das noch in den Kanon des Alten Testaments aufgenommen worden ist. Dort ist – wie aber auch in den Apokalypsen des äthHen, des syrBar oder des 4Esr – bereits atliche Prophetie selber vorausgesetzt, im Danielbuch vor allem Jeremia (vgl. Dan 9,2). Wir werden also zu fragen haben, wie die atlichen Stellen, deren Sprache die Rede Jesu aufnimmt, eventuell schon durch jüdische apokalyptische Literatur hindurch vermittelt worden sind.

Ein Teil dieser Schriften knüpft an an die Zerstörung des ersten Tempels 587 v. Chr. als die Grunderfahrung des Abbruchs von Kontinuität und der Infragestellung des Bekenntnisses Israels zu seinem Gott. Daher spielen Gestalten aus der Exilszeit wie Baruch, Daniel, Esra eine so große Rolle; in anderen apokalyptischen Schriften wird das Wissen und die Offenbarung zurückgeführt bis an den Anfang der Geschichte überhaupt: Adam, Henoch, Mose. Das Buch Daniel zeigt, wie angesichts der Erfahrungen im Zusammenhang der Ereignisse, die zu den Makkabäerkriegen führten, jene erste Katastrophe des Endes von Volk, Königtum und Tempel einschließlich ihrer Deutung durch den Propheten Jeremia den Anstoß zur Interpretation der Gegenwart gibt, in der ähnliches sich zu wiederholen drohte. Andere Apokalypsen sind der Versuch, nach der Zerstörung des zweiten Tempels 70 n. Chr. die Frage nach der Gerechtigkeit noch einmal radikaler zu stellen in Auseinandersetzung mit Deutungen der ersten Katastrophe. Die Rede Jesu ist demgegenüber zwar nicht pseudonym, sondern legt als Deutung das Wort Jesu zugrunde, greift jedoch ebenfalls zurück hinter die Zerstörung des Tempels und reflektiert die – wenn auch kurze – Geschichte zwischen der Zeit Jesu und der Gegenwart des Mk und seiner Leser.

Im frühen Christentum gehört zur Gattung der Apokalypsen natürlich vor allem die Offenbarung des Johannes als ganzes Buch. 1Thess 5,1 belegt den Topos περὶ τῶν χρόνων καὶ τῶν καιρῶν als Teil der christlichen Unterweisung (vgl. 1Thess 4,16f 1Kor 15); hier ist die Eschatologie nicht vom Worte Jesu, sondern vom Kerygma her entfaltet (vgl. auch 2Thess 2 und Did 16). Die

Q-Überlieferung enthält — offenbar ebenfalls gegen Ende der Schrift — eine Apokalypse, die sich aus Lk 17,22—30.34—37 und Mt 24,23.27f.37—41 rekonstruieren läßt.

Nur in Mk 13 jedoch und abhängig davon in Mt 24f und Lk 21 wird im Neuen Testament die Zerstörung Jerusalems im Jüdischen Krieg mit reflektiert in apokalyptischen Stücken. Wir erhalten damit den deutlichsten Hinweis auf die Abfassungszeit des Markusevangeliums, inhaltlich aber vor allem einen Hinweis auf die Bedingungen, unter denen Mk die Jesusüberlieferung zu seinem Evangelium zusammengestellt hat. Es ist dies offenbar eine Zeit der höchsten Irritation durch geschichtliche Ereignisse, die auch in christlichen Gruppen als Ende der Unheilsgeschichte und Anbruch der endgültigen Heilszeit gedeutet werden konnten. Mk stellt dagegen seine Christologie: Im Namen Jesu gilt es, sich nicht in den Strudel der Ereignisse und eine Wertung dieser Ereignisse als endgültig hineinreißen zu lassen. Mit H. Conzelmann (Geschichte 72) u. a. ist die Gegenwart des Mk dort zu finden, wo der Übergang von 23 auf 24 steht, nicht vor 14 (so W. Marxsen, Evangelist 121); hier liegt die Trennung zwischen Gegenwart und Zukunft, der Gegenwart, zu der die Ereignisse um Jerusalem noch gehören, und der Zukunft, in der sich Jesu über 8,31 9,31 10,33f hinausgehende Voraussagen (vgl. 9,1) erfüllen sollen.

1 Durch einen unklassischen gen. abs. wird der neue Zusammenhang mit den vorausgehenden Szenen, die im Jerusalemer Heiligtum spielten, verknüpft. Der Ausruf eines nicht identifizierten Jüngers gibt den Anlaß für eine kurze Antwort Jesu **2**: Er wiederholt zunächst in einer Frage den Ausruf des Jüngers; der folgende Aussagesatz hat definitiven Charakter, unterstrichen durch die betonte doppelte Verneinung οὐ μή, die im Relativsatz noch einmal wiederholt wird (Mt führt darüber hinaus das Wort Jesu noch ausdrücklich mit ἀμὴν λέγω ὑμῖν ein, so auch D it u. a. im Mk-Text).

Tempelwort

Das Tempelwort ist hier ein konstatierender Satz im Unterschied zu 14,58, wo ein angebliches Wort Jesu in der Ich-Form als (falsche!) Zeugenaussage gegen ihn angeführt wird, daß er gesagt habe, er werde den Tempel zerstören und einen neuen aufbauen (daher die Ergänzung in D it am Schluß von 2). Dieses Wort wird in 15,29 noch einmal von denen wiederholt, die ihn am Kreuz lästern. Mt 26,61 ist eine durch δύναμαι leicht abgeschwächte, von Mk 14,58 jedoch abhängige Parallele (vgl. Mt 27,40 par. Mk 15,29). Dieser Form steht Joh 2,19 nahe: „Brecht diesen Tempel ab, und in drei Tagen baue *ich* ihn wieder auf", wo der Evangelist dann in 21 diesen Satz auf den „Tempel seines Leibes" interpretiert und in 22 das Verstehen dieses Wortes Jesu auf die Zeit nach seiner Auferstehung terminiert, insgesamt Jesus also nicht vom Jerusalemer Tempel, sondern von seinem Tod und seiner Auferstehung reden läßt. Anders als in Mk 14,58 ist in Joh 2,19 nicht gesagt, daß Jesus den Tempel zerstören werde, sondern nur, daß er einen neuen aufbauen kann; dies aber dürfte auf den Evangelisten zurückgehen, der den ersten Teil eben auf den Tod Jesu bezieht.

Bei Lk (ebenso Joh) fehlt das Tempelwort im Zusammenhang der Verurteilung Jesu; es findet sich aber Apg 6,14 als Belastungszeugnis gegen Stephanus, daß dieser nämlich gesagt habe, Jesus werde den Tempel und das Gesetz Moses zerstören, hier ohne die zweite Hälfte des Wiederaufbaus nach drei Tagen. Lk 19,41—44 dagegen ist eine Ansage der Zerstörung Jerusalems, die Mk 13,2/Lk 21,6 aufnimmt und deutlich auf die Einschließung der Stadt und ihre Zerstörung durch die Römer zurückblickt (vgl. auch Lk 21,20.24 gegenüber Mk 13,14). Tut das nicht aber auch schon Mk 13,2? Man wird dagegen nicht einwenden können, daß der Tempel in Wirklichkeit durch Brand zerstört worden sei (so W. G. Kümmel, Verheißung 93; vgl. Josephus, bell. VI 250—270 in ausdrücklicher

Parallelisierung zur Zerstörung des ersten Tempels), denn dem folgte die Schleifung der ausgebrannten Ruinen (bell. VII 1—3); „dem Zustand, der sich Ende des Jahres 70 darbot, entspricht die Beschreibung in Mc 13,2 durchaus" (N. Walter, Tempelzerstörung 42). Eine Vorhersage der Zerstörung des Tempels braucht als solche freilich kein vaticinium ex eventu zu sein (vgl. nur Jer 7,14), wie auch der Ausruf des Jüngers in 1 (vgl. Josephus, bell. VI 267) durchaus historisch, aber ebenso gut historisierende Notiz sein kann.

In der Jesusüberlieferung ist durch die Joh-Parallele das Wort in der Ich-Form stärker verankert als die neutral konstatierende Fassung von Mk 13,2 (vgl. noch die offenbar das „Haus" = „Tempel" als den Leib verstehende Fassung ThEv 71: „*Ich* werde dieses Haus zerstören, und niemand wird es aufbauen"). In 14,58 wird jedoch die Fassung in der Ich-Form ausdrücklich als *falsch* bezeichnet; der Leser weiß dort aus 13,2, warum es falsch ist und was Jesus „wirklich" gesagt hat. Das deutet auf Auseinandersetzungen darüber, inwiefern Jesus in Verbindung zu bringen sei mit der Zerstörung des Tempels. Die komplizierte Überlieferungsgeschichte des Tempelwortes könnte für ein ursprüngliches — in seinem Wortlaut freilich kaum zu rekonstruierendes — Wort Jesu in der Ich-Form sprechen, das durch die Ereignisse des Jüdischen Krieges ungeheure Brisanz bekommen mußte. (Vgl. auch noch das Jesuswort aus der Q-Überlieferung Lk 13,35/Mt 23,38, nach dem der Tempel veröden wird; vgl. dazu Josephus, bell. VI 299: der Auszug der Schekina aus dem Tempel.)

Mk stellt also an den Anfang ein Wort Jesu, das die zur Zeit des Mk und seiner Leser inzwischen eingetretene oder bevorstehende Zerstörung des Tempels voraussagt, nicht als Drohwort gegen die Stadt oder den Tempel und auch nicht als ein Wort in der Ich-Form, wohl aber definitiv dieses Geschehen konstatierend.

3 Im typischen Wechsel aus der Öffentlichkeit in den engeren Kreis hier der vier zuerst berufenen Jünger (1,16—20) geht es um die Interpretation dieses Wortes Jesu. Der Ort ist der Ölberg (vgl. 11,1) gegenüber dem Heiligtum. Der Berg ist wie auch sonst Ort des Rückzuges (vgl. 3,13 6,46 9,2.9); an dieser Stelle weist aber der Ölberg voraus in die Passionsgeschichte, in der Jesus dann mit drei der hier genannten Jünger noch einmal im Garten Gethsemane am Ölberg wieder zusammen sein wird (vgl. 14,26).

4 Anlaß der Rede ist eine Doppelfrage dieser Jünger, deren erster Teil („wann wird dies geschehen") in 5—23 beantwortet wird, der zweite in 24—27, wobei die Tempelzerstörung als Inhalt der ersten Frage und das Zeichen, nach dem im zweiten Teil gefragt wird, offenbar in eine Beziehung zueinander gesetzt werden. Ταῦτα συντελεῖσθαι πάντα nimmt Dan 12,7 LXX auf: καὶ συντελεσθήσεται πάντα ταῦτα, wann das Ende aller Dinge kommen wird. Unterschieden ist in 24 zwischen der Zeit der großen θλῖψις im Zusammenhang der Tempelzerstörung (5—23) und der Vollendung der Welt danach (24—27). In der Frage der Jünger ist diese Unterscheidung vorbereitet. Beide Zeiten sind zwar aufeinander bezogen, aber eben nicht ein und dieselbe Zeit.

5—23 erweisen sich durch die inclusio 5b.6/21f als Sinneinheit, die es dann aber nicht allein mit der Frage nach dem Zeitpunkt zu tun hat, sondern auch mit unterschiedlichen Wertungen des Geschehens. Gegliedert ist sie durch das dreifache βλέπετε, zunächst in 5 und 9, dann am Schluß in 23 noch einmal aufgenommen. Dieser Aufgliederung entspricht die Aufteilung der — aus der Zeit Jesu gesehen — Zukunft in die mit ὅταν δέ (7 und 14) terminierten Ereignisse. Auch wenn Mk im ganzen ältere Tradition — eventuell eine Vorlage 7f.14—20, die dieses ὅταν δέ als Gliederungsprinzip enthielt — verarbeitet, geht die durchgestaltete Komposition auf ihn selbst zurück. Der dreifache Aufruf βλέπετε zeigt an, daß das Ziel die Deutung der Ereignisse ist. Die Jünger sind die, die „sehen" (vgl. 4,1—34), daher wissen können, was Jesus ihnen als Offenbarung über die Zukunft vermittelt. Die am Anfang und am Ende stehende Warnung vor Verführern weist darauf hin, daß gerade dieses Wissen strittig ist in der Zeit des Mk; was er seinen Lesern vermitteln will, ist eine Interpretation der Ereignisse vom Wort Jesu her gegenüber anderen Aktualisierungen des Wortes Jesu im Blick auf die Gegenwart der Zerstörung des Tempels durch die Römer.

5 Die Warnung vor Verführern ist ein Topos in solchen testamentartigen Abschnitten, die ja gerade für die noch ausstehende Zukunft die richtige Deutung sichern wollen (vgl. im Neuen Testament Apg 20,29 Mt 7,15 1Joh 4,1); der große Abfall von der angemessenen Interpretation der Ereignisse ist Zeichen der Endzeit aus der Sicht derer, die meinen, solches Verständnis zu besitzen. Diese Einsicht in den traditionellen Charakter der Warnung schließt jedoch nicht aus, daß Mk durchaus aktuelle Verführung vor Augen hat.

6 Jesus sagt das Kommen solcher Verführer voraus, die in seinem Namen sagen, er selbst sei da. Schon hier ist deutlich, daß die vier angeredeten Jünger für „alle" einschließlich der Leser des Markusevangeliums stehen, was in 37 dann ausdrücklich betont wird. Mit ἐλεύσονται beginnt die lange Reihe der im Futur gehaltenen Sätze. Die vielen Verführer entsprechen den vielen Verführten; πολλοί ist nicht gegen τίς in 5b auszuspielen. „In meinem Namen" erinnert an Propheten wie Pseudopropheten im Alten Testament (Jer 11,21 14,14f Sach 13,3ff u. ö.), die „im Namen des Herrn" kommen, wie Jesus selbst ja bei seinem Einzug in Jerusalem begrüßt worden war (11,10). Unbestimmt bleibt zunächst ihre Verkündigung, weshalb Mt (24,4: ἐγώ εἰμι ὁ χριστός) und Lk (21,8: ἐγώ εἰμι καὶ ὁ καιρὸς ἤγγικεν) präzisiert haben. Ἐγώ εἰμι begegnet bei Mk nur noch in 6,50 und 14,62, wo in beiden Fällen Jesus sich selbst identifiziert, ohne daß eine Offenbarungsformel im Sinne des johanneischen absoluten ἐγώ εἰμι vorliegt.

Doppelt wird in 5f also gewarnt vor Leuten, die mit dem Anspruch auftreten, im Namen Jesu zu reden, ja sogar, daß er selbst da ist. Wer Jesus ist, erfährt der Leser aber aus dem Evangelium; kommen wird er am Ende der Tage (26), und wann das sein wird, ergibt sich aus seinen eigenen Worten, nicht aus dem, was andere sagen. Im Namen Jesu aufzutreten, ist nur legitimiert, wer das Wort Jesu übernimmt. Die Rede setzt also ein mit der Christologie; der Leser wird verwiesen auf Jesus, den Sohn Gottes als den leidenden Gerechten, auf den zu hören ist (vgl. 9,7). Seine Worte allein sind legitime Interpretation auch noch der Gegenwart der Leser des Markusevangeliums.

Worum es geht, zeigen 7f: die Situation eines Krieges, die hier zunächst noch ganz allgemein beschrieben ist **7**, ohne daß ein spezieller Krieg, etwa der Jüdische der Jahre 66—70, direkt angesprochen wird. Stehen die ursprünglichen Leser des Markusevangeliums jedoch in dieser speziellen Situation, so können sie dieses Wort Jesu auf genau diese Zeit bezogen haben. Δεῖ γενέσθαι ist ein weiteres Schlüsselwort aus dem Danielbuch, und zwar für das, was „am Ende der Tage" geschehen wird (Dan 2,28f, vgl. Offbg 1,1). So freilich sollen die Kriegsereignisse gerade nicht verstanden werden; sie sind noch nicht Endgeschehen. Dem Zusammenhang nach wird man diesen Zusatz nicht anders verstehen können, als daß hier eine Auseinandersetzung mit im Namen Jesu ergangenen Deutungen der Ereignisse vorliegt, also mit „Parolen" der in 5b.6 genannten Verführer. Es geht um die richtige Interpretation der Ereignisse im Namen Jesu, und die ist strittig.

Derartige Parolen sind wohl auch in **8** noch zu finden, denn hier wird der Vordersatz aus 7 begründet δεῖ γενέσθαι, nicht die markinische Korrektur. Ohne daß ein spezieller atlicher (am ehesten Jes 19,2) oder sonstiger Text zitiert ist, handelt es sich um Motive, die für Schilderungen der Endzeit typisch sein können; die Natur ist mit in das Kriegsgeschehen einbezogen: Erdbeben, Hungersnöte. Dies alles bedeutet nun aber nach Mk noch nicht das Ende, wohl aber – der Schluß von 8 dem Schluß von 7 korrespondierend – den Anfang der Wehen, also der apokalyptischen Tradition entsprechend den Beginn der endzeitlichen Ereignisse (vgl. im Neuen Testament 1Thess 5,3). Wenn οὔπω τὸ τέλος in 7 markinische Korrektur ist, erhält die Betonung des Anfangs der Wehen als „nur erst der Anfang" ebenso korrigierende Bedeutung, und zwar gegenüber anderen Wertungen des Geschehens.

Derartige apokalyptische Worte sind von Haus aus nicht an bestimmte Situationen gebunden, verarbeiten vielmehr typische Erfahrungen, können aber jederzeit aktualisiert werden. Da Mk sie nur korrigierend aufnimmt, handelt es sich für ihn offenbar um aktuell im Namen Jesu ergangene Parolen. Dann würde er ein unter dem Namen Jesu überliefertes Wort richtigstellen entsprechend der Korrektur des in 14,58 verwendeten angeblichen Jesuswortes durch den „richtigen" Wortlaut 13,2.

9–13 handeln von dem, was den Jüngern geschehen wird. Für sich genommen sind auch diese Verse nicht situationsgebunden, sondern spiegeln allgemeine Erfahrungen der Nachfolge Jesu. So kann Mt sie aus diesem Zusammenhang lösen und mit ihnen in 10,17–22 das typische Schicksal der von Jesus Ausgesandten beschreiben. Im markinischen Kontext jedoch werden offenbar aktuelle Erfahrungen angesprochen: **9** Verfolgung durch Juden und Römer; die Christen stehen in den Geschehnissen um Jesu willen zwischen den Fronten. Παραδιδόναι ist geprägter Terminus für das Schicksal Jesu (9,31 10,33 u. ö.); das Schicksal der Jünger entspricht dem Jesu. In 9 ist zunächst von jüdischen Instanzen innerhalb (συνέδρια) und außerhalb Judäas (συναγωγαί) die Rede, danach von römischen (ἡγεμόνες, βασιλεῖς). Συνέδριον begegnet sonst nur im Singular (14,55 15,1); der Plural meint jüdische Lokalgerichte außerhalb Jerusalems (vgl. E. Lohse, ThWNT VII 864). Die Synagogen besaßen lokale Gerichtsbarkeit außerhalb Judäas (vgl. W. Schrage, ThWNT VII 829). Ἡγεμών begegnet bei Mk nur an dieser Stelle, βασιλεύς sonst nur für Herodes (6,14–27) bzw. für Jesus selbst (15,2–32). Gemeint sind die römischen Gewalthaber (vgl. 1Petr 2,13f: εἴτε βασιλεῖ … εἴτε ἡγεμόσιν), Kaiser und Statthalter. Das ἕνεκεν ἐμοῦ (vgl. 8,35 10,29) weist auf die Bindung des Schicksals der Gemeinde an das Schicksal Jesu; auch er hat ja, wie die Passionsgeschichte zeigen wird, vor jüdischen und römischen Instanzen gestanden.

10 enthält in der Verbindung κηρύσσειν τὸ εὐαγγέλιον ein typisch markinisches Motiv (s. o. S. 40). Πρῶτον erinnert an die ἀρχή in 8 gegenüber dem τέλος in 7, das δεῖ an δεῖ γενέσθαι (7), aber auch an das δεῖ der Leidensvoraussage 8,31. Πάντα τὰ ἔθνη weist zurück auf 11,17, wo Jes 56,7 zitiert wird, eine Aussage über die Heilsfunktion des Tempels für alle Völker, was dort aber kontrastiert worden war mit Jer 7,11. Nicht der – inzwischen zerstörte – Tempel (vgl. 13,2), sondern das Evangelium bedeutet universales Heil.

Dieses Evangelium aber ist für Mk das Wort Jesu als Wort von Jesus, also christologisch qualifiziert. So ist die Gegenwart die Zeit der Verkündigung des Evangeliums von der Nähe der βασιλεία τοῦ θεοῦ im Worte Jesu (1,15) als dem Wort, das nun auch die Leidensnachfolge der Jünger nicht nur voraussagt, vielmehr selbst verursacht; die Gegenwart ist nicht nur Zeit der Abwesenheit des Menschensohnes bis zu seinem Kommen (26), sondern Zeit der Nähe des Gottesreiches im Evangelium (s. o. S. 41f).

Nach diesem programmatischen Wort setzt **11** die Schilderung der Verfolgungssituation fort mit der Verheißung des heiligen Geistes für die Jünger. Im Zusammenhang mit 10 ist das zunächst unbestimmte λαλεῖν das κηρύσσειν τὸ εὐαγγέλιον (vgl. 4,33), nicht die Aussage vor Gericht. Der heilige Geist ist die wunderwirkende (3,29) und prophetische (12,35) Kraft, die schon Jesus von Anfang des Evangeliums an getrieben hatte (1,10.12). 9 und 11 sprechen das typische Schicksal in der Nachfolge an, nicht allein eine besondere Situation im Zusammenhang der in 7f vorausgesetzten Kriege; daher handelt es sich wohl um Worte, die Erfahrungen der Gemeinde als Worte Jesu formulieren. Mk aktualisiert sie durch 10 und wertet dadurch die Verfolgung als Verkündigung des Evangeliums.

Die Verfolgung ist für ihn nämlich nicht nur, wie **12** für sich genommen bedeuten könnte, typischer Teil des Endzeitgeschehens. Die Formulierung des Risses durch Familien erinnert an Mi 7,6, aber auch wieder wie schon 8 an Jes 19,2 (vgl. weiter äthHen 100,1f 4Esr 5,9 6,24 syrBar 70,3 Jub 23,19). Im Zusammenhang des Markusevangeliums kommen jedoch 3,31—35 und 10,29 in Erinnerung, der Verlust familiärer Bindungen um des Evangeliums und um Jesu willen. Im Stil und im Inhalt schließt 12 über 9—11 hinweg an 8 an und könnte eine ursprüngliche Fortsetzung der dortigen Parolen sein, die die Q-Konzeption von Nachfolge (s. o. S. 175f) eschatologisch überhöhen: den notwendigen — ob freiwillig oder unfreiwillig — Verzicht auf Familienbindungen.

13 dagegen bindet zunächst wieder das Schicksal der Jünger — nach den Aussagesätzen nun in direkter Anrede — wie in 9 an das Schicksal Jesu. 13b schließt mit einer Verheißung, die an Mi 7,7 erinnert, also wohl ursprünglich im Zusammenhang mit 12 steht. Im markinischen Kontext jedoch ist noch einmal wie in 7 das Ausstehen des τέλος zu betonen, zum anderen der Zusammenhang mit 8,35: gerettet wird, wer sein Leben verliert um Jesu willen.

14 Wieder folgt wie in 7 ein mit ὅταν δέ eingeführter Abschnitt, diesmal mit einem Verbum des Sehens beginnend gegenüber „hören" in 7. Wieder ist mit dem, was Jesus voraussagt, die Gegenwart der Leser des Markusevangeliums angesprochen, und wieder ist wie für 7f anzunehmen, daß die Auslegung dieser Gegenwart vom Worte Jesu her strittig ist. 14 bedeutet einen Schlüssel nicht nur für das Verständnis dieser Rede, sondern auch für die Bestimmung der historischen Situation des Markusevangeliums überhaupt. Wie in 7f wird das ὅταν der Frage von 4 aufgenommen; wie dort mit δεῖ γενέσθαι wird auch hier mit βδέλυγμα τῆς ἐρημώσεως ein Stichwort aus dem Danielbuch (9,27 11,31 12,11) aufgenommen, das in Dan 12,11 im Zusammenhang der bei Mk in 4 von den Jüngern gestellten Frage nach der Weltvollendung steht.

Der Greuel der Verwüstung

Literatur: E. BICKERMANN, Der Gott der Makkabäer, 1937, 80—86.

Der Greuel der Verwüstung (hebr. שִׁקּוּץ שֹׁמֵם, griech. βδέλυγμα τῆς ἐρημώσεως) ist bei Daniel entsprechend 1Makk 1,54.59 (βδέλυγμα ἐρημώσεως) ein zweiter auf den Brandopferaltar aufgesetzter Altar, der im Rahmen der Kultusreform in Jerusalem im Jahre 167 v. Chr. die Angleichung des Tempels an die üblichen hellenistischen Tempel syrischer Prägung manifestierte. Dadurch war das Tamid-Opfer eingestellt, das Tag für Tag in Jerusalem dargebracht wurde und den Bestand der Ordnung der Welt sicherte. Es handelte sich also nicht — und das ist vor allem für die Interpretation von Mk 13,14 zu betonen — um die Aufstellung eines Standbildes Antiochos' IV. Epiphanes, auch nicht um eine Zerstörung der Tempelbauten, sondern um einen Umbau, der in den Augen der Frommen als Verwüstung des Kultus und Gefährdung der Existenz Israels und der Welt erscheinen mußte.

In Verbindung mit 1Makk 1,54.59 ermöglicht dies die Datierung des Danielbuches. Für die

Datierung des Markusevangeliums bzw. des „apokalyptischen Flugblattes" (s. o. S. 215) spielt nun immer wieder die schon für Dan unangemessene Frage eine Rolle, in welcher Situation ein Standbild im Jerusalemer Tempel aufgestellt werden sollte. Das ist erst recht für Mk oder seine Vorlage verfehlt. Das Stichwort „Greuel der Verwüstung" signalisiert vielmehr die Verwüstung des Tempels, aktuell geworden in der Einschließung Jerusalems durch die Römer im Jüdischen Krieg.

Bei Mk fällt auf, daß das Partizip ἑστηκότα mask. ist, nicht wie nach βδέλυγμα zu erwarten neutr. Daher ist die Stelle oft auf den Antichristen gedeutet worden unter Verweis auf 2Thess 2,3–12, wo zwar nicht die βδέλυγμα-Stellen, wohl aber Dan 11,36 zitiert wird. Doch paßt eine solche Interpretation nicht zum Kontext, denn das Auftreten von Pseudopropheten und Pseudomessiassen (22) würde nicht ausgeglichen mit dem Kommen des Antichrist, und die parallele ὅταν-Formulierung in 7f weist auf Kriegsgeschehen. Schon Lk deutet den Text auf die Verwüstung Jerusalems durch die Römer (21,20). So wird vom Kontext des Markusevangeliums her nach 2 und 7f auch hier an die Zerstörung der Stadt und des Tempels zu denken sein: Jesu Voraussage erfüllt sich in der Gegenwart der Leser des Markusevangeliums. Gemeint ist mit dem „Greuel der Verwüstung" in der mask. Form der römische Feldherr oder sein Heer als der „greuliche Verwüster".

Ist dies die zu rekonstruierende Situation des Mk und seiner Leser, dann brauchte er nicht konkreter zu werden, da seine Leser wußten, wovon die Rede war. Ist die Abfassung des Markusevangeliums so in den Zusammenhang des Jüdischen Krieges einzuordnen (vgl. auch zu 15,7), dann ist von 14 her nicht zu entscheiden, ob Mk vor oder nach dieser Zerstörung geschrieben hat, da dieses Ende schon lange vorher absehbar war; jedenfalls steht er aber im unmittelbaren Zusammenhang dieser Ereignisse, die sich — bedingt durch die Thronwirren in Rom nach dem Tode Neros in den Jahren 68 und 69 — über längere Zeit hinzogen. 2 dürfte jedoch darauf deuten, daß der Tempel bereits zerstört war. Strittig wäre dann aber, wie dies zu werten ist gegenüber dem in der Ich-Form umlaufenden Tempelwort und gegenüber Parolen, wie sie in 7f und 12 anklingen.

Hatte Mk bereits zuvor im Namen Jesu ergangene Parolen aufgegriffen, so setzt er dies offenbar hier fort, freilich unter den in 7f gemachten Einschränkungen: „noch nicht das Ende" — „nur erst der Anfang der Wehen". Einmalig im ganzen Evangelium wird ausdrücklich der Leser selber angeredet, ein Hinweis mehr, wie aktuell dieser Text sein muß. Mt bezieht diese Anrede freilich auf den Leser des Danielbuches (24,15f), und dem folgen einige Ausleger. Andere (zuletzt E. Brandenburger, Markus 13) erklären es als aus der Vorlage stehengeblieben, also nicht mehr den Leser des Markusevangeliums direkt anredend. Νοεῖν entspricht jedoch bei Mk (vgl. 7,18 8,17) dem συνιέναι der Jünger, das sie von den Unverständigen draußen scheidet. Zugleich wird der Leser jetzt aber an Dan 12,10 erinnert, wo die Verständigen die sind, die im endzeitlichen Gericht bestehen werden. Es handelt sich also um eine doppelte Anspielung auf das Danielbuch: einmal auf den „Greuel der Verwüstung", zum anderen auf die Heilszusage an die, die dies richtig zu deuten verstehen (vgl. Dan 11,33).

Waren in den Parolen der Krieg und die Zerstörung des Tempels als unmittelbares Endgeschehen interpretiert worden, so schildern die folgenden Sätze bis 19 allein die Schrecken des Krieges. Auffällig ist der Imperativ in der dritten Person, der sich an „die in Judäa" wendet. Die sind die unmittelbar Betroffenen, und hier wird eindeutig der Bezug auf den Jüdischen Krieg hergestellt. In die Berge zu fliehen, ist das beste Mittel, sich gegen Kriegsereignisse zu schützen, indem man sich versteckt. Angeredet sind nicht mehr die „ihr" der Verse vorher, und schon dies spricht gegen die These von W. Marxsen (Evangelist 125), hier werde die Jerusalemer Gemeinde zur Flucht in die Berge von Galiläa aufgerufen entsprechend dem Auszug der Jerusalemer Urgemeinde nach Pella (vgl. Euseb, h. e. III 5,3, s. Beilage 6), das aber auch gar nicht in Galiläa liegt, sondern jenseits des Jordans.

Zu verweisen ist vielmehr darauf, daß Josephus davon berichtet, daß im unmittelbaren Zusammenhang der Zerstörung des Tempels die Einwohner gerade in den Tempel flohen, auf ein Eingreifen Gottes hoffend, das ein (Pseudo-)Prophet vorausgesagt hatte (bell. VI 285); Josephus nennt demgegenüber die seiner Meinung nach eindeutigen Zeichen, die bereits lange vorher den Untergang angekündigt hätten, und führt die Heilserwartungen auf den Betrug der jüdischen Anführer zurück. Mit dem Geschehen des Jüdischen Krieges verbanden sich also auf jüdischer Seite in der Tat eschatologische Erwartungen, wie sie für jene von Mk zurückgewiesenen christlichen Parolen zu vermuten sind.

15f treiben — wieder nicht in direkter Anrede, sondern im Imperativ der dritten Person — zur höchsten Eile bei dieser Flucht an. In 16 wird mit dem Verbot, sich umzudrehen, an Lots Frau erinnert (vgl. Lk 17,32); daher könnte auch schon 14 eine Deutung der Zerstörung Jerusalems im Horizont der Zerstörung Sodoms enthalten, ausgerechnet dieser gottlosen Stadt (vgl. Josephus, bell. V 566). Der Weheruf **17** unterstreicht noch einmal die Schrecken der Kriegsereignisse, und auch deshalb sind 15f sehr konkret zu verstehen und nicht symbolisch auf eine Abkehr der Christen vom Judentum zu interpretieren.

In **18** werden wieder die Leser mit „ihr" angeredet. Als Mitbetroffene werden sie zum Gebet aufgefordert, daß dies alles nicht im Winter stattfinden möge, also zu der Jahreszeit, in der es kaum Möglichkeiten gibt, sich auf der Flucht von den Früchten des Feldes und des Waldes zu ernähren — auch hier also wieder ein Hinweis auf die Schrecken der Kriegsereignisse.

19 faßt alles noch einmal in den Worten von Dan 12,1 zusammen: die Zeit wird so schrecklich sein wie nie eine Zeit zuvor und nie wieder danach, aber — und dieser Zusatz entspricht dem οὔπω τὸ τέλος von 7 — es gibt eben noch eine Zeit danach, während für Daniel diese θλῖψις die endzeitliche θλῖψις ist (vgl. auch Mk 4,17 θλῖψις und διωγμός, auch dort nicht auf das Ende bezogen), die Zeit, in der Michael auftritt und das Volk der Gerechten rettet. Auch hier finden wir also wieder eine Korrektur an einer Danielstelle, und d.h. wohl auch hier wieder eine Korrektur an Parolen, die auf das Danielbuch sich stützend die Ereignisse des Jüdischen Krieges im Namen Jesu als unmittelbares Endgeschehen interpretiert hatten. Aufgenommen sind die Aussagen von 7f und 12, nun aber korrigiert und auf die Verfolgung der Gemeinde bezogen (vgl. 4,17).

20 enthält mit der „Verkürzung der Tage" ein typisch apokalyptisches Motiv, das in sich nicht eindeutig ist: als Strafe oder wie hier als Gnade Gottes. Verkürzt werden nach 19 nicht die Tage bis zum Heil, sondern nur die Tage der Drangsal; der Aorist ἐκολόβωσεν blickt vielleicht schon zurück auf die Beendigung der θλῖψις. Die Verkürzung geschah um der Auserwählten willen; damit werden sich die Leser des Mk mit angesprochen gefühlt haben. **21** greift auf den Anfang (5b) zurück. Hier nun wird auch die Verkündigung der Verführer angegeben: das verheißene Kommen des Messias mit diesen Ereignissen in Zusammenhang zu bringen, ist nach Meinung des Mk falsche Lehre.

Der χριστός ist vielmehr der Menschensohn Jesus, dessen Wort Mk als Evangelium überliefert.

22 bleibt zwar im Stil von 7f.12.19, auch der Inhalt, das Auftreten von falschen Propheten, gehört zu den Endereignissen, doch ist das nun qualifiziert durch den, der hier als der wahre Prophet, der wahre Messias redet. Wieder also ist wie in 5b.6 und 21 zurückverwiesen auf den Sprecher des Wortes und damit auf die Bindung des Evangeliums an das Wort Jesu. So schließt dieser Teil der Rede in **23** mit erneutem βλέπετε und mit einem Hinweis auf Jesus, der alles vorhergesagt hat und dessen Worte deshalb nicht überholbar sind durch aktuelle Ereignisse. Aber der Leser weiß nun auch, was Jesus „wirklich" zu dem gesagt hat, was geschehen ist, und er weiß daher, daß die im Namen Jesu ergangenen Parolen falsch gewesen sind. Verarbeitet ist von Mk die Erfahrung seiner Gegenwart und seiner unmittelbaren Vergangenheit vom Wort Jesu als der Nähe des Reiches Gottes her.

24—27 erst sprechen von den eigentlichen Endereignissen, und d. h. in der Zeit der Leser des Markusevangeliums, daß erst jetzt von der Zukunft, nicht mehr wie in 5b—23 von der Gegenwart bzw. unmittelbaren Vergangenheit die Rede ist. **24a** Ausdrücklich wird diese Zeit von der Zeit jener θλῖψις abgesetzt, als die in 19 die Vorgänge des Jüdischen Krieges gedeutet worden waren. **24b.25** schildern zunächst im Anschluß an atliche Wendungen den Zusammenbruch der kosmischen Ordnung: Sonne, Mond, Sterne und himmlische Mächte geraten durcheinander. Jes 13,10 ist die Grundstelle, die von Jes 34,4 her aufgefüllt ist; Grundmotiv beider Stellen und weiterer, die hier zu nennen wären (vgl. L. Hartman, Prophecy 71—77), ist die Theophanie zum Gericht. Dieses Gericht wird nun aber, obwohl schon in der voraufgehenden Schilderung geschichtliche und kosmische Ereignisse nicht zu trennen waren (gegen H. Conzelmann, Geschichte 72, der mit 24 den Übergang von geschichtlichen zu kosmischen Ereignissen markiert sieht), gerade nicht verbunden mit der Tempelzerstörung, wahrscheinlich gegen umlaufende Parolen, die der herrschenden eschatologischen Spannung entsprechend beides hatten in Zusammenhang bringen wollen.

Erst in **26** wird endlich ein Danieltext ohne ausdrückliche Korrektur zitiert: bei der Theophanie kommt der Menschensohn. Das ist hier wie in 14,62 (vgl. 8,38) im Anschluß an Dan 7,13 formuliert, anders als dort aber in der dritten, nicht in der zweiten Person plur. Diese Differenz zeigt an, daß der Menschensohn zum Gericht über die kommt, die gegen ihn gestanden haben (14,62), während es hier um die „Auserwählten" geht (vgl. 20.22.27). Auch in 14,58 und 62 stehen übrigens das Tempelwort (in der „falschen" Fassung) und die Aussage über das Kommen des Menschensohnes zusammen, und auch dort wird kein unmittelbarer Zusammenhang zwischen beidem hergestellt.

Damit bestätigt sich die Interpretation der Rede Jesu, nach der Mk sich gerade gegen die Behauptung eines solchen Zusammenhanges wendet. Wer dieser kommende Menschensohn ist, weiß der Leser natürlich (s. o. S. 147f zu „Menschensohn"): niemand anders als Jesus selbst, der leidet, stirbt und aufersteht (8,31 u. ö.) und der als solcher leidender Gerechter Richterfunktion hat (vgl. 8,38), aber er allein, nicht auch seine Jünger (vgl. 10,35—45). Mit erneutem καὶ τότε wird in **27** die Heilszusage für die Auserwählten angeschlossen. Sie gilt nicht mehr wie in der aufgenommenen Grundstelle Sach 2,6 Israel als ganzem, sondern jenen, die sich auf das Wort Jesu verlassen. Mk hat dabei die zu seiner Zeit schon über Palästina hinausreichende Kirche (vgl. 10) im Blick.

Mit 27 ist die Schilderung der Zukunft abgeschlossen; es folgen jetzt Hinweise auf die richtige Einstellung auf diese von Jesus vorausgesagte Zukunft. In **28** sind wieder die Jünger auf dem Ölberg und zugleich die Leser des Markusevangeliums angesprochen. Jesus erinnert sie in einem Vergleich an den Feigenbaum. Vielleicht ist das nicht zufällig ein Motiv, das auch Jes 34,4 begegnet, worauf ja in 25 angespielt war. Wenn der junge Triebe ansetzt und die alten Blätter verliert, weiß jeder, daß die Erntezeit, der Sommer, bevorsteht (vgl. 11,13!). „Ernte" assoziiert dabei jedem, der in der Sprache des Alten Testaments lebt, das Motiv des Gerichtes, das in 26f nur angedeutet war. So wird denn der Vergleich in **29** auch ausgewertet. Ταῦτα γινόμενα weist zurück auf die Ausgangsfrage 4: die Ereignisse, die in 5—23 geschildert sind, weisen auf das bevorstehende Gericht, auch wenn sie selbst noch nicht in den unmittelbaren Zusammenhang der Weltvollendung gehören. So kann Mk die Naherwartung durchhalten, gerade auch gegenüber der zuvor abgewiesenen Naherwartung, die an den Ereignissen des Jüdischen Krieges orientiert war.

30 bekräftigt diese Naherwartung noch einmal ausdrücklich. Die Einleitung mit ἀμὴν λέγω ὑμῖν und die Formulierung mit οὐ μή geben dem Wort definitiven Klang. Das ταῦτα πάντα ist nur aus dem Kontext heraus verständlich (vgl. 4); daher ist das Wort wohl nie isoliert überliefert worden, nimmt vielmehr 9,1 auf. Dieser Rückbezug aber weist erneut auf die Christologie, die wieder **31** in der für Mk typischen Form einer Christologie im Worte Jesu erscheint. Auch hier ist die Sprache alttestamentlich gefärbt (vgl. Jes 51,6 54,10 Dan 6,13 7,14); unterstrichen wird das die ganze Rede durchziehende Motiv der Unüberholbarkeit des Wortes Jesu, gegen die auch nicht spricht, daß **32** Jesus nicht das Datum der Weltvollendung nennen kann, auch dies wohl eine Auseinandersetzung mit der vermuteten Vorgeschichte des Tempelwortes. Er ist der Sohn, auf den zu hören ist (9,7) gegenüber in seinem Namen ergehenden Parolen. „Jener Tag" ist der Tag der Ankunft des Menschensohnes (24—27); die Engel sind seine in 27 genannten Begleiter.

Mit erneutem βλέπετε (vgl. 5b.9.23) setzt in **33** die Schlußparänese ein. Aufgerufen wird zur Wachsamkeit angesichts der Unkenntnis über den καιρός (vgl. 32). Unterstrichen wird dieser Aufruf durch das Gleichnis vom Türhüter **34** mit der anschließenden Anwendung in 35. Das Gleichnis ist deutlich allegorisierend auf die Situation der Gemeinde bezogen, deren Herr vorübergehend abwesend ist, und allegorisch sollen bei Mk ja alle Gleichnisse auch verstanden werden (vgl. 4,13—20 12,1—9). So ist es auch wohl nie ohne die Anwendung **35f** umgelaufen. Die Stichwörter des „Wachens" und der „Unkenntnis" verbinden Gleichnis und Anwendung eng mit dem Kontext. **37** schließt die ganze Rede mit der in der Auslegung schon durchgehend berücksichtigten Verallgemeinerung dessen, was Jesus jenen vier Jüngern am Ölberg gesagt hat, auf „alle", also nicht zuletzt auf die Leser des Markusevangeliums.

Als Grundmotiv der Rede erwies sich die Unüberholbarkeit der Worte Jesu durch die Geschichte der Leser, die mit seinen Worten leben. Dieses Motiv beherrscht nicht nur diese Rede, sondern das ganze Evangelium. Deutlicher als anderswo jedoch zeigt sich hier die Auseinandersetzung mit anderen Deutungen der Gegenwart ebenfalls vom Worte Jesu her, konkret die Abwehr von — in den Augen des Mk — Verführern und Pseudopropheten, deren Parolen hinter den Aussagen zu vermuten waren. Gemeinsam ist Mk und seinen Gegnern die Aktualisierung apokalyptischer Tradition, vor allem darin sichtbar, daß das Danielbuch zum Deutehorizont für die Geschichte wird. Mk setzt dabei seine Christologie und seine Fassung des Evangeliums als Wort Jesu gegen eine an den Kriegsereignissen entzündete Naherwartung, ohne doch selbst die Naherwartung aufzugeben.

Das Fehlen äußerer literarkritischer Indizien und die wie nirgends sonst in seinem Evangelium durchgehende redaktionelle Komposition erschweren die Suche nach von Mk verarbeiteten Vorlagen. Solche sind für Worte wie 9 und 11 sicher anzunehmen. Aber auch die Auseinandersetzung mit anderen Deutungen der Gegenwart legt den Rückschluß auf „Parolen" nahe. Freilich braucht dies nicht zu der Annahme eines apokalyptischen Flugblattes jüdischer oder christlicher Herkunft zu führen (s. o. S. 215). Sinnvoller ist es, von dem auffälligen Umgang mit Schlüsseltexten des Danielbuches auszugehen (vgl. vor allem L. Hartman, Prophecy 145—177), so daß sich aus 7f.12.14.19 und 24—27 derartige „Parolen" rekonstruieren lassen, die die Kriegsereignisse als Erfüllung des von Daniel für die unmittelbare Endzeit Vorausgesagten verstanden; dazu käme dann die vermutete Fassung des Tempelwortes, die dies Geschehen als Werk des Menschensohnes wertete. Wir hätten es dann auf jeden Fall mit christlicher Überlieferung zu tun, wobei der Begriff „Parolen" offen halten mag, ob es sich tatsächlich um eine wörtlich fixierte Vorlage gehandelt hat. Der Komplex der Apokalyptik ist gut genug in der christlichen Überlieferung und auch in der Überlieferung der Jesusworte verankert, als daß man ihn auf jüdischen Ursprung zurückführen müßte.

Auch bei solch vorsichtiger Einschätzung der literarkritischen Probleme ist nicht zu bezweifeln, daß Mk vorgegebene Überlieferung verarbeitet hat, wenn diese auch in die redaktionelle Komposition eingegangen ist. Die starke Überarbeitung dürfte darauf hinweisen, welch großes Interesse der Evangelist an diesem Komplex hatte, wie stark auch die aktuelle Situation der Leser angesprochen ist. So gibt diese Rede — auch durch ihren Testamentcharakter — einen Schlüssel für das ganze Evangelium und ist nicht als später nachgetragener Einschub zu betrachten, ohne den der Rest des Evangeliums zunächst für sich interpretiert auf eine andere Situation verweisen würde.

Das bedeutet nicht, daß erst die aktuelle Situation diese von Mk vertretene Gestalt der Jesusüberlieferung hervorgerufen hätte. Mk aktualisiert vielmehr die Jesusüberlieferung in einer bestimmten Situation und bindet seine Leser angesichts der Irritation durch diese Situation an das Wort Jesu als das Wort von dem Sohn, auf den zu hören ist, als das Wort, das als Wort des von Gott ins Recht gesetzten Gerechten unüberholbar ist und dem sich die Leser nicht zugunsten anderer in seinem Namen ergehender Worte entziehen können. So ist auch diese Rede ein Stück der Christologie des Markusevangeliums.

14,1–16,8 Die Passionsgeschichte

Waren bisher im Evangelium trotz erkennbarer übergreifender redaktioneller Verbindungen im wesentlichen Einzelepisoden verknüpft worden, deren Reihenfolge durchaus austauschbar gewesen wäre, so ändert sich das ab 14,1. Der Bericht über die letzten Tage Jesu bis hin zum neuen Tag des Ostermorgens enthält ein fortlaufendes Geschehen, dessen Abfolge kaum veränderbar ist. Jede Perikope setzt andere voraus und bereitet folgende vor. Der Leser ist auf alles vorbereitet durch die Voraussagen Jesu in 8,31, 9,31 und 10,33f, wobei die letzte Stelle am präzisesten den Handlungsablauf beschreibt, der nun beginnt. Was in 14,1–16,8 erzählt wird, steht in der Kontinuität des ganzen Evangeliums von seinem Anfang an: der von Gott bei der Taufe als Sohn Anerkannte geht in das Leiden und in den Tod und wird auferstehen.

In der Frage der von Mk hier verwendeten Quellen zeichnen sich in der Forschung nicht einmal Ansätze für einen Konsens ab. Grundsätzlich lassen sich aber zwei Gruppierungen ausmachen, von denen die eine mit einem allmählichen Wachstum der Überlieferung rechnet (R. Bultmann, GST 297–302; L. Schenke, Studien; D. Dormeyer, Passion), die andere mit einer Verbindung zweier unterschiedlicher Passionsgeschichten durch Mk (J. Schreiber, Markuspassion; E. Linnemann, Studien; W. Schenk, Passionsbericht). In beiden Gruppen ist aber jeweils umstritten, welchen Umfang die vormarkinische(n) Passionsgeschichte(n) hatte(n), etwa nur einen Kreuzigungsbericht oder auch vorausliegende Szenen. Eine Übersicht über die verschiedenen Ansätze (vgl. J. Ernst, Passionserzählung) braucht hier nicht gegeben zu werden; die eigene Analyse muß weitgehend für sich selber sprechen, dabei natürlich auch (zumindest implizit) die Auseinandersetzung mit anderen Analysen führen.

Als Ausgangspunkt ergibt sich der Vergleich zwischen den Passionsgeschichten in Mk und Joh. Das kann nur dem sinnvoll erscheinen, der für Joh keine literarische Abhängigkeit von den Synoptikern bzw. einem der Synoptiker annimmt. Für eine solche direkte Abhängigkeit spricht jedoch nicht anders als im ganzen Evangelium wenig, dagegen um so mehr, denn sonst müßte jeder Unterschied gegenüber den Synoptikern als bewußte Auslassung oder Erweiterung durch Joh interpretiert werden, wobei sich keine einheitliche theologische Tendenz aufweisen ließe (vgl. o. S. 13).

In ähnlicher Weise wie es J. Becker für die johanneische Passionsgeschichte getan hat (Das Evangelium nach Johannes II, ÖTK 4.2, ²1984, 531–539; vgl. auch T. A. Mohr, Markuspassion, mit freilich fragwürdigen Rekonstruktionen), können 14,1–16,8 und die entsprechenden Parallelen bei Joh zunächst in größeren Einheiten gegenübergestellt werden:

Mk		Joh
14,1f	Todesbeschluß	11,47–52
3–9	Salbung in Bethanien	12,1–8
10f	Judas	(13,2.27)
12–17	Vorbereitung des Mahles	– – –

18–21	Ankündigung des Verrats		13,21–30
22–25	Herrenmahl		– – –
26–31	Ankündigung der Verleugnung		13,36–38
32–42	Gethsemane		– – –
42	=		14,31
43–52	Gefangennahme		18,1–11
53–72	„Prozeß" und Verleugnung des Petrus		18,12–27
15,1–20	Pilatus		18,28–19,16
21–41	Kreuzigung und Tod		19,17–37
42–47	Bestattung		19,38–42
16,1–8	Frauen am leeren Grab		20,1–18

Daß vom letzten Mahl Jesu mit seinen Jüngern an (Mk 14,17 bzw. Joh 13,1) sich eine gleiche Reihenfolge der Szenen findet, ist zunächst natürlich durch den Geschehensablauf bedingt, und die am Inhalt der Mk-Perikopen orientierten Überschriften täuschen über teilweise nicht unerhebliche inhaltliche Unterschiede hinweg, bes. bei Mk 14,53–72, wo Joh 18,19–24 ja gerade keinen „Prozeß" enthält, sondern nur ein eher informelles Gespräch des ehemaligen Hohenpriesters Hannas mit Jesus.

Dennoch weist der Vergleich auf einige aufschlußreiche Gemeinsamkeiten. So ist gerade den beiden eben genannten Texten gemeinsam, daß die Verleugnung des Petrus nicht einfach als neue Perikope folgt, sondern in Mk 14,54 und Joh 18,15–18 mit dem „Prozeß" bzw. „Gespräch" verschränkt ist. Andere Beispiele sind die gemeinsame Überlieferung über das bei Jesu Verhaftung abgeschlagene Ohr Mk 14,47 und Joh 18,10 oder Joseph von Arimathia in beiden Fällen als derjenige, der Jesus bestattet (Mk 15,43 Joh 19,38), während hingegen Simon von Kyrene (Mk 15,21) bei Joh nicht erscheint. Besonders auffällig sind gelegentliche wörtliche Übereinstimmungen in durchaus nebensächlichen Zügen.

Inhaltlich ist beiden Passionsgeschichten gemeinsam, daß ihnen ausgesprochene oder unausgesprochene Verweise auf atliche Schriftstellen unterlegt sind, was zwar für Mk theologisch relevant ist, in weit geringerem Maße aber für Joh, für den die Passionsgeschichte nicht eigentlich das Leiden des Sohnes Gottes erzählt, sondern seinen Weg zurück zum Vater. Weiter spielt in beiden Passionsgeschichten in unterschiedlicher Weise das Königsmotiv eine über die Kreuzesinschrift hinausgehende Rolle, und zwar jeweils in den gleichen Zusammenhängen. Auch inhaltlich ergeben sich also Beziehungen, die in beiden Fällen auf die Tradition zurückweisen. Bei Joh ist freilich mit einer stärkeren und wohl auch mehrstufigen Überarbeitung dieser Tradition zu rechnen, während Mk sich mehr als Joh mit der ihm vorliegenden Tradition und deren theologischen Motiven identifiziert.

Als gemeinsamer Bestand für Mk und Joh ergibt sich ein letztes Mahl Jesu mit seinen Jüngern verbunden mit der Ankündigung der Verleugnung des Petrus sowie eine Abfolge der Szenen „Gefangennahme" bis „Frauen am leeren Grab". Bei Joh freilich erscheint das durch die Zäsuren 13,1 14,31 18,1 und verstärkt noch durch die Einfügung der Kapitel 15–17 als zwei verschiedene Blöcke, bei Mk hingegen markiert 14,43 keine derartige Zäsur, und auch 14,32 käme nicht als Beginn einer vormarkinischen Passionsgeschichte in Frage. Joh seinerseits kennt weder den Ortsnamen Gethsemane (18,1) noch die damit verbundene Szene. Ob er sie getilgt und nur in 12,27 und 18,11 verwendet hat, ist fraglich. Angesichts seiner sonstigen Möglichkeiten, Tradition zu interpretieren, wäre auch bei der Gethsemane-Szene eine theologische Umarbeitung möglich gewesen. Mk

14,32—42 könnte also ein Traditionsstück sein, das der gemeinsamen Passionsgeschichte erst auf dem Wege zu Mk hin zugewachsen ist.

Die Suche nach einem sinnvollen Beginn der von Mk aufgenommenen Passionsgeschichte vor 14,43 bzw. 14,32 führt zu den beiden Zeitangaben 14,12 und 14,1. Auch hier kann ein Vergleich mit der johanneischen Passionsgeschichte weiterführen, denn 14,12 bedingt die grundlegende Differenz in der Chronologie zwischen Mk (und ihm folgend Mt und Lk) und Joh. Beide stimmen zwar darin überein, daß Jesu Todestag ein Freitag war (Mk 15,42 Joh 19,14.31.42), nicht jedoch darin, ob dieser nach jüdischer Rechnung mit dem Abend des Donnerstag beginnende Tag der Tag des Passafestes (jüdisch 15. Nisan) war (so Mk 14,12) oder sein Vortag (so Joh 19,14). Die historische Wahrscheinlichkeit spricht für die johanneische Datierung, da eine Verurteilung und Hinrichtung an einem hohen Festtag unter ständiger Anwesenheit der Hohenpriester, wie Mk sie voraussetzt, schlecht denkbar ist. (Harmonisierungsversuche mit Hilfe der Annahme unterschiedlicher Kalender können übergangen werden, da sie in den Bereich der Spekulation gehören, sachlich auch nichts austragen für die Interpretation der Texte.)

Mk 14,12 ist nun eine überaus ungenaue Zeitangabe, die nicht auf alte, den Ereignissen noch nahestehende Tradition zurückgehen kann, denn der erste Tag (= Passa) des Mazzotfestes beginnt erst am Abend, nachdem im Tempel die Passalämmer geschlachtet worden sind. Streicht man 14,12—16, gewinnt man mit 14,1 dieselbe Datierung für das Mahl 14,17ff wie in Joh 13,1, und in beiden Fällen ist dieses Mahl dann nicht als Passamahl gekennzeichnet, ebensowenig wie in der Datierung dieses Mahles bei Paulus 1Kor 11,23, der als Datum nur die Nacht der Auslieferung Jesu nennt. Die Konfusion in der Datierung geht auf Mk selbst zurück (s. u. S. 235), der den Bericht über ein letztes Mahl Jesu mit seinen Jüngern „vor dem Passafest" mit einer ungefähren Kenntnis über die jüdische Sitte eines Passamahls verbindet; hier wie durchgehend zeigt sich, wie vage Mk orientiert ist über die Verhältnisse in Palästina, sofern nicht seine Überlieferung ihm genaue Informationen vermittelt.

14,1 wird freilich zumeist für redaktionell gehalten, weil hier eine markinische Zählung der letzten Tage in Jerusalem fortgesetzt werde. Nun stellt Mk zwar in der Tat in 11,11.12.19.20 eine Verteilung auf drei aufeinanderfolgende Tage her, die jedoch nicht mit einer 11,11 oder 11,19 entsprechenden Notiz über den Abend des dritten Tages nach 12,44 oder 13,37 weitergeführt wird; vor allem knüpft 14,1 nicht an diese Zählung an, sondern datiert von dem bevorstehenden Passafest zurück. Somit markiert 14,1 gerade einen Neueinsatz, bei dem völlig offen ist, ob Mk an den Tag denkt, der auf den in 11,20 begonnenen folgt. Wie für Mk selbst kann auch für die ihm vorliegende Tradition dies ein sinnvoller Anfang der Passionsgeschichte sein. Daß der Name Jesu in 14,1 nicht fällt, sondern in αὐτόν vorausgesetzt wird, spricht nicht dagegen, weil dieser Name in einer einleitenden Überschrift genannt gewesen sein kann und man überhaupt sich Aufnahme von Tradition nicht als eine sklavische Bindung des Evangelisten an den Wortlaut eines vorgegebenen Textes vorstellen darf — das zeigt schon der Umgang von Mt und Lk mit dem Mk-Text.

Haben wir auf diese Weise durch den Vergleich zwischen Mk und Joh einen Ansatz gefunden für die Bestimmung der Mk vorgegebenen Passionsgeschichte, so ist auch für die genauere Analyse dieser Vergleich hilfreich. Anhaltspunkte für die Bestimmung der redaktionellen Bearbeitung durch Mk liefern — wie die Einzelanalyse erweisen wird — einmal die bei Joh fehlenden Hinweise auf speziell markinische Christologie, vor allem in dem Motiv der „Auslieferung des Menschensohns", und zum andern die Bezüge auf die in 13,1−37 angesprochene Situation des Mk und seiner Leser in der Zeit des Jüdischen Krieges.

Zu der vorgegebenen Passionsgeschichte gehört auch die Szene der „Salbung in Bethanien" 14,3−9, obwohl sie bei Joh in anderem Kontext steht (12,1−8), jedoch dort wie bei Mk (anders als in Lk 7,36−38) als Totensalbung verstanden ist. Es folgt das letzte Mahl Jesu 14,12−25 − wobei 14,12−16 von Mk eingefügt ist − mit der Ankündigung des Verrats; hier geht außerdem 14,21 auf Mk zurück, ebenso die Einfügung der Abendmahlsüberlieferung 14,22−25. In 14,26−31 ist 14,26 redaktionell, ebenso 14,28 wie später die Aufnahme dieses Jesuswortes in 16,7. Der Abschnitt 14,32−42 gehört als ganzer zur Mk vorliegenden Überlieferung, ebenso 14,43−52. In 14,53−72 stammen von Mk 14,57−59 und 14,61b.62, letzteres wohl als Ersatz eines nicht mehr zu rekonstruierenden Dialogs zwischen dem Hohenpriester und Jesus. In 15,1−47 lassen sich nur wenige einzelne Sätze als redaktionell bestimmen, vor allem 15,29b−32a und 15,39, in 16,1−8 nur 16,7.8b.

Mk folgt nach dieser Analyse also sehr weitgehend seiner Tradition. Dieses Ergebnis hängt damit zusammen, daß die von ihm aufgenommene Passionsgeschichte mit ihrer Färbung durch alttestamentliche Sprache vor allem der Klagepsalmen des Einzelnen das theologische Motiv des „leidenden Gerechten" enthält, das für die markinische Christologie als ganze prägend geworden ist (s. o. S. 42−44) im Unterschied zu Joh, der dies Motiv nicht redaktionell aufgenommen hat. Solche Nähe macht eine weitergehende Scheidung von Redaktion und Tradition schwierig, aber zugleich auch irrelevant. Mk hat von der ihm überlieferten Passionsgeschichte her sein Evangelium geschrieben; insofern gilt M. Kählers oft zitierter, wenn auch mißverständlicher Satz vom Evangelium als „Passionsgeschichte mit verlängerter Einleitung" (s. o. S. 18) jedenfalls für Mk.

Hinter diese als Mk vorgegeben angenommene Passionsgeschichte noch weiter zurückzufragen, würde Ergebnisse von sehr viel geringerer Wahrscheinlichkeit ergeben. Deutlich ist jedenfalls, daß diese Passionstradition mit der von Paulus in 1Kor 15,3b−5 überlieferten zwar das Motiv κατὰ τὰς γραφάς teilt, diese ihrerseits aber völlig verzichten kann auf Angaben über das wann, wo und wie. Hätten wir nur 1Kor 15,3b−5 und 11,23−25, wüßten wir nicht, daß Jesus in Jerusalem in der Zeit eines Passafestes unter Pontius Pilatus am Kreuz gestorben ist. Umgekehrt ist aber die Passionsgeschichte, die Mk aufnimmt, und wohl auch keine ihrer denkbaren Vorstufen ein einfacher Bericht gewesen wie z. B. die nur scheinbar neutrale Information, die Tacitus (ann. XV 44,3) seinen Lesern gibt: auctor nominis eius Christus Tiberio imperitante per procuratorem Pontium Pilatum supplicio adfectus erat, die das Christentum diskreditieren soll durch den Verweis auf einen solchen schändlichen Anfang. In der christlichen Überlieferung wurde von Anfang an von Jesu Tod und Auferweckung nur deshalb erzählt, weil man darin Heil erschlossen sah.

Doch läßt auch der Text des Mk noch erkennen, daß die hier aufgenommene Passionsgeschichte jeweils neu erzählt und auch aktualisiert worden ist, daß sie also nicht, wie Pesch (II 1−27) meint, ein weitgehend unveränderter Text ist, der als solcher zurückgeht auf die allerersten Jahre nach dem Geschehen (s. o. S. 14). Redaktionsgeschichtliche, literarkritische und historische Fragestellung sind auch bei diesem Komplex genau zu unterscheiden; die Verfeinerung der exegetischen Fragestellungen kann hinausführen über die rationalistischen historischen Auslegungen, wie Pesch sie durchgehend vorlegt.

Vorbereitungen **14**,1–11

Verstehenshorizont für die Passion Jesu waren nicht nur vereinzelte alttestamentliche Psalmen, sondern die Tradition vom „leidenden Gerechten" insgesamt, in die auch diese Psalmen gehören. Noch über die mündliche Überlieferung hinaus gewann man aus ihr immer neue Aspekte der Deutung (vgl. M. Dibelius, Motive, zu PtEv). Darin zeigt sich nicht allein ein apologetisches Interesse an der Verarbeitung des Todes Jesu, sondern die Möglichkeit, Jesu Geschick in größerem Zusammenhang zu begreifen, ohne daß er dadurch nur einer unter anderen Leidenden wird. Er ist auch in der Passion der Sohn Gottes, der Gesalbte, der Menschensohn, wie er selber auf dem Höhepunkt der Geschichte (14,61f) bekennt; der Leser aber kann in der Nachfolge seine eigene Geschichte in Jesu Geschichte aufgehoben finden als der typischen Geschichte des leidenden Gerechten (s. o. S. 42–44).

14,1–11 Vorbereitungen

¹Es war aber das Passa und die Ungesäuerten (Brote) nach zwei Tagen. Da suchten die Hohenpriester und die Schriftgelehrten, wie sie ihn mit List greifen und töten könnten. ²Sie sagten nämlich: „Nicht beim Fest, damit nicht ein Volksaufruhr entsteht!"
³Und als er in Bethanien im Haus Simons des Aussätzigen war, als er zu Tisch lag, kam eine Frau, die ein Alabastergefäß mit wertvollem Salböl aus echter Narde hatte. Sie zerschlug das Alabastergefäß und goß es über seinem Kopf aus. ⁴Es waren aber einige erregt zueinander: „Wozu ist diese Vergeudung des Salböls geschehen? ⁵Dieses Salböl hätte nämlich für mehr als dreihundert Denare verkauft und das den Armen gegeben werden können." Und sie schnaubten sie an. ⁶Jesus aber sagte: „Laßt sie! Warum macht ihr ihr Scherereien? Sie hat ein gutes Werk an mir getan. ⁷Denn allezeit habt ihr die Armen bei euch, und wenn ihr wollt, könnt ihr ihnen wohltun, mich aber habt ihr nicht allezeit. ⁸Was sie hatte, hat sie getan: Sie hat meinen Leib vorweg zur Bestattung gesalbt. ⁹Amen ich sage euch: Wo immer das Evangelium in die ganze Welt hinein verkündigt wird, wird auch gesagt werden, was sie getan hat, zur Erinnerung an sie."
¹⁰Und Judas Iskarioth, der eine von den Zwölf, ging weg zu den Hohenpriestern, damit er ihn ihnen ausliefere. ¹¹Als die das hörten, freuten sie sich und versprachen, ihm Silbergeld zu geben. Und er suchte, wie er ihn bei passender Gelegenheit ausliefern könne.

In 10,33f hatte Jesus angekündigt, daß er in Jerusalem den Hohenpriestern und den Schriftgelehrten ausgeliefert werde, sie ihn zum Tode verurteilen und den Heiden ausliefern und schließlich töten würden und daß er nach drei Tagen auferstehen werde. Davon erzählt nun die Passionsgeschichte, und sie setzt ein mit drei Szenen, in denen auf beiden Seiten Vorbereitungen getroffen werden. Die Gegner überlegen, wie sie Jesus ergreifen können, um ihn zu töten (1f); daß Judas seine Hilfe anbietet, ist ihnen willkommen (10f). Jesus seinerseits deutet die Salbung durch eine namenlose Frau als seine Totensalbung (3–9) und zeigt dadurch noch einmal, daß er weiß, was geschehen wird. Auch der Leser weiß dies längst, wie ja bereits 3,19 ihn daran erinnert hatte, daß Judas Iskarioth der gewesen ist, der Jesus ausgeliefert hat.

1 beginnt mit einer Datierung, die vorausweist auf das Passafest. Die Doppelbezeichnung τὸ πάσχα καὶ τὰ ἄζυμα ist üblich (vgl. Josephus, antiqu. XIV 21: τῆς τῶν ἀζύμων ἑορτῆς, ἣν φάσκα λέγομεν, J. Jeremias, ThWNT V 897, A. 17); gemeint ist damit das siebentägige Fest, das mit dem 15. Tag des Monats Nisan beginnt, dem ersten Vollmond nach der Frühjahrs-Tagundnachtgleiche (zur astronomischen Berechnung vgl. Aristobul bei Euseb, h. e. VII 32,17f). Das Wort πάσχα ist die auch in LXX übliche Transkription des aramäischen אספח (hebräisch hingegen חספ). Gelegentlich findet sich zwar eine griechische Übersetzung mit διαβατήρια (Aristobul ebd.; Philo, spec. leg. II 41.145–149: τὰ διαβατήρια, ἣν Ἑβραῖοι Πάσχα πατρίῳ γλώττῃ καλοῦσιν [145], vita Mos. II 224), doch ist die aramäische Bezeichnung auch im griechischsprachigen Judentum üblich (als Bezeichnung des christlichen Osterfestes ist sie später in romanische, skandinavische und niederdeutsche Sprachen übergegangen). Die Handlung beginnt also zwei Tage vor diesem Fest, nach jüdischer Datierung, die Mk aber nicht verwendet (vgl. 12), am 13. Nisan.

Ziel der Gegner ist es erneut, Jesus zu töten, wie schon in 3,6, in 11,8 und vor allem in 12,12, wo sie ebenfalls die Absicht hatten, ihn zu ergreifen, das aber aus Furcht vor dem Volk unterließen. Hier wie dort sind nun in Jerusalem „die Hohenpriester und die Schriftgelehrten" die Gegner (vgl. 10,33 15,31), zu denen in 14,43.53 15,1 (vgl. auch 8,31) noch „die Ältesten" hinzu kommen; „die Pharisäer", die Gegner Jesu in Galiläa, erscheinen nicht mehr in der Passionsgeschichte (s. o. S. 60f). Daß die Gegner ἐν δόλῳ handeln wollen, wird in **2** ähnlich wie in 12,12 begründet, hier aber präzisiert durch die Befürchtung, daß es beim Fest einen Aufruhr des Volkes geben könnte. Ἐν τῇ ἑορτῇ hat dabei neben dem zeitlichen Sinn „während des Festes" wohl auch den lokalen „im Fest(trubel)". Trotz dieser pragmatischen Begründung kennzeichnet ἐν δόλῳ die Gegner auch als „hinterlistig".

Die Szene 3–9 schildert die Vorbereitungen auf der anderen Seite. Sie hat Parallelen außer in Mt 26,6–13 (ohne signifikante Veränderungen des Mk-Textes) in Joh 12,1–8 und in Lk 7,36–50. Während Mk und Joh überraschend weit übereingehen, vor allem in der Thematik von Verschwendung und Salbung zum Begräbnis, hat der Lk-Text eine ganz andere Pointe, denn dort ist die salbende Frau eine Sünderin, und das Thema ist „Dankbarkeit und Vergebung". Die Salbungsgeschichte ist wohl erst sekundär in den Kontext der Passionsthematik gestellt worden, und zwar schon in dem Grundstock der Mk und Joh vorgegebenen Passionsgeschichte.

In **3** ist der doppelte Anfang mit zwei gen. abs. hart. Bethanien ist der Ort, an dem Jesus sich auch nach 11,1.11f während der letzten Jerusalemer Tage aufgehalten hatte (ohne daß Mk jedoch Lazarus kennt, in dessen Haus der parallele Joh-Text spielt). Gastgeber ist ein nur hier genannter Simon mit dem Zusatz „der Leprakranke" (die Lk-Parallele spielt ebenfalls im Haus eines Simon, der ist aber ein Pharisäer). Angesichts der vielen Personen mit dem Namen Simon sind solche näheren Kennzeichnungen erforderlich, um Verwechslungen auszuschließen. Daß dieser Simon hier ein Aussätziger (vgl. 1,40–45) war, spielt für das Verständnis der Geschichte gar keine Rolle. Das gilt auch für die zweite Bestimmung κατακειμένου αὐτοῦ, denn bei Mk geht es nicht wie bei Lk darum, daß Jesus den Hausherrn darauf hinweist, daß die Frau etwas getan habe, was eigentlich der Gastgeber zu tun habe (Lk 7,44–46).

Was die Frau tut, muß dem Leser zunächst rätselhaft bleiben; er kann nur den Eindruck einer außergewöhnlichen Verschwendung haben. Ein Alabastergefäß – von uns in vielen Museen zu bewundern − ist für sich selbst schon ein Wert, und ein solches wird hier zerstört. Sein Inhalt ist ein Salböl aus dem Luxusartikel Narde, und dessen Kostbarkeit wird jedenfalls durch den Zusatz πολυτελής unterstrichen, wahrscheinlich auch durch πιστική, wenn man das als Adjektiv im Sinne von „echt, unverfälscht" (W. Bauer, Wb 1313) verstehen darf. Die Reaktion ungenannter τινες darauf ist Murren über solche Verschwendung **4f**.

Der angegebene Geldwert von 300 Denaren ist eine sehr große Summe, mit der man in der Tat Armen sehr viel hätte helfen können. Jesus hingegen weist dies zurück **6** und erklärt die Tat der Frau als gutes Werk an ihm selbst **7**; Armen Gutes zu tun, wie es das Gesetz in Dtn 15,11 gebietet, sei jederzeit möglich, nicht mehr lange aber, *ihm* Gutes zu tun. Und so erklärt er in **8** das, was vorgegangen ist, als seine Salbung zur Bestattung.

Die Passionsgeschichte beginnt also damit, daß wie die Gegner so auch Jesus selbst auf seinen Tod vorbereitet ist, und sie weist schon am Anfang voraus auf das Ende der Geschichte, wenn andere Frauen am Ostermorgen zum Grab gehen werden, um die Totensalbung vorzunehmen, die dann nicht mehr nötig ist (16,1−8).

Durch das wohl erst von Mk hinzugefügte mit ἀμήν feierlich eingeleitete Wort in **9**, das auf 13,10 zurückverweist, wird der Leser in seiner eigenen Situation der weltweiten Verkündigung angesprochen. Das Evangelium ist für Mk Erzählung des Weges Jesu vom Beginn (1,14f) bis zum Ende. Weder wird damit das Handeln der Frau als vorbildlich hingestellt, noch wird sie selbst, die ja namenlos bleibt, sozusagen ins Evangelium aufgenommen; vielmehr stellt Mk hier am Beginn der Passionsgeschichte wie in 1,14f am Beginn des ganzen Evangeliums noch einmal heraus, daß auch das, was nun in der Passion Jesu geschieht, Teil des Evangeliums als der Nähe des Reiches Gottes im Wort Jesu ist.

10f greift über 3−9 hinweg den in 2 verlassenen Faden wieder auf. Judas Iskarioth, dem Leser aus 3,19 bekannt, geht über zu den Gegnern. Ausdrücklich ist er als „einer der Zwölf" bezeichnet (vgl. auch 14,17f.20.43). Er verläßt damit die in 3,14 genannte Funktion der Zwölf, μετ' αὐτοῦ zu sein und von Jesus gesandt zu werden. Warum er das tut, wird nicht gesagt; Vermutungen über seine Beweggründe verbieten sich daher, so verständlich es sein mag, sie anzustellen. Παραδίδωμι hat den geprägten Klang des „Auslieferns" (vgl. 1,14 und vor allem die Leidensvoraussagen 8,31 9,31 10,33), nicht den des „Verrates" in dem Sinn, daß Judas wie in Joh 18,2 einen den Gegnern unbekannten Aufenthaltsort Jesu nennen kann. Bei Mk geht es um die Wahl des günstigsten Zeitpunktes (εὐκαίρως), und das weist zurück auf die Erwägungen der Gegner in 2. Die Reaktion der Gegner Jesu auf das Angebot ist Freude, da so ihre in 1f genannten Probleme gelöst sind, und sie versprechen Judas Geld, wobei (anders bei Mt) von einer erfolgten Auszahlung nichts mehr berichtet wird.

Mk gibt in 1−11 − in weitgehendem Anschluß an die ihm vorgegebene Passionsgeschichte − die Exposition für das, was folgen wird: auf der einen Seite die Gegner, die nun mit Hilfe des Judas zu ihrem schon lange verfolgten Ziel kommen werden, auf der anderen Seite Jesus, der weiß, was mit ihm geschehen wird. Der Erzähler verzichtet vordergründig gesehen auf Erklärungen für das, was geschehen wird; aber dieses Geschehen steht unter dem δεῖ von 8,31, und dieses δεῖ wird im folgenden in den expliziten und impliziten Verweisen auf die Schrift als ein roter Faden die Erzählung durchziehen; was geschehen ist, ist nicht zufällig gewesen.

233

14,12–25 Das letzte Mahl Jesu mit seinen Jüngern

[12]Und am ersten Tag der Ungesäuerten (Brote), als man das Passa(lamm) schlachtete, sagen zu ihm seine Jünger: „Wohin willst du, sollen wir gehen und Vorbereitungen treffen, damit du das Passa(mahl) essen kannst?" [13]Und er sendet zwei seiner Jünger und sagt zu ihnen: „Geht in die Stadt, und ein Mensch wird euch begegnen, der einen Wasserkrug trägt. Folgt ihm, [14]und wo er hingeht, da sagt zu dem Hausherrn: ‚Der Lehrer sagt: Wo ist mein Speisesaal, wo ich das Passa(mahl) mit meinen Jüngern essen kann?' [15]Und er wird euch ein großes Oberzimmer zeigen, ausgelegt, vorbereitet. Und dort bereitet es für uns vor." [16]Da gingen die Jünger weg und gingen in die Stadt und fanden, wie er ihnen gesagt hatte, und bereiteten das Passa(mahl) vor. [17]Und als es Abend geworden war, kommt er mit den Zwölf.

[18]Und als sie zu Tische lagen und aßen, sagte Jesus: „Amen ich sage euch: einer von euch wird mich ausliefern, der mit mir ißt." [19]Sie begannen, betrübt zu werden und zu ihm zu sagen einer nach dem anderen: „Doch nicht etwa ich?" [20]Er aber sagte zu ihnen: „Einer der Zwölf, der mit mir zusammen in die Schüssel eintaucht. [21]Der Menschensohn geht zwar hin, wie über ihn geschrieben ist; wehe aber jenem Menschen, durch den der Menschensohn ausgeliefert wird! Besser für ihn, wenn jener Mensch nicht geboren wäre!"

[22]Und als sie aßen, nahm er Brot, sprach den Segen, brach es und gab es ihnen und sagte: „Nehmt, dies ist mein Leib!" [23]Und er nahm den Kelch, sprach den Dank und gab ihn ihnen, und sie tranken alle aus ihm. [24]Und er sagte zu ihnen: „Dies ist mein Blut des Bundes, das für viele vergossene. [25]Amen ich sage euch: Ich werde nicht mehr vom Gewächs des Weinstocks trinken bis zu jenem Tage, wenn ich es neu trinken werde im Reiche Gottes."

Literatur: P. MOULON BEERNAERT, Structure littéraire et lecture théologique de Marc 14,17–52, in: M. SABBE (Hg.), L'Évangile selon Marc, EThL.B 34, 1974, 241–267. – V. K. ROBBINS, Last Meal, in: W. H. KELBER (Hg.), The Passion in Mark, 1976, 21–40.

Die Mk vorgegebene Passionsgeschichte enthielt – das zeigt der Vergleich mit der johanneischen Passionsgeschichte – den Bericht über ein letztes Mahl Jesu mit seinen Jüngern, zu dem die Bezeichnung des Auslieferers gehörte und in deren Zusammenhang die bei Joh 13,36–38 (und Lk 22,31–34) als während dieses Mahles geschehene Ankündigung der Verleugnung des Petrus gehörte, die bei Mk ihren Ort aber erst unmittelbar nach diesem Mahl hat (14,26–31).

Mk schildert zunächst in 12–16 die Vorbereitung des Mahles, das als Passamahl bezeichnet ist (12.16). 17 ist eine überleitende Notiz über Jesu Ankunft zusammen mit den Zwölf. Es wird dann aber nicht das Mahl selbst geschildert, sondern nur zwei Episoden bei diesem Mahl, in beiden Fällen mit einem gen. abs. eingeleitet: καὶ ἀνακειμένων αὐτῶν καὶ ἐσθιόντων (18) bzw. καὶ ἐσθιόντων αὐτῶν (22). Beide Episoden enthalten keinen expliziten Hinweis auf einen Charakter des Mahles als Passamahl, im Gegenteil fehlen dessen charakteristische Züge, insbesondere natürlich das Essen des Lammfleisches.

Die zweite Episode (22–25) hat eine Parallele in 1Kor 11,23b–25, von Paulus dort durch παρέλαβον/παρέδωκα als ihm überkommene und als solche von ihm den Korinthern weitergegebene Tradition bezeichnet. Dieser Text hat unabhängig vom Kontext einer Passionsgeschichte seinen „Sitz im Leben" im urchristlichen Gottesdienst und begründet die Mahlfeiern der Gemeinde, vor allem durch den Wiederholungsbefehl der paulinischen Fassung. Bei Joh findet sich eine Parallele dazu nicht in der Passionsgeschichte, wohl aber weist 6,48–58 gewisse Parallelen in der Terminologie auf. Dort wird aber das Abendmahl nicht in der Passionsgeschichte begründet, sein Vollzug vielmehr vorausgesetzt und interpretiert. Ganz ohne Parallele bei Joh ist Mk 14,12–16; die hierdurch gegebene Datierung des letzten Mahles auf das Passafest widerspricht sogar der Datierung bei Joh. Innerhalb des Mk-Evangeliums erinnert diese Geschichte an die strukturell gleiche Geschichte von der Findung des Reittiers in 11,1b–6.

Als Mk vorgegebene Tradition hebt sich also auf jeden Fall 14,18–21 heraus, aber auch 14,22–25, ohne daß in diesem Fall eine Verankerung im Kontext einer Passionsgeschichte zwingend ist, obwohl sie sich gerade durch die Datierung „in der Nacht, in der er ausgeliefert wurde" (1Kor 11,23) nahelegt. Inwieweit 12–16(17) als Tradition anzusehen ist, wird erst die Einzelauslegung zeigen können.

12–17 schildern die Vorbereitung eines Mahles, das als Passamahl bezeichnet ist. Jedoch werden die für ein solches Mahl nötigen Vorbereitungen gerade nicht geschildert, sondern im Mittelpunkt steht die wundersame Beschaffung des Festraumes. **12** setzt die Datierung von 1 fort, freilich in einer überaus ungenauen Weise, denn der erste Tag der Ungesäuerten Brote, nach jüdischer Zählung der 15. Nisan, beginnt erst am Abend des Tages, an dem nachmittags, und das gehört eben noch zum 14. Nisan, die Passalämmer im Jerusalemer Tempel geschlachtet werden (vgl. J. Jeremias, Abendmahlsworte 11; Pesch II 342 A.4 beruft sich zu Unrecht auf die Anm. 2 dort und auf Bill I 987f II 813f).

Eine solche Datierung kann nur „von einer gesetzesunkundigen und mit den Passabestimmungen nicht besonders vertrauten Person stammen" (L. Schenke, Studien 156); sie entsteht dadurch, daß der Unterschied zwischen jüdischer und griechischer Tagesrechnung nicht beachtet und daß Ex 12,18 mißverstanden wird. Die Näherbestimmung ὅτε τὸ πάσχα ἔθυον bezieht sich bei Mk auf den Tag als solchen, nicht auf eine bestimmte Stunde dieses Tages (in Ex 12,6 am Abend, in TR 17,6 präzisiert: vor dem Tamidopfer; nach Pes V 1 hingegen am frühen Nachmittag). Die Formulierung schließt sich an den üblichen Sprachgebrauch in LXX an, z. B. Dtn 16,2 LXX: καὶ θύσεις τὸ πάσχα (Ex 12,6 hingegen nicht θύειν, sondern σφάζειν). Unklar bleibt jedoch das Verhältnis dieses θύειν τὸ πάσχα zum Vorbereiten und Essen des Passa nach 12b.14–16. Das Schlachten der Passalämmer fand im Tempel statt; die Vorbereitung der Jünger bezieht sich bei Mk aber nur auf den Raum, in dem das Mahl gehalten werden soll (15b). Entweder bezeichnet ὅτε τὸ πάσχα ἔθυον bei Mk also nur den Zeitpunkt, zu dem ein Passaopfer im Tempel dargebracht worden wäre (τὸ πάσχα ist indeklinabel, wird auch nicht in den Plural gesetzt, vgl. Dtn 16,2 LXX!) und zu dem dann auch ein Passamahl gehalten worden wäre, oder Mk meint mit ὅτε τὸ πάσχα ἔθυον das Passamahl selber, ohne daß er dabei an eine Schlachtung des zu essenden Passalamms im Tempel denkt. Da bei dem von Mk als φαγεῖν τὸ πάσχα bezeichneten Mahl jedoch kein Lamm erwähnt wird, sondern nur Brot und Wein, ist die erste Möglichkeit die wahrscheinlichere.

In jedem Fall kann ein mit jüdischen Sitten nicht vertrauter Leser aus den Formulierungen in 12–16 nicht auf den uns aus historischer Rekonstruktion bekannten Ablauf des jüdischen Passamahls schließen, und Mk gibt ihm auch keine Erklärung, wie er es sonst gelegentlich tut (vgl. 7,3f.11 u. ö.). Die Ungenauigkeit von 12a läßt daher auf einen Erzähler schließen, der ähnlich wie in 7,3f nur vage Kenntnisse über palästinische Verhältnisse besitzt, und das dürfte in beiden Fällen Mk selbst sein; seine Vorlage berichtete von einem letzten Mahl Jesu in der Passazeit, und Mk verband das mit seiner Kenntnis von einem Passamahl der Juden, ohne jedoch das Mahl in 14,25 auch als Passamahl darzustellen, sondern als eine übliche festliche Mahlzeit mit Brot und Wein. Rückblickend erscheint dann durch 12 die alte Datierung in 1 „zwei Tage vor dem Passa" unpräzis; meint Mk zwei aufeinanderfolgende Tage, oder soll nur ein Tag dazwischenliegen? Es zeigt sich erneut, daß Mk nichts an einem Tagesschema einer Passionswoche gelegen hat.

Die Szene 13–16 hat denselben Aufbau wie 11,1–6, und die Übereinstimmung geht bis in die Wortwahl. Daher ist auch die Funktion der Szene dieselbe wie dort: Jesu Legitimation wird zu Beginn der Passionsgeschichte noch einmal dadurch erwiesen, daß das, was er sagt, genau eintrifft. **13a** ist wörtlich identisch mit 11,1b.2a, nur daß es jetzt natürlich εἰς τὴν πόλιν, Jerusalem, heißt. Dort werden die Jünger **13b** einem Wasserträger begegnen, wie das Fohlen von 11,2b sicherlich keineswegs ungewöhnlich in einer antiken Stadt. Ungewöhnlich ist vielmehr **14f**, daß der Besitzer hier wie dort keinen Widerspruch einlegen wird, sondern Fohlen wie Festsaal für Jesus bereit stehen. Während in 11,4–6 die Ausführung in wörtlicher Übereinstimmung mit Jesu Voraussage geschildert wird, beschränkt sich **16** auf die pauschale Angabe, daß die Jünger alles so gefunden haben, wie Jesus es gesagt hatte, und daß sie ausgeführt haben, was Jesus ihnen aufgetragen hatte, nämlich das Passamahl vorzubereiten.

Eine historisierende Erklärung der Szene, wie Pesch sie vorlegt („geheime Absprache" zwischen Jesus und dem Hausherrn, von der die Jünger nichts wissen dürfen; der Wasserträger als „Mittelsmann"), ist unzumutbar. Eine andere Frage ist es, ob Mk in seiner Überlieferung die Geschichte als Dublette zu 11,1–6 vorgefunden oder sie selbst nach dem Vorbild von 11,1–6 formuliert hat. Für die zweite Möglichkeit dürfte sprechen, daß die Bezeichnung des letzten Mahles als „Passamahl", die durch diese Szene geschaffen wird, auf Mk selber zurückgeht, der dann mit ihr noch einmal eine Legitimation des ins Leiden Gehenden erzählen will.

17 bildet eine Klammer zu den beiden folgenden Szenen 18–21 und 22–25; der Ablauf eines Passamahls wird nicht geschildert und darf deshalb auch nicht vom Ausleger aus seinem besseren historischen Wissen erzählend eingetragen werden. Von den verschiedenen Bechern, von Fruchtmus usw., vor allem aber vom Passalamm steht nichts im Text. Auffällig ist die Betonung, daß Jesus „mit den Zwölf" kommt, einmal weil er ja zwei seiner Jünger vorausgeschickt hatte, ohne daß Mk etwas über deren Rückkehr sagt, zum andern weil bei Mk (anders Mt 26,25 und Joh 13,26–30) trotz der Anrede in 18 unklar ist, ob Judas als bei diesem Mahl anwesend gedacht ist: in 10 geht er weg, in 43 kommt er, während die Mahlteilnehmer inzwischen nach Gethsemane gegangen sind (32). Diese Unklarheit deutet einmal darauf, daß für Mk auch in der Passionsgeschichte Jesus selbst die einzige Hauptfigur bleibt; literarkritisch gesehen mag es hingegen darauf hinweisen, daß Mk nur 18–21 aus seiner Überlieferung aufgenommen und 12–17 selbst gestaltet bzw. 22–25 aus anderer Überlieferung eingefügt hat, so daß ein verlorener Rahmen für 18–21 aus der vorgegebenen Passionsgeschichte durchaus anders ausgesehen haben mag (was aber keineswegs nötigt, einen verlorenen Passamahlbericht anzunehmen).

18—21 hat eine Parallele in Joh 13,21—30, wobei die wörtliche Übereinstimmung zwischen Mk 14,18 und Joh 13,21b besonders auffällt (bei Joh die übliche Verdoppelung des ἀμήν, aber nicht die Fortsetzung in alttestamentlicher Formulierung); das gemeinsame Motiv des Eintauchens Mk 14,20 und Joh 13,26 dagegen weist keine solche wörtlichen Übereinstimmungen auf.

Die Situation in **18** ist das in 12—17 vorbereitete Mahl. Daß Jesus ausgeliefert werden wird, weiß der Leser seit Jesu eigenen Leidensankündigungen 9,31 und 10,33; daß einer der Zwölf das tun wird, seit 14,10f (vgl. aber bereits 3,19). 18 unterstreicht also zunächst einmal wieder Jesu Vorherwissen, zugleich aber durch die Fortsetzung mit einem Anklang an Ps 40,10 LXX, also einer Formulierung aus einem Klagepsalm des Einzelnen, daß es Jesus so geht, wie es immer dem Gerechten geht, und daß Gott allein seine Hilfe sein kann: σὺ δέ, κύριε, ἐλέησόν με καὶ ἀνάστησόν με (Ps 40,11 LXX), ob Autor und Lesern nun diese Fortsetzung des Psalmwortes im Ohr war oder nicht.

19 Judas gehört weiter zu den Zwölf, denn jeder von ihnen wäre offenbar in der Lage, das zu tun, was Judas tut, und auf den Kreis der Zwölf, der die Funktion hatte, „mit ihm" zu sein (3,14), verweist ausdrücklich Jesu Wiederholung in **20**: der ihn ausliefern wird, wird noch einmal als „einer der Zwölf" bezeichnet, wie auch in 10 und 42 Judas betont εἷς τῶν δώδεκα heißt. Der Leser natürlich weiß, wen Jesus meint; historisch-psychologische Rückschlüsse auf Jesu Wissen oder Unwissen (so Pesch II 344.352) verbieten sich, denn **21** gibt eine Erklärung für dieses Geschehen, die gerade nicht psychologisch argumentiert, sondern zwei Aussagesätze hart gegeneinander stellt: der erste wiederholt das δεῖ von 8,31, hier mit dem Hinweis auf die Schrift, ohne daß eine spezielle alttestamentliche Stelle gemeint wäre; der zweite erinnert an den Weheruf der Q-Überlieferung Lk 17,1f/Mt 18,6, dessen Parallele in Mk 9,42 diese Form eines Weherufes nicht hatte. Obwohl Jesu Tod nach der Schrift geschehen muß, kommt doch der, der Jesus ausliefert, unter den Fluch, der mit diesem „Wehe" ausgesprochen ist. Der Segen, auf den der mit καλόν eingeleitete Satz anspielt, ist völlig verloren, denn dieser Satz bestreitet im Anschluß an eine geläufige jüdische Wendung (vgl. Hi 3,3ff Sir 23,14) jede Segensmöglichkeit für einen solchen Menschen. 21 ist von dem Motiv der „Auslieferung des Menschensohns" bestimmt, mit dem Mk — nicht ohne Anhalt in der ihm vorgegebenen Passionsgeschichte — das Leiden, Sterben und Auferstehen Jesu deutet; daher dürfte der Vers als ganzer auf Mk zurückgehen, wobei Mk einen Spruch ähnlich Lk 17,1f/Mt 18,6 (vgl. Mk 9,42) verwertet hat.

Die Szene als ganze ist parallel zu 10f zu sehen: Jesus ist weiterhin der, der weiß, was vor sich geht; der Kreis der Zwölf ist gefährdet in seiner Funktion, „mit ihm" zu sein. Für den Erzähler kommt es nicht darauf an, Judas zu identifizieren (das hat er ja schon in 3,19 und 14,10f getan), sondern auf die Interpretation, die Jesus dem Geschehen gibt, und das ist dieselbe wie schon in 8,31 9,31 10,33f: der Menschensohn muß dahingehen.

Die zweite Szene 22—25 ist der ersten parallel mit dem gen. abs. καὶ ἐσθιόντων αὐτῶν (vgl. 18) angeschlossen. Sie trägt in dieser Fassung die Züge eines einmaligen und letzten Mahles Jesu mit seinen Jüngern damals in Jerusalem. Daß es sich um Jesus und „die Zwölf" handelt, ergibt sich zwar nur aus dem Kontext; es fehlen alle Züge der Wiederholung eines solchen Mahles — im Gegenteil ist die Rede nur von einem erneuten Trinken Jesu erst an „jenem Tage" im Reich Gottes (25). Und doch werden die Leser in diesem Text die Worte wiedererkannt haben, die die Grundlage des von ihnen im Gottesdienst gehaltenen Herrenmahls bildeten.

Die Einsetzungsworte des Herrenmahls

Literatur: G. Bornkamm, Herrenmahl und Kirche bei Paulus, in: Studien zu Antike und Urchristentum, BEvTh 28, 1959, 138–176. – H. Feld, Das Verständnis des Abendmahls, EdF 50, 1976. – F. Hahn, Zum Stand der Erforschung des urchristlichen Herrenmahls, EvTh 35 (1975) 553–563. – J. Jeremias, Die Abendmahlsworte Jesu, ⁴1967. – E. Käsemann, Anliegen und Eigenart der paulinischen Abendmahlslehre, in: Exegetische Versuche und Besinnungen I, 1960, 11–34. – W. Marxsen, Das Abendmahl als christologisches Problem, 1960. – Ders., Die Einsetzungsberichte zum Abendmahl, Diss. Kiel 1948 (Mikrofilm Göttingen 1951). – H. Patsch, Abendmahl und historischer Jesus, CThM.A 1, 1972. – R. Pesch, Das Abendmahl und Jesu Todesverständnis, QD 80, 1978. – K. H. Schelkle, Das Herrenmahl, in: Rechtfertigung (Fs E. Käsemann), 1976, 385–402.

Es handelt sich für sie um die Einsetzungsworte des Herrenmahls. Das ergibt sich aber nicht aus 22–25 selber, sondern erst aus dem Vergleich mit dem von Paulus als ihm überkommene und von ihm den Korinthern weitergegebene Überlieferung bezeichneten Text 1Kor 11,23b–25. Von den beiden weiteren neutestamentlichen Texten ist Mt 26,26–29 eine Weiterbildung des Mk-Textes, in der jedoch weniger redaktionelle Veränderung als vielmehr Einfluß der liturgischen Gestaltung zu erkennen ist (Benennung Jesu und der Jünger in Mt 26,26; stärkere Parallelisierung des Brot- und des Kelchwortes vor allem durch die Umwandlung des Aussagesatzes καὶ ἔπιον ἐξ αὐτοῦ πάντες Mk 14,23 in den Imperativ πίετε ἐξ αὐτοῦ πάντες Mt 26,27 entsprechend der Aufforderung λάβετε Mk 14,22/λάβετε φάγετε Mt 26,26 beim Brot).

Weniger eindeutig ist der Text Lk 22,15–20 zu bestimmen (textkritisch ist der „Langtext" als ursprünglich anzusehen). Hier ist Mk 14,25 in Lk 22,16.18 verdoppelt vorausgestellt; es gibt zwei Becher Lk 22,17.20; die eigentlichen Einsetzungsworte stimmen da, wo sie sich von der Mk-Fassung unterscheiden, weitgehend mit der paulinischen Fassung überein. Insgesamt schildert Lk mehr als alle anderen eine Art Passamahl, ohne jedoch das Spezielle des Passamahls, insbesondere das Lamm, einzubringen. Für die Einsetzungsworte selber ergibt sich dabei die Alternative, entweder diesen Lk-Text für einen von Mk und Paulus unabhängigen Text zu halten, der dann einer Urform am nächsten kommen könnte (so vor allem J. Jeremias, Abendmahlsworte 91–94), oder – und dies ist weitgehender Konsens der Forschung – den Lk-Text als eine Veränderung des Mk-Textes unter Einfluß der von Paulus überlieferten Fassung zu erklären.

Schließt man sich der zweiten Möglichkeit an, dann ergeben sich als die beiden einzig voneinander unabhängigen Texte nur Mk 14,22–24 und 1Kor 11,23b–25:

Mk 14,22–24	1Kor 11,23–25
	(23) ὁ κύριος Ἰησοῦς
	ἐν τῇ νυκτὶ ᾗ παρεδίδοτο ἔλαβεν ἄρτον
(22) Καὶ ἐσθιόντων αὐτῶν λαβὼν ἄρτον	(24) καὶ εὐχαριστήσας ἔκλασεν
εὐλογήσας ἔκλασεν καὶ ἔδωκεν αὐτοῖς	καὶ εἶπεν· τοῦτό μού ἐστιν τὸ σῶμα τὸ ὑπὲρ
καὶ εἶπεν· λάβετε· τοῦτό ἐστιν τὸ σῶμά μου.	ὑμῶν·
	τοῦτο ποιεῖτε εἰς τὴν ἐμὴν ἀνάμνησιν.
(23) καὶ λαβὼν ποτήριον εὐχαριστήσας	(25) ὡσαύτως καὶ τὸ ποτήριον
ἔδωκεν αὐτοῖς,	μετὰ τὸ δειπνῆσαι
καὶ ἔπιον ἐξ αὐτοῦ πάντες.	
(24) καὶ εἶπεν αὐτοῖς·	λέγων·
τοῦτό ἐστιν τὸ αἷμά μου τῆς διαθήκης	τοῦτο τὸ ποτήριον ἡ καινὴ διαθήκη ἐστὶν
τὸ ἐκχυννόμενον ὑπὲρ πολλῶν.	ἐν τῷ ἐμῷ αἵματι·
	τοῦτο ποιεῖτε, ὁσάκις ἐὰν πίνητε,
	εἰς τὴν ἐμὴν ἀνάμνησιν.

Die Situationsangabe bei Paulus ist dieselbe wie bei Mk, ergibt sich bei Mk aber nur aus dem Kontext. Bei Paulus fehlt jedoch die markinische Datierung auf das Passafest und damit die Bezeichnung dieses δεῖπνον als Passamahl. Die Handlung beim Brot ist in beiden Fassungen weitgehend wörtlich übereinstimmend beschrieben; bei beiden ist der Segen (εὐλογήσας Mk) bzw. das Dankgebet (εὐχαριστήσας Paulus) nicht das Wort, das Jesus dann spricht. Beim Brotwort hat Mk die Aufforderung λάβετε; bei Paulus schießt ὑπὲρ ὑμῶν über, während Mk beim Kelchwort ein ähnliches ὑπέρ in der Wendung τὸ ἐκχυννόμενον ὑπὲρ πολλῶν hat. Nach beiden Worten hat Paulus ohne Parallele bei Mk den Wiederholungsbefehl.

In der Paulus-Fassung beginnt 25 mit ὡσαύτως, das sich auf 23b.24 zurückbezieht, also aufzulösen wäre: καὶ ἔλαβεν τὸ ποτήριον καὶ εὐχαρίστησε καὶ εἶπεν, während Mk in 23 die Handlung parallel zu 22 ausführlich beschreibt. Nach Paulus geschieht dies μετὰ τὸ δειπνῆσαι, steht also am Ende eines δεῖπνον, das mit der Handlung über dem Brot eingeleitet worden war, während es bei Mk nur heißt: καὶ ἐσθιόντων αὐτῶν, also keine Angabe über den Zeitpunkt während des Mahls gemacht wird.

Bei Paulus bezieht sich das Wort Jesu ausdrücklich auf den Kelch, während bei Mk τοῦτο den Wein als Inhalt des Kelches meint, denn nur der kann in eine Beziehung zu Blut gesetzt werden. Dem entspricht die unterschiedliche Verbindung von Blut und Bund: bei Mk „mein Blut des Bundes" (vgl. Ex 24,8 Sach 9,11), bei Paulus „der neue Bund (vgl. Jer 31,31) in meinem Blut". Bei Mk geht es insgesamt um das letzte Mahl Jesu mit seinen Jüngern, das erst im Reich Gottes seine Fortsetzung finden wird (25), während es für Paulus um das von der Gemeinde gefeierte Mahl geht, „bis daß er kommt" (1 Kor 11,26).

Der Hauptunterschied zwischen beiden Fassungen liegt in der Parallelisierung von Brot- und Kelchwort:

Mk	Paulus
Brot/mein Leib	Brot/mein Leib
Kelch(inhalt)/mein Blut des Bundes	Kelch/der neue Bund in meinem Blut

Dabei finden sich Brot und Kelch bei Paulus auch 1 Kor 11,26 und 10,16 nebeneinander (1 Kor 10,3f dagegen βρῶμα und πόμα). In der Paulus-Fassung der Einsetzungsworte stehen aber die beiden ekklesiologischen Begriffe σῶμα χριστοῦ und καινὴ διαθήκη parallel; im Tod Jesu ist Kirche als Leib Christi und neuer Bund begründet. Er selbst nimmt davon nur σῶμα χριστοῦ als ekklesiologische Kategorie auf, wie 1 Kor 10,16f zeigt, wo er Brot und Kelch umstellt, um aus dem Brotwort die Einheit der Gemeinde zu folgern. „Neuer Bund" ist auch als „neuer" für Paulus offenbar zu sehr am Gesetz orientiert, als daß das ein ekklesiologischer Leitbegriff sein könnte (die von Paulus aufgenommene Tradition Röm 3,24–26a freilich entwickelte durchaus eine Christologie als Stiftung des [neuen] Bundes).

In der Mk-Fassung sind Brot und Wein parallelisiert. Auch hier liegt der Bezug auf den Bund vor (und die Erweiterung in Mt 26,28 „zur Vergebung der Sünden" expliziert nur ein latentes Motiv der Bundestradition), damit aber nicht auf die Passatradition, sondern auf den Komplex des Versöhnungstages (vgl. Ex 24,8 in Hebr 9,20 im Zusammenhang des Bezuges auf Lev 16). Die Mk-Fassung ist also stärker christologisch orientiert als die ekklesiologische Paulus-Fassung. Auch bei Mk sind beide Worte als Einheit zu fassen; der Ton liegt auf dem Schluß des Kelchwortes, und hier ist ein Anklang an Jes 53,12 LXX unverkennbar: καὶ αὐτὸς ἁμαρτίας πολλῶν ἀνήνεγκεν καὶ διὰ τὰς ἁμαρτίας αὐτῶν παρεδόθη.

Keine der beiden Fassungen stellt eine Urform dar, beide erweisen sich teilweise gegenüber der jeweils anderen als ursprünglicher. Beide aber haben formgeschichtlich ihren „Sitz im Leben" in der Gemeinde, bei Paulus eindeutig als Text der Herrenmahlfeier, bei Mk nun als historisierter Teil der Passionsgeschichte, in die Mk sie einfügt. Doch auch als „berichtende Erzählung" weist sie nur auf die Gemeinde, die „berichtet", und nicht einfach historisch auf das letzte Mahl Jesu mit seinen Jüngern (gegen Pesch II 369–371). Die Kategorie „Deuteworte", für J. Jeremias der ausschlaggebende Beweis dafür, daß Jesu letztes Mahl als Passamahl zu verstehen sei (Abendmahlsworte 50), ist für Brot- wie Kelchwort unangemessen; sie blicken nicht zurück auf den Auszug aus Ägypten, sondern – in der Zeit der Erzählung – voraus auf die Heilsbedeutung des Todes Christi und auf die darin konstituierte Gemeinde. Die Frage kann also nur sein, ob sich „Motive" des Herrenmahls auf den historischen Jesus zurückführen lassen (H. Patsch, Abendmahl 89); denselben Text einmal unsakramental aus einem Passamahl Jesu (J. Jeremias, Abendmahlsworte 35−56) und dann noch einmal sakramental aus dem Gottesdienst der Gemeinde zu erklären (so R. Pesch, Abendmahl 59), überspielt nur vordergründig die Frage, wie aus dem Wirken des historischen Jesus die Verkündigung wird, deren Inhalt Jesus ist (1Kor 11,26).

22 Jesus nimmt Brot, ohne daß dieses Brot entsprechend dem bei Mk vorausgesetzten Passamahl als ungesäuertes (ἄζυμα) bezeichnet wird. Brot ist Grundbestandteil jeder antiken Mahlzeit. Auch daß Jesus einen Segen darüber spricht, entspricht dem üblichen Hergang einer Mahlzeit, ist nicht eine Besonderheit des Passamahls. So liegt aller Ton auf der Identifizierung des Brotes als „mein Leib".

Auch der Wein **23** ist Grundbestandteil vielleicht nicht jeder antiken Mahlzeit, so doch einer feierlichen. Auch hier sind also wieder das Dankgebet und das Trinken nicht Besonderheiten des Passamahls, und auch hier liegt wieder aller Ton auf dem Wort Jesu **24**. Das Partizip praes. ἐκχυννόμενον hat auf der Erzählebene futurische Bedeutung, für den Hörer hat es aber zugleich den Klang des in der Vergangenheit Jesu bereits Eingetretenen. Daß für Mk im Kontext seiner Passionsgeschichte alles Interesse bei Jesus liegt, zeigt das abschließende mit ἀμὴν λέγω ὑμῖν als definitiv bestimmte Wort Jesu **25**. „Jener Tag" ist der Tag des Kommens des Reiches Gottes (vgl. 9,1), des Kommens des Menschensohnes (vgl. 13,24−27); zum Reich Gottes gehört nach jüdischer Tradition auch das endzeitliche Freudenmahl.

Mk fügt also die Einsetzung des Herrenmahls ganz in den Kontext seiner Passionsgeschichte ein, indem er schon die Einleitung 22 in den Erzählrahmen von 17 stellt und − ob er nun den Wiederholungsbefehl der Paulus-Fassung bewußt gestrichen hat oder nicht − keine Züge einer Fortsetzung dieses Mahles durch die Gemeinde nach Ostern andeutet. Im Gegenteil: während bei Paulus jede Erwähnung der Mahlteilnehmer fehlt, so daß sich die feiernde Gemeinde direkt durch Jesu Worte angesprochen fühlen kann, sind die Angesprochenen bei Mk die Jünger, und ein Mahl wird es für Jesus (über die Jünger ist in 25 nichts gesagt) erst wieder im Reich Gottes geben. So ist 22−25 für Mk primär Deutung des Todes Jesu durch ihn selbst und zeigt einmal mehr wie zuletzt 8 und 21, daß Jesus weiß, was vor sich geht, hier mit dem sonst in der Passionsgeschichte nicht begegnenden Motiv des stellvertretenden Sühneleidens (vgl. aber 10,45, wo dieses Motiv mit der Menschensohn-Christologie verbunden ist).

14,26−42 Die Versuchung

²⁶**Und als sie das Lob gesungen hatten, gingen sie zum Ölberg hinaus. ²⁷Da sagt Jesus zu ihnen: „Alle werdet ihr abfallen, denn es ist geschrieben: ‚Ich werde den Hirten schlagen, und die Schafe werden verstreut werden' (Sach 13,7). ²⁸Doch nach meiner Auferweckung werde ich euch vorausziehen nach Galiläa." Petrus aber sagte zu ihm: „Wenn auch alle abfallen werden, ich jedoch nicht." ³⁰Da sagt Jesus zu ihm: „Amen ich sage dir: Du wirst mich heute in dieser Nacht, noch bevor der Hahn zweimal kräht, dreimal verleugnen." ³¹Er aber sagte nachdrücklich: „Selbst wenn ich mit dir sterben müßte, werde ich dich nicht verleugnen." Ebenso sagten aber auch alle.**

³²Und sie kommen zu einem Landgut namens Gethsemane, und er sagt zu seinen Jüngern: „Setzt euch hier hin, bis ich gebetet habe." ³³Und er nimmt Petrus und Jakobus und Johannes mit sich und fing an zu zittern und zu zagen ³⁴und sagt zu ihnen: „Betrübt ist meine Seele zu Tode. Bleibt hier und wacht!" ³⁵Und er ging ein wenig vor, warf sich auf die Erde und betete, daß, wenn es möglich wäre, die Stunde an ihm vorüberginge, ³⁶und sagte: „Abba, Vater, alles ist dir möglich. Nimm diesen Becher von mir fort. Aber nicht, was ich will, sondern was du!" ³⁷Und er kommt und findet sie schlafend und sagt zu Petrus: „Simon, schläfst du? Kannst du nicht eine Stunde wachen? ³⁸Wacht und betet, damit ihr nicht in Versuchung kommt. Der Geist ist zwar willig, das Fleisch aber schwach." ³⁹Und erneut ging er weg und betete, indem er dasselbe sagte. ⁴⁰Und erneut kam er und fand sie schlafend, ihre Augen nämlich waren schwer, und sie wußten nicht, was sie ihm antworten sollten. ⁴¹Und er kommt zum dritten Mal und sagt zu ihnen: „Schlaft den Rest, und ruht euch aus! Genug, die Stunde ist gekommen; siehe, der Menschensohn wird ausgeliefert in die Hände der Sünder. ⁴²Steht auf, laßt uns gehen. Siehe, der, der mich ausliefert, ist nahe."

Literatur: R. S. Barbour, Gethsemane in the Tradition of the Passion, NTS 16 (1969/70) 231–251. – E. Brandenburger, Text und Vorlage von Hebr. V 7–10, NT 11 (1969) 190–224. – W. H. Kelber, The Hour of the Son of Man and the Temptation of the Disciples, in: Ders. (Hg.), The Passion in Mark, 1976, 41–60. – Ders., Mark 14,32–42, ZNW 63 (1972) 166–187. – K. G. Kuhn, Jesus in Gethsemane, EvTh 12 (1952/53) 160–185. – W. Mohn, Gethsemane, ZNW 64 (1973) 194–208. – K. W. Müller, ΑΠΕΧΕΙ (Mk 14,41) – absurda lectio?, ZNW 77 (1986) 83–100. – M. Wilcox, The Denial Sequence in Mark xiv 26–31.66–72, NTS 17 (1970/71) 426–436.

Zur Mk vorgegebenen Passionsgeschichte gehörte der Grundbestand der beiden folgenden Szenen. Durch 26 verlagert sich der Ort des Geschehens von einem Raum in Jerusalem an den Ölberg, in 32 dort zu einem Grundstück Gethsemane. Daß die beiden sich voneinander abhebenden Szenen hier zusammen behandelt werden, hat seinen Grund darin, daß Petrus und Jesus als zwei Kontrastpersonen erscheinen, und das weist voraus auf 53–72, wo zur Ausführung kommt, was sich hier andeutet, dort in engerer Verschränkung der beiden Szenen.

Der Vergleich mit Joh 13,36–38 zeigt, daß die Ankündigung der Verleugnung des Petrus 26–31 zur ursprünglichen Passionsgeschichte gehört. Dort (und Lk 22,31–34) findet sie sich jedoch im Zusammenhang des letzten Mahles Jesu mit seinen Jüngern, nicht wie bei Mk nach dessen Abschluß. Bei Joh hat sie einen Bezug zur Identifizierung des Judas Iskariot (Joh 13,21–30, vgl. wieder Lk 22,21–23), und durch die Abschiedsreden Jesu insgesamt gehört sie zum Thema der Jüngerschaft. Bei Mk hingegen kommt in den beiden Komplexen 26–42 und 53–72 der Kontrast zwischen Verleugnung und Bekenntnis heraus, damit das Thema der Nachfolge.

Dabei hat auch 32–42 bereits zu der Mk vorgegebenen Passionsgeschichte gehört, auch wenn hier noch nicht wie in 53–72 eine Verschränkung vorgenommen worden ist (vgl. aber 37); jedoch läßt sich erkennen, daß Mk eine vorgegebene Szene mit wenigen Eingriffen mit dem Gesamtkontext seines Evangeliums verbindet wie die ihm vorgegebene Passionsgeschichte als ganze. Daß andererseits die Szene 32–42 keine Parallele in der johanneischen Passionsgeschichte hat, deutet darauf, daß sie der ursprünglichen Passionsgeschichte zugewachsen ist. Die wörtliche Übereinstimmung zwischen 42 und

Joh 14,31 ist nicht zufällig, sondern weist auf eine ursprüngliche Naht zwischen der Ankündigung der Auslieferung und der Verleugnung und der Verhaftung.

26–31 stellt erneut dar, daß Jesus weiß, was geschehen wird; zugleich enthält die Geschichte Vorverweise, vor allem auf 54.66–72, aber auch auf die Zeit nach der Auferweckung Jesu (vgl. 16,7). **26** schafft die Überleitung von der Mahlszene durch den Rückblick auf einen Schlußgesang (ὑμνήσαντες) des Mahles. Daß damit die beim Passamahl am Ende stehende zweite Hälfte des Hallel (Ps 114 bzw. 115–118) gemeint sei (J. Jeremias, Abendmahlsworte 49), wird dem Leser zumindest nicht direkt gesagt. Eher wird der an die allgemeine Sitte von Lobgesängen bei Gottesdiensten erinnert; zu solchen Feiern gehört Beten und Singen (vgl. Philo, spec. leg. II 148 vom Passafest: πάτριον ἔθος ἐκπληρώσοντες μετ' εὐχῶν τε καὶ ὕμνων). Das Ziel ist erneut wie schon 13,3 der Ölberg. Damit kommt dem Leser aber auch die Rede in Erinnerung, die Jesus dort gehalten hat, und das Motiv des „Wachens" (13,35.37) wird in 34.37f wieder aufgenommen werden. 26 entspricht Joh 18,1, und das deutet wieder auf die beiden Evangelien zugrunde liegende Passionsgeschichte. Mk hat die Vorlage freilich redaktionell überarbeitet, zumal er mit 26 den Übergang von 22–25 zum Fortgang der Geschichte schafft und in 32 dies erneut aufnimmt.

27f stellen zwei Sätze an die Jünger gegeneinander: der erste sagt voraus, daß sie alle abfallen werden, der zweite, daß sie dagegen (ἀλλά) nach der Auferweckung ihm wieder nachfolgen werden. Σκανδαλίζεσθαι (abs. im Passiv) heißt hier „abfallen" (W. Bauer, Wb 1491); erfüllt wird das in der Flucht der Jünger (πάντες!) bei der Verhaftung Jesu in 50. Die Vorhersage Jesu ist begründet mit dem einzigen ausdrücklich als solchem gekennzeichneten alttestamentlichen Zitat in der Passionsgeschichte (Sach 13,7 in einer Textform, die weder MT noch LXX ganz entspricht; CD 19,7–9 bestätigt die Textfassung des MT). Während sonst der Passionsgeschichte vor allem Wendungen aus Klagepsalmen des Einzelnen unterlegt sind, ist dies ein Text aus den Propheten. Das Bild von Hirt und Herde meint bei Mk sonst nirgends das Verhältnis Jesu zu seinen Jüngern (vgl. 6,34 für das Volk), so daß der Verweis auf Sach 13,7 schwerlich auf Mk selber zurückgeht; mit Joh 16,32 hat Mk immerhin das Stichwort σκορπίζειν gemeinsam, auch dies ein Verweis auf die Vorlage.

28 verheißt gegenüber der Auflösung des Jüngerkreises eine neue Sammlung und eine Rückkehr nach Galiläa. Daß ein Fragment aus Fajum (Text bei Aland, Synopsis 444, Greeven, Synopse 243) diesen Satz nicht hat (ebensowenig ja Lk), ist textkritisch ohne Belang, da es sich dabei nicht um eine Bibelhandschrift handelt, sondern um eine freie Nacherzählung. Jedoch geht 28 auf die Redaktion des Mk zurück, denn die Reaktion des Petrus in 29 nimmt nur auf 27 Bezug, nicht aber auf 28; andererseits wird 28 in 16,7 wieder aufgenommen. Dort auch kann erst klar werden, was mit dieser Vorhersage gemeint ist, die über die bisherigen Ankündigungen des Todes Jesu (8,31 9,31 10,33f) noch über die Auferweckung hinausweist. In Erinnerung aber kommen jedenfalls auch 9,9f und damit, daß der ins Leiden gehende Menschensohn der Sohn Gottes ist, auf den die Jünger hören sollen (9,7).

Dem Voranziehen korrespondiert Nachfolge (vgl. 10,32), die die Jünger nun bei ihrem Abfall nicht leisten. Petrus, hier zunächst Einzelfigur, aber als solche durch 31b wieder Repräsentant des Jüngerkreises **29**, will sich selbst von dieser Vorhersage ausnehmen. Jesus jedoch kündigt ihm an **30**, daß er ihn in derselben Nacht noch sogar dreimal verleugnen wird, und dem Leser kommt dabei Jesu Wort 8,38 in Erinnerung, daß der

Menschensohn sich beim Gericht dessen schämen wird, der sich seiner und seiner Worte schämt (Mk hat dort das Verbum ἐπαισχύνεσθαι, die Q-Fassung Mt 10,33/Lk 12,9 hingegen das Paar ὁμολογεῖν/ἀρνεῖσθαι). Aber auch die Antwort des Petrus **31** erinnert an diesen Zusammenhang: hatte Jesus dort dessen Bekenntnis richtiggestellt durch den Hinweis auf Leiden, Tod und Auferstehung des Menschensohns und Nachfolge als Selbstverleugnung (ἀπαρνησάσθω ἑαυτόν) und Kreuzesübernahme bestimmt (8,34), so hat Petrus das nun begriffen, kann es jedoch, wie sich zeigen wird und wie Jesus im voraus weiß, nicht realisieren.

Die Vorhersage der dreifachen Verleugnung findet sich auch in Joh 13,38 (bei Mk freilich ein doppelter Hahnenschrei; zum textkritischen Problem s. u. S. 252f). Während aber Joh 13,36f (vgl. 21,18f) dem Leser in Erinnerung bringt, daß Petrus später durchaus in die Nachfolge getreten ist, fehlt bei Mk jede abmildernde Tendenz (eine solche hat auch Lk 22,31f), obwohl zur Zeit des Mk Petrus ja bereits den Märtyrertod gestorben ist. Das Interesse liegt bei Mk nicht so sehr bei der Person des Petrus, sondern bei dem Thema „Nachfolge" generell. Die Beziehung auf 8,27–9,9 wird vor allem in 31 hergestellt, und dieser Vers geht deshalb wohl auf Mk selber zurück, der über das vorgegebene Motiv, daß Jesus selbst vorausgesagt hat, daß Petrus ihn dreimal verleugnen werde, hinaus erneut auf das Verhältnis von Bekenntnis und Nachfolge weist. Petrus wird damit zum warnenden Beispiel für das, was in 4,16f gesagt ist über diejenigen, die das Wort mit Freuden annehmen – zu diesem Wort gehört nun auch das Wort über die Kreuzesnachfolge 8,34 –, wenn aber Trübsal oder Verfolgung kommt – und das ist ja die in 13,5ff angesprochene Situation der Gemeinde –, alsbald abfallen (σκανδαλίζεσθαι 4,17).

Die Szene 32–42 weist voraus auf 53–65 wie 26–31 auf 50.54.66–72. Dem Abfall der Jünger und der Verleugnung des Petrus kontrastiert dort das Bekenntnis Jesu. Dieses Bekenntnis wird zwar das bestätigen, was der Leser weiß; 32–42 zeigt jedoch, daß Jesus nicht nur weiß, was geschehen muß, sondern sich auch selbst damit identifiziert, indem er sich dem Willen Gottes unterstellt, wie sich bereits in 36 zeigt und nicht etwa erst am Schluß der Szene. Das dreifache Gebet Jesu kontrastiert der angekündigten dreifachen Verleugnung des Petrus; daß die Jünger schlafen, obwohl Jesus sie zum Wachen auffordert, weist zurück auf 13,37 und damit auf die Anrede an „alle", nicht nur an die Jünger, die wieder wie damals (13,3) mit ihm zusammen sind.

Auffällig ist der doppelte Beginn der Szene in 32 und 33. **32** nimmt zunächst 26 wieder auf. War dort das Ziel der Ölberg, so nun ein besonderes χωρίον namens Gethsemane (vgl. Joh 18,1). Der Name selbst hat für Mk keine Bedeutung, denn er gibt ihm keine Erklärung bei (offenbar גת שמני = Ölkelter). Wie schon in 1,35 6,46 zieht Jesus sich allein zum Beten zurück. In **33** dagegen nimmt er drei seiner Jünger zunächst mit, Petrus, Jakobus und Johannes, die zu den zuerst Berufenen gehören (1,16–20) und mit Jesus auch auf dem Berg der Verklärung (9,2) wie auf dem Ölberg (13,3) waren. Damit entsteht eine doppelte Beziehung einmal auf die Versicherung der Himmelsstimme 9,7, daß der ins Leiden Gehende der Sohn Gottes ist, auf den man hören soll, zum anderen erneut auf die Rede Jesu in 13,5ff, die mit dem Aufruf zum Wachen geschlossen hatte (13,37). 33a jedenfalls dürfte daher auf die Redaktion des Mk zurückgehen, der so eine Verbindung zum Gesamtkontext herstellt. Die Verben in 33b sind ungewöhnlich gefühlsbetont und erklären sich weder als für Mk typisch noch aus der der Passionsgeschichte durchweg unterlegten Sprache der Klagepsalmen des Einzelnen (freilich Aquila:

ἀδημονεῖν Ps 61,3 116,11 ἐκθάμβησις Jes 53,12), auch wenn das Motiv sich in diesen Zusammenhang fügt.

Hingegen nimmt Jesu Aussage **34** Ps 42,6.12 43,5 auf; Jesus ist in der typischen Situation des scheinbar von Gott Verlassenen. Der an die (drei) Jünger gerichtete erste Aufruf zum Wachen geht wohl wieder auf Mk zurück, der der Szene als ganzer in Verbindung mit 13,5ff eine solche paränetische Tendenz im Blick auf seine Leser hinzufügt. Das Gebet Jesu ist in **35f** doppelt wiedergegeben, zunächst in 35b in indirekter, darauf in 36 mit neuer Einleitung in direkter Rede. Das deutet darauf, daß eine der beiden Fassungen von Mk formuliert ist zur Verdeutlichung der ihm vorgegebenen Fassung. Die zweisprachige Gottesanrede ἀββὰ (אבא aramäisch als Vokativ) ὁ πατήρ (auch im Griechischen ist Nominativ als Vokativ möglich, vgl. BDR § 147.2) braucht nicht Übersetzung eines aramäischen Originals zu sein, da Gal 4,6 und Röm 8,15 zeigen, daß diese Gottesanrede auch in griechischsprachigen Gemeinden vertraut war. Das Bild vom „Trinken des Bechers" für Jesu Tod weist zurück auf 10,38f. Daher hat es alle Wahrscheinlichkeit für sich, 36 auf Mk zurückzuführen, der damit die allgemeinere Bitte von 35b neu faßt, einmal durch die in der liturgischen Vateranrede enthaltene Qualifikation des Beters als „Sohn Gottes" (vgl. 8,38b), zum anderen durch die Erinnerung an 10,38f, vor allem aber dadurch, daß nun durch den Schluß des Gebets kein Zweifel mehr daran besteht, daß Jesus sich ganz dem Willen des Vaters unterstellt (vgl. auch Weish 2,16: s. o. S. 43).

In 36 liegt also die christologische Spitze der Szene. Eine zweite Spitze mit dem Aufruf zum Wachen ist eine paränetische. Vorgegeben ist sie mit dem Motiv des Schlafens der Jünger, während Jesus betet. So sehr Mk also an der Beziehung zu 13,5ff liegt, so wenig braucht dieses Motiv aber ständig auf Mk zurückzugehen. Daher kann die vorwurfsvolle Anrede **37** speziell an Petrus (in der Anrede mit seinem eigentlichen Namen Simon, vgl. 3,16) durchaus schon vorgegeben sein und bereits in der von Mk aufgenommenen Passionsgeschichte auf den Kontrast zwischen Verleugnung des Petrus und Bekenntnis Jesu hinweisen.

38 erhebt die Situation ins Allgemeine und kann daher eher auf Mk zurückgehen, der dann erst selbst wie in 34 an 13,37 erinnern würde. Πειρασμός begegnet freilich nur hier bei Mk, so sehr sich ein solches Wort bei 4,13–20 oder 13,5ff nahelegt. Der Gegensatz von Geist und Fleisch weist auf den im Neuen Testament vor allem bei Paulus begegnenden Sprachgebrauch: Geist ist der von Gott geschenkte (vgl. 1,10f 13,11), Fleisch die Existenz ohne diesen Geist.

In **39f** wiederholt sich 35–38, ohne daß das erzählerisch ausgeführt ist. Es fehlt jedoch der Aufruf zum Wachen, und das ist ein weiteres Indiz, das Motiv des Wachens in 34 und 38 der Redaktion des Mk zuzuschreiben. 40b enthält im Gegenteil eine zu der paränetischen Tendenz nicht recht passende Entschuldigung der Jünger durch ihre Müdigkeit.

41a verkürzt noch einmal das erzählerische Moment, indem nur noch gesagt wird, daß Jesus zum dritten Mal kommt, und diese Betonung des Dreifachen deutet rückwärts wie vorwärts auf die angekündigte (30) und dann auch erfolgende (72) dreifache Verleugnung des Petrus. Die Stunde **41b**, um deren Abwendung Jesus zunächst in 35b gebetet hatte, ist nun da. Diese Stunde wird von Mk in Aufnahme seiner Aussagen über die Auslieferung des Menschensohnes (vgl. zuletzt in 21) qualifiziert als der Beginn jener Geschichte, die Jesus selbst seit 8,31 vorhergesagt hatte. Hatte es aber bisher geheißen, er werde „den Menschen" (9,31) oder „den Hohenpriestern und Schriftgelehrten" (10,33, vgl. 14,10) ausgeliefert, so heißt es nun: „in die Hände der Sünder", und damit sind seine Gegner deutlich genug qualifiziert.

Wieder ist Jesus derjenige, der weiß, was auf ihn zukommt, die festgesetzte Stunde ist da, nun **42** ist der nahe, der ihn ausliefern wird. Der mit Joh 14,31 wörtlich übereinstimmende Aufruf Jesu zeigt ihn als den Wissenden und Handelnden auch in seiner Passion. Nichts steht darüber da, daß Jesus ihn gesehen oder gehört habe, vielmehr ist Judas am Beginn der folgenden Szene in 43 plötzlich da.

In der Mk vorgegebenen Passionsgeschichte zeigt sich also eine feste Verankerung der Szene im Kontext durch den Kontrast zur Gestalt des Petrus. In der Christologie zeigt sich das typische Motiv des leidenden Gerechten, der Gott als Vater anredet (vgl. Weish 2,16.18, s. o. S. 38). Mk übernimmt die Szene und erweitert sie durch die Hervorhebung des engeren Jüngerkreises in 33, durch die Neufassung des Gebetes Jesu in 36 (vgl. 10,38f), durch die Betonung des Wachens in 34.(37).38 und durch die betonte christologische Aussage in 41b. Alle diese Erweiterungen beziehen die Szene auf den Kontext des Evangeliums und damit auch auf die in 13,5ff erkennbare Situation der Gemeinde des Mk.

14,43—52 Die Gefangennahme Jesu

⁴³Und sofort, während er noch redet, kommt Judas dazu, einer der Zwölf, und mit ihm eine Menge mit Schwertern und Prügeln von den Hohenpriestern und den Schriftgelehrten und den Ältesten. ⁴⁴Der Auslieferer hatte ihnen aber ein Zeichen angegeben und gesagt: „Den ich küssen werde, das ist er. Ergreift ihn, und führt ihn sicher ab!" ⁴⁵Da kommt er nun und tritt sofort zu ihm hin und sagt: „Rabbi", und küßte ihn. ⁴⁶Sie aber legten Hand an ihn und ergriffen ihn. ⁴⁷Einer aber von den Umstehenden zog das Schwert heraus und verwundete den Sklaven des Hohenpriesters und schlug ihm das Ohr ab. ⁴⁸Und Jesus antwortete und sagte zu ihnen: „Wie gegen einen Räuber seid ihr mit Schwertern und Prügeln ausgezogen, um mich festzunehmen? ⁴⁹Täglich war ich bei euch im Heiligtum am Lehren, und ihr habt mich nicht ergriffen. Aber damit die Schriften erfüllt werden!" ⁵⁰Da verließen sie ihn und flohen alle. ⁵¹Und ein gewisser Jüngling folgte ihm nach, ein Hemd auf nacktem Leib, und sie ergreifen ihn. ⁵²Er aber gab sein Hemd preis und floh nackt.

Literatur: G. Schneider, Die Verhaftung Jesu, ZNW 63 (1972) 188—209.

Zur Mk vorgegebenen Passionsgeschichte gehörte auch die Szene der Gefangennahme Jesu. Wie Joh 18,1—12 beginnt sie mit der Schilderung der Gruppe unter Führung des Judas, der bei Joh dann aber merkwürdig zurücktritt (in 18,5b noch einmal kurz erwähnt, aber ohne Funktion). Joh unterstreicht in 18,4—9 das Wissen und die Souveränität Jesu. Erstaunliche wörtliche Nähe findet sich zwischen Mk 14,47 und Joh 18,10. Der Mk-Text besteht aus vier nur wenig miteinander verbundenen Teilen: 43—46 die eigentliche Festnahme, 47 das abgeschlagene Ohr, 48f Jesu Stellungnahme zu den Umständen seiner Festnahme und 50—52 zwei parallele Aussagen über die Flucht der Begleiter.

Der Stil ist weiterhin fast distanziert nüchtern, und das, obwohl ein tumultartiges Geschehen erzählt wird und mit dem (sprichwörtlich gewordenen) „Judaskuß" beim Leser sicherlich hohe Emotionen angesprochen werden. Inhaltlich geht es um den endgültigen Beginn der Ereignisse, die Jesus seit 8,31 immer wieder vorhergesagt hatte, den Übergang aus dem Kreis der Freunde in den der Gegner. Das bedeutet aber nicht, daß nun erst (oder gar zu einem späteren Zeitpunkt) die Mk vorgegebene Passionsgeschichte angefangen hätte; dafür ist auch diese Geschichte schon auf einer vorredaktionellen Stufe zu sehr mit dem verknüpft, was seit 1f erzählt wird.

Die Überleitung καὶ εὐθύς in **43** mag wie oft auf Mk zurückgehen, um die Verknüpfung zum Schluß der Gethsemane-Szene (42) noch enger zu gestalten. Judas, erneut ausdrücklich als „einer der Zwölf" eingeführt (vgl. 10.20, auch 3,19) war in 10 weggegangen, nun erst kommt er wieder an der Spitze eines durch seine Bewaffnung als „Haufe" charakterisierten ὄχλος (Joh 18,3 hingegen eine ordentliche militärische Truppe aus Römern und Juden, ähnlich Lk 22,52). Dahinter stehen die Hohenpriester, Schriftgelehrten und Ältesten (vgl. 8,31 10,33 14,1), denen Jesus ausgeliefert werden soll; für den Leser aber sind sie „Sünder" (41).

44 ist eine etwas ungeschickte Zwischenbemerkung, die **45** erklärend vorbereitet. Die Funktion des Judas ist es, Jesus zu identifizieren (anders Joh 18,2, wo Judas der ist, der den Aufenthaltsort Jesu kennt). Er tut das durch die Anrede „Rabbi" (vgl. 9,5 11,21) und den verabredeten Begrüßungskuß (es ist verständlich, daß Mt und Lk eine Reaktion Jesu ergänzen; im Vergleich damit zeigt sich der nüchterne Stil bei Mk sehr deutlich). Daraufhin wird Jesus festgenommen **46**.

Es folgt in **47** die Szene mit dem abgeschlagenen Ohr. Wieder reagiert Jesus nicht darauf (wie bei Mt und Lk und auch Joh, der darüber hinaus Täter und Opfer identifiziert), sondern nimmt in **48f** zu den Umständen seiner Festnahme Stellung: die Gegner führen sie aus, wie sie in 2 geplant hatten, und behandeln Jesus wie einen Räuber. (Daß Josephus durchweg die Zeloten als λῃσταί bezeichnet, darf nicht so ausgewertet werden, daß also Jesus ein Zelot gewesen sei, sondern zeigt nur die Kriminalisierung der jüdischen Aufständischen durch ihren Historiker Josephus.) Dabei hat Jesus, wie der Leser ja weiß (vgl. vor allem 12,35), in aller Öffentlichkeit im Tempel gelehrt. So weist 48f über 2 auch auf 12,12 zurück: Hinterlist und Feigheit seiner Gegner. Die Erklärung für ihr Tun liegt aber nicht eigentlich auf solcher historisch-psychologischen Ebene, sondern darin, daß die Schriften erfüllt werden müssen, wieder wie in 21 ein pauschaler Verweis, ohne daß spezielle Stellen des AT gemeint sind. 48f geht wegen der die Passionsgeschichte übergreifenden Verknüpfung und des auch in 21 redaktionellen Hinweises auf die Schrift auf Mk zurück; 48 wiederholt dabei noch einmal den in 43 geschilderten Vorgang.

In **50** tritt das ein, was Jesus in 27 vorausgesagt hatte, wie sich dann ja auch seine weiteren Vorhersagen erfüllen werden. **51f** schildert eine Einzelszene bei der allgemeinen Flucht. Mk und seine Leser müssen wohl noch gewußt haben, wer hier gemeint war (eine Auslegung als Erfüllung von Am 2,16 führt nicht weiter), schon Mt und Lk ließen diese Szene weg.

Der Schlüssel zu dieser kurzen Geschichte liegt wieder in der Christologie, wie sie in Jesu Reaktion 49 enthalten ist: was Jesus längst vorausgesagt hat, tritt nun ein, weil es dem δεῖ, der Schrift entspricht. Sowohl in der Mk vorgegebenen Passionsgeschichte als auch bei ihm selber hat sie Überleitungsfunktion zwischen den Geschichten, die von

Jesus im Kreis der Jünger erzählen, und denen, in denen er nun allein ins Leiden und in den Tod geht.

14,53−72 Jesu Bekenntnis und seine Verleugnung durch Petrus

[53]Und sie führten Jesus ab zum Hohenpriester, und alle Hohenpriester und Ältesten und Schriftgelehrten kommen zusammen. [54]Und Petrus folgte ihm von weitem bis hinein in die Residenz des Hohenpriesters und saß mit den Dienern und wärmte sich am Feuer.
[55]Die Hohenpriester und das ganze Synhedrium suchten nach Zeugnis gegen Jesus, um ihn zu töten, und fanden es nicht. [56]Viele nämlich legten falsches Zeugnis gegen ihn ab, und ihre Zeugnisse waren nicht gleich. [57]Und einige standen auf und legten falsches Zeugnis gegen ihn ab, indem sie sagten: [58]„Wir haben ihn sagen hören: ‚Ich werde diesen Tempel zerstören, den mit Händen gemachten, und binnen drei Tagen werde ich einen anderen, nicht mit Händen gemachten aufbauen.‘“ [59]Und auch so war ihr Zeugnis nicht gleich. [60]Da stand der Hohepriester auf in die Mitte und fragte Jesus, indem er sagte: „Antwortest du gar nichts auf das, was diese gegen dich bezeugen?“ [61]Der aber schwieg und antwortete gar nichts. Erneut fragte ihn der Hohepriester und sagt zu ihm: „Bist du der Gesalbte, der Sohn des Hochgelobten?“ [62]Jesus sagte: „Ich bin es, und ihr werdet den Menschensohn zur Rechten der Kraft sitzen und mit den Wolken des Himmels kommen sehen.“ [63]Der Hohepriester aber zerreißt seine Kleider und sagt: „Wozu brauchen wir noch Zeugen? [64]Ihr habt die Lästerung gehört, was scheint euch?“ Alle aber gaben das Urteil ab, daß er des Todes schuldig sei. [65]Und einige fingen an, ihn anzuspucken und sein Gesicht zu verdecken und ihn zu ohrfeigen und zu ihm zu sagen: „Prophezeie!“, und die Diener nahmen sich seiner mit Schlägen an.
[66]Und Petrus ist unten in der Residenz, und eine der Mägde des Hohenpriesters kommt, [67]und als sie Petrus sich wärmen sieht, schaut sie ihn an und sagt: „Auch du warst mit dem Nazarener, dem Jesus!“ [68]Der aber leugnete, indem er sagte: „Weder weiß ich noch verstehe ich, was du sagst.“ Und er ging hinaus in den Vorhof, und der Hahn krähte. [69]Und als die Magd ihn sah, fing sie erneut an, zu den Umstehenden zu sagen: „Dieser gehört zu ihnen!“ [70]Er aber leugnete erneut. Und nach kurzer Zeit sagten die Umstehenden erneut zu Petrus: „Wirklich, du gehörst zu ihnen. Du bist nämlich auch ein Galiläer.“ [71]Er aber fing an zu fluchen und zu schwören: „Ich kenne diesen Menschen nicht, den ihr nennt!“ [72]Und sofort krähte der Hahn zum zweiten Mal. Da erinnerte Petrus sich des Wortes, wie Jesus zu ihm geredet hatte: „Bevor der Hahn zweimal kräht, wirst du mich dreimal verleugnen“, und begann zu weinen.

Literatur: K. E. Dewey, Peter's Curse and Cursed Peter, in: W. H. Kelber (Hg.), The Passion in Mark, 1976, 96−114. − J. R. Donahue, Temple, Trial, and Royal Christology, ebd. 61−79. − J. Ernst, Noch einmal: Die Verleugnung Jesu durch Petrus, Cath(M) 30 (1976) 207−226. − R. T. Fortna, Jesus and Peter at the High Priest's House, NTS 24 (1977/78) 371−383. − J. Gnilka, Die Verhandlungen vor dem Synhedrion und vor Pilatus nach Markus 14,53−15,5, EKK.V 2, 1970,

5–21. – M. DE JONGE, The Use of ὁ χριστός in the Passion Narratives, in: J. DUPONT (Hg.), Jésus aux origines de la christologie, EThL.B 40, 1975, 169–192. – D. JUEL, Messiah and Temple, SBLDS 31, 1977. – G. KLEIN, Die Verleugnung des Petrus, in: Rekonstruktion und Interpretation, BEvTh 50, 1969, 49–98. – E. LINNEMANN, Die Verleugnung des Petrus, ZThK 63 (1966) 1–32. – D. LÜHRMANN, Markus 14.55–64. Christologie und Zerstörung des Tempels im Markusevangelium, NTS 27 (1980/81) 457–474. – K. MÜLLER, Jesus vor Herodes, in: J. BLANK u. a. (Hg.), Zur Geschichte des Urchristentums, QD 87, 1979, 111–141. – N. PERRIN, The High Priest's Question and Jesus' Answer, in: s. o. (bei Dewey), 80–95. – J. W. WENHAM, How Many Cock-Crowings?, NTS 25 (1978/79) 523–525.

Schon in der Mk vorgegebene Passionsgeschichte waren die beiden Szenen ineinander verschränkt, wie der Vergleich mit Joh 18,13–27 erkennen läßt (vgl. R. T. Fortna, Jesus). Dort freilich wird Jesus nicht sofort zum Hohenpriester geführt, sondern zunächst zu dessen Schwiegervater Hannas, dem ehemaligen Hohenpriester (18,13), und erst von dort zu Kaiphas (18,24), der ihn dann sofort ins Prätorium weiterleitet (18,28). Um das Gespräch mit Hannas, der in Joh 18,19.22 einfach „der Hohepriester" heißt, ist aber die Verleugnung des Petrus in Joh 18,15–18 und 25–27 ebenso herumgelegt wie bei Mk in 14,54 und 66–72 um den Prozeß Jesu vor dem Synhedrium beim Hohenpriester. Die Mk vorgegebene Passionsgeschichte hatte – wie dann auch Mk selbst – diese Verschränkung in 26–42 bereits angedeutet.

53 Der festgenommene Jesus wird zum Hohenpriester geführt, dessen Namen Mt und Joh historisch richtig mit Kaiphas wiedergeben (sein voller Name: Joseph Kajaphas, vgl. Josephus, antiqu. XVIII 35; er amtierte 18–37). Bei Mk hingegen bleibt er namenlos wie auch alle weiteren am Geschehen Beteiligten mit Ausnahme von Jesus und Petrus. Beim Hohenpriester versammeln sich „alle Hohenpriester, Ältesten und Schriftgelehrten", also die dem Leser seit 8,31 bekannte Dreiergruppe, und der Leser weiß auch, daß sie ihn nun zum Tode verurteilen werden.

Petrus macht **54** mit seiner Nachfolge bis in die Residenz (diese Bedeutung von αὐλή wegen 15,16) des Hohenpriesters wahr, was er in 29 und 31 angekündigt hatte, aber der Leser weiß, daß Petrus nicht mit Jesus sterben, sondern ihn in dieser Nacht dreimal verleugnen wird, wie Jesus es in 30 vorhergesagt hat.

Was nun folgt, hat den Charakter eines Prozesses: es gibt Zeugenaussagen (55–58), ein Verhör (59–62) und einen Urteilsspruch (64). Aber dieser Prozeß ist von Anfang an als rechtswidrig dargestellt: das Todesurteil steht fest, bevor man überhaupt begonnen hat (55, vgl. 1), die Zeugen liefern kein stichhaltiges Belastungsmaterial (56.59), das Urteil kann daher gar nicht damit begründet werden (63), und die statt dessen vorgeschützte Urteilsbegründung βλασφημία (64) hat keinen Anhalt im „Geständnis" des Angeklagten 61f. Ein Prozeß also, der die elementarsten Anforderungen gleich welcher Rechtsordnung verletzt.

Die in 52 genannte Dreiergruppe wird in **55** zusammengefaßt als „die Hohenpriester und das ganze Synhedrium". Συνέδριον bezeichnet also ein Gremium unter Einschluß der Hohenpriester, nicht wie Lk 22,26 ein Gebäude oder wie Joh 11,47 eine Zusammenkunft. Anstelle der älteren Bezeichnung γερουσία begegnet συνέδριον (als Fremdwort im Hebräischen סנהדרין) seit der Zeit Herodes' d. Gr. für das oberste Gremium in Jerusalem (vgl. dazu E. Lohse, ThWNT VII 860); Mk setzt hier wie in 15,1 diesen rechtlichen Sprachgebrauch voraus. Dem Synhedrium gehörten die bei Mk genannten drei Gruppen der Hohenpriester (Mitglieder von Priesterfamilien), der Ältesten (Vertreter der Jerusalemer Honoratioren) und der Schriftgelehrten (rechts- und d. h. torakundige Mitglieder, die nicht über ihre familiäre Herkunft legitimiert waren; unter ihnen wohl in der Mehrzahl Pharisäer). Nach Sanh I 6 umfaßte dieses Gremium 71 Personen; Mk nennt keine Zahl, auch er stellt sich das Synhedrium aber wohl als einen größeren Kreis vor. Der Vergleich mit dem Mischnatraktat Sanhedrin zeigt für 55—65 beträchtliche Abweichungen von den dort kodifizierten Verhandlungsvorschriften für dieses Gremium (vgl. im einzelnen E. Lohse, ThWNT VII 866), und das kann nicht damit erklärt werden, daß (so J. Blinzler, Prozeß 227) Sanh pharisäische Vorstellungen beschreibe, während vor 70 in Jerusalem ein anderes, nämlich sadduzäisches Recht gegolten habe. Auch für Sadduzäer wäre es sicher rechtswidrig gewesen, daß Zeugen für die Begründung eines vorher feststehenden Todesurteils gesucht werden.

Zwar gibt es viele Zeugen **56**, aber die lügen, was nicht nur im Dekalog (Ex 20,16 Dtn 5,6, zitiert in Mk 10,19) verboten ist, und ihre Aussagen stimmen nicht überein, wiederum Verletzung einer Grundvoraussetzung jeglicher Gerichtsbarkeit, auch der jüdischen (vgl. Dtn 19,15—21). Es geschieht hier das, was immer dem leidenden Gerechten geschieht (vgl. Ps 27,12 35,11 109,2ff).

57—59 bringt zusätzlich eine dieser als Lügen bezeichneten Zeugenaussagen, in den Rahmenversen 57 und 59 wörtlich mit 56 übereinstimmend. Deutlich handelt es sich um eine sekundäre Erweiterung von 56, die auf Mk zurückgeht. Daß diese Zeugenaussage falsch ist, weiß der Leser, denn Jesus hat zwar wiederholt im Tempel und auch über den Tempel gesprochen, nie aber hat er so geredet. Der im Sinne des Mk „authentische" Wortlaut steht vielmehr in 13,2 (vgl. S. 217f zum „Tempelwort"). Nun zeigte 13,5ff, daß Mk sich auseinanderzusetzen hat mit anderen Deutungen der Ereignisse des Jüdischen Krieges einschließlich der Zerstörung des Tempels. Falsch ist nach ihm also die Behauptung, Jesus habe gesagt, er selber werde den Tempel zerstören. Die aktuelle Situation der Gemeinde wird hier noch einmal angesprochen. Inwiefern diese Aussagen nicht miteinander übereinstimmen, spielt keine Rolle; wichtig ist nur, daß sie nicht mit dem übereinstimmen, was Jesus nach 13,2 wirklich gesagt hat. Wer als Christ das Tempelwort in der Fassung von 58 als Wort Jesu ausgibt, steht für Mk als Lügenprophet (vgl. 13,22) neben diesen Lügenzeugen.

Nun tritt der Hohepriester auf **60** und will Jesu Stellungnahme zu diesen Aussagen hören; der aber schweigt **61a**, wie der leidende Gerechte immer schweigt zu den Beschuldigungen seiner Gegner (vgl. Jes 53,7 Ps 38,14—18 39,10). Wozu auch sollte er etwas sagen, zu evident ist ja, daß es keine Belastungszeugen gibt. Der Hohepriester wechselt darauf das Thema **61b** und stellt eine zweite Frage, die, wie der Leser weiß, Jesus nur bejahen kann. Denn daß Jesus ὁ χριστός ist, ist in 1,1 selbstverständliche Voraussetzung des Evangeliums wie auch in 9,41 die, die ihm nachfolgen, als zu Christus Gehörende bezeichnet werden. Vor allem aber kommt das Bekenntnis des Petrus von 8,29 (vgl. S. 146 zu χριστός) in Erinnerung, jenes Petrus, der nun draußen im Hof sich wärmt. Und daß Jesus „Sohn des Gelobten", Gottes also, ist, weiß der Leser ebenfalls (vgl. S. 38), weil nicht nur Dämonen dies erkannt haben (3,11 5,7), sondern vor allem eine Himmelsstimme dies nach der Taufe (1,11) und noch einmal auf dem Berg der Verklärung (9,7) versichert hat.

Jesus bejaht denn auch die Frage mit ἐγώ εἰμι und fügt den dritten christologischen Titel hinzu, den der Leser erwartet: Menschensohn **62**. Die Formulierung nimmt einmal wie 12,36 Ps 110,1 auf, zum anderen wie 8,38 und 13,26 Dan 7,13. Vom Leiden, Sterben und Auferstehen des Menschensohns (vgl. S. 147f zu „Menschensohn") braucht an dieser Stelle nicht gesprochen zu werden, weil Jesus ja jetzt der Leidende ist, der sterben und auferstehen wird. 61b.62 erweist sich als eine Zusammenfassung der Christologie des ganzen Evangeliums und geht daher in dieser Formulierung auf Mk zurück, der die drei Titel auch in 8,29.31.38 9,7 als eng zusammengehörend und sich gegenseitig interpretierend zusammengestellt hatte. Mk nimmt dabei das in der ihm vorgegebenen Passionsgeschichte enthaltene Motiv des leidenden Gerechten, der von Gott ins Recht gesetzt wird, auf, gibt ihm aber durch diese Titel die Zuspitzung auf die Person Jesu. Weil er der Gesalbte, der Sohn Gottes, der Menschensohn ist, muß er leiden, sterben und auferstehen (vgl. die Ankündigungen seit 8,31). Ist 61b.62 also redaktionell, muß Mk einen anderen Wortlaut seiner Vorlage ersetzt oder verändert haben; was dort gestanden haben mag, ist nicht rekonstruierbar, da die Parallele Joh 18,19–24 in keinem Einzelzug übereinstimmt.

Die Reaktion des Hohenpriesters auf dieses „Geständnis" Jesu ist eine große Geste **63**; er zerreißt seine Kleider (vgl. 2Sam 1,11f 2Kön 18,37–19,1, jüdische Stellen bei Bill I 1007f) und überspielt das Fehlen von Belastungszeugen damit, daß er behauptet, man benötige solche gar nicht, denn Jesu Antwort erfülle den Tatbestand der βλασφημία **64a**. Für den Leser mindestens muß das als Verdrehung der Worte Jesu erscheinen. Wie sollte er akzeptieren, daß es sich bei seinem eigenen christologischen Bekenntnis zu Jesus als dem Gesalbten, dem Sohn Gottes, dem Menschensohn um Blasphemie handele? Aber auch auf einer historisch-neutralen Ebene ist dieser Vorwurf nicht einsehbar. Ein „Bekenntnis zur messianischen Würde" (so J. Blinzler, Prozeß 188f) war nach jüdischem Recht kein todeswürdiges Verbrechen, ebensowenig ein Drohwort gegen den Tempel (bei Mk ja zudem in als Lüge bezeichneten Zeugenaussagen und als solche ja auch nicht die Begründung für den Hohenpriester); ginge es schließlich bei βλασφημία um mißbräuchliche Benutzung des Gottesnamens gemäß Sanh VII 5, dann hat wie der Hohepriester auch Jesus den nicht in den Mund genommen. Jener vermied ihn in seiner Frage durch die Umschreibung „der Gelobte" (zumindest keine übliche jüdische Gottesbezeichnung), dieser in seiner Antwort durch „die Kraft".

Aus Jesu Antwort Blasphemie herauszulesen, zeigt also nur noch einmal, wie unfair dieser Prozeß ist; das Todesurteil, das nun einstimmig (πάντες **64b**) gefällt wird, ist juristisch unbegründbar, und die es sprechen, sind „die Sünder", denen der Menschensohn ausgeliefert ist (vgl. 41). Es geht ihm wie immer dem leidenden Gerechten: „Zu schändlichem Tod wollen wir ihn verurteilen" (Weish 2,20). Und so wird Jesus dann auch noch geschlagen und verspottet **65**. Den Propheten, der Jesus ist, wenn auch zugleich mehr, verhöhnen seine Gegner, wie es dann später auch die römischen Soldaten tun (15,16–20), von denen sich die Mitglieder des Synhedriums also nicht wesentlich unterscheiden.

Der „Prozeß" Jesu vor dem Synhedrium ist bei Mk insgesamt als juristisch unhaltbar dargestellt. So war es aber auch schon in seiner Vorlage, denn Mk selber fügt nur 57–59 und 61b.62 ein. Der Grund für Jesu Sterben liegt für Mk nicht in einem nach irgendeiner Rechtsordnung strafwürdigen Vergehen, sondern allein darin, daß er als der Gesalbte, der Sohn Gottes, der Menschensohn leiden, sterben und auferstehen muß. Indem sie ihn verurteilen, erweisen sich seine Gegner als die Sünder, er selber aber als der Gerechte, der durch seine Auferstehung von Gott ins Recht gesetzt werden wird.

Die Zuständigkeit des Synhedriums für Kapitalgerichtsbarkeit

Literatur: O. BETZ, Probleme des Prozesses Jesu, ANRW II 25.1, 1982, 565—647. — J. BLINZLER, Der Prozeß Jesu, ⁴1969. — H. LIETZMANN, Der Prozeß Jesu, in: Kleine Schriften II, TU 68, 1958, 251—263. — A. STROBEL, Die Stunde der Wahrheit, WUNT 21, 1980. — P. WINTER, On the Trial of Jesus, SJ 1, 1961.

Während bei Mk (und ihm folgend Mt) das Synhedrium das Todesurteil fällt, verweisen in Joh 18,31 die Juden darauf, daß sie selber keinen Menschen töten dürfen, und hier schließt erst die Verhandlung vor Pilatus mit einer Art Gerichtsszene (Joh 19,13—16a, vgl. Lk 23,24 ἐπέκρινεν), während andererseits bei Mk eine wirkliche Gerichtsverhandlung vor Pilatus fehlt. Vor allem Joh 18,31 wirft daher die Frage nach der Zuständigkeit des Synhedriums für Kapitalgerichtsbarkeit in der Zeit der Herrschaft der Römer über Jerusalem und Judäa in den Jahren 6 bis 66 auf (abgesehen von der kurzen Herrschaft des Herodes Agrippa I 41—44). Grundlage der überaus kontroversen Diskussion (vgl. vor allem P. Winter, Trial; J. Blinzler, Prozeß; E. Lohse, ThWNT VII 865—868; A. Strobel, Stunde) ist der kurze Aufsatz von H. Lietzmann (Prozeß), nicht wegen dessen eigener These, sondern weil hier das in Frage kommende Material knapp zusammengestellt ist. Es geht dabei einmal um die auch durch in Jerusalem gefundene Inschriften belegte Androhung der Todesstrafe für Nichtjuden, die den Tempelbezirk betreten (vgl. Josephus, bell. VI 124—126, antiqu. XV 417, vgl. auch Philo, leg. 307). Freilich ist kein derartiger Fall bekannt, außer daß nach Apg 21,28 dem Juden Paulus (fälschlich) vorgeworfen wird, er habe Griechen in den Tempel geführt und damit das Heiligtum entweiht. Die Steinigung des Stephanus Apg 8,58 ist nach der alleinigen Quelle Apg 6,11—7,60 nicht Exekution eines Todesurteils des Synhedriums, sondern ein Akt von Lynchjustiz. Die Hinrichtung des Herrenbruders Jakobus und einiger anderer unter dem Hohenpriester Ananos durch Steinigung aufgrund eines συνέδριον κριτῶν fand im Jahre 62 im Vorfeld des Jüdischen Krieges während einer Vakanz der römischen Statthalterschaft statt (Josephus, antiqu. XX 200, s. Beilage 7). Die Verbrennung einer der Hurerei beschuldigten Priestertochter entsprechend Lev 21,9 (Sanh VII 2, vgl. Bill I 1026f) ist keineswegs sicher in diese Zeit zu datieren. Nimmt man diese Belege zusammen und fügt noch als möglichen weiteren Fall Jesu Verurteilung nach Mk und Mt hinzu, blieben doch für die 60 Jahre zwischen dem Jahr 6, als Judäa römische Provinz wurde, und dem Ausbruch des Jüdischen Krieges 66 allenfalls drei Fälle, in denen das Synhedrium Todesurteile gefällt und vollstreckt haben könnte. Davon fällt die Steinigung des Jakobus in eine besondere Situation, und die Verbrennung einer Priestertochter stellt einen Sonderfall dar. So bleibt als einziger Beleg für eine mögliche Kompetenz des Synhedriums, Todesurteile auszusprechen (nicht auch, sie zu vollstrecken!), Mk 14,64b und dem folgend Mt 26,66. Dem widersprechen Joh 18,31 und die Überlieferung, daß (ca.) 40 Jahre vor der Zerstörung des Tempels Israel die Kriminalgerichtsbarkeit genommen worden sei (pSanh 1,18a und 24b, vgl. Bill I 1027 mit der durch A. Strobel, Stunde 28 korrigierten Angabe), sowie die Tatsache, daß sich die Römer bei Anerkennung lokaler Rechtsüberlieferung die Kriminalgerichtsbarkeit in all ihren Provinzen selber vorbehalten haben (vgl. auch Josephus, bell. II 117, s. Beilage 5). Man muß also historisch davon ausgehen, daß Jesus aufgrund eines — wie immer juristisch begründeten — römischen Todesurteils hingerichtet worden ist (vgl. vor allem P. Winter, Trial) und daß die Verurteilung durch das jüdische Synhedrium bei Mk bzw. in der ihm vorgegebenen Überlieferung und ihm folgend Mt christliche Tendenz weniger der Entlastung des Pilatus als der Belastung der jüdischen Führer verrät. Historisch gesehen waren sicherlich Juden an der Verurteilung Jesu durch Pilatus beteiligt; mit welcher Begründung sie ihn durch Pilatus verurteilen ließen, geht aus unseren Quellen nicht hervor, unterstellt man ihnen nicht einfach mit diesen Quellen niedere Beweggründe (vgl. aber Beilage 9). Eine Vermittlung zwischen den beiden sich widersprechenden Überlieferungen der Verurteilung durch Juden (Mk) und durch Römer (Joh) hat bereits Lk versucht, indem er über die Hinzuziehung des Herodes Antipas (Lk 23,6—12), aber unter Verzicht auf eine Verurteilung durch das Synhedrium eine Art Voruntersuchung, wie sie nach römischem Recht vorgeschrieben war, mit einer

Verurteilung durch Pilatus kombiniert (s. K. Müller, Jesus). Dem sind in unserer Zeit einige Exegeten gefolgt (z. B. Gnilka II 284–286 im Anschluß an J. Blinzler, Prozeß), andere (z. B. A. Strobel, Stunde) sehen in dem bei Mk geschilderten Prozeß gar religiöses Ausnahmerecht.

Für die Auslegung des Mk-Textes bleibt unabhängig von allen historischen Rekonstruktionen der Eindruck einer unfairen, juristisch nicht zu rechtfertigenden Gerichtsverhandlung, die nicht Bestandteil eines Verfahrens nach römischem Recht ist. In allen übrigen oben genannten Fällen wird zudem eine im Gesetz vorgeschriebene Hinrichtungsart (Steinigung, Verbrennung) vollstreckt, nicht die zu dieser Zeit allein von den Römern praktizierte Kreuzigung (vgl. S. 260f zu „Kreuzigung"). Jesus wird in 64 ja auch nur zum Tode verurteilt, ohne Angabe über die Todesart, und die weitere Darstellung setzt dann ab 15,1 die Kompetenz des Pilatus für Kapitalgerichtsbarkeit einfach voraus (anders Joh 18,31 mit der theologisch reflektierten Begründung 32).

Petrus, der nach Mk in 8,29 das Bekenntnis gesprochen, die Belehrung Jesu 8,31–9,1 gehört hatte und mit auf dem Berg der Verklärung gewesen war (9,2–8), also das Bekenntnis Jesu 61b.62 als ganzes als sein Bekenntnis sprechen könnte, der auch in 31 die Bereitschaft zu der diesem Bekenntnis entsprechenden Todesnachfolge (vgl. 8,34–38) erklärt hatte, steht während des „Prozesses" draußen im Hof am Feuer (54). Der Vergleich der nun folgenden Szene mit Joh 18,13–18.25–27 zeigt eine überraschende Nähe bis hin zu wörtlicher Übereinstimmung in Einzelwendungen, und das bei ebenso unübersehbaren Unterschieden. Die angekündigte dreifache Verleugnung wird jeweils in drei kurzen Einzelszenen auch dargestellt, bei Joh die zweite (Joh 18,25) nach dem Vorbild der ersten (17f). Gemeinsam ist, daß die erste gegenüber einer παιδίσκη erfolgt (Mk 14,66 Joh 18,17), bei Mk dann auch die zweite (Mk 14,69), diese jedoch bei Joh gegenüber ungenannten Leuten (Joh 18,25), die dritte bei Mk gegenüber den mit Petrus am Feuer Stehenden (14,70), bei Joh (18,26) gegenüber einem Verwandten desjenigen, dem Petrus nach Joh 18,10 das Ohr abgeschlagen hatte.

66 greift über 55–65 hinweg auf 54 zurück. Αὐλή (vgl. 54) bezeichnet die Residenz des Hohenpriesters, κάτω zeigt, daß Mk (wie die ihm vorgegebene Passionsgeschichte) sich diese als größeres Gebäude vorstellt, das nach 68 einen Vorhof hat, in dem sich viele Leute befinden. Wo das in Jerusalem war, steht nirgends. Daß das Synhedrium in Jerusalem ein eigenes Gebäude besaß, erfahren wir aus Mk ebenfalls nicht (es ist auch kein Vorwurf zu erkennen, daß das Synhedrium nicht dort, sondern in der Residenz des Hohenpriesters seinen Prozeß geführt habe). Nach Mk ist eben die αὐλή des Hohenpriesters sein Amtssitz wie das Prätorium in 15,16 die αὐλή des Pilatus. Das alles verrät gerade nicht Kenntnisse der speziellen Gegebenheiten in Jerusalem, sondern ist in hohem Grade typisiert.

Eine der Mägde des Hohenpriesters erkennt Petrus **67** als einen von denen, die zu Jesus gehören (vgl. 3,14 μετ' αὐτοῦ). „Nazarener" (vgl. 1,24 10,47 16,6) kennzeichnet Jesus als nicht aus Jerusalem stammend, als Galiläer (70). Petrus leugnet **68** mit einer doppelten Versicherung, wechselt aber den Ort. Textkritisch ist nicht sicher, ob die Angabe, daß nun der Hahn kräht, ursprünglich ist. Die Differenz in der Textüberlieferung an dieser Stelle hängt eng mit zwei weiteren Differenzen zusammen, wie sich im Sinaiticus zeigt, der unter Einfluß der Paralleltexte in 30 und 72 das δίς streicht, dementsprechend in 72 auch ἐκ δευτέρου und hier in 68 den ersten Hahnenschrei. W ist inkonsequent, insofern in 72 ἐκ δευτέρου stehen bleibt, während L zwar δίς in 30 und 72 hat, nicht aber den

Hahnenschrei in 68 und dementsprechend auch nicht ἐκ δευτέρου in 72. Umgekehrt fehlt in D δίς, nicht aber der doppelte Hahnenschrei. Dann bleiben nur noch B, die ursprüngliche Fassung von Ψ sowie 892, in denen der erste Hahnenschrei fehlt, ohne daß sich ihre Textfassung aus dem Zusammenhang mit 30 und 72 erklärt, während die Breite der Überlieferung, geführt vom Alexandrinus, an allen Stellen entgegen den Parallelen den zweifachen Hahnenschrei hat, und καὶ ἀλέκτωρ ἐφώνησεν ergibt sich daher als die ursprüngliche Lesart (gegen J. W. Wenham, Cock-Crowings). Mk weist mit diesem sprachlichen Element der Spannung also zurück auf 30.

Dieselbe Magd sieht ihn im Vorhof wieder **69** und beharrt gegenüber den Herumstehenden auf ihrem Verdacht; Petrus leugnet erneut **70a**, nun also bereits zum zweiten Mal. Die Herumstehenden nehmen diesen Verdacht auf **70b** und begründen ihn damit, daß auch Petrus Galiläer sei (woran sie das erkennen, steht nicht bei Mk, erst bei Mt ist es sein Dialekt, der ihn verrät). Petrus jedoch geht noch über das angekündigte Verleugnen hinaus **71**, indem er Jesus verflucht und ihm abschwört. Nun kräht der Hahn zum zweiten Mal **72**, und Petrus erinnert sich an das, was Jesus vorausgesagt hatte (30 wird noch einmal wörtlich wiederholt). Seine Reaktion ist Weinen (der als lectio difficilior sicher ursprüngliche Text ἐπιβαλὼν ἔκλαιεν ist freilich kaum verständlich); erst in 16,7 wird wieder von ihm die Rede sein.

Mk hat diese Geschichte als ganze der ihm vorgegebenen Passionsgeschichte entnommen, in der sie bereits auf die Ankündigung der Verleugnung 26—31 und das dreifache Gebet Jesu in Gethsemane 32—42 sowie vor allem auf Jesu Bekenntnis 55—65 bezogen war. Auch die Rückerinnerung in 72 kann dort durchaus schon gestanden haben; hat Mk sie eingefügt, dann lediglich als Verstärkung einer der Geschichte bereits immanenten Tendenz. Die Schärfe des Kontrastes zwischen Jesu Bekenntnis und seiner Verleugnung, ja Verfluchung durch Petrus, der doch zur Zeit des Mk bereits den Märtyrertod erlitten hatte, weist auf die Situation der Leser, die wie hier Petrus vor der Entscheidung zwischen Bekenntnis und Verleugnung stehen (13,9—13, vgl. 4,17), die aber für diese Situation die Verheißung des Geistes haben (13,11). Weder soll die Autorität des Petrus durch diese alte Geschichte in Frage gestellt werden, noch spiegelt sie seine spätere biographische Entwicklung (so G. Klein, Verleugnung); es geht vielmehr christologisch um die Vergewisserung, wer Jesus ist, und paränetisch um die aktuelle Situation der Christen (13,35!).

15,1—20a Die Durchsetzung des Todesurteils

¹Und sogleich in der Frühe, nachdem die Hohenpriester mit den Ältesten und Schriftgelehrten, also das ganze Synhedrium, den Beschluß gefaßt hatten, fesselten sie Jesus und führten ihn ab und übergaben ihn Pilatus. ²Und Pilatus fragte ihn: „Bist du der König der Juden?" Er antwortete ihm und sagte: „Du sagst es." ³Und die Hohenpriester bezichtigten ihn vielfach. ⁴Pilatus aber fragte ihn erneut: „Antwortest du gar nichts? Siehe, wie vieler Dinge sie dich bezichtigen." ⁵Jesus aber antwortete gar nichts, so daß Pilatus sich wunderte.
⁶An jedem Fest pflegte er ihnen einen Gefangenen freizulassen, den sie sich erbaten. ⁷Es war aber einer namens Barabbas mit den Aufrührern gefangen, die bei dem Aufruhr einen Mord begangen hatten. ⁸Und das Volk ging hinauf und

fing an zu erbitten, wie er es ihnen zu gewähren pflegte. [9]Pilatus aber antwortete ihnen und sagte: „Wollt ihr, daß ich euch den König der Juden freilasse?" [10]Er erkannte nämlich, daß die Hohenpriester ihn aus Neid ausgeliefert hatten. [11]Die Hohenpriester aber hetzten das Volk auf, daß er ihnen lieber Barabbas freigeben solle. [12]Pilatus aber antwortete erneut und sagte zu ihnen: „Was wollt ihr, daß ich nun mit dem machen soll, den ihr den König der Juden nennt?" [13]Sie aber schrien erneut: „Kreuzige ihn!" [14]Pilatus aber sagte zu ihnen: „Was hat er denn Böses getan?" Sie aber schrien um so mehr: „Kreuzige ihn!" [15]Pilatus aber, der dem Volk den Gefallen tun wollte, ließ ihnen den Barabbas frei; und er ließ Jesus auspeitschen zur Kreuzigung.

[16]Die Soldaten aber führten ihn ab mitten in die Residenz, also das Prätorium, und rufen die ganze Kohorte zusammen. [17]Und sie ziehen ihm ein Purpurgewand an und setzen ihm eine Dornenkrone auf, die sie geflochten hatten. [18]Und sie fingen an, ihn zu grüßen: „Heil, König der Juden!" [19]Und sie schlugen ihm den Kopf mit einem Rohrstock und bespuckten ihn und huldigten ihm kniefällig. [20]Und als sie mit ihm ihren Mutwillen getrieben hatten, zogen sie ihm das Purpurgewand aus und zogen ihm seine Kleider an.

Literatur: H. Z. MACCOBY, Jesus and Barrabas, NTS 16 (1969/70) 55−60. − J. VARDAMAN, A New Inscription which Mentions Pilate as ‚Prefect', JBL 81 (1962) 70f. − H. VOLKMANN, Die Pilatusinschrift von Caesarea Maritima, Gym. 75 (1968) 124−135.

Erneut zeigt bei diesem Abschnitt ein Vergleich mit Joh (18,28−19,16a), daß Mk wie Joh in ihren Passionsgeschichten auf Vorlagen zurückgreifen, die einen gemeinsamen Ursprung haben. Es folgen aufeinander: Verhör durch Pilatus Mk 15,1−5, in Joh 18,28−38 als ein erstes Verhör; die Entscheidung der Gegner für Barabbas (Mk 15,6−14/Joh 18,39f); die Freigabe zur Kreuzigung (Mk 15,15/Joh 19,16a); die Mißhandlung Jesu durch römische Soldaten Mk 15,16−20, bei Joh freilich in 19,1−3 vorgezogen zur Vorbereitung der sich nur bei ihm findenden Szene 19,4−12. Wieder finden sich überraschende wörtliche Übereinstimmungen zwischen Mk und Joh in Einzelwendungen trotz der im ganzen doch unterschiedlichen Darstellung und theologischen Intention.

Es geht bei Mk darum, die Vollstreckung des vom Synhedrium gefällten Todesurteils (14,64) durchzusetzen. **1** stellt über die Verleugnung des Petrus (14,66−72) hinweg den Zusammenhang her. Die neue Zeitangabe nimmt 14,17 auf (καὶ ὀψίας γενομένης); dadurch sind alle Geschehnisse dazwischen als „in dieser Nacht" (14,30) noch einmal zusammengefaßt bis hin zu den ersten Hahnenschreien am frühen Morgen (14,68.72). Erneut wird die Dreiergruppe der Gegner Jesu (Hohepriester, Älteste, Schriftgelehrte) genannt, wie in 14,53.55 zusammengefaßt als „das ganze Synhedrium". Der Beschluß (συμβούλιον, vgl. 3,6), den sie gefaßt haben (ποιήσαντες ist textkritisch gegenüber ἑτοιμάσαντες vorzuziehen), ist das in 14,64 ausgesprochene Todesurteil; συμβούλιον meint also nicht etwa eine erneute Sitzung des Synhedriums, wie sie nach Sanh IV 1 bei Todesurteilen des Synhedriums erforderlich gewesen wäre, und zwar erst am folgenden Tag. Man fesselt Jesus und bringt ihn zu Pilatus, der hier wie im weiteren als bekannt vorausgesetzt ist und mit seinem − natürlich römisch klingenden − Namen, nicht wie zuvor der Hohepriester mit einer Funktionsbezeichnung eingeführt wird (anders Mt 27,2 Lk 3,1).

Pontius Pilatus

Pontius Pilatus verwaltete die 6 n. Chr. geschaffene römische Provinz Judaea von 26 bis 37. Er trug den Titel praefectus Iudaeae, wie eine 1961 in Caesarea gefundene lateinische Inschrift zeigt (s. Beilage 8); der Titel procurator bei Tacitus (ann. XV 44,33 [s. o. S. 230] = ἐπίτροπος Philo, leg. 299, Josephus, bell. II 169) ist anachronistisch, da erst seit Claudius üblich (H. Volkmann, Pilatusinschrift 131f). Die im NT und bei Josephus begegnende griechische Bezeichnung ἡγεμών ist kein offizieller Amtstitel, sondern allgemeine Funktionsbezeichnung. Sein Amtssitz war Caesarea am Meer, er kam jedoch zu den großen Festen nach Jerusalem hinauf, u. a. um die hohepriesterlichen Gewänder, die in der Burg Antonia verwahrt wurden, auszuhändigen (Josephus, antiqu. XVIII 93). Als oberstem römischen Verwaltungsbeamten stand ihm die Kapitalgerichtsbarkeit zu. Er regierte mit harter Hand und versuchte in zwei oder drei bekannten Fällen vergeblich, die relative Souveränität des Tempelstaats Jerusalem zu brechen: indem er goldene Schilde zu Ehren des Tiberius in den Herodespalast brachte (Philo, leg. 299–305), indem er, wenn Josephus (bell. II 169–171, antiqu. XVIII 55) dabei nicht dasselbe Ereignis wie Philo im Auge hat, die Standarten des römischen Heeres nach Jerusalem hineinbrachte trotz des Bilderverbots und indem er Gelder aus dem Tempelschatz für den Bau einer Wasserleitung abzweigte (Josephus, bell. II 175–177, antiqu. XVIII 60).

In diesen und in anderen Fällen (vgl. auch Lk 13,1) ging er hart vor, und Philo charakterisiert ihn als „unerbittlich und rücksichtslos" (leg. 301). Erstaunlich ist jedoch, daß er sich sehr lange hat halten können trotz wiederholter Proteste seiner Untertanen. Zum Verhängnis wurde ihm sein brutales Vorgehen gegen Samaritaner am Berg Garizim (Josephus, antiqu. XVIII 85). Vitellius setzte ihn ab und schickte ihn nach Rom zurück, wo er sich verantworten sollte; er traf dort zu seinem Glück aber erst nach dem Tode des Kaisers Tiberius ein (ebd. 88f). Über sein Ende wissen wir nichts. Die christliche Legende (vgl. NTApo³ 330–358) macht ihn teils zum reuigen Sünder und dann sogar Heiligen, vor allem aber schildert sie seinen Tod als verdientes Schicksal für die Hinrichtung Jesu.

Pilatus stellt ein Verhör des Angeklagten an **2**, ohne daß Inhalte einer Anzeige seitens des Synhedriums von Mk genannt sind. Pilatus fragt ihn, ob er „König der Juden" sei (wörtlich identisch mit Joh 18,33); Jesus antwortet ihm mit σὺ λέγεις zwar nicht so eindeutig bejahend wie in 14,62 mit ἐγώ εἰμι dem Hohenpriester. Anders als der Hohepriester in 14,63f sieht Pilatus in der Antwort aber keinen strafwürdigen Tatbestand, obwohl verschiedene Überlieferungen darauf hinweisen, daß es jüdische Führer mit einem solchen Anspruch gegeben hat, die von den Römern blutig verfolgt worden sind (z. B. Simon bei Josephus, antiqu. XVII 273–277, oder Athronges, ebd. 278–284; vgl. vor allem die generalisierende Zusammenfassung 285 [s. Beilage 9], die vielleicht Jesus einschließt). Die Hohenpriester beschuldigen ihn vielfach, wie es pauschal heißt **3**, ohne daß einzelne Anklagepunkte genannt werden. Jesus ist wieder als der leidende Gerechte in derselben Situation wie in 14,56–59. Wie dort in 14,60 vom Hohenpriester nun **4** von Pilatus zu einer Stellungnahme aufgefordert, schweigt **5** Jesus erneut, zur Verwunderung des Pilatus. Das Verhör des Pilatus ist parallel zu 14,55–62 aufgebaut, so daß die Vermutung nahe liegt, eine der beiden Szenen sei Vorbild für die andere gewesen, und das mag auf einer vorredaktionellen Stufe die Entstehung der Synhedriumszene erklären. Im jetzigen Mk-Kontext (wie schon in der Mk vorgegebenen Passionsgeschichte) stellen beide Szenen einen Kontrast dar, insofern Pilatus sein Verfahren sehr viel sachlicher führt als das Synhedrium und nicht aufgrund des Verhörs zu einem juristisch unbegründeten Urteilsspruch kommt. Daß die Antwort Jesu in 14,62 eindeutiger ist als die in 15,2, weist andererseits darauf hin, daß der Heide Pilatus nicht die „richtige" Frage stellen kann.

In 6—8 wird eine neue Szene durch erläuternde Zwischenbemerkungen des Erzählers eingeführt. 8 könnte dabei direkt an 6 anschließen, wie die als Rede des Pilatus gestaltete Parallele Joh 18,39 zeigt. 6 liefert vorweg Informationen zum Verständnis des folgenden. Eine generelle Amnestie zu Festtagen oder auch nur zum Passatag (so Joh 18,39 eingeschränkter) ist weder auf römischer noch auf jüdischer Seite nachzuweisen (P. Winter, Trial 94, Gnilka II 304); historisch richtig ist nur, daß die römischen Statthalter mit der Kapitalgerichtsbarkeit natürlich auch das Gnadenrecht besaßen. Schon früh jedoch muß in der Mk und Joh zugrunde liegenden Passionsgeschichte aus dem Einzelfall der Begnadigung des Barabbas die Vorstellung einer allgemeinen Sitte geworden sein.

7 führt als weitere Information die Person des Barabbas ein (ein semitischer Name, aber ohne irgendeine Übersetzung). Der Grund für diese Zwischenbemerkung liegt bei Mk in der vorausgehenden eindeutig negativen Charakterisierung seiner Person als Terrorist und Mörder, die gegenüber Joh 18,40 noch eindeutiger ist. Die generelle Formulierung weist auf die Zeit des Mk; für ihn gibt es schon immer „den Aufstand" und „die Aufständischen" des Jüdischen Krieges. Die historisch nachweisbaren Unterschiede zwischen den einzelnen Phasen des jüdischen Widerstands gegen Rom — und die Zeit Jesu war eine relativ ruhige Zeit — verschwimmen in dieser Perspektive. Erneut zeigt sich, wie der aktuelle Bezug auf den Jüdischen Krieg in die Passionsgeschichte hineingenommen ist, und die Steigerung dürfte wie in 14,58 auf Mk selber zurückgehen, wenn auch die Vorlage (vgl. Joh 18,40) bereits Barabbas nichts Gutes abgewinnen konnte.

Entsprechend der in 6 beschriebenen Sitte kommt in **8** das Volk, um eine Begnadigung zu erbitten. Daß es sich etwa um Anhänger des Barabbas handelt, wird mit keinem Wort gesagt; erst die Hohenpriester bringen in 11 seinen Namen ins Spiel. Pilatus bietet ihnen **9** den „König der Juden" (vgl. Joh 18,39) zur Freilassung an. Erneut meldet sich in **10** der Erzähler mit einer erläuternden Bemerkung, ob das nun Mk selbst ist oder schon die ihm vorgegebene Passionsgeschichte: Pilatus, der vorerst sachlich bleibende Richter, hat die Voreingenommenheit der jüdischen Richter danach als φθόνος durchschaut — einen schwereren Vorwurf kann man Richtern nicht machen, und das disqualifiziert für den Leser im Rückblick noch einmal das Verfahren des Synhedriums in 14,55—65.

Die Hohenpriester jedoch wiegeln das Volk auf **11**, Barabbas und nicht Jesus zu erbitten. Damit ist das Schicksal Jesu wieder offen, und Pilatus fragt **12**, was er mit dem, den — wie er sagt — sie (ὃν λέγετε ist als ursprünglich anzusehen) „König der Juden" (vgl. Joh 19,15) nennen, machen soll. Weiterhin liegt also in „König der Juden" kein Schuldvorwurf. Unklar ist, wer hier angeredet wird, das Volk oder nur die Hohenpriester. Da seit 3 die Hohenpriester die Agierenden sind, kann οἱ in 13 und 14 sie meinen; da jedoch in 15 die Freigabe Jesu zur Kreuzigung als Gefälligkeit gegenüber dem Volk begründet wird, ist dieses wohl auch hier gemeint. Es tritt nicht, wie in 14,2 befürchtet, auf die Seite Jesu, sondern läßt sich verführen von den Hohenpriestern **13** und fordert die Kreuzigung als Durchsetzung des Todesurteils.

Auf die Frage nach einer Begründung **14** wiederholt man nur die Forderung nach Kreuzigung, und erneut zeigt sich damit im Rückblick, daß der Urteilsspruch 14,64 ohne Begründung gewesen war. Pilatus kommt der Forderung nach **15**; der Erzähler läßt nur milde Kritik an seiner Nachgiebigkeit erkennen. Die Hauptschuld trifft vom Duktus der Erzählung her ja die Hohenpriester. Barabbas wird freigelassen, Jesus jedoch ausgepeitscht (φραγελλόω als lateinisches Fremdwort term. techn.), wie es vor Vollstreckung einer Todesstrafe üblich war (vgl. Josephus, bell. II 306—308).

Es schließt sich in 16–20a eine Szene an, die wie 14,65 eine Verspottung und Mißhandlung des Verurteilten nun durch die römischen Soldaten schildert. Sie führen ihn **16**
in die Residenz des Pilatus (seine αὐλή parallel zur αὐλή des Hohenpriesters 14,54), vom
Erzähler als πραιτώριον erläutert (lateinisches Fremdwort im Griechischen). Praetorium
meint den Amtssitz; freilich gab es in Jerusalem kein spezielles so genanntes Gebäude,
entweder residierte Pilatus im ehemaligen Palast des Herodes oder in der Burg Antonia.
Die erläuternde Bemerkung soll also nur dem Leser die Örtlichkeit verdeutlichen, ohne
daß spezielle Jerusalemer Gegebenheiten berücksichtigt sind.

Die ganze Kohorte kommt zusammen – für den ursprünglichen Leser bedeutete das:
ca. 1000 Mann! Jesus wird von ihnen als König aufgeputzt und roh verspottet **17–20a**.
Das Königsmotiv von 2.9.12 (vgl. Joh 19,3) wird in 26 und 32 erneut begegnen: es
bestimmt den ganzen zweiten Teil der Passionsgeschichte. Ähnliche Szenen sind aus
jener Zeit auch sonst bekannt (vgl. vor allem Philo, Flacc. 36–40). Im Kontext des Mk
weist dies aber darauf, daß der Gesalbte, der Sohn Gottes, der Menschensohn (14,61f),
den das Synhedrium zum Tode verurteilt hat, als Verspotteter, Leidender und Gekreu-
zigter auch „König der Juden" ist, wie sie ihn in 32 selber anreden werden, wenn auch
spottend.

Der ganze Zusammenhang 1–20a ist im wesentlichen von Mk aus der ihm vorgegebenen Passionsgeschichte übernommen worden; redaktionelle Eingriffe ließen sich nur
in 7 und vielleicht in 10 erkennen. Die Vollstreckung des vom Synhedrium ausgespro-
chenen Todesurteils durch den römischen Statthalter wird von Jesu Gegnern durchgesetzt, ohne daß ein Schuldspruch erfolgt und damit ohne daß Jesus einer nach römischem
Recht strafbaren Tat für schuldig erklärt wird. Es geschieht weiterhin nur das, was
geschehen muß und was Jesus längst vorausgesagt hat: daß man ihn nach dem Todesurteil den Heiden übergibt und daß die ihren Mutwillen mit ihm treiben und ihn anspukken und auspeitschen und schließlich töten, daß er aber nach drei Tagen auferstehen wird
(10,34). Auch hier kommt neben diesem christologischen Bezug ein paränetischer in die
Geschichte hinein, denn Christen werden wie vor Synhedrien so auch vor römischen
Statthaltern stehen um Jesu willen (13,9, vgl. auch 1 Tim 6,12f).

15,20b–41 Die Kreuzigung Jesu

**20bUnd sie führten ihn hinaus, um ihn zu kreuzigen. 21Und sie zwingen einen
Vorbeigehenden, Simon den Cyrenäer, der vom Acker kam, den Vater von
Alexander und Rufus, sein Kreuz zu tragen. 22Und sie bringen ihn an den Ort
Golgatha, was übersetzt „Ort des Schädels" heißt. 23Und sie gaben ihm mit
Myrrhe gewürzten Wein; er aber nahm nicht. 24Und sie kreuzigen ihn und teilen
seine Kleider, indem sie darüber würfeln, wer was nehmen solle. 25Es war aber
die dritte Stunde, und sie kreuzigten ihn. 26Und es war die Inschrift seiner
Schuld angeschrieben: „Der König der Juden". 27Und mit ihm kreuzigen sie
zwei Räuber, einen rechts und einen links von ihm. 29Und die Vorbeigehenden
lästerten ihn, indem sie ihre Köpfe schüttelten und sagten: „Oh, der du den
Tempel zerstörst und in drei Tagen erbaust, 30rette dich selbst, indem du vom
Kreuz herabsteigst!" 31Ähnlich spotteten auch die Hohenpriester untereinander
mit den Schriftgelehrten und sagten: „Andere hat er gerettet, sich selbst kann er**

nicht retten! ³²Der Gesalbte, der König Israels möge jetzt herabsteigen vom
Kreuz, damit wir sehen und zum Glauben kommen!" Auch die mit ihm Gekreuzigten schmähten ihn.
³³Und als die sechste Stunde gekommen war, entstand eine Finsternis über das
ganze Land bis zur neunten Stunde. ³⁴Und in der neunten Stunde schrie Jesus
mit lauter Stimme: „Elohi, Elohi, lema sabachthani", was übersetzt heißt:
„Mein Gott, mein Gott, warum hast du mich verlassen?" ³⁵Und einige von den
Umstehenden hörten das und sagten: „Siehe, er ruft Elia!" ³⁶Einer aber lief,
füllte einen Schwamm mit Essig, steckte ihn auf einen Rohrstock und tränkte
ihn, wobei er sagte: „Laßt, wir wollen sehen, ob Elia kommt, ihn abzunehmen."
³⁷Jesus aber stieß einen lauten Schrei aus und verschied. ³⁸Und der Vorhang des
Tempels zerriß in zwei Teile von oben bis unten. ³⁹Als der Centurio, der ihm
gegenüberstand, sah, daß er so gestorben war, sagte er: „In der Tat, dieser
Mensch war ein Sohn Gottes." ⁴⁰Es waren aber auch Frauen von weitem am
Zuschauen, unter denen auch Maria die Magdalenerin und Maria, die Mutter des
kleinen Jakobus und des Joses, und Salome waren, die ihm nachgefolgt waren,
als er in Galiläa war, und ihm gedient hatten, und viele andere (Frauen), die mit
ihm nach Jerusalem hinaufgezogen waren.

Literatur: N. Avigad, A Depository of Inscribed Ossuaries in the Kidron Valley, IEJ 12 (1962)
1—12. — E. Brandenburger, Σταυρός, WuD 10 (1969) 17—43. — C. Burchard, Markus 15,34,
ZNW 73 (1983) 1—12. — F. W. Danker, The Demoniac Secret in Mark, ZNW 61 (1970) 48—69. —
H. Gese, Psalm 22 und das Neue Testament, ZThK 65 (1968) 1—22. — N. Haas, Anthropological
Observations on the Skeletal Remains from Giv'at ha-Mivtar, IEJ 20 (1970) 38—59. — M. Hengel,
Maria Magdalena und die Frauen als Zeugen, in: Abraham unser Vater (Fs O. Michel), 1963, 243—
256. — Ders., Mors turpissima crucis, in: Rechtfertigung (Fs E. Käsemann), 1976, 125—184. — H.
W. Kuhn, Der Gekreuzigte von Giv'at ha-Mivtar, in: Theologia crucis — Signum crucis (Fs E.
Dinkler), 1979, 303—334. — Ders., Die Kreuzesstrafe während der frühen Kaiserzeit, ANRW II
25.1, 1982, 648—793. — J. Naveh, The Ossuary Inscriptions from Giv'at ha-Mivtar, IEJ 20 (1970)
33—37. — W. Schenk, Die gnostisierende Deutung des Todes Jesu und ihre kritische Interpretation
durch den Evangelisten Markus, in: K. W. Tröger (Hg.), Gnosis und Neues Testament, 1973,
231—243. — V. Tzaferis, Jewish Tombs at and near Giv'at ha-Mivtar, IEJ 20 (1970) 18—32. — T. J.
Weeden, The Cross as Power in Weakness, in: W. H. Kelber (Hg.), The Passion in Mark, 1976,
115—134. — Y. Yadin, Epigraphy and Crucifixion, IEJ 23 (1973) 18—22.

Die Kreuzigung Jesu ist das (vorläufige) Ziel der Passionsgeschichte. Bei allen Evangelisten zeigen sich hier besondere theologische Intentionen, die sie ihre Vorlagen umschreiben lassen, und dennoch verweist wieder einmal ein Vergleich zwischen Mk und
Joh auf eine gemeinsame Grundstruktur, auch hier mit überraschenden wörtlichen
Übereinstimmungen in Einzelheiten. Schon auf dem Überlieferungsweg zu den beiden
Evangelisten wird es Veränderungen gegeben haben, erst recht durch Mk und Joh selber,
zu unterschiedlich sind doch die Deutungen des Kreuzestodes: als Erhöhung und Rückkehr zum Vater bei Joh mit τετέλεσται (19,30) als letztem Wort Jesu und als Leiden und
Sterben des Menschensohns unter dem δεῖ von 8,31 bei Mk mit dem Beginn von Ps 22
als seinem letzten Wort. Ausgangspunkt ist aber für beide die Deutung der Kreuzigung
von der Schrift her, und das war ein Motiv schon der ursprünglichen Passionsgeschichte.
   Gemeinsam ist zunächst der Weg nach Golgatha, wo er gekreuzigt wird (Mk 15,20b—
24a und Joh 19,16b—18a), bei beiden mit gleichlautender Erklärung des Ortsnamens.

Kleiderverteilung entsprechend Ps 22,19, Erwähnung der Kreuzesinschrift und der beiden Mitgekreuzigten stehen Mk 15,24b—27 und Joh 19,18b—24 zusammen, bei Joh freilich die Erwähnung der beiden Mitgekreuzigten vorweg. Bei Mk folgt dann eine längere Szene der Verspottung 15,29—32, die bei Joh keine Parallele hat. Der Schilderung des Todes Jesu Mk 15,33—39 entspricht bei allen Unterschieden (vgl. jedoch die Übereinstimmung von Mk 15, 36a mit Joh 19,29) Joh 19,28—30, der abschließenden Erwähnung der Frauen unter dem Kreuz Mk 15,40f bei Joh die Szene 19,25—27, dort jedoch vor dem Tode Jesu wegen des Gesprächs Jesu mit seiner Mutter und dem Lieblingsjünger. Wieder also kann man damit rechnen, daß Mk auf eine ihm vorgegebene Passionsgeschichte zurückgreift, man muß jedoch erwarten, hier stärker als sonst Spuren seiner eigenen Bearbeitung zu finden.

Da sich eine solche vorgegebene Passionsgeschichte schon bisher seit 14,1 herausarbeiten ließ, hat auch der Mk vorgegebene Kreuzigungsbericht zu ihr gehört, denn eine mit der Verurteilung abbrechende Passionsgeschichte ergäbe keinen Sinn. Bestimmte Phänomene in 20b—41 haben J. Schreiber (Kreuzigungsbericht) und ihm folgend W. Schenk (Passionsbericht) veranlaßt, den Mk-Text als Kombination zweier verschiedener Kreuzigungsberichte zu interpretieren bei einem unterschiedlich hoch angenommenen Anteil markinischer Redaktion. Insbesondere spielen hier als apokalyptisch verstandene Motive des Textes eine Rolle (das Stundenschema, der Schrei, das Zerreißen des Tempelvorhangs) sowie die auffälligen Doppelungen im Text, insbesondere die zweifache Erwähnung der Kreuzigung (24f) und der zweifache Schrei (34.37). Zu fragen bleibt jedoch, ob tatsächlich zwei in ihrer Tendenz unterschiedliche Stränge in 20b—41 zu erkennen sind, so daß wir neben der bisher verfolgten Mk vorgegebenen Passionsgeschichte einen weiteren Kreuzigungsbericht anzunehmen hätten (eine Ausweitung nach vorne, wie bei W. Schenk von hier aus vorgenommen, hat hingegen nichts für sich), oder ob die angesprochenen Phänomene nicht doch eine andere Deutung finden können.

20b nimmt über 16—20a hinweg 15b wieder auf. Durch die Szene der Verspottung sind die römischen Soldaten diejenigen, die Jesus aus der Stadt herausführen (Hinrichtungen fanden immer außerhalb der Städte statt); ihrer Verspottung Jesu als „König der Juden" kontrastiert dann am Ende das richtige Bekenntnis eines der ihren in 39. **21** Unterwegs zwingen sie einen zufällig des Weges Kommenden, Jesu Kreuz zu tragen, wie das Verbum ἀγγαρεύω andeutet, als ein Akt militärischer Willkür dargestellt (es fehlt jede Begründung mit Jesu Schwäche o. ä., nach Joh 19,17a trägt Jesus sein Kreuz selbst). Der Mann ist ein Kyrenäer namens Simon (in der Kyrene gab es traditionell einen starken jüdischen Bevölkerungsanteil, in Jerusalem hatten sie eine eigene Synagoge Apg 6,9); er kommt vom Acker, was der Passadatierung bei Mk nicht entsprechen kann. Erwähnt wird er, weil seine Söhne Alexander und Rufus den Lesern bekannt waren; uns sagen diese Namen nichts mehr, aber auch Mt und Lk lassen sie bereits aus. (Ein in Jerusalem gefundenes Ossuarium mit dem Namen „Alexander, Sohn des Simon" [N. Avigad, Depository 9—11] gehört angesichts der Häufigkeit beider Namen nicht in diesen Zusammenhang, es sei denn, der hebräische Zusatz קרנית deute auf eine Herkunft aus Kyrene.) Die Formulierung am Ende von 20 erinnert im Gesamtkontext des Mk an 8,34: was die Jünger in der Passion versäumen, leistet dieser Simon, dessen Söhne dann später einmal eine Rolle in der christlichen Gemeinde gespielt haben und von denen man sich erzählte, daß ihr Vater Jesu Kreuz getragen habe.

Das Ziel ist Golgatha **22**, was schon die Mk vorgegebene Passionsgeschichte (vgl. Joh

19,17b) mit „Schädel" erklärte; das ist die entsprechende Übersetzung von hebräisch גלגלת (Ri 9,53 2Kön 9,35 LXX) bzw. aramäisch גלגלתא. Ob nun dieser Platz in seiner Form an einen Totenschädel erinnerte, jedenfalls ist es ein makaber passender Name für eine Hinrichtungsstätte (über die Lage von Golgatha wissen wir nichts; daß die heutige Grabeskirche in Jerusalem über diesem Ort stehe, entspricht zwar der Angabe Joh 19,41, nicht aber Mk 15,46f).

Einem Delinquenten zur Erleichterung der Schmerzen einen Betäubungstrank zu geben **23**, scheint nicht ungewöhnlich gewesen zu sein; für den Erzähler ist wichtig, daß Jesus den nicht annimmt (erst Mt 27,34 macht daraus durch Anklang an Ps 69,22 ein Motiv des Leidens des Gerechten), er will offenbar unterstreichen, daß Jesus bis zuletzt bei vollem Bewußtsein ist. Ohne Beschreibung der Details heißt es lapidar nur καὶ σταυροῦσιν αὐτόν **24**.

Sehr viel ausführlicher wird hingegen von der Verteilung der Kleider berichtet. Die Formulierung entspricht hier Ps 22,19 (vgl. Joh 19,24), also dem Klagelied eines Einzelnen, auf das noch einmal in 29 angespielt wird und dessen erste Zeilen Jesu letztes Wort in 34 sein werden. Wieder wird das, was geschieht, vom Zusammenhang des Leidens des Gerechten her verstanden als etwas, was so geschehen muß; ein „Sinn" des Geschehens ist nicht vordergründig im sinnlosen Handeln der Soldaten seit 16 zu erkennen.

Kreuzigung

Wie eine Kreuzigung vor sich ging, brauchte dem damaligen Leser nicht erklärt zu werden, da es sich um eine übliche und häufig praktizierte Hinrichtungsart von kaum vorstellbarer Grausamkeit handelte. Sie war im ganzen Altertum verbreitet, mochte sie auch gelegentlich den Griechen und Römern als barbarisch gelten. Das griechische Wort σταυρός heißt zunächst einfach „Pfahl", das Verbum σταυροῦν „Pfähle, z. B. Palisaden einrammen" (es liegen also nicht unsere Assoziationen wie z. B. mit „Kreuzung" als Überschneidung zweier Linien vor; dafür hat die griechische Sprache vom Buchstaben X her das Wort „Chiasmus"). Im Zusammenhang mit Hinrichtungen ist beim Sprachgebrauch zu unterscheiden zwischen der (auch heute noch gelegentlich zu sehenden) öffentlichen Zurschaustellung eines Leichnams an einem Pfahl und der (seit Konstantin durch Hängen ersetzten) Hinrichtung durch Befestigung an einem Pfahl, der „Kreuzigung" in unserem Sinn.

Der Tod trat nach mehrstündigem Todeskampf durch Ersticken ein; Ziel dieser Hinrichtungsart war offenbar neben dem Quälen des Delinquenten (voraus ging üblicherweise noch eine Auspeitschung wie in 15b) ein Abschreckungseffekt bei den Zuschauern (und Zuhörern!). Neben σταυροῦν oder ἀνασταυροῦν stehen dafür auch die Verben ἀνακρεμαννύναι und ἀνασκολοπίζειν. Der Pfahl selber stand wohl zumeist an der Hinrichtungsstätte, der Delinquent wurde an den Armen mit Stricken oder Nägeln an einem Querbalken befestigt, den er zur Hinrichtungsstätte zu tragen hatte, dieser Querbalken dann am Pfahl angebracht, so daß ein „Kreuz" in Form eines T oder eines + entstand, und die Füße ebenso am Pfahl. Eine Art Sitzbrett diente zur Erleichterung, zögerte aber das Eintreten des Todes hinaus.

Angewandt wurde diese Art der Hinrichtung bei Fällen, in denen der Staat seine Ordnung gefährdet sah (Verrat, Banditentum, Piraterie u. ä.), und bei Sklaven, so allgemein in den hellenistischen Staaten und dann im Römischen Reich. Auch der hasmonäische König Alexander Jannäus hat einmal Gegner wegen „Landesverrats" kreuzigen lassen (800 auf einmal nach Josephus, bell. I 97, antiqu. XIII 380; darauf bezieht sich auch 4QpNah I 4—9, vgl. dazu Y. Yadin); die Tempelrolle sieht in 64,6—13 bei Verrat und Flucht nach Kapitalverbrechen die Kreuzigung vor (ותליתמה אותו על העץ וימת), während die Textgrundlage Lev 19,16 nur ein nicht justitiables Verbot der Verleumdung aussprach und Dtn 21,22f (ותלית אתו על־עץ) das Aufhängen eines bereits Hingerichteten meinte, in der Fassung der Tempelrolle hingegen der ans Holz Gehängte dort stirbt (vgl. die

Interpretation von Dtn 21,23 auf die Kreuzigung in Gal 3,13). Daß die Kreuzigung dennoch nicht offiziell ins jüdische Strafrecht eingeführt worden ist, beweist außer dem Mischna-Traktat Sanhedrin, der in diesem Punkt aber Reaktion auf die Römerzeit sein könnte, die Tatsache, daß die Kreuzigung unter Alexander Jannäus ein Einzelfall geblieben ist und selbst dem für seine Grausamkeit bekannten Herodes d. Gr. keine Kreuzigungen nachgesagt werden. Die Römer jedoch haben gerade in Palästina wie in anderen zu „befriedenden" Provinzen einen sehr extensiven Gebrauch von der Kreuzigung gemacht, von Varus (Josephus, bell. II 75, antiqu. XVII 295) bis Titus (Josephus, bell. V 449−551). Das Skelett eines dieser Opfer, Jehochanan mit Namen, hat man 1968 in Jerusalem gefunden (vgl. dazu H. W. Kuhn, Der Gekreuzigte).

Dieser Exkurs stützt, außer daß er verstehen lehrt, was σταυροῦν für damalige Leser assoziierte, auch den Exkurs zur Zuständigkeit des Synhedriums für Kapitalgerichtsbarkeit bei 14,65 (S. 251f). Die Hinrichtung am Kreuz muß auf ein römisches Todesurteil, wie immer es begründet gewesen sein mag, zurückgehen (vgl. Joh 19,13−16 Lk 23,24), das bei Mk und Mt fehlt; die Vollstreckung eines jüdischen Todesurteils (so Mk 14,64 Mt 26,66) wäre Steinigung gewesen (vgl. Joh 10,31−33 beim Vorwurf der Blasphemie). Jesus ist nicht einem Geheimprozeß und auch nicht einem Mordanschlag zum Opfer gefallen (vgl. die der Statthalterschaft des Pilatus bei Philo, leg. 302 vorgeworfenen illegalen Morde: τοὺς ἀκρίτους καὶ ἐπαλλήλους φόνους).

25 trägt eine Zeitangabe der Kreuzigung (9 Uhr nach unserer Rechnung) nach, der weitere Zeitangaben in jeweils Dreistundenabständen folgen werden (33.34) und der auch die Angabe in 1 vorausgeht (diese Angaben lassen sich nicht mit Joh 19,14 ausgleichen, wo Jesus erst zur sechsten Stunde verurteilt wird). Was jetzt folgt, ist die „Stunde", um deren Abwendung Jesus in 14,35 zunächst gebeten hatte.

Ein weiterer Nachtrag in **26** nennt die Begründung für die Hinrichtung. Offenbar war es nicht unüblich, dem Delinquenten auf dem Weg zur Hinrichtung eine Tafel mit der Urteilsbegründung mitzugeben. Nirgends sonst ist aber belegt, daß bei Kreuzigungen eine solche Tafel am Kreuz selber angebracht wurde, wie es Mt 26,37 und Joh 19,19 (wohl auch Lk 23,38) beschreiben. Aber läßt 26 eigentlich erkennen, daß auch Mk sich das so vorstellt? Jedenfalls nimmt die Angabe ὁ βασιλεὺς τῶν Ἰουδαίων 2.9.12.18 auf; daß sie zur Mk vorgegebenen Passionsgeschichte gehört, zeigt sich daran, daß sie bei Joh jeweils an denselben Stellen in der Passionsgeschichte begegnet (18,33.37.39 19,3.12.14f.19). Wie sie für Mk zu verstehen ist, zeigt vor allem 18. Überraschend ist hier nun doch eine Urteilsbegründung gegeben, die im Evangelium nicht vorbereitet ist, vor allem nicht in 11,1−11 (s. o. S. 189). Historisch gesehen muß Pilatus Jesus für einen der sich als König ausgebenden Aufrührer gehalten haben, und als solchen werden die jüdischen Führer ihn ihm übergeben haben (vgl. Beilage 9).

Ein dritter Nachtrag in **27** erwähnt zwei mit Jesus Gekreuzigte, durch λησταί als Räuber charakterisiert (vgl. 14,48), verständlich, daß spätere Abschreiber an dieser Stelle (das ist der fehlende Vers 28) Jes 53,12 eingefügt haben, das in Lk 22,37 zitiert wird: καὶ ἐπληρώθη ἡ γραφὴ ἡ λέγουσα· καὶ μετὰ ἀνόμων ἐλογίσθη. Da 26 und 27 in Verbindung mit der Kleiderverteilung auch bei Joh begegnen, haben sie schon zur Mk vorgegebenen Passionsgeschichte gehört. Die Zeitangabe in 25 wie die in 33 kann hingegen auf Mk zurückgehen, der dann aus den ihm vorgegebenen Angaben in 1 und 34 eine zeitliche Gliederung geschaffen hätte; das ist aber ebenso auf einer Überlieferungsstufe vor Mk möglich (einen eigenen symbolischen Wert haben die einzelnen Stunden nicht, es geht um die „Stunde" von 14,35).

Bisher ist die Kreuzigung in knappen Sätzen berichtet. Die hohen emotionalen Werte, die schon in dem Stichwort „kreuzigen" liegen, vor allem aber darin, daß es Jesus ist, der gekreuzigt wird, sind nicht in erzählerische Mittel umgesetzt. Sehr verhalten wird im Gegenteil nur geschildert, daß Jesu Weg, den er selber vorausgesagt hat, weitergeht. Dieser Stil ändert sich in der folgenden Szene (29–32), wo Personen beschrieben und ihre spöttischen Ausrufe zitiert werden. Liest man jedoch nach **29a** gleich **32b**, ist der bisherige Stil erhalten: Vorbeigehende lästern, die Köpfe schüttelnd, wie man es nach Ps 22,8 beim leidenden Gerechten tut, und selbst die Mitgekreuzigten schmähen ihn. Jesus ist also am Kreuz der (scheinbar) total Verlassene, wie von seinen Jüngern nun auch von den Zuschauern, bei denen es keinen Anflug von Mitleid gibt, und selbst von seinen zufälligen Leidensgenossen (vgl. zu ὀνειδίζειν Ps 35,7 42,11).

Daß diese Verbindung von 29a und 32b in der Mk vorgegebenen Passionsgeschichte der ursprüngliche Zusammenhang war, läßt sich literarkritisch erweisen, denn 29b–32a nehmen die markinische Darstellung des „Prozesses" vor dem Synhedrium wieder auf: das Tempelwort von 14,58 in 29b und das christologische Bekenntnis von 14,61f in 32a, beides dort ja redaktionelle Einschübe. Dann erhält zugleich das (nicht aus Ps 22,8 stammende) ἐβλασφήμουν eine neue Beziehung auf den Vorwurf der βλασφημία 14,64 – erst jetzt geschieht wirklich Blasphemie, nicht aber in Jesu „Geständnis" 14,61f.

29b zitiert das Tempelwort in der Fassung von 14,58, das dort falsches Belastungszeugnis war, hier Hohn, wie das vorausgestellte οὐά zeigt. **30** Die Rettung des Gerechten durch Gott ist ein Motiv der Klagepsalmen (vgl. Ps 22,9), erinnert hier aber auch an 8,35: Jesus rettet nicht sich selbst, sondern wird durch Gott gerettet (vgl. Weish 2,18). **31** Auch die Hohenpriester und Schriftgelehrten, die Hauptverantwortlichen für den Tod Jesu nach Mk (14,1.43.53), spotten, indem sie zusammenfassen, was Jesus getan hat, denn σῴζειν spielt eine wichtige Rolle im Zusammenhang der Heilungsgeschichten (vgl. 3,4 5,23.34 6,56 10,52); sie verkennen aber, daß Gott den Gerechten rettet. In **32a** nehmen sie das Bekenntnis von 14,61 und die Frage des Pilatus von 15,2 auf (jetzt aber heißt es im Munde von Juden „König Israels"). Sie fordern wie die Pharisäer in 8,11 ein Zeichen von ihm. Noch einmal kommt also in der Mk-Fassung 29–32 der „Prozeß" Jesu 14,55–65 in Erinnerung. Der Grund für seine Kreuzigung liegt allein darin, daß er als leidender und sterbender Gerechter Gesalbter und König Israels ist, wie es schon die in 26 erwähnte Tafel anzeigte.

33 enthält die dritte Stundenangabe nach 1 und 25. Eine dreistündige Sonnenfinsternis ist – das weiß der antike Leser besser als wir – astronomisch ebenso unmöglich wie überhaupt eine Sonnenfinsternis zur Vollmondzeit des Passafestes. Zurückverwiesen ist der Leser aber auf 13,24, die Verfinsterung der Sonne am Ende der Zeit vor dem Kommen des Menschensohnes. Daß in solcher Weise, die Natur mittrauert beim Tode großer Männer, ist ein verbreitetes Motiv, hier jedoch ist es noch verstärkt durch den apokalyptischen Bezug, und auch Am 8,9 wird die Fassung beeinflußt haben: ἐν ἐκείνῃ τῇ ἡμέρᾳ ... δύσεται ὁ ἥλιος μεσημβρίας, καὶ συσκοτάσει ἐπὶ τῆς γῆς ἐν ἡμέρᾳ τὸ φῶς. Der leidende und sterbende Menschensohn ist der, der am Ende (vgl. 13,24–27 14,62) kommen wird. Die Verfinsterung der Sonne beglaubigt ihn in ganz anderer Weise, als die Hohenpriester und Schriftgelehrten das gefordert hatten. Die „Zeichen der Zeit" verstehen, heißt also, den Gekreuzigten als den Menschensohn erkennen. Hat damit 33 über 13,24 einen engen Bezug zur markinischen Christologie, ist es durchaus möglich, daß erst Mk diesen Vers eingefügt hat, wenn das nicht im Kontext verankerte Dreistundenschema in 25 ebenfalls auf ihn zurückgeht. Gehört 33 jedoch bereits zur Mk vorgege-

benen Passionsgeschichte, dann erhält das Motiv der Sonnenfinsternis (nicht eine „atmo-
sphärische Verdunkelung, z. B. durch schwarz aufziehende, tief hängende Wolken", wie
Pesch II 493 rationalistisch erklärt) im Gesamtkontext des Evangeliums einen zusätzlichen Bezug.

Mit einer erneuten Stundenangabe setzt in **34** eine neue Szene ein, die zunächst den
Tod Jesu beschreibt und dann in 38f um zwei Nachträge erweitert ist. 36f sind dabei Joh
19,29f weitgehend parallel formuliert. Auffällig ist bei Mk aber die doppelte Erwähnung
des lauten Schreis Jesu in 34 und 37. Zwar hat auch Joh ein letztes Wort Jesu in 19,30a,
jedoch nicht als „lauter Schrei" charakterisiert, und bei Mk ist der zweite Schrei wortlos.
Der erste laute Schrei in 34 hingegen ist transkribiert eine nichtgriechische Fassung des
Beginns von Ps 22, der anschließend in griechischer Übersetzung geboten wird. Es
handelt sich nicht um eine Umschrift des hebräischen Textes (die müßte etwa lauten wie
in D: ηλι ηλι λαμα ζαφθανι), sondern um eine offenbar aramäische Fassung (vgl. die
syrische Übersetzung von Ps 22,1); die beigegebene griechische Übersetzung hingegen
ist wörtlicher als in LXX: ὁ θεός ὁ θεός μου, πρόσχες μοι· ἵνα τί ἐγκατέλιπές με; Ps 22,
einer der Klagepsalmen des Einzelnen und schon in 24 und 29 Deutehorizont des Geschehens, ist also Jesu letztes Wort, „mit lauter Stimme" geschrien, wie es der Klagende
tut (vgl. Ps 22,3.25 27,7 31,23 69). Das Wort des (scheinbar) völlig Verlassenen – nun
sogar von Gott selber – deutet das, was hier geschieht, daß nämlich allein von Gott
Rettung kommt, der den Gerechten ins Recht setzt (Ps 22,9). Dies erkennen die Herumstehenden nicht, sondern bleiben – trotz der Sonnenfinsternis und trotz des letzten
Wortes Jesu – bei ihrem Spott über den Leidenden **35f**. Das sich auch bei Joh findende
Motiv des Essigtrunks, dort aber Zeichen der Souveränität des Sterbenden, der nur
damit die Schrift erfüllt wird, sagt, daß er Durst hat, ist hier ganz im Sinne von Ps 69,22
verstanden als Quälerei des Gerechten durch seine Feinde.

Ihr Mißverständnis seines Klagepsalms, obwohl der doch gerade in ihrer Sprache
wiedergegeben ist, ist bei der aramäischen Fassung wenig begründet; eher läßt sich aus
der hebräischen Fassung (vgl. Mt 27,46) ηλι ein Anklang an Elia heraushören als aus
ελωι. Wie die Feinde des Gerechten immer wollen sie sehen, ob Gott den Leidenden
rettet, indem Elia ihm zu Hilfe kommt. Im Gesamtzusammenhang des Evangeliums ist
dabei zurückverwiesen auf die Verklärung Jesu 9,2–7, wo Elia und Mose bei Jesus auf
dem Berge sind, und auf das anschließende Gespräch 9,11–13, wo Jesus auf sein eigenes
Leiden verweist und auf das Leiden des Elia, der schon gekommen ist, nämlich Johannes
der Täufer, der wie Jesus selber ausgeliefert worden ist (1,14 6,14–29). Damit ist ein
Bogen noch einmal zurückgespannt ganz an den Anfang des Evangeliums.

Daß Jesus stirbt, ist das, was geschehen muß, und das erkennen nicht, die ihn verspot-
ten. Wieder also wie bei 33 ergibt sich aus dem Kontext des ganzen Evangeliums eine
neue Bedeutung des Textes, der zunächst nur das Motiv der Verlassenheit des Gerechten
und seine Verspottung und Quälerei durch seine Feinde enthält (bei Joh auf seine Souveränität hin uminterpretiert). Wieder kann man dann aber auch fragen, ob nicht erst Mk
diese Beziehung hergestellt hat, zumindest mit dem Elia-Motiv in 35 und 36b.

Auffällig bleibt dann aber immer noch die Doppelung des „lauten Schreis". Nun wird
die aramäische Fassung von Ps 22, die Anlaß für das Mißverständnis ist, das es beim
griechischen Text ja gar nicht geben kann, zumeist als Hinweis auf alte Tradition erklärt,
die eventuell sogar zurückweist auf eine noch nicht griechischsprachige Fassung der
Passionsgeschichte. Wäre es aber nicht möglich, daß Mk (oder vielleicht eine frühere

Fassung der ihm vorgegebenen Passionsgeschichte) dieses Zitat von Ps 22 erst eingebracht hat, um dadurch die bereits vorhandene Verbindung von Ps 69,22 und Tod Jesu (vgl. Joh 19,29f) zu erweitern? Angesichts der Bedeutung von Ps 22 für die Interpretation der Passion Jesu als Leiden des Gerechten ist es nicht ausgeschlossen, daß jedenfalls dessen Anfang auch in griechischsprachigen Gemeinden in Aramäisch bekannt gewesen sein kann, wie das frühe Christentum ja auch andere Formeln von dort übernommen hat. Doch mag dies Vermutung bleiben. Ohne sie stellt die Wiederholung des „lauten Schreis" in **37** endgültig den Tod Jesu fest.

Es folgen in 38f zwei Nachträge darüber, was bei diesem Tod geschieht, in **38** zunächst, daß der Vorhang des Tempels von oben nach unten in zwei Teile gespalten wird. Zu fragen, welcher von den beiden Vorhängen des Jerusalemer Tempels gemeint sei, ist nicht im Sinne des Textes. Erinnert ist der Leser vielmehr über 29 erneut an das Tempelwort des Prozesses 14,58 (jeweils dasselbe Wort ναός) und damit an 13,2. Die Öffnung des Tempels (hinter dem Vorhang ist der Raum, den nur der Hohepriester betreten darf) bedeutet seine Profanierung und weist damit voraus auf seine Zerstörung (vgl. 13,14). Noch einmal kommt also das Verhältnis Jesu zur Tempelzerstörung in den Blick; das Zerreißen des Vorhangs ist Zeichen für die von Jesus in 13,2 (in dieser Fassung, nicht in der von 14,58 und 15,29!) angesagte Verwüstung des Jerusalemer Heiligtums. Wegen dieses Zusammenhangs geht 38 auf die Redaktion des Mk zurück.

Dasselbe gilt aber auch für **39**. Das Bekenntnis des römischen Hauptmanns (das lateinische Fremdwort centurio, nicht ἑκατοντάρχης wie sonst im NT, weist ihn eindeutig als Römer aus) nimmt die von 1,11 an bestimmende Christologie auf (vgl. S. 38 zu „Sohn Gottes"); als der leidende Gerechte, der er von Anfang an ist, ist er Sohn Gottes, und das zeigt sich gerade an der Art seines Sterbens (ὅτι οὕτως ἐξέπνευσεν). Es ist ein Heide, der dies erkennt, wie in Ps 22,28f die Heiden sich zum Herrn wenden, weil dem Herrn die Herrschaft (βασιλεία) gehört. Der als βασιλεὺς τῶν Ἰουδαίων Hingerichtete ist der von Gott ins Recht gesetzte Sohn Gottes. Gehen demnach sowohl 38 als auch 39 auf Mk zurück, dann ist hier ein letztes Mal auf das Verhältnis von Tempelzerstörung und Christologie angespielt, das Mk bereits in die ihm vorgegebene Passionsgeschichte beim „Prozeß" vor dem Synhedrium 14,58.61f und bei der Verspottung 15,29b–32a eingetragen hatte.

Zur Mk vorgegebenen Passionsgeschichte gehörte hingegen die Erwähnung der Frauen **40**. Von ihnen werden namentlich genannt eine Maria aus Magdala (sie auch Joh 19,25), eine weitere Maria und eine Salome. Alle drei begegnen hier erstmals im Evangelium, denn mit der zweiten Maria, der Mutter des kleinen Jakobus und des Joses, ist offenbar nicht die Mutter Jesu gemeint, die nach 6,3 Söhne mit diesen Namen hatte (vielleicht zur Vermeidung solcher Verwechslung der Zusatz τοῦ μικροῦ?), was zusätzlich darauf deutet, daß Mk hier die ihm vorgegebene Passionsgeschichte übernimmt, da er nicht mit 6,3 ausgleicht.

41 dagegen ist Zusatz von Mk, der zurückverweist auf die Anfänge in Galiläa, obwohl bei Mk von einer Nachfolge von Frauen wenig erzählt wird, nur in 1,31 von einem διακονεῖν der Schwiegermutter des Petrus nach ihrer Genesung. 41 verweist außerdem noch einmal auf die letzte Leidensvoraussage Jesu 10,32–34. Nachdem die Jünger ihn verlassen haben (14,50), sind es die Frauen, die die Kontinuität herstellen, denn sie, die den Weg von Galiläa nach Jerusalem mitgegangen sind, werden dann in 16,7 die nach Galiläa zurückweisende Botschaft des Engels im leeren Grab auszurichten haben.

Überaus verhalten ist die hohe Emotionen bergende Schilderung der Kreuzigung Jesu und seines Todes in der Mk vorgegebenen Passionsgeschichte erzählt. Spärlich sind auch die dennoch eindeutigen Hinweise auf Klagelieder des Einzelnen, Ps 22,19 in 24, Ps 22,8 in 29a und Ps 69,22 in 36. Knappe Sätze sind aneinandergereiht, keine expliziten Deutungen beigegeben. Das unterscheidet diesen Abschnitt von der sonst als Mk vorgegeben rekonstruierten Passionsgeschichte, und es mag darauf hindeuten, daß es sich hier um den Kern der Passionsgeschichte handelt, der dann später (aber schon vor Mk) nach vorne erweitert worden ist.

Mk selbst hat 29b−32a.33.34(?).35.36b.38f.41 eingetragen, damit vor allem Bezüge zur für die Gemeinde aktuellen Auseinandersetzung um die Christologie schaffend. Erzählt wird insgesamt, wie Jesus, vom Synhedrium verurteilt und den Heiden ausgeliefert, starb, und es bleibt nun noch zu erzählen, wie er nach drei Tagen auferstanden ist (vgl. 10,33f). Als der leidende Gerechte, vom römischen Hauptmann als solcher erkannt, wird er von Gott ins Recht gesetzt. Sein Weg endet nicht am Kreuz, auch nicht im Grab, sondern geht weiter (16,7).

Der Kreuzigungsbericht des Mk nimmt dem Tode Jesu nichts von seiner Grausamkeit und Einsamkeit, gibt ihm auch keinen vordergründigen „Sinn", sondern verweist in 39 noch einmal auf das christologische Bekenntnis, gesprochen von einem Heiden. Die Art seines Sterbens weist in 33 und 38 hin auf die eschatologische Begrenzung der Welt, stellt damit aber auch die Gemeinde, deren Situation der Situation Jesu nicht unähnlich ist, hinein in diese eschatologisch begrenzte Welt. Die „Zeichen der Zeit" (vgl. 13,5−27) sind Zeichen nicht eines (scheinbaren) Triumphes des Menschensohns, sondern seines Leidens und Sterbens. Da die Gemeinde sein Leiden und Sterben hinter sich hat, gibt es für sie Hoffnung auf den Beistand des heiligen Geistes (vgl. 13,11), den zu lästern (vgl. 15,29−32) die einzig unverzeihliche Sünde ist.

Auch hier liegen wieder Christologie und Paränese ineinander, Christologie dabei weder als Begründung für Paränese im Vorbild Jesu noch als das Handeln motivierender Anstoß, sondern als Verweis in die Realität des Leidens und Sterbens in der Welt. „Sühnetod" ist nicht die Kategorie, von der aus Mk den Tod Jesu schildert, wohl aber weist die Deutung des Todes als „für viele" geschehen in der ihm vorliegenden Abendmahlsüberlieferung und in 10,45 darauf, daß es auch für Mk beim Tode Jesu nicht um schuldig gewordene Einzelpersonen (die damaligen Hohenpriester oder Pilatus) geht, sondern um Jesu Tod als den Tod des leidenden Gerechten, der als von Gott ins Recht gesetzt im auf die Anfänge zurückgehenden Evangelium verkündigt wird, das Umkehr und Glaube ermöglicht und fordert (vgl. 1,15): „Die Zeit ist erfüllt, und das Reich Gottes ist nahe" in diesem Evangelium.

15,42−16,8 Bestattung und Auferstehung Jesu

⁴²Und als es schon Abend geworden war, es war ja Rüsttag, d.h. der Tag vor dem Sabbat, ⁴³kam Joseph von Arimathia, ein vornehmer Ratsherr, der auch selbst das Reich Gottes erwartete, und ging wagemutig zu Pilatus und erbat den Körper Jesu. ⁴⁴Pilatus aber wunderte sich, daß er schon gestorben sei, und rief den Centurio zu sich und fragte ihn, ob er bereits gestorben sei. ⁴⁵Und als er das vom Centurio erfahren hatte, schenkte er Joseph die Leiche. ⁴⁶Da kaufte er Leinen,

265

nahm ihn ab, legte ihn in das Leinen und setzte ihn in einem Grab bei, das aus dem Fels gehauen war, und wälzte einen Stein an die Öffnung des Grabes. [47]Maria die Magdalenerin und Maria, die Mutter des Joses, sahen aber, wohin er gelegt worden war.

[16,1]Und als der Sabbat vorüber war, kauften Maria die Magdalenerin und Maria, die Mutter des Jakobus, und Salome Öle, um hinzugehen und ihn zu salben. [2]Und sehr früh am ersten Tag der Woche kommen sie zum Grab, als die Sonne aufging. [3]Und sie sagten zueinander: „Wer soll uns den Stein von der Öffnung des Grabes wälzen?" [4]Und als sie hinschauen, sehen sie, daß der Stein weggewälzt war. Er war ja überaus schwer. [5]Und als sie in das Grab hineingingen, sahen sie einen Jüngling auf der rechten Seite sitzen, bekleidet mit einem weißen Gewand, und erschraken. [6]Er aber sagt zu ihnen: „Erschreckt nicht! Jesus sucht ihr, den Nazarener, den gekreuzigten; er ist auferweckt worden, er ist nicht hier. Siehe, der Platz, wohin sie ihn gelegt hatten. [7]Aber geht, sagt seinen Jüngern und Petrus: ‚Er zieht euch nach Galiläa voraus. Dort werdet ihr ihn sehen, wie er euch gesagt hat.'" [8]Und sie gingen hinaus und flohen von dem Grabe; es hatten sie nämlich Zittern und Entsetzen erfaßt. Und sie sagten niemand etwas; sie fürchteten sich nämlich.

Literatur: K. ALAND, Der wiedergefundene Markusschluß?, ZThK 67 (1970) 3–14. – DERS., Der Schluß des Markusevangeliums, in: Neutestamentliche Entwürfe, ThB 63, 1979, 246–283. – H. W. BARTSCH, Der ursprüngliche Schluß der Leidensgeschichte, in: M. SABBE (Hg.), L'Évangile selon Marc, EThL.B 34, 1974, 411–433. – I. BROER, Die Urgemeinde und das Grab Jesu, StANT 31, 1972. – W. R. FARMER, The Last Twelve Verses of Mark, MSSNTS 25, 1974. – P. W. VAN DER HORST, Can a Book End with ΓΑΡ?, JThS 23 (1972) 121–124. – J. KOLLWITZ, Art. „Bestattung", RAC II 194–219. – A. LINDEMANN, Die Osterbotschaft des Markus, NTS 26 (1979/80) 298–317. – E. LINNEMANN, Der (wiedergefundene) Markusschluß, ZThK 66 (1969) 255–287. – D. LÜHRMANN, POx 2949: EvPt 3–5 in einer Handschrift des 2./3. Jahrhunderts, ZNW 72 (1981) 216–226. – L. OBERLINNER, Die Verkündigung der Auferweckung Jesu im geöffneten und leeren Grab, ZNW 73 (1982) 159–182. – H. PAULSEN, Mk XVI 1–8, NT 22 (1980) 138–175. – L. SCHENKE, Auferstehungsverkündigung und leeres Grab, 1968. – W. SCHMITHALS, Der Markusschluß, die Verklärungsgeschichte und die Aussendung der Zwölf, ZThK 69 (1972) 379–411. – J. SCHREIBER, Die Bestattung Jesu, ZNW 72 (1981) 141–177. – G. W. TROMPF, The First Ressurection Appearance and the Ending of Mark's Gospel, NTS 18 (1971/72) 308–330.

Auch der Schluß der Passionsgeschichte und damit des ganzen Evangeliums war Mk vorgegeben, wie erneut ein Vergleich mit Joh (19,38–42 20,1–18) zeigt. Mk und Joh stimmen darin überein, daß Joseph von Arimathia Jesus bestattet (bei Joh kommt Nikodemus hinzu, unter ausdrücklichem Rückverweis auf Joh 3,1f) und daß Maria aus Magdala das leere Grab entdeckt. Erneut zeigen sich bei allen Unterschieden überraschende wörtliche Übereinstimmungen in Einzelheiten.

Die Zeitangabe in **42** weist zurück auf 1, den Beginn des Tages, an dem Jesus gekreuzigt worden ist, damit im Kontext des Mk auch auf das Dreistundenschema 25.33.34. Die Begründung (ἐπεί kausal BDR § 456.3) für das folgende wird nicht mit der Vorschrift Dtn 21,22f gegeben, daß ein Toter nicht über Nacht am Kreuz hängen bleiben darf, sondern mit dem bevorstehenden Sabbat. Die Tagesbezeichnung παρασκευή ist jüdisch, sie wird dem Leser mit προσάββατον erläutert, also als Vortag des Sabbattages, an dem, wie der Leser weiß, bei den Juden keine Arbeit getan werden darf (in 2,23f vorausgesetzt).

Die griechische Sprache hat ursprünglich keine Wochentagsbezeichnungen, da sich die Sieben-Tage-Woche mit dem Planetenschema erst im 1. Jh. n. Chr. unter römischem Einfluß durchgesetzt hat (vgl. W. Sontheimer, Art. „Hebdomas", KlP II 961f) gegenüber der Unterteilung des Monats in drei Dekaden. Das frühe Christentum übernahm von Anfang an die jüdische Sieben-Tage-Woche (= σάββατον/σάββατα, vgl. E. Lohse, ThWNT VII 32f) und damit auch die Zählung der Wochentage vom Sabbat aus (vgl. 16,1 parr, Apg 20,7 1Kor 16,2, παρασκευή Did 8,1 MPol 7,1). Nach jüdischer Tagesrechnung wäre jedoch der in 42 angegebene Zeitpunkt bereits Teil des Sabbats (ein ähnliches Problem bei 14,12.17). Mk hat demnach die griechische bzw. römische Tagesrechnung mit der jüdischen vermischt; erneut zeigt sich, daß Mk nur pauschale Kenntnisse über jüdische Verhältnisse besitzt.

In 42 geht mindestens die Erläuterung ὅ ἐστιν προσάββατον auf Mk zurück, wahrscheinlich aber die ganze Zeitbestimmung (die Joh 19,38 fehlt), da damit die Verbindung zum Kontext hergestellt wird. Παρασκευή als Todestag Jesu gehört freilich zur Überlieferung (vgl. Joh 19,42). Im Rückblick erweist sich die Datierung in 14,12 erneut als sekundär, denn 42 setzt nur voraus, daß die Bestattung vor dem Sabbat erfolgen muß. Wie am Sabbat wäre das aber auch am Passatag (und das ist dieser Freitag ja nur durch 14,12) nicht erlaubt; da jetzt jedoch der Todestag erst παρασκευή für den folgenden Tag ist, ist die Datierung dieses Tages bei Joh als παρασκευή τοῦ πάσχα (19,14) die ursprünglichere.

43 stellt zunächst ausführlich den vor, der es wagt (τολμήσας), von Pilatus Jesu Leiche zu erbitten. Es ist keiner seiner bisher im Evangelium genannten Jünger, sondern ein Joseph aus dem Ort Arimathia (vgl. Armathaim 1Sam 1,1), dadurch als nicht zu den Jerusalemern gehörig gekennzeichnet, aber auch nicht als „Freund des Pilatus" wie EvPt 3 (vgl. POx 2949 I 5). Er wird als angesehener Mann vorgestellt, vornehm (vgl. H. Greeven, ThWNT II 770) und Ratsherr. Die Mitglieder des Jerusalemer Synhedriums können zwar βουλευτής genannt werden (vgl. Josephus, bell. II 405), Mk jedoch verwendet diese Bezeichnung nicht und betont in 14,64, daß *alle* Jesus zum Tode verurteilten. Der Leser des Mk jedenfalls wird daher diesen Joseph nicht für ein Mitglied des Synhedriums (so Lk 23,51) halten.

Der Relativsatz charakterisiert ihn weiter als einen, der wie Jesus und seine Jünger das Reich Gottes erwartete, ohne zu ihnen zu gehören. Sein Wagnis besteht darin, als Fremder die Leiche des Hingerichteten zu erbitten, die nach römischer Sitte zur Abschreckung am Kreuz hängen blieb, gelegentlich aber auch (wie ja offenbar im Falle des Jehochanan [s. o. S. 261] in Jerusalem) Verwandten des Toten überlassen wurde (vgl. J. Kollwitz, Bestattung 208). Tote zu bestatten, gilt wie im Judentum (vgl. Tob 1,18) in der Antike überhaupt (J. Kollwitz, Bestattung 200) als fromme Pflicht; dies aber sogar bei einem Hingerichteten zu tun, hebt Joseph besonders hervor.

Die Reaktion des Pilatus ist Verwunderung **44f** wie schon in 5, nun darüber, daß der Tod bereits eingetreten ist, und er läßt sich das von dem Centurio bestätigen. Vorausgesetzt ist 39; wenn dieser Vers redaktionell ist, muß es auch 44.45a sein. Einmal wird dadurch unterstrichen, daß Jesus tatsächlich tot war, als er bestattet wurde, vor allem aber wird auf das Bekenntnis des Centurio zurückverwiesen, das er als Reaktion auf den Tod Jesu gesprochen hatte. Daß Pilatus die Leiche freigibt (vgl. Joh 19,38b), stand dagegen in der Mk vorgegebenen Passionsgeschichte.

Joseph bestattet nun Jesus **46** auf schlichte Weise (es fehlt die Salbung, vgl. 14,3–9), indem er Jesus in ein Leintuch einwickelt und dann in ein übliches aus Stein gehauenes Grab legt, das er mit einem Türstein verschließt (bei Mk ist es nicht sein eigenes Grab wie Mt 27,60). **47** Von den in 40 genannten Frauen beobachten die beiden Marien, wo er bestattet wird. Auch das gehört zur Mk vorgegebenen Passionsgeschichte, da es den Gang zum Grab 16,1 ermöglicht. Bei Joh kann eine solche Notiz fehlen, weil Jesus dort an Ort und Stelle bestattet wird (daher die spätere Vorstellung, daß die Grabeskirche in Jerusalem über Golgatha steht).

Die Szene 42—47 verbindet die Kreuzigung mit der Auferstehung. Daß Jesus eine Bestattung erhält, sichert noch einmal, daß er tatsächlich gestorben war, und schafft die Voraussetzung für die Geschichte 16,1—8. Die Bestattung nimmt ein angesehener und unabhängiger Mann vor, Garant dafür, daß alles mit rechten Dingen zugegangen ist. Damit wird zugleich dieser Joseph als vorbildlich frommer Mann dargestellt, der seine menschlichen und religiösen Pflichten erfüllt. Daß die Frauen, die am Kreuz gestanden hatten, dies beobachten, ermöglicht ihren Weg zum Grab. Jesus ist gestorben, wie er es vorausgesagt hatte, und ist nun auch bestattet worden. Es bleibt zu erzählen, daß er auferstanden ist (16,1—8), und auch hier nimmt Mk weiter die ihm vorgegebene Passionsgeschichte auf, wie der Vergleich mit Joh 20,1—18 zeigt, wo Joh freilich mit der Geschichte vom leeren Grab weitere Motive verbindet.

Das textkritische Problem des Mk-Schlusses

Weitgehender Konsens besteht heute in bezug auf das textkritische Problem des Mk-Schlusses (vgl. vor allem K. Aland, Schluß) darin, daß der älteste uns erreichbare Text des Markusevangeliums mit 16,8 schloß, so freilich nur B, ℵ und 304 (immerhin aus dem 12. Jh.) und teilweise alte Übersetzungen. Die Zeugnisse von Euseb und Hieronymus (K. Aland, Schluß 248) bis hin zu Euthymius im 11./12. Jh. (K. Aland, Schluß 250) sowie die Handschriften, die 16,9—20 mit textkritischen Zeichen oder Anmerkungen überliefern, die Zweifel an der ursprünglichen Zugehörigkeit erkennen lassen, zeigen jedoch, daß man noch lange wußte, daß 9—20 nicht unumstritten gewesen waren.

16,9—20 erweist sich als eine vermutlich im 2. Jh. entstandene Erweiterung (K. Aland, Schluß 262), deren Inhalt aus den drei anderen kanonisch gewordenen Evangelien zusammengestellt ist (gegen E. Linnemann, Markusschluß, die Mt 28,16f Mk 16,15—20 für ursprünglich hält, oder W. Schmithals, Markusschluß). Es ging darum, auch Mk wie die anderen Evangelien mit Erscheinungsberichten schließen zu lassen. Nur Codex W (5. Jh.) enthält darin zwischen 14 und 15 das sog. Freer-Logion (vgl. dazu J. Jeremias, NTApo³ I 125f), ein Wechselgespräch zwischen den Jüngern und dem Auferstandenen, dessen ersten Teil auch Hieronymus (Text: Greeven, Synopse 282, Aland Synopsis 508, Nestle-Aland²⁶ 148) in lateinischer Fassung überliefert. Der „kürzere Schluß" allein findet sich nur in der altlateinischen Handschrift k (dort aber in 3 eine Erzählung der Auferstehung), sonst immer verbunden mit dem „längeren Schluß", und zwar ihm jeweils voranstehend. Er ist offenbar unabhängig vom längeren ebenfalls im 2. Jh. entstanden (K. Aland, Schluß 264).

Hat die Auslegung sich aufgrund der Textüberlieferung also auf 16,1—8 zu beschränken, so ist damit noch nicht entschieden, ob 8 als ein sinnvoller Schluß des Evangeliums angesehen werden kann oder ob zwingend postuliert werden muß, daß ein ursprünglicher Schluß verlorengegangen ist oder daß der Evangelist sein Werk unvollendet gelassen hat. Man wird sich freilich freimachen müssen von dem Eindruck, der aus den drei anderen — ja später geschriebenen — Evangelien und den beiden sekundären Schlüssen entsteht, ein Evangelium müsse in jedem Falle mit Erscheinungsberichten enden. Vielmehr ist zu versuchen, 1—8 als den tatsächlich von Mk gemeinten Schluß des Evangeliums zu interpretieren. Das vielfach verwendete Argument, γάρ könne niemals Buchschluß gewesen sein, ist durch P. W. van der Horst (Book) mit Hilfe vergleichbaren Materials widerlegt worden. Erscheinungen sind aber auch nicht in den die Passionsgeschichte resümierenden Leidensvoraussagen 8,31 9,31 und vor allem nicht in der sonst so detaillierten 10,33f angekündigt, sondern nur, daß er auferstehen werde, und das ist auch die Verkündigung des Engels in 16,6b. Um so wichtiger muß dann aber der ausdrückliche Rückbezug von 16,7 auf 14,28 sein.

1 nimmt mit der Zeitangabe, daß der Sabbat zu Ende war (ohne daß hier im übrigen noch der Situation des Passa fortsetzenden Mazzotfestes Rechnung getragen ist), den chronologischen Faden der Passionsgeschichte wieder auf (vgl. zuletzt 15,42). In Erinnerung kommt dem Leser das μετὰ τρεῖς ἡμέρας der Leidensvoraussagen: „binnen drei Tagen" muß sich entscheiden, ob Jesus Recht behalten wird. Drei Frauen, nach Meinung des Mk offenbar dieselben, die schon in 15,40 die Kreuzigung verfolgt hatten (in 15,47 dagegen nur Maria Magdalena), kaufen Salbe, um den Toten zu salben. Im Zusammenhang des Evangeliums ist das in zweifacher Hinsicht anachronistisch. Einmal ist Jesus ja bereits zum Tode gesalbt worden (vgl. 14,3—9), zum andern ist er, den Joseph von Arimathia bestattet hat (15,42—47), nicht ein Toter, dessen Bestattung unvollständig geblieben wäre, sondern der, der auferstehen wird (8,31 9,31 10,33f). 1 stellt also den Übergang her zu dem, was noch zu erzählen ist, daß nämlich Jesus auferstanden ist.

Die zweite Zeitangabe **2** setzt dies fort. Der erste Tag der Woche ist der Tag, an dem die christliche Gemeinde zusammenkommt (vgl. 1Kor 16,2 Apg 20,7), weil dies der Tag der Auferstehung Jesu ist (so Justin, apol. I 67,7), der „Herrentag" (Offbg 1,10) oder mit heidnischer Bezeichnung der „Sonntag". Schon die Datumsangabe bereitet also den Leser vor auf das, was nun erzählt werden wird, denn bei Sonnenaufgang an diesem ersten Tag der Woche wird der Gottesdienst der Gemeinde gefeiert. Alles also zielt auf die Einlösung der Voraussage, daß er auferstehen wird, in 6.

3 dagegen führt auf die Erzählebene zurück und schafft eine gekünstelt wirkende Einleitung zum folgenden; vorbereitet wird nicht, warum die Frauen kommen, sondern daß sie da sind. 3 weist zudem zurück auf 15,46 und erinnert noch einmal daran, daß eine wirkliche Bestattung stattgefunden hatte. Damit ist **4** vorbereitet, daß entgegen der Erwartung das Grab offen ist; der Stein, der noch einmal als furchtbar groß beschrieben ist — und davor hatten die Frauen ja Angst —, ist weggewälzt.

Im Grab sehen die Frauen nicht Jesus, sondern einen Jüngling in weißem Gewand **5**. Sie erschrecken, und damit ist das Thema genannt, das bis 8 beherrschend sein wird. Wie Mk ihre Reaktion beschreibt, kann nicht irgendein Jüngling gemeint sein (schon gar nicht der von 14,51f), sondern „weiß" assoziiert „strahlen" und „blenden". Was sie sehen, muß eine überirdische Gestalt sein, der ganze Vorgang eine Epiphanie (vgl. 9,3).

Dem entspricht in **6** das, was dieser Jüngling sagt, denn der Aufruf, sich nicht zu fürchten, gehört zur Epiphanie als Einleitung der in ihr vermittelten Botschaft. Diese Botschaft bestätigt das, was Jesus selbst vorausgesagt hatte, daß nämlich sein Tod nicht das Ende sein, er vielmehr auferstehen werde. Bis zuletzt erfüllen sich also seine Worte. Als Zeichen wird genannt, daß er nicht im Grab ist, an dem Ort, wohin man ihn gelegt hatte. Mehr braucht eigentlich nicht erzählt zu werden. Der Leser ist aber einmal zurückverwiesen auf μετὰ τὸ ἐγερθῆναί με in 14,28, und deshalb folgt 7, zum andern aber auf

9,9, die Begrenzung des Schweigegebots bis zu seiner Auferstehung (terminologisch macht Mk keinen Unterschied zwischen ἐγείρω und ἀνίσταμαι, wie 12,18.26 zeigt, aber auch die Verwendung von ἀνίστημι in den Leidensvoraussagen verglichen mit 14,28 und 16,6). Dort hatten die Jünger überlegt (9,10), was „von den Toten auferstehen" bedeute, die Frage nach Elia gestellt (9,11), die in der Kreuzigungsszene noch einmal aufgenommen war (15,35f), und nur die Belehrung empfangen, daß der Menschensohn leiden müsse (9,12) wie auch Johannes der Täufer, der Elia, gelitten habe (vgl. 6,14−29). Die Botschaft des Engels, er sei auferstanden, weist also zurück auf sein Leiden (vgl. ἐσταυρωμένον) und weist damit zurück darauf, daß er der Sohn ist, wie es die Himmelsstimme in 9,7 versichert hatte, auf den zu hören ist, weil er von Gott Recht erhält. Der Engel verkündigt also nichts Neues, sondern bestätigt nur, was längst klar ist.

Das Grab Jesu

Das Grab Jesu, in dem sich die Frauen befinden, ist das Grab, das in 15,46 genannt war, ohne daß es näher lokalisiert worden wäre (anders Joh 19,41, aber doch auch dort nur recht ungefähr). Schon das legt nicht nahe, in 16,1−8 eine Kultätiologie der frühen Gemeinde zu sehen, die ein bestimmtes Grab verehrt hätte. Für Mk in der Zeit des Jüdischen Krieges kann das erst recht nicht gelten, denn da ist Jerusalem belagert, die Umgebung verwüstet und ein solcher Platz wohl kaum noch identifizierbar. Die Tradition des Grabes Jesu setzt denn auch mit der Errichtung der „Grabeskirche" erst sehr viel später ein.

Ausgangspunkt der Geschichte ist also wohl kaum eine Ätiologie (so L. Schenke, Auferstehungsverkündigung; I. Broer, Urgemeinde), sondern die Auferstehung am dritten Tag, für die nicht der Ort der Bestattung wichtig ist, sondern die Bestattung als solche, andernfalls es keine Auferstehung gäbe (vgl. ἐτάφη in 1Kor 15,3b−5). Mag der Verweis darauf, daß das Grab leer ist, in sich nicht eindeutig sein (vgl. Mt 28,13), so gehört dies in der jüdischen Tradition seit alters zur Verheißung an den Gerechten; wie nämlich Mose, Henoch oder Elia (s. o. S. 155f) direkt zu Gott aufgenommen sind, so ist es auch dem Gerechten verheißen, daß er bei Gott sein wird (Weish 5,1ff) zum Erschrecken für seine Gegner. Die Geschichte des leidenden Gerechten kommt hier also zu ihrem Ende, und dieses Ende weist voraus auf das angekündigte Kommen des Menschensohns.

14,28 hatte auf die Zeit μετὰ τὸ ἐγερθῆναί με verwiesen, und dies wird unter ausdrücklichem Rückbezug in **7** aufgenommen. War 14,28 als redaktionell zu bezeichnen, so in 7 mindestens καθὼς εἶπεν ὑμῖν, dann wohl aber auch der ganze Satz. „Galiläa", nur an dieser Stelle sowie in 15,41 (vgl. 14,70) mit gleicher Tendenz in der Passionsgeschichte erwähnt, ist zunächst der Gegensatz zu Jerusalem. Damit zeigt sich wieder die aktuelle Situation des Evangelisten wie seiner Leser. Ein letztes Mal ist (implizit) bestritten, daß er in Jerusalem zu sehen sein werde, und d. h. im Zusammenhang der Ereignisse um die Zerstörung des Tempels (vgl. 13,2). Nicht dies ist der Ort, an dem man ihn sehen wird (vgl. 13,26 14,62), sondern Galiläa, das zu Beginn des Evangeliums (1,14) als Ort der Verkündigung der Nähe des Reiches Gottes eingeführt worden war, zeigt, wer er ist.

Eine Verbindung mit einer Flucht der Jerusalemer Urgemeinde nach Pella kurz vor Ausbruch des Jüdischen Krieges (vgl. Euseb, h. e. III 5,3, s. Beilage 6) ist schon deshalb nicht möglich, weil Pella nicht in Galiläa, sondern jenseits des Jordans liegt. Zur Verkündigung der Nähe des Reiches Gottes in Galiläa aber gehört von allem Anfang an auch, daß Jesus als der leidende Gerechte Sohn Gottes ist (vgl. zu 1,11). Das „Sehen" geht über

14,28 hinaus. Dort war die Wiederherstellung der Gemeinschaft mit Jesus verheißen nach der Zerstreuung der Jünger, und Petrus war dort die Verleugnung angekündigt worden. Er ist nun auch in 7 besonders hervorgehoben. Ziel ist also die Rückkehr zu dem, wie es in Galiläa gewesen war, und Petrus fällt nicht mehr unter die Drohung von 8,38.

Schon Mt und Lk haben je auf ihre Weise dies so verstanden, daß nun ein tatsächliches „Sehen" in Form von Erscheinungsberichten folgen müsse, und Joh hat auf seine Weise die Geschichte vom leeren Grab zu einer Erscheinungsgeschichte umgestaltet. So sind dann auch die sekundären Schlüsse des Mk-Evangeliums entstanden.

Die Reaktion der Frauen ist Flucht **8**, wie in 14,50 die Jünger geflohen waren, obwohl die Frauen doch (15,40f) Jesus bis zum Ort der Hinrichtung nachgefolgt waren. Zittern und Entsetzen ist zwar die Folge der Epiphanie, die Befolgung des Schweigegebots ist jedoch anachronistisch, da nach der Auferstehung verkündigt werden soll, daß der Gekreuzigte der Sohn Gottes ist (9,9). So ist 8b nicht historisch-psychologisch zu erklären, so daß die Frage offen bliebe, ob die Frauen nicht doch den Jüngern etwas gesagt haben, sondern als redaktioneller Verweis in dem Gesamtkontext des Evangeliums. Der Leser kennt das Evangelium und weiß, daß Jesus auferstanden ist, daß der Leidende von Gott Recht bekommen hat. Er wird erinnert an die Schweigegebote und daran, daß sie durch 9,9 befristet waren. Er steht in der Zeit der Verkündigung dieses Evangeliums an alle Welt (13,10), das als Evangelium Gottes Verkündigung der Nähe des Reiches Gottes im Wort Jesu ist (vgl. 1,14f).

So kommt nicht nur die Passionsgeschichte, sondern das Evangelium als ganzes zum Ende. Es ist keine „Biographie" im modernen Sinne der Darstellung einer Persönlichkeitsentwicklung. Im Gegenteil, der, von dem es erzählt, bleibt der gleiche, der er von Anfang an gewesen war: als leidender Gerechter Sohn Gottes. Deshalb ist aber „Evangelium" für Mk auch nicht erst die Botschaft des Engels 16,6, sondern die Verkündigung der Nähe des Reiches Gottes im Wort Jesu, wie es in 1,14f begonnen hatte.

Grundlage seiner Darstellung war die vorgegebene Passionsgeschichte, rekonstruierbar durch den Vergleich mit Joh. Von ihr her schreibt Mk sein Evangelium, indem er sie auf die anderen ihm zur Verfügung stehenden Überlieferungen bezieht, vor allem Wundergeschichten und Wortüberlieferung, und indem er aus ihr seine Christologie entwickelt, die sich insbesondere in 8,27−9,9 erkennen läßt und die in 14,61f auf dem Höhepunkt der Passionsgeschichte redaktionell zusammengefaßt ist. In der Passionsgeschichte zeigt sich aber auch der aktuelle Bezug des Evangeliums auf die Situation der Gemeinde im Zusammenhang des Jüdischen Krieges, wie sie in 13,5−37 am deutlichsten erkennbar ist. So steht das Markusevangelium als ganzes im Streit um die Auslegung der Gegenwart vom vergangenen Wort Jesu her als Verkündigung der Nähe des Reiches Gottes im Wort Jesu, das von Anfang an (s. o. S. 42−44) Evangelium von Jesus dem Christus, dem Sohne Gottes ist (1,1). Verkündigt wird es allen Völkern (13,10) als Geschichte Jesu (vgl. 14,9), in die die Leser, vielmehr Hörer (vgl. 4,1−34) ihre eigene Geschichte bergen können.

Beilagen

1. Johannes der Täufer bei Josephus

(antiqu. XVIII 116–119 = 5,2, ed. L. H. Feldman, LCL)

Josephus gibt seinen Exkurs zu Johannes dem Täufer, wo er von einer militärischen Niederlage des Herodes Antipas berichtet. Manche Juden – so schreibt er distanziert – hätten sie nämlich zurückgeführt auf die Ermordung Johannes' des Täufers. Er stellt Johannes als Tugendlehrer nach Art griechischer Philosophen dar (zur Zusammenstellung von εὐσέβεια und δικαιοσύνη vgl. S. 206f zu Mk 12,28–34). Im Vergleich mit Mk 1,4 fällt die Bestreitung einer Sühnewirkung der Taufe (βάπτισις) auf; Josephus will offenbar seinen römischen Lesern diesen Ritus in ethischen Kategorien verständlich machen.

(116) Τισὶ δὲ τῶν Ἰουδαίων ἐδόκει ὀλωλέναι τὸν Ἡρώδου στρατὸν ὑπὸ τοῦ θεοῦ καὶ μάλα δικαίως τιννυμένου κατὰ ποινὴν Ἰωάννου τοῦ ἐπικαλουμένου βαπτιστοῦ. (117) κτείνει γὰρ δὴ τοῦτον Ἡρώδης ἀγαθὸν ἄνδρα καὶ τοῖς Ἰουδαίοις κελεύοντα ἀρετὴν ἐπασκοῦσιν καὶ τὰ πρὸς ἀλλήλους δικαιοσύνῃ καὶ πρὸς τὸν θεὸν εὐσεβείᾳ χρωμένοις βαπτισμῷ συνιέναι· οὕτω γὰρ δὴ καὶ τὴν βάπτισιν ἀποδεκτὴν αὐτῷ φανεῖσθαι μὴ ἐπί τινων ἁμαρτάδων παραιτήσει χρωμένων, ἀλλ᾽ ἐφ᾽ ἁγνείᾳ τοῦ σώματος, ἅτε δὴ καὶ τῆς ψυχῆς δικαιοσύνῃ προεκκεκαθαρμένης. (118) καὶ τῶν ἄλλων συστρεφομένων, καὶ γὰρ ἤρθησαν ἐπὶ πλεῖστον τῇ ἀκροάσει τῶν λόγων, δείσας Ἡρώδης τὸ ἐπὶ τοσόνδε πιθανὸν αὐτοῦ τοῖς ἀνθρώποις μὴ ἐπὶ στάσει τινὶ φέροι, πάντα γὰρ ἐῴκεσαν συμβουλῇ τῇ ἐκείνου πράξοντες, πολὺ κρεῖττον ἡγεῖται πρίν τι νεώτερον ἐξ αὐτοῦ γενέσθαι προλαβὼν ἀνελεῖν τοῦ μεταβολῆς γενομένης [μὴ] εἰς πράγματα ἐμπεσὼν μετανοεῖν. (119) καὶ ὁ μὲν ὑποψίᾳ τῇ Ἡρώδου δέσμιος εἰς τὸν Μαχαιροῦντα πεμφθεὶς τὸ προειρημένον φρούριον ταύτῃ κτίννυται. τοῖς δὲ Ἰουδαίοις δόξα ἐπὶ τιμωρίᾳ τῇ ἐκείνου τὸν ὄλεθρον ἐπὶ τῷ στρατεύματι γενέσθαι τοῦ θεοῦ κακῶσαι Ἡρώδην θέλοντος.

(116) Einigen von den Juden aber schien Herodes' Heer von Gott und völlig zu Recht bestraft worden zu sein als Vergeltung für Johannes, genannt der Täufer. (117) Diesen nämlich brachte Herodes um, einen guten Menschen, der den Juden befahl, Tugend zu erstreben, untereinander Gerechtigkeit und Gott gegenüber Frömmigkeit zu üben und sich einer Taufe anzuschließen. Die Taufe schien ihm nämlich in der Weise auch annehmbar, nicht um sie zur Entsühnung von gewissen Vergehen zu gebrauchen, sondern zur Heiligung des Körpers, da ja die Seele auch schon vorher gereinigt war durch Gerechtigkeit. (118) Als andere zusammenströmten, da sie erfreut waren über den Vortrag

der Worte, fürchtete Herodes, daß solche Überzeugungskraft bei den Leuten zu einem Aufstand führen könnte; alles nämlich schienen sie auf seinen Rat hin zu tun. Und er hielt es für besser, ihn rechtzeitig, bevor von ihm ein Umsturz ausginge, aus dem Weg zu räumen, als in Schwierigkeiten gekommen zu bereuen, wenn eine Umwälzung eingetreten wäre. (119) Wegen Herodes' Verdacht wurde er als Gefangener nach Machairos gebracht, der zuvor genannten Festung, und dort hingerichtet. Bei den Juden aber war die Meinung, daß das Verderben über das Heer gekommen sei als Strafe, weil Gott dem Herodes schaden wollte.

2. Levi im Hebräerevangelium

(Didymos der Blinde, PsT 184,8−10, ed. M. Gronewald, PTA 8, 1969, 198)

Didymos von Alexandrien (313−398) zitiert das Hebräerevangelium als Autorität, obwohl zu seiner Zeit zumindest in Alexandrien der Umfang des Kanons längst definiert war (vgl. D. Lührmann, Das Bruchstück aus dem Hebräerevangelium bei Didymos von Alexandrien, NT 32 [1987] 265−279). Es folgt nicht der kanonischen Gleichsetzung des Levi mit Matthäus (Mt 9,9 10,3), sondern identifiziert ihn als Matthias, den nach Apg 1,23−26 nachgewählten Jünger (vgl. EvPt 60), der als nach Petrus, Andreas, Johannes und Jakobus am Anfang berufener Jünger die dort genannten Kriterien für einen „Apostel" erfüllt. In der Wiedergabe des Textes sind unnötige Konjekturen des Herausgebers rückgängig gemacht.

> Καὶ πολλαὶ γέ εἰσιν τοιαῦται ὁμωνυμίαι· τὸν Ματθαῖον δοκεῖ ἐν τῷ κατὰ Λουκᾶν Λευὶν ὀνομάζειν. Οὐκ ἔστιν δὲ αὐτός, ἀλλὰ ὁ κατασταθεὶς ἀντὶ Ἰούδα ὁ Ματθίας καὶ ὁ Λευὶς εἷς διώνυμός εἰσιν. Ἐν τῷ καθ᾽ Ἑβραίους εὐαγγελίῳ τοῦτο φαίνεται.

Und es gibt viele derartige Namensgleichheiten. Den Matthäus scheint sie (die Schrift) im Lukasevangelium Levi zu nennen. Das ist aber nicht der, vielmehr sind der anstelle des Judas eingesetzte Matthias und Levi einer unter zwei Namen. Im Hebräerevangelium zeigt sich das.

3. Die Ausrüstung der kynischen Wanderphilosophen

(Diogenes Laertius VI 13, ed. R. D. Hicks, LCL)

Dieser Text wird häufig herangezogen zur Auslegung der Aussendungsreden bei Mk und in Q, freilich selten direkt zitiert, und dadurch entstehen Mißverständnisse vor allem in der Wiedergabe von ἐδίπλωσε, das (vgl. μόνῳ αὐτῷ) bedeutet, daß der eine Mantel doppelt gelegt, d. h. gefaltet wurde.

> Καὶ πρῶτος (Ἀντισθένης) ἐδίπλωσε τὸν τρίβωνα, καθά φησι Διοκλῆς, καὶ μόνῳ αὐτῷ ἐχρῆτο· βάκτρον τ᾽ ἀνέλαβε καὶ πήραν. πρῶτον δὲ καὶ Νεάνθης φησὶ διπλῶσαι θοιμάτιον, Σωσικράτης δ᾽ ἐν τρίτῃ Διαδοχῶν Διόδωρον τὸν Ἀσπένδιον, καὶ πώγωνα καθεῖναι καὶ πήρᾳ καὶ βάκτρῳ χρῆσθαι.

Und als erster verdoppelte (Antisthenes) den Mantel, wie Diokles sagt, und benutzte allein ihn. Einen Stock nahm er und einen Ranzen. Auch Neanthes sagt, daß er als erster das Gewand verdoppelt habe, Sosikrates aber im dritten Buch der Diadochai, daß Diodor der Aspendier einen Backenbart habe wachsen lassen und einen Ranzen und einen Stock benutzt habe.

4. Die Epilepsie in antiker medizinischer Sicht
(Hippocrates, de morbo sacro, ed. W. Müri, Der Arzt im Altertum, ⁴1979, 234–269)

Die Schrift „Über die heilige Krankheit" aus dem — in jonischem Griechisch verfaßten — Corpus Hippocraticum, die hier auszugsweise wiedergegeben wird, zeigt einmal eine antike medizinische Darstellung der Epilepsie, die sie nicht (vgl. Mk 9,14–29) auf Dämonen oder Götter zurückführt, zum anderen grundsätzliche Kritik an Wunderheilern. Für die Interpretation neutestamentlicher Wundergeschichten werden eigentlich immer nur antike Wundergeschichten herangezogen, nicht die medizinische Tradition. Daher sei auf den ganzen Band, dem griechischer Text und deutsche Übersetzung mit freundlicher Genehmigung des Heimeran-Verlages in München entnommen sind, hingewiesen.

1. Περὶ τῆς ἱερῆς νούσου καλεομένης ὧδε ἔχει· οὐδέν τί μοι δοκεῖ τῶν ἄλλων θειοτέρη εἶναι νούσων οὐδὲ ἱερωτέρη, ἀλλὰ φύσιν μὲν ἔχει καὶ τἆλλα νοσήματα, ὅθεν γίνεται, φύσιν δὲ καὶ αὕτη καὶ πρόφασιν· οἱ δ' ἄνθρωποι ἐνόμισαν θεῖόν τι πρῆγμα εἶναι ὑπὸ ἀπειρίης καὶ θαυμασιότητος, ὅτι οὐδὲν ἔοικεν ἑτέροισι, καὶ κατὰ μὲν τὴν ἀπορίην αὐτοῖσι τοῦ μὴ γινώσκειν τὸ θεῖον διασῴζεται, κατὰ δὲ τὴν εὐπορίην τοῦ τρόπου τῆς ἰήσιος, ᾧ ἰῶνται, ἀπόλλυται, ὅτι καθαρμοῖσί τε ἰῶνται καὶ ἐπαοιδῇσιν. ...

Mit der sogenannten heiligen Krankheit verhält es sich so: sie scheint mir nicht im geringsten göttlicher und heiliger zu sein als die andern Krankheiten, sondern so wie die übrigen Krankheiten ihren natürlichen Ursprung haben, hat auch diese ihre natürliche Ursache. Die Menschen aber hielten sie für etwas Göttliches aus Unerfahrenheit und aus ihrem Hang zum Wunder, weil sie andern ganz und gar nicht gleicht. Und weil sie unfähig sind zur Erkenntnis, bleibt in ihren Augen das Göttliche gewahrt; es wird aber aufgehoben durch die Leichtigkeit der Methode, mit der sie behandeln, weil sie mit Sühnungen und Besprechungen zu heilen suchen. ...

ἐμοὶ δὲ δοκέουσιν οἱ πρῶτοι τοῦτο τὸ νόσημα ἱερώσαντες τοιοῦτοι εἶναι ἄνθρωποι οἷοι καὶ νῦν εἰσι, μάγοι τε καὶ καθαρταὶ καὶ ἀγύρται καὶ ἀλαζόνες. οὗτοι δὲ προσποιέονται σφόδρα θεοσεβέες εἶναι καὶ πλέον τι εἰδέναι. οὗτοι τοίνυν παραμπεχόμενοι καὶ προβαλλόμενοι τὸ θεῖον τῆς ἀμηχανίης τοῦ μὴ ἔχειν ὅ τι προσενέγκαντες ὠφελήσουσιν, ὡς μὴ κατάδηλοι ἔωσιν οὐδὲν ἐπιστάμενοι, ἱερὸν ἐνόμισαν τοῦτο τὸ πάθος εἶναι, καὶ λόγους ἐπιλέξαντες ἐπιτηδείους τὴν ἴησιν κατεστήσαντο ἐς τὸ ἀσφαλὲς σφίσιν αὐτοῖσι, καθαρμοὺς προσφέροντες καὶ ἐπαοιδάς, λουτρῶν τε ἀπέχοντες καὶ ἐδεσμάτων πολλῶν καὶ ἀνεπιτηδείων ἀνθρώποισι νοσέουσιν ἐσθίειν...

Mir scheint, die ersten, welche diese Krankheit für heilig erklärt haben, waren Menschen, wie sie noch jetzt vorkommen: Zauberer und Sühnepriester und Scharlatane und Marktschreier, Leute, die tun, als ob sie weiß wie fromm wären und mehr wüßten als andere. Diese also benutzten das Göttliche als Beschönigung und Schutz für ihre Unfähigkeit, weil sie kein wirksames Mittel zur Heilung verordnen können; und damit ihre Unkenntnis nicht an den Tag komme, erklärten sie dieses Leiden für göttlich. Indem sie passende Begründungen dazu erfanden, schufen sie eine Behandlung, die für sie selbst ungefährlich war: sie wandten Sühnungen und Besprechungen an, verboten die Bäder und viele Speisen, welche für kranke Menschen ungeeignet sind ...

ἱμάτιόν τε μέλαν μὴ ἔχειν (θανατῶδες γὰρ τὸ μέλαν), μηδ' ἐν αἰγείῳ κατακεῖσθαι δέρματι μηδὲ φορεῖν· πόδα ἐπὶ ποδὶ μὴ ἔχειν, μηδὲ χεῖρα ἐπὶ χειρί (πάντα γὰρ ταῦτα κωλύματα εἶναι)· ταῦτα δὲ τοῦ θείου εἵνεκα προστιθέασιν, ὡς πλέον τι εἰδότες, καὶ ἄλλας προφάσιας λέγοντες, ὅπως, εἰ μὲν ὑγιεῖς γένοιντο, αὐτῶν ἡ δόξα εἴη καὶ ἡ δεξιότης, εἰ δὲ ἀποθάνοιεν, ἐν ἀσφαλεῖ καθισταῖτο αὐτῶν ἡ ἀπολογίη καὶ ἔχοιεν πρόφασιν ὡς οὐδὲν αἴτιοί εἰσιν, ἀλλ' οἱ θεοί. οὔτε γὰρ φαγεῖν οὔτε πιεῖν ἔδοσαν φάρμακον οὐδὲν οὔτε λουτροῖσι καθήψησαν, ὥστε δοκεῖν αἴτιοι εἶναι. ...

Ferner verboten sie, schwarze Kleidung zu tragen (Schwarz ist ja die Farbe des Todes), auf einem Ziegenfell zu liegen oder ein solches zu tragen, die Füße oder die Hände aufeinanderzulegen (denn all das seien Hindernisse). All das verordnen sie des Göttlichen wegen, als ob sie mehr wüßten, und sie führen noch andere Begründungen an, damit, wenn die Patienten gesund werden, der Ruhm der Geschicklichkeit ihnen zufalle; sollten sie aber sterben, wären sie mit ihrer Rechtfertigung gesichert und könnten als Grund anführen, nicht sie seien schuld, sondern die Götter. Denn sie haben ja kein Heilmittel verschrieben, weder zum Essen noch zum Trinken, noch den Patienten in Bäder gesteckt, was ihnen den Verdacht einer Schuld zugezogen hätte. ...

τοιαῦτα λέγοντες καὶ μηχανώμενοι προσποιέονται πλέον τι εἰδέναι, καὶ ἀνθρώπους ἐξαπατῶσι προστιθέμενοι αὐτοῖς ἁγνείας τε καὶ καθαρσίας, ὅ τε πολὺς αὐτοῖσι τοῦ λόγου ἐς τὸ θεῖον ἀφήκει καὶ τὸ δαιμόνιον. καίτοι ἔμοιγε οὐ περὶ εὐσεβείης τοὺς λόγους δοκέουσι ποιεῖσθαι, ὡς οἴονται, ἀλλὰ περὶ ἀσεβείης μᾶλλον, καὶ ὡς θεοὶ οὐκ εἰσί, τό τε εὐσεβὲς αὐτῶν ἐς τὸ θεῖον ἀσεβές ἐστιν καὶ ἀνόσιον, ὡς ἐγὼ διδάξω.

Mit solchen Lehren und Praktiken geben sie sich also den Anschein mehr zu wissen, und sie betrügen die Menschen, indem sie ihnen Reinigungen und Entsühnungen auferlegen, und meistens läuft ihre Rede auf den Einfluß des Göttlichen und Übernatürlichen hinaus. Und doch scheint es mir, sie sprechen nicht über Gottesfurcht, wie sie meinen, vielmehr über Gotteslästerung und daß es Götter nicht gibt, und ihre Frömmigkeit gegenüber dem Göttlichen ist unfromm und unheilig, wie ich zeigen werde.

εἰ γὰρ σελήνην κατάγειν καὶ ἥλιον ἀφανίζειν, χειμῶνά τε καὶ εὐδίην ποιεῖν

καὶ ὄμβρους καὶ αὐχμοὺς καὶ θάλασσαν ἄφορον καὶ γῆν καὶ τἆλλα τὰ τοιουτό-
τροπα πάντα ὑποδέχονται ἐπίστασθαι (εἴτε καὶ ἐκ τελετέων εἴτε καὶ ἐξ ἄλλης
τινὸς γνώμης καὶ μελέτης φασὶν οἷόν τε εἶναι γενέσθαι οἱ ταῦτα ἐπιτηδεύοντες)
δυσσεβεῖν ἔμοιγε δοκέουσι καὶ θεοὺς οὔτε εἶναι νομίζειν οὔτε ἰσχύειν οὐδέν,
οὔτε εἴργεσθαι ἂν οὐδενὸς τῶν ἐσχάτων. ποιέοντες δὲ τάδε πῶς οὐ δεινοὶ
αὐτοῖσίν εἰσιν; εἰ γὰρ ἄνθρωπος μαγεύων τε καὶ θύων σελήνην καθαιρήσει καὶ
ἥλιον ἀφανιεῖ καὶ χειμῶνα καὶ εὐδίην ποιήσει, οὐκ ἂν ἔγωγ' ἔτι θεῖον νομίσαι-
μι τούτων εἶναι οὐδέν, ἀλλ' ἀνθρώπινον, εἰ δὴ τοῦ θείου ἡ δύναμις ὑπὸ ἀνθρώπου γνώμης κρατεῖται καὶ δεδούλωται.

Wenn sie nämlich behaupten, sie verstünden sich darauf, den Mond herunter-
zuholen und die Sonne zu verfinstern, Sturm und heiteres Wetter zu machen
und Regen und Hitze und Meer und Erde unfruchtbar zu machen und was es
sonst noch alles von solcher Art gibt (gleichgültig ob nun die, welche solches
betreiben, behaupten, solches vermöge dank Weihen oder aus irgend einer
andern Einsicht und Praxis zu geschehen) — mir jedenfalls scheint es, sie
handeln gottlos, glauben weder an die Existenz noch an den Einfluß von
Göttern und ließen sich wohl kaum vom Äußersten abhalten. Wie sollten sie
mit solchem Tun vor ihnen nicht als fähige Köpfe dastehen? Denn wenn ein
Mensch mit Zauberei und Opfern den Mond herunterholt, die Sonne verfinstert, Sturm und heiteres Wetter macht, so könnte ich wenigstens nichts mehr
davon für göttlich halten, sondern für menschlich, wenn doch die Macht des
Göttlichen vom Menschenverstand überwältigt wird und ihm unterworfen
ist.

ἴσως δὲ οὐχ οὕτως ἔχει ταῦτα, ἀλλ' ἄνθρωποι βίου δεόμενοι πολλὰ καὶ παντοῖα
τεχνῶνται καὶ ποικίλλουσιν ἔς τε τἆλλα πάντα καὶ ἐς τὴν νοῦσον ταύτην,
ἑκάστῳ εἴδει τοῦ πάθεος θεῷ τὴν αἰτίην προστιθέντες. οὐ γὰρ καθάπαξ, ἀλλὰ
πλεονάκις ταῦτα μέμνηνται. κἢν μὲν γὰρ αἶγα μιμῶνται κἢν βρύχωνται ἢ τὰ
δεξιὰ σπᾶται, μητέρα θεῶν φασιν αἰτίην εἶναι, ἢν δὲ ὀξύτερον καὶ εὐτονώτε-
ρον φθέγγηται, ἵππῳ εἰκάζουσι καί φασι Ποσειδέωνα αἴτιον εἶναι. ἢν δὲ καὶ
τῆς κόπρου τι παρίῃ, ὃ πολλάκις γίνεται ὑπὸ τῆς νούσου βιαζομένοισιν, Ἐνο-
δίῃ πρόσκειται ἡ προσωνυμίη. ἢν δὲ πυκνότερον καὶ λεπτότερον, οἷον ὄρνιθες,
Ἀπόλλων νόμιος, ἢν δὲ ἀφρὸν ἐκ τοῦ στόματος ἀφίῃ καὶ τοῖσι ποσὶ λακτίζῃ,
Ἄρης τὴν αἰτίην ἔχει. οἷσι δὲ νυκτὸς δείματα παρίσταται καὶ φόβοι καὶ
παράνοιαι καὶ ἀναπηδήσιες ἐκ τῆς κλίνης καὶ φεύξιες ἔξω, Ἑκάτης φασὶν
εἶναι ἐπιβολὰς καὶ ἡρώων ἐφόδους. καθαρμοῖσί τε χρέονται καὶ ἐπαοιδῇσι
καὶ ἀνοσιώτατόν τε καὶ ἀθεώτατον πρῆγμα ποιέουσιν, ὡς ἔμοιγε δοκεῖ. καθαίρουσι γὰρ τοὺς ἐχομένους τῇ νούσῳ αἵματί τε καὶ ἄλλοισι τοιούτοισι ὥσπερ
μίασμά τι ἔχοντας ἢ ἀλάστορας ἢ πεφαρμακευμένους ὑπὸ ἀνθρώπων, ἤ τι
ἔργον ἀνόσιον ἐργασαμένους, οὓς ἐχρῆν τἀντία τούτων ποιεῖν τε καὶ εὔχεσθαι
καὶ ἐς τὰ ἱερὰ φέροντας ἱκετεύειν τοὺς θεούς. νῦν δὲ τούτων μὲν ποιέουσιν
οὐδέν, καθαίρουσι δέ. ...

Vielleicht verhält es sich aber nicht so, sondern Menschen gebrauchen aus
Lebensnotdurft Praktiken und schillernde Beschönigungen für alles, und so
auch für diese Krankheit, indem sie für jede Form des Leidens einem Gotte die

Schuld zuschieben. Nicht nur einmal, sondern mehrfach tun sie das. Denn wenn die Patienten eine Ziege nachahmen und wenn sie mit den Zähnen knirschen, wenn auf der rechten Seite Krämpfe auftreten, so sagen sie, die Göttermutter sei schuld. Tönt aber die Stimme schriller und lauter, vergleichen sie sie einem Pferde und sagen, Poseidon sei schuld. Geht etwas Stuhl ab, was unter dem Druck der Krankheit vorkommt, so wird es der Enodia zugeschrieben. Ist der Stuhl häufiger und dünner, wie bei Vögeln, ist es Apollon Nomios. Wenn dem Patienten Schaum vor den Mund tritt und er mit den Füßen um sich schlägt, trägt Ares die Schuld. Wenn in der Nacht Beklemmung und Angst sie befällt, wenn sie delirieren, vom Lager aufspringen, aus dem Hause fliehen, so sagen sie, es seien der Zugriff der Hekate und Attacken durch Heroen. Und sie wenden Sühnungen und Besprechungen an und handeln damit völlig unheilig und gottlos, wie mich dünkt. Denn sie reinigen die von der Krankheit Befallenen mit Blut und dergleichen, wie wenn sie eine Befleckung oder Blutschuld trügen oder von Menschen verzaubert wären oder irgend einen Frevel begangen hätten — und dabei müßte man genau das Gegenteil davon tun: beten, die Patienten in die Tempel bringen und zu den Göttern flehen. Davon tun sie jetzt aber nichts — sie entsühnen. ...

2. τὸ δὲ νόσημα τοῦτο οὐδέν τί μοι δοκεῖ θειότερον εἶναι τῶν λοιπῶν, ἀλλὰ φύσιν μὲν ἔχει ἣν καὶ τἆλλα νοσήματα, ὅθεν ἕκαστα γίνεται (φύσιν δὲ τοῦτο καὶ πρόφασιν ἀπὸ τοῦ αὐτοῦ τὸ θεῖον γίνεσθαι, ἀφ’ ὅτεο καὶ τἆλλα πάντα), καὶ ἰητὸν εἶναι καὶ οὐδὲν ἧσσον ἑτέρων, ὅ τι ἂν μὴ ἤδη ὑπὸ χρόνου πολλοῦ βεβιασμένον ᾖ, ὥστε ἰσχυρότερον εἶναι τῶν φαρμάκων τῶν προσφερομένων. ἄρχεται δὲ ὥσπερ καὶ τἆλλα νοσήματα κατὰ γένος. ...

Diese Krankheit aber scheint mir um nichts göttlicher zu sein als die übrigen, sondern sie hat die gleiche Natur wie die andern Krankheiten, woraus die einzelnen entstehen (im Hinblick auf die natürliche Ursache aber sei das Göttliche desselben Ursprungs wie alles andere); auch scheint sie mir heilbar zu sein, und zwar nicht weniger als andere, sofern sie sich nicht durch lange Zeit hindurch so eingewachsen hat, daß sie stärker ist als die Heilmittel, die man verschreibt. Ihren Anfang hat sie wie die übrigen Krankheiten in der Vererbung. ...

3. ἀλλὰ γὰρ αἴτιος ὁ ἐγκέφαλος τούτου τοῦ πάθεος, ὥσπερ καὶ τῶν ἄλλων νοσημάτων τῶν μεγίστων. ὅτῳ δὲ τρόπῳ καὶ ἐξ οἵης προφάσιος γίνεται, ἐγὼ φράσω σάφα. ...

Sondern das Gehirn ist die Ursache dieses Leidens, wie auch der wichtigsten andern Erkrankungen. Auf welche Weise und bei welcher Veranlassung es auftrete, will ich deutlich machen. ...

7. ἢν δὲ τούτων μὲν τῶν ὁδῶν ἀποκλεισθῇ, ἐς δὲ τὰς φλέβας, ἃς προείρηκα, τὸν κατάρροον ποιήσηται, ἄφωνος γίνεται καὶ πνίγεται, καὶ ἀφρὸς ἐκ τοῦ στόματος ἐκρεῖ, καὶ οἱ ὀδόντες συνηρείκασι, καὶ αἱ χεῖρες συσπῶνται, καὶ τὰ ὄμματα διαστρέφονται, καὶ οὐδὲν φρονέουσιν, ἐνίοισι δὲ καὶ ὑποχωρεῖ κάτω. ...

Wenn ihm aber die erwähnten Wege verschlossen sind und der Abfluß in die früher genannten Adern erfolgt, verliert der Patient die Sprache und droht zu ersticken; Schaum fließt ihm aus dem Munde, die Zähne sind aufeinandergepreßt, die Hände verkrampfen sich, der Patient verdreht die Augen und verliert das Bewußtsein; bei einigen tritt auch Stuhl aus. ...

10. ἐπικαταρρεῖ δὲ καὶ ἐξ ἀδήλου, φόβου γινομένου καὶ ἢν δείσῃ βοήσαντός τινος ἢ μεταξὺ κλαίων μὴ οἷός τε ᾖ τὸ πνεῦμα ταχέως ἀναλαβεῖν, οἷα γίνεται παιδίοισι πολλάκις. ὅ τι δ' ἂν τούτων αὐτῷ γένηται, εὐθὺς ἔφριξε τὸ σῶμα, καὶ ἄφωνος γενόμενος τὸ πνεῦμα οὐχ εἵλκυσεν, ἀλλὰ τὸ πνεῦμα ἠρέμησε, καὶ ὁ ἐγκέφαλος συνέστη καὶ τὸ αἷμα ἐστάθη, καὶ οὕτως ἀπεκρίθη καὶ ἐπικατερρύη τὸ φλέγμα. τοῖσι μὲν παιδίοισιν αὗται αἱ προφάσιες τῆς ἐπιλήψιός εἰσι τὴν ἀρχήν. ...

Es kommt aber auch aus unerkennbaren Ursachen dazu: wenn ein Kind Angst hat und wenn es vor einem Schrei erschrickt, oder wenn es mitten im Weinen nicht imstande ist, schnell die Atemluft einzuziehen, wie es oft bei Kindern geschieht. Was nun immer davon einem zustoßen mag: es erschauert, verliert die Sprache und kann die Atemluft nicht einziehen, sondern diese stockt, und das Gehirn zieht sich zusammen. Das Blut steht still, und so wird das Phlegma ausgeschieden, das dann abfließt. Bei Kindern sind dies die anfänglichen Ursachen der Epilepsie. ...

18. αὕτη δὲ ἡ νοῦσος ἡ ἱερὴ καλεομένη ἐκ τῶν αὐτῶν προφασίων γίνεται καὶ αἱ λοιπαί, ἀπὸ τῶν προσιόντων καὶ ἀπιόντων καὶ ψύχεος καὶ ἡλίου καὶ πνευμάτων μεταβαλλομένων τε καὶ οὐδέποτε ἀτρεμιζόντων. ταῦτα δ' ἐστὶ θεῖα· ὥστε μηδὲν ἀποκρίνοντα τὸ νόσημα θειότερον τῶν λοιπῶν νομίσαι, ἀλλὰ πάντα θεῖα καὶ πάντα ἀνθρώπινα. φύσιν δ' ἕκαστον ἔχει καὶ δύναμιν ἐφ' ἑωυτοῦ καὶ οὐδὲν ἄπορόν ἐστιν οὐδ' ἀμήχανον. ἀκεστά τε τὰ πλεῖστά ἐστι τοῖς αὐτοῖσι τούτοισιν ἀφ' ὧν καὶ γίνεται. ἕτερον γὰρ ἑτέρῳ τροφή ἐστι, τοτὲ δὲ καὶ κάκωσις. τοῦτο οὖν δεῖ τὸν ἰητρὸν ἐπίστασθαι, ὅπως τὸν καιρὸν διαγινώσκων ἑκάστου τῷ μὲν ἀποδώσει τὴν τροφὴν καὶ αὐξήσει, τῷ δὲ ἀφαιρήσει καὶ μειώσει. χρὴ γὰρ καὶ ἐν ταύτῃ τῇ νούσῳ καὶ ἐν τῇσιν ἄλλῃσιν ἁπάσῃσι μὴ αὔξειν τὰ νοσήματα, ἀλλὰ τρύχειν προσφέροντα τῇ νούσῳ τὸ πολεμιώτατον ἑκάστῃ καὶ μὴ τὸ σύνηθες. ὑπὸ μὲν γὰρ τῆς συνηθείης θάλλει τε καὶ αὔξεται, ὑπὸ δὲ τοῦ πολεμίου φθίνει τε καὶ ἀμαυροῦται. ὅστις δ' ἐπίσταται ἐν ἀνθρώποισι ὑγρὸν καὶ ξηρὸν ποιεῖν καὶ θερμὸν καὶ ψυχρὸν ὑπὸ διαίτης, οὗτος καὶ ταύτην τὴν νοῦσον ἰῷτο ἄν, εἰ τοὺς καιροὺς διαγινώσκοι τῶν ξυμφερόντων, ἄνευ καθαρμῶν καὶ μαγείης.

Diese Krankheit — die sogenannte heilige — entsteht durch dieselben Ursachen wie die übrigen: durch das, was in den Körper eingeht und von ihm weggeht, durch Kälte, Sonne, die ständig wechselnden, nie ruhenden Winde. Das alles ist göttlich; darum kann man die Krankheit nicht absondern und für göttlicher als die übrigen halten, sondern alle sind göttlich und alle sind menschlich. Jede hat ihre besondere Natur und Macht, und keine ist hoffnungslos, keine versagt sich einer Behandlung. Die meisten von ihnen werden genau durch das geheilt, was sie erzeugt hat. Denn was für die eine Förderung ist, ist bisweilen für eine andere Verschlimmerung. Der Arzt muß sich nun darauf verstehen, bei jedem einzelnen den richtigen Augenblick zu erkennen, in welchem er Nahrung zuführt und sie so fördert und dem andern entzieht und sie so schwächt. Man muß ja auch bei dieser Krankheit wie in allen übrigen die Krankheiten nicht fördern, sondern sie bekämpfen, indem man bei jeder Krankheit das verabreicht, was ihr möglichst feindlich ist, und nicht das, was sie begünstigt. Unter dem Einfluß des Begünstigenden blüht sie auf und nimmt zu, unter dem Einfluß des ihr Feindlichen nimmt sie ab und schwindet. Wer es versteht, den Patienten durch Diät trocken und feucht, kalt und warm zu machen, der könnte wohl auch diese Krankheit heilen, sofern er den rechten Augenblick und das richtige Maß für die nützlichen Mittel erkennt – und zwar ohne Entsühnungen und ohne Magie.

5. Das Problem des Census

(Josephus, bell. II 117f = 8,1, ed. O. Michel, O. Bauernfeind; antiqu. XVIII 2–4 = 1,1, ed. L. H. Feldman, LCL)

Die historisch nächste Parallele zu Mk 12,13–17 ist die Situation des Jahres 6 n. Chr., als die Römer Archelaos absetzten und Judäa direkt zu regieren begannen. Wie bei der Übernahme einer neuen Provinz üblich, führten sie eine Steuerschätzung durch (vgl. auch Lk 2,1f). Dem widersetzten sich Teile der Bevölkerung unter Führung eines Galiläers Judas (bell. II 118; vgl. Apg 5,37; nach antiqu. XVIII 4 stammte er aus Gamala in der Gaulanitis = Golan) sowie des Pharisäers Zadok. Daraus entstand die Partei der Zeloten, die vor allem in Galiläa, also außerhalb der römischen Provinz, wirkte bis hin zum Jüdischen Krieg, und d. h. auch bis in die Zeit des Mk und seiner Leser.

bell. II 117f:

(117) Τῆς δὲ Ἀρχελάου χώρας εἰς ἐπαρχίαν περιγραφείσης ἐπίτροπος τῆς ἱππικῆς παρὰ Ῥωμαίοις τάξεως Κωπώνιος πέμπεται μέχρι τοῦ κτείνειν λαβὼν παρὰ Καίσαρος ἐξουσίαν. (118) ἐπὶ τούτου τις ἀνὴρ Γαλιλαῖος Ἰούδας ὄνομα εἰς ἀπόστασιν ἐνῆγε τοὺς ἐπιχωρίους κακίζων, εἰ φόρον τε Ῥωμαίοις τελεῖν ὑπομενοῦσιν καὶ μετὰ τὸν θεὸν οἴσουσι θνητοὺς δεσπότας. ἦν δ᾽ οὗτος σοφιστὴς ἰδίας αἱρέσεως οὐδὲν τοῖς ἄλλοις προσεοικώς.

(117) Als das Gebiet des Archelaos in eine Provinz aufgehoben wurde, wurde als Statthalter Coponius aus dem Ritterstand bei den Römern gesandt, der Vollmacht bis hin zum Töten vom Caesar erhielt. (118) Zu dessen Zeit trieb ein Galiläer mit Namen Judas die Bewohner zum Aufstand an, indem er sie tadelte, wenn sie dabei blieben, den Römern Steuern zu zahlen, und (damit) nach Gott irgendwelche sterblichen Herrscher annähmen. Dieser war aber Meister einer eigenen Schule, der in nichts den anderen glich.

antiqu. XVIII 2–4:

(2) Κωπώνιός τε αὐτῷ συγκαταπέμπεται τάγματος τῶν ἱππέων, ἡγησόμενος Ἰουδαίων τῇ ἐπὶ πᾶσιν ἐξουσίᾳ. παρῆν δὲ καὶ Κυρίνιος εἰς τὴν Ἰουδαίαν προσθήκην τῆς Συρίας γενομένην ἀποτιμησόμενός τε αὐτῶν τὰς οὐσίας καὶ ἀποδωσόμενος τὰ Ἀρχελάου χρήματα. (3) οἱ δὲ καίπερ τὸ κατ' ἀρχὰς ἐν δεινῷ φέροντες τὴν ἐπὶ ταῖς ἀπογραφαῖς ἀκρόασιν ὑπκατέβησαν τοῦ μὴ εἰς πλέον ἐναντιοῦσθαι πείσαντος αὐτοὺς τοῦ ἀρχιερέως Ἰωαζάρου, Βοηθοῦ δὲ οὗτος υἱὸς ἦν. καὶ οἱ μὲν ἡττηθέντες τοῦ Ἰωαζάρου τῶν λόγων ἀπετίμων τὰ χρήματα μηδὲν ἐνδοιάσαντες· (4) Ἰούδας δὲ Γαυλανίτης ἀνὴρ ἐκ πόλεως ὄνομα Γάμαλα Σάδδωκον Φαρισαῖον προσλαβόμενος ἠπείγετο ἐπὶ ἀποστάσει, τήν τε ἀποτίμησιν οὐδὲν ἄλλο ἢ ἄντικρυς δουλείαν ἐπιφέρειν λέγοντες καὶ τῆς ἐλευθερίας ἐπ' ἀντιλήψει παρακαλοῦντες τὸ ἔθνος.

(2) Coponius aus dem Ritterstand wurde mit (Quirinius) zusammen gesandt, über die Juden mit umfassender Vollmacht zu herrschen. Auch Quirinius hielt sich in Judäa auf, das ein Anhängsel zu Syrien war, um ihre Vermögen zu schätzen und die Güter des Archelaos zu verkaufen. (3) Obwohl sie anfangs die Nachricht über die Steuerlisten übelnahmen, gingen sie davon ab, um sich nicht noch mehr zu widersetzen, wobei der Hohepriester Joazar sie überredete; dieser war ein Sohn des Boëthos. Die den Worten Joazars Erlegenen schätzten die Güter ein, ohne zu schwanken. (4) Judas aber, ein Gaulaniter aus einer Stadt namens Gamala, der Zadok, einen Pharisäer, hinzugewann, drängte zum Aufstand, indem sie sagten, daß die Schätzung nichts anderes bringen würde als geradezu Sklaverei, und das Volk zur Erhaltung der Freiheit aufforderten.

6. Der Auszug der Jerusalemer Urgemeinde nach Pella
(Euseb, h. e. III 5,3, ed. E. Schwartz)

In der Auslegung des Markusevangeliums, vor allem von 14,28 und 16,7, spielt Eusebs Notiz über die Flucht der Jerusalemer Gemeinde nach Pella vor Ausbruch des Jüdischen Krieges eine gewisse Rolle. Pella liegt jedoch jenseits des Jordan, nicht in Galiläa. Bestätigt wird aber, daß mit „die in Judäa" (Mk 13,14) nicht die Leser des Markusevangeliums gemeint sind, wenn es denn dort keine christlichen Gemeinden mehr gab. Obwohl ein recht später Text, zeigt er vielleicht doch etwas davon, daß in der kritischen Zeit um den Krieg herum Offenbarungen eine Rolle gespielt haben, was ja in der Kommentierung der Rede Jesu in Mk 13 angenommen ist.

(3) οὐ μὴν ἀλλὰ καὶ τοῦ λαοῦ τῆς ἐν Ἱεροσολύμοις ἐκκλησίας κατά τινα χρησμὸν τοῖς αὐτόθι δοκίμοις δι' ἀποκαλύψεως ἐκδοθέντα πρὸ τοῦ πολέμου μεταναστῆναι τῆς πόλεως καί τινα τῆς Περαίας πόλιν οἰκεῖν κεκελευσμένου, Πέλλαν αὐτὴν ὀνομάζουσιν, [ἐν ᾗ] τῶν εἰς Χριστὸν πεπιστευκότων ἀπὸ τῆς Ἱερουσαλὴμ μετῳκισμένων, ὡς ἂν παντελῶς ἐπιλελοιπότων ἁγίων ἀνδρῶν αὐτήν τε τὴν Ἰουδαίων βασιλικὴν μητρόπολιν καὶ σύμπασαν τὴν Ἰουδαίαν γῆν, ἡ ἐκ θεοῦ δίκη λοιπὸν αὐτοὺς ἄτε τοσαῦτα εἴς τε τὸν Χριστὸν καὶ τοὺς

ἀποστόλους αὐτοῦ παρηνομηκότας μετῄει, τῶν ἀσεβῶν ἄρδην τὴν γενεὰν αὐτὴν ἐκείνην ἐξ ἀνθρώπων ἀφανίζουσα.

(3) Als indessen auch das Volk der Gemeinde in Jerusalem entsprechend einem Orakel, das den Angesehenen dort durch eine Offenbarung gegeben worden war, den Befehl erhalten hatte, vor dem Krieg aus der Stadt wegzuziehen und in einer Stadt Peräas – Pella nennt man sie – Wohnung zu nehmen, und die an Christus Glaubenden von Jerusalem dorthin umgesiedelt waren, als also die heiligen Männer vollständig die königliche Hauptstadt der Juden selbst und das ganze Land Judäa verlassen hatten, da ereilte sie zuletzt die Vergeltung von Gott her dafür, daß sie so vieles gegen Christus und seine Apostel begangen hatten, und ließ gänzlich jenes Geschlecht von Gottlosen aus der Menschheit verschwinden.

7. Der Tod des Bruders Jesu Jakobus
(Josephus, antiqu. XX 200 = 9,1, ed. L. H. Feldman, LCL)

Josephus erwähnt zwar Jesus und die Christen sonst nirgends (das sog. Testimonium Flavianum in antiqu. XVIII 63 = 3,3 ist eine christliche Interpolation), setzt an dieser Stelle jedoch bei seinen Lesern Kenntnisse über Jesus voraus, indem er Jakobus als Bruder Jesu, des sog. Christus vorstellt (vgl. die Kenntnisse, die Tacitus hat, s. o. S. 230). Seine Verurteilung und Hinrichtung durch eine jüdische Instanz geschah im Vorfeld des Jüdischen Krieges während des Interregnums zwischen den römischen Statthaltern Festus und Albinus.

(200) ἅτε δὴ οὖν τοιοῦτος ὢν ὁ Ἄνανος, νομίσας ἔχειν καιρὸν ἐπιτήδειον διὰ τὸ τεθνάναι μὲν Φῆστον, Ἀλβῖνον δ' ἔτι κατὰ τὴν ὁδὸν ὑπάρχειν, καθίζει συνέδριον κριτῶν καὶ παραγαγὼν εἰς αὐτὸ τὸν ἀδελφὸν Ἰησοῦ τοῦ λεγομένου Χριστοῦ, Ἰάκωβος ὄνομα αὐτῷ, καί τινας ἑτέρους, ὡς παρανομησάντων κατηγορίαν ποιησάμενος παρέδωκε λευσθησομένους.

(200) Da nun (der Hohepriester) Ananos ein derartiger Mensch war, meinte er, einen günstigen Zeitpunkt zu haben, weil Festus gestorben, Albinus aber noch unterwegs sei, setzte daher ein Kollegium von Richtern ein und führte ihm den Bruder Jesu, des sog. Christus – Jakobus war sein Name – und einige andere vor, klagte sie als Verbrecher an und übergab sie zur Steinigung.

8. Die Pilatusinschrift aus Caesarea
(ed. A. Frova, RIL.L 95 [1961] 419–434)

Die 1961 bei italienischen Ausgrabungen in Caesarea Maritima gefundene Bauinschrift für ein Tiberieum zu Ehren des Kaisers Tiberius nennt als Titel des Pontius Pilatus praefectus Judaeae. Bis dahin war entsprechend Tacitus, ann. XV 44,3 (s. o. S. 230) als selbstverständlich angenommen worden, daß Pontius Pilatus die Amtsbezeichnung procurator geführt habe.

```
         ] STIBERIEVM
  PON | TIVSPILATVS
PRAEF] ECTVSIVDA[EA]E
```

9. Jüdische Aufständische gegen Rom als „Könige"

(Josephus, antiqu. XVII 285 = 10,8, ed. R. Marcus, LCL)

Josephus schildert in antiqu. XVII 250–298 (= 10) die Verhältnisse nach dem Tode des Königs Herodes (4 v. Chr.), als Varus, der später im Teutoburger Wald seine Niederlage gegen die Germanen erlitt, versuchte, Ordnung zu schaffen. Dazu gehört auch das Auftreten von Leuten, die selbst als Könige die Nachfolge antreten wollten: Judas (271f = 10,5), Simon (273–277 = 10,6) und Athronges (278–284 = 10,7). Josephus verallgemeinert dies in dem wiedergegebenen Text. Zwar bezieht er sich hier auf die spezielle Situation, die schließlich durch die Aufteilung des von Herodes regierten Gebietes auf drei seiner Söhne geregelt wird (317–320 = 11,4), doch betrifft das offenbar Judäa auch darüber hinaus. Ähnlich wie nach der Absetzung des Archelaos (s. o. Beilage 5) Unruhen entstehen, ist für Josephus diese Situation typisch im Vorfeld des Jüdischen Krieges, den er seinen Lesern verständlich machen will als eine Mischung aus jüdischem Fanatismus und partiellem römischem Versagen.

In der Passionsgeschichte des Markusevangeliums begegnet die Bezeichnung Jesu als βασιλεὺς τῶν Ἰουδαίων in 15,2 und darauf folgend in 15,9.12.18.26.32 völlig unvermittelt, und sie geht, wie der Vergleich mit Joh 18,33.37.39 19,3.12.14.15.19.21 zeigt, auf die Mk vorgegebene Passionsgeschichte zurück. Bei Joh ist sie durch 12,13.15 vorbereitet, während in der Einzugsgeschichte bei Mk (11,1–11) trotz der auch hier deutlichen Anklänge an Sach 9,9 diese Anrede fehlt.

Historisch ist anzunehmen, daß Pilatus Jesus als einen derartigen βασιλεὺς τῶν Ἰουδαίων (vgl. Mk 15,26 = Joh 19,19) hat hinrichten lassen und daß die Jerusalemer Autoritäten ihm Jesus als einen solchen übergeben haben; das konnte Grund genug für sie sein, liest man den folgenden Text, daß Aufruhr gegen die Römer mehr den eigenen Landsleuten geschadet habe als denen. Daß Jesus zusammen mit zwölf weiteren Männern aus Galiläa auf einem Esel reitend in Jerusalem eingezogen war (Mk 11,1–11/Joh 12,12–19), mag auf Zeitgenossen gewirkt haben (vgl. Sach 9,9 1Kön 1,33.44), als ob er sich als ein solcher König ausgab, wie Josephus sie für die Verhältnisse nach dem Tode des Herodes beschreibt, und das kann der Anlaß gewesen sein, ihn zu verhaften und hinrichten zu lassen.

Die Situation des Mk und seiner Leser ist die am Ende des Jüdischen Krieges, in dem die Hoffnungen der Zeloten auf ein Eingreifen Gottes und die Aussagen christlicher Propheten über das Kommen des Menschensohnes Jesus sich zerstreut haben. Offen ist aber weiterhin die durch diese Ereignisse aufgeworfene Frage nach dem Verhältnis zwischen der βασιλεία τοῦ θεοῦ und den μετὰ τὸν θεὸν θνητοὶ δεσπόται (Josephus, bell. II 118, s. o. Beilage 5); auch im Markusevangelium verkündigt Jesus die βασιλεία τοῦ θεοῦ (1,15), wenn auch nicht als Gegensatz zur Herrschaft des Καῖσαρ (12,13–17).

(285) Λῃστηρίων δὲ ἡ Ἰουδαία ἔμπλεως ἦν, καὶ ὡς ἂν παρατύχοιέν τινι οἱ συστασιάσαντες αὐτῷ, βασιλεὺς προϊστάμενος ἐπ' ὀλέθρῳ τοῦ κοινοῦ ἠπείγε-

το, ὀλίγα μὲν καὶ ἐπ᾽ ὀλίγοις Ῥωμαίοις λυπηροὶ καθιστάμενοι, τοῦ δὲ ὁμοφύ-λου φόνον ἐπὶ μήκιστον ἐμποιοῦντες.

(285) Von Räuberbanden voll war Judäa, und wann immer seine Mitaufständi-schen auf jemanden kamen, betrieb er, als König an die Spitze gestellt, den Schaden des Gemeinwohls, da sie sich wenig und gegenüber wenigen Römern als lästig erwiesen, aber am weitesten Blutvergießen unter den Landsleuten anrichteten.